Herbert Wilhelmy

Welt und Umwelt der Maya

Herbert Wilhelmy

Welt und Umwelt der Maya

Aufstieg und Untergang einer Hochkultur

Mit 65 größtenteils farbigen Abbildungen auf Tafeln,
81 Abbildungen und Tabellen im Text
und 2 Karten im Anhang

R. Piper & Co. Verlag
München Zürich

ISBN 3-492-02647-8

Gesetzt aus der Palatino-Antiqua
Gesamtherstellung: Welsermühl, Wels
Printed in Austria

Inhalt

Vorwort

Die großartigen architektonischen Hinterlassenschaften vergangener Kulturen sind längst aus dem engeren Blickwinkel eines kleinen Kreises von Archäologen herausgerückt und haben das stetig wachsende Interesse einer breiten Öffentlichkeit gefunden. C. W. Cerams auf sorgfältigen Literaturstudien beruhendes archäologisches Sachbuch »Götter, Gräber und Gelehrte« hat das Verdienst, diesen Durchbruch bewirkt zu haben: Er hat es verstanden, seine Leser nicht nur am Abenteuer der großen Entdeckungen teilhaben zu lassen, sondern ihnen Einsichten in die durch Glauben, Mythos und Tradition geprägten Lebensformen von Völkern des vorindustriellen Zeitalters zu vermitteln. Mit der Faszination des Alten verbindet sich unser Erstaunen über die mit einfachsten Hilfsmitteln vollbrachten Leistungen. Was sich den Ausgräbern allein durch die Schau mit dem Auge bot, war nur ein Anfang. Die mit der Erforschung der alten Hochkulturen beschäftigten Wissenschaftler bedienen sich heute des Luftbildes ebenso wie des Elektronenmikroskops, der chemischen Analyse, physikalischer Meßtechniken und des Computers. Naturwissenschaftler unterschiedlichster Fachrichtungen – Geographen, Geologen, Bodenkundler, Agronomen, Botaniker, Pollenanalytiker u. a. – haben Arbeitsmethoden entwickelt, die es uns heute ermöglichen, Entstehung und Existenzbedingungen alter Hochkulturen in größeren Zusammenhängen zu sehen.

Ein Versuch, Welt und Umwelt der Maya aus der Sicht und mit den Fragestellungen des Geographen und Landschaftsökologen darzustellen, wurde bisher nicht unternommen. Dabei handelt es sich – wenn diese Behauptung auch zunächst überspitzt erscheint – um ein in unserer Zeit besonders aktuelles Problem, nämlich die auch von Tropenkennern keineswegs übereinstimmend beantwortete Frage des sich in den äquatorialen Breiten bietenden Ernährungspotentials als Grundlage für eine höhere Kulturentfaltung. Hochkulturen hat es auch in den Tiefländern der süd- und südostasiatischen Tropen gegeben: im nördlichen Ceylon, in Kambodscha, Birma und auf Java. Es waren durchweg Bewässerungskulturen, und sie sind nach mehrhundertjährigen Blütezeiten untergegangen wie vor ihnen bereits die Hochkultur der Maya. Aber die Maya kannten keine künstliche Bewässerung. Ihre Agrarwirtschaft beruhte auf dem Regenfeldbau.

Viele Millionen Menschen leben nach wie vor in den Tropen und müssen unter den sich dort bietenden Bedingungen ihr Leben meistern. In Südostasien ist es der Reis, dessen permanenter und jährlich mehrmals möglicher Anbau die materielle Voraussetzung zur Entwicklung von Hochkulturen, zu sozialer Differenzierung und einer ungewöhnlichen Bevölkerungsverdichtung gab. Ich bin diesen Zusammenhängen in meiner Studie »Reisanbau und Nahrungsspielraum in Südostasien« (1975) näher nachgegangen. Die Hochkultur der Maya ist das neuweltliche Gegenstück zu den Tiefland-Hochkulturen der altweltlichen Tropen. Innerhalb ihres Lebensraumes entwickelte sich der Mais zur Hauptkulturpflanze. Er lieferte in ausreichenden Mengen das lagerungsfähige Grundnahrungsmittel, das die Menschen von der täglichen Sorge um die Beschaffung ihres Lebensunterhaltes befreite. Durch den Maisanbau wurde aus der ursprünglich einheitlichen Gesellschaft von Regenwaldbewohnern eine sich in mehrere soziale Gruppen gliedernde, seßhafte bäuerliche Gesellschaft, in der nicht mehr jeder einzelne ständig und ausschließlich mit der Nahrungsmittelbeschaffung beschäftigt war. Aus dem Kreise der fähigsten und aktivsten Stammesangehörigen rekrutierten sich fortan die Priester und Adligen, denen die Gestaltung des Kults und die Verwaltung ihrer Gemeinwesen zufielen, während die breite Masse der Bevölkerung die Jahrhunderte hindurch auf dem Stand von Landwechselwirtschaft treibenden Pflanzstockbauern verharrte – so glaubte man wenigstens bis in die jüngste Zeit. Das Bild änderte sich, als man archäologische Beweise für außerordentlich hohe Bevölkerungsdichten fand, die sich aus dem auf Brandrodungsfeldbau beruhenden Maisanbau allein nicht erklären ließen. Es ist eines der Anliegen dieses Buches, die wirtschaftlich sehr viel breitere Basis der Maya-Hochkultur und ihre vorzügliche Anpassung an die Umweltbedingungen zu dokumentieren.

Andere Hochkulturen zeichnen sich durch einen zum wirtschaftlichen Aufschwung parallel verlaufenden technischen Fortschritt aus. Zwar haben die Maya vielfältige Methoden einer intensiven Landnutzung entwickelt, aber die Geräte, mit denen sie arbeiteten, blieben von Generation zu Generation nahezu die gleichen. Doch trotz der engen Grenzen, die ihnen ihr technisches Wissen setzte, haben sie Kenntnisse auf dem Gebiet der Mathematik und Astronomie besessen, dazu ein Kalender- und Schriftsystem erdacht, das neben den architektonischen Leistungen ihre einzigartige Stellung unter den Hochkulturen der Neuen Welt begründet.

Die Hochkulturen der altweltlichen Tropen haben Herrschaftssysteme und Staaten geschaffen. Politik und militärische Eroberung waren die Mittel ihrer Machtentfaltung. Die Maya haben derartige Ziele nicht verfolgt. Das geistige Fundament ihrer Lebensform war die Religion, die materielle Grundlage zunächst der Feldbau, später in zunehmendem Maße Handwerk und Handel. Ihre Zivilisation gedieh im Frieden, wenn auch nicht völlig ohne Einflüsse und Störungen von außen. Vor allem in der schweren Auseinandersetzung mit ihrer naturgegebenen Umwelt haben die Maya ihre großen Leistungen vollbracht. Die geographische Lage der Halbinsel Yucatán erlaubte es ihnen nicht, ihren Lebensraum durch kühne Eroberungszüge zu erweitern. Trotz der unter weitgehend friedlichen Verhältnissen erreichten Blüte traten Ereignisse ein, die der Hochkultur der Maya ein von uns Menschen des 20. Jahrhunderts als abrupt und rätselhaft empfundenes Ende setzten.

Was der Reisende im alten Maya-Land an steinernen Zeugnissen dieser untergegangenen Hochkultur zu sehen bekommt, erregt sein ungläubiges Staunen. Nicht nur die Vertreter der traditionellen Maya-Forschung werden mit einer Fülle von Problemen konfrontiert, die um das Phänomen des Aufstiegs und Untergangs dieser Hochkultur kreisen – auch der Geograph wird zur Beantwortung vieler Fragen herausgefordert, die außerhalb des Forschungsbereichs der Archäologen liegen, zu denen er aber aus der Sicht des Naturwissenschaftlers Stellung nehmen kann. Seit meiner 1966 durchgeführten ersten Reise ins Maya-Land, der 1976 und 1979 zwei weitere folgten, rückte die Arbeit an diesem Buch in den Vordergrund meiner wissenschaftlichen Tätigkeit. Die Legitimation dafür, mich als Geograph, Geologe und Völkerkundler an ein so vielschichtiges Thema zu wagen, leite ich aus meiner viereinhalb Jahrzehnte umfassenden Forschungsarbeit in den tropischen Ländern aller Erdteile, besonders Süd- und Zentralamerikas, ab. Das Studium der umfangreichen Literatur warf zusammen mit der Auswertung der eigenen Untersuchungen ständig neue Fragen auf, mit denen es sich auseinanderzusetzen galt. Manches klärende Gespräch konnte ich mit meinem Tübinger Kollegen, dem Maya-Forscher Thomas S. Barthel, führen. Ihm habe ich besonders zu danken. Herrn Prof. Dr. Franz Tichy, Erlangen, verdanke ich wertvolle Informationen über die astronomische Orientierung der Kultbauten. Er selbst hat in einer Reihe ideenreicher Arbeiten Licht in diese überaus komplizierten Sachverhalte gebracht. Herzlichen Dank schulde ich auch Frau Dr. Ursula Walter, Tübingen, die mir aus ihrer reichhaltigen Maya-Bibliothek eine Anzahl in Deutschland schwer erhältlicher Werke zur Verfügung stellte.

Die Herren Dr. Axel Borsdorf und Helmut Eck vom Geographischen Institut der Universität Tübingen unterstützten mich bei der Literaturbeschaffung und den Korrekturen. Herr Prof. Dr. Walter Schlegel, Paderborn, früher Tübingen, übernahm mit einer Gruppe von Studenten die Sichtung und rechnerische Bearbeitung des umfangreichen meteorologischen Beobachtungsmaterials, das mir das Zentrale Wetteramt in Offenbach freundlicherweise auslieh. Die Reinzeichnung der Karten und Textabbildungen nach meinen Entwürfen, eine Aufgabe, die verständnisvolles Eingehen auf viele Wünsche und hohes technisches Können erforderte, übernahmen Herr Günter Koch und Fräulein Karin Westphal von der kartographischen Abteilung des Tübinger Geographischen Instituts. Frau Elisabeth Schmidt besorgte die Reinschrift des Manuskripts. Allen genannten Damen und Herren bin ich für die unermüdliche Mitarbeit, ohne die das Buch in seiner vorliegenden Gestalt nicht zustande gekommen wäre, zu aufrichtigem Dank verbunden. Dieser Dank gilt nicht zuletzt meinem Verleger, Herrn Klaus Piper, der sein besonderes Interesse an den von mir behandelten Fragestellungen bekundete, und seinen beiden Mitarbeitern, den Herren Dr. Klaus Stadler und Hanns Polanetz, die mit ihrer reichen Erfahrung die Drucklegung besorgten. Außerdem danke ich Herrn Uwe Steffen für sein gründliches Korrekturlesen.

Tübingen, im November 1980 — Herbert Wilhelmy

I. Eine Hochkultur im tropischen Tiefland

»Die riesigen Ruinen und wundervoll ausgezierten öffentlichen Gebäude, die uns erhalten sind, stehen weit weg von aller menschlichen Siedlung inmitten des tropischen Waldes. Wie ein vorsintflutliches Untier hat jener Wald sie gleichsam verschlungen und verdaut sie nun in träger Ruhe; die sorgfältig behauenen, dichtgesetzten Steinplatten werden langsam, aber mit tödlicher Gewißheit von den Wurzeln und Fängen der Wälder gesprengt. Der Gegensatz zwischen dem Anblick, den jene Landschaft heute bietet, und ihrem Erscheinen zur Zeit der Maya-Kultur ist kaum vorstellbar. Es muß einmal eine Zeit gegeben haben, in der diese weitflüchtigen öffentlichen Gebäude im Herzen großer, dichtbewohnter Städte standen; eine Zeit, in der jene Städte inmitten weitausgedehnter, wohlbestellter Felder lagen. Die Vergänglichkeit menschlicher Anstrengungen und die Hohlheit menschlicher Wünsche zeigt sich erschütternd in der Rückkehr des Waldes, der erst die Felder, dann die Häuser, schließlich selbst die Paläste und Tempel verschlang. Und doch ist dies keineswegs die bedeutsamste Lehre, die wir aus dem Schicksal von Copán, Tikal oder Palenque ziehen sollten. Die Ruinen sprechen noch beredter von der Größe des Kampfes mit der Umwelt, den die Schöpfer der Maya-Kultur in ihren eigenen Tagen haben ausfechten müssen!«

Arnold Toynbee

1. Das heutige und das historische Maya-Land

Die Maya des 20. Jahrhunderts bilden eine sich in etwa zwei Dutzend linguistische Gruppen gliedernde große Sprachfamilie von 1,2 Millionen Menschen. Es gibt sogar Schätzungen, die sich um 5 Millionen bewegen (191*, S. 11). Die in der Literatur jahrzehntelang unverändert angegebene Zahl von 2 Millionen ist längst überholt. Der heutige Hauptlebensraum der Maya ist das Bergland von Guatemala, auf das allein nach einer Hochrechnung

* Die Nummern vor den Seitenzahlen verweisen auf das Literaturverzeichnis am Ende des Buches (ab S. 489).

der für 1959 angegebenen Zahlen (123, S. 45) jetzt mindestens 2,8 Millionen entfallen. In den nördlichen Tieflandprovinzen Guatemalas, einschließlich der Alta Verapaz, und in Belize (ehemals Britisch-Honduras) dürften zusammen etwa 200 000 Maya leben.

Für das Staatsgebiet Mexikos ist ihr Anteil – der größte aller Sprachgruppen – nach neueren statistischen Erhebungen auf 1,2 Millionen zu veranschlagen. Von Maya besiedelt sind der an Guatemala westlich anschließende Bundesstaat Chiapas, besonders in seinen zwischen 1000 und 3000 m Höhe gelegenen Regionen, ein Teil des Küstenlandes von Tabasco und vor allem das ganze Tiefland der Halbinsel Yucatán, das sich politisch in die Staaten Campeche, Yucatán und das Territorium Quintana Roo gliedert. Nur kleine Maya-Gruppen bewohnen die westlichen Landesteile von Honduras und El Salvador.

Trotz aller politischen Grenzen stellt der Lebensraum der Maya wie in ihrer großen Vergangenheit einen geschlossenen Block auf einer Fläche von 325 000 km^2 dar. Einzige Ausnahme sind die mayasprechenden Huaxteken, eine 67 000 Menschen zählende Splittergruppe, die sich schon um 1500 v. Chr. von den Proto-Maya der guatemaltekischen Vorkordillere abgelöst hat und in einer weit entfernten Exklave lebt, die vom Küstengebiet des nördlichen Veracruz über das innere Hochland bis in die anschließenden Gebiete des mexikanischen Staates San Luis Potosi reicht. Zwei für die zivilisatorische Entwicklung der geschlossen lebenden Tiefland-Maya kennzeichnende Merkmale, Hieroglyphenschrift und »falsches Gewölbe« (S. 48), sind ihnen unbekannt geblieben.

Die heutigen Maya lassen sich in zwei Hauptsprachgruppen gliedern: die Hochland-Maya mit Quiché-Sprachen und die Tiefland-Maya mit den eigentlichen Maya-Sprachen. Von *mà:yah,* der Selbstbezeichnung des Yukatekischen, leitet sich der Name für die gesamte Sprachfamilie ab. Kerngebiet der Quiché, Cakchiquel, Uspanteken, Tzutuhil und Pokonchi ist das zentrale Hochland von Guatemala. Im nordwestlichen Landesteil sitzen die Mam, Chuh, Ixil, Jacalteken, Kanhobal und Aguacateken. Die Pokomám nehmen das östliche Bergland ein.

Im Übergangsgebiet vom Hoch- zum Tiefland mischen sich sprachliche und kulturelle Zugehörigkeiten. Die Kekchi in der Alta Verapaz von Guatemala und in Belize sprechen Quiché, gehören aber kulturell schon zu den Tiefland-Maya. Umgekehrt müssen die in Chiapas (Mexiko) wohnenden Tzeltal, Tzotzil, Toholabal und die Chorti im Grenzgebiet von Guatemala, Honduras und El Salvador kulturell noch dem Hochland, sprachlich jedoch dem Tiefland zugerechnet werden.

Zu den eigentlichen Tiefland-Maya zählen die Chol im nördlichen Chiapas, die Lacandonen des oberen Usumacinta-Gebietes, die Chontal in Tabasco und vor allem die Yucateken im zentralen und nördlichen Teil der Halbinsel. Innerhalb des heutigen Verbreitungsgebietes der Maya – von den

Huaxteken abgesehen – lag auch der Bereich der alten Maya-Hochkultur mit jedoch in den einzelnen Epochen wechselnden regionalen Schwerpunkten. Chol war sehr wahrscheinlich auch die Hauptsprache der einst im Petén lebenden Maya.

Kernland der klassischen Tiefland-Maya war der dem zentralamerikanischen Gebirgswall vorgelagerte, mit tropischem Regenwald bedeckte Hügel- und Tieflandstreifen zwischen dem Golf von Mexiko und dem Golf von Honduras. Es ist das unter 800 m Meereshöhe gelegene »heiße Land«, die *tierra caliente* im Sprachgebrauch der Lateinamerikaner (S. 96). Zu diesem etwa 150 000 km² umfassenden Bereich gehörten Teile von Tabasco, das nördliche Chiapas, die größte und heute am dünnsten besiedelte Provinz Guatemalas El Petén, das Departamento Izabal und das westliche Grenzgebiet von Honduras nebst Belize. Einschließlich des gesamten nördlich anschließenden Kalktafellandes der Halbinsel Yucatán nahm das historische Maya-Tiefland eine Fläche von rund 250 000 km² ein, entsprach also in seiner Größe etwa dem Areal der Bundesrepublik Deutschland. Die nord-südliche Ausdehnung des Siedlungsgebietes betrug rund 900 km, seine maximale Breite 550 km.

Altes wie heutiges Maya-Land sind ein Teil *Mesoamerikas.* Dieser ethnographisch-archäologische Begriff wurde 1943 von P. Kirchhoff eingeführt (98; 99). Mesoamerika als ein einheitlich geprägtes Kulturareal umfaßt nur einen Teil Zentralamerikas, nämlich den durch die indianischen Hochkulturen geprägten Raum zwischen Rio Lerma im Norden und der Grenze von Nicaragua im Süden. Zu dieser kulturhistorischen Großregion gehören also Zentralmexiko, Guatemala, die Halbinsel Yucatán, Honduras und El Salvador. Wenn man jedoch unter Mesoamerika in erster Linie das landschaftsökologisch und damit in seinen Lebensbedingungen weitgehend einheitlich gestaltete Hochland versteht, sind dessen Grenzen von den Maya in zwei Fällen überschritten worden: durch die Einbeziehung der trockenheißen pazifischen Küstenzone in ihren Lebensraum und durch die Übersiedlung in das feuchtheiße nördliche Tiefland. Beide in ihrer Naturausstattung so unterschiedlichen Tieflandgebiete flankieren im Westen und Osten das zentrale Bergland Guatemalas.

2. Hochland-Tiefland-Beziehungen

In den frühen Jahren der Maya-Forschung wurde die These vertreten, daß sich die Maya-Hochkultur im Tiefland des Petén, in diesem nur Meereshöhen zwischen 200 und 800 m einnehmenden tropischen Waldland, selbständig entwickelt habe. Wenn sie sich auch dort zur höchsten Blüte entfaltet hat, so besagt dies doch keineswegs, daß die Träger dieser Entwicklung »von Anfang an« im Tiefland gelebt haben. Arnold Toynbee hat dies angenommen und in der Härte des Urwaldlebens die »Herausforderung« zur schöpferischen Leistung der Maya erblickt: »Die Üppigkeit des tropischen Urwaldes ist die Herausforderung gewesen, die an die Maya erging und auf die ihre Kultur die Antwort ist« (177, S. 89). Eine so gesehene »autochthone Entwicklung« hat es mit Sicherheit nicht gegeben, sie hätte sich dann auch in Amazonien oder anderen tropischen Regenwaldgebieten vollziehen »müssen«. Die Wurzeln der Maya-Hochkultur sind außerhalb ihres späteren Kernraumes zu suchen.

Zwei Geographen – F. Termer und K. Sapper (205; 206; 737; 810) – haben schon vor fünfzig Jahren den Gedanken vertreten, daß die Schöpfer und Träger all der einzigartigen steingewordenen Kulturgüter vom Hochland in die feuchtheißen Niederungen herabgestiegen sind. Das auffällige Fehlen archaischer Kulturreste im Tiefland war nach Ansicht der Autoren nicht mit der Idee einer autochthonen, das heißt einer von Anfang an nur dort abgelaufenen Entwicklung in Einklang zu bringen (206, S. 85). Die Ergebnisse der Ausgrabungen und jüngere vergleichende Sprachforschungen (54; 195, S. 169) haben inzwischen prähistorische Hochland-Tiefland-Wanderungen bestätigt. Da alle Maya-Sprachen miteinander verwandt sind, ließen sich mit Hilfe von Wortlisten frühere oder spätere Zeitpunkte der Ablösung einzelner Gruppen von der Hauptgruppe ermitteln und die eingeschlagenen Wanderwege »spracharchäologisch« rekonstruieren (Methode der Glottochronologie und Lexikostatistik; 136, S. 15f.).

Die Urheimat der Maya lag mit großer Wahrscheinlichkeit an der zum Pazifischen Ozean abfallenden Gebirgsflanke Guatemalas und in dem ihr vorgelagerten Küstensaum. Ob jedoch die Träger der in Meeresnähe entstandenen Izapa-Kultur bereits als »Maya« bezeichnet werden können, ist umstritten. Einige Verbindungslinien zu den späteren Maya des nördlichen Tieflandes sind unverkennbar (S. 48), andere stilistische Merkmale der Izapa-Kultur hingegen erscheinen völlig fremd (81, S. 186), so daß man auch an Bezüge zu den Olmeken denkt (S. 17). Die Leute von Izapa wird man in diesem frühen Entwicklungsstadium allenfalls als Proto-Maya bezeichnen können. Sie lebten als Fischer in kleinen Dörfern und gingen, nachdem die Kenntnis des Maisanbaus bis zu ihnen vorgedrungen war, auch zum Feldbau über. Es ist nicht ausgeschlossen, daß sie mit ihren Booten an der Küste entlang weit nach Süden gefahren sind und Verbindung mit den auf der Halbinsel Santa Elena in Ecuador lebenden Valdivia-Leuten aufgenommen haben. Stilistische Parallelen in der Keramik sprechen dafür. Diese »Valdivia-Kultur« wurde erst in den sechziger Jahren entdeckt und hat seitdem den Archäologen einige Sensationen gebracht: Maiskornabdrücke als Dekor von Tongefäßen und die Auffindung eines beim Brand der Gefäße karbonisierten Maiskorns (305, S. 75f., 84). Demnach haben die Valdivia-Leute bereits vor 4000 Jahren oder noch längerer Zeit im Küstengebiet Ecuadors Mais angebaut. Von dort, mit mehr Wahrscheinlichkeit jedoch aus dem

Hochland von Mexiko, muß die Kenntnis des Maisanbaus zu den Maya gelangt sein (S. 147).

180 km östlich von Izapa und La Victoria lag im klimatisch günstigen Hochland von Guatemala ein zweiter deutlich hervortretender Schwerpunkt der präklassischen und frühklassischen kulturellen Entwicklung der Maya. Am westlichen Stadtrand von Guatemala-City ist in den letzten Jahrzehnten das 5 km² umfassende Zeremonialzentrum von Kaminaljuyú mit Resten von 200 Pyramiden ausgegraben worden. Auf ihnen erhoben sich vermutlich aus Holz errichtete Tempel, von denen freilich nichts erhalten geblieben ist. Durch den Umfang des Ruinenfeldes und die Größe seiner Bauten erweist sich Kaminaljuyú als das wichtigste alte Maya-Zentrum im mittleren Guatemala. Mit dieser vorklassischen Izapa- und Kaminaljuyú-Kultur lassen sich die Anfänge der klassischen Tieflandkultur der Maya archäologisch eindeutig in Verbindung bringen (197, S. 43). Auch in den Formen der wirtschaftlichen und sozialen Organisation ergeben sich Übereinstimmungen.

3. Tiefland-Maya und Olmeken

Erste Anzeichen einer Landnahme der Maya im Tiefland nördlich der guatemaltekischen Kordillere gibt es bereits aus der Zeit um 2600 v. Chr. (85). Es sind mit Hilfe der Radiokarbonmethode datierbare Kulturhorizonte bei Cuello im nördlichen Belize. Um 1000 v. Chr. tauchen dort Töpfereierzeugnisse auf, die denen von einem halben Dutzend weiterer Fundplätze in diesem Gebiet entsprechen (86, S. 203). Die beiden ältesten bisher nachgewiesenen Siedlungsplätze im Petén sind Seibal und Altar de Sacrificios im Tal des Rio de la Pasión. Sie gehören dem mittleren Vorklassikum, etwa der Zeit zwischen 800 und 300 v. Chr., an (86, S. 197). Bereits im späten Vorklassikum (300 v. Chr. bis 100 n. Chr.) lebten in Seibal und seiner nächsten Umgebung etwa 1000–2000 Menschen (198, S. 140). Um 600 v. Chr. begann die Besiedlung von Tikal, 100 Jahre später wurde im nordöstlichen Yucatán Dzibilchaltún gegründet.

Aus welchen Motiven die Maya in das Tiefland umgesiedelt sind, wissen wir nicht. Es mögen Wanderlust, Raumenge infolge von Vorstößen anderer Hochlandvölker oder auch die durch Kundschafter überbrachte Nachricht vom Vorhandensein großer besiedlungsfähiger Freiräume im Tiefland gewesen sein. Neuerdings glaubt P. Sheets von der University of Colorado den wahren Grund für die Abwanderung der Maya aus dem Hochland gefunden zu haben: Es soll der Ausbruch des Vulkans Ilopango in Zentral-El-Salvador gewesen sein, dessen niedergehende Aschenregen weite Teile des Landes für längere Zeit unbewohnbar machten (162, S. 50). Da der Vulkanausbruch jedoch erst zwischen 100 und 300 n. Chr. stattfand, kann er allenfalls die späte Abwanderung kleiner elitärer Hochlandgruppen ins

Tiefland ausgelöst haben, aber nicht die dort schon viele Jahrhunderte früher begonnene Landnahme erklären. So müssen wir uns damit bescheiden, weiterhin die Tatsache zur Kenntnis zu nehmen, daß trotz aller klimatischen Vorzüge des Hochlandes, trotz der günstigen Anbaumöglichkeiten für Mais, Bohnen, Melonen und Süßkartoffeln frühzeitig Menschen ins Tiefland gegangen sind und daß die Maya-Zivilisation im Hochland, auch in den späteren Epochen, niemals die erstaunliche Höhe der in das tropische Tiefland gezogenen Maya-Gruppen erreicht hat. Wahrscheinlich war vor allem die permanente Bevölkerungsunruhe im Hochland schuld daran. Die weitaus bedeutsamere Kulturentfaltung, die sich im Tiefland vollzogen hat, beruhte sicherlich auf der isolierten Lage der Halbinsel, die sie lange Zeit vor kriegerischen Invasionen bewahrte. Aber dies erklärt nicht alles. Wir müssen uns um die Aufdeckung vieler anderer Zusammenhänge bemühen.

Ein Hauptwanderweg vom Hochland zum Tiefland wird die breite Talfurche des Rio Motagua gewesen sein (Bild 10). Wegen ihres trocken-heißen Klimas und ihres verhältnismäßig lichten Pflanzenkleides war sie leichter passierbar als die Regenwälder an den Gebirgshängen, durch die die kürzesten Wege hinunter ins Tiefland führen. Die frühe Besiedlung von Belize spricht dafür, daß die ersten Einwanderer dem Motaguatal und dann der Küste nordwärts gefolgt sind. Welchen Wanderweg die präklassischen Maya-Kolonisten eingeschlagen haben, die Altar de Sacrificios und Seibal am Rio de la Pasión gegründet haben, ist unklar. Sie könnten ebenfalls das Motaguatal hinuntergezogen sein, oder sie haben den Umweg über die mexikanische Golfküste gewählt (198, S. 144). Eine Reihe von Forschern nimmt an, daß die Maya dort bereits in sehr frühen Zeiten größere Landstriche besiedelten und sich über Generationen dem tropischen Tieflandklima angepaßt haben, bevor sie nach Osten in die Regenwaldgebiete vorgedrungen sind. Der große Usumacinta-Fluß, der während der ganzen Maya-Zeit eine so wichtige Rolle als Verkehrsweg spielte (S. 381), hat vermutlich schon den frühen Einwanderern als Leitlinie gedient. Ihm könnten die Gründer von Altar de Sacrificios und Seibal bis zur Einmündung des Rio de la Pasión stromaufwärts gefolgt sein. Von den Flußufersiedlungen aus sind dann, wie aus dem Alter der Bodenfunde und den Stelendaten (S. 26) zu schließen ist, das Regenwaldgebiet des inneren Petén und schließlich auch der zentrale und nördliche Teil von Yucatán erschlossen worden.

Der neue Lebensraum stellte die Maya vor völlig veränderte Anforderungen. Außer den im Hochland kultivierten Nutzpflanzen fanden die Bauern ihnen bisher unbekannte, nur im Tiefland gedeihende Kulturgewächse vor, und aus der wachsenden Bevölkerung ergaben sich Versorgungsprobleme, die nicht mehr allein auf der Grundlage des Brandrodungsfeldbaus zu lösen waren, sondern die Entwicklung agrarwirtschaftlicher Intensivmethoden erforderten (S. 189). Unter diesem Aspekt hat Toynbee recht, wenn er meint, daß die »Herausforderung« des Lebens im tropischen Tiefland die schöpferische Kraft der Maya beflügelt habe. Ihre Kenntnisse, die sie aus dem Hochland mitbrachten, wurden aber außerdem durch kulturelle Anregungen bereichert, die aus einer ganz anderen Richtung, von der Golfküste, kamen. Dort siedelte eine frühe Menschengruppe, deren eigentlichen Namen wir nicht kennen. Jahrhunderte später lebte im gleichen Gebiet eine andere Bevölkerung, die die Azteken als Olmeken, die »Leute aus dem Kautschukland«, bezeichneten. Ihr Name wurde, obwohl dies zweifellos unrichtig ist, anfänglich von den Archäologen auch auf die unbekannten Vorsiedler übertragen, deren früheste kulturelle Hinterlassenschaften bis etwa 1500 v. Chr. zurückreichen und ab 1200 v. Chr. deutlichere Formen annahmen. Ihr auf einer ehemaligen Schwemmlandinsel im Mangrovesumpf an der Mündung des Tonalá-Flusses gelegenes Zentrum La Venta mit seinen Nebenzentren Tres Zapotes, Cerro de las Mesas und San Lorenzo erlebte von 800 bis 400 v. Chr. seine höchste Blüte. Es hat sich daher heute eingebürgert, von einer »La-Venta-Kultur« und nur noch im übertragenen Sinne von einer »Olmeken-Kultur« zu sprechen.

Seit 1938 M. Stirling nach Vorarbeiten von F. Blom und O. La Farge die Erforschung des La-Venta-Komplexes mit großangelegten Ausgrabungen in Angriff nahm, sind aufsehenerregende Funde gemacht worden: fast 2,5 m hohe und über 6 m im Umfang messende Riesenköpfe aus Basalt mit breiten, flachen Nasen und wulstigen Lippen (Bild 1), 40–50 t schwere Altarmonolithe, reliefverzierte Stelen, Dateninschriften, Jadeprunkäxte und kostbare Jadeschnitzereien (allein 782 Figuren in einem Funddepot!) und eine reiche Keramik. Demgegenüber sind die baulichen Zeugnisse weniger eindrucksvoll. Die Olmeken errichteten nur bescheidene, teils mit Steinen verkleidete Erdpyramiden. Die größte von ihnen ist 32 m hoch, mißt an der eher ovalen als rechteckigen Basis 72 × 120 m und hat mit 85 000 m³ Stampferde das halbe Volumen der Mondpyramide von Teotihuacán.

Daß diese Schöpfungen der La-Venta-Kultur den Maya nicht unbekannt blieben, lassen olmekische Formelemente in den frühen Entwicklungsstadien der Maya-Kunst erkennen (195, S. 145; 209, S. 151; 326, S. 145). Die erste Idee der Schrift haben die Maya höchstwahrscheinlich von ihren Nachbarn erhalten. Eine Stele in Tres Zapotes mit dem bereits nach Art des (späteren) Maya-Kalenders gerechneten, bisher ältesten Datum stammt aus dem Jahre 31 v. Chr., ist also über 300 Jahre älter als das früheste Weihedatum einer Maya-Stele. Gewisse innere Gesetzmäßigkeiten im Kalender (20, S. 32) deuten jedoch, wie auch archäologische Zeugnisse, auf einen Beginn noch sehr viel weiter vor Anfang unserer Zeitrechnung hin, denn in Oaxaca sind älteste Kalenderhieroglyphen bereits im 4. vorchristlichen Jahrhundert aufgezeichnet worden.

Ein bisher noch nicht gelöstes Problem ist allerdings, ob sich die »olmekische« Zivilisation an der Golfküste selbständig entwickelt hat oder ob ihre

Keimzelle nicht ebenfalls im Hochland oder an der pazifischen Küste zu suchen ist. Eine Fülle kleiner im olmekischen Stil gefertigter Gegenstände, die im Bereich des heutigen mexikanischen Küstenstaates Guerrero gefunden wurden, veranlaßte einige Forscher, dort das eigentliche Herkunftsgebiet der La-Venta-Olmeken zu suchen (197, S. 37). Seit dem Beginn des 2. vorchristlichen Jahrtausends haben sie sich von der pazifischen Küste gelöst und an der atlantischen Küste im Lande Olman, dem »Land des Kautschuks«, eine neue Heimat gefunden.

Die noch völlig metallose La-Venta-Kultur war die Mutterkultur Mesoamerikas. Ihr Einfluß ist im Gesamtraum spürbar, gleichgültig, ob es von religiösen Ideen getragene Kulturströme, Handelsbeziehungen oder machtpolitische Expansionsbestrebungen waren, die dahinterstanden. Man kann die Olmeken in ihrer Ausstrahlungskraft mit den Sumerern im Alten Orient vergleichen. Olmekische Massivbauten und monumentale Kunstwerke gingen denen der Tiefland-Maya um fast 1000 Jahre voraus. Für den Transport der in La Venta verarbeiteten Werksteine, die es im Schwemmland an der Golfküste nicht gab und die man aus 50–130 km entfernten Basaltbrüchen in den Tuxtlabergen heranschaffen mußte, wurden wahrscheinlich mit Flößen befahrbare Wasserwege benutzt.

Die Grundkonzeption aller späteren Kultzentren Mesoamerikas – sowohl im Hoch- als auch im Tiefland – mit den großen Versammlungsplätzen, um die sich Pyramiden und Tempel gruppierten, stammt von den Olmeken. In La Venta liegt der älteste Platz für das kultische Spiel mit Kautschukbällen (S. 295), das sich von dort über ganz Mesoamerika verbreitet hat.

Gegen Ende der mittleren vorklassischen Periode, zwischen 300 und 400 v. Chr., brach die La-Venta-Kultur plötzlich zusammen, ein Schicksal, das über 1000 Jahre später auch die Kultur der Maya ereilte. Aber während La Venta gewaltsam zerstört wurde, wie 24 stark beschädigte Baudenkmäler beweisen, sind die Ursachen des Untergangs der Maya-Hochkultur sehr viel problematischer (S. 429ff.).

Zwischen dem Ende der La-Venta-Kultur und dem Beginn der klassischen Maya-Hochkultur klafft eine Lücke von 700 Jahren. In der Blütezeit von La Venta waren die Binnenlandgebiete des Petén und Yucatáns noch fast menschenleer und, auch als die Olmeken vom Schauplatz der Geschichte abtraten, noch sehr schwach besiedelt. Es ist daher kaum möglich, daß sich olmekische Einflüsse *unmittelbar* auf die Entwicklung der Maya-Zivilisation ausgewirkt haben. Dennoch sind solche Einflüsse deutlich erkennbar. Sie sind entweder auf eine noch in Tres Zapotes lebende epiolmekische Restbevölkerung zurückzuführen oder – was wahrscheinlicher ist – in der pazifischen Heimat der Olmeken, die zugleich das Ursprungsgebiet der Maya war (Izapa), direkt in deren Kulturbesitz eingegangen. Mit den Wanderungen der Ur-Maya ist dieses Erbe dann über das Hochland in das nördliche Tiefland gelangt (46, S. 185, 194).

4. Petén und Yucatán

Mayab – »Land der Maya« – hieß ursprünglich das heute zu Guatemala gehörende Departamento El Petén. Eine Insel – in der Maya-Sprache *petén* – im Petén-Itzá-See gab der Landschaft ihren heutigen Namen. In dieser Wurzelzone der Halbinsel, zwischen atlantischer Abdachung der zentralamerikanischen Gebirgsketten und Yucatánplateau, entstanden die ältesten und bedeutendsten Zeremonialzentren der Maya: Tikal, Uaxactún, El Mirador, Copán, Yaxchilán, Piedras Negras und Palenque – Höhepunkte der vorkolumbischen Zivilisationsentwicklung in der Neuen Welt. Das in der Fußhügelregion des Berglandes von Chiapas gelegene Palenque, mit dem dunklen Hintergrund des bewaldeten Gebirges und dem freien Blick über die weite grüne Tieflandebene, hatte die großartigste landschaftliche Lage aller Maya-Zentren (Bild 3).

Den mittleren und nördlichen Teil der Halbinsel nannten die Spanier seit Beginn der Conquista »Yucatán«. Diese Landschaftsbezeichnung ersetzte den älteren, bis dahin von den Maya gebrauchten Namen *uluumil cutz yetel ceh,* das heißt »Land der wilden Truthühner und Hirsche«. Der Name Yucatán geht auf ein Mißverständnis zurück. Auf eine von den Spaniern gestellte Frage nach dem Naturcharakter der Halbinsel, die den Maya unverständlich war, gaben diese die höfliche Antwort: *»ci utham«* = »sie sagen so«, was wiederum die Spanier nicht verstanden. Sie meinten irrtümlich, *ci utham* sei der Name des Landes, und daraus entstand die Bezeichnung des Landes Yucatán. So berichtet jedenfalls – ob wahr oder Legende – Bischof Landa 1566 in seiner berühmten »Relación« (178, S. 4).

Während der ganzen Kolonialzeit und noch 37 Jahre nach der mexikanischen Unabhängigkeitserklärung galt Yucatán als eine politische Einheit. Dies änderte sich erst 1858, als im Südwesten der Halbinsel der selbständige Staat Campeche abgegliedert und 1903 nach schweren Indianeraufständen im Osten der Halbinsel das Territorium Quintana Roo – so nach einem dort geborenen Freiheitskämpfer benannt – geschaffen wurde.

Wenn in diesem Buch von »Yucatán« gesprochen wird, ist stets nur der nördliche Teil der Halbinsel, das heißt das Gebiet des jetzigen mexikanischen Bundesstaates Yucatán, gemeint. Das »nördliche Yucatán« umfaßt den gleichnamigen Bundesstaat und den Norden des heutigen Territoriums Quintana Roo, das »mittlere Yucatán« oder »Zentralyucatán« hat Anteil an Campeche und Quintana Roo. Der historische »Petén« entsprach weitgehend dem gegenwärtigen guatemaltekischen Departamento gleichen Namens, griff aber noch in das westliche Belize (ehemals Britisch-Honduras) über. Die »Halbinsel Yucatán« umfaßt als geographischer Begriff das Gesamtgebiet von der Nordküste bis zur Wurzelzone am Rio Usumacinta.

5. Die Epochen der Entwicklung und ihre Datierung

In der kulturhistorischen Entwicklung der Maya lassen sich mehrere durch bestimmte Merkmale gekennzeichnete Epochen unterscheiden, deren Anfangs- und Enddaten freilich von Region zu Region mehr oder weniger stark voneinander abweichen können:

I. die vorklassische oder formative Periode (2600 v. Chr.–100 n. Chr.)
 a) frühes Vorklassikum (2600–850 v. Chr.)
 b) mittleres Vorklassikum (850–300 v. Chr.)
 c) spätes Vorklassikum (300 v. Chr.–100 n. Chr.)

II. die protoklassische Periode (100–300 n. Chr.)

III. die klassische Periode (300–900 n. Chr.)
 a) Frühklassikum (300–600 n. Chr.)
 b) Spätklassikum, Blüte- und Verfallszeit (600–900 n. Chr.)

IV. die nachklassische Periode (900–1520 n. Chr.)
 a) frühes Nachklassikum (900–1200 n. Chr.)
 b) spätes Nachklassikum (1200–1520 n. Chr.)
 c) Kolonialzeit (ab 1520 n. Chr.)

Als Beginn der *vorklassischen* oder *formativen* Periode ist der Übergang von der Sammelwirtschaft zum Feldbau mit Hilfe des Pflanz- und Grabstocks um die Mitte des 3. vorchristlichen Jahrtausends anzusehen (S. 146). Verbunden mit dem Beginn des Maisanbaues waren Seßhaftwerdung und Auftreten erster Töpfereierzeugnisse. Charakteristische Erscheinungen der späteren Kulturentwicklung beginnen um diese Zeit »Form« anzunehmen, daher auch die Bezeichnung »formative Periode«.

Keramikfunde aus dem *frühen* und *mittleren Vorklassikum* wurden am Rio Usumacinta, dem größten Fluß im Süden der Halbinsel, im Petén und im südlichen Belize gemacht. Auch im Norden der Halbinsel sind zwei Fundstellen bekannt (Mani, Dzibilchaltún), während der ganze zentrale Teil der Halbinsel um diese Zeit noch unbesiedelt war. Die Maya des frühen und mittleren Vorklassikums waren noch einfache Waldbauern. Es gab noch keine priesterliche Führungsschicht, daher auch noch keine Schrift, keine steinernen Bauten. Vom *späten Vorklassikum* an zeichnet sich dann die Anlage ältester Kultplätze und Zeremonialzentren ab.

Im *Protoklassikum* – zur gleichen Zeit, als in Süddeutschland die Alemannen den römischen Limes überrannten – setzte die eigentliche Entwicklung der Maya-Hochkultur ein. Erste Bauten mit »falschem Gewölbe« (Kraggewölbe) entstehen, und erste Stelen mit Hieroglyphen werden errichtet. Damit kündigt sich ohne scharfe zeitliche Abgrenzung der Anbruch der klassischen Periode an.

Die Daten für Beginn und Ende der *klassischen Periode* sind abgerundet, entsprechen aber mit nur geringer Differenz den beiden bisher wichtigsten Zeitmarken der Maya-Geschichte aus dem südlichen Regenwaldgebiet des

Petén: der ältesten datierten Stele von 292 n. Chr. und derjenigen mit der letzten verzeichneten Jahreszahl von 928 n. Chr. Lange Zeit galt ein 1864 bei Puerto Barrios in Guatemala gefundener Jadeanhänger, der nach seinem Verwahrungsort als »Leidener Platte« berühmt geworden ist, mit seinen Hieroglyphengravuren als ältestes schriftliches Maya-Dokument. Das dort verzeichnete Datum, das in unserer Zeitrechnung dem Jahre 320 n. Chr. entspricht, ist durch Auffindung einer 28 Jahre älteren Stele in Tikal (Petén) an zweite Stelle gerückt.

Das *Frühklassikum* ist gekennzeichnet durch starke kulturelle, wirtschaftliche und politische Einflüsse, die von der im nördlichen Teil des Hochlandes von Mexiko gelegenen Stadt Teotihuacán ausgingen und ganz Mesoamerika bis zum fernen Maya-Tiefland erfaßten. Teotihuacán, das wahrscheinlich im 1. nachchristlichen Jahrhundert mit regelmäßig angelegten Straßenzügen gegründet wurde, dessen Sonnen- und Mondpyramide bedeutende kultische Mittelpunkte waren, dehnte sich über eine Fläche von 20–30 km² aus und soll in seiner Spätzeit um 600 n. Chr. 85 000–140 000 Einwohner gehabt haben. Für höhere Schätzungen unter der Annahme einst in der Umgebung von Teotihuacán betriebener Bewässerungswirtschaft (S. 227) gibt es keine durch Geländebefunde begründeten Nachweise (454, S. 110). Über die große Maya-Stadt Kaminaljuyú, die von den Teotihuacán-Eroberern seit 335 n. Chr. zu einem mächtigen Stützpunkt ausgebaut worden war und deren Ruinen am Rande von Guatemala-City liegen, reichten die Handelsbeziehungen bis Tikal und noch weit darüber hinaus. Damit verbundene kulturelle Ausstrahlungen haben die Entwicklung dieses führenden Zeremonialzentrums im Maya-Tiefland wesentlich mitbestimmt.

Datierbare Teotihuacán-Funde im Petén stammen aus der Zeit zwischen 380 und 623 n. Chr. mit einem Maximum im 5. Jahrhundert (49, S. 251; 103, S. 419). Ein besonders schönes Beispiel für die Nachhaltigkeit des Teotihuacán-Einflusses im religiösen Leben Tikals ist die dort entdeckte frühklassische Stele 31 mit Darstellungen der typisch mexikanischen Dreiheit von Erdgott, Feuergott und Regengott (17). Der im Hochland verehrte Vegetationsgott *Xipe Tótec,* die Hauptfigur der Tikal-Stele, fehlt auf den Gedenksteinen anderer klassischer Zentren der Tiefland-Maya. Bildnisse des Regengottes Tlaloc treten auf insgesamt drei Stelen auf (49, S. 252).

Gegen Ende des 6. Jahrhunderts scheinen sich die ursprünglich sehr engen Kontakte zu Teotihuacán allmählich gelockert zu haben (649, S. 206), wohl infolge der sich um diese Zeit anbahnenden Bevölkerungsverschiebungen im Hochland. Während der damit verbundenen politischen Umwälzungen ist schließlich zwischen 630 und 650 n. Chr. Teotihuacán von einem nach Süden vordringenden Volk zerstört worden. Fernwirkungen dieser Ereignisse haben sich nicht nur in Tikal, sondern im gesamten südlichen Maya-Land bemerkbar gemacht. Die Bautätigkeit stagnierte, und die Zahl der errichteten Stelen ging merklich zurück. Dieser sogenannte »klassische Maya-Hiatus«, der zwar nicht zur Verödung größerer oder kleinerer Zentren führte, stellte einen spürbaren Einschnitt in der Gesamtentwicklung des Tieflandes dar und berechtigt uns, zwischen einem Frühklassikum und einem nach dem Jahre 600 n. Chr. beginnenden Spätklassikum mit erneut belebter Bautätigkeit zu unterscheiden.

In das *Spätklassikum* fallen, nachdem die Stillstandsperiode überwunden war, Blüte- und Verfallszeit fast aller Zeremonialzentren. Nur Calakmul und San Lorenzo überlebten das Jahr 900 (Fig. 2). Zwar findet man anfänglich in spätklassischer Zeit noch in Tikal und in anderen Zeremonialzentren indirekt von Teotihuacán beeinflußte Elemente, aber durch ihre »Mayanisierung« geben sie doch zu erkennen, daß der unmittelbare Kulturaustausch mit dem Hochland erloschen war (826, S. 65f.). Eigenständige Entwicklungen setzten sich durch, und das 8. Jahrhundert – dasselbe Säkulum, in dem Nordafrika und die Iberische Halbinsel in die Hände der Araber fielen, das karolingische Frankenreich entstand und Karl der Große sein Reich aufbaute – wurde zum »goldenen Zeitalter« der Maya-Hochkultur. Die aus dem Spätklassikum stammenden Tempel und Paläste der Puuc-Region des nördlichen Yucatán – in Uxmal, Labná, Sayil und Kabáh – stellen die großartigsten architektonischen Schöpfungen im Gesamtbereich Altamerikas dar.

Die von der klassischen Zeit durch eine deutliche Zäsur getrennte *nachklassische Periode* ist gekennzeichnet durch den starken toltekischen Kultureinfluß in Chichén Itzá und einigen anderen Städten des nördlichen Yucatán, der von 987 bis 1185 andauerte (maya-toltekische Periode, S. 54). Machtkämpfe rivalisierender später Stadtstaaten endeten dort mit Beginn der spanischen Conquista (1520).

6. Die Sprache der Stelen

Wichtigste Datierungshilfe geben uns zu Hunderten in den Zeremonialzentren der südlichen Regenwaldzone, seltener im Norden Yucatáns aufgefundene Stelen. Diese mit Flachreliefs und Schriftzeichen bedeckten Steinplatten, die einzeln oder in Reihen hauptsächlich vor den Treppen der Tempelpyramiden aufgestellt wurden, sind keine Götter- oder Priesterbilder, sondern stellen weltliche Fürsten mit Kopfschmuck, Amts- und Würdezeichen in einer streng formalen, etwas starren Ausdrucksweise dar. Derartige der Verherrlichung hochgestellter Persönlichkeiten dienende Bildnisse zieren in der Regel nur die Vorderseiten der Stelen; Hieroglyphen finden sich vorwiegend auf den Schmal- und Rückseiten (Bild 2). Soweit sie sich bisher entziffern ließen, enthalten sie astronomische Mitteilungen, Weissagungen, familiengeschichtliche und historische Nachrichten. Den umfangreichsten der bisher aufgefundenen Hieroglyphentexte im Bereich des Petén trägt die Stele 31 in Tikal (17, S. 159).

Dank der auf den Steinplatten verzeichneten Daten der »Langen Zählung« (S. 61) haben sie zur Aufhellung der Maya-Geschichte entscheidend beigetragen. Bei diesen Daten handelt es sich um Weihedaten, aus denen hervorgeht, daß die Maya der klassischen Periode jeweils am Ende eines »Katun«, das heißt eines etwa 20 Jahre (genauer 20 × 360 Tage, vgl. S. 62) umfassenden Zeitabschnitts, derartige Gedenksteine zu errichten und einzuweihen pflegten. Im Hochklassikum verkürzte sich mit dem Aufblühen der Zentren fast überall der zeitliche Abstand auf 10 und am Ende der klassischen Periode, zum Beispiel in Copán, Piedras Negras und Quiriguá, auf 5 Jahre. Anscheinend war jedoch die Errichtung von Stelen im kurzen Abstand eines Viertelkatuns zu aufwendig, denn kein anderes Kultzentrum folgte dem Beispiel der drei genannten. Relieflose, glatte Stelen trugen wahrscheinlich farbige Darstellungen gleichen Inhalts wie die skulptierten, aber von den Malereien und ihrer Stuckunterlage blieb wenig oder nichts erhalten.

Während man früher annahm, daß die Stelen ausschließlich »Meilensteine der Zeit«, sozusagen »öffentliche Kalender«, seien, ist es durch die jüngere Forschung immer deutlicher geworden, daß die dargestellten Figuren dynastische Herrscher mit Frauen, Kindern und Hofstaat sind und daß sich die Inschriften nicht nur auf Geburts-, Heirats- und Thronbesteigungsdaten beschränken, sondern auch über militärische Siege und andere Begebenheiten berichten (45, S. 207).

Die auf steinernen Sockeln als flache Steinplatten errichteten Stelen – gelegentlich haben sie auch einen fast quadratischen Grundriß – sind in der Regel 2–4 m, maximal bis 10 m hoch. Die größte Stele von Quiriguá, eine der jüngsten aus dem Jahre 771, hat ein Gewicht von 65 t, und es ist erstaunlich, daß es den Maya ohne Kenntnis des Flaschenzuges und der Seilwinde allein mit dem Hebel, dem einfachsten aller technischen Hilfsmittel, gelungen ist, derartige Monolithe aufzurichten.

Die Ausmaße der Stelen nahmen von der frühklassischen zur spätklassischen Zeit allmählich zu, so, wie auch die Gebäudekomplexe immer monumentalere Dimensionen erreichten. Ob den steinernen Stelen solche aus Holz vorausgegangen sind, ist unbekannt. Nur ein Zufallsfund – auch eine Reihe hölzerner Türstürze hat der Verwitterung standgehalten – könnte diese Frage klären.

Die Stelen der frühklassischen Zeit wurden gewöhnlich aus löcherigen Kalken mit Muschelbruch und zahlreichen Feuersteineinschlüssen gehauen. Erst nach Errichtung des rohen Steinblocks begann die Bearbeitung durch den Steinmetz. Oft hat die im Kalk besonders aktive Lösungsverwitterung die ursprünglichen bzw. durch Herausfallen der Flintknollen entstandenen Löcher kräftig erweitert und dadurch die Skulpturen weitgehend zerstört. Wir wissen nicht, ob solche schon frühzeitig aufgetretenen Schäden der Grund dafür waren, daß man zum Beispiel in Tikal in spätklassischer Zeit wetterbeständigeren Dolomit und dolomitisierten Kalk als Werkstein für die Stelen bevorzugte. In Quiriguá verwendete man Sandstein, in Copán den dort anstehenden feinkörnigen grünlichen Trachyt. Er läßt sich, vor allem frisch gebrochen, leicht bearbeiten und ist weniger verwitterungsanfällig als Kalk. Kennzeichnend für die Copán- und Quiriguá-Stelen sind daher nicht die üblichen Flachreliefs, sondern vollplastisch wirkende Skulpturen von nahezu barocker Pracht (Bild 11 und 12).

In Quiriguá stehen nicht nur die größten, sondern zugleich die künstlerisch vollendetsten Stelen, die je im Maya-Land geschaffen worden sind. In Copán zieren die 14 schönsten der dort entdeckten 38 Stelen den zentralen Platz (Fig. 4). In ihrem Formenreichtum erinnern sie wie auch der phantasievolle Fassadendekor mancher Kultbauten an die Üppigkeit des tropischen Regenwaldes, in dem sie entstanden sind und der sie nach dem Untergang der Maya-Zentren wieder überwuchert hat. Der rote Farbanstrich der grünen Trachytstelen von Copán, der sicherlich auch an anderen Plätzen einst die Gedenksteine überzog, hat sich bis zum heutigen Tag gut erhalten. Nach dem Kunstverständnis unserer Zeit erscheint er ebenso fremdartig und unverständlich wie die ursprüngliche Kolorierung antiker Marmorskulpturen.

Fein ausgearbeitete Stelen erscheinen am frühesten und häufigsten im

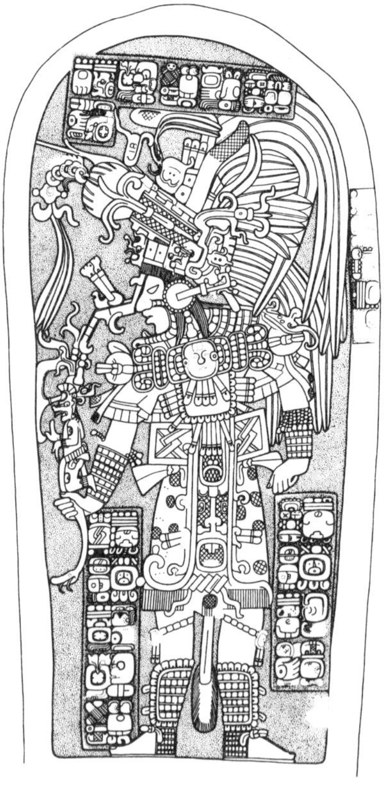

Fig. 1 Stele 3 in Machaquilá, Petén

Auf der 1,80 m hohen und bis 0,93 m breiten Stele ist ein mit einem Jaguarfell bekleideter Fürst mit Kopfschmuck und Zepter dargestellt. Nur die Vorderseite der 22 cm dicken Kalksteinplatte ist reliefverziert und trägt drei Inschriftenreihen: eine Querinschrift über dem Haupt des Dargestellten und zwei Doppelkolumnen von Hieroglyphen an den beiden unteren Seiten, dazu eine Ergänzung von fünf unvollständig erhaltenen Zeichen am oberen rechten Rand. Das Weihedatum lautet 9.19.5.0.0 2 Ahau 13 Yaxkin = 815 n. Chr.

(Zeichnung von I. Graham, 1967)

südlichen Regenwaldgebiet (Fig. 1). In Tikal steht, wie schon gesagt, die älteste datierte Stele der Tiefland-Maya aus dem Jahre 292 n. Chr. Sie ist jedoch nicht die erste innerhalb des gesamten Lebensraums der Maya. In der pazifischen Küstenzone Guatemalas, bei El Baúl, das zum Izapa-Kulturgebiet gehört, wurde eine Stele gefunden, die bereits das Datum 36 n. Chr. trägt (45, S. 75). Auch im zentralen Hochland Guatemalas kommen vereinzelt Stelen vor, jedoch nur selten mit Inschriften (477, S. 18). Solche mit Glyphen aus der Endzeit des Vorklassikums sind zum Beispiel in Kaminaljuyú gefunden worden (195, S. 144). Zu Beginn des Klassikums erlosch dort der Stelenkult abrupt, vermutlich infolge einer von Teotihuacán ausgegangenen Invasion, und auch Glyphentexte auf anderen Steinmonumenten aus der Zeit nach dem Jahre 300 n. Chr. fehlen im Hochland völlig.

Als eine ureigene Schöpfung der Tiefland-Maya können die Gedenksteine also schwerlich angesehen werden. Aber vermutlich ist die Idee der Stele gar nicht vom Hochland ins Tiefland gekommen, sondern stammt von den Olmeken (S. 57), bei denen bereits um 500 v. Chr. einfache Kalenderinschriften mit Begleitzeichen in Erscheinung treten (19, S. 457). Den Maya jedoch ist aus der Verbindung von Kalenderwissen und künstlerischer Gestaltungskraft der perfekte Ausbau des Stelenkults zu verdanken. Vom Petén aus verbreitete er sich bis zum Ende des 5. Jahrhunderts in allen Richtungen: nach Süden bis zum oberen Usumacinta (Altar de Sacrificios), nach Südosten bis in das westliche Honduras (Copán) und nach Norden bis Yucatán. Aber im mittleren und nördlichen Teil der Halbinsel hat der Stelenkult nie eine solche überragende Rolle gespielt wie in seinem Ausgangsgebiet. Stelen wurden in Yucatán nur in Oxkintok, Tulúm, Tzibanché, Ichpaatún, Cobá, Etzná, Santa Rosa Xtampak und auf der Insel Jaina gefunden, jedoch tragen nicht alle Jahreszahlen (122, S. 65, 72). Immerhin steht die an der Ostküste gelegene Stadt Tulúm – wenn man alle Zeremonialzentren nach den frühesten Weihedaten ordnet – mit dem Jahre 564 n. Chr. bereits an 14. Stelle, und mit 27 Stelen aus dem 7.–9. Jahrhundert reiht sich Cobá durchaus in die Gruppe der an derartigen Funden reichsten Zentren ein. Eigenartigerweise gibt es keine Stelen in Palenque. Seine Herrscher haben solche nie errichtet.

Insgesamt zeigt die in Fig. 2 wiedergegebene graphische Darstellung, daß datierte Stelen keineswegs gleichzeitig im ganzen Maya-Land auftreten, sondern daß sich der Brauch, sie zu errichten, erst sehr allmählich über die Jahrhunderte durchsetzt, dann jedoch in einer viel kürzeren Zeitspanne wieder in Vergessenheit gerät. Seinen absoluten Höhepunkt erreichte der Stelenkult im Jahre 790, das dem Ende von Katun 18 entsprach. Zur Erinnerung an diese Zeitmarke wurden in 19 Zeremonialzentren datierte Stelen errichtet, 20 Jahre* später, am Ende von Katun 19, weitere zwölf. Von da an geht ihre

* Gemeint sind kultische Jahre zu je 360 Tagen, 1 Katun umfaßt somit 7200 Tage.

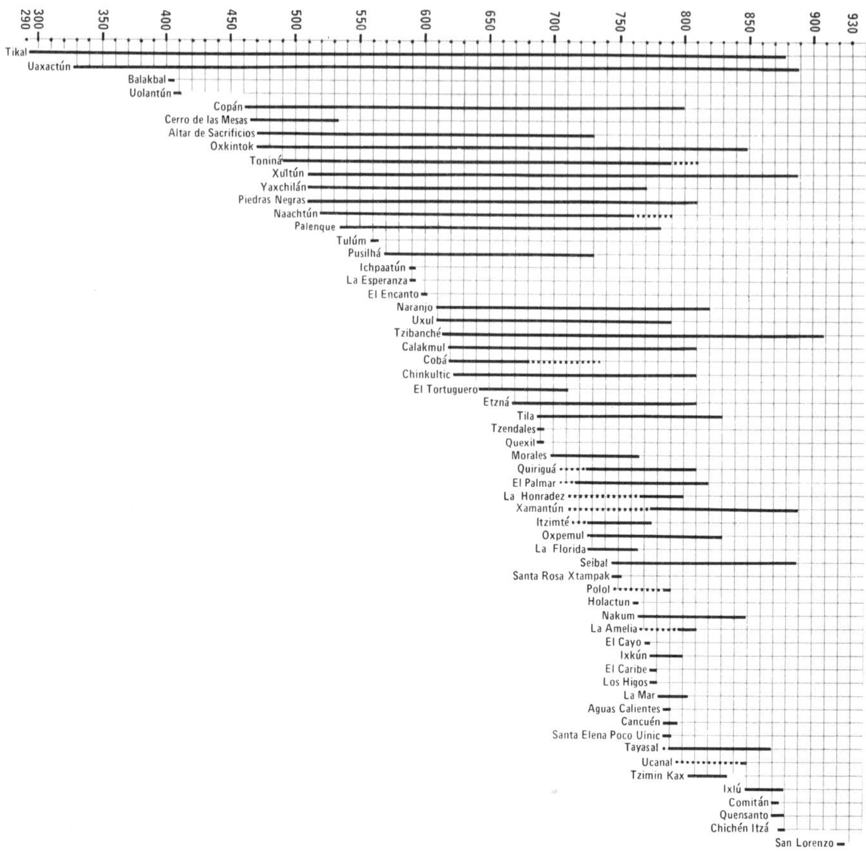

Fig. 2 Zeitdauer, während der in der klassischen Periode in den Zeremonialzentren datierte Baudenkmäler errichtet worden sind

In der Mehrzahl handelt es sich um Stelen, jedoch sind in die Chronologie auch andere Inschriften aufgenommen. In Palenque sind zum Beispiel überhaupt keine Stelen errichtet worden. Tila und Comitán liegen im südlichen Bergland außerhalb des in der Übersichtskarte (Anhang) dargestellten Tieflandgebietes. Unsichere Daten sind durch gebrochene Linien wiedergegeben.

(Vom Verfasser auf Grund neuerer Erkenntnisse ergänzte und veränderte Darstellung nach S. G. Morley, 1946)

Zahl im Verlauf des nächsten Jahrhunderts auf 5 und weniger je Gedenkjahr zurück, bis 928 n. Chr. das allerletzte Datum auf einer Stele verzeichnet wird. 138 Jahre nach seinem Gipfelpunkt war der Stelenkult völlig erloschen. Im südlichen Regenwaldgebiet, von wo er ausgegangen war, hat er sich am längsten gehalten.

Die Zahl der in manchen Tempel»städten« errichteten Stelen ist erstaunlich. An der Spitze steht Calakmul mit 73 skulptierten Stelen, zu denen noch

30 undatierte kommen. Tikal weist zwar mit 151 Gedenksteinen die absolut höchste Zahl auf, aber davon tragen nur 32 Hieroglyphen. Es sind die gleichen Zeichen, die man auch auf anderen Bauwerken fand und die uns in einigen alten Bilderhandschriften erhalten blieben. Den Schlüssel für die Entzifferung eines ersten Teils der Glyphen lieferten die Aufzeichnungen Diego de Landas.

7. Diego de Landa, die Verbrennung der Codices und seine Rechtfertigungsschrift

Pater Diego de Landa (1524–1579) kam schon 1549, zwei Jahre nach der endgültigen Besetzung Yucatáns durch die Spanier, ins Land und wurde 1556 als Ordensprovinzial der Franziskaner mit der Überwachung des Missionswerkes im nördlichen Teil der Halbinsel beauftragt. Auf einer Inspektionsreise besuchte er die Dörfer in der Gegend von Valladolid und sah zu seinem Entsetzen, daß die dort lebenden Maya unverändert ihren alten kultischen Bräuchen anhingen. Dies war für ihn der Anlaß, alle auffindbaren Maya-Handschriften – 27 an der Zahl – einsammeln und diese zusammen mit 5000 »Götzenbildern« am 12. Juli 1562 in Mani, der letzten Hauptstadt der Xiu, als Teufelswerk verbrennen zu lassen. Nur drei Codices – in der späten nachklassischen Zeit entstandene Kopien von älteren Originalen – entgingen durch Zufall der Vernichtung und gelangten auf nicht mehr feststellbaren Wegen nach Europa. Sie werden in der Sächsischen Landesbibliothek zu Dresden, der Nationalbibliothek zu Paris und im Amerika-Museum zu Madrid verwahrt. Daher tragen sie die Namen »Codex Dresdensis«, »Codex Peresianus«, nach der Namenangabe »Perez« auf der Hülle, und »Codex Tro-Cortesianus«, nach einem früheren Eigentümer Juan de Tro und nach Hernán Cortés, dem man die Überbringung nach Madrid zuschrieb. Der Dresdner Codex wurde 1793 in Wien entdeckt, der Codex Peresianus 1860 in einem Papierkorb einer Abstellkammer der Pariser Nationalbibliothek. Starke stilistische Übereinstimmungen mit Wandbildern in Cobá sprechen dafür, daß zumindest der Madrider Codex in diesem noch in der Spätzeit bedeutenden Zeremonialzentrum des nordöstlichen Teils der Halbinsel entstanden ist (380, S. 51).

Für diese herrlichen, nach Art von Faltheften zusammenlegbaren farbigen Handschriften wurde Papier aus dem weichgeklopften, mit Gummisaft getränkten Bast einer wilden Feigenart *(Ficus cotonifolia)* benutzt, das einen durch abtrocknende Kalkmilch entstandenen hauchdünnen Stucküberzug als eigentlichen Malgrund erhielt. Dadurch hoben sich die beidseitig mit einem dünnen Feder- oder Haarpinsel aufgetragenen Glyphen und Zeichnungen besonders klar von ihrem hellen Untergrund ab. Tinte und Farben wurden in Muschelschalen angerührt. Die Codices sind das Werk von Mitgliedern der Maya-Oberschicht, denn nur sie konnten Schreiber und Zeichner werden. Infolge der Verletzlichkeit der Stuckschicht müssen heute die drei geretteten Dokumente unter besonderen Sicherheitsmaßnahmen verwahrt werden. Die Pariser Handschrift liegt in einer luftdicht verschlossenen Kassette und ist nur durch zwei »Schau«fenster sichtbar, die beiden anderen wurden ausgebreitet zwischen Glasplatten eingekittet.

Der Codex Dresdensis, die schönste der drei Handschriften, ist 3,50 m lang und besteht aus 78 »Seiten«. Er enthält unter anderem ausführliche Tabellen zur Berechnung der Mondfinsternisse. Der wissenschaftlichen Welt wurde der Codex durch die 1880 von E. Förstemann besorgte Ausgabe bekannt (66; 67). Dieser Dresdner Bibliothekar entschleierte als erster die Struktur des Maya-Kalenders und war der Entdecker der »Langen Zählung« (S. 61). Erneut wurde die in der Sächsischen Landesbibliothek verwahrte Handschrift 1962 von H. Deckert und E. Lips publiziert (53; 109). Eine gekürzte Ausgabe stammt von R. Krusche (104). Den Codex Tro-Cortesianus (Troanus), mit 7,15 m Länge und 112 Seiten die umfangreichste der Bilderhandschriften, veröffentlichte schon 1869/70 der Abbé C. E. Brasseur de Bourbourg (32). Eine photochromolithographische Ausgabe stammt von D. Juan de Dios de la Rada y Delgado (57). Zu dem 1967 in Graz erschienenen Neudruck gab F. Anders eine Einführung (7). Vom sehr schlecht erhaltenen und nur ein Fragment von 22 Seiten umfassenden Codex Peresianus liegt eine 1887 in 2. Auflage erschienene Reproduktion mit einleitendem Text von L. de Rosny vor (137).

Leider sagen die drei erhalten gebliebenen Codices nichts zur Geschichte und Lebensweise der Maya aus. Der Dresdner Codex stellt eine rein astronomische Abhandlung dar, der Codex Tro-Cortesianus ist ein für Priester bestimmter Leitfaden zur Abgabe von Horoskopen, und der nur als Bruchstück überlieferte Codex Peresianus beschäftigt sich mit rituellen Fragen und Weissagungen. Es hat, wie Berichte aus dem 16. Jahrhundert bezeugen, Codices mit historischen Aufzeichnungen gegeben, aber sie wurden unglücklicherweise von Landa sämtlich vernichtet – dies glaubte man jedenfalls bis vor wenigen Jahren, als völlig unerwartet in alten Gräbern zwei weitere Codices gefunden wurden (36, S. 134). Das eine Faltheft ist vom Kalk eingespülten Regenwassers zu einem festen Steinblock verbacken, vom anderen liegen noch keine näheren Angaben vor.

Demselben Bischof Landa, der der Initiator des Autodafés von Mani war, verdanken wir auf der anderen Seite die wichtigsten Aufzeichnungen zur Kulturgeschichte der Maya aus der Frühzeit der spanischen Besitzergreifung von Yucatán. 1566 verfaßte er unter dem Titel »Relación de las Cosas de Yucatán« eine Darstellung der Geschichte der Maya und ihrer Götterwelt, für die er die mündlichen Mitteilungen der Nachkommen zweier führender yucatekischer Adelsfamilien, der Cocom und Xiu, als Hauptquellen benutzte (108; 178). In diesen Familien hatte sich die Kenntnis der Hieroglyphen und eine Fülle von Wissen über das traditionelle Leben der Maya bis in die Zeiten der spanischen Eroberung erhalten.

Landas »Relación de las Cosas de Yucatán« ist nicht mit den um 1580 verfaßten »Relaciones geográficas de Yucatán« zu verwechseln. Diese gehen auf eine große amtliche Fragebogenaktion zurück. 1577 wurden vom »Indienrat« an einige 100 Orte im spanischen Kolonialreich Erhebungsbogen verschickt, in denen an die örtlichen Behörden nach einer allgemeinen Bearbeitungsanweisung 49 Fragen über Namen und Lage der Siedlungen, Einwohnerzahl, Anteil der indianischen Bevölkerung, Gesundheitsverhältnisse, Anbauprodukte und anderes gestellt wurden. In diese Enquete waren 48 Orte in Yucatán, einschließlich des heutigen Campeche und Quintana Roo, und zwei Städtchen in Tabasco einbezogen. Obgleich sehr viele gleichlautende oder nahezu miteinander übereinstimmende Antworten eingingen und kein Zweifel besteht, daß ein großer Teil der Fragebogen von denselben Informanten ausgefüllt worden war, die schon Diego de Landa zu Rate gezogen hatte (60), können diesen »Relaciónes« zahlreiche Angaben entnommen werden, die Landas Darlegungen bestätigen oder ergänzen.

Landas Buch war eine Rechtfertigungsschrift, die er verfaßte, als er wegen der Handschriftenverbrennung nach Spanien zurückbeordert wurde. Es muß ihm gelungen sein, die gegen ihn erhobenen Anklagen zu entkräften, denn er kehrte nach Yucatán zurück und wurde 1572 Bischof von Mérida. Sein Manuskript verwahrte die Biblioteca de la Historia zu Madrid, wo es 1863 von Brasseur de Bourbourg entdeckt wurde, der es dann ein Jahr später in Paris veröffentlichte. Landas Werk ist auch in einer 1937 erschienenen englischen Übersetzung von W. Gates (76) und in der 1941 von A. M. Tozzer besorgten, ausführlich kommentierten Übertragung allgemein zugänglich geworden (178). 1938 erschien ein spanischer Neudruck in Mérida (108).

Die Bedeutung der »Betrachtungen über die Dinge von Yucatán« für die Maya-Forschung kann gar nicht hoch genug eingeschätzt werden. Landa gibt die ersten Schilderungen der Ruinenstätten im nördlichen Yucatán, besonders von Chichén Itzá und Mayapán, sogar mit Tempelplänen, wenn diese auch sehr fehlerhaft sind. Er berichtet über die Sozialstruktur der Maya, ihre Lebensweise in den »Städten« und auf dem Lande. Viele seiner Aussagen über innere Gliederung und Funktionen der großen Zentren beziehen sich zwar nur auf die nachklassischen Verhältnisse im nördlichen Yucatán und lassen sich nicht einfach in die klassische Periode zurückprojizieren bzw. auf die Zeremonialzentren des Petén übertragen. Aber was er über die gesellschaftliche Struktur der ländlichen Bevölkerung, ihren Gemeinschaftssinn und die Formen ihrer Agrarwirtschaft sagt, war nicht nur für das 16. Jahrhundert zutreffend, sondern gilt – wie die Forschungsergebnisse bestätigen – ebenso für die klassische Periode und sogar zum Teil noch für die Gegenwart. Auf vielen Seiten beschäftigt er sich mit Götterverehrung, religiösen Bräuchen und Festen im Ablauf des Jahres. Aber der größte Wert seines Berichtes liegt auf einer ganz anderen Ebene.

8. Entschleierung und Inhalt der Hieroglyphentexte

Die von Landa befragten Adligen konnten die alten Schriftzeichen noch lesen und schreiben. Dadurch war er in der Lage, Maya-Texte phonetisch in die lateinische Schrift zu übertragen und eine Erklärung des Kalendersystems der Maya zu geben. Durch ihn wurden die Zeichen für Zahlen (Punkte und Striche), der Tage, Wochen und Monate frühzeitig bekannt. Es konnte nun nicht nur die Entzifferung der erhalten gebliebenen Codices in Angriff genommen werden, sondern der Vergleich mit den in Stein gemeißelten Schriftzeichen der im südlichen Regenwald entdeckten Ruinen erbrachte zugleich die Bestätigung, daß die unter der tropischen Pflanzendecke begrabenen Pyramiden und Tempel nicht von irgendeinem unbekannten, völlig ausgestorbenen Volk, sondern von den Maya erbaut worden waren, deren im 16. Jahrhundert lebende Nachkommen Sinn und Bedeutung der Glyphen noch kannten.

Einzelglyphen, kürzere oder längere Texte finden sich auf Stelen, an Altären (Bild 13), auf Mauern oder Türstürzen, auf Decksteinen von Tempel- und Grabkammern, als Stuckfresken, eingeritzt auf Jadeschmuck, Knochen, Muscheln, keramischen Erzeugnissen, gemalt in den drei Codices und auf Wandbildern in mehreren Tempeln. In Zeremonialzentren, wie Piedras Negras, Yaxchilán oder Copán, sind es weniger die Stelen, die uns Daten und Nachrichten überliefern, als auf Gebäudemauern, in Friese, Treppenstufen und Altäre eingemeißelte, zum Teil sehr ausführliche Texte. Auch in Tikal mit seiner verhältnismäßig geringen Zahl beschrifteter Gedenksteine liefern reliefierte Altäre und erhalten gebliebene, geschnitzte hölzerne Türstürze wertvolle Angaben. In Palenque, wo niemals Stelen geweiht wurden, gibt es ausschließlich derartige epigraphische Quellen. Auf einer umgestürzten Mauer wurde dort eine lange Hieroglypheninschrift mit 262 Zeichen entdeckt. Die Texte im Inneren des »Tempels der Inschriften« umfassen 617 Glyphen.

Einzigartig in ihrem Inschriftenreichtum ist die berühmt gewordene 6 m breite Hieroglyphentreppe in Copán. In einer Flucht von 63 mit etwa 2500 Einzelzeichen bedeckten Stufen steigt sie zwischen zwei mit Vogelschlangenreliefs üppig geschmückten Rampen bis 26 m über das Niveau des Hofes an. Die Treppe ist das großartigste und ergiebigste steinerne Inschriftendokument des gesamten Doppelkontinents. Es enthält nicht weniger als 28 Zeitangaben aus der 200jährigen Periode von 545 bis 745.

In der Annahme, daß es in der Maya-Sprache dieselben Laute gäbe wie in europäischen Sprachen, ließ sich Landa für jeden Vokal und Konsonanten die entsprechende Hieroglyphe notieren. Dabei wurde er sich schnell bewußt, daß es für manchen Lautwert in der Maya-Schrift nicht nur eine, sondern zwei oder drei Glyphen gab, so daß er auf ein »Alphabet« von insgesamt 29 Zeichen kam. Als mit dessen Hilfe dann nach 1863 Brasseur de Bourbourg und andere französische, nordamerikanische und letzthin auch russische Forscher unter Einsatz von Computern versuchten, die in Stein gemeißelten Hieroglyphentexte zu »lesen«, versagte Landas Alphabet. Viele seiner »Vokale« und »Konsonanten« kamen in den Texten nur selten vor, während andere Zeichen in seiner Zusammenstellung fehlten (19, S. 459). Die Hoffnung, daß sich Landas Buch als ein »Stein von Rosette« für die Maya-Hieroglyphen erweisen würde, verflog. Man kannte nun zwar Zahlen, Tages- und Monatsglyphen, aber darüber hinaus kam man nicht.

Es zeigte sich, daß die »Alphabet«-Glyphen in Wahrheit Wortzeichen sind. Vorgesprochene Buchstaben hatten die Befragten mit der Niederschrift lautähnlicher Wörter beantwortet. Für den Buchstaben *b* zeichneten sie zum Beispiel einen Fußabdruck, die Glyphe für eine Straße, die in der Maya-Sprache *be* heißt. Man entdeckte, daß die Maya-Schrift keine Buchstaben- oder Silbenschrift, sondern eine »Wortzeichenschrift« (Barthel) ist, deren überaus komplizierte Struktur bis heute eine völlige Entschlüsselung verhindert hat. Sie ließ sich nicht wie ein Code dechiffrieren. Relativ einfach ist nur das Prinzip der Schriftanordnung. Man liest die immer paarweise nebeneinanderstehenden Hieroglyphen in senkrechten Doppelkolumnen, das heißt je zwei von links nach rechts, dann von oben nach unten. Die Texte beginnen gewöhnlich mit einer übergroßen Einführungsglyphe, die aus einer veränderlichen Zentralzeichnung und mehreren festliegenden Einzelzeichen besteht. Darunter folgen die sechs Reihen einnehmenden Datumsangaben und schließlich die eigentliche Inschrift (Fig. 3). Mit ihr fangen die Entzifferungsprobleme an.

Bisher sind von 110 Fundorten rund 1000 Hieroglyphentexte registriert. An manchen Kultplätzen fand man nur ein oder zwei Inschriften, an anderen gibt es sie in überraschend großer Zahl. Aus der südlichen Regenwaldzone sind etwa 80 Zeremonialzentren mit Hieroglypheninschriften bekannt, gegenüber drei- bis viermal soviel kleineren Kultplätzen, in denen sie fehlen (172, S. 336). Während im östlichen Petén zahlreiche Zentren mit Glyphentexten dicht beieinanderliegen, bestehen große Lücken in den von den Maya weniger dicht besiedelten oder unbewohnt gebliebenen Gebieten (vgl. Karte im Anhang). J. E. S. Thompson führt in seinem Katalog (170) insgesamt 862 Bildzeichen auf, von denen 492 Haupt- oder Grundglyphen und 370 Kleinglyphen (Affixe) sind. Manche davon können lediglich Varianten sein, so daß sich durch künftige Forschungsergebnisse die Gesamtzahl vielleicht auf 750 verringern wird (174, S. 308). Rund 300 Hieroglyphen, darunter 100 Hauptglyphen, können mit einiger Sicherheit als entschlüsselt gel-

Fig. 3 Stele 11 in Machaquilá

Beispiel für eine gut erhaltene Hieroglypheninschrift in Doppelkolumne unter einer großen Eingangsglyphe. Die Kalksteinplatte ist 2,05 m hoch, 70 cm breit und 25 cm dick. Rück- und Schmalseiten tragen keine Zeichen. Die Stele wurde im Jahre 9.15.10.0.0 = 741 n. Chr. errichtet.

(Zeichnung von I. Graham, 1967)

ten. Dies erlaubt, etwa die Hälfte des Inhalts der aufgefundenen Texte zu verstehen.

In einem Teil der Zeremonialzentren haben sich die Inschriften sehr gut erhalten, in vielen sind sie weitgehend der Verwitterung zum Opfer gefallen. Außer Erhaltungsmängeln und inhaltlicher Textbegrenzung beruhen die Entzifferungsprobleme vor allem darauf, daß in den Maya-Hieroglyphen Schriftelemente unterschiedlicher Größe zu neuen Zeichen verschmolzen sind, indem einem meist quadratischen Hauptzeichen schmale rechteckige Kleinzeichen angefügt werden. Dies geschieht in zwei Varianten: Die Zeichen sind entweder geometrisch stilisiert oder zu Köpfen von Menschen und Tieren umgestaltet. Ihre Anordnung ist nicht schematisch wie die der Einführungsglyphen, sondern richtet sich in freier Komposition nach den künstlerischen Erfordernissen der Raumaufteilung – alles Erschwernisse für die Entzifferung, zu denen aber noch weitere kommen. Die Maya-Inschriften haben einen ausgesprochenen Rebuscharakter, das heißt, sie sind Bilderrätsel, die aus lautgleichen Wörtern unterschiedlicher Bedeutung bestehen. Nur wenn man das durch eine Hieroglyphe dargestellte Wort in seiner Aussprache kennt, kann man daraus einen etwa unterlegten anderen Sinn erschließen. Die Kenntnis des primären Wort*sinns* hilft also

Bild 1 Einer der gigantischen »Olmekenköpfe« im Archäologischen Park von Villahermosa, gefunden in La Venta. Die Riesenköpfe wurden ohne Körper geschaffen. Mit ihren schweren Lidern, breiten Nasen und heruntergezogenen Mundwinkeln stellen sie wohl vermenschlichte Gesichter des als Gottheit verehrten Jaguars dar. Einen unmittelbaren Einfluß auf die Maya-Zivilisation hatte die La-Venta-Kultur nicht, denn zwischen ihrem Untergang und dem Beginn der klassischen Maya-Hochkultur klaffte eine Lücke von 700 Jahren. Dennoch sind auf anderen Wegen olmekische Einflüsse in den Kulturbesitz der Maya eingegangen. Vergleichbare Kolossalplastiken fehlen freilich bei den Maya.

Bild 2 Stele in Tikal. Stelen sind mit Reliefs und Hieroglyphen bedeckte Gedenksteine, die in Zeitabständen von 20, 10 oder 5 Jahren errichtet wurden und außer Kalenderdaten wichtige historisch-dynastische Ereignisse überliefern. Sie haben einen rechteckigen bis quadratischen Grundriß, gewöhnlich eine Höhe von 2–4 m und wurden auf steinernen Sockeln errichtet. Die größten Stelen – in Quiriguá – waren bis 10 m hoch.

Bild 3 Der zentrale Palastbau in Palenque. Das am Rande des Berglandes von Chiapas mit Blick über die Ebene von Tabasco gelegene Palenque zeichnet sich vor allen anderen Maya-Zentren durch seinen dreistöckigen Palastturm und seine reichen Stukkaturen, besonders die mit Reliefs und Glyphen geschmückten Steinbrüstungen der Innenhöfe seines spätklassischen Palastes, aus. Der sich über einem mächtigen Sockel erhebende Palastturm diente als astronomisches Observatorium, Wacht- und Aussichtsturm zugleich.

Bild 4 Das »Castillo« von Tulúm. Die hart an der 12 m hohen nordöstlichen Kliffküste Yucatáns erbaute »weiße Stadt« war das erste noch bewohnte Maya-Zentrum, das die Spanier 1518 von ihren Schiffen aus sahen (vgl. Bild 60).

Bild 5 Blick vom Tempel I (»Tempel des Großen Jaguars«, Bild 45) über den Großen Platz von Tikal auf den gegenüberliegenden Tempel II (»Tempel der Masken«). Rechts die zur Plattform der Nördlichen Akropolis (Bild 38) hinaufführenden Stufen, im Hintergrund – den Wald überragend – links Tempel III, rechts die höchste aller Maya-Pyramiden, Tempel IV. Tikal war mit etwa 50000 Einwohnern das größte Zeremonialzentrum des gesamten Maya-Landes.

Bild 6 Die gleich allen anderen Bauten völlig vom Wald überwachsen gewesene südöstliche Tempelgruppe von Palenque. Auf dem Hügel links der Kreuztempel mit hohem Dachkamm *(cresteria)*, in der Waldbucht der Tempel des Blattkreuzes, ganz rechts der Sonnentempel (Bild 59). Im Vordergrund ein weitgehend zerstörtes Bauwerk.

Bild 7 (links) Eine der rund fünfzig erst zum kleinsten Teil durch Lichtung des Waldes sichtbar gewordenen und noch nicht restaurierten Tempelpyramiden von Cobá. Für die wissenschaftliche Welt wurde Cobá erst 1926 wiederentdeckt.
Bild 8 (rechts) Als »falsches Gewölbe« ausgeführter Durchgang zwischen dem 98 m langen Hauptbau des Gouverneurspalastes in Uxmal und seinen Seitenflügeln (vgl. auch Bild 46 und 61). Masken des Regengottes Chac verzieren die Ecken des vorgezogenen Teils der Passage. Das Gemäuer im unteren Teil des Tores und die davor stehenden Säulen sind spätere bauliche Zutaten.

Bild 9 Kulturlandschaft der *tierra fria* im Bergland von Guatemala. Die Maisfelder liegen auf fruchtbaren vulkanischen Böden im gerodeten Kiefernwald.

bei Unkenntnis des Wort*klangs* allein nicht weiter. Leider kennt man die alten Maya-Dialekte nicht, darf jedoch mit großer Wahrscheinlichkeit annehmen, daß sich die Sprache, in der die Hieroglyphen geschrieben sind, beträchtlich vom modernen Yucatekisch unterschied.

Dazu kommen schwer deutbare bildliche Umschreibungen, zum Beispiel für »Dürre« ein sterbender Hirsch. Aus einigen Andeutungen in kolonialzeitlichen Quellen geht hervor, daß es eine Art Geheimsprache der Adligen gab und daß sich die höhere Priesterschaft, die aus deren Familien hervorging, nur ihr bekannter Geheimzeichen in den Texten bediente (19, S. 462). Alle diese Schwierigkeiten zeigen, daß man noch weit davon entfernt ist, die Maya-Hieroglyphen zu »lesen«, und daß es stets bereits einen Fortschritt bedeutet, eine weitere Glyphe zu interpretieren. Nach dem Scheitern der frühen phonetischen Versuche auf Grund des Landa-Alphabets schlug der deutsche Nestor der Mexikanistik, E. Seler, den »ideographischen« Weg ein. Vom Symbolgehalt anderer mexikanischer Bilderhandschriften ausgehend, fand er in den Maya-Codices Parallelen zwischen Text und begleitenden Bilddarstellungen, so daß er zur Erkennung von Götter- und Tierhieroglyphen kam, die sich auch in gemeißelten Inschriften finden und damit ihre allgemeine Verwendung für die Wiedergabe religiöser Grundideen bezeugen.

Ist die Maya-Schrift mit ihren 800 Zeichen zweifellos keine phonetische Schrift – dann hätten wie in unserem Alphabet zwei Dutzend Zeichen und einige mehr für uns ungewohnte Laute ausgereicht –, so besteht sie doch andererseits auch nicht aus einem vollständigen System von Wortbildern (Ideogrammen oder Logogrammen) wie die chinesische Schrift. Dafür hätten 800 Zeichen wiederum bei weitem nicht genügt. Ein gebildeter Chinese muß zum Beispiel mindestens 5000–7000 Zeichen beherrschen. Den Maya-Inschriften liegen, wie die Forschung inzwischen erwiesen hat, nicht vollständige Sätze zugrunde, sondern sie sind Mitteilungen in sehr gedrängtem Stil. Nur durch die Beschränkung auf Stichworte kam man zum Beispiel auf Stelen und Türstürzen mit dem zur Verfügung stehenden Raum und der relativ kleinen Zahl von Bildzeichen aus. Auch dieser Kürzelcharakter erschwert das Verständnis der Texte.

Trotz dieser Hemmnisse sind seit Förstemanns und Selers Zeiten bedeutende Fortschritte in der Enträtselung der Maya-Hieroglyphen gemacht worden. Auf Förstemanns Forschungen aufbauend, gelang A. P. Maudsley die Rekonstruktion des sehr eigenartigen Maya-Kalenders (S. 61), so daß sich die in den Inschriften der Stelen und anderer Baudenkmäler verzeichneten Daten bestimmen ließen. Bahnbrechend waren vor allem die Forschungen des Engländers J. E. S. Thompson, der mit besonders hoher Einfühlungsgabe in Religion, Geist, Sprache und Geschichte der Maya »die Steine zum Reden« brachte. Männer wie J. T. Goodman, C. P. Bowditch, C. Thomas, G. S. Morley und H. J. Spinden haben einen guten Teil ihrer Lebensarbeit der Deutung des

Maya-Schriftsystems gewidmet. In jüngerer Zeit entdeckten H. Berlin (723; 724) und T. Proskouriakoff (733; 734) voneinander unabhängig sogenannte Wappen- oder Emblemglyphen, aus denen sich für das Verständnis der politischen Verhältnisse im Klassikum wichtige dynastische Beziehungen zwischen den Zeremonialzentren ableiten lassen (S. 396). Dem Tübinger Ethnologen Th. S. Barthel ist es seit 1969 gelungen, in mühsamer Vergleichsarbeit historische Inhalte weiterer klassischer Maya-Inschriften zu enträtseln (15–20; 720–722). In stärkerem Maße, als man früher annahm, zeigte sich, daß nicht nur unpersönliche kalendarische Daten und astronomische Berechnungen, sondern auch geschichtliche Ereignisse und andere wichtige Begebenheiten aus dem Leben der Herrscher in Hieroglyphentexten festgehalten wurden.

Andere erfolgreiche deutsche Inschriftenforscher waren P. Schellhas und G. Zimmermann (201). Den Pessimismus von Schellhas, daß die Maya-Hieroglyphen ein unlösbares Problem seien, vermag Barthel nicht zu teilen: »Der Kampf um die Entzifferung der Maya-Hieroglyphen ist heute wohl in sein entscheidendes Stadium getreten. Er wird nicht von den Kalkulationen elektronischer Rechenmaschinen* gewonnen, aber auch nicht durch die geniale Eingebung eines begnadeten neuen Champollion plötzlich beendet. Viele Einzelschritte von Gelehrten in Ländern zu beiden Seiten des Atlantiks, zahllose Irrwege und die Mühsal kritischer Umkehr führen näher an das Ziel.« Und weiter sagt Barthel: »Was eine künftige Gesamtlösung der Maya-Schrift an Erkenntnissen über eine altamerikanische Hochkultur bringen wird, läßt sich in großen Umrissen ahnen. Die Codices versprechen ein Panorama der Religion – zwischen Alltagsriten und astrologischer Himmelskunde – und damit tiefere Einsichten in das indianische Weltbild überhaupt. Die hieroglyphischen Texte auf den steinernen Denkmälern aber dürften uns in die konkrete Geschichte von Priesterkönigen, Stadtstaaten, Bündnissen und Fehden führen. Hat die Maya-Paläographik in erster Linie eine religionsgeschichtliche Bedeutung, so kämpft die Maya-Epigraphik um eine reale Historie. Was der Entzifferer in getrennten Quellen vorfindet, sind jedoch nur Aspekte einer einheitlichen Lebenswirklichkeit.« (19, S. 463)

9. Chilám-Balám-Bücher und Popol Vuh

Wichtige Rückschlüsse auf die postklassische Geschichte, die Denk- und Lebensweise der Maya lassen sich aus den sogenannten Chilám Balám, den »Wahrsagebüchern«, ziehen (*chilám* = Wahrsager, *balám* = Jaguar). Die

---

* Gemeint ist der gescheiterte Entschlüsselungsversuch J. Knorosows (100) mit Hilfe des Computers (1963).

chilám waren Priester mit visionärer Begabung, die sich durch Tabak- oder Drogengenuß (zum Beispiel von *Nymphaea ampla* und halluzinogenen Pilzen) in einen Trancezustand versetzten und nach Empfang göttlicher Inspirationen ihre heiligen Bücher befragten. Sie übermittelten dann der übrigen versammelten Priesterschaft ihre prophetischen Botschaften. Die Verbindung mit dem Jaguar beruht auf der großen Bedeutung des Jaguarkults bei den alten Maya. Jaguarmasken begegnen uns in vielfältiger Gestalt, zum Beispiel auch in der des Regengottes Chac (S. 145).

Die Chilám-Balám-Bücher (38) sind im 16.–18. Jahrhundert im yucatekischen Dialekt der Maya-Sprache, jedoch in lateinischen Buchstaben niedergeschriebene Sammelhandschriften. Sie enthalten Prophezeiungen, Rituale und in Mythen gekleidete Chroniken historischer Begebenheiten mit Daten in der alten Zeitrechnung. Bereits erfolgte geschichtliche Abläufe sind in die Form von Weissagungen gekleidet, so daß diese, da die Maya an eine zyklische Wiederkehr der Ereignisse in Abständen von 256 Jahren glaubten, den Priestern eine göttliche Offenbarung für die Zukunft bedeuteten. So wurde zum Beispiel die im 10. Jahrhundert erfolgte Invasion der Itzá als eine Voraussage der Ankunft eines neuen Herrschervolks verstanden, die sich dann 1517/18 mit der Landung der ersten Spanier in Yucatán bestätigte.

Mit großer Wahrscheinlichkeit stellen die Wahrsagebücher Kopien älterer Aufzeichnungen aus verlorengegangenen Bilderhandschriften dar. Gewisse inhaltliche Übereinstimmungen mit den Codices sprechen jedenfalls dafür. Da sie sich, obwohl sorgsam gehütet, durch häufige Lesungen im Laufe der Zeit abnutzten, wurden sie wiederholt abgeschrieben, wobei sich Fehler eingeschlichen haben und auch textliche Umstellungen vorgenommen wurden (136, S. 35). Es gibt ein knappes Dutzend derartiger Chilám-Balám-Bücher, deren wichtigste die von Chumayel, Tizimin, Mani, Ixil, Kaua und Tusik sind. Sie werden nach den Orten ihrer Aufbewahrung benannt. Vereinzelt waren sie noch bis in unser Jahrhundert im Gebrauch, so zum Beispiel bis 1930 in Tusik, Quintana Roo (136, S. 34).

Die Chilám-Balám-Bücher von Chumayel und Tizimin liegen in englischen Übersetzungen von R. L. Roys (1933) und M. W. Makemson (1951), in französischer von B. Péret (1955) vor. A. Barrera Vásquez und S. Rendón (1948) sind Herausgeber einer spanischen Fassung (13; 111; 127; 138).

Ebenfalls in lateinischen Lettern geschrieben ist das Popol Vuh, das »Buch des Rates«, das 1530, in der Zeit der Conquista, entstand und die Überlieferungen der Quiché-Maya in deren Sprache festhält (128). Es wurde 1861 von Brasseur de Bourbourg erstmalig veröffentlicht und gibt uns Einblicke in Mythologie, Religion, den Schöpfungsmythos und die Kosmogonie der Quiché-Maya, deren Nachkommen heute im Hochland von Guatemala leben (30). Es berichtet über die Geschichte, die kriegerischen Konflikte und die großen Wanderungen, die diese Gruppe durchgeführt hat. In einem wahrscheinlich später hinzugefügten Schlußteil geht das Popol Vuh bis auf die Schöpfungsgeschichte zurück, um die göttliche Herkunft der Adelsgeschlechter zu beweisen. Denn, so kennzeichnet Diego de Landa die Maya: »Sie legten großen Wert darauf, den Ursprung ihrer Geschlechter zu kennen.«

Die Standardübersetzungen des Popol Vuh in deutscher Sprache verdanken wir L. Schultze-Jena (149), in englischer Sprache M. S. Edmonson (50). D. Goetz und G. S. Morley (79) gaben eine englische Fassung nach der spanischen Übersetzung von A. Recinos heraus (133). Jüngere spanische Ausgaben stammen von E. Albertina Saravia (5) und A. Estrada Monoroy (62). Die ebenfalls im 16. Jahrhundert verfaßten »Annalen der Cakchiquel« stellen eine ähnliche Stammeschronik dar. Andere wichtige frühkolonialzeitliche Quellen sind die durch R. L. Roys (256) zugänglich gemachten »Titulos de Ebtún« aus dem Gebiet von Chichén Itzá–Valladolid und die »Documentos de tierras de Mani«, ebenfalls im nördlichen Yucatán.

Noch immer besteht Aussicht auf die Entdeckung alter Manuskripte in den Archiven. Die dort schlummernden Akten aus der frühen Kolonialzeit sind noch längst nicht alle gesichtet. So wurden noch in jüngster Zeit im Archivo General de Indias (Sevilla) und im Archivo de Centro America (Guatemala City) einige tausend Seiten spanischer Manuskripte mit bisher unveröffentlichten Berichten aus der Periode der ersten Conquistadorenzüge *(Entradas)* im Maya-Tiefland gefunden, deren wichtige Angaben über spanische Eingriffe in die traditionelle Maya-Wirtschaft N. Hellmuth (351) ausgewertet hat.

Alle diese Quellen – die Hieroglyphentexte, die Codices, das Werk Landas, die Chilám-Balám-Bücher, das Popol Vuh und die kolonialzeitlichen Akten – sind für die Beantwortung vieler Fragen, die uns in diesem Buch beschäftigen, von unschätzbarem Wert. Sie liefern uns das Grundgerüst aller unserer Kenntnisse. Ohne sie müßten die Ergebnisse der Forschungen weitgehend von der Kombinationsgabe und Phantasie der Archäologen abhängige Spekulationen bleiben.

10. Die Wiederentdeckung der Maya-Ruinen

Weit verbreitet ist die Ansicht, daß erst die zwei Reisen von John Lloyd Stephens 1839/41 den Schleier gelüftet hätten, der über den verschollenen Ruinenstätten der Maya lag. Die großartigen Zeichnungen der wiederentdeckten, vom Urwald überwucherten Tempel, Pyramiden und Paläste, der Stelen und Reliefs, die sein Begleiter Frederick Catherwood schuf (Fig. 4), waren für die wissenschaftliche Welt eine Sensation (37). Sie sind dank ihrer künstlerischen, zugleich exakten Wiedergabe des Geschauten bis heute unübertroffen. Die Präzision seiner Zeichnungen erreichte er mit einer Camera obscura, die es ihm erlaubte, die Konturen der auf der Mattscheibe erscheinenden Bilder nachzuzeichnen, so daß die für ihn unverständlichen Hieroglyphen in seinen Stichen – besser als auf den zum Teil inzwischen weiter verwitterten oder beschädigten Originalen – einwandfrei lesbar sind. Doch Stephens und Catherwood waren nicht die ersten Europäer, die in die versunkene Welt der Maya eingedrungen sind. Viele andere haben vor ihnen über ihre Entdeckungen berichtet, nur hatten sie keinen Catherwood, und sie schrieben in spanischer Sprache. Oft blieben diese Schriften Manuskripte – was im Druck erschien, fand im übrigen Europa wenig Resonanz.

Fig. 4 Vollplastische Stele eines Priesterfürsten mit göttlichen Attributen in Copán

(Zeichnung von F. Catherwood, 1844)

Als erster Spanier sah Grijalva 1518 an der Ostküste Yucatáns die »weiße Stadt Tulúm« (Bild 4). Als Cortés 1524/25 durch die Wälder des Petén nach Honduras zog, stieß er auf eine einzige größere Maya-Stadt: Tayasal. An anderen, wie Palenque, Laguna Perdida, Itsimté, Polol, Motul de San José, Ixkún und Pusilhá, muß er dicht vorbeigekommen sein, ohne jedoch von ihnen etwas gesehen oder gehört zu haben (122, S. 117). 1572 fand der Franziskanermönch Lorenzo de Bienvenida die vom Wald überwachsene Ruinenstätte von Tihó. Zwischen dem Gemäuer gründeten die Ordensbrüder ihre Niederlassung, aus der sich Mérida, die heutige Hauptstadt Yucatáns, entwickelte (22, S. 21). Von Diego de Landa, der 1566 in seiner »Relación« bereits von Zeichnungen begleitete Beschreibungen von Chichén Itzá und Mayapán gab, haben wir schon gehört (S. 27ff.).

Immer wieder waren es einzelne spanische Mönche, Soldaten oder Beamte, die in den verschiedensten Teilen des alten Maya-Landes auf verlassene Maya-»Städte« stießen. 1576 sah Diego Garcia de Palacio als erster Spanier Copán, über das er in einem Brief an Philipp II. ausführlich berichtete. Ein halbes Jahrhundert später, 1629, schwärmte der Karmelitermönch Antonio Velásquez de Espinosa von Copán: »... es gibt das stolze Gebäude aus grauer Vorzeit, an deren Erbauer sich seit langem jede Erinnerung verloren hat. ... Unter ihren Ruinen gibt es wunderbare und erstaunliche Dinge, darunter einen schönen Saal mit einem großen, so sorgfältig aus alabastergleichem Stein gefertigten Tisch in der Mitte, um den herum viele Personen sorgfältig ausgeführt sitzen, mit angenehmen Gesichtszügen, langen Bärten...« (zit. nach B. Riese, 72, S. 74).

Aus dem Jahre 1588 stammt eine ausgezeichnete Beschreibung des Franziskanermönchs Antonio de Ciudad Real über die Ruinenstätte von Uxmal. Andere Franziskaner, wie Bernardo de Lizana (1601/31 in Yucatán) und Bartolomé de Fuensalida (1618 in Tayasal/Petén-Itzá-See), waren gute Kenner des Maya-Landes, auf die sich López de Cogolludo in seiner »Historia de Yucatán« (1656) beziehen konnte. Cogolludo gab zutreffende Beschreibungen von Chichén Itzá, Uxmal und anderen Ruinenstätten. Der spanische Priester Andrés de Avendaño sah 1696 auf dem Rückmarsch vom Petén-Itzá-See nach Mérida als erster Europäer die Ruinen von Tikal (Bild 5). Ausgrabungen hat freilich noch keiner dieser frühen Berichterstatter durchgeführt.

Die Periode der eingehenden Erforschung von Ruinenplätzen begann 1740 mit einem Aufenthalt des Priesters Antonio de Solis im gerade wiederentdeckten Palenque (Fig. 5). Seine Studien wurden 1773 durch den Priester Ramón Ordoñez y Aguiar fortgesetzt, der Palenque zwar für eine von Römern erbaute Stadt hielt (22, S. 27), dessen phantasievoller Bericht aber doch immerhin den Erfolg hatte, daß König Karl III. 1784/86 eine Kommission nach Palenque entsandte, mit dem Auftrag, die Ruinenstätte »gründlich« zu untersuchen. Mehrere durch Zeichnungen dokumentierte Berichte gingen nach Madrid und wanderten dort in die königlichen Archive. Eine Kopie muß in die Hände eines Londoner Verlegers gelangt sein, der sie 1822 als erstes Buch zur Maya-Archäologie veröffentlichte (174, S. 60). Als Autor zeichnete der Artilleriehauptmann Antonio del Rio, der mit militärischer Gründlichkeit in Palenque gewirkt hatte. Durch seine Methode, die Urwaldriesen mit Sprengstoff zu fällen, wobei die stürzenden Bäume noch stehendes Mauerwerk zertrümmerten, sind in Palenque unersetzliche Werte vernichtet worden, besonders durch die anschließende Verbrennung

Fig. 5 Palastbezirk mit Turm in Palenque um 1880

(Nach einem Stich von D. Charnay, 1885; vgl. Bild 3)

des gerodeten Holzes (Bild 6). Karl IV., der 1788 den spanischen Thron bestieg, wählte sich einen qualifizierteren Mann für die archäologische Erforschung ganz Neuspaniens und beauftragte damit den Franzosen Guillaume Dupaix (58). Auf seiner dritten Expedition kam Dupaix 1807 auch ins Maya-Land. In Palenque beendete er seine Forschungsarbeiten. Sein 1834, also noch vor Stephens' Reisen, erschienenes zweibändiges, hervorragend illustriertes Werk – es enthält die ersten veröffentlichten, von Luciano Castañeda stammenden Bilder der Maya-Architektur – wurde von der Pariser Geographischen Gesellschaft preisgekrönt. Es hat, nachdem schon Alexander von Humboldt 1814 die Aufmerksamkeit der wissenschaftlichen Welt auf die altindianischen Ruinenstätten des mexikanischen Hochlandes gelenkt hatte (von den Maya des Tieflandes wußte er allerdings noch nichts), starken öffentlichen Widerhall gefunden (93).

Den unter großen persönlichen Opfern veröffentlichten »Antiquities of Mexico« (1830/48) des Lord Kingsborough war eine solche Breitenwirkung versagt. Die neun voluminösen Bände waren für einen größeren Käuferkreis einfach zu teuer. Für die Wissenschaft sind sie jedoch eine fast unerschöpfliche Fundgrube. Sie enthalten nicht nur die erste Reproduktion des

Codex Dresdensis (39) und Beschreibungen damals neuer archäologischer Funde, sondern auch die einzigen Wiedergaben mehrerer anderer altmexikanischer Bilderhandschriften aus dem Hochland.

Wenig später – 1838 – erschien die »Pittoreske archäologische Reise in die Provinz Yucatán« (185) des französischen »Grafen« Jean Frédéric de Waldeck, eines gebürtigen deutsch-böhmischen Malers, der sich in Paris den Grafentitel zugelegt hatte. Er war bereits mit Napoleon in Ägypten gewesen und hatte an den Freiheitskämpfen in Chile teilgenommen. Im Alter von 66 Jahren kam er erstmals ins Maya-Land (1831 und 1834/36). Zwei Jahre hielt er sich in Palenque auf (Bild 42). Aber er war ein Phantast, der nur an eine vom Alten Orient abhängige Kulturentwicklung in der Neuen Welt glaubte. Seine Berichte sind wissenschaftlich wenig ergiebig, und auch seine künstlerisch ansprechenden Aquarelle erwiesen sich, weil er indianischen Figuren ägyptische Züge verlieh und in anderen Fällen alles Körperliche hellenisierte, als zu unzuverlässig. Er hat jedoch auch inzwischen verlorengegangene Objekte gezeichnet, Hieroglyphen lesbar kopiert und Grundrißpläne von Palenque aufgenommen, die der späteren Forschung nützlich waren.

Wie Waldeck erging sich auch der Abbé Brasseur de Bourbourg, der 1866 seine »Monuments anciens du Mexique et du Yucatán« mit Lithographien nach des »Grafen« Vorlagen herausgab, in vielen unhaltbaren Hypothesen. Trotzdem hat er sich durch seine langjährigen Reisen in Mexiko und Guatemala und dank seiner ungewöhnlichen Sprachkenntnisse, die ihm die Erschließung und Übersetzung altamerikanischer Dokumente ermöglichten, außerordentliche Verdienste erworben. Sein Name bleibt mit zwei literarischen Großtaten verbunden: mit der ersten gedruckten vollständigen Ausgabe des Popol Vuh im Jahre 1861 und der Entdeckung und Veröffentlichung des Landa-Manuskripts 1864. Beide Schriften erschienen, nachdem bereits das Reisewerk von Stephens und Catherwood vorlag, das eine recht bezeichnende Vorgeschichte hat: 1822 war in London das Buch jenes so unglücklich in Palenque »tätig« gewordenen Artilleriehauptmanns Antonio del Rio veröffentlicht worden (S. 38), dem bald darauf, 1834/36, mehrere im Auftrag der Regierung von Guatemala verfaßte Berichte des politischen Abenteurers Juan (John) Galindo folgten. In ihnen waren auch einige ältere Hinweise auf den gleichen großen Ruinenkomplex enthalten. Diese Druckschriften kamen in die Hände von Stephens, der zuvor schon im Orient gereist und inzwischen diplomatischer Vertreter der USA in Guatemala geworden war. Stephens machte sich selbst auf die Suche, fand nicht nur Copán, sondern eine ganze Anzahl weiterer Ruinenstätten. Ihm kommt das Verdienst zu, durch seine beiden 1841 und 1843 erschienenen Reisewerke (159; 160) eine breite Öffentlichkeit für die Hochkultur der Maya interessiert und damit die Zeit der wissenschaftlichen Maya-Forschung eröffnet zu haben. Stephens' »Incidents of Travel in Central America, Chiapas and Yucatán« (1841) wurden ein Welterfolg. Noch im ersten Jahr erreichte das Buch zwölf Auflagen. Es wurde in mehrere Sprachen übersetzt und erlebte zahlreiche Neudrucke noch in jüngster Zeit. Die deutsche Erstausgabe erschien 1853. Bis zum Erscheinen einer deutschen Übersetzung (161) hat es allerdings erstaunlicherweise 130 Jahre gedauert (1969).

11. Die moderne Maya-Forschung

Die beiden Werke von Stephens regten in der zweiten Hälfte des 19. Jahrhunderts Forschungsunternehmen an, die in dieser ersten Phase der wissenschaftlichen Bestandsaufnahme noch ganz auf private Initiative zurückgingen und auch privat finanziert wurden. Der Deutsche und Wahl-Österreicher Teobert Maler, der 1864 mit Kaiser Maximilian nach Mexiko gekommen war, entdeckte eine große Zahl von Ruinenstätten in Yucatán, Campeche und am Usumacinta (112; 113). Außer einer Reihe wichtiger Veröffentlichungen (1895–1911) hinterließ er eine Sammlung hervorragender photographischer Aufnahmen, der ersten, die von Maya-Bauten gemacht wurden. 1875 fand Augustus Le Plongeon, der sich sieben Jahre in Yucatán aufhielt, in Chichén Itzá eine merkwürdige Statue, der er den Namen »Chacmool« gab (S. 55). Dies war seine bedeutendste Entdeckung, aber wie so mancher Amateur-Archäologe vor ihm verlor auch er sich in einer Fülle rein spekulativer Deutungen seiner Funde und gab abstruse Interpretationen der Hieroglyphen, die er glaubte lesen zu können. Edward Herbert Thompson, ebenfalls ein Liebhaber-Archäologe, kam 1885 als amerikanischer Konsul nach Yucatán, kaufte nach mehrjährigen Reisen in allen Teilen des Landes eine viele Quadratkilometer große Hacienda, auf der die Pyramiden und Tempel von Chichén Itzá lagen, und begann dort mit Ausgrabungen (Fig. 6). Einige Jahrzehnte vor ihm waren bereits der amerikanische Ingenieur John Burke, der das Castillo bestieg (1838), und auch Stephens (1841) in Chichén Itzá gewesen. Für die American Antiquarian Society fertigte Thompson aus einer von ihm erfundenen Mischung von Papierbrei, Pflanzenfasern und Gips ein Modell der Palastfassade von Labná an, und auf der Weltausstellung in Chicago (1893) konnten die staunenden Besucher weitere derartige Modelle der Bauten Uxmals bewundern. Für die ab 1904 von ihm in Angriff genommene Bergung von Opfergaben und Skeletten aus dem Heiligen Cenote in Chichén Itzá setzte Thompson einen Bagger und einen griechischen Schwammfischer ein. Auch andere Privatforscher mußten das Gelände kaufen, auf dem sie arbeiten wollten. Stephens hatte schon im Verlauf seiner Reisen das Waldstück mit den Ruinen von Copán für 50 Dollar erworben.

Alfred P. Maudslay gab 1889–1902 in fünf Bildbänden und einem Textband die erste große Zusammenfassung der bis dahin von anderen und ihm selbst auf Grund langjähriger Forschungen (1881/94) gewonnenen Erkenntnisse (114). Die berühmte Maudslay Collection des Britischen

Fig. 6 Die Pyramide El Castillo in Chichén Itzá um 1880, vor der Restaurierung

(Nach einem Stich von D. Charnay, 1885; vgl. Bild 53)

Museums ist eine umfangreiche Sammlung von Gipsabgüssen, die der Gelehrte von Reliefs und Hieroglypheninschriften aus dem Maya-Land mitgebracht hat.

Die mit dem Jahre 1892 begonnene zweite Phase der Forschungsarbeiten im alten Maya-Land ist geprägt durch die sich über Jahrzehnte erstreckenden Ausgrabungskampagnen, die von nordamerikanischen, mexikanischen und guatemaltekischen Forschungsinstituten durchgeführt wurden und sowohl der eingehenden Untersuchung und Restaurierung ganzer Ruinenkomplexe als auch der Klärung spezieller Fragen, wie solchen nach dem Verlauf alter Zeremonial- und Handelsstraßen oder der Struktur der ländlichen Siedlungen, der Formen der Agrarwirtschaft, der Besiedlungsdichte und ähnlichem, galten. An derartigen Unternehmungen waren und sind weiterhin besonders das Peabody Museum of Archaeology and Ethnology der Harvard University, die Carnegie und die Smithsonian Institution in Washington, die School of American Archaeology, das University Museum of the University of Pennsylvania in Philadelphia, das Chicago Natural History Museum, das Britische Museum und mehrere Universitätsinstitute, besonders das Middle American Research Institute der Tulane University in New Orleans, beteiligt. Bis zum Ersten Weltkrieg haben allein zwanzig Forschungsexpeditionen des Peabody Museum im alten Maya-Land gearbeitet. Die Carnegie Institution grub und restaurierte von 1915 bis 1958 in Uaxactún, Chichén Itzá, Mayapán und Kaminaljuyú. Wiederholt patronisierte und finanzierte die National Geographic Society in Washington größere Grabungsvorhaben und brachte darüber eindrucksvolle Farbbildberichte in ihrem Magazin.

In Mexiko gehört die Maya-Forschung zu den Aufgaben des Instituto Nacional de Antropologia e Historia. Einer der erfolgreichsten Mitarbeiter ist A. Ruz Lhuillier, der in den Jahren 1949/52 in Palenque erstmals eine Grabkammer unter einer Maya-Pyramide freilegte (S. 316). 1974/76 führte das Institut Ausgrabungen in Cobá durch, nachdem die Ruinenstätte zwischen 1926 und 1930 bereits das Ziel von sechs Carnegie-Expeditionen gewesen war. In Guatemala haben sich in jüngster Zeit ebenfalls staatliche Institutionen in verstärktem Maße der Konservierung und Restaurierung wichtiger archäologischer Fundplätze angenommen. Gleiche Aufgaben erfüllen in Honduras das Instituto Nacional de Antropologia e Historia und in El Salvador die Administración del Patrimonio Cultural. In Belize arbeiteten von 1964 bis 1970 Archäologen des Royal Ontario Museum in Toronto/Kanada. Ihre Forschungsergebnisse lassen dieses am östlichen Rand des alten Maya-Landes gelegene und bisher nur im südlichen Teil von der Wissenschaft beachtete Gebiet in völlig neuem Licht erscheinen. Altun Há wurde von dem Team nach einer sechsjährigen Grabungskampagne als ein in seiner Bedeutung früher weit unterschätztes Regionalzentrum erkannt.

Wertvolle Hinweise auf die Existenz und Lage von Ruinenstätten gaben Kautschuksammler *(chicleros)* und Holzschläger. So sind selbst noch in unserem Jahrhundert bis dahin völlig unbekannte Zeremonialzentren, kleinere Kultplätze und Hausplattformen einstiger bäuerlicher Siedler in großer Zahl aufgespürt worden. Dazu kam die systematische Suche auf Grund älterer literarischer Quellen. Nach dem Studium der Chilám-Balám-Bücher von Chumayel begann sich zum Beispiel Th. Gann für das dort erwähnte Cobá zu interessieren (Bild 7). Zwar hatte schon Stephens von der großen Ruinenstätte in Quintana Roo gehört, war jedoch nicht dort und erwähnt sie nur kurz in seinem Reisewerk von 1842. Als erster besuchte 1891 T. Maler Cobá, aber seine dort gemachten Aufzeichnungen blieben ungedruckt (417, S. 8). So ist die eigentliche Wiederentdeckung 1926 Gann zu verdanken. Im selben Jahr fanden F. V. Agnew und E. Schufeldt El Mirador im nördlichen Petén, und ebenfalls 1926 stieß die Mason-Spinden-Expedition auf die Ruinen von Xcarét an der Ostküste Yucatáns. Von Lubaantún in Belize, Ichpaatún, Tzibanché und anderen Tempelstädten im südlichen Quintana Roo wußte man vor Ganns Forschungen (1927) noch nichts. Das Ruinenfeld von Dzibilchaltún wurde erst 1941/42 in seinen riesigen Ausmaßen erkannt. 1946 überraschte die Entdeckung der inzwischen berühmt gewordenen Fresken in einem Tempel von Bonampak die wissenschaftliche Welt.

Aguateca, Dos Pilas und Dos Pozos im Gebiet zwischen Rio Salinas und Rio de la Pasión sind erst seit 1957 bzw. 1960 bekannt. Chicanná in der Rio-Bec-Region ist 1966, Itzan 1968 gefunden worden. Bis 1938 waren aus Seibal nur zwölf Stelen registriert, durch Grahams Forschungen (1964/68) hat sich die Zahl der nunmehr auswertbaren steinernen Dokumente nahezu verdoppelt.

Die Beispiele ließen sich noch vermehren. Auch Erdölgeologen, die im Gebiet des Rio de la Pasión arbeiteten, hatten ihren Anteil. Sie entdeckten 1957 Machaquilá, das inmitten der sehr unübersichtlichen südlichen Kegelkarstlandschaft (Fig. 7) in einer der charakteristischen Cockpit-Mulden liegt. Verhängnisvoll dagegen haben sich private Schatzsucheraktionen ausgewirkt. Antiquitätenräuber haben zum Beispiel in Naranjo eine große Zahl der dort aufgefundenen Stelen in transportable, verkaufsfähige Stücke zerschlagen. An ihrem ehemaligen Standort zeugen nur noch archäologisch wertlose Trümmer von diesem kommerziellen Vandalismus. Im Juli 1976 wurde in der Nähe von Dos Pilas die kleine Ruinenstätte El Duende entdeckt. Bereits im Dezember waren Kunstdiebe zur Stelle und zersägten eine der dort gefundenen Stelen in acht Teile. Zwei der Relieffragmente wurden ein Jahr später auf dem Flugplatz von Guatemala-City durch Zollbeamte sichergestellt. Zwei andere Stücke waren am selben Tage bereits in die Schweiz abgesandt worden und kamen im Februar 1979 nach Verhandlungen mit den Schweizer Behörden wieder nach Guatemala zurück. Die anderen vier Teile fehlen bis heute. In jüngster Zeit im Kunsthandel aufgetauchte polychrome Maya-Keramiken – Preis bis über 5000 Dollar je Stück – stammen anscheinend aus geplünderten Gräbern der Ruinenstätte El Sotz am Petén-Itzá-See. Solche Diebstähle sind nicht neu: H. Thompson, der 1899 die Ruinen von Chacmultún besuchte, fand die Bauwerke bereits zwei Jahre später von Schatzsuchern ausgeraubt (35, S. 206).

Seit 50 Jahren werden Flugzeuge zur systematischen Ruinenerkundung eingesetzt. 1929 überflogen O. G. Ricketson und A. V. Kidder mit einem zweimotorigen Wasserflugzeug erstmals zu diesem Zweck die lichten Trokkenwaldgebiete von Quintana Roo und Yucatán (135). Der Pilot war Charles Lindbergh. 1930 lieferte P. C. Madeira die ersten Luftphotos von El Mirador und entdeckte zugleich aus der Luft das südwestlich davon gelegene Kleinzentrum Nakbe. Als dann Ende der dreißiger Jahre die Luftbildinterpreten der Royal Dutch Shell ihre Reihenaufnahmen näher in Augenschein nahmen, fanden sie außer einem Dutzend Pyramiden im Umkreis von El Mirador mehrere Zeremonialstraßen (Fig. 69), darunter eine, die nach Nakbe führte.

Nicht zuletzt ist das Flugzeug im südlichen Regenwald als schnelles und zuweilen einziges Verkehrsmittel für die Durchführung von Grabungen und Restaurierungsarbeiten unentbehrlich geworden. 1956, als die Freilegung und genauere Untersuchung von Tikal begann, wurden die Archäologen mit ihrer gesamten Ausrüstung und Verpflegung mit einer DC 3 von Guatemala-City aus eingeflogen. Noch heute kommen die meisten Tikal-Besucher auf dem gleichen Weg mit dem Flugzeug, obwohl es inzwischen auch eine Straßenverbindung zum Hochland gibt.

Seit dem Zweiten Weltkrieg wurden flächendeckende Luftbildserien aufgenommen, die zwar primär kartographischen Zwecken dienten, aber gleichzeitig entscheidende Grundlagen für die Rekonstruktion der einst von den Maya gestalteten Kulturlandschaft lieferten. Die sorgsame Auswertung der Luftbilder erbrachte den Nachweis vielfältiger Spuren menschlicher Einwirkungen auf die Naturlandschaft, die der Bodenbeobachtung infolge der durch das Pflanzenkleid behinderten Übersicht verborgen bleiben oder deren Auffindung im Gelände allenfalls glücklichen Zufällen zu verdanken ist. Dazu gehören an der unterschiedlichen Färbung der Vegetation erkennbare verwachsene Kanäle, Straßenzüge, Hochäcker (S. 212), an Seerändern angelegte »Schwimmende Gärten« (S. 215), Systeme verfallener Ackerbauterrassen (S. 199) und andere technische Anlagen der Maya. Im Bereich der dichten tropischen Regenwälder des Südens ist natürlich diese Methode der Luftbilderkundung sehr erschwert, aber Stereoaufnahmen machen auch dort kleine Geländebuckel sichtbar, bei denen es sich um Karstkegel, aber auch um überwachsene Tempelruinen oder andere Bauten handeln kann. Aus 920 km Höhe aufgenommene Satellitenbilder, die dem Verfasser aus den Nasa-ERTS-Reihenaufnahmen des amerikanischen Earth Resources Observation Systems Program zur Verfügung gestellt wurden, erwiesen sich leider für die Identifizierung der Vegetationsformationen und die Auffindung von Kulturspuren als unergiebig. Insgesamt läßt sich heute sagen, daß mit der Entdeckung weiterer großer Ruinenkomplexe im Maya-Land kaum noch zu rechnen ist, daß jedoch ständig noch kleinere bisher unbekannte Kultplätze gefunden werden und daß spezielle Fragestellungen zur Kulturlandschaftsentwicklung überhaupt erst durch die Luftbildauswertung beantwortet werden konnten. In dieser Richtung ist auch künftighin noch mit mancher Überraschung zu rechnen.

So sind durch die Forschungsergebnisse der letzten Jahrzehnte alle älteren Angaben über die Zahl der Zeremonialzentren im alten Maya-Land weit überholt. Für Yucatán, Campeche, Quintana Roo, Tabasco und Chiapas verzeichnete der 1939 erschienene Archäologische Atlas der Republik Mexiko erst 441 Ruinenstätten. Wesentlich vollständigere Angaben enthalten die ersten beiden Lieferungen (580) des Atlas Arqueologico de la República Mexicana (Quintana Roo, 1959; Campeche 1960). Leider fehlt noch die Lieferung Yucatán. Dort sind vom mexikanischen archäologischen Dienst bisher allein rund 850 Fundplätze katalogisiert worden. Aus dem Petén sind über 300 Ruinenstätten unterschiedlichster Größenordnung bekannt, aber noch auf keiner dem neuesten Forschungsstand entsprechenden Karte verzeichnet. Da es für Guatemala und Honduras bisher ebenfalls keine detaillierten

Darstellungen gibt, mußte ein großer Teil der Unterlagen für den Entwurf unserer Karte (im Anhang) archäologischen Spezialarbeiten entnommen werden. Die Karte kann keinen Anspruch auf Vollständigkeit erheben, was allein schon aus Maßstabsgründen auf einer relativ kleinen Kartenbeilage nicht möglich ist. Die Auswahl der verzeichneten 404 Zeremonialzentren richtete sich nach ihrem Bedeutungsgrad, auf kleine Kultplätze mußte verzichtet werden. Um aber kein falsches Bild über die tatsächliche Dichte der Zentren und nachgeordneten Kultstätten aufkommen zu lassen (es sind über 2500 Ruinenstätten aller Größenordnungen aus dem Tiefland bekannt!), wurden für drei Teilgebiete – den östlich von Tikal gelegenen Teil des Petén, die Ostküste Yucatáns mit der Insel Cozumel und die Usumacinta-Region – Spezialkarten in größerem Maßstab gezeichnet (Fig. 46–48).

Was wir heute nicht nur über das räumliche Verteilungsbild der Maya-Zentren, sondern insgesamt über den materiellen Besitzstand, über das geistige Leben, die Auseinandersetzung mit der tropischen Umwelt, über Aufstieg und Untergang dieser mesoamerikanischen Hochkultur wissen, ist die Leistung einer kaum noch überschaubaren Zahl von Forschern aus vielen Nationen, von der das Literaturverzeichnis am Schluß des Buches eine Vorstellung vermittelt. Zu den Maya-Forschern aus der angelsächsischen Welt, die in jüngerer Zeit mit wichtigen Buchveröffentlichungen hervorgetreten sind, gehören S. G. Morley, J. E. S. Thompson, M. D. Coe, G. R. Willey, E. W. Andrews, N. Hammond und andere. T. Proskouriakoff verdanken wir außer wichtigen Beiträgen zum Hieroglyphenverständnis hervorragende zeichnerische Rekonstruktionen vieler Maya-Zentren und ihrer bedeutendsten Bauwerke (Fig. 57).

Umfassende Arbeiten in spanischer oder französischer Sprache schrieben F. Blom, G. Annequin, R. Girard, J. Soustelle, I. Marquina und A. Ruz Lhuillier. Die lange Tradition der deutschen Maya-Forschung begann mit E. Förstemann und E. Seler, wurde fortgesetzt von K. Sapper, H. D. Disselhoff, F. Termer, E. P. Dieseldorff, W. Krickeberg, F. Anton, P. Westheim und auf dem Gebiet der Hieroglyphendeutung besonders von Th. S. Barthel, H. Berlin und G. Zimmermann. Auch die Gegenwartsprobleme der Maya wurden von B. Riese, W. Westphal und H. Nachtigall mit in ihre Arbeiten einbezogen. Wichtige Beiträge zu Fragen des ländlichen Siedlungsbildes, der bäuerlichen Gesellschaft, der von ihr entwickelten Formen der Agrarwirtschaft, zu Problemen der Bodenerosion, der potentiellen und tatsächlichen Bevölkerungsdichte usw. stammen von Soziologen, Agrarwissenschaftlern, Bodenkundlern, Bevölkerungswissenschaftlern und Vertretern anderer Disziplinen. Gerade sie liefern uns für die Beantwortung vieler Fragen, die uns in diesem Buch beschäftigen, wertvolle Hilfe.

Welt und Umwelt der Maya zu erschließen gleicht einem mit viel Geduld und Spürsinn zu lösenden Puzzlespiel. »Was könnte man aussagen«, meint F. Katz (204, S. 144), »wenn man das Vordringen der

Germanen, die Feldzüge Attilas nur aus Tonscherben und zerstörten Bauten rekonstruieren müßte?« Ganz so mager ist freilich die Quellenlage für die Maya-Forschung nicht, wenn man sich bemüht, über die reinen Grabungsbefunde hinaus auch naturwissenschaftliche Erkenntnisse zur Lösung des »geographischen Maya-Problems« (S. 65) heranzuziehen. Schließlich darf nicht vergessen werden, daß die Maya-Hochkultur die einzige indianische Zivilisation mit einem vollentwickelten Schrift- und Datierungssystem war, was uns erlaubt, 1000 Jahre Maya-Geschichte authentisch zu verfolgen.

12. Maya-Datierungen und christliche Zeitrechnung

Wenn sich der Maya-Forschung auch ständig neue Horizonte öffnen und es seit langem gelungen ist, die auf den Stelen verzeichneten Daten zu entschlüsseln, so stellt doch deren Korrelation mit unserer Zeitrechnung eines der schwierigsten Probleme dar. Es ist nunmehr zugunsten der Goodman-Martinez-Thompson-Korrelation entschieden, deren Daten für die klassische Epoche um rund 260 Jahre näher der Gegenwart liegen als die der älteren Spinden-Korrelation. Die Zeitangabe auf einem Tempelbalken in Tikal entspricht zum Beispiel nach der Spinden-Korrelation dem Jahre 481 n. Chr., nach der GMT-Korrelation dem Jahre 741 n. Chr. (174, S. 73). Unterstützt wird die GMT-Korrelation durch absolute Altersbestimmungen mit Hilfe der Radiokarbon- oder C^{14}-Methode. Da die Maya in ihren Tempeln Balken aus Sapodillaholz verbauten, die sich zum Teil bis heute gut erhalten haben (S. 119), ließen sich auf Grund des Zerfalls von radioaktivem Kohlenstoff C^{14} zahlreiche Datierungen durchführen, die die Richtigkeit der GMT-Korrelation überzeugend bestätigten (45, S. 34). Eine weitere, völlig unerwartete Absicherung erfuhr die GMT-Korrelation durch den Fund eines reliefierten Steins mit der Darstellung eines Venus-Durchgangs durch die Sonne in Chichén Itzá. Als Datum dieses Ereignisses ist – nach der GMT-Umrechnung – der 15. Dezember 1145 verzeichnet. Eine von Astronomen vorgenommene Rückrechnung ergab die Richtigkeit des Datums und damit der GMT-Korrelation (36, S. 129). Alle hier wiedergegebenen Jahreszahlen beruhen auf dieser Korrelation. Sie sind seit 1979 dank eines von H. J. Prem entwickelten und auf Magnetkarten gespeicherten Programms mit Hilfe eines Taschenrechners (Texas Instruments Programmable TI 59) leicht und zuverlässig zu ermitteln.

13. Aufstieg und Untergang

Bis vor wenigen Jahren gab es keine archäologischen Beweise für die Anwesenheit der Maya im Tiefland bereits in der frühen vorklassischen oder formativen Periode (vor 850 v. Chr.). Das Bild änderte sich durch die Entdekkung von Keramikresten bei Cuello im nördlichen Belize, die aus der Zeit um 2600 v. Chr. stammen. Sie bezeugen, daß zumindest dieser östliche Teil des Maya-Tieflandes schon sehr früh besiedelt war (826, S. 63). Die Einwanderer können sowohl vom Hochland als auch aus dem Golfküstenbereich gekommen sein. Auch im Petén sind inzwischen an verschiedenen Stellen in das Vorklassikum zu datierende Funde gemacht worden, so daß dort ebenfalls eine Maya-Besiedlung seit dem späten 3. oder frühen 2. Jahrtausend bestätigt wird (341, S. 96).

Reichhaltiger sind die Zeugnisse aus dem mittleren Vorklassikum (850 bis 300 v. Chr.), zum Beispiel aus den tieferen Kulturhorizonten von Altar de Sacrificios und Seibal in der Usumacinta-Region des südwestlichen Petén (45, S. 59). In Tikal – im zentralen Petén –, dessen Anfänge bis auf 600 v. Chr. zurückgehen, wurden aus noch älteren Zeiten stammende Töpfereierzeugnisse geborgen, die wahrscheinlich gleichfalls von einer sehr frühen Maya-Bevölkerung stammen (537, S. 96). Auch El Mirador im nördlichen Petén muß zu den sehr alten Tieflandsiedlungen gehören. Dort sind zwei stark verwitterte Fragmente von Skulpturen im präklassischen Stil von Kaminaljuyú gefunden worden (162, S. 50). Es wird vermutet, daß es sich um die Hinterlassenschaften von Einwanderern handelt, die aus dem Hochland über das Flußgebiet des Lacantún ins Tiefland vorgestoßen sind (45, S. 59). Andere Gruppen werden ihnen gefolgt sein. Sprachvergleiche mit den Methoden der »lexikostatistischen Glottochronologie« (S. 14) ergaben, daß die Kekchian die letzten waren, die sich um 100 v. Chr. von den im Hochland verbliebenen Maya trennten und nach Norden in das Grenzgebiet zum Petén abgewandert sind (191, S. 69).

Einige kulturelle Merkmale, die gern als »typisch« für die Tiefland-Maya angesehen werden, finden sich bereits bei den Hochland-Maya und denen des Izapa-Kulturkreises im pazifischen Küstenland (vgl. S. 14). Die Izapa-Leute kannten den Stelenkult, errichteten Altäre und verehrten einen »Langlippigen Gott«, in dem wir den Vorläufer des späteren Regengottes Chac der Tiefland-Maya erkennen. Stelen, Altäre und die »Lange Zählung« sind zwar seit der späten formativen Periode auch im Hochland bekannt (45, S. 31, 72), aber zu deren voller Entwicklung kam es erst im nördlichen Tiefland.

Das wohl eigenartigste Architekturelement, das »falsche Gewölbe« (Kraggewölbe oder Scheingewölbe), ist eine Schöpfung der Tiefland-Maya (Bild 8, 46 und 61). Innerhalb Mesoamerikas blieb es in seiner Verbreitung auf die Halbinsel Yucatán beschränkt. Die latente Erdbebengefahr im Hochland könnte ein Grund dafür gewesen sein, daß es sich dort nicht ebenfalls durchgesetzt hat. Das »falsche Gewölbe« jedoch als eine »ureigene Erfindung« der Maya zu bezeichnen ist nur insofern richtig, als ihnen dieser bautechnische Fortschritt ohne Anregungen von außen her gelungen ist. Falsche Gewölbe sind – eine typische Konvergenzerscheinung – ebenso selbständig in der Alten Welt erfunden worden und aus Ägypten, Mesopotamien, Syrien und Griechenland bekannt.

Selbst in der Neuen Welt – in Peru, Bolivien und Nordargentinien – wurden falsche Gewölbe gebaut, aber dieses südamerikanische Verbreitungsgebiet ist so weit vom Maya-Land entfernt, daß kein gemeinsamer Ursprung anzunehmen ist (155, S. 202). Überdies stammen die konischen Begräbnisplätze *(chulpas)* im Hochland von Peru erst aus dem 8. Jahrhundert, während die frühesten Gewölbebauten der Maya vor 300 n. Chr. errichtet wurden. Allenfalls könnten also entsprechende Anregungen vom Maya-Land ausgegangen sein.

Diese relativ einfache architektonische Erfindung, die in der Konstruktion eines tragfähigen Gewölbes durch dachartig gegeneinandergestellte große Steinplatten oder durch Übereinanderschichtung vorkragender Blöcke besteht, die sich im oberen Teil schließlich bis zur Berührung annähern, markiert neben den datierten Stelen den Beginn der klassischen Periode (300 bis 900 n. Chr.). Findet sich das falsche Gewölbe in der protoklassischen Zeit nur in Grabkammern, so wird es im Klassikum zum charakteristischen Element der Maya-Architektur und eröffnet in seiner allgemeinen Anwendung neue bauliche Möglichkeiten.

Die Stele, die – in unsere Zeitrechnung übertragen – den 6. Juli 292 n. Chr. als bisher älteste bekannte Maya-Zeitangabe trägt und den Übergang von der protoklassischen zur klassischen Periode signalisiert, steht in Tikal, dem größten aller Zeremonialzentren im Petén und im gesamten Maya-Land. Da ihre Glyphen schon dem endgültigen Schriftsystem der Maya entsprechen, muß sich dessen Entwicklung in einem Zeitraum vollzogen haben, der sicherlich mehrere der vorangegangenen Jahrhunderte umfaßte. Mit einiger Wahrscheinlichkeit hat es schon in noch früheren Zeiten bemalte »Zeitsteine« gegeben, deren Hieroglyphentexte freilich bis zur Unkenntlichkeit verwittert sind, so daß wir über ältere Phasen der Schriftentwicklung im Ungewissen bleiben. Auch die Leidener-Platte scheint, worauf stilistische Merkmale verweisen, aus Tikal zu stammen, wenn sie auch dort nicht gefunden wurde.

Tikal darf als eines der ältesten Maya-Zentren im südlichen Regenwaldgebiet angesehen werden. Wenig jünger ist Uaxactún. Die dort im Jahre 1916 von Sylvanus G. Morley entdeckte Stele 9 mit dem Datum 328 n. Chr. galt lange als die erste datierte Stele, bis der 36 Jahre früher errichtete Gedenkstein in Tikal gefunden wurde. Über eineinhalb Jahrtausende stand die Stele 9 in Uaxactún unverändert an ihrem ursprünglichen Platz! Mehr als 70 Jahre verstrichen, bis zu Anfang des 5. Jahrhunderts. Balakbal und Uolantún mit der Aufstellung von Stelen folgten. Copáns älteste Dateninschriften stammen aus dem Jahre 460. Dutzende von weiteren Stelenweihen folgten in den nächsten Jahrhunderten (Fig. 2). Wohl in allen Fällen ist anzunehmen, daß die Zeremonialzentren schon längere Zeit existierten, bevor es zur Errichtung eines ersten Gedenksteins kam.

Dann, viel unvermittelter als ins Licht getreten, erlischt die Hochkultur der Maya innerhalb einer Spanne von weniger als 150 Jahren. Wir setzen als Beginn der Verfallszeit das Jahr 780 an, weil etwa aus dieser Zeit das letzte Inschriftendatum eines der großen aufgegebenen Zeremonialzentren stammt: Palenque am nordwestlichen Rand des Tieflandgebietes (782). Erste Anzeichen des Niedergangs – sofern man die letzten Stelendaten als solche betrachten kann – reichen in Altar de Sacrificios und Pusilhá noch 50 Jahre weiter zurück. Zwischen 731 und 780 scheint es noch einmal zu einer gewissen Beruhigung gekommen zu sein, denn aus diesem halben Jahrhundert gibt es keine Daten, die auf das Ende eines Zentrums schließen lassen. Jahreszahlen aus Ruinenstätten mit nur einer einzigen aufgefundenen Stele oder sonstigen Inschrift haben ausgesprochenen Zufallscharakter und können über die Existenzdauer eines Zeremonialzentrums nichts aussagen.

Nach dem Jahre 780 schritt der Verfall schnell voran. Zwischen 780 und 790 veröden außer Palenque einst sehr aktive Kultplätze wie Naachtún und Uxul. In Copán, dem in Kunst und Wissenschaft führenden Zentrum im äußersten Südosten des alten Maya-Landes, wurde die letzte Stele um 760 datiert und nach 800 kein Hieroglyphenmonument mehr errichtet. In diesem selben Jahr, in dem Karl der Große in Rom zum Kaiser gekrönt wurde, enden auch die Inschriften in La Honradez und Ixkún. Aus dem wenig nördlich davon am Rio Motagua gelegenen Quiriguá, aus Piedras Negras, Calakmul und Etzná hören wir nichts mehr nach 810. 20 Jahre später verstummten Oxpemul und Tzimin Kax. Nach 850 sind in Nakum und Ucanal keine Stelen mehr aufgestellt worden, und das letzte datierte Monument in Tikal (Stele 11 an der großen Plaza) trägt die Jahreszahl 879. Seibal, Uaxactún, Xultún und Xamantún werden 889 still. Das allerletzte uns aus der Rio-Bec-Region überlieferte Maya-Datum stammt aus dem Jahre 928 und findet sich auf einer Stele in San Lorenzo bei Muñeca (174, S. 162).

Die genannten Daten geben zu erkennen, daß die Hochkultur der Maya nicht im gesamten Regenwaldgebiet gleichzeitig erloschen ist. Der Verfall setzte zuerst im Gebiet um Palenque, dann im Südosten um Copán und Quiriguá ein und erfaßte schließlich das Kerngebiet um Tikal und die Rio-Bec-Region (Tzibanché, 910). Uaxactún verödete, als eines der Bauwerke noch gar nicht fertiggestellt war. In Tikal blieben die Plattform eines geplanten Tempels und eine Treppe auf der westlichen Plaza unvollendet, in Dos Pilas finden sich an einer reich mit Hieroglyphen und Reliefs geschmückten Treppe auf der obersten Stufe nur erste Meißelspuren. Nach dem Untergang der Zentralregion erlebte die Maya-Hochkultur nur noch im nördlichen Yucatán eine späte Nachblüte (S. 54).

Ein Problem ist, ob das jeweils späteste Datum der Errichtung von Stelen und das Aufhören anderer künstlerischer Äußerungen zeitlich identisch sind mit einer völligen Abwanderung der Menschen aus dem gesamten alten Siedlungsraum oder ob das Ende von Daten und Hieroglyphen in den Zeremonialzentren nur das Ende eines Kults bedeutet. Es könnte dies zum Beispiel die Folge des Verschwindens einer priesterlichen Oberschicht gewesen sein, während das Leben der einfachen Maya-Bevölkerung, besonders der ländlichen, davon unberührt blieb. Mit dieser wichtigen Frage werden wir uns später noch zu beschäftigen haben.

Die Entwicklung ist regional unterschiedlich verlaufen. Im nördlichen Yucatán hat es keinen Zusammenbruch und keine Abwanderung gegeben. Im Petén hingegen verließ nach Aufgabe der Zeremonialzentren auch das Landvolk innerhalb von 150 Jahren seinen alten Lebensraum. Die in der spanischen Kolonialzeit da und dort angetroffenen, in den vom Wald überwucherten Ruinen lebenden Bewohner waren spätere Zuwanderer, keine Überreste der einstigen Bewohner. Auch die erst im 17. Jahrhundert unterworfenen Itzá am Petén-Itzá-See waren erst Mitte des 15. Jahrhunderts aus dem Norden wieder in dieses Gebiet zurückgekehrt.

Nördlich einer gedachten Linie, die von Campeche quer durch die Halbinsel zur Ostküste verläuft, dehnt sich jener Teil Yucatáns aus, in dem sich die Maya-Kultur der spät- und nachklassischen Zeit entfaltet hat. Zwischen 800 und 900 n. Chr. war das Hügelland der Puuc-Region (Bild 22) mit seinem Zentrum Uxmal zu einem neuen kulturellen Kerngebiet des Maya-Landes geworden. Neben den Schwerpunkten der klassischen Zeit in der Regenwaldzone des Petén hatte sich im Spätklassikum in dem wesentlich trockeneren Wald- und Buschland des Nordens ein weiterer Kern gebildet. Lange hat man angenommen, daß die Maya ihre in der südlichen Regenwaldzone fest begründeten Zeremonialzentren aus irgendwelchen Gründen zwar aufgegeben hätten, aber damit als Volk nicht untergegangen seien, sondern sich im nördlichen Yucatán einen völlig neuen Lebensraum erschlossen hätten. Es ist nach dem Zusammenbruch im Süden tatsächlich eine solche Abwanderung, allerdings nur eines Teils der alten Petén-Bevölkerung, erfolgt (S. 467). Aber sie fand im Norden keineswegs einen Leerraum vor, denn vor ihrem Exodus hat es bereits zwischen dem 5. und 7. Jahrhundert Kolonisationsbewegungen in mehreren Schüben von Süden nach Norden gegeben (56, S. 138). Diese Wanderungen fallen jedoch in eine Zeit, in der das Zentralgebiet noch in voller Blüte stand. Sie waren also keine Folgeerscheinungen des Verfalls der südlichen Zentren und können daher auch nicht den Verbleib des Großteils der dortigen Bevölkerung nach dem 8. und 9. Jahrhundert erklären. Mit diesem Problem müssen wir uns gleichfalls noch auseinandersetzen (S. 467ff).

Selbst die Wanderungen des 5.–7. Jahrhunderts waren bereits eine Späterscheinung. Neuere Forschungen ergaben, daß die nördliche Kalktafel schon im 6. vorchristlichen Jahrhundert besiedelt war (12, S. 173; 719, S. 109). Aus der Zeit um 300 v. Chr. stammen die ältesten Wohnplätze im nördlichen Abschnitt der Ostküste Yucatáns. Eine Serie kleiner Küstenorte aus dieser Zeit reicht von Tancáh um das Nordostkap herum bis zur Rio-Largatos-Lagune. An der sich westlich anschließenden Nordküste fehlen Küstensiedlungen, obwohl das dem Meer nicht ferne Dzibilchaltún im späten Vorklassikum bereits ein bedeutendes Kultzentrum war. Auch die Pyramide in Yaxuná gehört bereits der vorklassischen Epoche an wie auch die Keramikreste von vielen anderen Plätzen.

Im letzten vorchristlichen Jahrhundert dehnte sich die Besiedlung auf Zentralyucatán aus. Kräftige, aus dem Raum des heutigen Campeche kommende Siedlervorstöße sind für die Zeit von 50 v. Chr. bis 100 n. Chr. belegt (12, S. 172). In den großen Zentren des Nordens finden sich ebenso Zeugnisse der klassischen Periode wie im Petén, sogar sehr ähnlichen Stils. Mancherlei Merkmale in Cobá weisen auf enge Beziehungen zu Naranjo und anderen Zentren des Südens hin (S. 398). Dabei zeigen die yucatekischen Funde keineswegs provinziellen Charakter, sondern sogar künstlerische Fortentwicklungen gegenüber dem kulturellen Kernbereich (417, S. 194f.).

Es besteht Einigkeit unter den Archäologen, daß der Beginn des Klassikums in Yucatán in die gleiche Zeit fällt wie in der südlichen Zentralregion. Die älteste sichere Datierung in Yucatán aus frühklassischer Zeit trägt ein Türsturz in Oxkintok: in unsere Zeitrechnung übertragen das Jahr 475 n. Chr. Tulúms älteste Stele wurde 562 errichtet, und 623 entstand das nahe der Ostküste gelegene Cobá, das bis in die späte postklassische Zeit ein wichtiges Regionalzentrum des Nordens war. Alle Anzeichen deuten darauf hin, daß der Kolonistenstrom der Maya der Ostküste von Süden nach Norden gefolgt ist. Insgesamt sind in zehn Kultzentren des mittleren und nördlichen Yucatán 21 sicher datierte Baudenkmäler und allein in Cobá 32 Stelen aus der klassischen Periode gefunden worden (122, S. 73).

14. Toltekeneinfall und Maya-Renaissance

Die Anfänge von Uxmal reichen nach den Aufzeichnungen des Chilám Balám von Chumayel bis zum Ende des 7. Jahrhunderts zurück. Nach neueren Forschungen könnte Uxmal noch ein bis zwei Jahrhunderte älter sein. Chichén Itzá, das vielleicht ursprünglich *Uucil-abnal* (»Sieben Büsche«) hieß, soll nach den Maya-Chroniken im Jahre 467 oder 534 n. Chr., also noch in frühklassischer Zeit, gegründet worden sein. Doch gibt es Keramikfunde schon aus der präklassischen Periode. Die älteste Glypheninschrift stammt aus dem Jahre 618. Bereits 692 wurde Chichén Itzá zum erstenmal verlassen (56,

S. 135). In der Nähe des heutigen Campeche gründeten die Abwanderer eine neue Stadt: Chacanputún. Erst 200 Jahre später kehrten ihre Nachkommen an den alten Platz zurück. Chichén Itzá erwachte zu neuem Leben, bis hier und in Uxmal im Jahre 909 – etwas später als in der südlichen Regenwaldzone – die reinen Maya-Datierungen enden. Aber während im Petén das kulturelle Leben mit dem Ende des Klassikums erlosch, ging die Architektur in Uxmal ohne spürbaren künstlerischen Bruch in die Formen der nachklassischen Periode über. Diese ungestörte Entwicklung dauerte jedoch nur ein knappes Jahrhundert an. Sie endete gegen Ausgang des 10. Jahrhunderts abrupt mit der Invasion der Tolteken aus dem mexikanischen Hochland, die, von Veracruz der Golfküste folgend, das nördliche Yucatán überrannten.

Diesem das Schicksal Yucatáns entscheidend bestimmenden Eroberungszug der Tolteken waren bereits andere Vorstöße aus dem Raum der Usumacintamündung am Golf von Mexiko vorausgegangen. Dort lebten die Chontal-Maya, die in ihrer Heimat schon frühzeitig unter starken toltekischen Einfluß geraten waren. Sie sprachen Nahua und nur noch gebrochen Maya (174, S. 187). Von der Usumacintamündung zogen die mexikanisierten Chontal stromaufwärts, nahmen um 790 Piedras Negras, 795 Yaxchilán und 810 Altar de Sacrificios in Besitz (136, S. 31). Um 830 erreichten sie Seibal am Rio de la Pasión. Die Figuren der seit dieser Zeit dort errichteten Stelen haben ausgesprochen toltekische Züge. Die Steinplatten sind mit toltekischen Symbolen geschmückt, und eine der Stelen trägt die Maske des toltekischen Windgottes (94, S. 50). Einmalig ist bisher die Freilegung einer runden Tempelplattform mit einem Jaguar-Altar, der stilistische Beziehungen zu Jaguardarstellungen in der Tolteken-Hauptstadt Tula erkennen läßt (156, S. 155). Toltekische Einflüsse zeigen außer in Seibal auch in Altar de Sacrificios gemachte Funde. Im Jahre 889 wurde die letzte datierte Stele in Seibal errichtet. Dieses Weihedatum ist eines der spätesten, die aus der südlichen Regenwaldzone bekannt sind. Es kann die Entmachtung der alten Priesterschaft durch die neuen Herren und damit das Ende des Stelenkults bedeuten, was nicht unbedingt mit dem Erlöschen des Lebens in Seibal gleichzusetzen ist. Zu Zerstörungen ist es dort jedenfalls nicht gekommen. Das Zeremonialzentrum muß spätestens um 930 aus gleichen Gründen wie die anderen (S. 433) verlassen worden sein.

Ursache des Chontal-Vorstoßes bis in das Quellgebiet des Usumacinta war das Bestreben, den wichtigen Überlandweg, der von Tabasco nach Honduras führte (S. 381), unter Kontrolle zu bekommen. Die Chontal-Maya, die sich nach ihrer Mexikanisierung Putunes nannten, waren rührige Fernhändler. Durch das jeweilige Auftauchen ihrer Handelsware, besonders orangefarbener feiner keramischer Erzeugnisse, mexikanischer Hieroglyphen und Menschendarstellungen, läßt sich ihre Ausbreitung im Usumacinta-Gebiet im ausgehenden 8. und beginnenden 9. Jahrhundert genau verfolgen.

Von der Usumacintamündung reichte das Stammesgebiet der Putunes an der Golfküste entlang bis ins mittlere Campeche. Ihre dort lebende nördliche Vorhut waren die nicht minder unter toltekisch-mexikanischen Einfluß geratenen Itzá (191, S. 120). Von Campeche aus drangen sie in die Puuc-Region vor, wo ihr Erscheinen den Beginn der postklassischen Periode dieses Gebietes signalisierte. Auf Handelsfahrten rund um die Halbinsel erreichten sie ziemlich gleichzeitig mit ihrer Expansion im Usumacintagebiet die Insel Cozumel vor der Ostküste und errichteten dort einen Stützpunkt. Etwa 100 Jahre später, um 918, setzten sie auf das Festland über, nahmen mehrere ältere Zeremonialzentren ein und gründeten zwischen 968 und 987 unmittelbar neben dem alten Chichén Itzá ihre neue Hauptstadt gleichen Namens. Dieses zweite Chichén Itzá war eine Metropole von imperialer Pracht und nahm im 11. Jahrhundert eine Fläche von 5–6 km^2 ein.

Noch gegen Ende desselben Jahrhunderts, um 977/78, war Yucatán erneut das Ziel einer Invasion von Landesfremden, diesmal reinblütiger Tolteken aus dem Hochland. Sie besetzten Chichén Itzá und nannten sich in der Folgezeit Itzá. Dieser Doppelsinn des Namens Itzá erschwert die Zuordnung von historischen Ereignissen zur jeweils richtigen Gruppe, aber da auch die »älteren Itzá« bereits toltekisiert waren und beide Invasionen kurz aufeinander folgten, ist es berechtigt, im gleichen Sinne von Tolteken oder Itzá zu sprechen. Die Eindringlinge unterwarfen die Maya der gesamten Puuc-Region und ließen deren blühende Zentren veröden. Die Bevölkerung wurde zwangsweise in den nördlichsten Teil der Halbinsel verpflanzt, wo die offenere Vegetation und die Abhängigkeit der Menschen von der Wasserversorgung deren Konzentration im Bereich natürlicher Karstbrunnen (Cenotes) in leicht kontrollierbaren größeren Siedlungen ermöglichte.

Während wie in den anderen Zeremonialzentren auch in Uxmal die Bautätigkeit aufhörte, trat im nicht weit entfernten Chichén Itzá mit dem Einfall der Tolteken ein neuer Formenkreis hinzu, der bis Mitte des 13. Jahrhunderts unter Einbeziehung älterer Stilelemente der Puuc-Region geradezu eine Renaissance der Maya-Architektur, freilich als eine maya-toltekische Mischarchitektur, bewirkte. Durch die Ausgrabungen in Tula (Tollan), der 856 gegründeten Tolteken-Hauptstadt im Hochland von Mexiko, hat man seit 1940 die in der nachklassischen Zeit wirksam gewordenen toltekisch-mexikanischen Einflüsse klarer zu erfassen begonnen (1; 141, S. 209; 209, S. 154). Sie verbanden sich mit Kunst- und Architekturanregungen, die von den Tolteken in den durchzogenen Gebieten, besonders im Küstenland von Veracruz, aufgenommen worden waren. Toltekische Priester bestimmten den neuen Stil in Chichén Itzá, aber die Bauausführung scheint in den Händen der künstlerisch erfahreneren Maya-Baumeister gelegen zu haben, denn die Kultbauten in Tula sind architektonisch wesentlich anspruchsloser als ihre Kopien in Chichén Itzá.

Eine mächtige Schädelplattform in Chichén Itzá kündet vom Sieg der Tolteken über die Maya (Bild 14). Aber letztlich waren die Besiegten stärker als die Sieger. Die nur aus frauenlosen Kriegertrupps bestehenden toltekischen Itzá, deren Vorherrschaft ziemlich genau 200 Jahre bis 1185 dauerte, wurden von den Maya aufgesogen, ihre kulturellen Einflüsse jedoch wirkten noch lange fort. Sie äußerten sich im Bereich der Architektur durch Errichtung bis dahin in Yucatán unbekannter Säulenhallen. Eine solche aus 4 Reihen zu 62 Säulen bestehende Versammlungshalle stand zum Beispiel vor dem Kriegertempel in Chichén Itzá, der bis in die Einzelheiten dem Morgenstern-Tempel im über 1200 km entfernten Tula entspricht (Bild 24, 25; vgl. die Grundrisse bei Krickeberg 103, S. 327). Ohne den Besitz exakter, auf Feigenbastpapier (S. 27) gezeichneter Baupläne wäre wohl die Schaffung einer maßgerechten Kopie gar nicht möglich gewesen. 600 vierkantige und runde, aus aufeinandergesetzten Steintrommeln bestehende Säulen wurden in den Kolonnaden des »Tausend-Säulen-Komplexes« verbaut. Das eindeutige Vorbild für diese Bauweise findet sich in Tula. Auch der große Ballspielplatz in Chichén Itzá mit seinen senkrechten Wänden (Bild 39) gleicht in seiner Anlage genau denen der Tolteken-Hauptstadt, während in den alten Maya-Zentren allgemein Ballspielplätze mit abgeschrägten Wänden angelegt wurden. Rundbauten vom Typ des als Observatorium dienenden Caracol in Chichén Itzá (Bild 40) kannte die klassische Maya-Architektur nicht. Mit Ausnahme des Caracol liegen alle toltekisch beeinflußten Bauten nördlich, diejenigen im stärker traditionell betonten Maya-Stil südlich der Straße, die heute das Ruinenfeld von Chichén Itzá durchschneidet. Im Unterschied zu manchem anderen Erobervolk haben die Tolteken nicht die Bauten der von ihnen Unterworfenen zerstört.

Toltekischer Einfluß in der Plastik dokumentiert sich in der Übernahme des Chacmool, einer halbaufgerichteten, auf dem Rücken liegenden und sich auf den Ellenbogen stützenden männlichen Figur mit vom Altar abgewandtem Kopf, angezogenen Beinen und einer Opferschale auf dem Leib (Bild 53). Viele Darstellungen der »Liegenden« von Henry Moore – mit einer Ausnahme stets weibliche Gestalten – wurden durch das Vorbild des Chacmool inspiriert. Durch die Tolteken fand die »gefiederte Schlange«, die toltekische Gottheit des Himmels und der Erde, Eingang in das religiöse Leben der Maya. Ihren Namen Quetzalcóatl übersetzten sie in Kukulcan. Die heute als »Castillo« bezeichnete Pyramide in Chichén Itzá trug den ihm geweihten Tempel. Treppenwangen mit Schlangenköpfen (Bild 15), aufgerichtete Schlangenleiber als Träger von Türstürzen, Schlangensäulen und Jaguarfriese sind toltekischen Ursprungs. Den Kriegertempel zieren Darstellungen sich aufbäumender Federschlangen mit weit aufgerissenem Maul.

Lange Zeit glaubte man, daß Menschenopfer bis zur Invasion der Tolteken bei den Maya als Einzelopfer nur eine untergeordnete Rolle gespielt hätten. Diese Auffassung änderte sich mit der Entdeckung Bonampaks (1946) und seiner aus der Zeit um 800 stammenden Wandbilder, auf denen die Opferung einer größeren Zahl von Kriegsgefangenen dargestellt ist. Alle anderen Kenntnisse über Menschenopfer in vortoltekischer Zeit beschränken sich auf Einzelopfer, zum Beispiel Begleit-, Bau- und Weiheopfer. Auch ein Enthauptungsritual und Anzeichen für einen rituellen Kannibalismus finden sich schon in vorklassischer Zeit (17, S. 185). Menschenopfer wurden jedoch nur aus besonderen Anlässen und in extremen Notsituationen dargebracht, etwa während langanhaltender Dürrezeiten zur Erneuerung der lebenspendenden Kraft des Maises. Der früher oft überbetonte Unterschied gegenüber anderen mesoamerikanischen Theokratien, die das Menschenopfer kannten, war also nicht grundsätzlicher, sondern nur gradueller Art.

Als eigenartigstes der Maya-Opfer gilt das Brunnenopfer im »Heiligen Cenote« von Chichén Itzá, zu dem vom Kultzentrum ein 300 m langer Dammweg führt (Bild 19). Aber es waren nicht nur ausgewählte Jungfrauen, die hier zu Ehren des Regen- und Wassergottes als Bittopfer über den 20 m hohen Steilrand des durch Dolineneinsturz entstandenen Karstbrunnens gestoßen wurden, sondern – wie die Untersuchung der 42 geborgenen Schädel und Skelette ergab – auch über 21 Jahre alte Frauen, 13 Männer und zur Hälfte Kinder. Hingegen wurden regelmäßige Tieropfer dargebracht, und zwar mangels anderer Haustiere (S. 219) Opfer von Truthühnern. Klar identifizierbare Truthahnskulpturen an den Bauten von Copán und in anderen Zeremonialzentren verweisen auf den heiligen Charakter dieses Tieres. Wenn große Wildtiere, wie Jaguare, Pumas oder Krokodile, erlegt wurden, opferte man deren Herzen. Zu Massenopfern von Menschen, besonders Kriegsgefangenen, im nördlichen Yucatán kam es mit Sicherheit erst durch die Tolteken, wenn auch niemals in einem mit den aztekischen Blutorgien vergleichbaren Ausmaß. Die Tolteken haben zwar ihre Religion mit ins Land gebracht, aber sie hat, wie Kultbauten im traditionellen Stil beweisen, die alten Glaubensvorstellungen der Maya nicht völlig verdrängen können.

Im Bereich der Architektur dokumentiert sich die schöpferische Kraft der Maya noch einmal in großartigen Werken, in denen sich überlieferte Stilelemente mit neu übernommenen mischen. Das falsche Gewölbe (Bild 8, 46 und 63) wird unverändert in den sonst stark toltekisch beeinflußten Bauten verwendet, ebenso der Brauch beibehalten, rohgefügte Mauerkerne mit dünnen, sorgfältig bearbeiteten Steinplatten zu belegen, um aus massiven Quadern aufgeführte Bauten vorzutäuschen.

Die Fassaden der einzelnen Bauwerke in Chichén Itzá sind stark aufgegliedert und zeigen reichen, in Tula unbekannten ornamentalen Schmuck. Eine besondere Rolle spielen Maskenpaneele im überkommenen Stil der benachbarten Puuc-Region, die einst vielfarbig bemalt waren, meist Darstellungen des Regengottes Chac (Bild 30 und 31) in zahlreichen Varianten.

Die kulissenartige Stellung der einzelnen Bauten und der Scheinfassaden, die ein weiteres höheres Stockwerk vortäuschen, waren auf Wirkung nach außen, das heißt auf die den großen Platz füllenden Menschenmassen, bedacht.

Chichén Itzá, dessen Einfluß nach den Überlieferungen des 16. Jahrhunderts bis Guatemala und in das mexikanische Hochland gereicht haben soll (122, S. 88), war das führende Kultzentrum der postklassischen Zeit. Dennoch sind Ereignisse eingetreten, die zu einer Verödung der Metropole führten, denn als sich zwischen 1224 und 1244 eine erneut aus dem Süden vorstoßende Gruppe kriegerischer Itzá dort niederließ, lag Chichén Itzá in Ruinen (45, S. 155). Diese Itzá gehörten wahrscheinlich auch zu den an der Golfküste mexikanisierten Chontal-Maya, die während der Toltekenherrschaft im Norden Yucatáns noch in der Gegend von Chacanpuntún an der Campeche-Küste siedelten. Um 1200 wurden sie von dort vertrieben und traten eine weite, sehr eigenartige Wanderung an: Sie zogen in einem großen Bogen nach Südosten durch den Regenwald des Petén zum Petén-Itzá-See, quer durch Belize und dann an der Ostküste entlang nach Norden bis zu einem Punkt gegenüber der Insel Cozumel. Dort wandten sie sich landeinwärts und erreichten schließlich Chichén Itzá. Aber sie siedelten sich nur für kurze Zeit in den Ruinen des aufgegebenen Zeremonialzentrums an, setzten ihren Weg nach Westen fort und gründeten 1263 Mayapán als ihre neue Hauptstadt. Diese ummauerte Stadt wurde zum letzten bedeutenden Maya-Zentrum im Norden Yucatáns. Dort zogen die Itzá alle Fürsten des Landes als Vasallen und Geiseln zusammen und sicherten auf diese Weise ihre Herrschaft über größere Teile der Halbinsel. Mayapáns Bauten tragen bereits alle Zeichen des unaufhaltsamen Niedergangs: Sie sind aus rohbehauenen, in Mörtel gebetteten Blöcken aufgeführt und lassen nichts mehr von dem hohen künstlerischen Gestaltungswillen erkennen, der für Uxmal und Chichén Itzá so bezeichnend war. Nach 178jährigem Bestehen wurde Mayapán 1441 im Verlauf einer gegen die Herrscherfamilie gerichteten Revolte geplündert und zerstört, und einzelne miteinander rivalisierende und sich befehdende »Hauptstädte« traten an seine Stelle (S. 403). Nach dem Fall Mayapáns gingen die Itzá abermals auf Wanderschaft. Sie zogen auf dem gleichen Weg, den sie einst gekommen waren, in den Petén zurück, besetzten das Land um den Petén-Itzá-See und erbauten um die Mitte des 15. Jahrhunderts auf einer Insel ihre neue Hauptstadt Tayasal.

Die bis zum Ende des 8. Jahrhunderts zurückverfolgbaren Wanderbewegungen im Tiefland waren mit kriegerischen Auseinandersetzungen zwischen den beteiligten Volksgruppen verbunden. Sie beweisen, daß die Maya durchaus kein wehrlos in sein Schicksal ergebenes, friedfertiges Bauernvolk waren, wie bisher meist geglaubt. Man schloß dies aus dem Fehlen von Verteidigungsanlagen im Bereich ihrer Zeremonialzentren. Nur aus der nachklassischen Zeit waren solche bekannt (Mayapán, Tulúm), bis sich aus jüngeren Forschungen ergab, daß Wälle und Gräben auch klassische Zentren wie Tikal, Etzná und andere schützten (S. 341). Die Gefahr von Überfällen und lokalen kriegerischen Auseinandersetzungen zwischen den Maya – vermutlich in der Regel wegen Landstreitigkeiten – hat also offensichtlich auch schon vor dem Ende des Klassikums bestanden, ohne daß es jedoch je zur Zerstörung einzelner Zentren oder gar zur Ausrottung unterlegener Gruppen gekommen wäre. Kopfjagd war den Maya fremd, ebenso der Kannibalismus, außer im rituellen Zusammenhang. Gefangene Feinde wurden geopfert, ihr Fleisch verzehrt. Mancher Spanier hat während der Conquista oder der späteren Indianeraufstände ein solches Ende gefunden.

Gegen die Auffassung einer absoluten Friedfertigkeit der Maya sprechen nicht zuletzt die Kriegerterrakotten von der Toteninsel Jaina, die vielen Darstellungen von Kriegern, Lanzen- und Schildträgern auf Reliefs, die Kampfszenen auf den farbenprächtigen großen Wandbildern des Tempels in Bonampak oder im Jaguar- und Krieger-Tempel von Chichén Itzá. Während die abgebildeten Itzá-Krieger mit Speerschleudern und Pfeilbündeln ausgerüstet sind, tragen die einheimischen Maya nur lange Lanzen. Daß Bogenschützen unter ihnen fehlen, ist nicht verwunderlich, denn den Gebrauch von Pfeil und Bogen, auch von Speerschleudern, lernten die Maya erst im späten Postklassikum von mexikanischen Söldnern während der Vorherrschaft Mayapáns kennen (65).

Wegen Grenzstreitigkeiten und Vormachtsansprüchen der Fürsten- und Adelsgeschlechter waren die 16 Stadtstaaten des nachklassischen Yucatán häufig in kriegerische Auseinandersetzungen miteinander verwickelt (gewöhnlich fanden sie jedoch in den Monaten November bis Januar statt, wenn es auf den Feldern nicht viel zu tun gab). Zu Eroberungsfeldzügen im Stil der mexikanischen Hochlandvölker hatten die Maya als Halbinselbewohner keine Gelegenheit. Zudem fehlte ihnen dafür im Klassikum noch der Zusammenschluß zu größeren politischen Einheiten (S. 394). Lange Zeit war der Bergwaldgürtel im Süden für die Tiefland-Maya ein sicherer Schutzwall gegen fremde Eindringlinge. Dies verleitete sie jedoch nicht, angesichts verstärkter Völkerbewegungen im Hochland, eine Invasion ohne Abwehrbereitschaft hinzunehmen. Während auf den Wandbildern der klassischen Zeit immer nur Kämpfe zwischen den Maya selbst dargestellt werden, sind die späteren Gegner Fremde. Gegen Ende des 10. Jahrhunderts, als die Tolteken Yucatán besetzten, war freilich das Leben in den großen und kleinen Zentren des Südens bereits erloschen, aber im Norden hielt sich unter der Führung Mayapáns noch ein straffes Herrschaftssystem. Selbst nach der Zerstörung der Stadt (1441) verfügten kleine Territorialherren noch über beachtliche Streitkräfte, an deren Tapferkeit die ersten Spanier unter Montejo (1527/35) scheiterten.

Chichén Itzá und Mayapán existierten nicht mehr, aber was Juan de Grijalva und seine Begleiter sahen, als sie 1518 dicht vor der Ostküste der Halbinsel entlangsegelten, war noch eindrucksvoll genug. Eines Abends erblickten sie »um den Beginn der Dämmerung eine Stadt oder Ansiedlung, so groß, daß Sevilla nicht hätte ansehnlicher oder besser erscheinen können... Der sehr hohe Turm, die leuchtendweiße Pyramide und der Tempel« gehörten zu der sich unmittelbar über den Küstenklippen erhebenden zentralen Gebäudegruppe von Tulúm, einer der letzten Maya-Städte der Spätzeit, in deren Mauern bei Ankunft der Spanier Leben und Treiben noch nicht erloschen waren (Bild 4 und 60). Vom alten Glanz der Zeremonialzentren im Süden haben die Spanier freilich nichts mehr gesehen. Sie waren verlassen und vom Urwald überwachsen. Alles, was wir heute von ihnen wissen, verdanken wir der sich Schritt für Schritt vortastenden archäologischen Forschung, deren ungewöhnliche Ergebnisse allerdings durch einen besonderen Umstand begünstigt waren: Auf die Maya-Hochkultur war keine andere gefolgt. Die wieder vom Urwald überwucherten Bauwerke verfielen, und die Trümmer blieben an Ort und Stelle, so daß sich in Analogie zur erhaltenen Bausubstanz ein originalgetreuer Wiederaufbau durchführen ließ – eine zwar mühsame, aber zu vollem Erfolg führende Arbeit, die freilich noch längst nicht abgeschlossen ist. Die Rekonstruktion antiker griechischer und römischer Bauten gestaltete sich für die Archäologen weit schwieriger, weil in den Mittelmeerländern das Leben weiterging und dort die Ruinen zu bequemen Steinbrüchen späterer Generationen geworden sind.

15. Geistige Leistung und Weltbild der Maya

Keine der mesoamerikanischen Hochkulturen der klassischen Zeit erreichte in »künstlerischer, architektonischer und geistig-intellektueller Hinsicht« (197, S. 56) eine gleiche Bedeutung wie diejenige der Tiefland-Maya. Die Etrusker haben im Verlauf ihrer kulturellen Entfaltung viel ihres geistigen und technischen Wissens von den Griechen, Italikern, Kretern und anderen mediterranen Nachbarn übernehmen können. Auch die Maya haben in der Frühzeit von den »Olmeken« und bis ins Klassikum wichtige Anregungen aus Teotihuacán empfangen. Nach dessen Zerstörung verbanden weiterhin lebhafte Handelsbeziehungen die Maya mit dem Hochland (S. 370), und bestimmte Methoden der agrarischen Intensivwirtschaft haben die Maya vielleicht über solche Kontakte kennengelernt. Man kann also nicht, wie Huntington (794, S. 184), sagen, daß die Maya »keine Nachbarn« gehabt hätten und alles, was sie hervorbrachten, ihre ureigene Leistung gewesen sei. Auf diese Fremdeinflüsse hinzuweisen bedeutet keineswegs ein Rütteln an der herausragenden Stellung, die die Maya innerhalb der Hochkulturen Mesoamerikas eingenommen haben.

Die Maya waren das einzige Volk im vorkolumbischen Amerika, das ein vollentwickeltes Schrift- und Zahlensystem besaß. Es erlaubte ihnen, aus

Erfahrung und Beobachtung erworbenes Wissen künftigen Generationen in steinernen Dokumenten zu überliefern. Vorformen ihrer Hieroglyphenschrift oder ihrer Rechnungsweise, etwa auf Holz oder papierartigen Folien, sind nicht erhalten. Das Vigesimalsystem (Zwanzigersystem) der Maya handhabte sich nicht schwieriger als unser Dezimalsystem. Die Zahl 20 ergab sich wahrscheinlich aus dem Rechnen mit 10 Fingern und 10 Zehen, denn 20 heißt in der Maya-Sprache *uinic,* was gleichbedeutend mit »Mensch« ist.

Viel früher als Inder oder Araber haben die Maya (ohne olmekisches Vorbild) die Null – dargestellt durch eine Hieroglyphe, die einer geschlossenen Muschel ähnelt – in ihr aus Punkten (= 1) und Strichen (= 5) bestehendes Zahlensystem eingeführt und ihr den richtigen Stellenwert gegeben. Mit diesen drei Zahlensymbolen waren sie in der Lage, komplizierte Rechenvorgänge sicherer und bequemer durchzuführen als Griechen und Römer.

Die Maya waren besessen von der Idee der Meßbarkeit der Zeit. Geschichtliche Abläufe stellten sie sich in gewissen Zeitzyklen vor, denen daher in den Weissagungen der Priester besondere Bedeutung zukam (S. 35). Mit großer Exaktheit führten sie Sonnen-, Mond- und Venusbeobachtungen durch. Die sich alle 20 Jahre ereignende Saturn-Jupiter-Konjunktion war ihnen ebenso bekannt wie die alle 59 Jahre eintretende Große Konjunktion. Mondfinsternisse konnten sie auf 20 Jahre vorausberechnen (und prophezeien!). Die Priester wußten, daß es sich beim Morgen- und Abendstern um denselben Himmelskörper handelt. Ihr auf hervorragenden mathematischen und astronomischen Kenntnissen beruhendes Kalenderwissen tritt uns bereits auf den frühen Denkmälern des Petén in seinem ganzen gestalterischen und inhaltlichen Reichtum entgegen. Die Bestimmung der Jahreslänge durch die Maya war exakter als die des Gregorianischen Kalenders und kommt der astronomischen Jahreslänge am nächsten. Wahrscheinlich geht die Erfindung des Kalenders auf das 4. oder 3. vorchristliche Jahrhundert zurück.

Der Besitz dieser wissenschaftlichen Kenntnisse war auf eine kleine Oberschicht beschränkt, die ihre Fähigkeiten in weit stärkerem Maße für kultisch-religiöse Zwecke einsetzte als in irgendeiner anderen Hochkultur. Die große Masse der ländlichen und »städtischen« Bevölkerung hatte freilich keinen Zugang zur höheren geistigen Welt der Priesterschaft, deren astronomische Erkenntnisse in der Hauptsache astrologischen Voraussagen dienten. Als Schöpfer, Bewahrer und für die Weiterentwicklung des Kalenderwissens Verantwortliche hatten sie zugleich Aufgaben im staatlich-politischen Bereich zu erfüllen. Die Priester waren dank ihrer geistigen Überlegenheit und ihres bestimmenden Einflusses in allen Fragen des öffentlichen Lebens wie auch denen sämtlicher Arbeitsabläufe auf dem Feld und in den Zeremonialzentren die mächtigste soziale Gruppe im Maya-Land. Durch die Kenntnis von Schrift und Zeitrechnung verfügten sie über die wichtigsten gesellschaftlichen und politischen Machtinstrumente in den von ihnen gelenkten Theokratien.

Nach Auffassung der Maya gab es 13 für sie bedeutsame Tierkreiszeichen. So verehrten sie durch Gebet, Opfer, Kasteiungen und Tänze 13 Himmelsgötter und 9 Götter der Unterwelt. 13 Himmel spannten sich in ihrer Vorstellung – einer über dem anderen – als Sitze der ihnen wohlgesinnten Gottheiten: an der Spitze Itzamná. Dessen Frau war die Mondgöttin Ixchel, in deren Obhut die Schwangeren und Weberinnen standen und die man um Abwendung von Überschwemmungen bat. Itzamná wurde im Laufe der Zeit vom Regengott Chac aus seiner Stellung verdrängt. Sein Wohlwollen war den Maya wichtiger als das des von Natur aus gütigen Himmelsgottes Itzamná, um dessen Beistand man daher nicht so sehr besorgt zu sein brauchte. In der Rangordnung folgten Yum Kax, der Maisgott, und Ah Puch, der Gott des Todes. Außer den genannten personifizierten Naturgottheiten gab es solche für den Wind, die Sonne, den Mond, dazu noch 20 »Tagesgötter«. In die aus 9 Schichten bestehende Unterwelt mit ihren 9 »Herren der Nacht« kehrte der Mensch nach seinem Tod zurück.

Von fundamentaler Bedeutung im Leben der Maya waren die Ahnengötter, denen die einzelnen sozialen Gruppen sich verbunden fühlten und denen sie huldigten: die Großfamilien, Sippen, Sippenverbände (S. 142) und die Gesamtheit der jeweils in einem größeren Zeremonialzentrum lebenden Bevölkerung. Als Sitze dieser Götter wurden die Wasserstellen und die Berge in ihrer näheren Umgebung angenommen.

Letztlich wurde von den Maya »Wissenschaft«, das heißt besonders Mathematik und Astronomie, nie um ihrer selbst willen oder wie in den Stromoasen der Alten Welt für Zwecke der Landesvermessung und der Wasserwirtschaft betrieben. Sie war ausschließlich Dienerin der Religion. Kalenderdaten bestimmten den im Mythos eingebetteten Ablauf des täglichen Geschehens. Die Maya unterschieden zwischen einem 365 Tage umfassenden Sonnenjahr *(haab)* und einem 260tägigen Ritualjahr *(tzolkin).* Das ihnen ebenfalls bekannte, 584 Tage zählende Venusjahr spielte gegenüber den beiden anderen Jahreszyklen keine wesentliche Rolle.

Das Normaljahr von 365 Tagen errechnete sich aus 18 »Monaten« (= kultische Abschnitte) zu je 20 Tagen. Die restlichen 5 »Tage ohne Namen« galten als unheilbringend und wurden von den Maya stets in großer Furcht mit Fasten und Beschränkung aller Tätigkeiten auf das Notwendigste verbracht. Das »Rundjahr« von 360 Tagen *(tun)* wurde zur Grundlage der seit Beginn der nachchristlichen Zeit gebräuchlichen sogenannten »Langen Zählung«. Ihr Prinzip ist die von einem fiktiven Nullpunkt, dem in die Vergangenheit projizierten Anfang des derzeitigen Weltzeitalters an, durchlaufende Zählung aller Tage, also eine absolute Chronologie, die bei Jahreszählungen nur möglich ist, wenn die nicht exakte Länge des Sonnenjahres von 365 Tagen durch die Einfügung von Schaltjahren ausgeglichen wird.

Die Maya erhielten durch die Lange Zählung leicht zu berechnende fehlerfreie Zeitangaben, ausgedrückt in der Zahl der seit Beginn ihrer Zeitrechnung verflossenen Tage. Das legendäre Nulldatum ihres Kalenders war das Jahr 3113 v. Chr.

Je 20 Perioden von 360 Tagen, die mithin 7200 Tage umfaßten, waren 1 *katun* (ca. 19¾ Jahre). Diese Zeiteinheit war von besonderer Bedeutung, denn jeweils am Ende eines Katuns – seit dem Hochklassikum auch in kürzeren Abständen – wurden die Stelen mit ihren für die Maya-Chronologie so wichtigen Weihedaten errichtet (S. 23). 20 *katun* waren 1 *baktun* (394¼ Jahre).

Der 260tägige astrologische Ritualkalender umfaßte 20 »Wochen« zu je 13 Tagen. Die Zahl 13 war den Maya heilig als Symbol des Himmels, die Zahl 20 als Symbol des Menschen. Die Multiplikation von 13 und 20, worauf der Ritualkalender basiert, ergab die magische Zahl 260. Wahrscheinlich soll sie die Verbindung von Himmel und Mensch symbolisieren (94, S. 159). Nach je 52 Jahren zu 365 Tagen (= 18 980 Tage) deckten sich die Anfangstage beider Kalendersysteme. Auch die Zahl 52 als Zeitmarke für die Beendigung einer Kalenderrunde gewann auf diese Weise magische Bedeutung. Daß im Jahre 776 n. Chr. Abgesandte aus vielen Zeremonialzentren in Copán, dem Mittelpunkt der Maya-Astronomie, zusammenkamen und auf diesem »Kongreß« eine exakte Bestimmung des Sonnenjahres erreichten, wurde lange angenommen, scheint aber nach jüngeren Forschungen nicht den Tatsachen zu entsprechen.

Von der realen Welt, in der sie lebten, haben sich die Maya ein Bild geschaffen, das ihr Denken in allen Lebensbereichen beherrschte. Sie stellten sich das Universum als ein riesiges Viereck vor, das den Grundriß des »kosmischen Welthauses« bildet. Seine Längsachse verläuft in westöstlicher Richtung. Die vier »Himmelsträger« sind die Eckpfosten, und die Diagonalen ergeben das »kosmische Kreuz«. Die Diagonalen weisen in die Richtung der vier Kardinalpunkte Mesoamerikas im Horizont: die zwei Solstitialpunkte und ihre beiden Gegenpunkte. Im Maya-Land (zwischen 15° und 20° nördlicher Breite) liegen sie etwa 50° auseinander. Zenit und Nadir ergänzen sie zu den sechs kosmologischen Richtungen.

In Palenque gibt es einen »Tempel des Kreuzes«, in dem auf einem Flachrelief an der Wand das Kreuz als Symbol des viergeteilten Universums mit einer Dämonenmaske als Sockel dargestellt ist. Katholische Priester, die es sahen, hielten es für ein christliches Kreuz und meinten daraus folgern zu dürfen, daß Palenques einstige Bewohner bereits Christen gewesen seien.

Das kosmische Ideogramm als Weltmodell hat in vielen Bauten und Platzanlagen der Maya seinen Niederschlag gefunden. Nicht zuletzt ist – wenn die topographischen Verhältnisse es zuließen – die Grundform der Felder, die sich zu Blockfluren zusammenschlossen, darauf zurückzuführen (S. 156). Wir wissen nichts über die Länge der Zeitspanne, in der sich jene umfassenden Kenntnisse auf dem Gebiet der Mathematik und Astronomie, des Kalender- und Schriftsystems entwickelt haben, die dann Jahrhunderte hindurch unveränderlicher Besitzstand der Maya blieben. In allen ihren Äußerungen: Schrift, Kalenderwesen, Architektur, Kunst und religiöser Symbolik, erweist sich die Maya-Hochkultur von einer erstaunlichen inneren Geschlossenheit. Die Maya haben den größten kulturell einheitlich gestalteten Raum Zentralamerikas geschaffen. Im geistigen Bereich haben sie die höchste Entwicklungsstufe eines im Steinzeitalter lebenden Volkes erreicht. Nicht zu Unrecht hat man sie die »Griechen der Neuen Welt« genannt.

II. Das geographische Maya-Problem

Aufstieg und Untergang der Maya-Kultur werfen eine Fülle von Fragen auf, um deren Beantwortung sich die Vertreter unterschiedlichster Fachrichtungen bemühen. Durch die Grabungen der letzten Jahrzehnte, vergleichende Architekturforschungen, Fortschritte in der Hieroglyphenentzifferung und Studien zum materiellen und geistigen Kulturbesitz der Maya sind unsere Kenntnisse wesentlich vervollständigt worden. Darüber hinaus gibt es Probleme, zu deren Lösung der Geograph aufgerufen ist. Mit seinen Arbeitsmethoden ist er in der Lage, manche Sachverhalte zu klären, die dem Archäologen wichtige Aufschlüsse und Hinweise geben und seine Forschungen befruchten können. Auf manche Fragen muß freilich auch er die Antwort schuldig bleiben. So können für die Lösung des Rätsels, welches wohl die Ursachen gewesen sein mögen, die die Maya veranlaßt haben, aus der klimatisch günstigeren *tierra templada* und *tierra fria* Guatemalas mit ihren fruchtbaren vulkanischen Böden (Bild 9) in das feuchtheiße Waldtiefland des Petén herabzusteigen, kaum geographische Gesichtspunkte beigebracht werden. Es sei denn, man denke an einen starken Druck durch andere Bevölkerungsgruppen des Hochlandes oder an Naturkatastrophen wie Erdbeben und Vulkanausbrüche, die die Maya aus dem Hochland vertrieben hätten. Wir haben schon von dem großen Ilopango-Ausbruch zwischen 100 und 300 n. Chr. gehört (S. 15), der jedoch die bereits in viel frühere Zeiten fallende Tieflandkolonisation nicht erklären kann. Der These einer durch solche Ereignisse bedingten Abwanderung widerspricht auch die Tatsache, daß große Maya-Gruppen das Hochland niemals verlassen haben und dort einen eigenen Kulturkreis bildeten. Aber – und dies ist eine der vielen merkwürdigen Erscheinungen – die Hochland-Maya blieben von der großartigen zivilisatorischen Entwicklung der Tiefland-Maya völlig unberührt.

Daß die Maya-Kultur gerade im tropischen Tiefland, »in diesem unfruchtbarsten, am schwersten zugänglichen Teil der Maya-Zone« (204, S. 11), ihre höchste Blüte erreichte und nicht im Hochland, erscheint vielen Maya-Forschern unverständlich. J. E. Thompson (1966) zieht nach einem der Maya-Forschung gewidmeten Leben die Bilanz: »Im menschenfeindlichen Lebensraum des tropischen Regenwaldes überflügelten die Tiefland-Maya in großartiger Weise alle ihre Nachbarn, die das Gebirgsland und die Hochebenen bewohnten, wo doch die ökologischen Bedingungen zweifellos weit günstiger waren... Es bleibt für mich eines der größten Rätsel, warum die Maya-Hochkultur gerade dort ihre höchste Vollendung erreichte, wo so widrige Voraussetzungen dafür bestanden.« (173)

Sind es bewiesene Tatsachen oder nur Vorurteile, wenn man von der Unfruchtbarkeit der Böden, von ungünstigen ökologischen Bedingungen und allgemein widrigen Voraussetzungen für ein Leben im tropischen Tiefland spricht? Die Meinung, daß der tropische Regenwald von Natur aus menschenfeindlich sei, ist zwar weit verbreitet, trifft aber in dieser Verallgemeinerung nicht zu und zwingt zu einer Überprüfung der einzelnen Faktoren, auf denen seine »Menschenfeindlichkeit« beruhen soll. Klimatisch sind feuchtheiße tropische Tiefländer fraglos kein idealer Lebensraum, aber Millionen von Menschen sind seit Jahrtausenden gezwungen, in ihm zu leben – man denke nur an Südostasien. Die von Singhalesen, Javanen, Thai oder Khmer geschaffene, auf dem Reisanbau beruhende Kulturlandschaft ist auch dort an die Stelle gerodeter Regenwälder getreten.

Es kann also nicht das tropische Klima als solches sein, das lebensfeindlich ist, sondern es sind die stets mit dem Klima identifizierten tropischen Krankheiten, die besonders in der kolonialzeitlichen Ära die erstmals in äquatoriale Breiten kommenden Europäer befielen und ihren Daueraufenthalt so beschwerlich machten. Heute hat selbst die Hyläa Amazoniens dank der modernen tropenmedizinischen Fortschritte ihre Schrecken verloren. Weiße leben seit Generationen in den Tropen, und regelmäßige Europa-Urlaube sind allenfalls noch als übliche Erholungsreisen, aber gewöhnlich nicht mehr zur Ausheilung tropischer Krankheiten erforderlich. Solche sind zwar bei weitem noch nicht aus allen äquatornahen Ländern verschwunden, aber man hat sie im Griff. Für die Tropenbewohner der Alten Welt waren sie bis in die jüngste Zeit eine Geißel, nicht jedoch für die präkolumbische Bevölkerung Amerikas. Malaria, Gelbfieber und Hakenwurmkrankheit gab es zur Maya-Zeit in der Neuen Welt noch nicht. Sie sind im Verlauf der Conquista aus altweltlichen Tropenländern eingeschleppt worden (S. 453) und haben die Maya erst von diesem Zeitpunkt an in ihrer Existenz bedroht.

Gegen alle Thesen von den unzuträglichen Lebensbedingungen im tropischen Tiefland liefern die Maya selbst den unumstößlichen Beweis: Sie haben über viele Generationen dem Klima getrotzt, sie haben den Urwald gerodet, die Wildnis in eine ertragreiche Agrarlandschaft verwandelt und steinerne Zeugnisse ihrer geistigen, handwerklichen und künstlerischen Fähigkeiten hinterlassen, die im gesamten Bereich der Neuen Welt nicht ihresgleichen haben. In einzigartiger Weise verstanden sie es, den Rhythmus ihrer Agrarwirtschaft, die im Regenwaldgebiet auf einer zweimaligen jährlichen Maisernte basierte, den klimatischen Gegebenheiten anzupassen. Der rituelle Agrarzyklus mit seinen für alle Feldarbeiten vorgeschriebenen Terminen (S. 158) entsprach genau dem Wechsel zwischen Regen- und Trokkenzeit. Der exakten Ermittlung dieser Termine durch die Priester diente das hochentwickelte Kalendersystem.

Rund 500 000 Maya leben heute im Tiefland, davon allerdings nur 30 000 im Petén – ein Bruchteil der einstigen Bevölkerung (S. 407). Verschiedene Ursachen haben den Bevölkerungsschwund bewirkt. Welche es waren, wird noch zu prüfen sein, aber klimatische Gründe haben unter ihnen die geringste Rolle gespielt. Dies wird auch dadurch deutlich, daß trotz der angeblich »unerträglichen Lebensbedingungen« die Indianer der Alta Verapaz bis zur Gegenwart ständig bemüht sind, ihre Anbaugebiete weiter in das nördliche Tiefland vorzuschieben.

Den älteren Maya-Forschern war es unerklärlich, daß sich allein auf der Grundlage der mit Brandrodung verbundenen Landwechselwirtschaft eine Hochkultur entwickeln konnte. Aber: Beruhte das Wirtschaftspotential tatsächlich nur auf Brandrodung und Maisanbau, oder bestanden noch andere Möglichkeiten, den Nahrungsspielraum zu vergrößern? Wie groß war überhaupt das Volk der Maya in seiner Blütezeit, und welche Bevölkerungsdichten sind in den Hauptsiedlungsgebieten erreicht worden?

Heute wissen wir, daß der Maisanbau zwar eine wichtige, aber nicht die alleinige Grundlage der Maya-Wirtschaft war, daß die Maya ausgeklügelte Systeme intensiver Landnutzung kannten und daß die Maya-Bevölkerung sicher weit zahlreicher war als früher angenommen. Die Luftbildinterpretation bewährte sich als ein wichtiges Hilfsmittel zur Klärung derartiger Fragen der historischen Kulturgeographie, und die Ergebnisse der modernen Bodenforschung haben keineswegs die von vielen Autoren angenommene »Unfruchtbarkeit« der aus der Kalksteinverwitterung hervorgegangenen lehmigen Böden bestätigt. Verkarstung im Untergrund wurde mit den an der Erdoberfläche ablaufenden Bodenbildungsprozessen verwechselt. Die Klärung dieser Probleme ist für unser Thema »Welt und Umwelt der Maya« von vorrangiger Bedeutung.

Die archäologische Erforschung der großen und kleinen Zeremonialzentren hat uns eine solche Fülle von Kenntnissen vermittelt, daß wir in der Lage sind, sie nach ihrem Rang zu ordnen. Unsere Karte im Anhang veranschaulicht nicht nur die Lage, sondern zugleich die hierarchische Gliederung der Zeremonialzentren des alten Maya-Landes. Die allen bisher erschienenen Gesamtdarstellungen beigegebenen Übersichtskarten begnügen sich mit einer Verzeichnung der bekanntesten Ruinenstätten. Sie täuschen ein viel zu lockeres Siedlungsbild vor. Für eine kulturgeographische Analyse ist aber eine möglichst vollständige kartographische Wiedergabe sämtlicher bisher bekannten großen, mittleren und kleineren Zeremonialzentren unerläßlich. Da es bisher den seit langem geplanten Atlas der Maya-Siedlungen (S. 45) noch nicht gibt, sah der Verfasser eine seiner Hauptaufgaben darin, auf der Grundlage aller erreichbaren kartographischen und literarischen Quellen eine solche Übersichtskarte zu entwerfen.

Auf der Karte zeichnen sich mehrere Verdichtungsgebiete ab, für die es außer einer historischen auch eine geographische Begründung gibt (S. 280), denn das Erscheinungsbild der Maya-Kultur ist nicht zuletzt ein Standortproblem. Nach welchen Gesichtspunkten haben die Maya ihre Siedlungsgebiete und die Standorte für ihre Zeremonialzentren ausgewählt? An den unterschiedlichen Bedeutungsgrad der Zentren knüpft sich die Frage nach der räumlichen Ordnung der Schwerpunkte. Modern ausgedrückt: Gab es zentralörtliche Systeme im alten Maya-Land? Was waren eigentlich die Zeremonialzentren: echte »Städte« mit einer größeren, fest ansässigen Bevölkerung? Pilgerstädte? »Sonntagsstädte«, die nur bei feierlichen Anlässen einen stärkeren Bevölkerungszustrom erlebten und während der übrigen Zeit des Jahres nur eine kleine Stammbevölkerung hatten oder gar völlig verlassen wurden? Unterschieden sich die großen Zentren in ihrer Struktur von den kleinen? Wie grenzten sie sich gegen das agrarische Umland ab? Waren die Bewohner der Zentren zum überwiegenden Teil selbst Bauern, so daß man von »Ackerbürgerstädten« sprechen kann? Wie viele Menschen lebten in den Hunderten großer und kleinerer Kultstätten, und wie wurden sie versorgt?

Dies alles sind Fragen, die eine Antwort verlangen. Wer staunend vor den gewaltigen Pyramiden, Tempeln und Palästen der Maya steht, sucht nicht nur nach dem geistigen Hintergrund, vor dem sie entstanden sind, sondern er fragt sich auch nach den materiellen Grundlagen, die das Aufblühen dieser Hochkultur im tropischen Tiefland ermöglicht haben. Ein bedeutendes Menschenreservoir muß den Priesterfürsten für ihre »Großbaustellen« zur Verfügung gestanden haben. Wo und wie haben diese Menschen gelebt? Was wissen wir über die Formen der ländlichen Siedlungen und deren Abhängigkeit von der einstigen Sozial- und Wirtschaftsstruktur?

Die letzte Frage schließlich, zu deren Beantwortung außer dem Archäologen und Historiker auch der Geograph auf Grund seiner naturwissenschaftlichen Erkenntnisse einen Beitrag liefern kann, gilt der Ermittlung der Ursachen, die nach sechs Jahrhunderten einer ungewöhnlichen Blüte zum plötzlichen Untergang der Maya-Hochkultur im tropischen Tiefland geführt haben könnten:

- Sollte der Verfall auf eine unaufhaltsam fortschreitende Erschöpfung der Böden zurückzuführen sein?
- Wurde das ökologische Gleichgewicht durch eine unzweckmäßige Form der Landnutzung unwiderruflich zerstört?
- Könnten Klimaänderungen die Abwanderung aus den Siedlungsgebieten des Tieflandes ausgelöst haben?
- Dürfen wir überhaupt bei unseren Überlegungen zum Problem der einstigen Tragfähigkeit der agrarischen Nutzfläche der Maya vom heutigen

Landschaftsbild ausgehen, oder müssen wir uns die Naturlandschaft vor zweitausend Jahren wesentlich anders vorstellen? Ist die Landschaft in ihrer jetzigen Gestalt das Ergebnis irreversibler Eingriffe der Maya? Man hat der »Regenwaldkultur des Südens« eine »Buschwaldkultur« des Nordens gegenübergestellt (z. B. Termer 209, S. 154). Diese Unterscheidung ist jedoch nur berechtigt, wenn sich der Nachweis führen läßt, daß der heute im Norden Yucatáns verbreitete regengrüne Busch- und Trockenwald als gleiche oder sehr ähnliche Vegetationsform schon in der Maya-Zeit existiert hat. Ist er als eine natürliche Vegetationsform im Sinne einer Klimaformation anzusehen oder nicht? Welche Merkmale sind für die klimatischen Verhältnisse charakteristisch, und in welcher Weise unterscheiden sie sich regional innerhalb des alten Maya-Landes?

Zur Beantwortung derartiger Fragen des »geographischen Maya-Problems« und zur Rekonstruktion des ursprünglichen Landschaftsbildes der Halbinsel Yucatán und des Petén zur Maya-Zeit bedarf es zunächst einer Analyse jener physisch-geographischen Faktoren, deren Zusammenwirken die Umwelt prägte, in der die Maya lebten.

III. Der vielgestaltige Lebensraum

Während der klassischen Periode (300–900 n. Chr.) erstreckte sich der Lebensraum der Maya über volle sieben Breitengrade. Obwohl er auch im nördlichen Yucatán (21° 30′ n. Br.) nicht über die innere Tropenzone hinausgriff, stellte er doch keineswegs einen in sich einheitlichen Großraum dar. Von Norden nach Süden sich allmählich vollziehende Veränderungen der klimatischen Bedingungen haben nicht nur eine dementsprechende Abfolge unterschiedlicher Vegetationsformen, sondern auch sehr differenzierte Bodenbildungsprozesse und einen Wandel in der Oberflächengestaltung zur Folge. Da ausschließlich Kalke den Untergrund Yucatáns und des Petén aufbauen und diese im hohen Maße der Verkarstung ausgesetzt sind, ist es vor allem das Wasserproblem, das die Lage der Siedlungen und das gesamte wirtschaftliche Geschehen im Maya-Land bestimmte. Bereits Bischof Landa (178, S. 187) hat den Karstcharakter der Halbinsel klar erkannt: »Bezüglich der Flüsse und Quellen verhält sich die Natur hier sehr eigenartig. Während überall in der Welt die Gewässer auf der Erdoberfläche fließen, benutzen sie in diesem Land geheime Wege im Untergrund.«

1. Formenwandel einer tropischen Karstlandschaft

Die Halbinsel Yucatán ist nicht die tischebene Kalksteinplatte, als die sie früher meist angesehen wurde, sondern ein in ganz flache Wellen gegliedertes monotones Tafelland, das sich nach Süden hin allmählich auf Höhen von 20–25 m, maximal bis 35 m heraushebt. In 100–200 km Entfernung von der Nordküste wird es durch die nordwest-südost streichende Steilstufe der Sierrita de Ticul begrenzt. Südlich dieser Stufe folgt ein kuppiges Hügelland, das im zentral-yucatekischen Plateau Höhen bis über 300 m erreicht. Ost-west streichende Bergketten durchziehen den südlich anschließenden Petén. Von zunächst etwa 200 m Meereshöhe heben sie sich gegen den Kordillerenrand hin allmählich auf 500 m Höhe heraus. Die gesamte Halbinsel einschließlich des Petén ist ein tropisches Karstland mit einem Formenschatz, der in charakteristischer Abfolge von den uns aus dem Mittelmeergebiet wohlvertrauten Erscheinungen des Dolinenkarstes zum »tropischen« Kuppen- und Kegelkarst überleitet (Fig. 7).

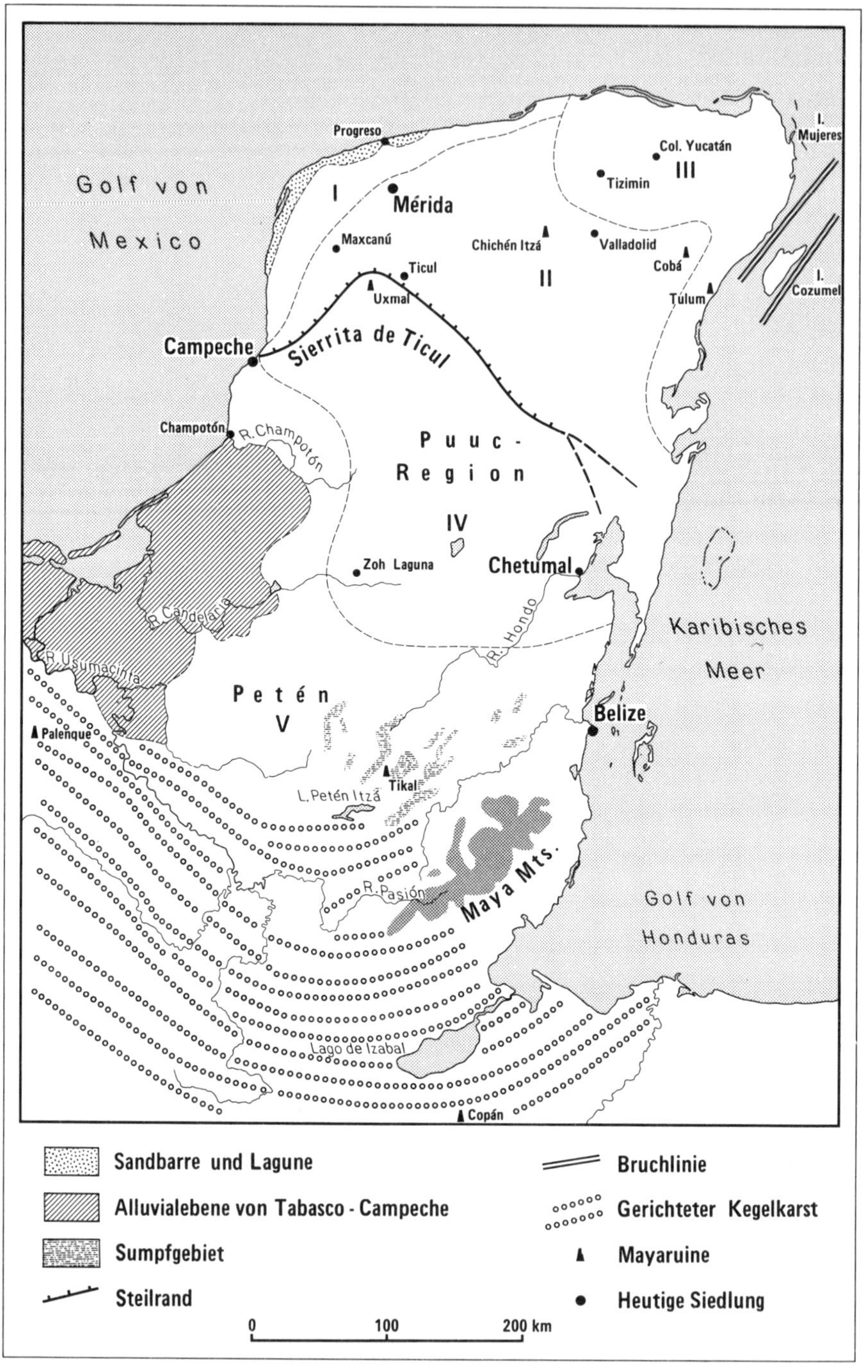

Fig. 7 Die Karstregionen der Halbinsel Yucatán

I Nackter Karst der nördlichen »Uroberfläche«. **II** Dolinenkarst Nordyucatáns. **III** Nordöstliche Region mit Anfangsstadien des Kuppenkarstes. **IV** Kuppenkarst der Puuc-Region. **V** Kegelkarst der südlichen Regenwaldzone (Petén).

(Entwurf H. Wilhelmy, ergänzt und verändert nach R. C. West und A. Gerstenhauer)

Die ganze Nordküste Yucatáns begleiten seichte Lagunen, die durch eine langgestreckte Sandbarre vor der offenen See geschützt sind. Sandanhäufungen bedecken auch bei Progreso Teile der Kalktafel. In der Uferzone der Lagunen wächst niedrige Mangrove. Dieser Flachwasserbereich diente schon in präkolumbischen Zeiten der Salzgewinnung. Dort legten die Maya ihre Salzgärten an oder wuschen das für sie wichtige Handelsprodukt aus dem salzhaltigen Schlamm aus. In unterschiedlichem Abstand vom Festland erstreckt sich von der Isla Mujeres bis in den Golf von Honduras ein 650 km langes Barriereriff, das längste Korallenriff im atlantischen Bereich.

Der nackte Karst der nördlichen Uroberfläche

Den Charakter völliger Ebenheit hat nur der an der Nordwestküste entlangziehende schmale Streifen, den man auf der von Mérida nach Progreso führenden Straße durchquert (Bild 18). Wechsellagernde dünne Schichten von Kalk, Kreidekalk, Gips und Mergel bauen das fast horizontal lagernde jungtertiäre Sedimentpaket auf. Die Kalktafel steht dort oft nackt an und ist nur von schütterem Busch bewachsen (»nackter Karst«). In den sehr flachen Mulden zwischen kaum ausgeprägten Bodenwellen, Höckern und Rippen bleibt das Regenwasser stehen, und man kann Anfänge der Entwicklung von Lösungshohlformen beobachten. Voll ausgebildete Rillen- oder Kluftkarren, Dolinen und Karstkuppen fehlen völlig. Der noch im obersten Tertiär (Pliozän) vom Meer überflutet gewesene Küstenstreifen stellt eine erst in jüngster geologischer Vergangenheit durch Hebung landfest gewordene »Uroberfläche« dar, und dies erklärt, daß sich in ihrem Bereich Karstformen noch im Frühstadium ihrer Entwicklung befinden, während sie im Inneren der Halbinsel schon viel weiter fortgeschritten sind (289).

Untermeerisch setzt sich die sanft abtauchende Kalktafel als Campeche-Bank noch 300 km nach Westen, als Große Yucatán-Bank im Norden sogar fast 400 km weit in den Golf von Mexiko hinein fort. An der Ostküste hingegen bricht das nördliche Tafelland in einem 10–20 m hohen Kliff gegen das Karibische Meer ab. Hart an seinem Rande liegen die Ruinen von Tulúm (Bild 4, Fig. 65).

Die hohe Wasserdurchlässigkeit der Kalke verhindert die Entwicklung eines regulären Entwässerungsnetzes. Durch die zahllosen großen und kleinen Gesteinsklüfte versickert das Niederschlagswasser schnell in den Untergrund, in dem es sich nur über den undurchlässigen Mergelschichten staut. So fehlen im nördlichen Yucatán an der Oberfläche abfließende Bäche und perennierende Flüsse, was zur Folge hat, daß es in der Nehrung, die die Lagunenzone über viele Kilometer gegen das Meer begrenzt, nur drei Durchlässe gibt. Alleinige Ausnahme ist der Rio Lagartos, ein Flüßchen im äußersten Nordosten der Halbinsel, das dort nach kurzem Lauf die Küste und durch ein langgestrecktes Haff das Meer erreicht. Seine ständige Wasserführung verdankt es den relativ hohen Niederschlägen (1500 mm) in diesem Gebiet, der Regulierung des Abflusses durch den auf tiefgründigen Verwitterungsböden stockenden tropischen Regenwald und der Lage des Flußbetts im Bereich des Grundwasserniveaus. In den anderen Teilen des nördlichen Tafellandes, die beträchtlich geringere Niederschlagsmengen erhalten als der Nordosten, gibt es zwar eine Anzahl von *arroyos* – ganz flach in das Gelände eingesenkte Talungen –, aber sie führen wegen der Klüftigkeit des Untergrundes nur nach Regengüssen auf kurzen Strecken Wasser. Andere, die von flachen Dolinenseen oder -teichen gespeist werden, versiegen, sobald deren Wasserspiegel in der Trockenzeit unter das Niveau des Abflusses sinkt. Der einzige ständig mit Wasser gefüllte See im westlichen Quintana Roo ist die langgestreckte Laguna Chichancanab.

Die ersten beiden Flüsse, die im mittleren Yucatán den Übergang zum normal entwickelten Entwässerungsnetz des niederschlagsreicheren Südens ankündigen, sind der 30–50 m breite, im Unterlauf sich beträchtlich erweiternde Rio Champotón, der südlich der Stadt Campeche in den Golf von Mexiko mündet, und der Rio Hondo. Er folgt der nordwestlichen Staatsgrenze von Belize und erreicht bei Chetumal die gleichnamige Bucht. Beides sind ganzjährig fließende Flüsse mit einem sommerlichen Abflußmaximum. Die jährlichen Wasserstandsschwankungen erreichen etwa 1 m. Die abrupte Zunahme der Wasserführung in einzelnen Flußabschnitten – wie zum Beispiel in der Nähe von Colonia Miguel Hidalgo am Rio Candelaria – beruht auf der zusätzlichen Speisung durch verborgene Karstquellen (264, S. 376).

Der Dolinenkarst Nordyucatáns

Eigentliche Leitformen für die nördliche Kalktafel, auf der von Sisalplantagen bedecktes offenes Land mit Waldresten wechselt, sind flache Schüsseldolinen und steilwandige, häufig fast kreisrunde *cenotes* (Maya: *dz'onot* = Brunnen) von 10–30, gelegentlich auch bis 80 m Durchmesser (Fig. 8). Der Boden der Cenotes ist gewöhnlich in voller Breite ganzjährig mit Wasser bedeckt (Bild 19). Der Wasserspiegel liegt maximal bis 20 m unter dem Brunnenrand, die Wassertiefe schwankt zwischen 8 und 54 m. Viele der Cenotes reichen somit beträchtlich unter den Meeresspiegel hinab. Ganz allgemein nimmt die Tiefe der Karstbrunnen von der Küste landeinwärts zu.

Die von lehmigen Verwitterungsrückständen erfüllten kleineren Schüsseldolinen fallen während der niederschlagslosen Monate trocken. Aber während der Regenzeit werden die eingeschwemmten Böden kräftig durchfeuchtet. Sie tragen die ergiebigsten Maisfelder der heutigen Maya-Bevölkerung. Große Schüsseldolinen stellen ganzjährig von Wasser erfüllte Teiche dar, zuweilen von einer Größe, daß man von Dolinenseen sprechen

Fig. 8 Schematische Darstellung der Karsthohlformen Yucatáns

1 Große, wasserlose, bis zum unteren Grundwasserniveau reichende Karsthöhle. **2** Karsthöhle mit See im oberen Grundwasserhorizont. **3** Bis zum unteren Grundwasserniveau reichende Karsthöhle mit wassererfülltem Hohlraum im oberen Grundwasserniveau. **4** Domartiger Karsthohlraum mit noch tragender Deckschicht. **5** Zwillings-Cenote, links mit senkrechten Wänden, rechts mit höhlenartigem Zugang zum Wasser. **6** Durch erhaltenen Dekkenrest bauchig geformter Cenote; unter der engen Öffnung Schutthügel am Grund des zisternenartigen Karstbrunnens. **7** Cenote mit senkrechten Wänden, in der Tiefe seitlich erweitert; fast ebener, durch Einsturzschutt gebildeter Boden; fauliges Wasser infolge fehlender Zirkulation. **8** Cenote mit zum Teil noch erhaltener überkragender Deckschicht, Wasserzirkulation durch Verschüttung von Karströhren unterbrochen. **9** Durch Einsturzschutt und eingeschwemmtes Abtragungsmaterial völlig wieder aufgefüllter Cenote mit nur in der Regenzeit kurzfristig flacher Wasserfüllung *(hoya)*. **10** Kleiner, weit unter das heutige Grundwasserniveau reichender Cenote mit kräftiger Wasserzirkulation. **11** Kleiner schachtartiger Cenote als Öffnung eines im Grundwasserniveau gelegenen Höhlensees. **12** Großer Cenote mit senkrechten Wänden und mit Schutt und Schlamm aufgefülltem Boden, Typ des »Heiligen Cenote« von Chichén Itzá. **13** Cenote mit höhlenartigem Zugang, Typ des Cenote Zazil-Há in Valladolid. **14** Cenote mit mächtigen Schuttansammlungen unterhalb der abgeflachten Ränder, daher größte Wassertiefe im Zentrum der Hohlform *(aguada)*. **15** Kleine Schüsseldoline mit temporär feuchtem Boden. **16** Große Schüsseldoline mit ganzjähriger teich- oder seeartiger Wasserfüllung, Typ der Dolinenseen bei Cobá. **17** Cenote mit kräftiger Wasserzirkulation und Kern anstehenden Gesteins am Boden. **18** Kleiner Cenote mit Wasserspiegel dicht unter der Erdoberfläche. **19** Unter hydrostatischem Druck stehende Süßwasserquelle in der Lagune vor der Nordküste Yucatáns. **20** Submarine Süßwasserquelle (»Meermühle«).

(Entwurf H. Wilhelmy unter Verwendung der Profile von L. J. Cole, R. Robles Ramos und A. Gerstenhauer, Kartierungen von F. G. Hall und J. Corbel und eigenen Beobachtungen)

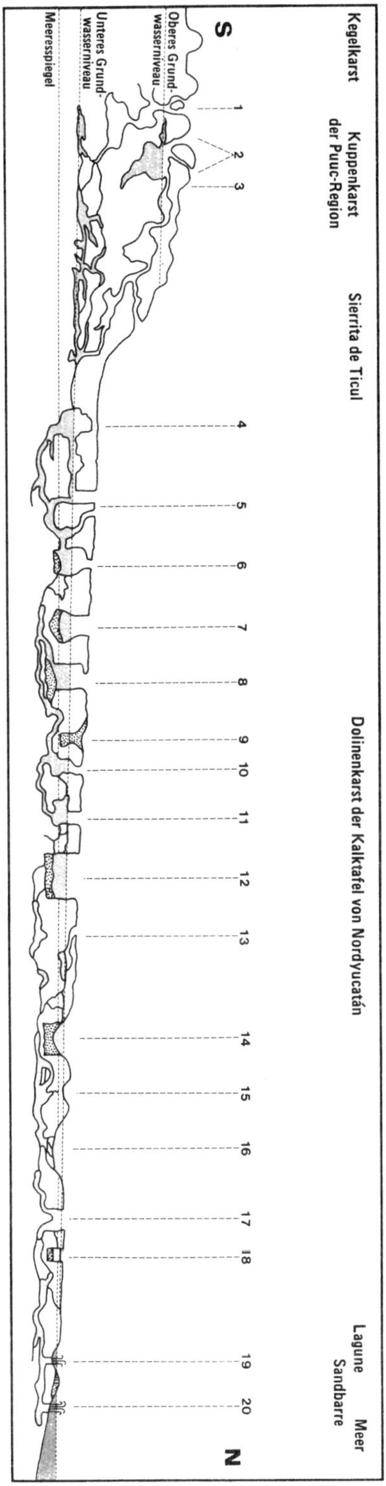

kann, wie etwa von den fünf weitgespannten Hohlformen im Umkreis der Ruinen von Cobá (Bild 20, Fig. 68). Vier von ihnen sind in einer Reihe angeordnet, so daß man eine Bindung an tektonische Störungslinien annehmen muß. Nirgends im übrigen Yucatán gibt es solche Seenketten, aber es gibt einige zusammenhängende langgestreckte Seen gleicher tektonischer Anlage.

Bei den steilwandigen Cenotes handelt es sich um schachtartige, in der Tiefe seitlich erweiterte »Einsturzdolinen«, das heißt um natürliche Karstbrunnen, die durch Einbruch der Decke über unterirdischen Hohlräumen entstanden sind. Die Existenz solcher dom- oder glockenartigen Hohlräume beruht auf der hohen Wasserlöslichkeit des Kalkes. Während die oberste Deckschicht verhältnismäßig kompakt und widerstandsfähig ist, sind die dünneren Lagen im Untergrund schneller Lösung ausgesetzt. Durch den Kontakt des durchsickernden Regenwassers mit dem harten, kalkgesättigten Grundwasser wird die Korrosion intensiviert. Über den sich erweiternden Hohlräumen bricht schließlich die Decke ein. Dicht nebeneinander erfolgende Einbrüche führen zur Entstehung von Doppel- oder Zwillingscenotes. Ein Beispiel dafür sind die Cenotes von Xolac und Scashee zwischen Izamal und Tuncas.

Beweis für die Richtigkeit der Einsturztheorie sind Schuttanhäufungen am Boden der Cenotes. Wo deren Öffnung kleiner ist als der maximale Durchmesser der bauchigen Hohlform, kulminieren die Schutthügel am Grunde genau unter der Öffnung, und die Wassertiefe ist dort geringer als an den Rändern. In Cenotes mit stark abgeflachten Wänden hingegen sind infolge der Nachbrüche und des eingeschwemmten Materials die peripheren Schuttanhäufungen bedeutender, und die größten Wassertiefen werden im Zentrum des Brunnens erreicht.

Da der Verkarstungsprozeß in Yucatán noch in vollem Gange ist, sind die einzelnen Cenotes unterschiedlichen Alters. Neben den schon in der Maya-Zeit bekannten gibt es solche sehr junger Entstehung, und jederzeit können sich neue Deckeneinstürze ereignen. Ganz geringen Alters scheint der Cenote von Ikil östlich von Chichén Itzá zu sein. Rund um die kleine Öffnung kragt die noch tragende Deckenschicht weit über den zisternenartigen großen Hohlraum vor. Es gibt glaubwürdige Berichte, daß auf der Plaza eines kleinen yucatekischen Ortes einmal Roß und Reiter in einen unterirdischen Cenote eingebrochen sind und daß Bauern beim Brunnenbau in Motul ihre Werkzeuge verloren, da die Deckschicht dünner war und eher nachgab, als sie annahmen.

In ihrer zuweilen reihenförmigen Anordnung, die gut aus der Luft zu beobachten ist, entsprechen die Cenotes dem Verlauf unterirdischer Karstwassergerinne. Ob diese wiederum der Richtung größerer Kluftsysteme folgen, ist zu vermuten, läßt sich aber mangels entsprechender geologischer Untersuchungen noch nicht mit Sicherheit sagen. Wie in allen Karstgebieten der Erde sind tektonische oder petrographische Schwächezonen die bevorzugten Leitlinien der Karstwasserzirkulation.

Da manche der Karstbrunnen gleichsinnigen Wasserstandsschwankungen unterliegen und Strömung und Sog in ihnen beobachtet wurden (zum Beispiel bei Zoh Laguna, wo ein Schwimmer aus diesem Grunde ertrank), ist ihre Verbindung untereinander durch Karstwasserhöhlen erwiesen. In Cenotes gefallene Strohhüte oder beim Wasserschöpfen verlorengegangene Kalebassen kamen in nicht weit entfernt gelegenen Karstbrunnen wieder zum Vorschein. Ebenso erging es einer Hausente, die in Izamal in einen natürlichen Brunnen fiel, eine von dort ausgehende Karsthöhle durchschwamm und in 400 m Entfernung in einem anderen Cenote wieder das Tageslicht erblickte. Auch die meistenteils große Frische des aus den Cenotes geschöpften Wassers spricht für dessen ständige Erneuerung aus dem Grundwasserstrom.

In einigen Fällen haben dicht benachbarte Cenotes offensichtlich keinen Kontakt miteinander, wie aus ihrer unterschiedlichen Reaktion auf Regen- und Trockenperioden, dem Auftreten voneinander abweichender Fischarten bei sonst gleichen Lebensbedingungen oder einem andersartigen Chemismus des Wassers hervorgeht (225, S. 11). Entweder haben dann Deckeneinbrüche innerhalb der Höhlen oder Schuttauffüllungen am Boden der Cenotes die Karstwasserzirkulation unterbrochen, oder sie war immer nur schwach, weil eine Höhlenverbindung fehlte und die Kommunikation innerhalb des Grundwasserniveaus allein durch feine, von Karstwasser erfüllte Gesteinsklüfte erfolgt. Brunnen, in denen das Wasser steht, führen faulig-trübes, von Algen verunreinigtes Wasser, das sich zeitweise durch deren Samenhülsen rot verfärbt. An ihrem Grunde wurden Anreicherungen von Schwefelwasserstoff festgestellt.

Die Lage des Wasserspiegels in den Cenotes entspricht der jeweiligen Tiefe des Grundwasserhorizontes. Er wird nahe der Nordküste nur wenig über dem Meeresspiegel bzw. dicht unter dem Brunnenrand angetroffen. Flache Geländemulden im nördlichsten Yucatán verwandeln sich bei hohem Grundwasserstand in temporäre »Wasseraugen«. In Mérida (9 m ü. d. M.) liegt der obere Grundwasserhorizont in 8–8,5 m Tiefe. Im mittleren Nordyucatán verläuft er 18–20 m und in 100–125 km Entfernung von der Küste 25–30 m unter der Erdoberfläche. Der Grundwasserspiegel steigt also ähnlich wie die Landoberfläche, jedoch mit schwächerer Neigung, sanft nach Süden an. Im »Heiligen Cenote« von Chichén Itzá (24 m ü. d. M.) erreicht die Differenz zwischen Brunnenrand und Wasserspiegel volle 20 m. Unter dem 12 m tiefen Wasserkörper folgt bis zum anstehenden Kalk eine 10 m mächtige Schlamm- und Moderschicht, woraus sich eine Gesamttiefe der Einsturzdoline von 42 m ergibt (Bild 19).

Nur dort, wo über den Grundwasserströmen eine geringmächtige Deckschicht lagert, kann es zu deren Einsturz kommen. Natürliche Karstbrun-

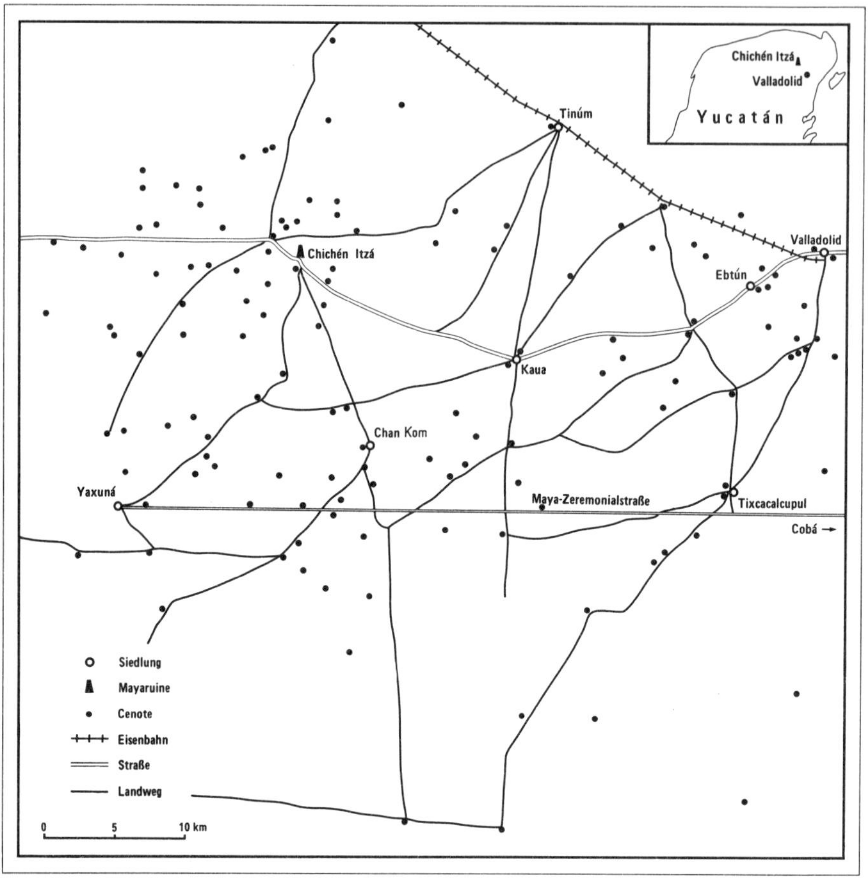

Fig. 9 Cenotes im Gebiet Chichén Itzá – Valladolid auf der nördlichen Kalktafel Yucatáns
(Grundlage: Map of the Southern Cupul Area von R. L. Roys, 1939)

nen in großer Verbreitung gibt es daher vorwiegend im nördlichsten Yucatán. Die geringe Tiefe des Grundwassers hat dort den Maya auch eine künstliche Erweiterung der Einsturzdolinen erlaubt. Eine Reihe älterer Maya-Forscher bestreitet, daß die Maya die Fähigkeit besessen hätten, bei einer nicht ausreichenden Zahl von natürlichen Cenotes durch zusätzliche Brunnenbauten einen Ausgleich zu schaffen. Mangels eiserner Werkzeuge seien sie nicht in der Lage gewesen, die Kalkschichten zu durchstoßen. Diese These hat sich als irrig erwiesen. Es wurden in jüngerer Zeit auf der Halbinsel zahlreiche, sogar zum Teil mit Bruchsteinen verkleidete Brunnen gefunden, die mit Sicherheit vorkolumbischen Ursprungs sind (432, S. 82; 821, S. 187). Mit der Kalkbrennerei zum Zwecke der Mörtelherstellung waren die Maya wohlvertraut, und die Möglichkeit, anstehenden Kalk durch auf ihm entzündete Feuer mürbe zu machen, haben sie offensichtlich für den

Brunnenbau genutzt. Dies erklärt auch, daß sie in der Puuc-Region Hunderte von Zisternen im festen Gesteinsuntergrund anlegen konnten und daß sie es ebenso ohne Metallwerkzeuge mit Hilfe quellender Holzkeile verstanden, große Werksteine für die Kultbauten aus dem anstehenden Kalk zu brechen (S. 309). So kann es also durchaus sein, daß auch ein Teil der als Einsturzdolinen gedeuteten Cenotes künstlich entstanden ist. Den Brunnenbau mit modernen Methoden haben freilich erst die Spanier eingeführt. Vielerorts brauchten sie nur die dünne Deckschicht zu durchdringen, um die wassererfüllten unterirdischen Hohlräume zu erreichen. Der Dorfbrunnen bei Pisté nahe bei Chichén Itzá ist ein Beispiel dafür, und in Mérida wurde diese Methode der Grundwassererschließung im großen Maßstab praktiziert (S. 82).

Mit dem allmählichen Ansteigen der Kalktafel nach Süden und entsprechender Zunahme der Gesteinsmächtigkeit über dem Grundwasserhorizont verringert sich die Möglichkeit der Entstehung von Einsturzdolinen. Cenotes kommen immer seltener vor, nehmen an Tiefe zu, und bereits in der über 130 m Meereshöhe gelegenen Puuc-Region (S. 84) fehlen sie völlig. Dort wurde das sich aus Nordyucatán fortsetzende Grundwasserniveau durch Bohrungen erst in 80–100 m Tiefe erreicht. Allerdings liegt darüber in der Puuc-Region nur 18–20 m unter der Erdoberfläche ein höherer wasserführender Horizont, aber in den anstehenden dickbankigen älteren Kalken kommt es nur sehr selten zu Dolineneinstürzen. Erst weit im Süden der Puuc-Region, im Rio-Bec-Gebiet, treten Cenotes wieder in großer Zahl auf. Dort gibt es keinen Weiler, der nicht über einen natürlichen Karstbrunnen verfügt. In Zoh Laguna dienen drei große Cenotes der Wasserversorgung des dortigen Sägewerkes. Das nördlich davon in nur 80 m Meereshöhe gelegene Chunchintok entstand an einer Einsturzdoline, deren Wasserspiegel 8–9 m unter der Erdoberfläche liegt. Auch das Kuppenkarstgebiet wird also von unterirdischen Karströhrensystemen durchzogen. Beide in der Puuc-Region nachgewiesenen Grundwasserhorizonte sind an manchen Stellen durch Vertikalklüfte oder Karsthöhlen miteinander verbunden (274, S. 9).

Das Grundwasser, das die Cenotes Nordyucatáns speist, zirkuliert in Karsthöhlen, die, wie bereits ausgeführt, zum Teil unter das heutige Meeresniveau hinabreichen. Die Entstehung derartig tiefgelegener Röhrensysteme erklärt sich aus der würmeiszeitlichen eustatischen Meeresspiegelabsenkung um etwa 100 m, wodurch auch in Yucatán die küstennahen Schelfgebiete bis zu einer entsprechenden Tiefe trockenfielen. Der Zusammenhang zwischen dem Ablauf der Verkarstung und dem pleistozänen Meeresspiegeltiefstand wird dadurch deutlich, daß ein Teil der Karstgerinne dieser Zeit heute nach dem Wiederanstieg des Meeresspiegels untermeerisch mündet und im küstennahen Bereich sowohl in der Lagunenzone wie auch jenseits der Sandbarre in der offenen See unter hydrostatischem Druck stehendes Süßwasser aufsteigt (Fig. 8). Derartige »Meermühlen« *(ojos de agua)* sind besonders von dem 130 km langen Abschnitt der Nordküste zwischen Sisal und Dzilam bekannt. Nach Berichten aus dem 16. Jahrhundert wurden sie von den Küsten-Maya zur Trinkwasserversorgung genutzt, und noch heute fahren sie dort zum Wasserschöpfen mit Booten auf das Meer hinaus (271, S. 100; 274, S. 9). Das Süßwasser quillt in Löchern von 2–5 m Durchmesser auf. Sie sind am Grunde des Flachwassers an der Wirbelbewegung ihrer Sandfüllung erkennbar, daher die Bezeichnung »Meermühlen«. Die Leute rammen Pfähle in die Löcher, die das Süßwasser an die Oberfläche leiten, wodurch eine Mischung mit dem Salzwasser verhindert wird (213, S. 330). Bei stürmischer See müssen die Küstenbewohner ihren Wasserbedarf aus weiter landeinwärts gelegenen Cenotes decken. Es ist bezeichnend, daß die meisten der kleinen Orte an der Nordküste in der Nähe solcher Meermühlen liegen. Die untermeerischen Süßwasseraustritte sind entweder als Ausgänge von Karstwasserröhren oder als im Pleistozän entstandene und in der Nacheiszeit überflutete Cenotes zu deuten.

Jacques Cousteau hat bei seinen Tauchexpeditionen im Umkreis der vor der Nordküste Yucatáns gelegenen Isla Mujeres auch alte, sich untermeerisch öffnende Karsthöhlen gefunden, die kein Süßwasser mehr führen. Daß einige schmale, mit steilen Ufern schlauchartig bis 1,5 km Tiefe in die Ostküste der Halbinsel eingreifende Meeresbuchten durch Einsturz von Karsthöhlen entstanden sind, erscheint nicht unwahrscheinlich. Hingegen erinnern die kurzen, aber breiten und zerlappten Ingressionsbuchten des Naturschutzgebietes von Xelhá nördlich Tulúm an die südfranzösischen Calanquen und sind sicherlich wie diese durch den nacheiszeitlichen Anstieg des Meeresspiegels überflutete ehemalige Unterläufe kurzer Karstflüsse des östlichen Yucatán (Fig. 10). Sie werden als *caletas* bezeichnet und stellen an der Ostküste Yucatáns die besten natürlichen Bootshäfen dar (Bild 21).

Aus den geschilderten Beobachtungen bietet sich für die unter den jetzigen Meeresspiegel hinabgreifenden Cenotes folgende entwicklungsgeschichtliche Deutung an: Die erste Anlage des an den Grundwasserspiegel gebundenen Karströhrensystems erfolgte, als dieser vor dem Eiszeitalter in einer ungefähr dem heutigen Meeresspiegel entsprechenden Höhe lag. Mit dem allmählichen pleistozänen Absinken des Meeresspiegels verlagerte er sich im gleichen Sinne, womit ein entsprechendes Tiefenwachstum der Karsthohlräume verbunden war. Der nacheiszeitliche Meeresspiegelanstieg führte dann wieder zu einer Anhebung des Grundwasserniveaus und zu einer Süßwasserauffüllung der übertieften Hohlräume, zuletzt auch jener, die in ihrem vertikalen Wachstum nicht mit der vorangegangenen Grundwasserabsenkung Schritt halten konnten und trockengefallen waren. Die vom Meer überfluteten Cenotes wurden zu unter hydrostatischem Druck stehenden Süßwasserquellen. Im festländischen Bereich können offene Cenotes durch Deckeneinstürze zu allen Zeiten seit der Herausbildung

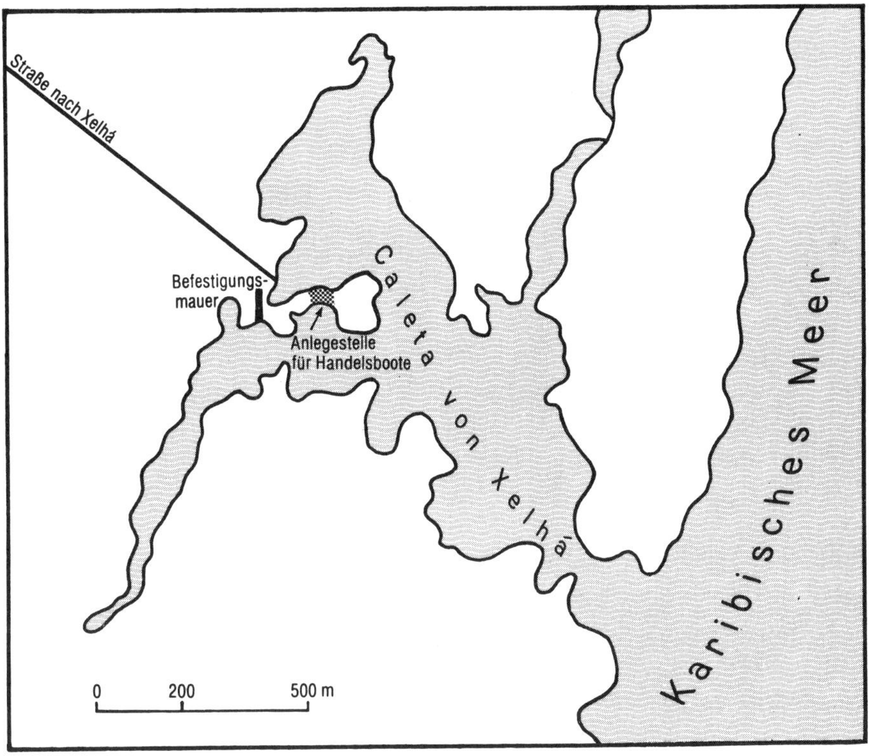

Fig. 10 Calanque (Caleta) von Xelhá an der karibischen Küste Yucatáns

Die zerlappte Meeresbucht war einer der besten Naturhäfen der Maya.
(Umzeichnung nach einem Luftbild)

einer unterirdischen Karstwasserzirkulation entstanden sein. Dieser Prozeß ist bis zur Gegenwart noch nicht beendet.

Im gewässerlosen nördlichen Yucatán war die Lage der Maya-Siedlungen durch die Existenz einer genügenden Anzahl von Cenotes vorbestimmt. Sie dienten der Trinkwasserversorgung der Bevölkerung und gewannen als Brunnenheiligtümer Bedeutung. Über Leitern oder über in die Wände gehauene Treppenstufen stiegen die Wasserholer in sie hinab. In Valladolid erreicht man den glasklaren Teich am Grunde des Cenote Zazil-Há durch einen höhlenartigen Zugang. Er ist jetzt eine touristische Attraktion dieses Städtchens. Frei zugängliche Karsthöhlen sind im nördlichen Yucatán äußerst selten. Keiner Höhle kann man weiter als 150 m folgen, dann versperren, wie in der größten, der Höhle von Hoctún, mächtige Tropfsteinvorhänge, Stalaktiten- und Stalagmitenpfeiler den Weg.

Auf der Hazienda Kukuyché zwischen Mérida und Santa Rosa dient eine tiefe, geräumige Karstgrotte bei Wassertemperaturen von 24–27° C als gern besuchtes Bad. Ein anderer großer Karstbrunnen liegt bei La Unión dicht an der Straße. Es gibt Hunderte von Cenotes im nördlichen Yucatán (Fig. 9), und auch auf der der Ostküste vorgelagerten Insel Cozumel sind sie mit über zwei Dutzend vertreten. 29 Cenotes hat man allein im Stadtbereich des ehemaligen Mayapán gezählt, 14 in Dzibilchaltún. Tekit hatte 7, Muxupip 4 und Tkuché 3 natürliche Karstbrunnen. In Chichén Itzá gab es 2 große Cenotes von 50–60 m Durchmesser und etwa 20 m Tiefe. Dem einen wurde das Trinkwasser entnommen – Reste der alten Treppenstufen sind noch erhalten –, im anderen opferte man den Regen- und Wassergöttern Menschen, die vom hohen Brunnenrand hinabgestoßen wurden (S. 56). In der Nähe von Chichén Itzá entdeckte man auch ein Höhlenlabyrinth, das in toltekischer Zeit eine ähnliche Funktion erfüllte wie der Heilige Cenote. In diesen Grotten von Balankanché wurden, wie dichte Reihen von Räuchergefäßen und kleinen Maisreibsteinen bezeugen, mexikanischen Gottheiten – dem Regengott Tlaloc und dem Vegetationsgott Xipe Tótec – Opfer dargebracht (174, S. 415).

Auch heute noch spielen die Cenotes für die Wasserversorgung selbst moderner Industrieunternehmen (Sägewerke in Colonia Yucatán und Zoh Laguna) eine wichtige Rolle. In Mérida, der 250 000 Einwohner zählenden Hauptstadt Yucatáns, wird aus 16 000 künstlich geschaffenen Brunnen das Brauchwasser mit Wind- und Dieselmotoren dem oberen und unteren Karstwasserhorizont entnommen (224, S. 62; 815, S. 13). Wo sich auf dem Lande noch keine Windräder durchgesetzt haben, sind von Eseln betriebene Schöpfräder (Norias) und Seilwinden üblich, oder das Wasser wird mit Krügen, Kalebassen, Blechkanistern und Eimern, je nach Zugänglichkeit mit oder ohne Seil, aus dem Brunnen geholt.

Kleinere und ältere Cenotes, deren Boden sich im Laufe der Zeit durch herabgestürztes Gestein aufgehöht hat, füllen sich nur noch in der Regenzeit mit Wasser. Im Unterschied zu den ständig Wasser führenden Cenotes werden sie *hoyas* genannt. Wenn sich die ursprünglich senkrechten Wände der zylindrischen Brunnenschächte durch Randabbrüche und Abspülung während der heftigen tropischen Gewittergüsse allmählich stark abgeflacht haben und der Cenote eine trichter- oder schüsselförmige Gestalt angenommen hat, der Boden aber noch mit Wasser bedeckt ist, spricht man von einer *aguada*. Da sich in diesen flachen Tümpeln gern Wildschweine (Pecaris) suhlen, werden viele von ihnen durch die Tiereinwirkung größer geworden sein. Die abgeflachten Hänge sind in der Regel mit Vegetation bedeckt, in der Nähe des Wasserspiegels infolge des günstigen Standortes oft mit Baumarten, die man sonst nur im südlichen tropischen Regenwald antrifft. In den steilwandigen Cenotes beschränkt sich der Bewuchs auf die schmalen Simse ausstreichender Mergelbänke.

Einzelne Aguadas erreichen einen Durchmesser bis zu 70 m und eine maximale Wassertiefe von 10 m. Die meisten von ihnen sind jedoch sehr viel flacher und werden nach Verdunstung ihres Wassers zu rissigen Lehmtennen. Die gleiche Bezeichnung, in der Maya-Sprache *akalché,* wird auch für zeitweilige flache, gewöhnlich als Viehtränken dienende Wasseransammlungen und für künstliche, mit Regenwasser gefüllte Reservoire gebraucht. Manche sind am Boden mit Steinplatten ausgelegt. Bei zunehmender Verlandung und vordringender Vegetation verwandeln sich die Aguadas in Waldsümpfe. Ihr Durchmesser schwankt zwischen wenigen Metern und 5 km. In der niederschlagsarmen Zeit trocknen sie aus, aber während der Regenperiode tragen sie wesentlich zur Unpassierbarkeit der Wälder bei. Sie galten früher als gefürchtete Malariaherde. Jahreszeitlich von Wasser erfüllte kleinere Karsthohlformen heißen *sartenejas* (Maya: *haltúns*).

Anfangsstadien des Kuppenkarstes

Im Nordwesten der Halbinsel ist die nordyucatekische Kalktafel tektonisch etwas stärker herausgehoben. Die östliche Kliffküste folgt einer Bruchlinie, und die vor der Küste gelegene Insel Cozumel ist ein durch einen Tiefwasserkanal vom Festland getrennter Tafelblock. Ihren morphologischen Ausdruck findet diese stärkere Heraushebung darin, daß die flachwellige Kalkplatte Nordyucatáns nach Osten hin allmählich stärker akzentuierte Reliefzüge annimmt. Durch die Straße Valladolid–Tizimin–Colonia Yucatán sind im offenen Land viele kleine Karstkuppen angeschnitten. Auffällig ist in diesem Bereich der Gegensatz zwischen dem geringen Umfang der Karstkuppen und der Größe der flachen Dolinen. Sie messen 100–200 m im Durchmesser; es gibt auch noch wesentlich größere vom jugoslawischen Uvalatatyp, jedoch keine größeren Poljen*. Die Ausdehnung dieser Hohlformen und die ausgesprochene Ebenheit ihrer Böden einerseits, die klare, meist kreisförmige Begrenzung der Kalkkuppen andererseits kennzeichnen diesen Relieftyp als das Initialstadium eines Kuppenkarstes. Die ausgedehnten, sehr flachen Schüsseldolinen wären somit als in Bildung begriffene, sich auf ein tieferes Vorfluterniveau einstellende Karstrandebenen anzusehen. Für eine solche Deutung spricht die Tatsache, daß die Jahresmenge der Niederschläge in diesem etwas höher gelegenen nordöstlichen Teil Yucatáns 1500 mm erreicht und dort dichter tropischer Regenwald wächst (S. 113). Auch er ist durchsetzt von flachen Schüsseldolinen mit feuchten Böden bzw. offenen, von Schilf gesäumten Wasserflächen.

---

* Uvalas sind besonders große Schüsseldolinen, die durch das Zusammenwachsen kleinerer Hohlformen entstanden sind. Unter Poljen versteht man scharf begrenzte, allseitig geschlossene längliche Senken mit fast ebenem oder leicht geneigtem Boden. In Jugoslawien nehmen neun Poljen eine Fläche von jeweils mehr als 100 km^2 ein. Die Poljen stellen im armen dalmatinischen Karst die wichtigsten Anbaugebiete dar, daher der Name »Polje«, der im Kroatischen »Feld« bedeutet.

Das Flachrelief des nördlichen Yucatán steigt nach Süden hin ganz allmählich um 1 m je 5 km bis auf 35 m Meereshöhe an und endet an der rund 50 m hohen Steilstufe der Sierrita de Ticul. Der Gebirgsrand erhebt sich bis etwa 170 m Meereshöhe, die Straße durchquert ihn zwischen Ticul und Tabi in einer 40 m tiefer gelegenen Einsattelung. Der Formenschatz der sich weit nach Süden dehnenden älteren Karstlandschaft trägt wesentlich andere Züge als die Karst»ebene« im Norden Yucatáns. Ob der Steilrand der Sierrita als eine Bruchstufe (214), eine Schichtstufe oder ein altes Meereskliff anzusehen ist, läßt sich mangels genauerer Untersuchungen noch nicht klar entscheiden.

Die Sierrita de Ticul bildet einen Keil, dessen Spitze südöstlich von Maxcanú liegt. Von dort verläuft der eine Schenkel nach Südwesten in Richtung Campeche. In diesem Bereich ist der 130–170 m hohe Steilrand identisch mit der Grenze zwischen den an den Wänden aller Cenotes sichtbaren dünnschichtigen jungtertiären Kalken des nördlichen Yucatán und den dickbankigen, kompakten, zum Teil marmorartigen Kalken des älteren Tertiärs (Eozän bis Miozän), die das höhere Land Zentralyucatáns aufbauen. Nur hier besitzt die Deutung des Steilrandes als Schichtstufe einige Wahrscheinlichkeit. Der andere Schenkel der Sierrita (oder Serranilla) zieht über Ticul nach Südosten quer durch die Bereiche der alttertiären Kalke hindurch und ist entweder ein Bruchrand oder ein fossiles Kliff. Zwischen Ticul und Peto werden im Bergland Höhen bis 275 m erreicht. Aber nicht überall bricht der Steilrand, der sich bis in die Gegend von Chetumal in Quintana Roo verfolgen läßt, in geschlossener Front zum nördlichen und östlichen Tiefland ab; vielerorts ist er in eine Reihe schön ausgebildeter Karstkuppen aufgelöst. Wenn man bei Muna zwischen Mérida und Uxmal den Rand der Sierrita quert, wird man im Anblick der in seiner Streichrichtung angeordneten Kuppen geradezu an die zonale Abfolge afrikanischer Inselberge erinnert.

Die Sierrita de Ticul umschließt ein weites, nach Süden und Südosten geöffnetes, von flachen Erhebungen durchsetztes Becken in nur 80–100 m Meereshöhe, das die Maya als »Puuc« bezeichneten (*puuc* = Land der niedrigen Hügel). Vom Gipfel der als »Haus des Wahrsagers« bezeichneten großen Pyramide in Uxmal überblickt man das mit 8–10 m hohem Buschwald bewachsene, unruhig gegliederte Land. Der Horizont wird von den Silhouetten rundlicher Karstkuppen im Zuge der Sierrita begrenzt. Einen ähnlichen Blick hat man von den Ruinen bei Kabáh und Sayil (Bild 22). Auf den Buckeln innerhalb des weiten Beckens steht der nackte Kalk an. In den dolinenartigen Mulden zwischen den Kuppen sind rote und rotbraune Verwitterungsböden zusammengeschwemmt. Sie verhindern den schnellen Wasserabfluß. Diese nach Regenfällen noch längere Zeit gut durchfeuchteten

Dolinenböden trugen die Maisfelder der bis zum Tolteken-Einfall Ende des 10. Jahrhunderts hier lebenden Puuc-Bevölkerung. Das darüber aufragende Karstland bot ihnen keine Anbaumöglichkeiten. Außer den wegen der Mächtigkeit der Deckschichten weitgehend fehlenden Einsturzdolinen stößt man in der Puuc-Region auch nur selten auf die für mittelmeerische Karstgebiete so charakteristischen, keilartig in den Untergrund eingreifenden Schlotten mit Roterdefüllung. Die großartige bauliche Entwicklung der Zeremonialzentren in diesem Gebiet wäre nicht möglich gewesen ohne die gleichzeitige Anlage eines umfangreichen Systems von Zisternen *(chultuns)*, in denen die Maya das von den gepflasterten Plätzen, den Haus- und Tempeldächern abfließende Regenwasser sammelten. Zisternen mit sorgfältig angelegten Auffangflächen sind über das ganze Land verstreut. Das Gebiet ist zwar dank seiner vielen vom Schwemmland erfüllten Mulden landwirtschaftlich ergiebig, aber es fehlt ohne Speicherung für die Dauer von sechs Monaten an Wasser. Die wenigen Bewohner des Gebietes müssen bis zu einer Entfernung von 30 km mit Pferden und Maultieren ihr Wasser aus einigen Aguadas in der Umgebung von Uxmal holen.

Es mag den Besucher der Ruinenstätten überraschen, daß keine stärkeren Wirkungen der Verkarstung an den Kultbauten sichtbar sind. Die Kalksteinblöcke von Kabáh und Uxmal mit ihren scharfen Kanten sehen aus, als wären sie gerade vom Steinmetz gekommen. Sie sind es zum Teil auch tatsächlich, denn an den alten Bauten wurden in den letzten Jahrzehnten umfangreiche Restaurierungsarbeiten durchgeführt. Aber die neu zugehauenen Blöcke fügen sich erstaunlich gut in das alte Mauerwerk ein, so daß es schwerfällt, Alt und Neu zu unterscheiden. Das Wurzelwerk der Urwaldbäume, die die Maya-Ruinen überwucherten, hat zwar die Gesteinsverbände gesprengt, aber das Ausmaß der chemischen Verwitterung durch tropische Regengüsse und die von den Pflanzen ausgeschiedenen organischen Säuren blieb doch relativ gering. Selbst kleine Dekorwerkstücke sind gut erhalten.

Die Sierrita ist von zahlreichen Höhlen durchsetzt, von denen sich einige im Bereich des Steilrandes öffnen. Sie haben weit größere Ausmaße als die Karsthöhlen der nördlichen Kalktafel. Tropfsteinbildungen erfüllen ihre weiten, zum Teil von Höhlenflüssen durchzogenen Hallen (285, S. 72). Im Parque Nacional de las Grutas de Loltum sind die schönsten von ihnen unter Naturschutz gestellt. Die über neun schwierige Einstiege zugängliche Höhle von Bolonchén-ticul (40 m ü. d. M.) an der Straße Uxmal–Campeche hat eine Länge von 466 m und erreicht Tiefen bis zu 150 m unter der Erdoberfläche. Die Wasserzufuhr erfolgt durch Klüfte und Schlucklöcher. Gewöhnlich sind die Schlucklöcher *(xuches)* durch eingeschwemmten Verwitterungslehm plombiert, aber bei Starkregen werden sie freigespült und führen das Wasser in den Untergrund ab.

Die Karsthöhlen *(actúns)* dienten der Puuc-Bevölkerung in Notzeiten als

Zuflucht und in Normalzeiten neben den Regenwasserzisternen der Trinkwasserentnahme. Das von den Stalaktiten abtropfende Wasser wurde von den Priestern aufgefangen und für rituelle Zwecke benutzt. Es galt als jungfräulich reines, daher heiliges Wasser. In schwer zugänglichen Karsthöhlen fand man zahlreiche Tongefäße, die mit einer aus dem Tropfwasser ausgeschiedenen Schicht von Kalksinter überzogen sind (174, S. 415). Mehrere unterirdische, gelegentlich bis 75 m tiefe Seen wurden gern als Badeplätze aufgesucht. Die Höhle von Bolonchén-ticul zählt allein sieben solcher Seen. Der Name der Landschaft »Chenes« im südlichen Teil des zentralyucatekischen Plateaus leitet sich von den auch dort in großer Zahl auftretenden Tropfsteinhöhlen ab. Seit 1950 wird das Karstwasser der Sierrita de Ticul zur Versorgung des Städtchens Muna genutzt. Die Wasserleitung des Ortes ist an eine in dessen Nähe errichtete Pumpstation angeschlossen. An anderen Stellen wird neuerdings auch Bewässerungsfeldbau unter Ausnutzung der Karstwasservorräte betrieben, der allerdings an einer unerwartet schnellen Versalzung der Böden gescheitert ist.

Die hohe Lage des in der Sierrita de Ticul ausstreichenden Karströhrensystems über dem heutigen Meeresspiegel beweist, daß es zu einer Zeit entstanden sein muß, als das zentralyucatekische Plateau noch nicht so stark herausgehoben war wie jetzt und das Meer noch bis an den Steilrand gereicht hat. Das obere Grundwasserstockwerk der Puuc-Region ist also wesentlich älter als das der nordyucatekischen Ebene, das sich in 80–100 m Tiefe in die Sierrita hinein fortsetzt. Dieser Befund ist eine starke Stütze für die Klifftheorie.

Vom Puuc an nach Süden wird die Oberfläche der im Mittel Höhen von 130 bis 200 m einnehmenden älteren Karstlandschaft immer unruhiger. Das kräftig gegliederte zentralyucatekische Plateau steigt im östlichen Campeche bis 350 m und südlich der mexikanisch-guatemaltekischen Landesgrenze im nördliche Petén bis auf fast 400 m an. Die von Campeche über Bolonchén nach Uxmal verlaufende Straße durchquert bis zur Staatsgrenze von Yucatán zahlreiche weitgespannte, von Karstkuppen umrahmte Wannen (Poljen). Auf ihren aus eingeschwemmter roter Erde bestehenden flachen Böden wird ein ertragreicher Feld- und Obstbau betrieben. Im südlichen Campeche bilden viele solcher Karsthohlformen noch schwer passierbare bewaldete Sümpfe. Offene, ganzjährig wasserführende Aguadas kommen nur sehr vereinzelt vor, so daß dieses Gebiet fast menschenleer ist. Allein im südlichen Campeche tritt eine Reihe größerer flacher Seen auf. Weiter im Osten, unweit der Bucht von Chetumal, erstreckt sich die nur 8–10 km breite, aber über 60 km lange Laguna de Bacalar.

Sehr aufschlußreich ist ein Ostwestprofil durch den südlichen Teil des Territoriums Quintana Roo. Nach etwa einstündiger Fahrt auf der Straße von der Hafenstadt Chetumal nach Zoh Laguna geht die zunächst leicht wellige Kalktafel in sanft geformte Kuppen von 20–60 m relativer Höhe aus massigen, teils knolligen Kalken über. Die Straße führt schnurgerade hügelauf und hügelab durch das hier im Unterschied zum nördlichen Yucatán von Flüssen durchzogene und von einer allmählich mächtiger werdenden Bodenkrume bedeckte Land. Kuppenkarst ist auch das beherrschende Landschaftsmerkmal im nördlichen Teil von Belize.

Der Kegelkarst des Petén

Der Übergang vom Kuppen- zum Kegelkarst ist besonders schön aus der Luft im Bereich der Straße Zoh Laguna–Campeche zu sehen. Auch im nördlichen Petén mischen sich die Formen des Kuppen- und des Kegelkarstes. Die meisten Kuppen sind sanft gerundet, ihre flach geböschten Hänge gehen in der Höhe in kleine plateauartige Ebenheiten über (Bild 23). Daneben treten bereits ausgesprochene Kegelformen auf. Die von den Vollformen umschlossenen Hohlformen *(cockpits)* sind im Kuppenkarstgebiet flache Aguadas von zuweilen beträchtlicher Ausdehnung. Sie führen ganzjährig Wasser und liegen im Niveau des oberen Grundwasserhorizontes. Die Böden der kleineren dolinenartigen Aguadas sind mit Schwemmlehm aufgefüllt, wodurch aber der Wasserabfluß über ponorartige Öffnungen in die Tiefe nicht behindert wird. In ihnen hält sich Regenwasser meist nur für wenige Stunden. Der untere Grundwasserhorizont liegt im Petén außerordentlich tief. Bei Tikal wurde eine Bohrung abgebrochen, nachdem bis in 180 m Tiefe kein Wasser gefunden wurde. Ölbohrungen durchstießen zwar ganze Labyrinthe von Karsthöhlen im Untergrund, aber sie liegen über dem unteren Grundwasserniveau und sind wasserlos (264).

Der Rio San Pedro Martir ist der wichtigste Fluß des nördlichen, der Rio de la Pasión des südlichen Petén. Beide vereinigen sich mit dem großen Rio Usumacinta, dessen jährliche Wasserstandsschwankungen 8–11 m erreichen (264). In südost-nordwestlichem Verlauf entwässert er mit seinen vielen Nebenflüssen das südliche Waldbergland. Einer seiner drei Mündungsarme endet in der Laguna de Términos.

Das Peténbecken liegt tiefer als das Yucatánplateau, und da die vom südlichen Bergland herabkommenden Flüsse aus diesen topographischen Gründen ihren Lauf nicht nach Norden fortsetzen können, entstehen in der Depression ausgedehnte Sumpf- und Überschwemmungszonen. Einige Autoren haben vermutet, daß zumindest ein Teil dieser *bujos* (Maya: *ukulchés*), zum Beispiel in der Umgebung von Tikal und Uaxactún (Fig. 46), in der klassischen Maya-Zeit noch flache, offene Seebecken gewesen seien, die sich durch Verlandungsvorgänge und eine damit verbundene Ausbreitung von Wasserpflanzen im Laufe der Zeit in Sumpfgebiete verwandelt hätten (476; 782). Schon Morley (243, I, S. 5) bezweifelte die Richtigkeit dieser Annahme und meinte, daß solche versumpften Niederungen bereits vor der Maya-Zeit existierten. Handbohrungen (216, S. 5) zeigten in der Tat, daß Einschwemmsedimente am Boden der Bajos fehlen und diese sehr flachen Depressionen, die in einigen Teilen des nördlichen Petén über die Hälfte des Areals einnehmen, schon immer seichte, von einer amphibischen Pflanzenwelt eingenommene Niederungen waren. Von ihnen muß eine kontinuierlich wirkende, kräftige seitliche Korrosion ausgegangen sein. Im Bajo de Santa Fé, einer großen, periodisch überschwemmten Niederung östlich von Tikal, wurde in 5,11 m Tiefe ein von Feuersteinknollen durchsetzter Verwitterungslehm angetroffen, dessen Ausgangsmaterial die Kalke der Randhöhen waren. Untersuchungen der eingelagerten organischen Reste nach der C^{14}-Methode ergaben ein absolutes Alter des Verwitterungslehms in 5 m Tiefe von 11 560 ± 360 Jahren (219, S. 274). Das Fehlen von Diatomeen und die Struktur der Lehme geben nach den Autoren eindeutig zu erkennen, daß sie nicht im Wasser eines offenen Sees, sondern in einer periodisch überschwemmten Niederung abgelagert worden sind.

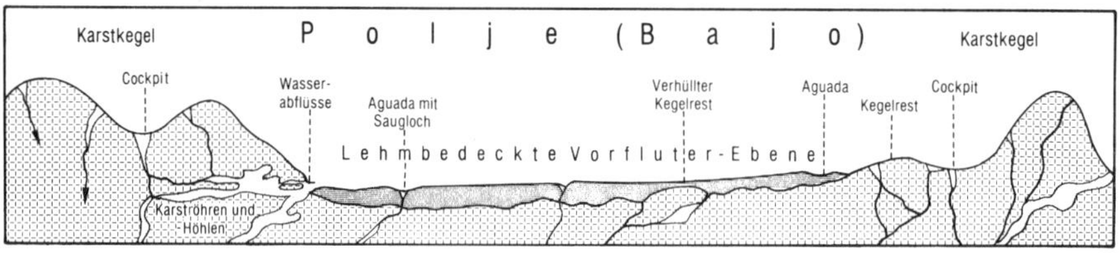

Fig. 11 Schematisches Profil durch ein Polje (Bajo) im südlichen Kegelkarst

Die jahreszeitlich vom Regenwasser überstaute Karstwanne wird durch Schlucklöcher *(Ponore)* im lehmbedeckten Boden und Karströhren am tiefsten Punkt des Bajo (links) entwässert.

(Entwurf H. Wilhelmy)

Alle diese Beobachtungen und die Tatsache, daß die Böden der Bajos nach einer Seite leicht geneigt sind (Fig. 11), lassen nur die Deutung zu, daß es sich bei diesen feuchten Niederungen des Petén ebenso wie bei den Karstwannen der Puuc-Region (S. 86) um Poljen des zuerst in Jugoslawien beobachteten Typs handelt. Wie dort trocknen die Poljen in der niederschlagslosen Zeit teils durch Verdunstung, teils durch Verschwinden des Wassers im Untergrund aus. Die Klüftigkeit der Kalke erleichtert an vielen Stellen die Versickerung. Größere Klüfte haben sich durch Lösung des Gesteins zu regelrechten Saug- oder Schlucklöchern erweitert (Ponore). Dies ist vorzugsweise an jenen Stellen des Bajorandes der Fall, zu denen hin der Poljeboden geneigt ist und sich selbst bei weitgehender Austrocknung das letzte Wasser der Niederung sammelt. Bei Uaxactún gibt es eine solche Aguada, die bei besonders hohem Wasserstand über ein Schluckloch im kliffartigen Steilrand des Bajo entwässert. Sobald jedoch der Wasserspiegel unter die Ponoröffnung abgesunken ist, hält sich die restliche Füllung der Aguada noch lange Zeit und dient der örtlichen Bevölkerung als ihr ergiebigstes Wasserreservoir (264, S. 382). Die Maya der klassischen Zeit haben tiefgelegene Schlucklöcher zum Zwecke längerer Wasserhaltung bewußt mit Holz und Erde verstopft und auf den Bajoböden flache Gruben als Sammelbekken ausgehoben. Manche Bajos blieben das ganze Jahr über feucht, andere verwandelten sich in staubige, von polygonalen Trockenrissen durchzogene Lehmtennen.

Wenn die Bajos auch, wie die morphologischen Befunde ergeben, niemals permanente Seen gewesen sein können, so darf man doch annehmen, daß sie in der klassischen Zeit nachhaltiger von Wasser überstaut waren als in der Gegenwart. Von den ausgedehnten Rodungsflächen auf dem umliegenden höheren Land floß das Regenwasser schneller ab als heute. Der seit einem Jahrtausend regenerierte Hochwald saugt wie ein Schwamm die fallenden Niederschläge auf, so daß nur ein Teil des Wassers, dazu in verzögertem Tempo, in die Niederungen abfließen kann. Daß sich in den Bajos einst mehr Wasser sammelte als heute, geht daraus hervor, daß sie durch die Anlage von Hochäckern und »Schwimmenden Gärten« für landwirtschaftliche Intensivkulturen nutzbar gemacht werden konnten (S. 215) und daß man sie mit Booten befuhr. Die für den Kanuverkehr angelegten, die Niederungen durchquerenden Kanäle sind im Luftbild noch erkennbar (264, S. 384; 320, S. 306; 424, S. 427, 432).

Schmale, langgestreckte Bajos werden durch ost-west streichende Hügelrücken voneinander getrennt, die in einzelne, bis 200 m hohe Karstkegel aufgelöst sind. Die flachen Beckenböden greifen zwischen ihnen hindurch, so daß häufig mehrere kleine Mulden zu größeren Bajokomplexen zusammengewachsen sind (Fig. 34, 46 und 69). Die gleiche Ost-West-Orientierung der Bajos und Hügelketten hat auch der 36 km lange, maximal nur 4 km breite Petén-Itzá-See, was für seine Lage in einer tektonischen Mulde spricht. Große Teile des von kleinen Zuflüssen gespeisten Sees sind flach, andere erreichen eine Wassertiefe von 50 m, so daß der knapp 100 km² große See bisher von einer völligen Verlandung verschont blieb. Er hat keinen oberirdischen Abfluß, und da die jahreszeitlichen Wasserstandsschwankungen nur ½ m erreichen, scheinen Kluftsysteme unter dem Seeboden das Regulativ zu sein. Auf einer Insel im See lag die Itzá-Hauptstadt Tayasal, die den Spaniern am längsten Widerstand leistete (S. 475). Nach der Zerstörung entstand an ihrer Stelle die jetzige Departementhauptstadt Flores, zu der seit einiger Zeit ein Damm vom Festland hinüberführt (Bild 49).

Südwestlich Flores, zwischen dem Petén-Itzá-See und dem Rio de la Pasión, liegt auf einer kaum merklichen Geländeschwelle in 175 m Seehöhe die Savanne von La Libertad. 10–80 m hohe Karstkegel überragen die Ebene (Fig. 18). Sie treten teils als völlig isolierte Erhebungen auf, teils ordnen sie sich zu langgestreckten schmalen Kegelreihen an. Ihre Steilhänge überzieht ein Mantel von schwarzem Humus, aber die Bodendecke ist zu dünn, um größeren Waldbäumen einen geeigneten Standort zu bieten. So herrscht auf den Karstkegeln Niederwald und xerophytisches Buschwerk vor.

Das sich zwischen den Karstkegeln ausbreitende flache Land ist völlig steinfrei. Die Grasflur bedeckt einen kastanienbraunen bis schwarzbraunen schweren Lehmboden, der als Unterboden eine gelbbraune bis ziegelrote Färbung annimmt. Es sind innerhalb des Gebietes 16 Handbohrungen bis in 1,20 m Tiefe und eine bis in 8,70 m Tiefe vorgenommen worden (237, S. 83). Keine der in der Ebene durchgeführten Bohrungen erreichte den anstehenden Kalk, aber er kann nicht in allzu großer Tiefe liegen, wie sich aus dem Wasserhaushalt unzähliger über die Savanne verstreuter Hohlformen ergibt. Man kann sie schwerlich als »Dolinen« bezeichnen, da ihre sanft geböschten Hänge völlig innerhalb der Lehmdecke liegen, und es ist noch nicht einmal klar, ob sie natürlicher oder anthropogener Entstehung sind. Lundell (237, S. 141) hält zumindest einige dieser *sinkholes* für alt und wohl natürlichen Ursprungs, berichtet aber von zwei erst kurz vor seinem Aufenthalt in der Savanne von La Libertad angelegten Wasserlöchern von 3 m Durchmesser und 5 m Tiefe. Ihre Wände waren noch steil, aber es könnte sein, daß auch die ältesten abgeflachten aus solchen künstlich angelegten Wasserstellen hervorgegangen sind. Unzählige über die ganze Savanne verteilte alte Wohnhügel beweisen die frühere Anwesenheit von Menschen in diesem heute siedlungsleeren, von Viehzüchtern genutzten Grasland.

Eine andere Möglichkeit ist, die Hohlformen gleich denen der am Rande der Bajos als Schlucklöcher (Ponore) zu deuten, durch die das sich auf dem Lehmboden der Savanne stauende Regenwasser – es gibt im ganzen Gebiet keinen einzigen Bach oder Fluß – in die Klüfte des offensichtlich nicht tief unter der Lehmdecke gelegenen Kalkuntergrundes abgeführt wird. Durch die Saugwirkung des verschluckten Wassers könnten an der Oberfläche allmählich sich trichterförmig erweiternde Einlässe entstanden sein. Dies gilt insbesondere für die kleinen Aguadas, aus denen das sich sammelnde Regenwasser schnell in den Untergrund abfließt. Die größeren, teichartigen Aguadas sind entweder ständig oder während längerer Perioden mit Wasser gefüllt. Ehemalige Abflüsse unter ihren Böden scheinen durch Lehmeinschwemmungen plombiert zu sein. Nur wenige der Aguadas haben eine Tiefe von mehr als 2 m (237, S. 81). Sie sind fast ausnahmslos von Kränzen niedrigen Buschwaldes umgeben, der im Nahbereich größerer Wasserstellen in Hochwald übergeht. Vielleicht hat das Vorbild natürlicher, zeitweise von Wasser erfüllter Hohlformen die Menschen dazu veranlaßt, in der Savanne auch künstliche Wasserlöcher anzulegen, die dann freilich nicht mit dem unterirdischen Karstwassersystem verbunden waren und in denen sich daher Wasseransammlungen länger hielten. Im Gegensatz zur Kalktafel des nördlichen Yucatán dürfte die Anlage von Wasserlöchern im weichen Lehmboden der Savanne von La Libertad auf keine technischen Schwierigkeiten gestoßen sein.

Die Entstehungsgeschichte der von Karstkegeln und Schlucklöchern durchsetzten Savanne bei La Libertad läßt sich etwa wie folgt zusammenfassen: Die Lehmdecke ist durch Einschwemmung von Verwitterungsmaterial aus den höheren bewaldeten Randgebieten der Savanne entstanden und erfüllt eine tektonisch angelegte Depression. Im Unterschied zu den Bajos des nördlichen Petén (S. 88) gibt hier eine gewisse Schichtung der durch Bohrungen erschlossenen Ablagerungen und der sehr hohe Anteil an feinsten Lehmpartikeln (60–82 %) eine Einspülung durch Regengüsse und die Sedimentation in einem flachen, zumindest zeitweise von Wasser überstauten Becken zu erkennen. Weniger wahrscheinlich ist, daß der Savannenlehm allein durch Verwitterung des anstehenden Kalkes an Ort und Stelle entstanden ist. Dem widerspricht vor allem die auf Transport zurückzuführende Schichtung. Das allgemeine Erscheinungsbild der Savanne von La Libertad ist das einer großen Karstpolje, deren Boden durch den Lehmschleier zwar weitgehend, aber nicht völlig gegen den Untergrund abgedichtet wurde. Das sich jahreszeitlich auf der Ebene sammelnde und nur langsam versickernde Regenwasser erweiterte die Ebene allmählich durch seitliche Korrosion. Auch die noch über die jetzige Vorfluterebene aufragenden Karstkegel werden diesem lateralen Karstlösungsprozeß allmählich zum Opfer fallen (Fig. 18).

Südlich des Usumacinta und des Rio de la Pasión beginnt das eigentliche Bergland mit seinen langgestreckten, von West nach Ost verlaufenden und in unzählige Einzelkuppen gegliederten Rücken, von denen einige eine Meereshöhe von 500 m erreichen. F. Termer (272, S. 105) hat wohl als erster den Kegelkarstcharakter dieser Landschaft erkannt. Er beschreibt die Anhäufung von »kegelförmigen Hügeln mit allseitig steil abfallenden Böschungen«, die mit »langgestreckten Trockenwannen, ovalen Schüsseln und talartig anmutenden Senken« abwechseln. Die Oberflächenformen des südlichen Petén bieten ein eindrucksvolles Beispiel von gerichtetem Kegelkarst. Die reihenweise Anordnung der Karstkegel entspricht der Streichrichtung der in Kordillerennähe zu parallelen Sätteln aufgefalteten kreidezeitlichen Kalke, deren Faltungsintensität nach Norden hin allmählich ausklingt. Als flachlagernde Schichtgesteine setzen sie sich unter der tertiären Kalktafel Yucatáns fort; sie wurden dort bei vergeblichen Erdölbohrungen noch in einer Mächtigkeit bis fast 3000 m festgestellt (287, S. 308).

Dieses einfache Bild der nur geringer tektonischer Schrägstellung und Faltung unterworfenen Schichtenfolge ändert sich im äußersten Südosten der Halbinsel, im Grenzgebiet von Guatemala und Belize, dem ehemaligen Britisch-Honduras. Dort erheben sich die bis 1023 m hohen, aus Graniten und paläozoischen Gesteinen aufgebauten Maya Mountains (Fig. 7). Das Gebirge ist eine an Brüchen gehobene Rumpfscholle, auf deren kristallinen

Sockel noch eozäne und kreidezeitliche Kalke übergreifen. In ihnen ist, wie im gesamten mittleren und südlichen Teil von Belize, gerichteter Kegelkarst schulbeispielhaft ausgebildet (222). Geschlossene Kegelkarstgebiete liegen im Hinterland und südlich von Belize-City sowie an der Nordwestflanke der Maya Mountains. Die Hohlformen zwischen den einzelnen Karstkegeln erreichen Tiefen von 70 bis 100 m. In den Alluvialebenen, zum Beispiel des südlich Belize-City mündenden Sibun River, hat sich der Kegelkarst durch seitliche Korrosion in einen steilwandigen Turmkarst verwandelt. 70–200 m hohe Kalkklötze durchsetzen die Küstenebene bei Punta Gorda (246, S. 375). Völlig isolierte Turmkarstreste erheben sich auch am Rande der Maya Mountains unmittelbar auf der granitischen Kontaktfläche. Sie werden an ihrer Basis von ausgedehnten Höhlensystemen durchzogen und unterliegen durch Nachbrüche ständiger Verkleinerung. Die zutage tretenden, kräftig strömenden Höhlenflüsse durchqueren in oberirdischen Läufen die Granit- und Schieferzonen, um bei Erreichen des nächsten Kalkstocks wieder in einem Tunnel zu verschwinden.

Der nord-südliche Karstformenwandel und seine Bedeutung für Wasserversorgung und Lage der Maya-Siedlungen

Auf der Halbinsel Yucatán und in dem geologisch-morphologisch dazugehörigen Petén lassen sich in nordsüdlicher Abfolge fünf Karstlandschaftstypen unterscheiden (Fig. 7):

1. Die als »nackter Karst« ausgebildete, fast horizontale Kalksteinplatte des nordwestlichen Küstenstreifens mit bescheidensten Anfängen einer Dolinenbildung. Es handelt sich um eine erst in jüngster geologischer Vergangenheit aus dem Meer aufgetauchte, karstmorphologisch noch kaum veränderte »Uroberfläche«.
2. Das Flachrelief Nordyucatáns mit Schüssel- und Einsturzdolinen (Cenotes, Fig. 8 und 9). Geringe Höhe über dem Meeres- und Grundwasserspiegel, Dünnbankigkeit und rascher petrographischer Wechsel der Karbonatgesteine schließen im Dolinenkarst, verbunden mit unzureichenden Niederschlagsmengen (500–1000 mm), die Entstehung von Kuppen- und Kegelkarst aus.
3. Das kuppige Hügelland in Nordostyucatán mit sehr flachen Schüsseldolinen, die als Karstrandebenen in statu nascendi aufzufassen sind. Das verkarstungsfähige Gestein erhebt sich in diesem Gebiet zwar ausreichend über das Vorfluterniveau, und auch die dort höheren Niederschlagsmengen (1500 mm) erfüllen die Voraussetzungen für die Kegelkarstbildung, aber mangels genügend langer Entwicklungszeit ist die Landformung noch nicht über das Anfangsstadium eines Kuppenkarstes herausgekommen. Einsturzdolinen (Cenotes) sind hier bereits selten.

4. Der Kuppen- und Kegelkarst Zentralyucatáns, für dessen Entwicklung in den kräftig gehobenen eozänen und miozänen Massenkalken südlich der Sierrita de Ticul klimatisch nach Süden hin immer günstigere Bedingungen gegeben sind (1000–2000 mm Jahresniederschlag). Infolge der dickbankigen Kalke ist dieser Bereich nahezu frei von Einsturzdolinen. An zwei unterschiedlich alte Grundwasserniveaus gebundene Karsthöhlensysteme durchsetzen den tieferen Untergrund.
5. Die voll ausgebildete Kegelkarstlandschaft (»gerichteter« Kegelkarst) im tropischen Regenwaldgebiet des Petén. In tektonisch vorgezeichneten Depressionen entstanden große, von Karstkegeln und Schlucklöchern durchsetzte Poljen *(bajos)*.

Die unterschiedliche Formung der yucatekischen Karstlandschaft beruht also in erster Linie auf der von Norden nach Süden zunehmenden Mächtigkeit des der Lösung unterworfenen Gesteins, dem Übergang von dünnschichtigen zu dickbankigen Kalken und den in gleicher Richtung zunehmenden Niederschlägen. Nahtlos gehen in Yucatán Karstformen ineinander über, die man ihrem Typus nach im Norden dem mediterranen, im Süden dem tropischen Karst zuzurechnen pflegt oder lange Zeit zuzurechnen pflegte. Yucatán ist ein schönes Beispiel dafür, daß auch in äquatorialen Breiten Dolinenkarst unter bestimmten Voraussetzungen auftritt, zum Beispiel wegen zu geringer Höhenlage des verkarstungsfähigen Gesteins über dem Vorfluterniveau, aus petrographischen Gründen (dünnschichtige oder unreine Kalke) oder aus Mangel an ausreichenden Niederschlägen.

Der sich auf einer Strecke von rund 750 km vollziehende karstmorphologische Wandel macht deutlich, daß der Lebensraum der Maya von seiner physisch-geographischen Ausstattung her keineswegs einheitlich gestaltet war. Im Kegelkarst des Petén entwickelten sich die Akropolisstädte, auf der Kalkplatte Nordyucatáns und im Puuc-Becken weitläufige Stadtanlagen wie Chichén Itzá und Uxmal. Im Süden bestimmten Flußläufe die Lage der Siedlungen, in Nordyucatán die Cenotes, und im Puuc-Gebiet wurde erst durch den Bau zahlreicher Regenwasserzisternen eine dichte Besiedlung möglich.

Auch klimatische Einflüsse – andersartige Verwitterungsabläufe im wechselfeuchten und immerfeuchten Klima – spielen eine Rolle. Eine Kenntnis der klimatischen Verhältnisse ist aber vor allem wichtig, um daraus Rückschlüsse auf die ursprüngliche Vegetationsbedeckung des Landes zu ziehen, das heißt ein klares Bild der Umwelt zu gewinnen, in der die Maya lebten. In den Regenwaldgebieten des Petén bestanden zur Maya-Zeit, wie leicht nachzuweisen ist (S. 447), keine andersartigen Lebensbedingungen als heute; für das zentrale und nördliche Yucatán hingegen ergeben sich Probleme, die nicht ganz einfach zu lösen sind. Sie gruppieren sich um die Frage, ob die heutigen Busch- und Niederwaldgebiete des Nordens auch schon zur Maya-Zeit auf den dortigen klimatischen Verhältnissen beruhende Dornbuschsavannen und Trockenwälder waren, ob sie edaphisch, das heißt als durch die Wasserdurchlässigkeit des Kalkes bedingt, anzusehen sind oder ob wir in ihnen vom Menschen geschaffene Devastierungsformen einer ursprünglich andersartigen Naturlandschaft sehen müssen.

2. Klima und Witterung

Das heutige Vegetationsbild als klimatologisches Indiz

Ein vom nördlichen Yucatán bis zum Petén in der Wurzelzone der Halbinsel gelegtes Vegetationsprofil ist durch die Aufeinanderfolge von vier unterschiedlichen Pflanzenformationen gekennzeichnet (Fig. 12d und e):

- Dornbuschsavanne im nordwestlichen Yucatán,
- regengrüner, das heißt während der niederschlagsarmen Jahreszeit kahler Trockenwald auf der sich weitspannenden nördlichen Kalktafel und in Zentralyucatán,
- regengrüner, in der Trockenperiode zum Teil laubabwerfender Feuchtwald im südlichen Yucatán,
- immergrüner tropischer Regenwald im Petén, der in den tropischen Bergwald der zentralamerikanischen Kordillere übergeht.

In diesem nord-südlichen Vegetationswandel glaubte man bisher unmittelbar eine Spiegelung der klimatischen Verhältnisse sehen zu können, das heißt das pflanzengeographische Abbild einer Zunahme der Jahresniederschläge von weniger als 500 mm im nordwestlichen Küstengebiet Yucatáns auf 2000–3000 mm, örtlich sogar über 4000 mm im äußersten Süden der Halbinsel. Dem entsprechen die vier nach der Klassifikation von W. Köppen unterschiedenen Klimagebiete des Maya-Landes (Fig. 12a bis e):

- Steppenklima *(Bsh)* im äußersten Nordwesten Yucatáns,
- wechselfeuchtes Savannenklima *(Aw)* im nördlichen Tafelland und in Teilen von Zentralyucatán,
- wechsel- bis immerfeuchtes Übergangsklima *(Am)* mit Niederschlagsrückgang während der Wintermonate in Zentralyucatán und im nördlichen Petén,
- immerfeuchtes tropisches Regenwaldklima *(Af)* im südlichen Petén und seinen östlichen und westlichen Nachbargebieten.

Die heute im Maya-Land auftretenden Vegetationsformationen befinden sich – die Richtigkeit der Begrenzung der vier Klimagebiete vorausgesetzt – in vollem Einklang mit den gegenwärtigen klimatischen Bedingungen. Da sich eine Klimaänderung seit dem Ende der Maya-Zeit, das heißt im Verlauf der letzten tausend Jahre, die von einzelnen Autoren angenommen wird (S. 447), nicht nachweisen läßt, müßte das Pflanzenkleid Yucatáns zur

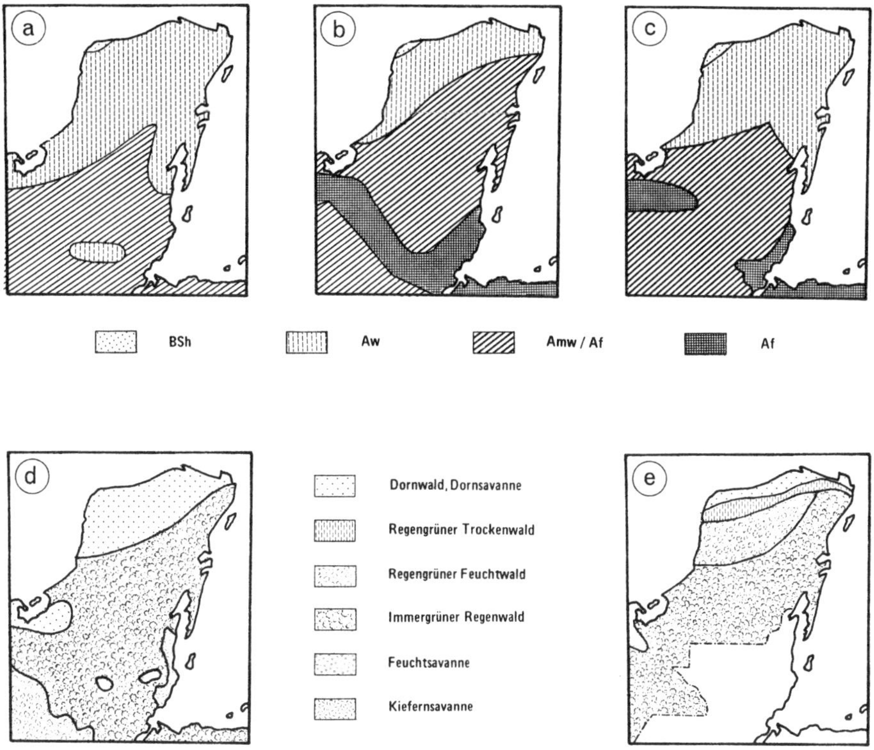

Fig. 12 Ältere Klima- und Vegetationskarten der Halbinsel Yucatán

a–c Klimakarten nach W. Köppens Klassifikation: **a** von K. Sapper (1932), **b** von J. A. Vivó Esseto (1964), **c** von P. Furley (1968).
d–e Vegetationskarten: **d** von P. L. Wagner (1964), **e** von A. Starker Leopold (in H. G. Gierloff-Emden, 1970).

Maya-Zeit etwa demjenigen der Gegenwart entsprochen haben. Diese Auffassung eines in seinen Grundmerkmalen unveränderten Vegetationsbildes vertritt zum Beispiel Termer (209, S. 21f.).

Zwei Fragen sind zu überprüfen:

1. Entsprechen die heutigen Vegetationsformationen Yucatáns tatsächlich den gegebenen klimatischen Bedingungen?
2. Ist das gegenwärtige Pflanzenkleid, vor allem im nördlichen Yucatán, aber auch das in der Peténsavanne, wirklich identisch mit dem, das die Maya dort zu Beginn ihrer Besiedlung vorgefunden haben?

Bis zur Mitte unseres Jahrhunderts gab es nördlich des 18. Breitenkreises auf der über 140 000 km² umfassenden Fläche des mexikanischen Teils von Yucatán nur acht meteorologische Stationen, die ein vollständiges Beobachtungsprogramm durchführten. Davon lagen fünf an der Küste und drei im Inneren der Halbinsel. Dazu kam noch eine Anzahl amtlicher und privater Regenmeßstellen. Auf der Grundlage des Beobachtungsmaterials dieser wenigen Stationen irgendwelche Klimakarten entwerfen zu wollen wäre aussichtslos gewesen, wenn nicht die Möglichkeit bestanden hätte, auf Grund der reichlicher vorhandenen vegetationsgeographischen Beobachtungen Rückschlüsse auf die klimatischen Verhältnisse im Binnenland zu ziehen. So kann die gute Übereinstimmung zwischen den älteren Klima- und Vegetationskarten Yucatáns nicht überraschen. Aber die Gefahr des Zirkelschlusses ist offenkundig: Man kann aus einer auf solchen Grundlagen beruhenden Klimakarte nun nicht umgekehrt den Klimaxcharakter* des heutigen Pflanzenkleides ableiten wollen.

Die Zahl der meteorologischen Beobachtungsstationen hat sich in den letzten Jahrzehnten in Yucatán zwar nicht wesentlich, aber im Petén und in dem südlich anschließenden Berglandgebiet von Guatemala, Mexiko und Honduras beträchtlich vermehrt. F. C. Wernstedt (284) hat das gesamte verfügbare Beobachtungsmaterial – auch das privater Meßstationen auf den Haciendas – in einem umfangreichen Tabellenwerk zusammengestellt. Auf der Grundlage dieser und der einschlägigen Literatur entnommenen Daten (222; 226; 232; 248; 251; 262; 265) wurden die beiden Karten und die Klimadiagramme entworfen (Fig. 14–16).

Klimatische Großraumlage, Winde und Temperaturen

Yucatán und der Petén liegen voll im tropisch-heißen Tiefland, der *tierra caliente* der Spanier. Der Übergang zur *tierra templada,* dem gemäßigt-warmen Land, erfolgt erst weit im Süden am Kordillerenrand in 800 m Meereshöhe. Auf der gleichen geographischen Breite erstreckt sich quer durch Nordafrika die zentrale Sahara. Daß die ebenfalls im nordhemisphärischen Trokkengürtel gelegene Halbinsel Yucatán keine Wüste ist, beruht auf dem tief in die amerikanische Landmasse eingreifenden Golf von Mexiko und dem Karibischen Meer, die ihre Küsten umspülen, die Temperaturen mildern, Inseln und Festlandssäumen Feuchtigkeit spenden.

Klimatische Wesensmerkmale Yucatáns sind stark veränderliche Witterungsabläufe von Jahr zu Jahr und Monat zu Monat. Bei allem Gleichmaß des Temperaturgangs kommt es gelegentlich zu unangenehmen Temperatursprüngen, vor allem aber sind Dauer und Ergiebigkeit der Regenfälle großen jährlichen Schwankungen unterworfen. Tage- oder gar wochenlange Verschiebungen des Einsatztermins der ersten Regenfälle stellen die um ihre Felderträge besorgten Bauern oft vor harte Geduldsproben. Die klima-

* Erklärung des Klimaxbegriffes S. 104.

Bild 10 Das Tal des Rio Motagua stellte zu allen Zeiten einen wichtigen Verbindungsweg zwischen dem Hochland von Guatemala und dem nördlichen Tiefland dar. Ihm folgten die ersten in den Petén gezogenen Maya-Kolonisten ebenso wie die Fernhändler der klassischen und nachklassischen Periode. Kaufleute aus Teotihuacán und ihrem Handelsstützpunkt Kaminaljuyú reisten auf Booten den Motagua abwärts bis zum Golf von Honduras und folgten dann der Ostküste Yucatáns, an der sie die Handelsplätze der Maya besuchten.

Bild 11 Von den Flachreliefs der Kalksteinstelen der Halbinsel Yucatán unterscheiden sich die im 8. Jh. errichteten Sandsteinstelen in Quiriguá. Hieroglyphen und Herrschergestalten mit Zepter und Schild sind halbplastisch, in Copán sogar vollplastisch herausgearbeitet. Der ähnliche Stil der Stelen und die »Emblem-Glyphen« bezeugen, daß im 8. Jh. zwischen Quiriguá und Copán eine enge politische und kulturelle Gemeinschaft bestand. Ein Copán-Fürst hatte Quiriguá erobert und dort durch Inthronisation seines Sohnes eine neue Dynastie begründet.

Bild 12 Einer der mächtigen skulptierten roten Sandsteinblöcke in der Gestalt eines mythologischen Tieres. Derartige zoomorphe Blöcke (Schildkröten, Frösche u. a.) sind in Quiriguá zwischen 780 und 800 n. Chr. geschaffen worden. Ihre Oberfläche ist mit datierbaren Glyphen, menschlichen Gestalten und Ornamenten bedeckt. In keinem anderen Zeremonialzentrum des Maya-Tieflandes gibt es Skulpturen der mit Quiriguá vergleichbaren Art.

Bild 13 Von einem Hieroglyphenband eingefaßter Altar in Tikal. Die Platte befand sich ursprünglich in waagerechter Lage vor einer hinter ihr aufgestellten Stele. Auf dem Altar wurden vermutlich Weihrauchopfer dargebracht. Kalenderzeichen geben das Jahr 711 n. Chr. als Entstehungsdatum dieses dem »Komplex N« zugehörigen Altars an.

Bild 14 Seitenansicht der Schädelplattform (Tzompantli) in Chichén Itzá mit Darstellungen steinerner Totenköpfe. Massenopferungen von Menschen sind im Maya-Land erst seit der Invasion der Tolteken Ende des 10. Jhs. bekannt. Zwar ist bereits auf den um 800 entstandenen Fresken in Bonampak die Opferung von Kriegsgefangenen dargestellt, doch beschränkten sich die Menschenopfer der vortoltekischen Zeit gewöhnlich auf Einzelopfer.

Bild 15 Der steile Treppenaufgang des Kriegertempels in Chichén Itzá wird oben vom Kopf einer gefiederten Schlange flankiert, der als Sockel für die Figur eines Standartenträgers diente. Die vorgestreckten Arme hielten den Fahnenmast. Das Gegenstück dazu begrenzt die andere Seite der Treppe (vgl. Bild 24 und 25).

Bild 16 Als Waldbrache entstandener Busch- und Niederwald in Zentralyucatán. Da der nach meist nur zweijähriger Landnutzung aufkommende Buschwald innerhalb eines Jahrzehnts erneut der Brandrodung (Bild 23 und 27) zum Opfer fällt, kommt es in den dichter besiedelten Gebieten – vor allem beiderseits der wenigen Straßen – nie wieder zu einer vollen Regenerierung des regengrünen Feuchtwaldes.

Bild 17 Von Kautschukzapfern *(chicleros)* gekerbter Stamm eines Zapotebaumes *(Manilkora zapote)*. Einst lieferte der Zapote den Maya den Rohstoff zur Herstellung der Hartgummikugeln für das rituelle Ballspiel (Bild 39 und 44), jetzt arbeiten die Chicleros, von denen viele zu Entdeckern unbekannter Ruinenstätten geworden sind, für die Kaugummiindustrie.

tische Instabilität wirkt sich im trockenen Norden Yucatáns naturgemäß weit ungünstiger aus als im regenreicheren Petén.

Die Halbinsel wird vom Nordostpassat überweht. Im Spätsommer und Herbst, besonders von September bis November, gerät die Ostküste in den Einflußbereich tropischer Hurrikane des Karibischen Meeres. Allein zwischen 1921 und 1927 haben acht Wirbelstürme Teile der Halbinsel verwüstet. Die Hurrikane zerstören nicht nur landwirtschaftliche Kulturen, sondern legen auch kahlschlagähnliche Breschen in den Wald. 1931 blieb auf der Zugstraße eines Hurrikans im ehemaligen Britisch-Honduras 70 km von Belize-City landeinwärts kein einziger größerer Baum stehen (236, S. 261). Im Winter stoßen Kaltluftmassen aus den nordamerikanischen Great Plains als Northers oder Nortes nicht selten bis Yucatán vor. In einzelnen Jahren haben sie ein kurzfristiges Absinken der Temperaturen, 1926 in Champotón an der Westküste sogar bis auf 4° C, bewirkt. Dem stehen auf der anderen Seite – aber auch nur gelegentlich – sommerliche Maxima von 40° C gegenüber. In der Wurzelzone der Halbinsel, im Petén, sind die Schwankungen der Extremwerte geringer: Die absoluten Minima (Januar) unterschreiten nicht 13–14° C, die Maxima (April/Mai) nicht 39–41° C (237; 248, S. 351). Aber diese nur verhältnismäßig selten auftretenden Extreme beeinflussen kaum die in erster Linie durch die Nähe des tropischen Meeres bestimmten Jahresmittel der Temperatur, wie ein Vergleich mit denen anderer tropischer Tieflandgebiete zeigt. Sie liegen ziemlich einheitlich zwischen 25° und 27° C. Mérida im Norden der Halbinsel hat zum Beispiel eine Jahresdurchschnittstemperatur von 25,8° C, Campeche von 26° C, Flores im nördlichen Petén von 25,7° C und Quiriguá in der südlichen Regenwaldzone von 27,1° C (Fig. 16).

Im Unterschied zu den gemäßigten Breiten entsprechen diese Jahresmittel weitgehend den während des ganzen Jahres tatsächlich herrschenden Temperaturen, denn auch die einzelnen Monatsmittel weichen nur sehr wenig voneinander ab.

Der Januar ist mit 22–24° C überall der kühlste Monat. Nur in Flores, das auf einer Insel im Petén-Itzá-See liegt, tritt infolge der Wärmespeicherung des Wasserkörpers das monatliche Temperaturminimum erst im Februar ein. Wärmster Monat ist, dem Zenitstand der Sonne entsprechend, mit 27–29° C der Mai, im Küstenort Progreso der Juli und auf der vor der Nordostküste Yucatáns gelegenen Insel Cozumel der August. Die Differenz zwischen »kältestem« und »wärmstem« Monat schwankt in allen Bereichen des Maya-Landes – wiederum mit Ausnahme der Station Flores – nur zwischen 4,2° C (Cozumel) und 5,5° C (Quiriguá). In Flores erreicht die Differenz 7° C.

Der gleichmäßige Temperaturgang, wie ihn die geringe Amplitude der Monatsmittel zum Ausdruck bringt (Isothermie), ist ein bezeichnendes Merkmal äquatorialer Breiten. Hingegen sind die Temperaturschwankungen innerhalb des Tagesverlaufs beträchtlich und können Werte von

8–15° C erreichen. In Mérida bewegen sich die mittäglichen Höchsttemperaturen zwischen 28° C (Dezember) und 34,5° C (Mai), die nächtlichen Tiefsttemperaturen zwischen 16,5° C (Januar) und 23° C (Juni bis September). Die größten Tagesschwankungen treten mit 13° C im April, die geringsten mit 9° C im September und Oktober auf. An der Küste ist der Tagesgang der Temperaturen ausgeglichener. Die Tagesmaxima in Belize erreichen nur 27–31° C (Dezember/Januar bzw. August), die nächtlichen Minima 19,5–24° C (Januar bzw. Mai bis August). Die größten Temperatursprünge im Tagesgang werden mit 8,5° C im November, die kleinsten mit 6,5° C vom April bis Juli beobachtet. Besonders im Binnenland des nördlichen Yucatán ist im Winter nachts bei sternklarem Himmel die Ausstrahlung groß, so daß sich während der frühen Morgenstunden ausgedehnte Nebeldecken bilden. Valladolid hat im Jahresdurchschnitt 50, Mérida sogar 147 Nebeltage, von denen der weitaus größte Teil auf die Monate November bis März entfällt. Nässender Nebel und kräftiger Taufall kommen der Dornbusch- und Trockenwaldvegetation dieser regenarmen nördlichen und nordwestlichen Zone der Halbinsel bzw. den dort betriebenen landwirtschaftlichen Kulturen sehr zugute. Bereits in den frühen Vormittagsstunden löst sich der Nebel auf, sofern die Rauchschwaden der im Winter häufigen Buschbrände die Sonne nicht zu sehr verschleiern.

Da in den niederen Breiten die monatlichen Temperaturschwankungen geringer sind als die Temperaturdifferenzen zwischen Tag und Nacht, spricht man von einem tropischen »Tageszeitenklima« im Gegensatz zum »Jahreszeitenklima« der Außertropen (277). Die weitgehende Übereinstimmung der jährlichen und monatlichen Temperaturmittel in allen Teilen des Maya-Landes macht deutlich, daß sich auf thermischer Grundlage keine klimatische Feingliederung des sich über sieben Breitengrade (14½–21½° n. Br.) erstreckenden Tropenlandes erzielen läßt, zumal der eigentlichen Halbinsel Erhebungen über 400 m fehlen. Allein die im südlichen Waldbergland mit der Höhe abnehmenden Temperaturen ermöglichen dort eine Unterscheidung in klimatische Höhenstufen. Für das tropische Tiefland hingegen ist die unterschiedliche Niederschlagsverteilung, also der hygrische Gegensatz, das ausschlaggebende Kriterium für eine klimatische Regionalisierung und damit für das Verständnis des Auftretens unterschiedlicher Vegetationsformationen, die ja für den Menschen jeweils spezifische Lebensräume mit unterschiedlichen Siedlungs- und Wirtschaftsbedingungen darstellen.

Hauptregenbringer ist der über See mit Feuchtigkeit aufgeladene Nordostpassat, und dies erklärt, daß die im Luv gelegene Ostküste insgesamt höhere Niederschläge erhält als die der Westküste nahen Gebiete im Lee des Passats. Auch die sommerlichen Gewittergüsse, auf die ein Großteil der jährlichen Regenmengen entfällt, sind an die allgemein von Nordost nach Südwest gerichtete Luftströmung gebunden und verändern nicht grundsätzlich das Bild der Niederschlagsverteilung. Aber die Niederschlagsmengen sind großen Schwankungen unterworfen. Sie können in manchen Jahren drei- bis viermal so groß sein wie in anderen (Fig. 13). An der Ostküste bringen Starkregen gelegentlich innerhalb 24 Stunden 150–250 mm, im Binnenland Yucatáns übersteigen die größten Tagesmengen nicht 50–100 mm.

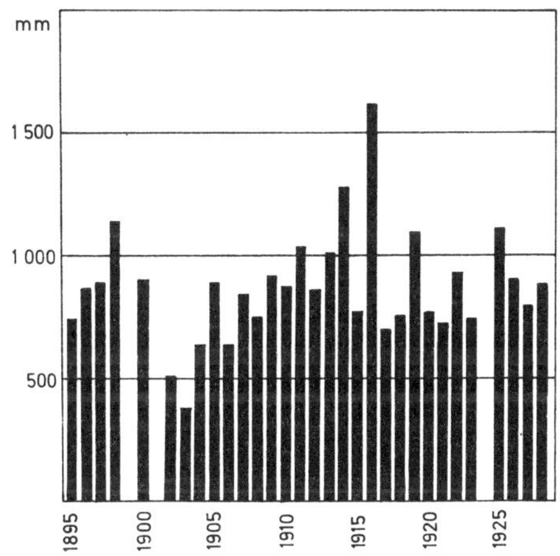

Fig. 13 Schwankungen der Jahresniederschläge in Mérida (1895–1928)

Die Regenperiode fällt, wie überall in den Tropen, mit der Zeit des sommerlichen Höchststandes der Sonne zusammen. Die Spitzenwerte werden – den zwei Zenitaldurchgängen entsprechend – im Juni und September gemessen. Es ist aber nicht nur die tägliche thermische Konvektion, die den Regenfall bewirkt, sondern von mindestens gleicher Bedeutung sind in den Passat eingelagerte Störungen (234), die über die Halbinsel nach Westen und Südwesten driften. In den sechs Monaten Mai bis Oktober erhalten die zentralen und westlichen Teile Yucatáns 70–90 % der Gesamtniederschlagsmenge, die östlichen Küstengebiete jedoch nur 60–70 %, weil es dort neben den sommerlichen Konvektionsregen auch in den anderen Monaten des Jahres zu örtlichen Gewittergüssen kommt (247, S. 418). Allgemein nimmt die Dauer der Regenzeit vom Norden Yucatáns zum Petén an der Wurzel der Halbinsel zu.

Die Karte der mittleren Jahresniederschläge (Fig. 14) bestätigt die seit langem bekannte Tatsache, daß der Nordwesten Yucatáns die geringsten Regenmengen empfängt, wenn auch dort, wie überall auf der Halbinsel, im langjährigen Mittel kein einziger Monat völlig niederschlagsfrei bleibt. Die kleine Hafenstadt Progreso im äußersten Nordwesten ist mit nur 473 mm Jahresniederschlag der trockenste Ort der Halbinsel. Aber selbst dort werden im März, dem regenärmsten Monat, durchschnittlich noch 3–4 Niederschlagstage gegenüber maximal 11 in den »Regenmonaten« gezählt. Diesem Trockengebiet im Nordwesten steht eine sehr feuchte Region mit 150–160 Regentagen im Nordosten gegenüber. Auf der Insel Cozumel fallen nach nunmehr vorliegenden längeren Meßreihen 1500 mm Jahresniederschlag, während die Nordostspitze der Halbinsel und die ihr vorgelagerte Insel Mujeres wesentlich trockener sind. Der relative Regenreichtum im Nordosten der Halbinsel war bisher unbekannt und zwingt zu einer wesentlichen Korrektur aller älteren Klimakarten (Fig. 12).

Das ganze übrige nördliche und mittlere Yucatán bleibt mit seinen Jahresniederschlägen zwischen 1000 und 1500 mm. Die 1000-mm-Isohyete (= Linie gleicher Niederschläge) verläuft südlich Mérida diagonal nach Südosten durch das Land und erreicht erst an der Chetumalbucht das Karibische Meer. In Mérida fallen während der Regenzeit monatlich an 15–20 Tagen Niederschläge. Der kräftige nördliche Vorstoß der 1000-mm-Linie dokumentiert deutlich den Staueffekt des 100–170 m hohen Steilrandes der Sierrita de Ticul. Im Lee des noch etwas höher aufragenden Puuc-Hügellandes liegt der von Lundell (236, S. 263) entdeckte relativ trockene Bereich des südlichen Campeche mit weniger als 1000 mm Niederschlag. Er wird durch Messungen der Stationen Cuaútla (639 mm) und Hopelchén (825 mm) bestätigt.

Die südliche 1500-mm-Isohyete zieht etwa auf der Linie Laguna de Términos (im Westen) – Chetumal (im Osten) mit einer kräftigen Ausbuchtung nach Norden quer durch die Halbinsel. Der ganze nördliche Petén empfängt zwischen 1500 und 2000 mm Jahresniederschlag. In Tikal (nordöstlich des Petén-Itzá-Sees) sind Februar und März die beiden Monate des geringsten Regenfalls (537, S. 9).

Im Südosten dieser Zone liegt im Regenschatten der Maya Mountains (Belize) eine kleine Trockeninsel mit weniger als 1500 mm (222, S. 40), eine größere von ebenfalls weniger als 1500 mm liegt südlich von Flores bei La Libertad. Mit dem Auftreten dieses niederschlagsärmeren Gebietes im südlichen Petén sind landschaftsökologische Probleme verbunden, auf die noch ausführlicher einzugehen sein wird (S. 120). In beiden Trockeninseln setzt sich ein Keil geringer Jahresniederschläge fort, der südlich eines regenreichen Vorgebirgszuges von Westen her in unseren Kartenausschnitt hineingreift. Dieses Trockengebiet im Südosten des Berglandes von Chiapas heißt bezeichnenderweise »El desierto«, die Einöde. 2000- und

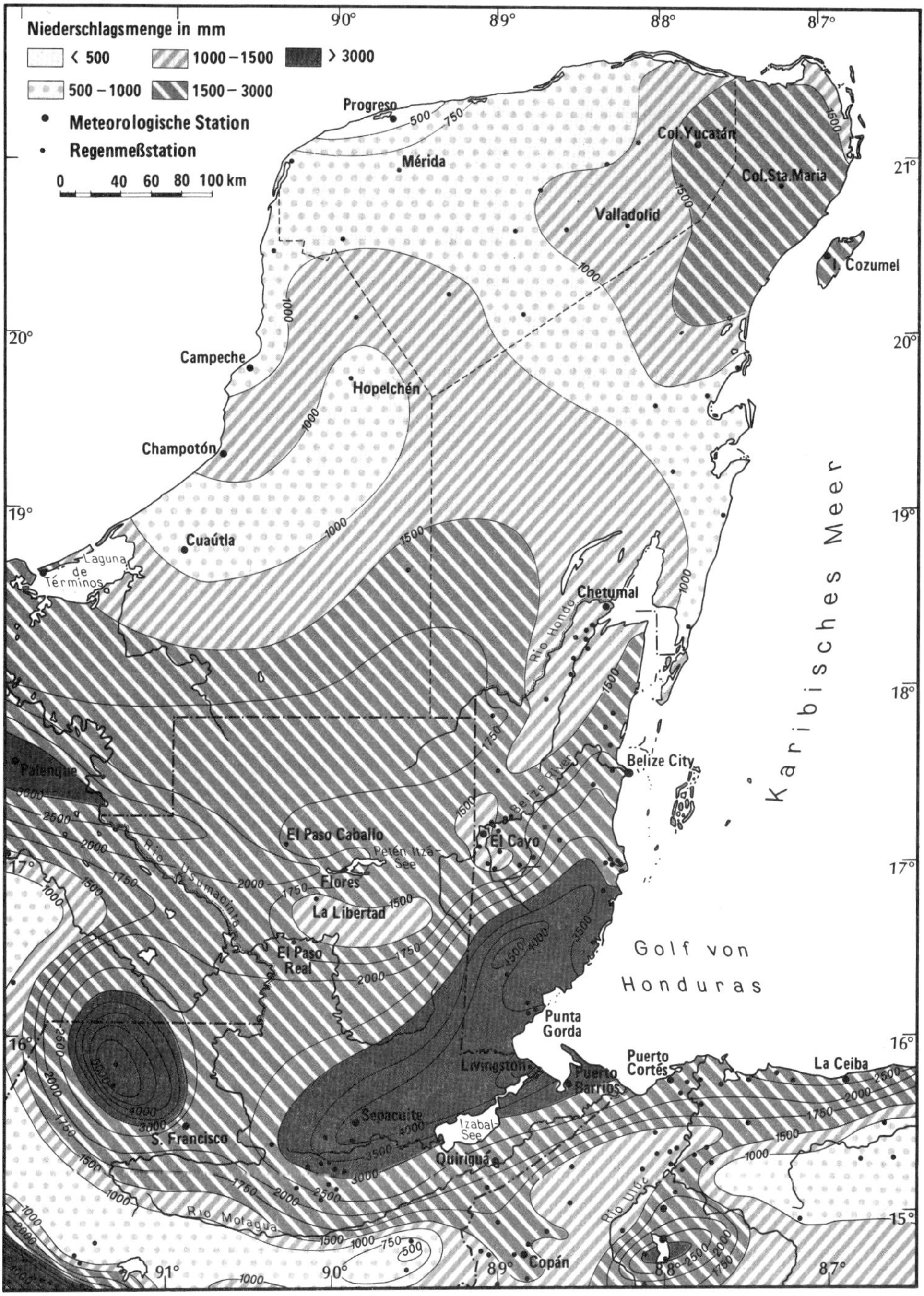

Fig. 14 Mittlere Jahresniederschlagsmengen im Maya-Land

(Entwurf H. Wilhelmy)

2500-mm-Isohyete stoßen in den Maya Mountains am weitesten nach Norden vor und verlaufen von dort nach Südwesten durch den südlichen Petén.

Bei Palenque am Gebirgsrand werden 3000 mm, in den wenig über 1000 m hohen Maya Mountains 3500 mm und in der sich vom Golf von Honduras nach Westen erstreckenden Izabalniederung sogar Regenmengen über 4000 mm gemessen. Diese Niederschlagswerte steigern sich noch auf 5000 mm in dem westlich davon bis 3500 m Höhe ansteigenden Bergland von Nordostguatemala. Es wird von einem Gebiet ähnlich hoher Niederschläge in der Südwestecke des Kartenausschnitts durch eine im Windschatten des Gebirges gelegene langgestreckte Trockenzone getrennt, zu der auch das Motaguatal gehört. Im östlichen Teil dieses Trockenkeils sinken die Regenmengen bis auf weniger als 500 mm ab. Nur noch Dorn- und Kakteenbusch gedeihen dort (226, S. 218). Die Ruinenstätte von Quiriguá (2092 mm) liegt weiter talabwärts auf der rechten Seite des Rio Motagua in dem dort bereits wieder voll entwickelten Regenwald. Heiß-aride Talfurchen, wie die des Rio Motagua, sind auch aus anderen tropischen Waldbergländern bekannt, zum Beispiel denen der feuchttropischen Anden Südamerikas. Sie erklären sich aus der Regenschattenlage der tiefeingesenkten Talböden und der austrocknenden Wirkung vom Hochland herabwehender Talwinde. Auch im östlich anschließenden Bergland von Honduras wechseln aus topographischen Gründen niederschlagsreiche mit niederschlagsarmen Gebieten.

Verglichen mit deutschen, außerhalb der Mittelgebirge gelegenen Landschaften, deren Jahresniederschläge zwischen 500 und 750 mm betragen, sind die im Maya-Land fallenden Regenmengen weitaus ergiebiger und entsprechen nur im Nordwesten Yucatáns den deutschen Mittelwerten. Aber ein solcher Vergleich der absoluten Niederschlagswerte aus zwei ganz verschiedenen Klimagebieten der Erde würde zu völlig irrigen Vorstellungen führen, da die Niederschlagsmengen als solche wenig aussagen und nur in Relation zu den herrschenden Temperaturen der wahre Klimacharakter des betreffenden Gebietes faßbar wird. Vom Verhältnis zwischen Niederschlag und Temperatur, das heißt der durch sie bestimmten möglichen Verdunstung, hängt die jeweilige örtliche Feuchtebilanz ab. 1000 mm Jahresniederschlag können in einem kühlen Klimagebiet einen ausgesprochenen Feuchteüberschuß, in einem heißen Land hingegen Feuchtemangel mit entsprechenden Auswirkungen auf Pflanzenkleid und Bodennutzungsmöglichkeiten bedeuten.

Wenn auf allen meteorologischen Stationen der Erde neben den traditionellen Niederschlags- und Temperaturmessungen gleichzeitig Verdunstungsmessungen durchgeführt würden, bestünde die Möglichkeit, die dort jeweils herrschende Humidität oder Aridität unmittelbar instrumentell zu registrieren. Aber über solche Verdunstungsmessungen verfügen wir bisher erst aus wenigen Ländern, zum Beispiel der Sowjetunion und den USA, und überdies sind sie wegen der nach unterschiedlichen Prinzipien arbeitenden Meßgeräte nur schwer oder gar nicht miteinander vergleichbar. Als einziger bisher gangbarer Weg zur Ermittlung der Feuchtebilanz bleibt die Berechnung nach Formeln, die von Niederschlag, Temperatur und empirisch ermittelten Konstanten ausgehen. Es sind eine ganze Anzahl solcher Formeln entwickelt worden, und man hat ihre Brauchbarkeit durch Vergleich mit den Ergebnissen instrumenteller Verdunstungsmessungen überprüft. Diese Formeln haben zum Ziel, den »Trockengrenzwert« zu ermitteln, das heißt jene bei einer gegebenen Temperatur erforderliche Regenmenge, die genau der möglichen Verdunstung entspricht. Die Linie, die auf einer Karte alle Trockengrenzwerte miteinander verbindet, ist die klimatische Trockengrenze. Sie trennt die humiden von den ariden Gebieten, und zwar auf der Grundlage der errechneten jährlichen Feuchtebilanz.

Die Kenntnis des Verlaufs der klimatischen Trockengrenze ist wichtig für den Entwurf großräumiger Klimakarten, aber sie erlaubt nur eine recht grobe Gliederung in Feuchteüberschuß- und -defizitgebiete, da bei Zugrundelegung von Jahresmitteln alle auf dem Wechsel von Niederschlags- und Trockenperioden beruhenden jahreszeitlichen Besonderheiten verlorengehen. Aufschlußreicher sind die monatlichen Feuchtebilanzen, die sich sowohl kartographisch (Fig. 15) als auch im Klimadiagramm (Fig. 16) mit starker Aussagekraft darstellen lassen (230; 231; 233).

Als eine den tatsächlichen Verhältnissen am besten gerecht werdende Trockengrenzformel hat sich diejenige von de Martonne bewährt. Mit ihrer Hilfe läßt sich für jeden Ort, von dem langjährige monatliche Niederschlags- und Temperaturwerte bekannt sind, die Zahl der im Verlauf des Kalenderjahres auftretenden humiden und ariden Monate berechnen. In eine Karte übertragen, werden alle Orte mit einer gleichen Anzahl humider oder arider Monate durch Linien verbunden, die man als Isohygromenen bezeichnet. Derartige Isohygromenenkarten liegen bereits aus den verschiedensten Klimaregionen der Erde vor, und auf der gleichen Grundlage entstand auch die auf S. 105 wiedergegebene Karte, die weit besser als die Niederschlagskarte (Fig. 14) über die im Maya-Land herrschenden Klimabedingungen Auskunft gibt.

Den jeweiligen Gebieten eines bestimmten Ariditäts- oder Humiditätsgrades entsprechen spezifische Vegetationsformationen, die man als Klimaxgesellschaften bezeichnet. Sie stellen das vom Menschen unbeeinflußte Schlußglied in der Entwicklung von Pflanzengemeinschaften einzig und allein in Abhängigkeit von den natürlichen Wachstumsbedingungen dar. Unter ihnen spielt das Klima die entscheidende Rolle, aber das griechische Wort Klimax leitet sich nicht davon ab, sondern bedeutet »Leiter«, das heißt Endstufe einer durch Klima, Grundwasserstand und Bodenbildungsprozesse bestimmten pflanzengeographischen Sukzession. Da – wie gesagt – das Klima der Hauptfaktor in einer solchen »natürlichen« Entwicklungsreihe ist und aus ungestörten Naturlandschaften genügend Erfahrungen über die Abhängigkeit bestimmter Vegetationsformationen von der Zahl jeweils auftretender arider und humider Monate vorliegen, vermittelt die Isohygromenenkarte eine Vorstellung von der potentiellen natürlichen Vegetation, auch in vom Menschen stark beeinflußten Landschaften wie denen Yucatáns und des Petén. Ein Vergleich zwischen den von Natur aus möglichen und den tatsächlich heute verbreiteten Vegetationsformationen zeigt dann, ob die tausendjährige Siedlungstätigkeit der Maya das Vegetationsbild entscheidend verändert hat oder nicht.

Der Nordwesten Yucatáns ist durch das jährliche Auftreten von nur 2–5 Feuchteüberschußmonaten bzw. 7–10 ausgesprochenen Trockenmonaten charakterisiert. Die lange Dürrezeit erlaubt dort nur die Existenz einer Dornbuschsavanne. Von der mittleren Nordküste bis zur Laguna de Términos erstreckt sich ein 25 bis maximal 100 km breiter Streifen mit 6–7 humiden Monaten und einer somit auch noch rund ein halbes Jahr andauernden Trockenzeit, in der die relative Luftfeuchte, die in der Regenperiode zwischen 65 und 80 % liegt, auf weniger als 30 % absinkt. Diesen Verhältnissen ist ein Trockenwald angepaßt, dessen Bäume während der humiden Monate voll belaubt sind, aber – mit einigen Ausnahmen – in der Trockenperiode ihre Blätter abwerfen. Während bei uns die Wälder im Herbst wegen der sinkenden Temperaturen ihr Laub verlieren, tritt im nordwestlichen Yucatán ab November infolge der monatelang unzureichenden Niederschläge das gleiche Ereignis ein. Wenn man von einem der Hochtempel in Chichén Itzá im August oder März das weite bewaldete Land überblickt, bekommt man einen Begriff von dem jahreszeitlichen Habituswechsel dieses regengrünen Trockenwaldes (Bild 24 und 25).

Die Isohygromene 7 begrenzt den Trockenwald gegen den regengrünen Feuchtwald. Sie stellt zugleich die klimatische Trockengrenze, das heißt jene Gleichgewichtslinie dar, die den ariden nordwestlichen von dem sich daran anschließenden östlichen und südlichen humiden Bereich der Halbinsel trennt. Die klimatische Trockengrenze ist nicht identisch mit der agronomischen Trockengrenze, die innerhalb des ariden Gebietes verläuft und etwa der Isohygromene 2 bzw. der 500-mm-Isohyete folgt. Außer dem schmalen Streifen bei Progreso liegt kein Teil Yucatáns jenseits der agronomischen Trockengrenze. Im ganzen Bereich des regengrünen Trocken-

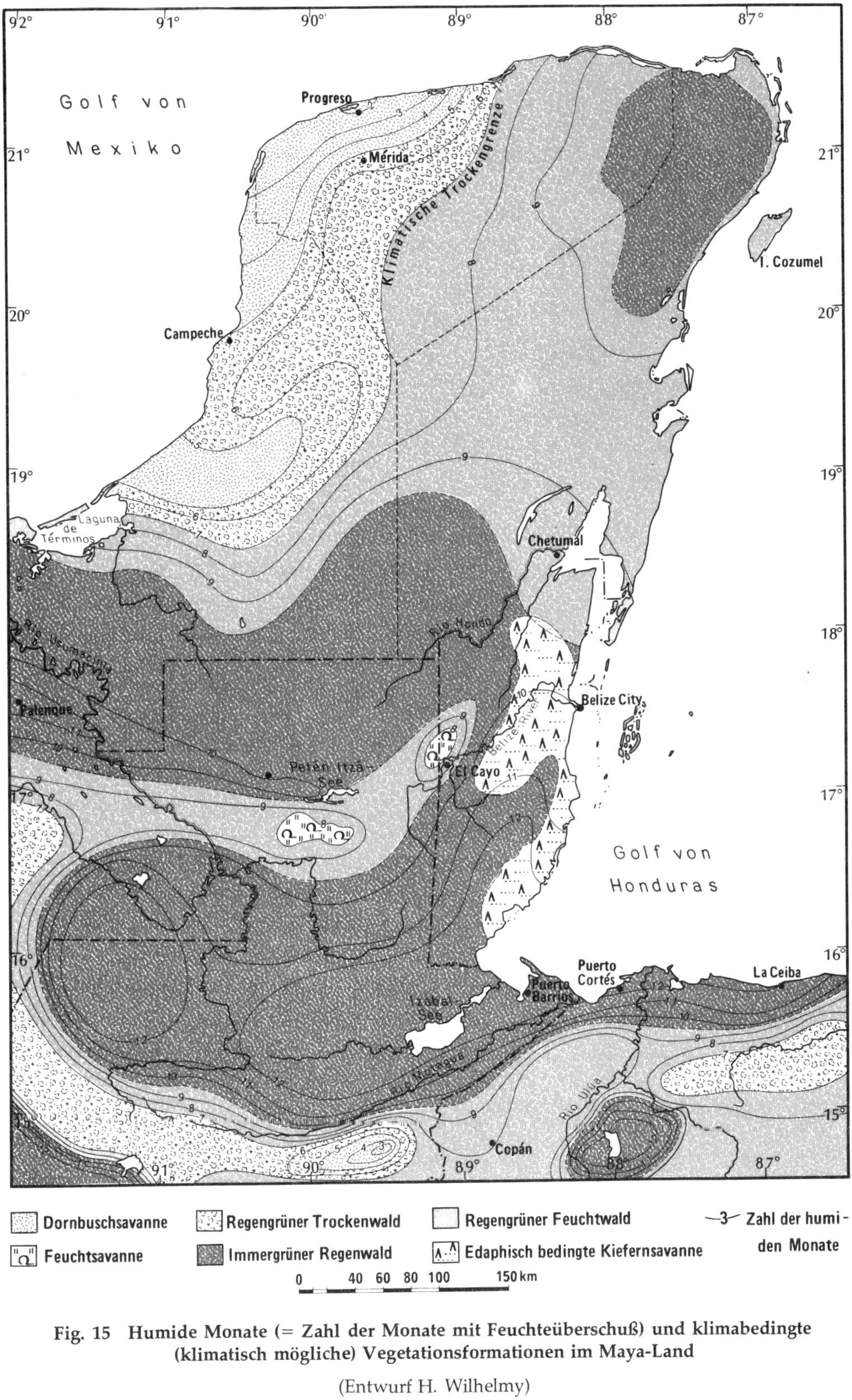

Fig. 15 Humide Monate (= Zahl der Monate mit Feuchteüberschuß) und klimabedingte (klimatisch mögliche) Vegetationsformationen im Maya-Land

(Entwurf H. Wilhelmy)

waldes und selbst noch in den anschließenden Teilen der Dornbuschsavanne haben die Maya ohne künstliche Bewässerung – wofür wegen des Fehlens von Fluß- oder Bachläufen auch gar keine Möglichkeiten bestanden – mit Erfolg Maisanbau allein unter Ausnutzung der jahreszeitlichen Regenfälle betrieben, obwohl gerade in dieser Zone die Jahresschwankungen der Niederschläge besonders groß sind. Abweichungen um 30 % vom »Normalwert« der an sich schon geringen Regenmengen sind nicht selten. Kein Wunder, daß alljährlich der Beginn der Niederschlagsperiode mit Spannung erwartet wurde, daß zu spät einsetzender Regenfall katastrophale Ernteeinbußen bedeutete und daß dem Regengott Chac die meisten und aufwendigsten Opfer dargebracht wurden. Heute dehnen sich, unterbrochen durch die Gemarkungen der Maya-Dörfer, in der Trockenwald- und angrenzenden Dornbuschzone die großen Sisal-(Henequén-)Plantagen Yucatáns aus. Die in den Trockengebieten des mexikanischen Hochlandes heimische Sisalagave findet im ariden Streifen Nordwestyucatáns ideale Wachstumsbedingungen.

Im mittleren Yucatán mit 8 und 9 humiden Monaten ist regengrüner Feuchtwald der klimatisch bedingte Vegetationstyp. Er setzt an der Trockengrenze ein, stößt in breiter Front bis zur Ostküste vor und geht im Süden, etwa auf der geographischen Breite von Chetumal, in den immergrünen tropischen Regenwald über. Die Bezeichnung »regengrüner Feuchtwald« oder »halblaubabwerfender Feuchtwald« bedeutet, daß auch in ihm ein wenn auch wesentlich kleinerer Teil der Bäume als im Trockenwald während der 3–4 ariden Monate sein Laub verliert. Die übrigen Arten sind immergrün. In der niederschlagsreichen Zeit hat dieser von Natur hochwüchsige Wald bereits durchaus den Charakter des immergrünen Regenwaldes.

Beim Auftreten von mehr als 10 humiden Monaten wirken sich die kurzen Trockenperioden auf die Entfaltung des Pflanzenwuchses nicht mehr negativ aus. Die ganze Region ist mit üppigem tropischen Regenwald bedeckt, ja dieser greift von seinem klimatischen Kerngebiet überall noch auf die zwischen den Isohygromenen 9 und 10 gelegenen Bereiche über. Dies gilt besonders für den nördlichen Petén und das südliche Yucatán, wo eine breite Regenwaldbucht weit nach Norden in die Feuchtwaldzone vorstößt. Auch die Nordostecke Yucatáns mit mehr als 9½ humiden Monaten ist mit immergrünem Regenwald bedeckt.

Auffällig ist innerhalb des Tieflandwaldes ein schmaler Keil mit weniger als 9½ humiden Monaten, der von Westen her bis über Flores am Petén-Itzá-See hinausreicht, so daß in diesem sichelförmigen Streifen regengrüner Feuchtwald den klimatisch begründeten Vegetationstyp darstellt. Daß innerhalb dieser Feuchtwaldzone bei La Libertad und am Westhang der Maya Mountains im ehemaligen Britisch-Honduras offene Grasfluren auftreten, ist, wie noch gezeigt wird (S. 120), weitgehend anthropogen bestimmt.

Durch einst dort betriebenen Feldbau, dem seit der Kolonialzeit Weidewirtschaft gefolgt ist, haben sich im Zusammenwirken mit edaphischen Gründen aus kleinen, in den Feuchtwald eingesprengten Graslandkomplexen größere Feuchtsavannenareale entwickelt.

Hohe ganzjährige Humidität herrscht an der Nordküste von Honduras und in dem vom Golf von Honduras landeinwärts ziehenden Tieflandstreifen. Er greift an der Ostflanke der Maya Mountains auf den südlichen Teil von Belize über. Im südlichen Bergland wechseln auf engem Raum niederschlagsreiche Gebirgszüge mit im Regenschatten gelegenen trockenheißen Becken und Talfurchen. Je nach Zahl der ariden und humiden Monate treten in bunter Folge dicht nebeneinander Regenwald-, Feuchtwald- und Trockenwaldareale auf. Die sich mit zunehmender Höhe verringernden Temperaturen wirken sich im Ersatz tropischer Tieflandgewächse durch solche montanen Gepräges aus. Ab 800 m bestimmen weitgehend Kiefern und Fichten das Bild der Wälder.

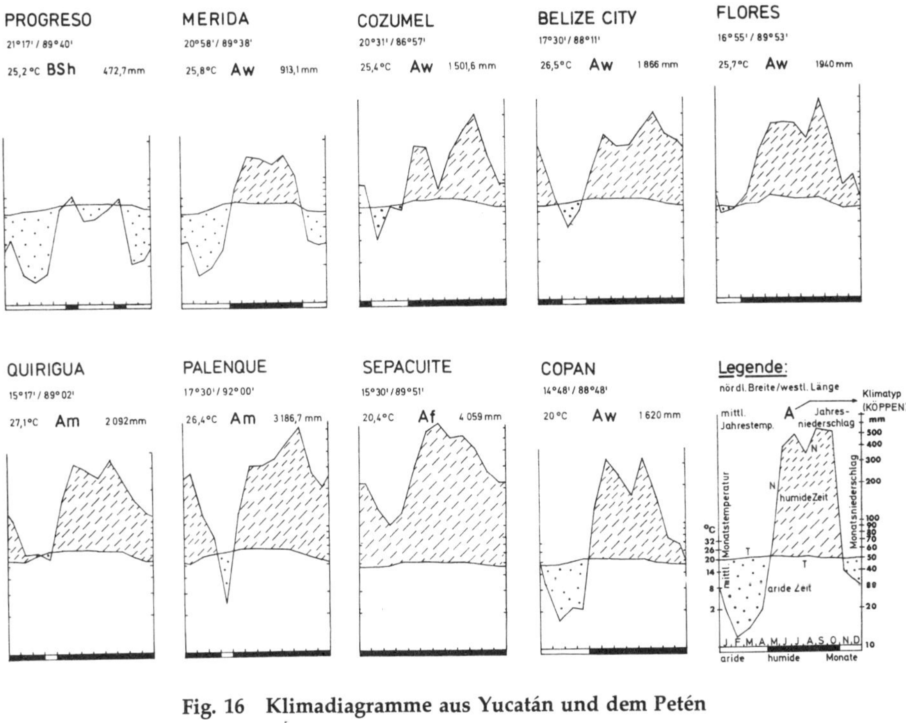

Fig. 16 Klimadiagramme aus Yucatán und dem Petén

Zur näheren Erläuterung vgl. die Legende rechts unten und den Text S. 108. Temperatur- und Niederschlagsangaben aus Darstellungsgründen in logarithmischem Maßstab.

(Entwurf H. Wilhelmy)

Der weiteren Veranschaulichung des Zusammenspiels der beiden wichtigsten klimatischen Faktoren Temperatur und Niederschlag dienen die in Fig. 16 zusammengestellten Klimadiagramme. Sie zeigen einmal durch die schrägschraffierten Zacken oberhalb der Temperaturkurve die von Norden nach Süden stark zunehmende Humidität, zum anderen geben sie Auskunft über die jeweiligen Anfangstermine der Feuchtperiode, die identisch mit der Wachstumsperiode und dem Beginn der Maisaussaat ist. Die punktierten Flächen unterhalb der Temperaturkurve geben Dauer und Intensität der Trockenperioden wieder. Progreso an der Nordwestküste Yucatáns hat nur zwei schwach ausgebildete, zudem durch drei Trockenmonate voneinander getrennte humide Monate (*Bsh*-Typ Köppens). Alle anderen Stationen sind durch jeweils zusammenhängende humide und aride Perioden von unterschiedlicher Dauer gekennzeichnet. In Mérida *(Aw)* halten sich die Länge der humiden und die der ariden Jahreszeit noch die Waage. Von dort nimmt sowohl nach Osten wie nach Süden die Dauer der Feuchtperiode zu. Flores *(Aw)* hat noch zwei, Quiriguá *(Am)* und Palenque *(Am)* haben nur einen Trockenmonat. In Sepacuite (Guatemala) herrscht ganzjährige Humidität, das Klima des immerfeuchten tropischen Regenwaldes *(Af)*. Die vier ariden Monate in Copán *(Aw)*, der südlichsten Station unserer Diagrammserie, erklären sich aus der Tal- und Regenschattenlage der Ruinenstätte. In abgeschwächter Form wiederholen sich die gleichen Erscheinungen wie im trockenheißen mittleren und oberen Motaguatal. Die nahezu waagerechten Temperaturkurven veranschaulichen das Gleichmaß des thermischen Jahresgangs. Besonders markante Temperaturstürze, wie sie an einzelnen Tagen durch nördliche Kaltlufteinbrüche (Nortes) eintreten können, kommen freilich in solchen auf langjährigen Mittelwerten beruhenden Diagrammen nicht zum Ausdruck.

3. Die klimatisch mögliche und vom Menschen veränderte Vegetation

Die geschilderte nord-südliche Aufeinanderfolge der großen pflanzengeographischen Einheiten entspricht dem Vegetationswandel, wie er auf Grund der klimatischen, durch die Zahl der ariden und humiden Monate bestimmten ökologischen Bedingungen in einer vom Menschen ungestörten tropischen Naturlandschaft zu erwarten ist. Viele Jahrhunderte intensiver Siedlungstätigkeit und Landnutzung durch die Maya müssen jedoch ihre Spuren in der Landschaft hinterlassen haben, es sei denn, die ursprüngliche Vegetation hätte es seit dem Verfall der Maya-Zivilisation vermocht, ihre alten Verbreitungsareale voll zurückzuerobern. Daß dies in der südlichen Regenwaldzone der Fall war, wissen wir aus den Berichten jener Männer, die – oft durch Zufall – die wieder völlig vom Urwald überwucherten Ruinenstätten entdeckten. Dieser regenerierte tropische Regenwald entspricht nach Bestandsaufbau und allen sonstigen Merkmalen – abgesehen von in jüngster Zeit erfolgten Eingriffen (S. 120) – absolut dem Primärwald, in den die Maya einst rodend eingedrungen sind. Es ist der gleiche Regenwald, wie wir ihn aus allen vergleichbaren tropischen Tiefländern, zum Beispiel als Hyläa Amazoniens, kennen. Auch im mittleren und nördlichen Yucatán hat der Wald von den alten Zeremonialzentren und ihrem ehemals besiedelten Umland wieder Besitz ergriffen. Erst in jüngerer Zeit sind einige der Tempelstätten – Chichén Itzá, Uxmal, Kabáh und andere – durch Entfernung der Vegetation für Besucher zugänglich gemacht worden. Aber es ist in hohem Maße fraglich, ob der in Nordyucatán verbreitete regengrüne Trocken- und Feuchtwald in seiner heutigen Gestalt jenem Waldtypus entspricht, der einmal die Umwelt der Maya war.

Das Problem eines auf menschlichen Einflüssen beruhenden Vegetationswandels in einem durch vier bis zehn Trockenmonate gekennzeichneten und damit ökologisch besonders anfälligen Gebiet ist in der Maya-Literatur bisher kaum angesprochen worden. K. Sapper stellte zwar in seiner »Klimakunde von Mittelamerika« (262, S. 57) die Frage nach der Übereinstimmung seiner Klimagrenzen mit denen einer früheren, anthropogen unveränderten Vegetationsdecke, konnte sie aber wegen der zu seiner Zeit noch nicht hinlänglich entwickelten klimageographischen Methodik nicht beantworten. Neue Versuche, Klimakarten Yucatáns nach dem Köppenschen System zu entwerfen, würden uns einer Lösung des aufgeworfenen Problems auch nicht näherbringen. Gegenüber der Darstellung Sappers (Fig. 12a) bedeutet zwar die drei Jahrzehnte später im »Handbook of Middle American Indians« publizierte Karte von J. A. Vivó Esseto (Fig. 12b) einen Fortschritt, weil auf ihr das Gebiet des wechselfeuchten Savannenklimas *(Aw)* zugunsten eines bereits dem tropischen Regenwaldklima *(Af)* nahekommenden wechselfeuchten Übergangsklimas *(Amw)* stark reduziert ist. Aber im östlichen Yucatán herrscht kein von der Nordostecke der Halbinsel ohne Unterbrechung bis zum Petén reichendes Regenwaldklima, und wenn P. L. Wagner im selben Werk auf seiner Karte der natürlichen Vegetation (Fig. 12d) den tropischen Regenwald in einer dieser irrigen Annahme entsprechenden Flächenausdehnung verzeichnet, so widerspricht dies der Tatsache, daß die Regenwaldinsel im Nordosten durch einen breiten Streifen regengrünen Feuchtwaldes vom geschlossenen Regenwaldgebiet des Petén getrennt ist. Die geringere Humidität im Zwischenstück reicht dort nicht zur Vollentwicklung des Regenwaldes aus. Der gleiche Fehler findet sich auf der von Gierloff-Emden (224, S. 106) übernommenen Vegetationskarte von A. Starker Leopold (Fig. 12e), die jedoch die Vegetationseinheiten des nordwestlichen Yucatán zutreffender als Wagner wiedergibt (Fig. 12d). Allerdings ist die Bezeichnung »tropischer immergrüner Wald«, die keinen Unterschied zum tropischen Regenwald erkennen läßt und auch dem tatsächlichen Sachverhalt nicht entspricht, in »regengrüner Trocken- und Feuchtwald« zu verändern.

Die aus der Isohygromenenkarte (Fig. 15) abzuleitenden potentiellen Vegetationsformationen erlauben uns zuverlässiger als die nach W. Köppens Methode gezeichneten Klimakarten (Fig. 12 a–c) den Vergleich mit den tatsächlich im Lande zu beobachtenden pflanzengeographischen Erscheinungen. Zweck dieses Vergleichs ist eine Klärung der Frage, wie Mittel- und Nordyucatán zur Maya-Zeit einmal ausgesehen haben.

Die Dornbuschsavanne im Nordwesten Yucatáns

Im Bereich der nordwestlichen Dornbuschsavanne haben sich weniger unter dem Einfluß der Maya als in der Gegenwart die stärksten Veränderungen vollzogen. Dort und in der anschließenden Trockenwaldzone liegen die großen, seit 1783 und dann vor allem seit der Mitte des 19. Jahrhunderts entstandenen Sisalplantagen Yucatáns (Bild 18). Aber es sind trotzdem noch Reste der alten Klimaxvegetation erhalten, oder sie hat aufgegebene Sisalfelder zurückerobert. Auf dünner Bodenkrume zwischen weithin nackt anstehenden Kalkplatten siedelnde Dornsträucher *(Acacia macrocantha, Prosopis glutinosa)* und Kakteen entsprechen vollauf den in diesem Trockengebiet herrschenden bescheidenen Lebensmöglichkeiten. Die klimatische Aridität wird hier freilich zusätzlich durch die »edaphische« Aridität, das heißt durch die hohe Wasserdurchlässigkeit der porösen Kalksteine, verstärkt. Das schnelle Absinken des spärlichen Regenwassers in den Untergrund verhindert weitgehend dessen Nutzung durch die Pflanzenwelt.

Der regengrüne Trockenwald Nordyucatáns

Wenn poröse Kalke auch die gesamte Halbinsel aufbauen und Ursache für deren intensive Verkarstung sind (S. 72), so verhindert doch in den besser beregneten Gebieten die weniger lückenhafte und etwas dickere Bodenkrume die allzu schnelle Versickerung des Regenwassers. Der günstigere Bodenwasserhaushalt erlaubt dort das Aufkommen regengrüner Trocken- und Feuchtwälder.

Von einem sich aus hochstämmigen Bäumen zusammensetzenden »Wald« *(monte)* ist jedoch in der nördlichen Trockenwaldzone nur wenig zu sehen. Der ganze mittlere Abschnitt des nördlichen Yucatán wird heute von einem den xerophytischen Bedingungen angepaßten, vorwiegend aus Leguminosen bestehenden, 3–7 m hohen Busch- und Niederwald *(matorral)* eingenommen (Bild 26). Außer Mimosen, Acacia-, Cassia- und Caesalpinia-Arten treten in ihm eine Reihe von Euphorbiaceen, Myrtaceen, Bignoniaceen und Rubiaceen auf, ferner die den alten Maya als heiliger Baum geltende Ceiba *(Ceiba pentandra)* und die ein leicht zu verarbeitendes Bauholz liefernde spanische Zeder *(Cedrela mexicana, Cedrela odorata)*, ein Laubbaum, der bei ungestörtem Wachstum bis 25 m Höhe erreicht. Gelegentlich sieht man sogar in den Klüften völlig vom Untergrund gelöster Kalksteinblöcke junge Exemplare dieser spanischen Zeder. Die Bäume leben in erster Linie vom Niederschlagswasser und von den sofort in den Kreislauf zurückkehrenden Nährstoffen abgebauter organogener Substanzen ihrer nächsten Umgebung. Ihre Wurzeln tasten den Humusansammlungen in den Klüften nach. Einige der Bäume dienen bei der in Yucatán herrschenden Futterknappheit der Laubheugewinnung.

Palmen sind in diesem Trockenwald sehr selten. Es kommen nur wenige Arten in weiter Streuung vor. Das mäßig dichte Unterholz ist dornig und erschwert den Menschen das Eindringen in den Wald. Außer sich gelegentlich einmischenden Opuntien und Cereen treten Kakteen im Vergleich zur nordwestlichen Dornbuschsavanne sehr zurück. In den Astwinkeln der Bäume nisten Becherbromeliaceen, und die Zweige sind mit »spanischem Moos« *(Tillandsia)* behängt. Wegen der langen Trockenzeit finden sich Orchideen, Lianen und Philodendren nur in spärlicher Verbreitung. Während die Mehrzahl der Sträucher auch nach dem Ende der Regenzeit belaubt bleibt, werfen fast alle Bäume ihre Blätter ab. Viele Vogelarten ziehen dann in die Regenwaldgebiete des Südens (213, S. 334). Die winterliche Kahlheit des Trockenwaldes wird nur da und dort durch die bunten Kronen einiger gerade während der Trockenperiode blühenden Baumarten unterbrochen, wie zum Beispiel *Bombax ellipticum.* Wenige Wochen nach Einsetzen der ersten Regen im Frühjahr vollzieht sich schnell ein eindrucksvoller Wandel: Der regengrüne Trockenwald steht dann in der Fülle seiner Entfaltung pflanzlichen Lebens kaum den Feuchtwaldtypen nach (Bild 24 und 25).

Auf Rodungsflächen im Trockenwald wird von der ländlichen Bevölkerung Mais gepflanzt. Eine stärkere Überstreuung des Ackerbodens mit Steinen empfinden die Bauern nicht als Nachteil, da durch den scherbigen Belag die Verdunstung reduziert wird und in trockenen Jahren die Ernten besser ausfallen. Gerodet sind vor allem die unzähligen großen Schüsseldolinen, deren Ränder und Böden wegen der stärkeren Durchfeuchtung ein üppigeres Pflanzenkleid tragen als ihre weitere Umgebung. Auch die geschützten Steilränder der Einsturzdolinen (Cenotes) zeichnen sich durch eine standortbedingte luxuriöse Vegetationsentfaltung aus. In den feuchten Gesteinsklüften sprießen Farne.

Neben der Tatsache, daß im Umkreis der heute von der agrarischen Nutzung ausgeschlossenen Tempelbezirke, in Hausgärten, Parks und auf den öffentlichen Plätzen der Städte und Dörfer Yucatáns hochstämmige Bäume ohne Schwierigkeiten gedeihen, spricht die Identität der heutigen Buschwaldgebiete Nordyucatáns mit dem früheren und gegenwärtigen Lebensraum der Maya dafür, daß Busch- und Niederwald anthropogener Entstehung sind. Sie sind Devastierungsformen einst artenreicher echter Hochwälder vom Typus des regengrünen, in der halbjährigen niederschlagsarmen Zeit laubwerfenden Trockenwaldes. In diesen Wäldern legten die Maya ihre Rodungen an. Weder früher noch unter den heutigen Bedingungen der Maya-Wirtschaft konnten sie sich wegen des seitdem betriebenen Maisanbaus im Milpasystem regenerieren. Beim Überfliegen Yucatáns in den verschiedensten Richtungen bietet sich immer das gleiche Bild: ein Mosaik aus Wald, Sekundärbusch und frisch gerodeten Feldern in den verschiedensten Farbschattierungen. Das ganze Land ist in unregelmäßige Besitzstücke aufgeteilt; nur die großen Sisalpflanzungen im Nordwesten sind als rechteckige oder quadratische Blöcke geradlinig begrenzt. Zu Anfang unseres Jahrhunderts war das Anbaugebiet noch größer als heute. Sisalpflanzungen reichten nach Osten bis Valladolid, nach Südwesten bis Champotón (236, S. 266). Aber es zeigte sich, daß die Sisalagave am besten im Bereich der Dornbuschsavanne gedeiht, und so wurden die Pflanzungen in den vom heutigen Kerngebiet des Anbaues weiter entfernt liegenden Trocken- und Feuchtwaldregionen wieder aufgegeben. Die ehemaligen Plantagen sind längst erneut mit Sekundärwald bedeckt. Durch ihn und auch durch den außerhalb der einstigen Sisalzone gelegenen Buschwald Nordyucatáns ziehen – aus der Luft deutlich erkennbar – die Besitzgrenzen hindurch. Jedes Stückchen dieses Landes war im Rahmen der traditionellen Feld-Wald-Wechselwirtschaft schon einmal unter Kultur. Ständig ungenutztes Land gibt es nur an topographisch ungünstigen Stellen, und dort setzt auch sofort höherer Baumwuchs ein. Infolge der seit Jahrhunderten immer nur durch kurze Verbuschungsphasen unterbrochenen Bebauung ist es auf den Wirtschaftsflächen nie wieder zur Entstehung eines voll entwickelten Hochwaldes gekommen. Dafür sind selbst im Petén mindestens 25 Jahre erforderlich, eine Zeitdauer, die im Milpasystem bei den erforderlichen Ruhezeiten des Landes von 8–15 Jahren praktisch nie erreicht wird.

Eigentlich sollte man annehmen, die Trockenwälder in Nordwestyucatán hätten sich ebenso wie ein Teil der regengrünen Feuchtwälder infolge der ständig wiederholten Rodungen längst in Trocken- und Feuchtsavannen verwandelt. Aber der steinige Untergrund mit seinem verzweigten, von nährstoffreichen lehmigen Verwitterungsböden erfüllten Kluftsystemen einerseits, die oft nackt anstehenden Kalksteinplatten andererseits erlauben Büschen oder Bäumen, die sich jeweils den besten Standort auswählen, ein schnelleres Aufkommen als Gräsern oder Kräutern. Nur wo tiefgründige und geschlossenere Bodendecken auftreten, wie im Chenesgebiet von Campeche, ist es zur anthropogenen Entstehung größerer Savannenflächen gekommen.

Ein isolierter größerer Bestand tropischen Regenwaldes nimmt im Umkreis der Colonia Yucatán den Nordosten der Halbinsel ein (Fig. 15). Dort lag in der Spätzeit, in den letzten beiden Jahrhunderten vor der spanischen Eroberung, die Maya-Provinz Chikinchel. Der Name bedeutet »westliche Wälder«, eine Benennung aus der Sicht der Bewohner von Cozumel, die den Handel in diesem Gebiet und rund um die Küste beherrschten (S. 384). Das Regenwaldgebiet beginnt wenig östlich von Valladolid und reicht von der Nordküste maximal 170 km weit nach Süden. Der äußerste Nordostzipfel der Halbinsel und die ihr östlich vorgelagerte Insel Mujeres empfangen geringere Niederschläge und sind mit halblaubabwerfendem Feuchtwald bedeckt, der zuweilen schon Züge des Trockenwaldes annimmt. Die regenreichere Insel Cozumel hingegen trägt üppigen Feuchtwald.

Die wegen ihrer Abgelegenheit lange übersehene Regenwaldinsel im Nordosten des Territoriums Quintana Roo ist in ihrem Habitus durchaus mit der geschlossenen Regenwaldzone Südyucatáns und des Petén vergleichbar. Als typischer Regenwaldbaum gedeiht zum Beispiel in beiden fast 200 km voneinander entfernt liegenden Gebieten der den Kautschuksaft liefernde Zapote *(Manilkora zapota,* früher *Achras zapota),* von der einheimischen Bevölkerung als Sapodilla bezeichnet (Bild 17). Aus dem koagulierenden Milchsaft der Zapotes fertigten die Maya einst die schweren Kautschukkugeln für ihr rituelles Ballspiel, und in jüngerer Zeit ist er zum begehrten Rohstoff *(chicle)* der Kaugummiindustrie geworden. Manchem *chiclero,* der die Wälder auf der Suche nach diesen Bäumen durchstreifte, ist die Entdeckung bedeutender Maya-Ruinen zu verdanken.

Wie im südlichen Regenwald tritt der Zapote auch im Nordosten der Halbinsel in größeren, fast geschlossenen Beständen *(zapotales)* auf. Sie waren noch vor dem Zweiten Weltkrieg in der feuchten Jahreszeit, wenn der Saft besonders kräftig quillt, das Ziel der Wildgummisammler. Als Haupttreffpunkt der Chicleros galt Colonia Santa Maria im südlichen Teil der Regenwaldinsel. Vom Umschlag des Rohgummis lebten während der Blütezeit der Wildkautschuk-Sammelwirtschaft (1927/29) die bereits außerhalb des Regenwaldes gelegenen Orte Tizimin, Valladolid und Peto (237, S. 15; 815, S. 15, 18). Auch das in den Tempeln von Chichén Itzá verbaute und noch gut erhaltene Zapoteholz muß aus dem nordöstlichen Regenwald stammen, denn die im nahen Umkreis von Chichén Itzá fallenden jährlichen Regenmengen – etwa 1100 mm – liegen unter dem für das Wachstum dieses Baumes erforderlichen Wert.

Zwei andere typische Regenwaldbäume, die sonst nur in den Wäldern des südlichen Quintana Roo, des Petén und in Belize vorkommen, sind der wilde Kakao *(Theobroma bicolor)* und der Räucherharzbaum *Protium copal.* Als die Spanier 1528 in das nordöstliche Regenwaldgebiet vordrangen, stießen sie bei Sinsimato noch auf ausgedehnte Bestände von Kopalharzbäumen. Die Bevölkerung der Stadt betrieb einen lebhaften Handel mit dem begehrten Räucherharz, für dessen Produktion sie im Bereich des nördlichen Yucatán ein Monopol besaß (736, S. 104f.). Sinsimato lag zur Zeit der Conquista noch auf einer ausgedehnten, von Feldern eingenommenen Rodungsinsel. Jetzt ist die ungewöhnlich große Ruinenstätte von dichtem Wald bedeckt.

Bei aller Übereinstimmung mit den Regenwäldern des Südens ist jedoch ein wesentlicher Unterschied festzustellen: Im nordöstlichen Regenwaldgebiet fehlt der Mahagoni *(Swietenia macrophylla), caoba* in landesüblicher Bezeichnung, der ein Charakterbaum der südlichen Regenwaldzone ist. Über den 19. Breitengrad greift die heutige Nordgrenze der natürlichen Caobaverbreitung in Yucatán nirgends hinaus. Mahagoni braucht Niederschläge von mindestens 1500 mm. Er kommt daher im regengrünen Feucht- und Trockenwald nicht vor, überraschenderweise aber auch nicht im Waldbestand des regenreichen Nordostens.*

Im Gegensatz zu der auf Kahlschlagflächen schnell wieder nachwachsenden spanischen Zeder braucht Mahagoni für seine Verjüngung den Schatten höherer Bäume. Einmal als begehrtes Nutzholz geschlagen, können sich Mahagonibestände im Sekundärwald, der nach verhältnismäßig kurzer Zeit wieder von den Bauern gerodet wird, nicht erneuern. Der Regenwald im Nordosten der Halbinsel erfüllt als vollentwickelter Hochwald alle natürlichen Voraussetzungen für das Wachstum von Mahagoni. Wo man ihn heute im Bereich der Colonia Yucatán in künstlich geschaffenen Waldschneisen pflanzt, gedeiht er ausgezeichnet. Wenn er trotzdem bis zu den seit 1950 betriebenen Aufforstungsarbeiten dort fehlte, liegt der Verdacht nahe, daß dies auf menschliche Einflüsse zurückzuführen ist. An seiner einstigen Existenz im Nordosten der Halbinsel ist nicht zu zweifeln. Im *Templo de los tableros esculpidos* in Chichén Itzá haben die Maya 30 cm starke Mahagonibalken verbaut, die nur aus der Regenwaldinsel des Nordostens stammen können. Sie waren noch so gut erhalten, daß man sie im vorigen Jahrhundert als Tragbalken für ein Gebäude der benachbarten Hacienda verwendet hat. Baumringzählungen ergaben, daß die Mahagonibäume zum Zeitpunkt, als sie von den Maya gefällt wurden, ein Alter von 400–500 Jahren hatten (432, S. 81). Für eine absolute Datierung des Zeitabschnitts, in den die Lebensspanne der verarbeiteten Bäume fällt, fehlt leider dendrochronologisches Vergleichsmaterial (S. 449f.).

Das nordöstliche Regenwaldvorkommen hat zwar das Aussehen eines Primärurwaldes, aber es stockt auf Böden, die seit frühklassischen Zeiten bis zur spanischen Eroberung von den Maya im Rahmen ihrer Brandrodungswirtschaft als Anbauland genutzt worden sind. Mehrere größere Ruinen-

* Nach einer persönlichen Information durch den Leiter des Sägewerks in Colonia Yucatán, 1966.

stätten und eine Reihe kleinerer Ruinenhügel, zum Beispiel südlich der modernen Sägewerkssiedlung Colonia Yucatán, sind innerhalb dieses heute geschlossenen Waldlandes gefunden worden, das nur von einigen Lichtungen im Bereich versumpfter Karstwannen unterbrochen wird. Wie Sinsimato war auch Chauacá zur Zeit der ersten spanischen Vorstöße noch eine sehr weitläufige Siedlung mit über 3000 Einwohnern. Montejos Soldaten mußten vom mittags erreichten Ortsrand bis zum Anbruch der Nacht reiten, um zum Hause des Kaziken zu kommen (736, S. 105). Erst während des 16. Jahrhunderts wurde die Bevölkerung durch eingeschleppte Seuchen derartig dezimiert (S. 481 ff.), daß der Wald das ganze Gebiet zurückerobern konnte und im vorigen Jahrhundert dort nur ganz vereinzelte Maya-Siedler lebten.

Erhalten hatte sich hingegen das Hauptsiedlungsgebiet der Maya in den südlich und südwestlich anschließenden regengrünen Feucht- und Trokkenwaldregionen. In der breiten, quer durch das nördliche Yucatán von Küste zu Küste reichenden Milpazone haben die Maya ihre auf ständig wiederholter Rodung beruhende Feldwechselwirtschaft seit alten Zeiten unverändert betrieben. Diesen mosaikartig aufgelösten Niederwaldgürtel konnte der auf Hochwaldverjüngung angewiesene Mahagoni, wenn sich auch seine Flugsamen leicht verbreiten, nicht überspringen. Es gelang ihm daher nicht, sich in der dank geringer Bevölkerungsdichte weitgehend regenerierten Regenwaldinsel im Nordosten der Halbinsel erneut auszubreiten, obwohl die potentielle Verbreitungsgrenze von Mahagoni weit nördlich von Yucatán verläuft. Sie reicht bis Florida, wo man in den Everglades noch prachtvolle Exemplare sehen kann. Damit erweist sich der 19. Breitenkreis in Yucatán als eine anthropogen bestimmte Verbreitungsgrenze. Erst dank der Neuanpflanzungen hat der Caoba sein einstiges Verbreitungsgebiet auf der Halbinsel zurückgewonnen. Die Kenntnis der Lebens- und Verjüngungsbedingungen des Mahagoni liefert somit den Schlüssel für die Deutung der Vegetationsentwicklung Zentral- und Nordyucatáns. Weitere Beobachtungen über das Verhältnis der Maya zum Wald und speziell zu einzelnen Baumarten vervollständigen das Bild und ergeben wichtige Anhaltspunkte für eine Rekonstruktion des ursprünglichen natürlichen Pflanzenkleides in den südlich anschließenden Vegetationsgebieten.

Der regengrüne Feuchtwald Nord- und Zentralyucatáns

Mit Ausnahme ihres nordwestlichen Teils, in dem jetzt Sisalplantagen an die Stelle des regengrünen Trockenwaldes und eines anschließenden Streifens der Dornbuschsavanne getreten sind, war die ganze Halbinsel von Hochwald bedeckt, der in Anpassung an die nordsüdliche Niederschlagszunahme von einem relativ durchgängigen regengrünen Trockenwald über einen von laubabwerfenden Arten durchsetzten Feuchtwald allmählich in den geschlossenen immergrünen Regenwald Südyucatáns und des Petén überging. Stück um Stück dieses Hochwaldes fiel im Laufe der Jahrhunderte den Rodungen der Maya zum Opfer. Die heftigen tropischen Regen schwemmten von dem entwaldeten Land im Norden Yucatáns einen Teil der dünnen Bodenkrume ab; sie erfüllt die flachen, von der heutigen Bevölkerung noch bebauten Dolinen. Auf den nur von kleinen Bodenansammlungen durchsetzten nackten Kalkhängen des sanftwelligen Tafellandes entwickelte sich in der nordwestlichen Trockenwaldzone ein 3–7, in der anschließenden Feuchtwaldzone ein höchstens 8–10 m hoher Busch- und Niederwald, der in bestimmten Zeitabschnitten immer wieder vernichtet wurde (Bild 16).

Als einzige größere Bäume überragen Ceibas *(Ceiba pentandra, Bombax ceiba)* von 3–5 m Umfang und über 30 m Höhe das allgemeine Kronendach. Als heilige Bäume werden sie wie früher neben einigen anderen Arten von den Maya bei der Rodung verschont. Ceibas zieren als breitausladende Schattenbäume alle Plazas der heutigen Städtchen und Dörfer. Unter ihnen schlagen die Händler ihre Marktstände auf, finden Volksfeste und Tanzveranstaltungen statt. Ihre Zweige werden an bestimmten Festtagen mit Früchten, Bataten und anderen Feld- und Gartenbauprodukten behängt. Die Ceiba (Maya: *yaxché*) hat in keiner der alten Maya-Siedlungen gefehlt. Sie galt als kosmisches Symbol, als »erster Baum der Welt« und »Mutterbaum der Menschheit«. Die Bäume, die nach der Vorstellung der Maya die vier »Ecken« der Welt markierten, waren Ceibas. Aus dem Schoß der Erde weisen ihre Wurzeln dem Menschen bei seiner Geburt den Weg zur Tagwelt, an ihren Ästen stieg er nach seinem Tode zum Himmel empor. Wenn man bei Rodungsarbeiten auf Ceibas stieß, ließ man sie auf der neuen Milpa stehen. Ähnlichen Schutz genossen die spanischen Zedern, die man nur bei Bauholzbedarf schlug, und vor allem der Chico Zapote, der den begehrten Kautschuk lieferte (S. 113). Der Zapote spielte auch bei benachbarten anderen Tieflandvölkern eine wichtige Rolle: Nach ihm benannten sich die Zapoteken.

Geschont wurden alle Bäume, die den Maya eßbare Früchte lieferten: der mit der Kakipflaume verwandte Zapote negro *(Diospyros ebenaster)*, dessen süße, tomatenähnliche Früchte eine willkommene Ergänzung ihrer zuckerarmen Maisnahrung bildeten, der Brotnußbaum *(ramón, Brosimum alicastrum)*, dessen Fruchtfleisch man roh oder gekocht aß, während die zerriebenen harten schwarzen Kerne dem Maismehl beigemischt wurden, und verwilderte, auf ehemaligen Milpas zufällig ausgesamte oder angepflanzte Papayabäume *(Carica papaya)*. Die wild vorkommende Papaya trägt nur kleine, nicht eßbare Früchte. Unter besonderem Schutz standen schließlich Räucherharz liefernde Bäume *(Protium copal)* und Medizinalpflanzen.

Von den im regengrünen Feuchtwald sehr viel zahlreicher als im Trokkenwald auftretenden Palmenarten entgingen diejenigen der Brandrodung, die den Maya ölhaltige Samen oder Fasern lieferten, wie Corozo *(Scheelea lundellii)*, Cocoyol *(Acromia mexicana)*, Nance *(Brysonomia crassifolia)* und Huano de Sombrero *(Sabal mexicana)*. Sie durchsetzten die jeweils gerade genutzten Anbauflächen und sind ein weiterer Beweis für die grundsätzliche Existenzfähigkeit höheren Baumwuchses im jetzigen Busch- und Niederwaldbereich. Es ist sogar wahrscheinlich, daß alle diese Baumarten gegenüber ihrer ursprünglich relativ bescheidenen Verbreitung im Primärurwald dank der Schonung, die sie durch die Maya erfuhren, im Sekundärwald allmählich immer mehr die Oberhand gewannen und ursprünglich dominante Spezies stark in den Hintergrund drängten. Das Alter einzelner riesiger Zapotes im nördlichen Petén schätzt der Botaniker C. L. Lundell (237, S. 10) auf rund 1000 Jahre. Wo im Sekundärwald Zapote und Brotnußbäume in größerer Zahl auftreten, kann man gewiß sein, sich in der Nähe der Ruinen einer alten Maya-Siedlung zu befinden.

Der im nördlichen und mittleren Yucatán besonders aus der Vogelschau eindrucksvolle bunte »Flickenteppich« von Buschwaldstücken und Maisparzellen wird im niederschlagsreicheren südlichen Quintana Roo von geschlossenem Feuchtwald mit vereinzelten Rodungsflächen entlang den Straßen abgelöst. Auf den Feldern wächst trotz dünner Bodenkrume mannshoher Mais, aber eine viel größere Zahl bereits wieder aufgegebener Milpas ist mit heranwachsendem Sekundärbusch bedeckt. Für die sich regenerierende Vegetation sind, wie auch überall im eigentlichen Regenwaldgebiet, bestandsbildende Cecropien charakteristisch. Die Einheimischen nennen sie *guarumos* und Flächen, die sie mit geschlossenen Beständen beherrschen, *guarumales*. In ihren Stämmen legen Ameisen gern ihre Nester an. Die lichthungrigen, schnell aufschießenden Bäume mit ihren an Roßkastanien erinnernden großen zerlappten Blättern verschwinden, sobald das Kronendach der anderen Waldbäume über ihnen so dicht wird, daß nicht mehr genügend Licht bis zu ihnen vordringt.

Außer größeren Palmenbeständen, besonders an nassen Standorten, sind dem regengrünen Feuchtwald einige laubabwerfende Baumarten beigemischt, deren mit gelben, roten und blauen Blüten bedeckte Kronen am Ende der niederschlagsarmen Jahreszeit (März/April) das dunkelgrüne Blattwerk der immergrünen Bäume unterbrechen. Zu den kleineren Bäumen des Hochwaldes gehört der schon erwähnte Kopalharzbaum *(Protium copal)*, der auch im nordöstlichen Einzugsgebiet des Rio Candelaria (Campeche) und im nördlichen Petén weit verbreitet ist (402, S. 59). Nach dem mehr oder weniger geschlossenen Auftreten von Kautschuk liefernden Zapotes, Mahagoni *(caoba)*, spanischer Zeder *(cedro)* oder Brotnußbäumen *(ramón)* spricht man dort von *zapotales, caobales, cedrales* oder *ramonales*. In feuchten Niederungen tritt die Corozopalme mit ihren großen Trauben nährstoffreicher Nüsse bestandsbildend auf *(corozales)*. Die Flußufer sind von Bambus gesäumt *(bambonales)*.

Unmerklich geht im südlichen Quintana Roo und im nördlichen Petén der regengrüne Feuchtwald in den immergrünen tropischen Regenwald über (Bild 5, 6, 27, 38 und 59). Großer Artenreichtum bei gleichzeitig geringer Individuenzahl der einzelnen Spezies zeichnet ihn aus. Auf einem Hektar kommen 40–150 verschiedene Baumarten vor. Einige der Urwaldriesen erreichen eine Höhe bis zu 50 m, auf den Karstkegeln werden die Bäume nicht über 20 m hoch. Der dichte Kronenschluß verhindert das Durchdringen des Sonnenlichtes, so daß nur wenig Unterwuchs aufkommt. Das Waldinnere gleicht trotz herabhängender Lianen häufig einer weiten Säulenhalle, die man sogar zu Pferde ungehindert durchqueren kann (237, S. 32). Auf feuchten Standorten wird der Regenwald dichter. Reicher Unterholzbewuchs, Lianen und Epiphyten machen die *selva* zu einem schwer zugänglichen Dschungel. Unter den Lianen kommen gelegentlich Vanillearten vor. Die eine überdurchschnittliche Höhe erreichenden Bäume entwickeln Brettwurzeln, um auf der den anstehenden Kalk bedeckenden dünnen Bodenkrume den erforderlichen Halt zu bekommen. Unter den das oberste Stockwerk bildenden, allerdings immer nur in wenigen Exemplaren je Hektar vertretenen Urwaldriesen findet sich ein mittleres Stockwerk mit Bäumen geringerer Wuchshöhe und darunter schließlich das untere Stockwerk der niedrigsten Bäume und des Jungwuchses.

Nasse Talböden und Karstwannen bilden schwer passierbare Gras- und Waldsümpfe. Die vorwiegend aus niedrigem Buschwerk bestehende sogenannte *tintal*-Vegetation der Bajos bedarf, soweit es sich nicht um ständig feuchte Niederungen handelt, zum Überleben einer außerordentlichen Anpassungsfähigkeit an jahreszeitlich sehr unterschiedliche Umweltbedingungen. In der Regenzeit sind die flachen Böden der Karstpoljen (S. 88) weithin überschwemmt, in den Trockenmonaten, wenn das Wasser verdunstet oder in den Schlucklöchern (Ponoren) und unterirdischen Klüften versickert ist, bilden sie von Trockenrissen durchzogene ausgedörrte Flächen. Die dort lebenden Sträucher und Bäume müssen sich nicht nur dem sehr ungünstigen Standort auf schweren, in den Niederungen zusammengeschwemmten Lehmen anpassen, sondern auch im jahreszeitlichen Wechsel längere Wasserüberstauung und Wassermangel bei gleichzeitig hoher Bestrahlung und Verdunstung vertragen. So wird es verständlich, daß man dickborkige und mit Stacheln bewehrte Sträucher während des Sommers im Wasser stehend antrifft. In den ständig feuchten Bajos und an jenen Stellen anderer Niederungen, an denen sich das Wasser am längsten hält, gedeiht *Haematoxylum campechianum,* ein hochwüchsiger Baum, der das besonders haltbare Campecheholz liefert. Die Maya haben es in ihren Kultbauten für Fensterstürze verwendet, und heute ist es als *logwood* ein begehrtes Objekt der Holzausbeute. Einen nicht geringen Teil der Bajos haben die

Maya mit Hilfe verschiedener Techniken (S. 215) als Anbauland für Intensivkulturen zu nutzen verstanden.

Charakterbäume des Regenwaldes auf höherem Land, besonders des nördlichen Petén, sind Mahagoni *(Swietenia macrophylla)* und Chico Zapote *(Manilkara zapota)*. Der Mahagoni bildet keine geschlossenen größeren Bestände. Auf einem Hektar kommen kaum mehr als ein Dutzend dieser alle anderen überragenden Bäume vor (237, S. 37). Die einen einheitlichen Bestand vortäuschende Bezeichnung *caobal* ist also irreführend. Sie besagt in diesem Falle nur, daß in dem so benannten Waldstück überhaupt Mahagoni vertreten ist. Im Unterschied dazu gibt es große Waldkomplexe, in denen der Zapote (Bild 17) absolut dominiert. Lundell (237, S. 37) meint, daß man 75 % der Regenwälder des nördlichen Petén mit vollem Recht als *zapotales* bezeichnen könne, weil dort normalerweise 15–50 große Zapotes je Hektar anzutreffen sind. Als Kautschuklieferanten wurden die Zapotes wie mehrere andere Baumarten (S. 116) bei der Brandrodung geschont und durften nur für die Beschaffung von Tempelbauholz geschlagen werden. Da und dort fand man noch gut erhaltene Tragbalken, Tür- und Fensterstürze aus ihrem rotbraunen, extrem harten und nur schwer faulenden Holz. Hauptgrund für die gute Erhaltung des Zapoteholzes ist jedoch außer der Härte sein Termiten abweisender Saponingehalt (258). Dieser durch chemische Analysen nachgewiesene Wirkstoff setzt sich während des Wachstums der Bäume vor allem in den äußeren Zellgeweben fest und ist für Termiten und andere Freßschädlinge giftig. Dies erklärt, daß die mit Obsidian- oder Feuersteinmessern gefertigten großartigen Schnitzereien auf den Balken nur verhältnismäßig geringe Spuren der Zerstörung zeigen. Das Völkerkundemuseum in Basel ist im Besitz schöner Stücke aus Tikal. Nach Radiokarbonbestimmungen stammen die dort im Tempel I verbauten Hölzer aus der Zeit um 700 n. Chr. (537, S. 33). Auf den vom Regenwald überwachsenen Bauwerken selbst hat sich in dem seit Aufgabe der Siedlungen verstrichenen Jahrtausend eine 30–40 cm hohe Humusschicht gebildet. Auf ihr finden die Samen der Urwaldbäume ein ideales Keimbett. In den Fugen siedeln Würgerfeigen *(Ficus lapathifolium)*, die das alte Mauerwerk sprengen und zugleich durch ihre Umklammerung zusammenhalten.

Im Regenwald leben die großen Raubkatzen Jaguar, Ozelot, Puma, mehrere Arten kleiner Wildkatzen, Affen, Schlangen, Tapire, Hirsche, Rehe und Wildschweine (Pecari), dazu viele Vogelarten, von denen jedoch die Verbreitung des Quetzals mit seinen goldgrün schimmernden Schwanzfedern, die den Maya als Kopfschmuck dienten, auf die Bergwälder beschränkt ist. Die meisten der Urwaldtiere sind uns aus den Darstellungen der Maya-Kunst wohlvertraut. Jaguar, Lanzenschlange und Quetzal spielten in der Religion der Indianer eine überragende Rolle.

Das Waldtiefland des Petén ist im Unterschied zur klassischen Maya-Zeit jetzt weitgehend unbesiedelt. Seit einem Jahrtausend voll regenerierter tropischer Regenwald beherrscht dort das Landschaftsbild. Aber in seinem Bestandsaufbau vollziehen sich tiefgreifende Änderungen. Durch rücksichtslosen Holzeinschlag und Totzapfen der Kautschukbäume sind Mahagoni und Zapote in manchen Gebieten, zum Beispiel am Rio San Pedro Mártir, schon fast verschwunden (237, S. 15). Bis zur Schlagreife braucht Mahagoni immerhin mindestens 70 Jahre. Große Breschen haben am oberen Usumacinta die Lacandonen in den Wald geschlagen. Obwohl diese indianische Gruppe, unmittelbare Nachfahren der in die südlichen Bergwälder zurückgewichenen Maya, nur noch rund 300 Menschen zählt, sind dem Wald durch sie im Rahmen der auf Brandrodung beruhenden Feldwechselwirtschaft unverhältnismäßig große Wunden zugefügt worden.

Die von Guatemala her am weitesten in das Tiefland vorgestoßenen Rodungen der Mischlinge haben gerade den Rio de la Pasión und das südliche Belize erreicht. Erst mit dem Übergang in das höhere Bergland häuft sich die Zahl der im Wald verstreuten Einzelsiedlungen (Fincas). Eigenartig muten inmitten des tropischen Bergwaldes die von Kiefernwäldchen bedeckten Karstkegel an (272, S. 105). Fichtenwald setzt an den Hängen der trockenheißen Motaguafurche bereits in 200 m Höhe über dem Talgrund ein. In der Sierra de las Minas – nördlich des Rio Motagua – liegt die Nadelwaldgrenze in 1800 m Meereshöhe, an der wesentlich niederschlagsreicheren Nordflanke des Gebirgszuges mischen sich erst ab 2200 m Nadelhölzer, vorwiegend Fichten *(Pinabetes)*, in den regenfeuchten Laubwald ein (273, S. 337).

Die Savannen des Petén und in Belize

Die geschlossene Walddecke erfährt in der vom Petén-Itzá-See eingenommenen Depression eine Unterbrechung. 25–30 km südwestlich von Flores dehnt sich die weite, an ihren Rändern durch Graslandbuchten, halbinselartig vorspringende Waldstücke und Waldinseln stark gegliederte Savanne von La Libertad aus (Fig. 17). Viele der »Waldinseln« sind in Wahrheit Kränze von ineinander übergehendem Busch- und Hochwald (Maya: *zukches*), die eine im Zentrum gelegene Aguada, das heißt eine flache, mit der Karstentwicklung in diesem Gebiet in Verbindung stehende oder künstlich geschaffene wassererfüllte Hohlform umschließen (290). Weidende Rinder durchqueren sie auf schmalen Trampelpfaden. Andere unregelmäßig begrenzte Waldinseln liegen ohne erkennbare Bindung an bestimmte Geländeformen oder Bodenverhältnisse verstreut in der Savanne (Fig. 20).

Die höheren Baumbestände in unmittelbarer Nähe der Wasserlöcher und im Zentrum der größeren Waldinseln – unter ihnen Mahagoni – sind immergrün, die randlichen, nur 4–10 hohen Busch- und Niederwaldstreifen setzen sich aus trockenheits- und feuerresistenten Arten von zum Teil knorrigem Wuchs und reichem Dornbesatz zusammen. Über die Ebene

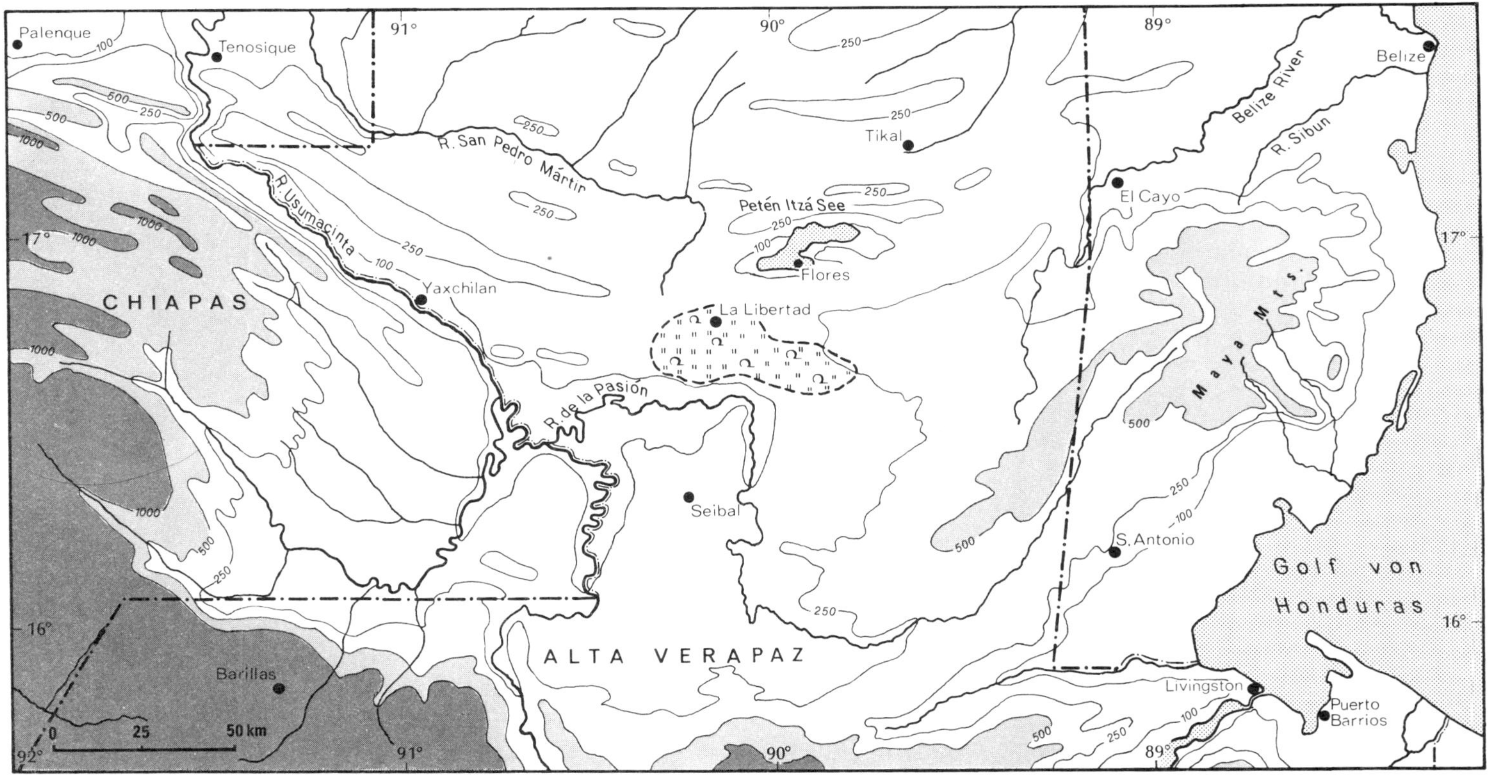

Fig. 17 Die geographische Lage der Peténsavanne

(Entwurf H. Wilhelmy)

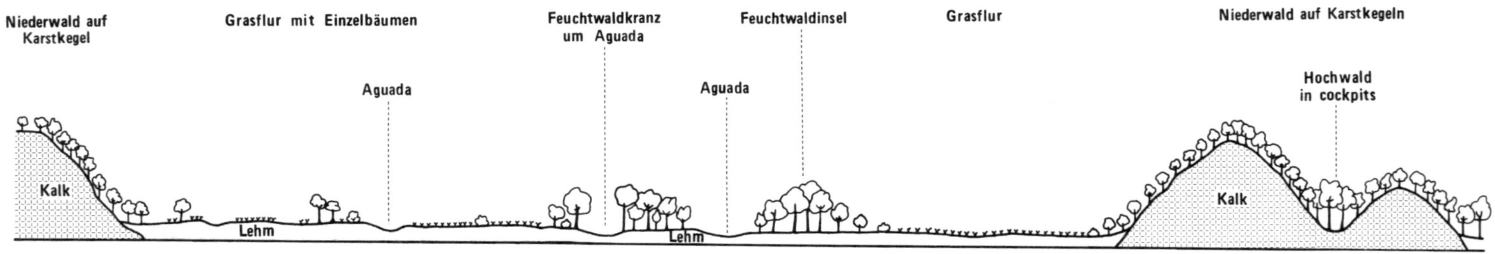

Fig. 18 Vegetationsprofil durch die Peténsavanne

(Schematisierter Entwurf des Verfassers nach Angaben und Profilen von C. L. Lundell, 1937) ragen einzelne oder sich in Reihen anordnende, mit Busch- und Niederwald bedeckte Karstkegel auf (Fig. 18). Nur wenige einzeln stehende Bäume durchsetzen das offene Land. Bis zu einem Meter hohe Büschelgräser, auf die nach den häufigen von Viehhirten angelegten Weidebränden saftige Kurzgräser folgen, beherrschen das Bild der Campos. Am weitesten verbreitet sind *Andropogon-, Panicum-, Paspalum-, Trachypogon-* und *Axonopus*-Arten (237, S. 99, 110f.).

Das Auftreten von Grasfluren inmitten der südlichen Regenwaldzone galt lange Zeit als ein ungelöstes Rätsel und hat zu mancherlei Spekulationen Anlaß gegeben. Bei Jahresniederschlägen, die im Petén 2000 bis 3000 mm erreichen, glaubte man in dessen gesamtem Bereich eine massive tropische Regenwaldbedeckung erwarten zu müssen. Statt dessen findet sich bei La Libertad ein Savannengebiet, das immerhin ein Achtel der Gesamtfläche des guatemaltekischen Departamentos Petén (35 854 km²) einnimmt. Von ihm wird berichtet, daß es sich durch Grasbrände auf Kosten des Waldes allein zwischen 1892 und 1928 um 7–8 km nach Süden ausgedehnt habe (262, S. 58). Während der langen Trockenperiode des Jahres 1933 sind innerhalb von zwei Monaten manche Teile der Savanne dreimal von Grasbränden überrollt worden. An den meisten Stellen durchbrach das Feuer den randlichen Buschwaldsaum, drang jedoch kaum in den benachbarten Hochwald ein. Hingegen litten die kleinen Waldinseln auf der Savanne erheblich, und auch an den Hängen der das Grasland durchsetzenden Karstkegel fraß sich das Feuer bis zu den Kuppen empor (237, S. 92).

In El Paso Real am Rio de la Pasión, etwa 30 km südwestlich von La Libertad, liegt das Jahresmittel der Niederschläge nach sechsjährigen Beobachtungen bei 1720 mm (261, S. 232), in Flores bei 1940 mm (Fig. 16). Aus der Savanne selbst gibt es leider keinerlei längere Meßreihen, aber aus Berichten der Einheimischen und der mesophytischen Vegetation dieses Gebietes lassen sich einige Rückschlüsse ziehen. In der Savanne ist es keine Seltenheit, daß im März/April, wie zum Beispiel 1927, 1929 und 1933, kein Tropfen Regen fällt, und auch Februar und Mai können in manchen Jahren fast ohne Niederschlag bleiben, so daß sich dann die Trockenperiode über nahezu vier Monate erstreckt. Dazu kommen ungewöhnlich hohe Temperaturen während dieser Zeit. Lundell (237, S. 83), der die Savanne von März bis Juni 1933 bereiste, erlebte sie als einen Glutofen.

Insgesamt kann man für La Libertad unter Berücksichtigung der vorliegenden kurzfristigen Regenmeßdaten einen mittleren Jahresniederschlag von etwas weniger als 1500 mm annehmen. Eine ähnliche, jedoch kleinere »Trockeninsel« von 1000–1500 mm Niederschlag ist nordöstlich von La Libertad im Lee der Maya Mountains an der Grenze zwischen Guatemala und Belize nachgewiesen (222, S. 40), und keilförmig stößt auch von Westen her ein regenarmes Gebiet vor, in dem sogar die 1000-mm-Isohyete unterschritten wird (Fig. 19).

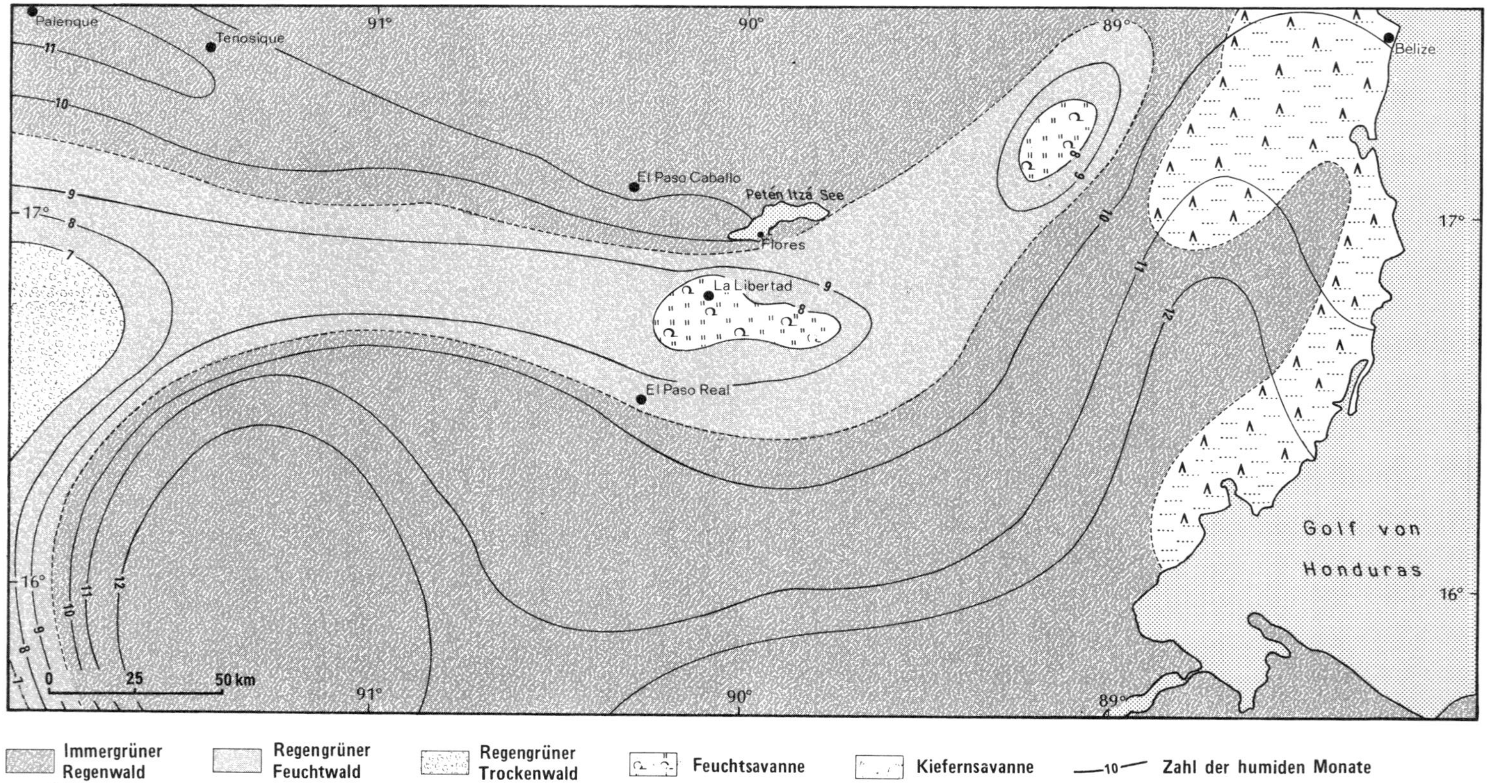

Fig. 19 Der Trockenkeil im südlichen Petén

(Vergrößerter Ausschnitt aus Fig. 15)

Der im Vergleich zum übrigen Petén bemerkenswerte Rückgang der Niederschlagsmenge im Gebiet um La Libertad beruht wahrscheinlich darauf, daß die Savanne an drei Seiten von einem Gebirgsrahmen umschlossen wird: dem Bergland von Chiapas im Westen, der Alta Verapaz im Süden und den Maya Mountains im Osten (Fig. 17). Insbesondere dürfte es die Lage im Regenschatten der Maya Mountains sein, durch die sich in diesem Teil des Petén das Auftreten von drei ariden Monaten erklärt. Unter solchen klimatischen Bedingungen wäre bei La Libertad ein regengrüner Feuchtwald zu erwarten (Fig. 19). Sein landschaftsökologisches Äquivalent ist bei Auftreten bestimmter örtlicher Gegebenheiten, zum Beispiel lehmigen und daher sehr dichten und schlecht durchlüfteten Aufschüttungsböden, die Feuchtsavanne. Unterstützt durch derartige edaphische Gründe, kann sich bei kontinuierlicher Einwirkung des Menschen aus einem ursprünglichen Feuchtwald ein offenes, nur noch von Waldinseln und einzelnen Baumgruppen durchsetztes Grasland entwickeln. Alle Anzeichen sprechen dafür, daß die Entstehung der Savanne von La Libertad auf eine Kombination solcher Ursachen zurückzuführen ist.

Eine beträchtliche Arealerweiterung durch Grasbrände ist aus anderen tropischen Savannengebieten, zum Beispiel des Gran Chaco und Zentralbrasiliens, bekannt. Ein Problem ist freilich, ob die ältesten Kerngebiete der Peténsavanne von Natur aus offene Flächen waren oder ob sie durch langen Maisanbau verarmte und mit Gras überwachsene alte Rodungsflächen im regengrünen Feuchtwald aus der Maya-Zeit sind. Eine Reihe von Forschern (120, S. 71; 810, S. 350) vertritt die Ansicht, daß das landesübliche Milpasystem die Entstehung von Savannen begünstige. Dem widerspricht jedoch die Beobachtung, daß aufgegebene Felder auf die Dauer weder in Yucatán noch im Petén durch Gras, sondern schon nach kurzer Zeit durch Buschvegetation okkupiert werden, aus der sich dann Niederwald und schließlich erneut ein Hochwald entwickelt (216, S. 23; 330, S. 140). Voraussetzung dafür ist freilich, daß etwa zunächst entstandenes Grasland nicht durch Weidebrände künstlich offengehalten wird. Bei San Felipe, einem Ort in Campeche, der 1922 von seinen Bewohnern verlassen wurde, existierten zum Beispiel ein Jahrzehnt später noch Weideflächen, die sich infolge von Grasbränden, die gelegentlich in das Gebiet kommende Einheimische angelegt hatten, gegen den andrängenden Wald behaupten konnten (237, S. 43). Ähnlich war es in der kleinen Savanne von Kantetul, die nordöstlich von Flores eine wohl aus der späten Tayasalperiode (15.–17. Jahrhundert) stammende Maya-Siedlung bedeckt. Nachdem sie die Bewohner verlassen hatten, scheint ein zunächst lichter Busch die jahrhundertelang mit Mais bebauten Flächen überzogen zu haben. Durch Blitzschlag oder durch von einer Restbevölkerung entzündete Grasbrände wurden sie so weit offengehalten, daß das Grasland noch in unserem Jahrhundert Chiclesammlern als Weidefläche für ihre Reittiere dienen konnte. Nach dem Erlöschen des

Kautschukbooms haben sich die *potreros* in wenigen Jahren in Buschwald verwandelt (237, S. 44).

Nirgends finden sich sonst im Umkreis von Maya-Stätten aus der Hochkulturzeit heute noch offene Grasfluren, und auch die großen Plätze in den einstigen Zeremonialzentren, die mit Gras bewachsen waren, solange sie als Versammlungsorte für viele Menschen dienten, wurden genauso vom wieder vordringenden Wald überwuchert wie die jahrhundertelang bewirtschafteten Milpas, deren regelmäßige Wiederbewaldung und Rodung dem Wirtschaftssystem der Maya entsprach. Es ist ein Irrtum, auf Grund ostasiatischer Erfahrungen zu folgern, daß das aufgegebene Kulturland der Maya zunächst von Gräsern eingenommen worden sei (125, S. 20). In Südostasien wird zur Weidelandgewinnung auch der aufkommende Sekundärbusch regelmäßig gebrannt, so daß schließlich Grasfluren als Feuerklimax an seine Stelle treten und solche Flächen dann endgültig für den Feldbau verloren sind (S. 238). Auch Wald wächst auf ihnen nie wieder nach. Die Maya hatten keine Haustiere, für die sie Weideland brauchten, und konnten daher Busch- und Waldwuchs der vollen Regenerierung überlassen.

Eine der am dichtesten besiedelten Regionen des Petén ist die Umgebung des Petén-Itzá-Sees. In diesem seit vielen Jahrhunderten, auch nach dem Zusammenbruch der Maya-Hochkultur, weiterhin agrarwirtschaftlich intensiv genutzten Gebiet wurden 1959 von amerikanischen Agronomen gründliche Untersuchungen durchgeführt. Den Feldern von 40 Bauern wurden insgesamt 152 Bodenproben entnommen: bestellten Feldern, solchen, die während einer bekannten Zahl von Jahren nicht bebaut waren, anderen, die im folgenden Jahr bestellt werden sollten, und schließlich solchen, die brach lagen und bereits völlig wiederbewaldet waren. Es ergaben sich, wie zu erwarten, Ernterückgänge nach mehreren Anbaujahren, aber eine jeweils schnelle Erholung der Böden in der Brachezeit. In keinem einzigen Fall okkupierten Gräser die aufgegebenen Felder (317, S. 278). Stets setzte sich sofort Busch- und Waldwuchs durch.

Was sich heute im Bereich des Petén-Itzá-Sees beobachten läßt, spielte sich vor 1000 Jahren, als die alten Zeremonialzentren aufgegeben wurden, nicht in anderen Formen ab, wie die Existenz der voll regenerierten Peténwälder beweist. In den Mauerritzen der verlassenen Tempel und Paläste keimten die Samen der Urwaldbäume. Die Entdecker der Maya-Ruinen und viele ihrer frühen Besucher haben uns anschauliche Schilderungen der Dschungelwildnis hinterlassen, unter der die Bauwerke verborgen waren. Man bekommt einen Eindruck davon, wenn man eines der noch kaum von der Walddecke befreiten Zeremonialzentren, zum Beispiel das im Übergangsgebiet zwischen Regen- und Feuchtwald gelegene Cobá, im Nordosten der Halbinsel besucht. Wenn einzelne Autoren immer wieder die in den Tropen gemachte Erfahrung zitieren, daß infolge langen Anbaus und Bodenerschöpfung aufgegebenes ehemaliges Rodungsland schließlich von harten Büschelgräsern besetzt werde, so gilt dies nur für sehr magere Böden auf Sandstein oder kristallinem Untergrund bzw. sehr dichte Tonböden, nicht jedoch für die relativ fruchtbaren, sich schnell regenerierenden Kalksteinböden des Petén und Yucatáns. Die Ruinenstätte von Tikal ist dafür ein schlagender Beweis. Entgegen den in der Literatur zu findenden Behauptungen (466, S. 461), daß sich die im Umkreis des Zeremonialzentrums von den Maya aufgegebenen Felder schließlich mit einer Grasnarbe überzogen hätten, macht der heute dort verbreitete Regenwald jedem Besucher deutlich, daß dies zumindest nicht von langer Dauer gewesen sein kann. Eingehende Untersuchungen haben sogar ergeben, daß die nach zweijährigem Anbau in Yucatán brachgefallenen Milpas sofort nach Einsetzen der folgenden Regenzeit eine besonders üppige Wiederbestockung mit Buschwerk aufwiesen (352, S. 268).

Die Rückeroberung der alten Siedlungsplätze durch den Wald muß außerordentlich schnell verlaufen sein. Auch wo sie von den Archäologen in jüngerer Zeit freigelegt wurden, überwachsen sie ohne Gegenmaßnahmen in wenigen Jahren. Als E. v. Hesse-Wartegg kurz vor der Jahrhundertwende Uxmal besuchte, fand er es völlig unter einer grünen Walddecke begraben, obwohl die mexikanische Regierung nicht lange zuvor »den Urwald mit seinen Riesenbäumen, seinen alles umstrickenden Schlinggewächsen und dichtem Gestrüpp hatte wegschlagen lassen. Allein wenige Jahre haben hingereicht, um die Vegetation wieder in ihrer ganzen Üppigkeit emporwuchern zu lassen ... Aus allen Mauerritzen, Fugen, Löchern, Fensteröffnungen wuchern die üppigsten Schlingpflanzen, Sträucher, Kräuter und Bäume hervor, das flache Dach (des ›Hauses der Nonnen‹) ist eine Kaktuswildnis.« (294, S. 53, 58) Uxmal, Chichén Itzá, Tikal, Copán und viele andere Ruinenstätten sind längst wieder von ihrer Vegetationshülle befreit worden und werden laufend offengehalten, sonst würde der übermächtige Pflanzenwuchs sie schnell zurückerobern.

Daß im Unterschied zu diesen Beispielen die Savanne von La Libertad durch Grasbrände offengehalten wurde und sich sogar heute noch erweitert, steht außer Frage. Es geschah dies auf Kosten eines ehemals in diesem Gebiet weiter verbreitet gewesenen regengrünen Feuchtwaldes. Dieser Feuchtwald darf auf Grund der örtlichen Klimabedingungen als etwas lichter und durchgängiger angesehen werden als der auf den benachbarten Randhöhen mit ihren besser dränierten und durchlüfteten Verwitterungsböden über dem anstehenden Kalk. Das Problem ist, ob in diesem Wald, der einst die Ebene bedeckte, bereits kleine natürliche Graslandareale als Kern- und Ausgangsgebiete der sich durch Brände erweiternden Savanne existierten oder ob die Maya bzw. ihnen vorangegangene Bevölkerungsgruppen im Feuchtwald der Ebene wie überall ihre Rodungsflächen angelegt haben, die sie dann nach Erschöpfung des Bodens endgültig aufgaben. In diesem landschaftsökologisch kritischen Grenzgebiet könnte sich infolge

Vernichtung des bis dahin im Walde herrschenden Bestandsklimas und wegen der dichten, schweren Lehmdecke schließlich Graswuchs ausgebreitet haben und auf diese Weise die heute weithin offene Savanne entstanden sein.

S. G. Morley (122, S. 9) vertritt die These, daß die Savanne ein von Natur offenes Grasland sei. Er begründet seine Meinung mit dem angeblichen Fehlen von alten Siedlungsspuren in diesem Gebiet und der Behauptung, daß der schwere, saure Savannenboden für den Maisanbau ungeeignet sei und überdies die Verwendung des den Maya als Ackergerät allein bekannt gewesenen Pflanzstocks im Grasland auf viel größere Schwierigkeiten gestoßen wäre als auf gerodetem Waldboden.

Dem ist entgegenzuhalten, daß die Lehmböden der Savanne dort, wo heute auf ihnen Mais und Bohnen angebaut werden, zum Beispiel in der Umgebung von La Libertad (237, S. 91), keineswegs schlechte, sondern überdurchschnittlich gute Ernten liefern. Nun war es freilich den Maya nicht möglich, die Grasnarbe mit Hacke oder Pflug umzubrechen, wie dies die jetzigen Bewohner der Savanne tun, und dies hätte sie von einer Besiedlung des Graslandes abhalten können. Aber die Behauptung Morleys, daß die Savanne in alten Zeiten siedlungsleer gewesen sei, stimmt mit unserem jetzigen archäologischen Kenntnisstand nicht überein. Im Hochwald am Rande der Savanne wurden nicht nur die Ruinen von Polol, eines größeren Zeremonialzentrums aus der klassischen Maya-Zeit, gefunden (Fig. 20), die Savanne selbst ist mit zahlreichen *mounds*, runden, sich inselartig über die Savanne erhebenden Hügeln, übersät. 7–8 km südlich von La Libertad bilden sie einen ausgedehnten Komplex, der den Namen Chakantún trägt. Das Maya-Wort *chakan* bedeutet »Savanne«, das Wort *tún* ist mit »Stein« zu übersetzen. Aus dieser Namengebung folgert Lundell (235), daß es sich bei Chakantún um eine Wohnhügelgruppe aus der Tayasalzeit (15.–16. Jahrhundert) handelt. Darüber hinaus ist aus dem Namen zu schließen, daß diese Siedlung in einem während der postklassischen Periode bereits existierenden offenen Grasland oder mindestens in einem von Campos durchsetzten Feuchtwald entstanden ist.

Grabungen sind in den Mounds bisher nicht vorgenommen worden, und so wissen wir nicht, ob diese Hügel ausschließlich Menschenwerk sind oder ob es sich bei ihnen um Termitenhügel handelt, wie sie zum Beispiel in der Feuchtsavanne bei Santa Cruz (Ostbolivien) oder im Großen Pantanal von Mato Grosso in weiter Verbreitung vorkommen (276; 288). Solche natürlichen Mounds könnten vom Menschen in der verschiedensten Weise genutzt worden sein: Sie könnten als reine Wohnplätze gedient haben und vielleicht in der Absicht ausgewählt worden sein, sich möglichst in der Nähe der im offenen Grasland zahlreich auftretenden Aguadas niederzulassen. Die Graslandareale selbst hätten in diesem Fall zweifellos nicht als Wirtschaftsfläche dienen können, da die Bewohner nicht in der Lage waren,

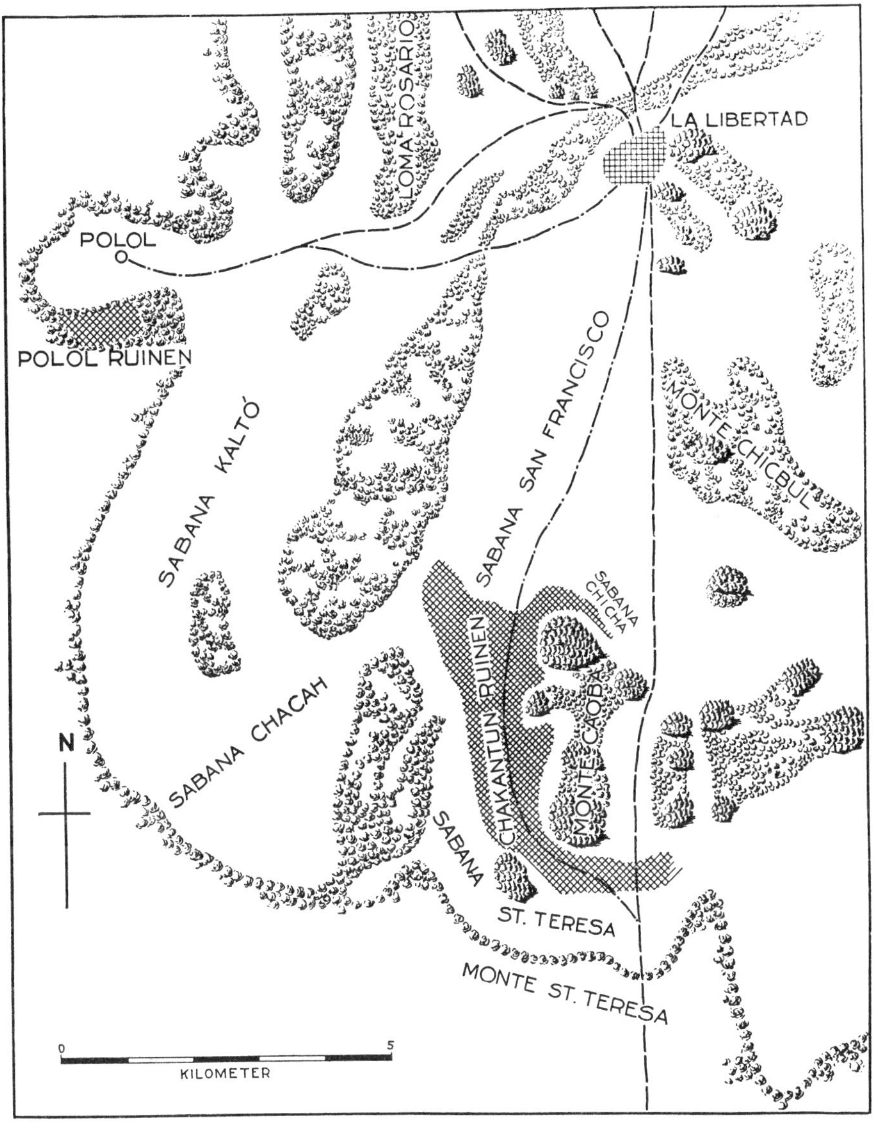

Fig. 20 Die Maya-Siedlungen Polol und Chakantún in der Savanne von La Libertad

(Nach C. L. Lundell, 1934)

sie mit dem Pflanzstock zu bearbeiten. Ihre Maisfelder werden ebenso wie die der Bewohner von Polol auf Rodungsland im randlichen Hochwaldgebiet oder in zu ihrer Zeit noch ausgedehnteren Feuchtwaldinseln im heutigen Savannenbereich gelegen haben. Aufschlußreich ist die Beobachtung, daß es innerhalb der noch erhalten gebliebenen Savannenwaldinsel bei Polol einige von den jetzigen Bewohnern des kleinen Ortes Cimarrón angelegte Milpas gibt (237, S. 144), so daß durchaus von den Maya der Spätzeit Brandrodungsfeldbau größeren Umfangs im Feuchtwald der Ebene hätte betrieben werden können.

Eine andere Möglichkeit wäre, daß die Termitenhügel nicht nur Wohnstätten waren, sondern überdies als Anbauland genutzt wurden, wobei keineswegs sämtliche Mounds beiden Zwecken zugleich gedient zu haben brauchen. In ostafrikanischen Termitensavannen und ebenso im südlichen Thailand werden die fruchtbaren, gut gelockerten Böden der Termitenhügel vorzugsweise für den Anbau von Knollengewächsen genutzt. Sie wären sicherlich auch in der Savanne von La Libertad besonders für Maniokfelder geeignet gewesen.

Schließlich ist in Erwägung zu ziehen, daß die Chakantún-Mounds durchweg, falls nicht ein Teil von ihnen in ihrem Kern Termitenhügel enthalten, künstliche Erdaufschüttungen sind. Solche vor allem für gartenbauähnliche Kulturen geschaffene Mounds sind aus vielen temporär feuchten oder überschwemmten Savannengebieten bekannt: aus den Llanos de Mojos in Bolivien, von den Savannen am Rio Branco in Nordostbrasilien, der Insel Marajó in der Amazonasmündung (322; 324) und aus dem Hochbecken von Tuquerres im südlichen Kolumbien. Die Unmöglichkeit, die dichten Savannenböden mit dem Pflanzstock zu bearbeiten, hat die Menschen zur Aufschüttung derartiger Anbauinseln im Grasland veranlaßt. Es bedarf noch der näheren Untersuchung, um den Hügelkomplex von Chakantún zuverlässig zu deuten. Fest steht nur, daß die Mounds innerhalb eines Graslandes liegen und daß dieses Grasland – wie der Name Chakantún zu erkennen gibt – schon zur Zeit der Besiedlung bzw. agrarischen Nutzung jener Hügel existierte.

Damit stellt sich erneut die Frage, ob die Campos, auf denen im 15. Jahrhundert Chakantún entstand, natürliche Kerngebiete der heutigen Savanne von La Libertad darstellten oder ob auch sie bereits anthropogener Entstehung waren, das heißt aufgegebenes, durch Rodung des Feuchtwaldes gewonnenes Ackerland der älteren Polol-Maya. Für eine solche Annahme spricht die Tatsache, daß Lundell (237, S. 94) unter den 160 im Grasland gesammelten Pflanzen nicht eine einzige allein dort vorkommende Art fand. In einem isolierten, allseitig von Wald umgebenen »ursprünglichen« Grasland könnte man solche endemischen Arten erwarten. Ihr Fehlen scheint ein starkes Argument dafür zu sein, daß die Savanne von La Libertad aus altem Rodungsland inmitten des Feuchtwaldes dieser Region hervorgegangen ist. Dem widersprechen jedoch die Befunde zweier östlich des Petén-Itzá-Sees in der flachen Laguna de Petenxil durchgeführten Handbohrungen (219, S. 276ff.; 278). Die in den bis 2,5 m langen Bohrkernen enthaltenen Pollen und andere Pflanzenreste trugen erheblich dazu bei, die letzten 4000 Jahre der Vegetationsgeschichte in diesem Teil des Petén aufzuklären.

In den Horizonten, die nach C^{14}-Datierungen ein Alter von 2800–4000

Jahren haben, finden sich reichliche Mengen von Graspollen, verkohlten Grashalmen und Holzresten von Eichen und Kiefern. Daraus ist zu folgern, daß um 800 v. Chr. und in einer vor diesen Zeitpunkt zurückreichenden Periode im Umkreis der Laguna de Petenxil eine von *Quercus*- und *Pinus*arten durchsetzte Savanne existierte, die von gelegentlichen Grasbränden heimgesucht wurde. Dabei kann es sich um durch Blitzschlag entfachte Feuer oder vom Menschen angelegte Brände gehandelt haben. Daß es östlich des Petén-Itzá-Sees einst kleinere Graslandareale gegeben hat, ist nicht überraschend, denn die Laguna de Petenxil liegt ebenso wie die Savanne von La Libertad innerhalb des von Westen weit nach Osten vorstoßenden Klimakeils mit 8–9½ humiden bzw. 2½–4 ariden Monaten (Fig. 19), dessen potentielle Vegetation regengrüner Feuchtwald ist. In ihm können bei für Baumwuchs ungünstigen, für den Graswuchs hingegen günstigen edaphischen Verhältnissen kleinere Savannenkomplexe eingelagert gewesen sein.

Aufschlußreich ist, daß zwischen den die Spanne von 2000 bis 800 v. Chr. umfassenden Graspollen auch vereinzelte Maispollen gefunden wurden, die bereits die Anwesenheit einer Bevölkerung mit bescheidenem Feldbau dokumentieren. Zwischen 800 v. Chr. und 700 n. Chr. nimmt bei etwa gleichbleibendem Graspollengehalt der Maisanteil erheblich zu, erreicht ein Maximum um 300–400 n. Chr. und geht nach diesem Zeitpunkt schnell zurück (278, S. 329). Ab 700 setzen sich die Baumarten des tropischen Feuchtwaldes (bes. *Moraceae* und *Terminalia*) auf dem zuvor offenen Land kräftig durch, während Gräser und Kräuter nur noch spärlich vertreten sind. Der durch Radiokarbondatierungen ermittelte Zeitpunkt der stärkeren Waldausbreitung entspricht der Verfallsperiode der Maya-Hochkultur.

Diese Vegetationsabfolge hat nichts mit einem Klimawechsel innerhalb der letzten 4000 Jahre zu tun, gilt nur für den schmalen, durch mehrmonatige Trockenheit gekennzeichneten »Savannenstreifen« des südlichen Petén und kann nicht die Grundlage für eine Rekonstruktion der »Urlandschaft« des gesamten Petén liefern. Wenn sich in jüngerer Zeit einige Autoren (45, S. 48; 219, S. 282) das ganze Maya-Tiefland zur Zeit des Beginns der Kulturentfaltung als eine Eichen-Kiefern-Savanne vorstellen, die allmählich durch den vorrückenden Hochwald verdrängt wurde, so beruht eine solche Verallgemeinerung auf Unkenntnis der besonderen südlich und östlich des Petén-Itzá-Sees herrschenden klimatischen Bedingungen (S. 450).

Abschließend bleibt festzuhalten, daß in den regengrünen Feuchtwald des südlichen Petén – wie die Pollenanalyse der Petenxilsedimente ausweist – als adäquate Vegetationsformation kleine natürliche Savannenkomplexe eingesprengt waren, die durch menschliche Einwirkung eine beträchtliche Arealerweiterung erfahren haben. Das ehemals besiedelte Land an der Laguna de Petenxil wurde seit 700 n. Chr. mit dem Erlöschen des Feldbaus vom vordringenden Feuchtwald okkupiert; die noch in der späten Tayasalzeit nicht verlassene Savanne südlich des Petén-Itzá-Sees blieb hingegen bis heute erhalten. Daß dort der auf den alten Rodungsflächen der benachbarten Kalksteingebiete längst regenerierte Feuchtwald nicht auch wieder von dem offenen Savannenland Besitz ergriffen hat, beruht auf der Verbindung edaphischer Gründe mit den Wirkungen der noch jetzt häufigen Grasbrände. An vom Feuer verschont gebliebenen Waldrändern ist auch in der Savanne von La Libertad ein erneutes Vordringen von Büschen und Bäumen in das Grasland hinein zu beobachten. Der den Grasbränden angepaßte, zuweilen geradezu xerophytische Züge tragende Buschwald der Randzone bildet die »Vorhut« des allmählich nachrückenden Feuchtwaldes. Ohne die heute in der Umgebung von La Libertad betriebene Weidewirtschaft wäre die Grenze zwischen Wald und Savanne weniger scharf ausgebildet, als dies jetzt der Fall ist. Aber für eine Rückeroberung des ganzen Graslandes hätte höherer Baumwuchs wohl kaum eine Chance, da mehrjährige Pflanzen gegenüber einjährigen in ausgedehnten, von periodischen Bränden heimgesuchten Graslandschaften immer im Nachteil sind. Auch in feuerlosen Jahren aufgekommener Jungwuchs wird dann wieder vernichtet. Darüber hinaus erschweren Grasnarbe und dichte Böden die Aussamung von Gehölzpflanzen. So stellt sich uns die Peténsavanne als ein Grasland dar, das in seinem Kern auf kleine Urcampos inmitten eines lichten Feuchtwaldes zurückgeht. Ihre jetzige flächenhafte Ausdehnung verdankt die Savanne sowohl einer mit Brandrodung verbundenen früheren ackerbaulichen Nutzung als auch den Weidefeuern der Viehzüchter unserer Tage.

Im äußersten Nordosten des durch mehrere aride Monate gekennzeichneten Klimakeils liegt am Westhang der Maya Mountains in Belize ein weiteres Savannengebiet, das jedoch etwas kleiner ist als das des Petén (Fig. 19). Über seine Entstehungsbedingungen ist wenig bekannt, doch dürfte die Existenz des offenen Graslandes in der Hauptsache auf seiner Lage im Regenschatten des Gebirges und den sehr verarmten Böden des kristallinen Untergrundes beruhen (304). Zeugnisse einer älteren Maya-Besiedlung fehlen dort, so daß stärkere menschliche Eingriffe auszuschließen sind. Der Lebensraum der Maya in Belize beschränkte sich auf die Flußufer und das von dichtem Regenwald überzogene Kalksteingebiet, wo die Bauern selbst auf den bodenarmen steilen Hängen der Karstkegel ihre terrassierten Maisfelder angelegt haben. Solche alten Ackerbauterrassen sind in den Mahagoni-Zapote-Wäldern des ehemaligen Britisch-Honduras in großer Zahl gefunden worden (S. 202).

Auch die ausgedehnte Kiefernsavanne, die sich nördlich und südlich von Belize-City entlang der Küste erstreckt (Fig. 15), ist im Gegensatz zur Savanne von La Libertad nie von einer ackerbautreibenden Bevölkerung besiedelt gewesen. Sie liegt in einem niederschlagsreichen Gebiet mit 9 1/2–12 humiden Monaten, nimmt stark sandige, im küstennahen Bereich auch salzhaltige Böden ein und läßt sich daher nur aus diesen besonderen edaphischen Bedingungen erklären. Der hohe Sandanteil in den alluvialen Aufschüttungen beruht auf der Nähe der kristallinen Maya Mountains, aus deren Verwitterungsböden die Quarzsande auf die Küstenebene herabgespült werden. Wie in anderen Kiefernsavannen am Rande des Golfs von Mexiko (Florida, östliche Golfküstenebene der USA) und des Karibischen Meeres (Honduras, Nicaragua) sind lockere Bestände von *Pinus caribaea*, durchmischt mit *Quercus oleoides* (Lebenseiche), für dieses Grasland an der Küste von Belize bezeichnend. Hinzu kommt die in allen neuweltlichen Savannen weit verbreitete großblättrige *Curatella americana* mit ihrem charakteristischen Korkenzieherwuchs. Landeinwärts verzahnt sich die durch Grasbrände allmählich lichter gewordene Kiefernsavanne mit den an Mahagoni und Zapote reichen Regenwäldern, in denen die Maya-Siedlungen lagen.

4. Das Ertragspotential der Böden

Mit Ausnahme der kristallinen Maya Mountains und einem durch das Auftreten von Serpentin gekennzeichneten Streifen im äußersten Süden liegt der gesamte Lebensraum der Tiefland-Maya im Bereich tertiärer und kreidezeitlicher Kalke (S. 71). Durch ihre Verwitterung sind die Böden entstanden, auf denen die Maya nach Rodung des Waldes ihre mit Mais und anderen Feldfrüchten bebauten Äcker angelegt haben. Aber die Verwitterung der anstehenden Kalke führte in Abhängigkeit von den jeweiligen klimatischen Bedingungen zur Entwicklung sehr unterschiedlicher Bodenarten und Bodentypen im Norden und Süden des Maya-Landes.

Nord- und Zentralyucatán sind durch flachgründige Humuskarbonatböden, häufig von ausgesprochenem Rohboden- oder Residualcharakter (= Restbodencharakter), gekennzeichnet. Der rendzinaartige Oberhorizont besteht infolge Auswaschung der Karbonate (Kalk) aus von Quarzkörnern durchsetzten Tonmineralen. Langanhaltende Trockenheit im Norden Yucatáns verzögert die Verwesung gefallenen Laubs und anderer organischer Reste und bewirkt dadurch eine bescheidene Humusanreicherung. Durch Abspülung wird vielerorts das nackte Gestein freigelegt. Die Bodenkrume selbst ist von Gesteinsscherben durchsetzt, und die ausgespülten feinen Tonpartikel sammeln sich in den Hohlformen, besonders den in Nordyucatán weit verbreiteten flachen Schüsseldolinen. Stärkere Durchfeuchtung der Dolinenböden führt zur Ausfällung der in den Tonmineralen enthaltenen Eisenoxide und zu intensiver Rotfärbung solcher eingeschwemmten Böden. Im Unterschied zu dem im immerfeuchten Tropenklima aus der Verwitterung verschiedenartigster Gesteine hervorgehenden Rotlehm werden die im wechselfeuchten subtropischen Klima auf Kalken entstehenden Roterden, zum Beispiel im Mittelmeergebiet, als *Terra rossa* bezeichnet.

Wenn auch das nördliche Yucatán noch voll in der Tropenzone liegt, so entsprechen doch Kalkuntergrund und jahreszeitlicher Wechsel zwischen Regen- und Trockenperiode ungefähr den mediterranen Verhältnissen – abgesehen von den höheren Temperaturen –, so daß man mangels einer besseren Bezeichnung auch im nördlichen Yucatán von einer Terra-rossa-Füllung der Dolinen sprechen kann (Bild 18).

Die Maya wußten sehr wohl zwischen den Bodenqualitäten zu unterscheiden, und Diego de Landa berichtet in seiner »Relación« (1566), wie geschickt sie ihren Feldbau den örtlichen Gegebenheiten anzupassen verstanden. Für die verschiedenen Bodenarten prägten sie eine Reihe bestimmter Bezeichnungen, die auch der heutigen Maya-Bevölkerung noch geläufig sind und durchaus modernen Klassifikationsansprüchen genügen (268, S. 303). Die das Ausgangsgestein nur lückenhaft als dünne Schleier bedeckenden Residualböden nannten sie *tzekel,* zu deutsch »sehr steiniges, für den Maisanbau kaum geeignetes Land«. Die in den Dolinen zusammengeschwemmte Roterde hieß *kan cab.* Ihre Mächtigkeit über dem anstehenden Kalk übersteigt gewöhnlich 1 m. Es sind die tiefgründigsten und fruchtbarsten Böden im Norden Yucatáns. Sie tragen die ergiebigsten Maisfelder der Maya-Bauern. Ihr hoher Kaliumgehalt erlaubt einen kontinuierlichen, geradezu »ewigen« Maisanbau, da immer wieder aus der Kalkverwitterung der Randgebiete hervorgehender und eingeschwemmter Lehm den Boden mit neuen Nährstoffen versorgt. So ist auch keinerlei Düngung erforderlich, obwohl – mindestens örtlich – ein gewisser Mangel an Phosphor, Mangan und Pottasche besteht. Ein hinreichender Ausgleich erfolgt jedoch durch die Einschwemmung dieser Minerale aus der bei Rodungsbränden in der näheren Umgebung entstehenden Holzasche (353).

Die aus der Zusammenfügung der beiden Begriffe entstandene Bezeichnung *kan cab-tzekel* wird für alle Böden gebraucht, die ihrem Typus nach zwischen ihnen liegen. Nächst dem *tzekel* sind die *kan cab-tzekel*-Böden im nördlichen Yucatán am weitesten verbreitet. Sehr geschätzt ist der kalkreiche gelbe bis rötliche *sah cab,* der als Substrat unter andersartigen Böden auftritt und trotz großer Porosität eingesickertes Regenwasser vorzüglich speichert. Pflanzen, deren Wurzeln diesen Speicherhorizont erreichen, bleiben auch während längerer Trockenperioden grün (268, S. 304). Schließlich kennt man in diesem Gebiet noch den *kankab-kat,* die rote Töpfererde, die einen gelben, lehmigen Unterboden überlagert, und den *ek-luum,* einen grauschwarzen Ton, ebenfalls über gelbem Unterboden, der sich nur in ganz flachen, in der Regenzeit überschwemmten Geländemulden findet. Er ist sehr kaliumarm, trägt nur schüttere Gräser und niedriges Buschwerk und ist für den Anbau ohne Dränage ungeeignet. In der Nähe von Lagunen und größeren Dolinenteichen (S. 76) werden diese Böden anmoorig und heißen dann *chinchen-kanab* (245, S. 274).

In ihrer Mächtigkeit zunehmende Rendzinen herrschen im südlichen Yucatán und im nördlichen Petén vor. Sie gehen nach Süden allmählich in schwarze und braune kalkreiche Lithosole über, die genetisch eng mit den Rendzinen verwandt sind (268, S. 300). Obwohl das Muttergestein gewöhnlich nicht tiefer als 50 cm unter ihnen ansteht und vom Boden unbedeckte Karstrippen-, -kuppen und -kegel mehr als 15 % der Landoberfläche einnehmen, besitzen diese heute weithin wiederbewaldeten Gebiete die fruchtbarsten Böden des Petén. Es ist sicherlich kein Zufall, daß dieser Bereich der tiefgründigen Rendzinen und kalkreichen Lithosole identisch mit dem Hauptsiedlungsgebiet der klassischen Maya-Zeit ist.

Von den heute im Petén lebenden Maya, die sich selbst »Mayeros« nennen, werden ebenfalls bei der Wahl neuen Rodungslandes mehrere Bodentypen genau unterschieden. Als *sernís* bezeichnen sie einen lockeren Boden, von dem der Wind, wenn das Land in der Trockenzeit bearbeitet wird, Staub abhebt, der aber nach Regenfällen sehr geschmeidig wird. Er hält die Feuchtigkeit gut und kann schon nach einzelnen bescheidenen Niederschlägen im Mai bestellt werden, auch wenn sich das Einsetzen der eigentlichen Regenzeit verspäten sollte (388, S. 1). Dieser Bodentyp wird von den Bauern am meisten geschätzt, weil auf ihm der Mais in 3 Monaten voll ausreift. Auf dem Rotlehm hingegen sind dafür 4½ Monate erforderlich. Diese *tierras coloradas* gelten zwar auch als für den Maisanbau gut geeignet, aber das längere Wachstum bedeutet für die Bauern ein vermehrtes Verlustrisiko durch unerwartete Trockenheit, Heuschreckeneinfälle oder andere Plagen.

Den dritten Typ stellen die feuchten, dunklen Niederungsböden dar, die auch in trockenen Jahren eine sichere Ernte versprechen. Aber die Milpas auf den *tierras negras* sind nicht in den allgemeinen Landwechselzyklus einbezogen (S. 159) und spielen daher im Denken der Milperos nur eine untergeordnete Rolle. Solange gutes Land in sonniger, luftiger Hanglage verfügbar ist, investieren sie nicht zuviel Kraft in die Bewirtschaftung der feuchten Niederungsböden (388, S. 2). Die Qualität dieser Böden ist an sich gut und unterscheidet sich von jener der überfeuchten Bajos (S. 88). Sie bestehen aus feinen gleyartigen Substraten, sind zäh, hochgradig sauer und haben im Grundwasserniveau Bleicherde-(Podsol-) oder verfestigte Laterithorizonte (Grundwasserlaterite). Ohne künstliche Dränage, um die sich die Maya in Ansätzen bemüht haben (S. 209), sind diese hydromorphen Böden nicht bebaubar, und zufriedenstellende Erträge werden ihnen nur bei intensivster Bodenbearbeitung abzuringen gewesen sein.

Klimaxböden der südlichen Regenwaldzone und der unteren Gebirgswaldstufe sind – je nach örtlichen Verhältnissen – gelb- bis rotbraune Böden oder tiefgründige Rotlehme (Latosole). Sie verdanken ihre Rotfärbung der Anreicherung von Eisenhydroxid in den oberen Bodenschichten. Im Unterschied zu silikatischen Ausganggesteinen in vielen anderen tropischen Ländern entstehen auf den Kalken des Petén Rotlehme nichtlateritischen Charakters. Eine Humusdecke kann sich infolge schneller Zersetzung aller organischen Stoffe und einer reichen sie ernährenden Bakterien- und Insektenwelt nicht bilden. Die ständige starke Durchfeuchtung des Bodens führt zu einer raschen Abfuhr der durch Verwesung und Verwitterung aufbereiteten Nährstoffe in den tieferen Untergrund. Dieser kontinuierlich vor sich gehenden Bodenverarmung scheint die Üppigkeit der natürlichen Regenwaldvegetation zu widersprechen. Aber der Regenwald lebt vom hohen Niederschlag und den über Wurzelpilze (Mycorrhizae) unmittelbar in den natürlichen Kreislauf der Pflanzenwelt zurückkehrenden Nährstoffen. Frisch gerodete Urwaldböden liefern einige Jahre hindurch gute Ernteerträge, brauchen dann aber eine längere Brache- und Wiederbewaldungszeit zur Rückgewinnung ihrer Anbaufähigkeit. Im Petén mit seinem leicht wasserlöslichen Kalkuntergrund sind günstigere Regenerierungsmöglichkeiten gegeben – im Unterschied etwa zu den kristallinen Maya Mountains mit ihren flachgründigen Silikatböden und den Serpentinböden der Alta Verapaz, die so mineralarm sind, daß sie seit der Maya-Zeit bis zur Gegenwart von Siedlern gemieden werden. Von einer Gruppe yucatekischer Maya, die sich im 19. Jahrhundert in der Kiefernwaldzone des kristallinen Teils der Maya Mountains anzusiedeln versuchte, waren bis 1959 alle Familien bis auf eine, die sich auf Weidewirtschaft umgestellt hatte, wieder abgewandert (268, S. 305; 447, S. 113). Auch die armen Böden der Kiefernsavanne auf der Küstenebene, die früher unbesiedelt waren, sind nach wie vor fast unbewohnt.

Zum alten Maya-Land gehörte nur der westliche Teil der Maya Mountains, in dem die zu Karstkegeln aufgelösten Peténkalke noch auf den kristallinen Sockel übergreifen. Wenn die heutigen Maya in diesem Teil von Belize Neuland suchen, gilt die Existenz von Maya-Ruinen innerhalb des ausgewählten Gebietes als Kriterium für eine gute Bodenqualität (275, S. 34). Sie besiedeln nur die dunklen Verwitterungsböden auf dem Kalk oder die als *tzimin kax* bezeichneten rotbraunen Böden, die sich hinter alten, als Schlammfallen dienenden Steinsetzungen (S. 201) gesammelt haben (447, S. 113).

5. Der Einfluß der Maya auf ihre Umwelt

Unser Versuch, eine zuverlässige Vorstellung vom Aussehen des ursprünglichen, klimatisch begründeten natürlichen Vegetationsbildes und der mit der Vegetationsentwicklung eng verbundenen Bodentypen zu gewinnen, zeigt, im Gegensatz zur Meinung F. Termers (209, S. 154), daß sich für die große Zeit der Maya keine »Regenwaldkultur« des Südens einer »Buschwaldkultur« im Norden Yucatáns gegenüberstellen läßt. Die Maya besiedelten sowohl im Süden wie im Norden ein von Hochwald unterschiedlichen Gepräges bedecktes tropisches Tiefland. Sie haben diesen Wald in seiner Totalität genutzt: sein Holz und seine Früchte, sie zapften Gummi und Harze, sammelten Honig und Medizinalpflanzen, gewannen Bast und Fasern von Palmen und Kapokbäumen (Ceibas), preßten Öl aus Palmnüssen, jagten Tiere zur Bereicherung ihrer Nahrung, zur Gewinnung von Fellen und Federn oder um sie als Opfer ihren Göttern darzubringen. Wo sie den Wald zur Kulturlandgewinnung rodeten, schonten sie die ihnen nützlichen Bäume. Sie haben dadurch die Artenzusammensetzung des Sekundärwaldes verändert und ihren »heiligen« Bäumen zu einer größeren Verbreitung verholfen, als ihnen einst im Primärurwald zukam (S. 116).

Das Klima Yucatáns und des Petén hat sich durch die Rodungs- und Siedlungstätigkeit der Maya nicht verändert. Allenfalls war der Schwülegrad dank der größeren Offenheit der Landschaft etwas geringer als heute. Niederschlagsmenge und Niederschlagsverteilung, Häufigkeit und Dauer der Regenfälle in der Gegenwart entsprechen völlig denen der Maya-Zeit. Dies wird bestätigt durch die auf klimatischer Langzeitwirkung beruhende Abfolge der Karsterscheinungen (S. 71), die vegetationskundlichen Zeugnisse, die an Cenotes und Zisternen gebundenen Siedlungslagen und viele andere Kriterien. E. Huntingtons These (794–796), daß die Entwicklung der Maya-Hochkultur nur in einem ehemals kühleren und trockeneren Klima vorstellbar sei und daß sich während der letzten 2000 Jahre im Petén eine Klimaänderung vollzogen habe, durch die das Vordringen des Regenwaldes in eine ursprünglich von offeneren Vegetationsformationen eingenommene Landschaft begünstigt und damit das Erlöschen der Maya-Zivilisation bewirkt worden wäre, läßt sich durch eine Fülle von Fakten widerlegen (S. 447ff.).

Geändert hat sich allein im nördlichen und mittleren Yucatán der Bodenwasserhaushalt, da die mit der Feldwechselwirtschaft verbundene periodische Rodung des Waldes – ähnlich wie nach der Entwaldung mediterraner Kalkgebiete – zur Abspülung eines Teils der dünnen Bodenkrume geführt hat. Damit wurde deren Wasserkapazität verringert und der Nährstoffkreislauf beeinträchtigt. So ist der landschaftliche Gegensatz zwischen Nord und Süd, nachdem in Yucatán Busch- und Niederwälder den einstigen Hochwald ersetzten, sehr viel schärfer geworden, als er ursprünglich war. Er wird zusätzlich noch dadurch betont, daß die Verkarstungserscheinungen im nördlichen Siedlungsgebiet der Maya erst infolge der sich über Jahrhunderte erstreckenden ackerbaulichen Nutzung in ihrem vollen Umfang sichtbar geworden sind. Nur für die Gegenwart also gilt es, daß sich die Regenwaldkolonisation des Südens von der Besiedlung und agrarischen Nutzung der Busch- und Niederwaldgebiete des Nordens unterscheidet: nach landschaftlichem Milieu, nach Art und Dichte der Besiedlung und nach ihrem physiognomischen Erscheinungsbild.

IV. Existenzgrundlagen eines Bauernvolkes

Die Maya waren ein Steinzeitvolk. Sie besaßen keinerlei Werkzeuge aus Metall, und bei der Rodung des Waldes war ihnen außer dem Steinbeil das Feuer einzige Hilfe. Zur Beseitigung des auf Brachfeldern nachgewachsenen Sekundärbuschs haben sie ein flaches Schlagholz benutzt, das durch die an seinen Kanten eingelassenen Feuersteinsplitter (Flint) zugleich eine gefährliche Hiebwaffe war. Dieses hölzerne »Buschmesser« entsprach in seinem Gebrauchswert der heute allgemein in Lateinamerika verbreiteten stählernen Machete.

Gold für die Anfertigung von Schmuck und Kupfer zur Herstellung von Äxten und anderen Gegenständen erhielten die Maya erst in der nachklassischen Periode aus dem südlichen Zentralamerika, aber die Erzeugung und Verwendung von Eisen blieb ihnen bis zum Beginn der spanischen Conquista unbekannt (S. 375). Daß den Maya selbst die Errichtung von Großbauten ohne Metallwerkzeuge möglich war, das heißt Steine ausschließlich mit Steinen bearbeitet wurden, beruhte auf dem reichlichen Feuersteingehalt des anstehenden Kalkes. Daraus hergestellte Werkzeuge erreichten nahezu die Qualität von solchen aus Metall. Tikal war für die Gewinnung und den Handel mit Feuersteinknollen eines der Hauptzentren. Dazu kamen aus den vulkanischen Hochlandgebieten eingeführte Werkstoffe: Basalt und Diorit für die Herstellung von Äxten und Meißeln, dunkles Lavaglas – Obsidian – für die Fertigung von Messern und Waffen. Obsidian war der Stahl der Steinzeitmenschen. Außer ihren Naturglaswerkzeugen besaßen die Maya keine gläsernen Gerätschaften. Die Glasbläserei wurde erst durch die Spanier in der Neuen Welt verbreitet.

Die Maya hatten keine Last- oder Zugtiere und kannten als Haustiere nur Hunde und Truthühner. Da ihnen das Prinzip des Rades fremd war, fehlte die Töpferscheibe ebenso wie jede Form des Wagens, der Seilwinde oder des Flaschenzuges. Ihre Tongefäße haben sie mit der Hand geformt, während man in der Alten Welt seit 500 v. Chr. dafür die Töpferscheibe benutzte. Merkwürdig ist, daß Grabungen im Hochland zwar »Kinderspielzeuge« mit Rädern zutage förderten, dennoch das Rad weder im täglichen Leben noch im kultischen Bereich Verwendung fand (S. 441). Die Fortbewegung schwerer Werksteinblöcke – es gibt Stelen von 40–65 t Gewicht – ist freilich nicht ohne die Benutzung von Knüppel- und Baumstammrollen zu denken. Alle Lasten geringeren Gewichtes wurden auf dem Rücken der Menschen, vorwiegend in geflochtenen Körben und Taschen, transportiert. Eine große Überraschung war die Entdeckung einer zerbrochenen tonnenschweren Steinwalze auf einer der Zeremonialstraßen in Yucatán (S. 364). Sie ist offensichtlich zum Festwalzen des Straßenschotters, nicht aber – wegen ihres hohen Eigengewichtes – als Transportrolle verwendet worden.

Der gewöhnlich mit der Entwicklung von Hochkulturen parallel verlaufende technische Fortschritt ist bei den Maya ausgeblieben. Ihr technologisches Wissen hat sich die Jahrhunderte hindurch kaum vervollkommnet. Der technische Sprung von der Rolle zum Rad ist ihnen (wie auch keiner der anderen indianischen Gruppen in Nord- und Südamerika) nicht geglückt. Da sie überdies kein Zugtier besaßen, blieb ihnen die im altweltlichen Orient gelungene Erfindung des Pfluges versagt.

Haupt-, jedoch nicht alleinige Grundlage ihrer Ernährung war der Brandrodungsfeldbau im Rahmen einer Landwechselwirtschaft. Ihre Felder *(milpas)* bestellten sie mit dem Pflanzstock (Maya: *xul*), dessen Spitze sie durch Ankohlen im Feuer härteten. Mit diesem Gerät, das sich höchstwahrscheinlich aus dem Grabstock der Jäger- und Sammlerzeit entwickelt hat, arbeiten die Maya noch heute. Der einzige Fortschritt ist die Verwendung eiserner Spitzen. Auf den steinigen, flachgründigen Böden Yucatáns gibt man dem Pflanzstock oder der Hacke immer noch den Vorzug vor dem Pflug. Mit Ausnahme des von den Spaniern übernommenen Buschmessers, der Hacke und des Ersatzes der Steinbeile *(baat)* durch Stahläxte haben sich die bei Rodung und Anbau verwendeten Geräte gegenüber früher nicht verändert.

Eine andere Frage ist freilich, ob sich die Feldbaumethoden der Maya auf die heute noch weitgehend im Lande übliche Pflanzstock-Milpawirtschaft beschränkt haben oder ob etwa in der klassischen Zeit angewandte verfeinerte Landbautechniken mit dem Untergang der Hochkultur verlorengegangen sind (S. 188).

Bildliche Darstellungen über Formen und Ablauf des täglichen Lebens, von Markt- und Familienszenen, Wiedergaben häuslicher und gewerblicher Tätigkeiten oder ähnliches sind in der Maya-Kunst selten. Im Unterschied zu den großartigen keramischen Erzeugnissen der Hochkulturen Altperus, die uns die ganze vorkolumbische Alltagswelt der dortigen Küsten- und Hochlandindianer erschließen, hinterließen die Maya nur verschwindend wenige Profandarstellungen. Man hielt das Interesse der Götter dafür wohl für zu gering (334, S. 89). Als eine einzigartige Ausnahme dürfen die lebensnah gestalteten Tonfigürchen gelten, die man in den Gräbern der Toteninsel Jaina gefunden hat (S. 329). Steinplastiken beschränken sich auf den Zeremonialbereich, Tongefäße sind nur gelegentlich mit Szenen aus dem Alltagsleben bunt bemalt und stellen auch im übrigen als tägliche

Gebrauchsgegenstände keine Objekte besonderer künstlerischer Gestaltung im Vergleich zu den überragenden Leistungen im kultisch-religiösen Bereich der Stelenskulptur und der Stuckornamentik dar. Auch die drei erhalten gebliebenen Codices (S. 27) berichten uns mit Ausnahme der im Codex »Tro-Cortesianus« beim Weben dargestellten Göttin Ixchel und des mit dem Maisanbau verbundenen Zeremoniells nichts über handwerkliche Techniken oder die agrarwirtschaftlichen Tätigkeiten der alten Maya.

Fig. 21 Wandbild eines Fischerdorfes im Tempel der Krieger, Chichén Itzá

(Nähere Erläuterung im anschließenden Text)

Etwas ergiebiger sind die wenigen noch ausdeutbaren Wandbilder, wenn auch sie generell, wie die anderen Kunstschöpfungen, sakrale Aufgaben zu erfüllen hatten und Profandarstellungen nur randliche Erscheinungen sind. Die aufschlußreichste aller Szenen aus dem Alltagsleben der Maya findet sich auf einem Wandbild im Tempel der Krieger in Chichén Itzá, die lebendig gestaltete Wiedergabe eines Küstendorfes (Fig. 21). Fünf der charakteristischen Häuser mit ihren steilen Dächern bilden die lockere Siedlung, in der man im Freien die Frauen bei der Arbeit sieht, beim Reiben des Maismehls und beim Kochen, während Männer Lasten schleppen oder mit dem Pflanzstock auf dem Weg zum Felde sind. Der eine schwere Last am Stirnband tragende Mann (links) scheint ein Wanderhändler zu sein. Etwas abseits steht der Tempel, in dem ein Priester sein Gebet verrichtet. Vor dem Dorf ziehen auf der durch Schlangenlinien dargestellten Wasserfläche drei Einbäume mit je einem Paddler und toltekischen Kriegern vorüber, die die yucatekische Küste erkunden. Die seegängigen Kanus mit hohem Bug und Heck werden durch den als Seezeichen gedeuteten hölzernen Pfahl am Ufer vor einer Untiefe gewarnt. Das Wasser wimmelt von allerlei Meeresgetier.

1. Agrarsoziale Struktur

Die Maya lebten in monogamen Ehen. Polygamie scheint sich auf seltene Ausnahmefälle beschränkt zu haben (480, S. 99). Klar wurde zwischen den männlichen (patrilinearen) und weiblichen (matrilinearen) Abstammungslinien unterschieden. Die männlichen wurden als *ch'ibal*, die weiblichen als *tz'acab* bezeichnet, und jeder, ob Mann oder Frau, kannte genau seine Zugehörigkeit. Aus frühkolonialzeitlichen Aufzeichnungen sind uns mehr als 250 alte patronymische Namensgruppen bekannt, von denen viele auf Pflanzen- oder Tiernamen zurückgehen. Die Träger gleichen Namens waren über weite Gebiete verstreut und nahmen sich jedes sie besuchenden Trägers ihres Namens in verwandtschaftlicher Verbundenheit an. Angehörige der gleichen Abstammungslinie durften untereinander nicht heiraten (178, S. 98; 736, S. 4).

Grund und Boden gehörten im Gegensatz zu den komplizierten Besitzverhältnissen im mexikanischen Hochland bei den Maya den durch die väterliche Abstammung bestimmten Gruppen. Er wurde als göttliches Eigentum betrachtet, das der Gemeinschaft, das heißt dem Sippenverband bzw. der gewöhnlich aus drei Generationen bestehenden Großfamilie, zur Nutznießung überlassen war (45, S. 174; 178, S. 96, 100; 848, S. 37). Die Existenz von Großfamilien seit mindestens frühklassischen Zeiten ist nachgewiesen (480, S. 109). Im späten Klassikum begannen sie im Petén zu zerbröckeln, aber in Yucatán gab es intakte Großfamilien bis zur spanischen Conquista (S. 244), bei einigen Maya-Gruppen im Hochland von Chiapas bestehen sie – wenn auch lockerer strukturiert als früher – bis zur Gegenwart (482, S. 39).

Die durch Blutsbande geeinte Gruppe wies jeder der ihr zugehörigen Einzelfamilie ein bestimmtes Flächenstück zu, das sie roden und bebauen konnte (848, S. 37). Dabei richtete man sich durchaus nach den Wünschen des einzelnen. Wenn sich ein Bauer selbst ein freies Stück Land ausgesucht und abgesteckt hatte, wurde es ihm auch offiziell zugeteilt. Dies bestätigt zum Beispiel Bischof Landa (178, Kap. 23). Obwohl Rodung und Maisaussaat als Kollektivarbeiten durchgeführt wurden, durfte jeder Bauer, abgesehen von den Nahrungsmittellieferungen an Adel und Priesterschaft, frei über seine Ernteerträge verfügen.

Im Erbfall wurde geteilt. Bischof Landa stellte dazu fest, daß die Töchter keinen Anspruch auf ein Landstück hatten und nur allenfalls durch freiwilliges Entgegenkommen ihrer Brüder eine Parzelle erhielten, die vor der eigentlichen Teilung aus der Erbmasse herausgenommen wurde. Der Rest wurde unter die männlichen Nachkommen im Prinzip gleichmäßig aufgeteilt mit einer gewissen Bevorzugung desjenigen, der zu Lebzeiten des Vaters am meisten zum Besitzzuwachs der Familie beigetragen hatte. War kein Sohn vorhanden, fiel der Besitz an die Brüder des Verstorbenen oder an die nächstverwandten Mitglieder seiner Sippe (178, S. 99ff.).

Mit der vaterrechtlichen Sozialordnung waren aber noch gewisse Züge eines älteren Mutterrechtes verquickt, so wie auch matronymische Namen den patronymischen vorausgegangen sind (736, S. 4). Mutterrechtliche Traditionen drückten sich zum Beispiel in dem Brauch aus, daß der jungverheiratete Ehemann für die Dauer von 4–6 Jahren auf den elterlichen Hof seiner Frau übersiedelte, um dort die Felder seiner Schwiegereltern mitzubearbeiten. Für die eigene Familie des jungen Mannes bedeutete dies den Verlust einer wertvollen Arbeitskraft. Erst nach Ablauf der üblichen Zeitspanne konnte er daran denken, einen selbständigen Haushalt im Rahmen seiner Großfamilie zu gründen und das ihm von dieser zugewiesene Land zu bewirtschaften (178, S. 101; 300, S. 31). Die Sitte, daß der neuverheiratete Mann zunächst einige Zeit für seinen Schwiegervater arbeiten muß und so lange mit seiner jungen Frau in dessen Haus lebt, besteht bis zur Gegenwart bei den Tzeltal- und Tzotzil-Maya im Hochland von Chiapas fort (482, S. 39).

Noch heute gibt es im Petén keinen privaten Grundbesitz. Das Land gehört der Gemeinde, der Milpero ist nicht »Eigentümer«, aber unbestrittener »Besitzer« des von seinem Vater geerbten Landes (388, S. 3). Auch das brachgefallene und wiederbewaldete Land steht nur ihm für eine künftige Nutzung zu. Dieses Verfügungsrecht bezieht sich allein auf den Boden, nicht auf den herangewachsenen Wald. Wenn er vor der Neurodung zum Beispiel einige Bäume für eigene Verwendungszwecke oder den Holzverkauf fällen will, braucht er dafür die Zustimmung der Gemeinde und muß eine entsprechende Abgabe zahlen. Nur Fruchtbäume, die er oder seine Vorfahren früher einmal auf dem Land gepflanzt haben, bleiben mit ihren Erträgen sein Privateigentum.

Der Familienbesitz ist nach außen hin weder eingezäunt, noch sind die Grenzen anderweitig markiert. Man erkennt sie an Geländemerkmalen, und es gibt überdies kaum Grenzstreitigkeiten, da die einzelnen Familienbesitze durch genügend breite Niemandslandstreifen voneinander getrennt sind. So können die Mayero mit Zustimmung der Gemeinde ohne Schwierigkeiten ihren Grundbesitz nach außen erweitern. Dies wäre bei einem durch Grenzen fixierten Privateigentum nicht möglich, und daher sind sie durchaus damit zufrieden, daß der gesamte Grund und Boden Gemeindeeigentum ist und es für sie keine Landerwerbsprobleme gibt (388, S. 8).

In der alten Maya-Gesellschaft bestimmte der Sippenvorstand das von jeder Einzelfamilie zu kultivierende Areal, und der Ablauf der Feldarbeiten richtete sich nach dem durch Kalender und priesterliche Anordnungen festgelegten Rhythmus. Innerhalb der Kleinfamilie stand dem Mann als Familienoberhaupt das ausschließliche Entscheidungsrecht zu. Er erhielt als erster seine Mahlzeit und wurde von seiner Frau bedient. Erst wenn er gesättigt war, aß die Frau mit den Kindern, deren Erziehung ihr oblag.

Einen Teil der Ernte beanspruchte die Priesterschaft, von der die Bauern in der weniger mit Feldarbeit angefüllten Zeit zu Bauarbeiten in den Zeremonialzentren verpflichtet wurden. Auch die adligen Familien hatten sie mit Nahrungsmitteln zu versorgen. Mindestens ein Teil dieser Abgaben stammte von speziellen Parzellen, die den Bauern von der örtlichen oder zentralen Obrigkeit für die Versorgung der Oberschicht zugewiesen worden waren (178). Die Lieferungen umfaßten nicht nur Mais, Gemüse und Obst, sondern auch Anteile an der Jagdbeute, dem im Wald gesammelten Honig und Kopalharz für Räucherzwecke. Dazu kamen von den Frauen gewebte Stoffe, von ihnen gefertigte Körbe und Töpfereierzeugnisse. Die Küstenbewohner lieferten Salz und getrockneten Fisch.

Nach ihrem Rechtsstatus waren die Maya zwar »freie« Bauern, aber sie konnten keine allein von ihren Entscheidungen abhängige Individualwirtschaft betreiben. Dies rechtfertigt jedoch nicht, sie als »Leibeigene« oder gar »Sklaven« der Priesteroligarchie und des Adels zu bezeichnen. Auf den Status rechtloser Sklaven sanken nur solche Maya ab, die sich eines Diebstahls schuldig gemacht hatten (S. 334). Alle anderen in der Agrarwirtschaft eingesetzten Unfreien waren entweder Kriegsgefangene oder über den Sklavenhandel (S. 380) ins Maya-Land gekommene fremdstämmige Indianer. Besonders der ergiebige Kakaoanbau der Chontal-Maya beruhte weitgehend auf Sklavenarbeit.

Die Maya-Bauern waren dirigistisch gebundene Glieder einer großen, im Kult geeinten Gemeinschaft. Man kann sie in ihrer sozialökonomischen Situation wohl am ehesten mit den Fellachen der Pharaonenzeit vergleichen. Jedenfalls waren sie es, die durch ihre Handarbeit die Hauptlast dieses theokratischen Gemeinwesens zu tragen hatten, und es ist daher nicht verwunderlich, daß sie nach Jahrhunderten geduldigen Sichfügens gegen ihr Schicksal aufbegehrten (S. 459ff.).

2. Mais, Knollenfrüchte und andere Kulturgewächse

Grundlage der Maya-Wirtschaft war der mit Landwechsel verbundene Brandrodungsfeldbau, wichtigste, wenn auch keineswegs alleinige Kulturpflanze der Mais (Bild 28 und 29). »Der erste Mensch war aus Mais gemacht«, heißt es in den Mythen der Maya (173, S. 17). Als »Urstoff der Menschen« wird der Mais im Popol Vuh bezeichnet. Köpfe der Maisgottheit *Yum Kax,* die die Tempel und Paläste von Copán zieren, gehören zu den schönsten Skulpturen der Maya-Kunst.

Einen noch höheren Grad der Verehrung genoß Chac, der Gott des Regens, von dessen Wohlwollen das Ergebnis der Ernte abhing (Bild 30 und 31). Dieser Gott, dessen Bild sich allein in den drei erhaltenen Codices 218mal findet und der den Maya wichtiger erschien als Itzamná, der allmächtige Gott des Himmels, wurde als einzelne Gottheit, zugleich aber auch in vierfacher Personifizierung der Haupthimmelsrichtungen verehrt. Daß die Chac-Köpfe vorzugsweise an den vier Ecken der Tempel und Paläste angebracht sind, ist daher kein Zufall: Jeder blickt in eine andere Himmelsrichtung. Die schönsten Beispiele dafür sind der dem Agrarkult gewidmete Tempel XXII in Copán und die von 250 Chac-Köpfen bedeckte Fassade des Maskenpalastes *(Codz poop)* in Kabáh.

Um die Gunst der Chacs war man im niederschlagsarmen Norden Yucatáns mehr besorgt als im Süden, wo meist ausreichende Niederschläge fallen und man häufig genug bei einem Zuviel an Regen um dessen baldiges Ende bitten mußte. An fast keiner Tempelfassade in Yucatán fehlen die stilisierten Masken der Regengötter mit ihren Glotzaugen unter kräftigen Augenbrauen, halboffenem Mund und charakteristischen langen Rüsselnasen, hinter denen sich nichts anderes verbirgt als die gespreizte Oberlippe eines Jaguars. Man kann die Entwicklung dieser Regengottmasken mit den vorstehenden Reißzähnen des Jaguars rückwärts verfolgen: über Stuckmasken vom Ende des Präklassikums, die in Uaxactún die Treppenaufgänge zu einer Pyramidenplattform flankieren, bis zu einem im Stil der Olmeken gestalteten Relief in Monte Alban, das den Jaguar noch recht naturalistisch in einer Maske wiedergibt (191, S. 60). Die Zeichnungen der Codices symbolisieren die Chacs durch zwei Blitzfackeln und einem aus Schlangen geformten Wassersack.

Die Maya glaubten, daß der Regengott das Wasser aus Teichen, Lagunen, Brunnen und Quellen in den Himmel befördere und später von dort wieder als Regen auf die Erde niederfallen lasse. So lokalisierten sie den Sitz des oder der Chacs an den Wasserstellen und brachten ihnen dort ihre Opfer dar. Noch heute wird in besonders trockenen Jahren der Regengott von den Bauern angerufen. Alte »weise« Männer, die gute Wetterbeobachter sind, übernehmen die Zeremonie und kommen in die Dörfer, wenn die Bewölkung baldigen Regen verspricht. Ihre Beschwörungen haben dann mit einiger Sicherheit in wenigen Stunden den gewünschten Erfolg.

Die vor 25 000–28 000 Jahren über die eiszeitliche Beringlandbrücke eingewanderten Uramerikaner waren schweifende Jäger. Der Feldbau ist in ihrer altweltlichen Heimat erst wesentlich später erfunden worden, so daß er nicht von ihnen in die Neue Welt übertragen worden sein kann. Unter den von ihren Abkömmlingen im mexikanischen Bereich gesammelten Samen von Wildpflanzen waren Bohnen der Art *Phaseolus vulgaris* und Körner von Wildmaissorten *(Zea mays)*, von denen man über 12 000 winzige Kolben in den trockenen Höhlen und Halbhöhlen des Tehuacántals im südlichen

Hochland (Puebla) gefunden hat. Die Maiskörner haben sich nicht erhalten. Der geringen Kolbengröße entsprechend müssen sie das Aussehen kleiner Hirsekörner gehabt haben. An jedem Kolben saßen – in 4 oder in 8 Zeilen – 36 bzw. 72 Samen (364, S. 542). Beide Wildsorten von Mais und Bohnen stammen zwar schon aus der Zeit zwischen 5200 und 3400 v. Chr., aber sie bildeten auch noch in den folgenden 2½–3 Jahrtausenden ohne besondere Vorzugsstellung nur zwei unter den vielen durch Sammelwirtschaft gewonnenen Nahrungsmitteln (197, S. 16; 364, S. 541; 365, S. 437).

Einen tiefgreifenden Wandel in der Nahrungsmittelversorgung brachte der zwischen 3000 und 2500 v. Chr. erfundene Grab- und Pflanzstockanbau: Er ermöglichte, wenn auch nicht sofort, so doch allmählich, den Übergang von der Sammelwirtschaft zum geregelten Feldbau und damit zu einer seßhaften Lebensweise. Aber im Gesamtnahrungsmittelaufkommen spielten die Feldbauerzeugnisse zunächst nur eine vergleichsweise geringe Rolle. Um 2500 v. Chr. sind sie in den Abfallresten der La-Perra-Höhle (Tamaulipas) erst mit 9 %, um 2300 v. Chr. in den Höhlen des Tehuacántals mit 30 % vertreten. Die übrige Nahrung wurde nach wie vor aus der Sammelwirtschaft und der Jagd bestritten (350, S. 215). Aber um 1500 v. Chr. bestand die tägliche Nahrung bereits ganz überwiegend aus Ackerbauprodukten, so daß man von diesem Zeitpunkt an von einem vollentwickelten Feldbau sprechen kann. Anfänge einer Vorratswirtschaft zeichnen sich ab.

Zweifellos war von den zwei Werkzeugen, die den Übergang zum Feldbau ermöglichten – dem Grabstock und dem Pflanzstock –, der mit einer zweiflächigen Schneide versehene Grabstock das ältere der beiden Geräte, denn er wurde schon zur Zeit der Sammelwirtschaft zum Ausgraben eßbarer Wurzeln und Wurzelknollen benutzt. Aus seiner Länge von fast 2 m geht hervor, daß der Grabstock zugleich zum Abschlagen von Baumfrüchten gedient haben kann (398, S. 26). Die später zur Aussaat von Mais oder Bohnen verwendeten, nur angespitzten Pflanzstöcke waren kürzer und dünner. Die Erfindung des Feldbaus muß als eine völlig selbständige Leistung der Indianer angesehen werden.

Von den beiden ältesten im Bergland Mesoamerikas kultivierten Pflanzen – Mais und Bohnen – waren wahrscheinlich anfangs die verschiedenen Bohnensorten für den Menschen wichtiger als der zwischen 3400 und 2300 v. Chr. domestizierte Mais, dessen zunächst nur 2–2,5 cm lange Kolben erst allmählich zu größerer Ergiebigkeit herangezüchtet werden mußten (365, S. 431, 439, 444). Maiskolben aus den Höhlen des Tehuacántals, die aus der Zeit von 200 bis 700 n. Chr. stammen, haben bereits eine Größe von 8–10 cm gegenüber 16–20 cm in der Gegenwart. Stetig zunehmende Größe und Ergiebigkeit waren das Hauptergebnis des seit über 5000 Jahren vom Menschen betriebenen Maisanbaus. Heute enthält ein einziges Maiskorn mehr Kohlenhydrate als ein ganzer Wildmaiskolben der Tehuacán-Zeit (364, S. 545).

Die Urheimat oder zumindest eines der Ursprungsgebiete von *Zea mays* ist in Mittelamerika, wahrscheinlich in Nordwestguatemala, zu suchen. Wildformen gibt es dort heute nirgends mehr, aber da die nur im Bereich der zentralamerikanischen Landbrücke zwischen Mexiko und Guatemala als ein- und mehrjährige Unkrautpflanze auftretende Teosinte *(Euchlena mexicana* und *Euchlena perennis)* die einzige Pflanze ist, die Kreuzungen mit Mais eingeht, war man lange davon überzeugt, in ihr den wilden Vorfahren des Maises gefunden zu haben (410, S. 91). Inzwischen hat sich herausgestellt, daß Teosinte selbst schon eine Kreuzung aus domestiziertem Mais und *Tripsacum,* einer anderen mit der Zea-Familie verwandten Grasart ist (306; 333; 441).

Daß Mais in der Neuen Welt aus einer Wildgrasart zur Kulturpflanze herangezüchtet worden ist, geht nicht zuletzt daraus hervor, daß in interglazialen, etwa 80 000 Jahre alten Sedimenten des Beckens von Mexiko, 80 m unter der heutigen Landoberfläche, Pollen des inzwischen ausgestorbenen Wildmaises gefunden wurden (364, S. 539). Sie stammen also aus einer Zeit, die weit vor der Einwanderung der Uramerikaner und der Erfindung des Ackerbaues liegt. Etwa um 250 n. Chr. scheint der Wildmais endgültig verschwunden zu sein, denn in den aus späterer Zeit stammenden Ablagerungen sind keine Pollen von Wildmais mehr gefunden worden. Ursache des Aussterbens wird die Dominanz der Kulturmaispollen gewesen sein, durch die auch die noch vorhandenen Wildmaisgräser bestäubt wurden, was schließlich deren Hybridisierung bewirkte (364, S. 542). Da die Kolben der Kulturmaissorten von den Hüllblättern fest umschlossen werden, können die Körner nicht herausfallen, und die Vermehrung durch Samen ist nur noch mit menschlicher Hilfe möglich.

Wahrscheinlich hat es neben Guatemala ein zweites Mais-Ursprungsgebiet im nördlichen Südamerika gegeben, wo in Kolumbien und neuerdings auch in Ecuador schon frühzeitig gezüchteter Mais nachgewiesen ist. Man vermutet, daß in Ecuador der erste Mais bereits um 5800 v. Chr. angepflanzt wurde (305, S. 11). Jedenfalls neigen heute einige Zytogenetiker zu der Ansicht, daß die Hochzüchtung der mexikanischen Sorten erst durch Kreuzung mit eingeführten ertragreicheren südamerikanischen Maisrassen möglich gewesen sei (365, S. 439). Ohne den Maisanbau, der den Bohnenanbau aus seiner ursprünglich dominanten Stellung verdrängte, und zwar eine über die bäuerliche Selbstversorgung hinausgehende Maisproduktion, hätten sich im alten Maya-Land keine großen Zeremonialzentren mit Priestern, Adligen, Beamten und Handwerkern, das heißt mit einer nicht mehr ausschließlich in der agrarischen Urproduktion tätigen Bevölkerung, entwickeln können. Zwar wissen wir heute, daß die auf Brandrodungsfeldern erzielten Maisernten ohne Ergänzungskulturen und den Übergang zu verbesserten Agrartechniken (S. 189) allein für die zivilisatorische Entwicklung der Maya nicht ausgereicht hätten, aber der Maisanbau nahm doch innerhalb ihres Wirtschaftssystems den zentralen Platz ein: »Erst domestizierte der Mensch den Mais, dann der Mais den Menschen« (305, S. 97).

Der Mais als sichere Ernährungsbasis seßhafter Menschen spielte in der kulturellen Entfaltung Zentralamerikas die gleiche Rolle wie der Reis in den Monsunländern Asiens, dessen Anbau in Naßkulturen, verglichen mit dem auf unbewässerten Feldern gepflanzten Mais, allerdings ein Vielfaches an Arbeitsleistung erfordert. Auch dort sind die großen kulturellen Schöpfungen auf Ceylon (Anuradhapura, Polanaruva), in Mitteljava (Borobudur, Prambanan), Kambodscha (Angkor) und Burma (Pagan) nicht ohne die kontinuierliche Produktion eines lagerfähigen Grundnahrungsmittels zu denken (475). Im Gegensatz zu Mais und Reis (und außertropischen Körnerfrüchten, die zur Grundlage der europäischen Kulturentwicklung wurden) hat der alleinige Anbau leichtverderblicher stärkereicher Knollenfrüchte, wie Maniok (Süd- und Zentralamerika) oder Taro (Monsunasien), die jeweils dem Getreidebau vorangingen, keine hochkulturellen Entwicklungen initiiert. Die aus den tropischen Anden stammende Kartoffel ist eine Ausnahme. Die Inka, zu deren kohlenhydratreichem Grundnahrungsmittel sie wurde, haben mit der Chuñoherstellung ein geniales Konservierungsverfahren erfunden, indem sie durch Gefrierenlassen und Auswaschen der verderblichen organischen Bestandteile der Kartoffeln federleichte reine Stärkeknollen produzierten. Nur in den außertropischen Ländern, wo sie heute ihr Hauptanbaugebiet hat und in Ergänzung von Weizen, Roggen und Gerste die Ernährung der modernen Industriegesellschaften sichert, ist die Kartoffel im Gegensatz zu ihrem tropischen Ursprungsland lagerfähig.

Als Gemüse kultivierten die Maya seit mindestens 2000 v. Chr. Kürbisgewächse *(Curcubita pepo, C. moschata* u. a.), anfänglich vermutlich mehr zum Verzehr der schmackhaften Kerne. Als besonders stärkereiche Wurzelknollen pflanzten sie den zuvor schon aus Wildvorkommen gesammelten süßen Maniok an *(Manihot esculenta;* span. *yuca),* mit dessen Anbau man nach Meinung der Paläobiologen aber erst um 1000–500 v. Chr., also weit später als im tropischen Tiefland Südamerikas, begann (365, S. 429, 431, 442). Als dennoch seit nunmehr fast 3000 Jahren kultiviertes Knollengewächs hat es die Fähigkeit zur Samenbildung völlig verloren. Es kommen zwar mehrere Wildformen der Gattung *Manihot* in Yucatán und im Petén vor, nicht aber der kultivierten Art *M. esculenta.* Wildwachsende Vorfahren dieser Spezies konnten bisher auch nicht in anderen Teilen der amerikanischen Tropen nachgewiesen werden. Es ist daher möglich, daß die Maya überhaupt als erste die süße Yuca kultiviert haben (310, S. 267), wenn sie nicht, was auch vermutet wird, aus dem karibischen Raum auf das Festland gelangt ist. Verglichen mit dem Mais, scheint Maniok jedoch für die Ernährung der Maya nur von zweitrangiger Bedeutung gewesen zu sein (318).

Daß in den frühen Abfallschichten der Höhlenwohnungen des Tehuacántals neben den vielen Maiskolben keine Maniok- oder Batatenreste gefunden wurden, ist nicht verwunderlich, denn beide sind Tieflandgewächse, und Hochland-Knollengewächse wie in Peru (Kartoffel, Oca u. a.) gibt es in Mexiko nicht. Im feuchtheißen Maya-Tiefland haben sich weder die verholzten Maiskolben, geschweige denn Reste der schnell faulenden Bataten- oder Maniokknollen erhalten. Im Unterschied zu den vielen im Tiefland gefundenen Reibsteinen und Reibwalzen – *metate* und *mano* –, die dort zur Zubereitung der Maismahlzeiten seit mindestens 900 v. Chr. benutzt wurden (350, S. 216), fehlen im Tiefland zur Verarbeitung von Wurzelknollen verwendete Geräte. Aber auch dies kann nicht überraschen, da die Knollen vor oder nach dem Kochen nur geschält und in Stücke geschnitten zu werden brauchen. Während für das Auspressen des blausäurehaltigen Saftes der giftigen Maniokart *(Manihot utilissima)* locker geflochtene Schläuche aus Palmblättern erforderlich sind, brauchten die Maya für den von ihnen kultivierten süßen Maniok kein solches Hilfsmittel.

Zum Unterschied zu *Manihot esculenta* ist von der Süßkartoffel (Batate, *Ipomea batatas;* span. *camote*) im Petén eine Wildform nachgewiesen worden (C. L. Lundell). Die Tatsache, daß Bischof Landa 1566 bereits drei kultivierte Batatensorten, eine rosafarbene, gelbe und weiße Varietät, nennt, spricht für eine damals schon weit zurückreichende Züchtung der Süßkartoffel. Im Chilám-Balám-Buch von Chumayel wird ihre Bedeutung neben der von anderen Knollengewächsen als Nahrungsmittel besonders hervorgehoben (310, S. 267). Wenn bei Ankunft der Spanier Maniok, Bataten oder andere Wurzelknollen in der Ernährungswirtschaft der damaligen Maya eine wichtige Rolle spielten, ist anzunehmen, daß dies auch in einer weiter zurückliegenden Vergangenheit der Fall war. Bestätigt wird eine solche Schlußfolgerung durch die Tatsache, daß für die Knollengewächse allgemein Maya-Namen und nicht solche fremder Herkunft üblich sind. Für die Yamsknolle *(Dioscorea spp.),* die erst nach der spanischen Eroberung aus Afrika eingeführt wurde, gibt es zum Beispiel keine Maya-Bezeichnung.

Ein Problem ist freilich, ob der Feldbau der Tiefland-Maya mit Mais oder mit Wurzelknollen begonnen hat. In Ostasien ist dem Reisanbau der Taroanbau vorangegangen. So liegt die Vermutung nahe, daß auch im heißen Tiefland Mittelamerikas die Kultur einer Knollenfrucht älter ist als die eines Getreides. Einer der ältesten überlieferten Maya-Mythen berichtet von einer Agrargottheit, die nicht für den Mais, sondern für ein Knollengewächs »zuständig« war (77, S. 104f.). Auffällig ist jedoch andererseits, daß sich die Sorge um eine gute Maniok- oder Batatenernte im kultisch-zeremoniellen Bereich überhaupt nicht widerspiegelt. Dort geht es immer nur um die Sicherung der Maisernte, und zweifellos stand der Maisanbau im Mittelpunkt des Denkens aller Maya-Bauern. Er war an die risikoreiche Landwechselwirtschaft gebunden, während Maniok – wie auch die Batate – auf Dauerfeldern in Hofnähe, auf Terrassen (S. 199ff.) oder auf ständig feuchtem Niederungsland angepflanzt wurde.

Archäologische Beweise für eine dem Maisanbau vorangegangene Kultur von Knollenfrüchten gibt es nicht. Zwar wurde festgestellt, daß die zur Maisverarbeitung benötigten Reibsteine in den am Belize River ausgegrabenen Wohnhügeln erst in den höheren Kulturschichten an Häufigkeit zunehmen, woraus man auf eine anfänglich geringere Bedeutung des Maisanbaus schließen könnte (501), aber so weitgehende Folgerungen dürfen aus diesem Befund wohl kaum gezogen werden. In den Ablagerungen der Petenxil-Lagune östlich des Petén-Itzá-Sees sind durch Bohrungen in einem aus der Zeit von 2000 bis 800 v. Chr. stammenden Horizont Pollen einer bereits kultivierten Maissorte festgestellt worden (278, S. 329). Dieses überraschend frühe Datum wird durch Funde etwa gleichaltriger Maispollen (1800 v. Chr.) in den Sedimenten der Laguna de Cocos im nördlichen Belize bestätigt (455). Außer botanischen gibt es jedoch auch archäologische Beweise für die frühe Existenz des Maisanbaus im Maya-Tiefland. Fragmente von *metates* und *manos* aus quarzitischem rötlichen Sandstein, die 1975 bei der Ausgrabung von Siedlungsplätzen im nördlichen Belize gefunden wurden, stammen aus der Zeit von 1500 bis 1000 v. Chr., gehören also der frühen formativen Periode an. Das harte, für Maisreiben geeignete Gesteinsmaterial ist über eine Entfernung von rund 150 km bis zur Stelle seiner Verwendung transportiert worden (341, S. 90). Für die Kultur von Knollenfrüchten kann ein noch früherer Zeitpunkt allenfalls vage vermutet werden. Einen interessanten Hinweis liefert die Sprachforschung. Unter zehn Kulturgewächsen, die bei sämtlichen Maya-Gruppen denselben Namen tragen, sind neben Mais, Avocado (Aguacate), Chilipfeffer und Kakao auch Süßkartoffel (Maya: *'iis*) und Maniok (Maya: *tz'ixn*) vertreten. Alle diese Nutzpflanzen waren den Maya schon lange vor der klassischen und präklassischen Periode, das heißt vor 2000 v. Chr., bekannt (310, S. 263).

Wie dem auch sei – ob der Feldbau der Maya mit Maniok und Bataten oder mit Mais begonnen hat –, kultivierte Knollengewächse galten nach dem, was wir heute wissen (S. 228), neben dem (zweifellos dominierenden) Mais keineswegs als eine bescheidene Zukost, sondern deckten zu einem erheblichen Anteil den Kalorienbedarf der Menschen. 100 g Mais enthalten 80–85 g Stärke gegenüber 79 g in einer gleichen Einheit frischer Maniokknollen. Mitglieder der »British Honduras Land Use Survey«-Kommission haben 1959 auf Grund ihrer Forschungsergebnisse zum erstenmal die Ansicht vertreten, daß die Ernährung der Maya in einem durchaus mit dem Mais vergleichbaren Ausmaß von Knollenfrüchten abhängig gewesen sein könnte (447, S. 112).

Außer Süßkartoffel und Maniok findet sich unter den zehn Kulturgewächsen, die einen alten Maya-Namen tragen, eine dritte, weniger bekannte Knollenfrucht, die aber dennoch für die Maya von einiger Bedeutung war, die Jicama *(Pachyrrhizus erosus).* Sie pflanzt sich im Unterschied zu den anderen Knollengewächsen durch Samen fort und ist in den Wäldern Yucatáns und des Petén weit verbreitet. Als in Notzeiten leicht zu sammelnde Nahrung wird die Jicama in den Chilám-Balám-Büchern häufig erwähnt (138, S. 97). Sie wird roh oder geröstet gegessen. Wegen der reichen Wildvorkommen haben sich die Maya offensichtlich nicht sehr um die Heranzüchtung ergiebigerer Sorten bemüht (310, S. 265).

Schließlich ist neben weniger bedeutsamen noch ein viertes Knollengewächs zu nennen, das den alten Maya in mehreren Varietäten bekannt war:

Yautia *(Xanthosoma saggitifolium, X. violaceum* u. a.). Eine wilde Xanthosoma-Art *(X. yucatense)* mit eßbaren Wurzelverdickungen ist zwar in Yucatán und im Petén nicht selten und wird noch von den Lacandonen gesammelt *(macal silvestre)*, aber die meisten Xanthosoma-Arten haben zweifellos ihre Urheimat in Westindien und müssen, da die Maya sie kannten, schon vor Beginn des Entdeckungszeitalters auf das Festland verpflanzt worden sein (310, S. 266).

Kein Zweifel also, daß die Maya schon lange vor Anbruch der klassischen Periode über eine beachtliche Anzahl von vegetativ leicht vermehrbaren Knollenfrüchten verfügten. In ihrem Nährwert stehen sie alle dem Mais nur wenig nach. Der einzige Nachteil ist, daß alle Wurzelknollen im tropischen Tieflandklima schnell verderblich sind und sie daher täglich frisch geerntet werden müssen. In einer Agrargesellschaft, die nur von Maniok und Bataten lebt, sind die Möglichkeiten einer sozialen Differenzierung außerordentlich begrenzt. Der tägliche Gang aufs Feld, die Betreuung der Anpflanzungen und das Ausgraben der für die Mahlzeiten erforderlichen Ration nehmen einen Großteil der Arbeitszeit in Anspruch. Das mit Hilfe des Pflanzstocks ausgesäte »Indianerkorn« hingegen lieferte über viele Monate haltbare Vorräte und wurde damit zur eigentlichen Voraussetzung für die Entstehung einer Hochkultur.

500 mm Jahresniederschlag sind das Minimum für einen erfolgreichen Maisanbau. Diese Regenmenge ist im Petén überall, in Yucatán – mit Ausnahme des äußersten Nordwestens – ebenfalls im Durchschnitt langjähriger Meßwerte gewährleistet (Fig. 14). Aber es treten in Yucatán auch häufig Perioden beträchtlich darunter bleibender Niederschlagsmengen auf. In solchen Trockenjahren oder wenn Heuschrecken in die Maisfelder einfielen, zudem nicht selten Hurrikane das Land verwüsteten, boten die Knollengewächse trotz der Maismißernten einen sicheren Ernährungsrückhalt. Die Stecklinge von Maniok oder Süßkartoffeln können jederzeit im Verlauf des Jahres ausgepflanzt werden und überstehen Dürreperioden besser als der Mais. Sie waren zusammen mit den anderen Knollengewächsen der zweite Pfeiler, auf den sich die Agrarwirtschaft stützte. Schon Bischof Landa (1566) berichtet von witterungsbedingten Maismißernten, die von der Bevölkerung nur überstanden wurden, weil sie auf ihre Maniok- und Batatenfelder zurückgreifen konnten. Darüber hinaus lieferte der Wald als Notnahrung eine Reihe von Wildfrüchten, insbesondere Brotnüsse *(ramón*, bot. *Brosimum alicastrum)*, in reicher Fülle (S. 195). Auch das weiche Holz des in Yucatán gedeihenden Kun-che-Baumes *(Leucopremna mexicana* und *Pileus mexicanus)* wurde an Stelle von Mais gekocht und gegessen (307, S. 164).

Mais ist bis zur Gegenwart das Hauptnahrungsmittel im Maya-Land geblieben, ja hat wahrscheinlich gegenüber der früher recht vielfältig zusammengesetzten Nahrung (S. 192) eine sogar noch herausgehobenere Stellung erlangt. Der Kauf eingeführter konservierter oder frischer Nahrungsmittel ist nur in den Städten und den verkehrsgünstig gelegenen ländlichen Siedlungen möglich, sofern deren Bewohner das nötige Bargeld dafür haben. Die große Masse der abseits im Busch oder Wald lebenden bäuerlichen Bevölkerung verharrt in der traditionellen Selbstversorgungswirtschaft. Den alten Grundnahrungsmitteln Mais und Bohnen, die durch Kürbis, Chilipfeffer, Gemüse, Obst, Sammelfrüchte, Fisch und Fleisch aus der Jagdbeute ergänzt wurden, sind seit Beginn der Kolonialzeit nur noch Bananen, Orangen und (örtlich) Zuckerrohr hinzugefügt worden.

Nach wie vor bestehen die drei Hauptmahlzeiten des Tages aus Mais. Ein fünfköpfiger Haushalt braucht täglich 3–4 kg, das heißt pro Jahr etwa 11–14 dz, für deren Produktion alljährlich eine bestellfähige Nutzfläche von 1–1,5 ha erforderlich ist. Bischof Landa beziffert den jährlichen Maisbedarf pro Familie auf 40 Traglasten (15–20 dz), etwas höher, als der jetzigen Durchschnittsmenge entspricht. Die Bauern schleppten die schweren Maislasten auf dem Rücken, gehalten von gewebten oder ledernen Stirnbändern, nach Hause. Auch Kinder transportierten kleinere Mengen auf diese bis heute übliche Weise. Mais deckt den weitaus größten Teil des menschlichen Energiebedarfs. Die täglich von einem Erwachsenen verzehrte Menge erreicht ungefähr den für körperlich arbeitende Tropenbewohner als Norm (3200 cal.) angestrebten Wert. Nur 15–20 Kalorien entfallen davon auf Proteine (307, S. 185ff.).

In der Zubereitung der Maismahlzeiten hat sich gegenüber früher nichts geändert. Sobald die Kolben die Milchreife erreicht haben, liefern sie ein schmackhaftes Gemüse. Ausgereifte Körner kocht man unter Beigabe von Kalk, um das Aufplatzen der harten Schalen zu erleichtern. Sie lösen sich vom weichen Kern und werden ausgewaschen. Die verbleibende Masse *(zacan, masa)* läßt sich dann leicht auf Steinplatten mit der Reibwalze zu einem feinen Brei verarbeiten. Mit Chilipfeffer ist dieser Maismehlbrei *(atole)* die erste Mahlzeit, die am frühen Morgen gegessen wird. Klöße aus saurem Maisteig nimmt man in Kürbisgefäßen mit aufs Feld und setzt sie dort mit kaltem Wasser unter Zugabe von Salz oder Honig, heute von Zucker, zu einem erfrischenden, grützeartigen Getränk *(pozol)* an. Die von den Mexikanern viel gegessenen, kurz gebackenen, pfannkuchenartigen Maisfladen – *tortillas* – scheinen den Tiefland-Maya vor der spanischen Conquista noch nicht bekannt gewesen zu sein (122, S. 176). Jedenfalls fehlen unter den aufgefundenen Töpfereierzeugnissen der alten Maya des Petén und der Halbinsel Yucatán jene flachen Tonplatten *(comales)*, die man zum Backen der Tortillas braucht, während sie unter den präkolumbischen Bodenfunden des Hochlandes reichlich vertreten sind. Die beiden einzigen Ausnahmegebiete innerhalb des Lebensraumes der Tiefland-Maya waren Copán und das mittlere Motaguatal, wo bereits aus der klassischen Zeit stammende Tonplatten des Comale-Typs in unzähligen Bruchstücken gefunden wurden (405, S. 142). Sie bestätigen auch anderweitig erkennbare sehr enge Hochlandbeziehungen (S. 207). Frühe mexikanische Einflüsse haben sich durch die Übernahme der Tortillazubereitung bis in den Küchenzettel dieser an der südlichen Peripherie lebenden Tiefland-Maya ausgewirkt. Auch die in Mexiko so beliebten *tamales,* mit einer Füllung versehene gedämpfte und eingerollte Maisfladen, waren hier wohlbekannt, aber in der Ernährung der heutigen Tiefland-Maya spielen sie im Gegensatz zu den jetzt allgemein verbreiteten Tortillas so gut wie keine Rolle.

3. Brandrodung und Fluraufteilung

In den tropischen und subtropischen Waldländern der Alten und Neuen Welt haben unterschiedlichste Menschengruppen, die von der Sammelwirtschaft zum Anbau von Kulturpflanzen übergingen, völlig selbständig eine gleiche Form der Landnutzung entwickelt, nämlich den an längere Busch- und Waldbrachezeiten gebundenen Brandrodungsfeldbau. Von ihm leben auf 36 Millionen km^2 heute noch mehr als 200 Millionen Menschen (315, S. 1). Während sich in Südostasien diese Form der Landnutzung weitgehend auf die von Regen- und Monsunwäldern bedeckten Bergländer beschränkt, da die großen Ebenen und Stromauen seit langem von Dauerfeldbau treibenden, seßhaften Bevölkerungsgruppen besetzt sind, ist in der Neuen Welt das Amazonastiefland bis zur Gegenwart der Lebensraum von Brandrodungsbauern geblieben. Auch die Agrarlandschaft der Maya im bewaldeten Karstland Yucatáns und des Petén war und ist durch den Brandrodungsfeldbau geprägt.

Im englischen Sprachgebrauch wird diese von den einen als der tropischen Umwelt adäquate, von anderen als Krebsschaden, Relikt der Barbarei oder absoluter Anachronismus angesehene Wirtschaftsform als *shifting cultivation, slash and burn agriculture* oder *swidden agriculture* bezeichnet. Der Begriff der *shifting cultivation* umfaßt sowohl den Wanderfeldbau als auch die Landwechselwirtschaft (367, S. 81ff.). Im Unterschied zum Wanderfeldbau, bei dem die durch starke Ertragsrückgänge erzwungene Verlegung der Felder zugleich mit einer Verlegung der Siedlungen verbunden ist, wird die Landwechselwirtschaft von festen Wohnsitzen aus betrieben (Fig. 22). Sie ist durch eine Rotation der stets mit den gleichen Anbaufrüchten bestellten Felder – im Falle der Maya mit Mais –, nicht wie in den gemäßigten Breiten durch bestimmte Fruchtfolgen auf demselben, durch Düngung fruchtbar erhaltenen Dauerfeld charakterisiert.

Zwischen Wanderfeldbau und Landwechselwirtschaft gibt es eine Fülle von Spielarten und Übergangsformen, zum Beispiel Wanderfeldbau, bei dem mit der Verlegung der Felder keineswegs immer ein entsprechend schneller Wechsel der Wohnplätze verbunden ist. In anderen Fällen wird die Landwechselwirtschaft zwar grundsätzlich von festen Siedlungen aus betrieben, aber infolge der weiten Entfernungen zum Anbauland sind ganze

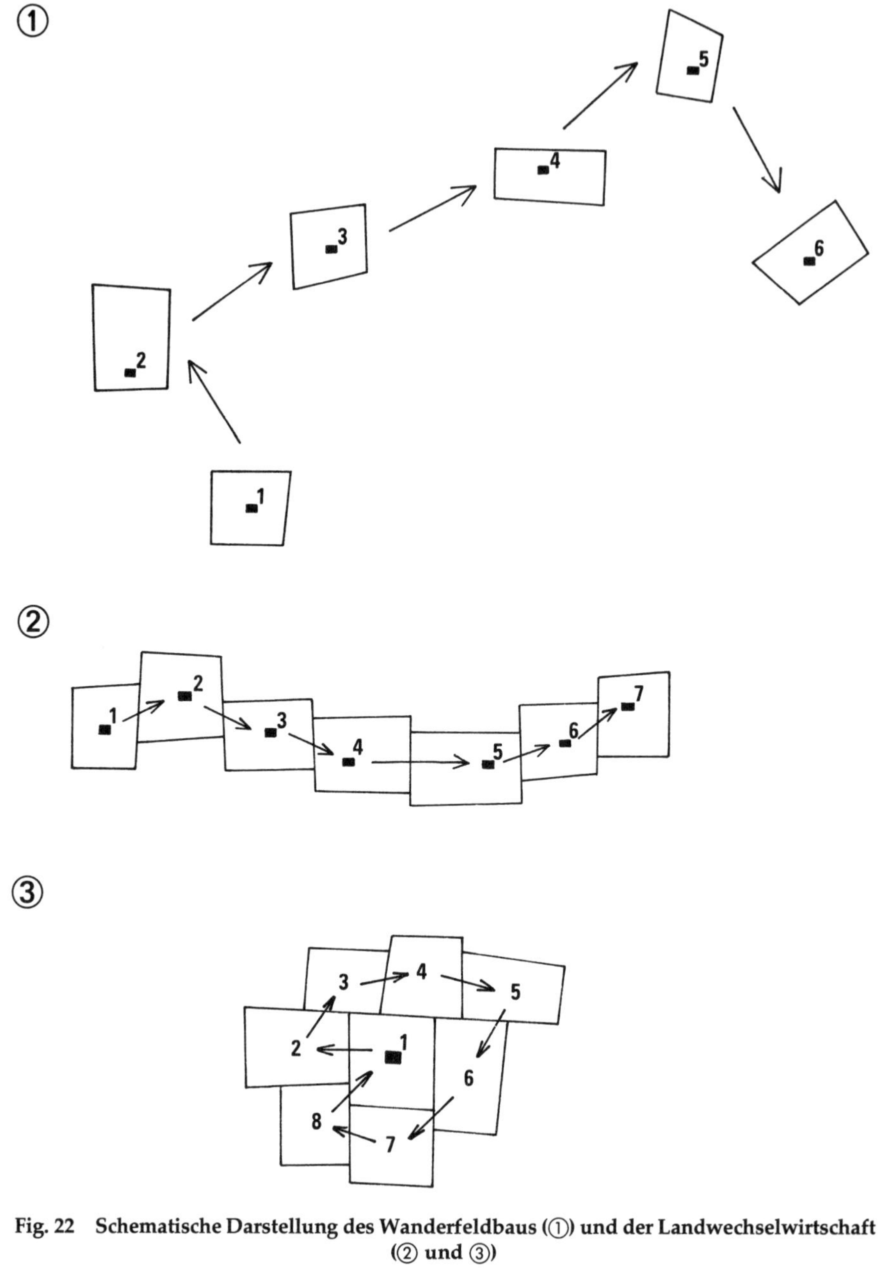

Fig. 22 Schematische Darstellung des Wanderfeldbaus (①) und der Landwechselwirtschaft (② und ③)

Die Zahlen in der Zeichnung geben die jährliche Veränderung an. ① Wanderfeldbau mit spontaner Wahl der Rodungsfläche. Gleichzeitig mit der Ackerfläche wird der Wohnsitz verlegt. ② Wanderfeldbau in einer durch Geländeverhältnisse oder Bodenqualität vorgezeichneten Richtung. Die Hütte wird jeweils auf dem neuen Feld errichtet. ③ Vom festen Wohnsitz aus betriebene Landwechselwirtschaft in achtjähriger Rotation.

(Entwurf H. Wilhelmy)

Familien gezwungen, während der Hauptarbeitszeit in Feldhütten umzuziehen, um nach mehreren Wochen wieder in die Dauersiedlung zurückzukehren, wie dies in manchen Gebieten des Petén noch heute üblich ist. Vielleicht waren die ältesten im Tiefland des Petén und in Yucatán lebenden Maya noch umherziehende Wanderfeldbauern; seit Beginn ihrer hochkulturellen Entwicklung begegnen sie uns jedoch als in Einzelsiedlungen und Weilern lebende Bauern, die nicht mehr ihre Wohnsitze, sondern nur noch ihre Felder in einem bestimmten Turnus wechseln (Fig. 22, Typus 3).

Die Methoden des Feldbaus im mittelamerikanischen Waldland sind seit Jahrtausenden die gleichen: Ein Stück Wald wird gerodet, zwei, auch drei Jahre lang bepflanzt und bleibt dann für einige Jahre (S. 167) zur Regeneration seiner Fruchtbarkeit der Verbuschung und Wiederbewaldung überlassen, bis es erneut unter Kultur genommen werden kann. Der Zwang zum Feldwechsel führte dazu, daß die Maya der präkolumbischen Zeit gleichzeitig nicht mehr als 1/4–1/7 ihrer potentiellen landwirtschaftlichen Nutzfläche bestellen konnten, während sich immer 3/4–6/7 des Landes in unterschiedlichen Stadien der Brache, das heißt der Wiederbewaldung befanden.

Die Felder hatten eine ungefähr quadratische oder rechteckige Form, so daß eine von Resten des Primärwaldes und Sekundärwaldstücken durchsetzte Feldmark entstand. Kleinste Flächenmaßeinheit war 1 *mecate,* ein Quadrat von etwa 20 × 20 m Seitenlänge, das heute noch in Yucatán das übliche Flächenmaß ist (122, S. 130; 352, S. 288). Das Wort *mecate* bedeutet »Schnur«. Mit einer etwa 20 m langen Schnur wurde die zur Rodung bestimmte Fläche vermessen (275, S. 41). 16 *mecates* zu je 400 m² bezeichnet man jetzt als 1 *manzana* (6400 m² = 0,64 ha). Es war dies die Fläche, die zehn Mann in Gemeinschaftsarbeit (S. 160) an einem Tag roden konnten, wenn es sich um einen Wald mit Bäumen mittlerer Stammdicke, also um einen in 6–12jähriger Ruhezeit nachgewachsenen Sekundärwald handelte.

Die Azteken nannten das mit Mais bebaute Feld *milpa,* die Maya im nördlichen Yucatán *col,* im Süden der Halbinsel *chol* (120, S. 141) oder *chor.* »Chortí«, der heutige Name einer Maya-Gruppe in der Regenwaldzone Ostguatemalas, bedeutet »Sprache der Maisbauern« (*chor* = Maisfeld, *tí* = Mund, Lippen). Ursprünglich war dies nur ein Beiname zum verlorengegangenen eigentlichen Namen der Süd-Maya und hat daher diesen ersetzt (337, S. 29). Den heutigen Maya ist der seit dem 16. Jahrhundert in ganz Mexiko geläufige Begriff Milpa (Bild 32) nicht minder bekannt, und so sprechen wir auch in Yucatán und im Petén vom Milpasystem.* Neu der Verbuschung überlassenes Land wird im Spanischen als *rastrojo,* bald wieder zur Rodung vorgesehener Sekundärbusch als *cañada* bezeichnet.

Eine Milpa besteht gewöhnlich aus 2–4 *manzanas,* hat demnach die Größe von rund 1 1/4–2 1/2 ha. Für das ehemalige Britisch-Honduras werden mitt-

---

* Nähere Ausführungen zum Milpasystem bei Lundell (237), Cook (316) und Steggerda (412).

lere Feldgrößen von 1–1,5 ha angegeben (275, S. 41). Die zu einer Milpa gehörenden quadratischen *mecates* konnten sich zu einem Großblock, aber auch je nach Kombination zu einem schmalen Landstreifen oder einem unregelmäßig gegliederten Feldstück zusammenschließen (Fig. 23).

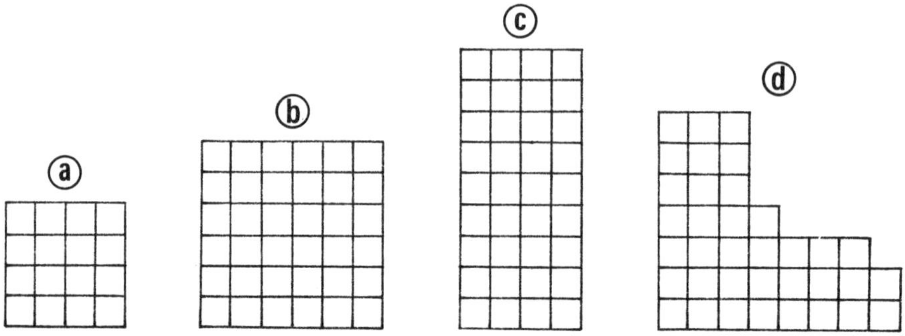

Fig. 23 Schema der Landaufteilung im alten Maya-Land

a Eine Milpa von 16 *mecates* zu je 400 m² = 1 *manzana* (span.) = 0,64 ha. **b** Ein Milpa-Block von 36 *mecates* = 2¼ *manzanas* = 1,44 ha. **c** und **d** Gleiche Feldgröße wie b in anderer Anordnung der *mecates*.

(Entwurf H. Wilhelmy)

Da die von einer Vegetationsdecke unterschiedlichen Alters eingenommenen Brachfelder naturgemäß ebenfalls mehr oder weniger quadratisch oder rechteckig begrenzt waren, ergab sich daraus eine blockflurartige Gliederung der Agrarlandschaft. Diese bis zur Gegenwart bestehende Flurform stimmt mit derjenigen der Mije im Bergland von Oaxaca überein (401, S. 182). Maya und Mije lebten in vorkolumbischer Zeit und leben noch heute in Einzel- und Streusiedlungen, das heißt in kleinen Gehöften, um die herum sich die bewirtschafteten Äcker, Brachfelder, Sekundär- und Primärwaldstücke gruppieren. Im Unterschied zu Maya und Mije siedeln die Zapoteken im Umkreis von Mitla (Oaxaca) in geschlossenen Haufendörfern und bewirtschaften Gewannfluren, die durchaus mit den unsrigen vergleichbar sind. Ein ausgewähltes Waldstück wird dort gemeinsam gerodet und in eine der Zahl der Dorfgenossen entsprechende Zahl von schmalen Flurstreifen aufgeteilt. Durch Erbteilung ergeben sich eine starke Besitzzerstückelung und eine Gemengelage der Einzelparzellen in jedem Gewann (401, S. 183).

Auf der etwa gleichen Seitenlänge der Ackerblöcke im Siedlungsgebiet der Maya beruht es, daß die Zahl 4 ihnen als heilig galt und der vierte Lebensmonat eines Knaben Anlaß für eine besondere Festlichkeit war (300, S. 30). Die anderen beiden heiligen und glückverheißenden Zahlen der Maya, 9 und 13, entsprechen der Zahl ihrer Götter der Unter- und Oberwelt, symbolisiert zum Beispiel in der neunstufigen Himmelstreppe ihrer Pyramiden (El Castillo in Chichén Itzá).

Von dieser durch Brandrodung und Feldwechsel geprägten Grundform der blockflurartigen Landaufteilung unterscheiden sich die hangparallele Anordnung terrassierter Flurstücke (S. 204) und das streifenförmige, zum Teil schachbrettartige Gefüge von Hochackerfluren in überschwemmungsgefährdeten Niederungen (S. 214).

4. Das agrarische Jahr

Die Klärung der agrarwirtschaftlichen Abläufe bei den alten Maya stellt die Forschung vor schwierige methodische Probleme. Die Grabungsergebnisse der Archäologen und die – freilich noch nicht vollständig gelungene – Entzifferung der Hieroglyphen geben uns zwar Einblicke in das religiöse, künstlerische und gesellschaftliche Leben der Maya und helfen uns, den geschichtlichen Werdegang dieser tropischen Tieflandzivilisation zu erklären, sie vermitteln uns aber nur unzureichende Aufschlüsse über die wirtschaftliche Basis, auf der die Entfaltung dieser Hochkultur beruhte. Den einzig gangbaren Weg, das Dunkel ein wenig aufzuhellen, bieten das Studium der Formen und Traditionen in der Agrarwirtschaft der heutigen Maya und der Vergleich dieser Erkenntnisse mit den in den Chilám-Balám-Büchern und im Popol Vuh aufgezeichneten Überlieferungen (S. 34ff.).

An einer engen Verknüpfung zwischen Maisanbau und kultischem Zeremoniell ist nicht zu zweifeln. Grundlage allen wirtschaftlichen und religiösen Handelns war der »phänologische Kalender«, das heißt die auf der Naturbeobachtung beruhende Erfahrung einer zyklischen Wiederholung meteorologischer und biologischer Ereignisse. Was man über Regen- und Trockenperioden, Pflanzenwachstum, Blüte- und Reifezeiten, Laubfall und Pflanzentod wußte, ging in den priesterlichen Zeremonialkalender ein.

Wirtschaftliche Tätigkeit und religiöses Leben waren ähnlich wie bei den Reisbauern Südostasiens untrennbar miteinander verknüpft, jeder Arbeitsvorgang auf der Milpa war eine religiöse Handlung (438). Alle Feldarbeiten erfolgten in engstem geistigen Kontakt mit den Göttern. Ständig waren die Maya-Bauern darum bemüht, ihre Hilfe und ihren Segen zu erbitten, die guten kosmischen Kräfte für sich nutzbar zu machen, die schlechten abzuwehren. Noch bei den heutigen Maya sind solche Verbindungen festzustellen. A. M. Tozzer (419) studierte die Lebensformen der Lacandonen, einer kleinen Rückzugsgruppe der Maya am oberen Usumacinta, und wies als erster darauf hin, daß die bei ihnen erhaltenen Traditionen wichtige Rückschlüsse auf die agrarsoziale Struktur der Maya in der klassischen Zeit erlauben (S. 142). J. E. Thompson (275), dem wir eine aufschlußreiche Untersuchung über die Maya im südlichen und zentralen Teil von Belize verdanken, und R. Girard (335–337), der viele Jahre unter den Chortí gelebt hat, stießen auf überraschende Parallelen zwischen den bei diesen Gruppen der Süd-Maya noch gebräuchlichen Riten und Zeremonien mit den in den späten Maya- und Quiché-Handschriften enthaltenen Überlieferungen. Weitere informative Studien liegen über die Zinacanteken, die Tzeltal- und Tzotzil-Maya aus dem Hochland von Chiapas und die Ixil-Maya in Nordwestguatemala vor (Vogt 431, Köhler 482, Nachtigall 488). Nicht minder aufschlußreich sind die gründlichen agrarsoziologischen Untersuchungen, die R. E. Reina (388) in einigen »Mayero«-Dörfern am Petén-Itzá-See durchgeführt hat. Einer der wichtigsten Gewährsmänner bleibt freilich immer noch Bischof Landa mit seinen Aufzeichnungen aus dem Jahre 1566 (178). Folgt man den aus diesen und anderen Quellen abgeleiteten Rückschlüssen, so ergibt sich für den Ablauf der Feldarbeit in der Zeit der stärksten Entfaltung der Priesterherrschaft etwa dieses Bild:

Das Agrarjahr der Maya gliederte sich in eine 260 Tage umfassende Anbauperiode und eine restliche Ernte- und Ruhezeit. Nach Girard (335–337) reichte die Zeit der Feldarbeiten vom 8. 2. bis zum 15. 10. F. Tichy (632, S. 140) hat diese Daten astronomisch richtiggestellt, woraus sich eine Verschiebung um einige Tage und eine Übereinstimmung mit den Tagundnachtgleichen, den Sonnenwenden und den Zenitständen ergab:

Arbeitsabschnitt	Tätigkeit	Tage
14. 2.–21. 3. (Tagundnachtgleiche)	Abstecken der neuen Milpa und Waldrodung	36
22. 3.–30. 4.	Abbrennen der Rodungsfläche	40
1. 5. (Zenitalstand) bis 21. 6. (Sommersonnenwende)	Maisaussaat, 1. Jäten des Unkrauts	52
22. 6.–12. 8.	2. Jäten	52
13. 8. (Zenitalstand) bis 21. 9.	Umknicken der reifenden Maiskolben, 2. Maisaussaat (bei Doppelernte)	40
22./23. 9. (Tagundnachtgleiche) bis 27. 10.	Letztes Jäten	36
28. 10.–31. 10.	Beginn der Haupternte	4
		260

Tab. 1 Der Agrarzyklus der Maya (nach R. Girard und F. Tichy)

Es folgten 100 Tage der Ernte, der Ruhe, der Feste und fünf glücklose Tage. Der 260tägige Ritualkalender ist noch bis zur Gegenwart im Hochland von Guatemala in Gebrauch (415, S. 136). Ihrem Vigesimalsystem entsprechend hatten die Maya eine 20-Tage-Zählung, und da die Tage unter der Patronage von 13 Göttern standen, erklärt sich wahrscheinlich aus der Multiplikation beider Zahlen der 260-Tage-Zyklus des kultischen Jahres (414, S. 349). Der rituelle Anbauzyklus hieß *warin tzi kin* (= Zähler der Tage) und ist unter diesem alten Namen noch jetzt bei den Chortí bekannt (337, S. 32). Nach diesem Zyklus richten sich die dortigen Eingeborenenpriester, wenn sie die Termine für den Beginn bestimmter Feldarbeiten verkünden. In ihren Tempelriten deuten die Priester symbolisch die Art der jeweils auszuführenden Tätigkeiten an, und das Zeremoniell in der klassischen Maya-Zeit dürfte sich davon kaum unterschieden haben.

Das agrarische Jahr begann im regenreichen Süden der Halbinsel nach Abstecken der Milpas Mitte Februar mit der Rodung des Waldes durch die Männer der Dorfgemeinschaft, wofür eine Zeitspanne von 36 Tagen vorgesehen war. Heute fangen die Rodungsarbeiten gewöhnlich im Januar an und erstrecken sich bis in den März. Die Grenzlinien der für die Urbarmachung ausgewählten Fläche wurden zunächst mit Hilfe einer Meßschnur (*mecate,* S. 155) genau bestimmt, wobei die Lage der vier Ecken möglichst derjenigen der Eckpunkte des kosmischen Vierecks (S. 62) entsprechen sollte (337, S. 69). Im hügelig-bergigen Gelände des südlichen Maya-Landes wird diese Forderung aus topographischen Gründen nur zum Teil erfüllbar gewesen sein. Auch im Hochland von Mexiko greifen nach kultischen Gesichtspunkten orientierte Fluren (S. 297) nur noch auf die unteren sanften Hänge der Gebirge über und weichen dann reliefbedingten Formen. Im flachen Tafelland Nordyucatáns wären am ehesten engere Bindungen alter Milpagrenzen an das kosmische Viereck zu erwarten, aber sie sind bisher nicht nachgewiesen. Im Unterschied zu den im Hochland in den modernen Flurbildern noch weiterlebenden alten Feldaufteilungssystemen (631; 633) und anderen durch Bewässerungswirtschaft oder Dauerfeldbau seit 2000 Jahren fixierten Strukturen dürften sich im Bereich eines durch ständigen Feldwechsel gekennzeichneten Gebietes kaum alte Milpagrenzen bis heute erhalten haben. Im Karstland mußte man ja über die Erfüllung kultischer Forderungen hinaus gleichzeitig darauf bedacht sein, Felder mit fruchtbaren Böden zu gewinnen, wofür außer der Üppigkeit der Vegetation besonders Farbe und Struktur des Bodens (S. 134) als sichere Merkmale galten. Die künftigen Maisfelder sollten an möglichst sonnigen, gut belüfteten Hängen liegen und vor den zuweilen heftig wehenden, das Land austrocknenden Nordwinden geschützt sein. Es wurden zwar auch in den feuchten Niederungen Maisfelder angelegt, aber diese auf kleinere Areale beschränkten Äcker, deren Erträge in Notjahren der Trockenheit wichtig werden konnten, wurden permanent genutzt, gehörten also nicht zu dem im Rahmen der Brandrodungs-Landwechselwirtschaft nur jeweils wenige Jahre genutzten eigentlichen Milpaland.

Als erstes wurde im Primärwald oder auf einem früher schon bebaut gewesenen Landstück im nachgewachsenen Sekundärwald das Unterholz gerodet, dann die Masse der dünnen Bäume mit dem Steinbeil gefällt. Die dikken Bäume, besonders des Primärurwaldes, ließ man stehen, ringelte ihre Borke und wartete auf ihr Absterben nach einigen Jahren. In Yucatán pflegte man das Ringeln der Stämme bereits im Oktober/November, gleich nach der Regenzeit, durchzuführen, weil dann die Bäume noch im vollen Saft stehen und daher am schnellsten eingehen. Die längere Trockenzeit im Norden der Halbinsel erlaubte im Gegensatz zum Petén eine Ausdehnung der Rodungsperiode über volle fünf Monate von Anfang November bis Ende März. Die Rodungsmethoden der heutigen Maya unterscheiden sich – abgesehen von den jetzt benutzten Stahläxten – nicht von den früheren. Eine amerikanische Forschergruppe ließ aus Vergleichsgründen zwei gleich große Milpas mit Stein- und Metallwerkzeugen roden und stellte zu ihrer Überraschung fest, daß die mit Flintäxten arbeitenden Maya nur die doppelte Zeit der anderen brauchten (352, S. 289f.). Ein entsprechender in Neuguinea durchgeführter Versuch zeigte hingegen, daß für die Rodung von tropischem Hochwald mit der Steinaxt über viermal soviel Zeit benötigt wurde wie mit der Stahlaxt (418).

Die Rodung der Milpa (Bild 23, 27 und 32) wurde in Gemeinschaftsarbeit durchgeführt. 15–20 Männer schlossen sich zusammen, um einander bei der schweren Arbeit zu helfen. Wer zur gleichen Abstammungsgruppe gehörte, betrachtete es als eine Ehrenpflicht, stets, wenn er gebraucht wurde, zur Stelle zu sein. So, wie es jetzt noch bei den Maya im südlichen Belize Brauch ist, wird es auch in alten Zeiten gewesen sein: Die Männer trafen sich am Abend vor dem Waldschlag in der Hütte des Bauern, dem sie bei der Rodung helfen wollten, und verbrachten mit ihm bei Unterhaltung, Essen und Trinken die Nacht. Der Sinn dieser Zusammenkunft war, sich von den Frauen fernzuhalten, denn ehelicher Verkehr in der Nacht vor der Rodung (und besonders vor Beginn der Aussaat) wurde als von den Göttern mißbilligt und eine schlechte Maisernte provozierend angesehen (275, S. 44, 49).

Im Morgengrauen verließ der Besitzer der künftigen Milpa zunächst allein sein Haus, denn die Zeremonien, die er in dem zu rodenden Waldstück auszuführen hatte, waren seine persönliche Angelegenheit. Er suchte sich einen Baum etwa in der Mitte der neuen Milpa aus, entzündete ein kleines Feuer, dem er Räucherharz beigab, und teilte den Göttern mit, daß er wie seine Vorväter ein Stück Land für die Ernährung seiner Familie in Besitz nehmen wolle. Im Bewußtsein, die Schönheit des Waldes zu vernichten, sprach er ein Entschuldigungsgebet, dessen Wortlaut ähnlich wie das der heutigen Maya im südlichen Belize gewesen sein mag: »O Gott, meine Mutter, mein Vater, Herr der Berge und Täler, Geist der Wälder, sei nachsichtig gegen mich, denn ich bin im Begriff zu tun, was ich immer getan habe. Ich bringe dir jetzt mein Opfer dar, damit du weißt, daß ich gegen deinen guten Willen handele, aber ich bitte dich, erlaube es mir. Ich werde dich

Bild 18 Der »nackte« Karst des nördlichen Yucatán westlich Mérida. Die durch Verwitterung des Kalkes entstehende Roterde entspricht der mittelmeerischen *terra rossa.* An die Stelle der ursprünglichen Dornbuschsavanne sind seit der Mitte des 19. Jhs. Sisalplantagen *(henequén)* getreten.

Bild 19 Der Heilige Cenote in Chichén Itzá ist eine der typischen Einsturzdolinen des von unterirdischen Karstwasserröhren durchzogenen nördlichen Yucatán (Fig. 8 und 9). Der Wasserspiegel liegt 20 m unter dem Brunnenrand, über den die zur Opferung für den Regengott Chac (Bild 30 und 31) bestimmten Menschen in die Tiefe gestürzt wurden. Im Bodenschlamm des Cenote wurden 42 Schädel und Skelette neben Kopalharzklumpen, Gold- und Kupferobjekten geborgen. Ein 300 m langer Dammweg verbindet den Opferbrunnen mit dem eigentlichen Kultzentrum (Fig. 45).

Bild 20 Einer der fünf flachen Dolinenseen in der Umgebung von Cobá. Das Vorhandensein großer offener Wasserflächen trug in dem sonst wasserarmen Karstland des nördlichen Yucatán wesentlich zur Wahl des Siedlungsplatzes bei (vgl. Fig. 68). Eine sich durch den randlichen Teil des Sees fortsetzende Zeremonialstraße spricht für eine nachträgliche Absenkung des Dolinenbodens.

Bild 21 Die Caleta (Calanque) von Xelhá an der Ostküste Yucatáns, ein ehemaliger Flußunterlauf, in den das Meer eingedrungen ist. Die zerlappte Bucht (Fig. 10) war für die Handelsboote der Maya ein vor Stürmen sicherer Naturhafen. Die Halbinsel zwischen zwei sich vergabelnden Wasserarmen sicherten die Maya durch eine massive Steinmauer. Eine feste Straße verband den Hafen mit dem 1 km entfernten Tempelkomplex. Heute ist die Caleta ein Naturschutzgebiet.

Bild 22 Die Puuc-Region (*puuc* = »Land der niedrigen Hügel«) verdankt ihren Namen dem Kuppenkarst, durch den das Landschaftsbild bestimmt wird. Kuppenkarst ist ein frühes Stadium des Verkarstungsprozesses unter tropischen Klimabedingungen, der schließlich zum voll ausgebildeten Kegelkarst führen kann (Bild 23). Als Verwitterungsrückstand bleibt grellfarbene Roterde erhalten.

Bild 23 Im nördlichen Petén gehen die flachen Kalkkuppen der Puuc-Region in das kräftiger geformte, sich bis zum tropischen Kegelkarst steigernde Relief des zentralen und südlichen Petén über. Während zwischen den einzelnen Karstkegeln gewöhnlich nur enge, trichterförmige Hohlformen ausgebildet sind, schalten sich gelegentlich größere Poljen mit flachen Böden ein, auf denen unter günstigeren Bedingungen als zwischen den Kegeln Rodungsfeldbau betrieben werden kann.

Bild 24 Der Kriegertempel in Chichén Itzá, von der Kukulcan-Pyramide (»El Castillo«) aus gesehen. An die Säulenvorhalle schließt sich rechts der »Tausend-Säulen-Komplex« (mit in Wirklichkeit 360 Säulen) an. Das Vorbild für dieses Maya-toltekische Bauwerk der frühen nachklassischen Periode war der Morgensterntempel in der 1200 km entfernten Toltekenhauptstadt Tula. Im Hintergrund der winterlich kahle Trockenwald, der nach Nordwesten hin in Dornbuschsavanne und schließlich in lockeren Kakteenbusch zwischen weithin nackt anstehenden Kalkplatten übergeht (Bild 18).

Bild 25 Gleicher Blick auf den Kriegertempel wie im vorigen Bild während der sommerlichen Regenzeit. Bis zum Horizont dehnt sich der frisch begrünte Trockenwald, der durch sein dichtes Unterholz schwerer passierbar ist als der immergrüne südliche Regenwald.

jetzt beschmutzen (deine Schönheit zerstören), ich werde dich bearbeiten, damit ich leben kann.« (174, S. 248f.) Darum bat er, daß ihn kein stürzender Baum erschlagen und keine Schlange beißen möge. Eine halbe Stunde nach dem Bauern kamen die übrigen Männer der Gruppe an die ausgewählte Stelle, und die Arbeit begann.

Waldschlag bedeutete bei den Maya niemals totalen Kahlschlag. Wir haben schon an früherer Stelle gehört, daß »heilige Bäume«, wie die Ceiba (S. 116), besonderen Schutz genossen. Verschont wurden auch alle wertvollen Nutzhölzer und viele Bäume, die eßbare Früchte (Avocado, Papaya) oder Brotnüsse lieferten. Alle Baumarten, die von den Maya in ihren Hausgärten und sogar in Plantagen angepflanzt wurden (Kakao), kamen auch wildwachsend in den Wäldern vor und durchsetzten in lockerer Streuung die späteren Maisfelder, so daß sie weiterhin abgeerntet werden konnten. Insgesamt gab es etwa 20 für die Maya wichtige Baumarten, die der Vernichtung entgingen. Die Maya zerstörten also nicht unüberlegt den Wald, sondern betrieben eine sinnvolle selektive Rodung.

Nach dem Waldschlag ließ man Astwerk und Blätter der gefällten Bäume und Sträucher ein bis zwei Monate lang trocknen und säuberte dann durch Abbrennen die Rodungsfläche (span. *roza*). Dabei verbrannten auch die kleineren Wurzelstöcke, während die größeren als verkohlte Stubben später das Maisfeld durchsetzten. Einen Teil der Baumstämme verwendete man als Bau- und Feuerholz, das kleinere Astwerk wurde von den Grenzen der Milpa fortgeräumt und zu Haufen zusammengetragen, um ein Übergreifen des Rodungsfeuers auf den Wald zu verhindern. So kam es nur selten vor, daß Rodungsbrände in Waldbrände übergingen. Bäume am Waldrand wurden zwar angesengt, aber selbst in der niederschlagsarmen Jahreszeit stand die natürliche Vegetation noch zu sehr im Saft, um durch Übergreifen des Feuers gefährdet zu werden. Während der auf die Rodung folgenden zwei Monate wurden die Regengötter um Zurückhaltung gebeten, damit die Bauern bei trockenem Wetter bis Ende April ihre Arbeit beenden und die neue Milpa für die Aussaat vorbereiten konnten.

Der Tag des Abbrennens der Rodungsfläche wurde von den Priestern genau bestimmt, und es gibt archäologische Hinweise darauf, welche Bedeutung man diesem Termin beimaß. Am Ost- und Westhang des Tales, in dem Copán liegt, wurden zum Beispiel zwei Stelen gefunden, die vermutlich dieser Terminbestimmung dienten (Fig. 24). Blickt man von der Stele 12 am östlichen Talhang zur Stele 10 am westlichen, so liegt in der Verlängerung dieser Linie genau jener Punkt, an dem am 12. April (und ein zweites Mal am 1. September) die Sonne untergeht. Der 12. April wird daher, da zu diesem Zeitpunkt traditionell die Milpas der Copán-Region gebrannt werden, als das von den Priestern festgelegte offizielle Datum für den Beginn dieser Tätigkeit angesehen (122, S. 132). Es ist dies natürlich ein auf langen Erfahrungen beruhendes Datum: Um diese Zeit beginnt der regenbringende

Nordwind zu wehen, und eine stetige Windrichtung ist wichtig, um das Feuer an der günstigsten Stelle zu entzünden und unter Kontrolle zu behalten. Man wählte dabei – wie auch noch jetzt – gern den späten Nachmittag, weil gegen Abend der oft heftige Nordwind abflaut und dann ein ruhiges Durchbrennen der Rodungsflächen erhofft werden kann. Der Wind muß freilich immer noch kräftig genug wehen, um die neue Milpa völlig »sauberzubrennen«. Vorzeitiges Erlöschen des Feuers bedeutete zusätzliche Auf- und Abräumungsarbeiten.

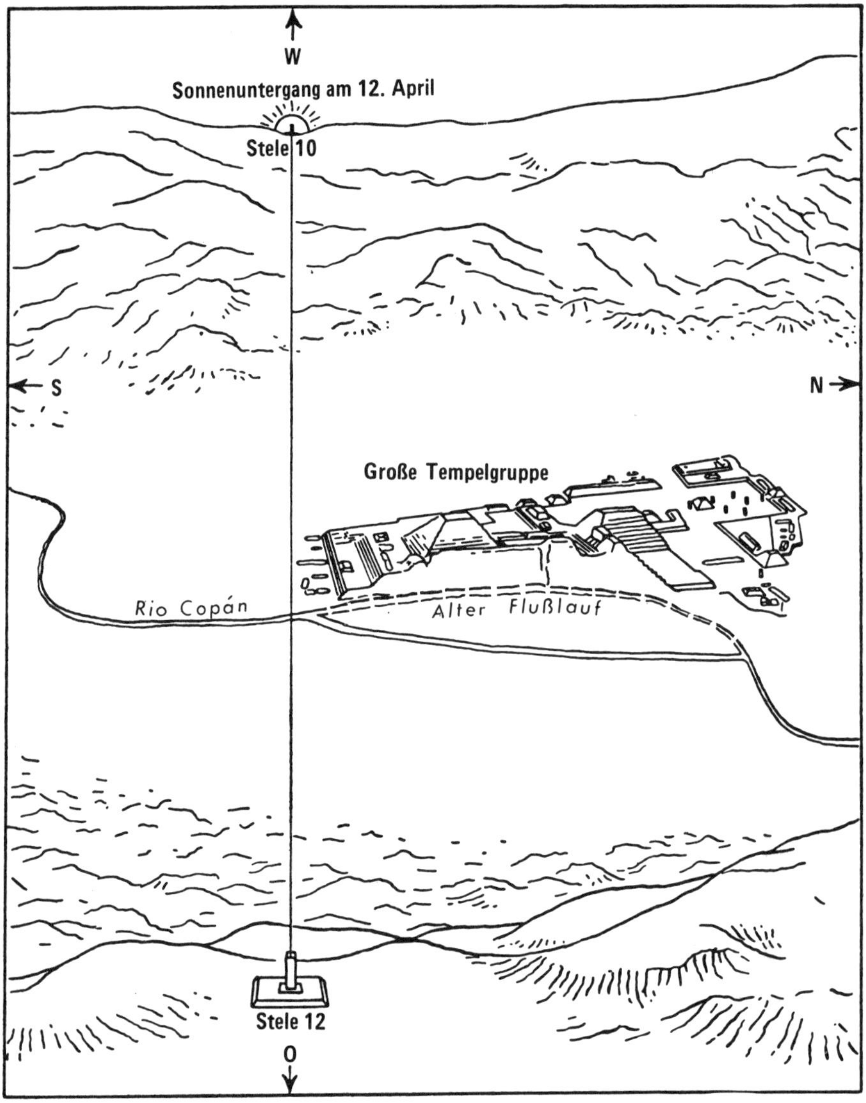

Fig. 24 Ost-west orientierte Stelen eines »Sonnenkalenders« in Copán, Westhonduras

(Nach S. G. Morley, 1956)

Auch in Yucatán war die zweite Aprilhälfte (und ist es bis zur Gegenwart) die Hauptzeit der Rodungsbrände (237, S. 11; 815, S. 510). Kleine Abweichungen mögen in Abhängigkeit von der jeweiligen Wetterlage eingetreten sein. Wenn auf den Brand bald Regen folgte, wurde die weiße Holzasche in den Boden eingeschlämmt und konnte nicht mehr vom Wind verblasen werden. Gleich nach dem Brennen sammelte man vom Feld die den Anbau störenden Steine. Man hat viele solcher alten Lesesteinhaufen in den Wäldern des Petén gefunden.

Mit einem großen Zeremonialfest, dem bedeutendsten im Maya-Jahr, wurde Anfang Mai der erste Regentag begrüßt und der ganze Götterhimmel für die Dauer der Pflanzzeit um seinen besonderen Schutz gebeten: den Feldern ausreichende Niederschläge zu bescheren und die sprießende Saat vor Hagelschlag oder Stürmen aus dem Norden und Osten zu bewahren. Die Nordwinde sind in der Tat gefährlich, denn die mit ihnen verbundenen Kaltlufteinbrüche stoßen gelegentlich bis ins Maya-Land vor, und der Osten ist die Herkunftsrichtung der gefürchteten Hurrikane.

Vom 1. Mai an, dem Tag der Saatgutweihe, durfte kein Rauch mehr über den Milpas zu sehen sein. Die Feierlichkeiten zu Anfang der Regenzeit standen ganz im Zeichen der Maisaussaat. Bei den Lacandonen spielen dabei bis in die Gegenwart Räucherzeremonien eine große Rolle. Weihrauch aus Kiefernharz wird in tönernen Räuchergefäßen verbrannt. Der Beginn der Maisaussaat war im agrarischen Zyklus auf den 4. Mai festgelegt. Verzögerte sich das Einsetzen der Regen, ergab sich eine entsprechende Verschiebung des Aussaattermins. Der 4. Mai des alten Agrarzyklus wird im katholischen Kalender unserer Zeit durch den 3. Mai (Santa Cruz), den »Tag des heiligen Kreuzes«, ersetzt. Da man aber heute weiß, daß dieser traditionelle Termin häufig nicht den besten Witterungsbedingungen entspricht, hat sich unter dem Einfluß der spanischen Missionare die Aussaatspanne um sieben christliche Heiligentage erweitert, an denen man sich nun ebenfalls des himmlischen Segens gewiß ist: 8. März (San Juan de Dios), 19. März (San José), 25. März (Encarnación), 15. April (Santo Toribio), 25. April (San Marco), 15. Mai (San Isidro) und 20. Mai (Santa Rita). Praktisch umfaßt damit jetzt die »günstige« Aussaatzeit volle elf Wochen, innerhalb deren die Milperos je nach Wetterlage ihre Entscheidung treffen können. Setzen die Regen nicht wie erwartet ein, kann verfrühte Aussaat zu einer Mißernte führen. Am liebsten pflanzen die Bauern kurz nach dem Brand, wenn der Boden nicht mehr heiß, aber noch etwas wärmer als normal ist und durch die infolge der Erhitzung kapillar aufsteigende Bodenfeuchtigkeit ein schnelles Keimen des Saatguts gewährleistet ist.

Wie die Rodung wurde auch die Feldbestellung in Kollektivarbeit durchgeführt. Derartige gegenseitige Hilfeleistungen bei größeren Arbeitsvorhaben sind nach wie vor bei den Tzeltal- und Tzotzil-Maya in Chiapas die Regel (482, S. 39). Bischof Landa (1566) zeigte sich vom Gemeinsinn der Maya sehr beeindruckt: »Die Indianer haben den großartigen Brauch, sich bei allen Arbeiten gegenseitig zu helfen. Zur Saatzeit schließen sie sich zu Gruppen von etwa 20 Mann zusammen, bestellen gemeinsam das Land von jedem einzelnen und hören nicht eher mit dieser Zusammenarbeit auf, bevor nicht jedes Mannes Stück bepflanzt ist.« (178, Kap. 23) Wiederum verbrachten die Bauern aus gleichen Gründen wie vor dem Waldschlag die der Aussaat vorangehende Nacht in der Hütte dessen, dem sie am nächsten Tage helfen wollten (275, S. 48). Auch das weitere Zeremoniell: zunächst alleiniger Gang des Bauern aufs Feld, um sein Gebet zu verrichten, etwas späteres Nachkommen der anderen, verlief in der gleichen Weise wie vor der Rodung. Bei mehreren Maya-Gruppen ist es bis zur Gegenwart üblich, sich zur Zeit der Aussaat bis zu 13 Tagen des ehelichen Verkehrs zu enthalten (174, S. 423).

Für das Legen der Maiskörner galt im südlichen Maya-Land ein streng beachteter Ritus. Die sich in einer Reihe aufstellenden Männer stießen gleichzeitig den spitzen Pflanzstock 7–10 cm tief in die Erde, drehten ihn von links nach rechts, warfen, ohne sich zu bücken, in 1–1 1/2 m Abstand 4–6 Maiskörner zugleich mit einigen schwarzen oder roten Bohnen und Kürbiskernen in das entstandene Loch und schlossen dieses mit den Zehen oder dem Stock. Den Bohnen dienten später die kräftigen Maisstengel als Kletterstangen. Die kombinierte Aussaat von Mais und Bohnen bewirkte zugleich eine Stickstoffanreicherung im Boden durch die Hülsenfrucht, was dem Wachstum der Maispflanzen zugute kam. Nach Schließung der Pflanzlöcher trat die Reihe der Männer einen großen Schritt nach vorn, und der

Fig. 25 Maisaussaat mit dem Pflanzstock

Links und rechts Bauern bei der Aussaat, in der Mitte vermutlich die Gestalt eines Regenmachers.

(Nach einer Darstellung im Codex Tro-Cortesianus)

Vorgang wiederholte sich bis zum Abschluß der gesamten Feldbestellung. Das Saatgut führten sie in einer Umhängetasche mit.*

Das gleiche Zeremoniell der Feldbestellung, von dem es schöne zeichnerische Darstellungen im Dresdener Codex und im Codex Tro-Cortesianus gibt (Fig. 25), hat K. Sapper (395, S. 8) noch zu Anfang unseres Jahrhunderts im tropischen Waldland Guatemalas beobachtet. In Yucatán war die Reihenpflanzung wegen der vielerorts nur dünnen Bodenkrume eine Ausnahme. Dort richtete man sich nach den mit tieferen Verwitterungsböden erfüllten Gesteinsklüften (329, S. 56) und nutzte vor allem die Schwemmböden der flachen Schüsseldolinen. Heute werden im Petén die schwarzen Feldbohnen gewöhnlich etwas später als der Mais, im Juni, getrennt nachgepflanzt, vorzugsweise im inneren Bereich der Milpa. Wenn sie auszutreiben beginnen, finden die Ranken an den Maisstengeln bereits ihren Halt.

Die Feldarbeit war wie überall in Zentralamerika und im Gegensatz zu Südamerika ausschließlich Sache der Männer. Auch das Jäten des Unkrauts wurde von ihnen besorgt. Frauen oder Mädchen brachten den Männern höchstens die Mahlzeiten aufs Feld, wenn dieses nicht zu weit vom Wohnplatz entfernt lag.

Der für die Aussaat bestimmte Mais wurde sorgfältig ausgewählt. Während die für den Verzehr bestimmten Kolben auf strohdachgeschützten Plattformen im Bereich der Milpa gelagert wurden, hatte der Bauer die am spätesten geernteten und daher am besten ausgereiften Kolben der letzten Ernte mit nach Hause genommen und in seiner Hütte für die neue Aussaat aufbewahrt. Je Hektar Saatfläche brauchte er 15–16 kg. Andere ausgesuchte Kolben kamen als Opfergaben in die Tempel oder dienten der Versorgung der Priester. Jede Maispflanze – so glaubten die Maya – habe eine Seele, und diese Maisseele fühle sich am wohlsten in den schönsten Kolben. So bespritzten sie diese mit dem Blut von Opfertieren und puderten sie mit Kalkstaub zum Schutz gegen Ungeziefer (275, S. 49). Daß sie die besten Kolben den Göttern weihten, hatte damit einen tieferen Sinn: Als Saatgut wurde nur Mais bester Qualität verwendet, der ein optimales Ergebnis der nächsten Ernte gewährleistete. Es ist dies genau die gleiche Methode der Saatgutwahl, die auch bei den Reisbauern auf Java bis Ende des vorigen Jahrhunderts üblich war. Die schönsten Rispen – dort als bevorzugte Sitze der Reisseele gedeutet – wurden als Opfergaben in die Speicher gehängt und später für die Aussaat im neuen Keimbeet genutzt (438; 475). Die Notwendigkeit der Auslese des besten Saatguts führte in beiden so weit voneinander entfernten Kulturbereichen zum gleichen, durch Religion und Mythos abgesicherten Verfahren.

---

* Diego de Landa (1566) hat die Maisaussaat der Maya Yucatáns mit einem Satz korrekt beschrieben: »Sie haben einen Sack auf dem Rücken, machen mit einem spitzen Stock ein Loch in den Boden und legen 5–6 Körner hinein, worauf sie es mit demselben Stock wieder schließen.«

Das von den Maya Anfang Mai bestellte Feld wurde mehrmals vom aufkommenden Unkraut gesäubert. Auf frischen Rodungsflächen war die Verunkrautung geringer als auf schon mehrmals bebauten Feldern. Im Unterschied zu den heutigen Maya, deren Unkrautbekämpfung sich auf ein Abschlagen mit dem Buschmesser beschränkt, wurde von den Maya der vorkolumbischen Zeit alles Unkraut durch Herausreißen mit den Wurzeln entfernt, so daß ihre Anbauflächen in einem weit besseren Zustand und ihre Ernten ergiebiger waren, als dies jetzt der Fall ist. Trotz sorgfältiger Unkrautbekämpfung konnten zwei Naturereignisse das Ernteergebnis gefährden: ausbleibender Regen und Heuschreckeneinfälle, durch die besonders von Wald umgebene Felder mit jungem Mais bedroht waren. Die Furcht vor der Heuschreckenplage hat im Leben der Maya keine unbedeutende Rolle gespielt, wie entsprechende Darstellungen im Codex Tro-Cortesianus bezeugen (206, S. 83).

Die durchschnittliche Wachstumszeit des Maises von 104 Tagen gliederte sich in der Vorstellung der Maya in die zwei Abschnitte des Keimens und der Reife von je 52 Tagen. Zu einigen dem Agrarkult gewidmeten Tempeln führten 52 Treppenstufen hinauf. Die übrigen Zeitabschnitte des Agrarkalenders umfaßten 40 bzw. 36 Tage plus 4 abschließende Tage Ende Oktober. Obwohl die Reife der Kolben bereits Mitte August einsetzt, wurde nicht immer sogleich mit der Ernte begonnen. Die um diese Zeit noch andauernden Regenfälle und die herrschende hohe Luftfeuchtigkeit beeinträchtigen Qualität und Haltbarkeit der gelagerten Vorräte. Man ließ daher den Mais zum Teil auf den Feldern stehen, knickte aber die Schäfte um, so daß die Spitzen der Kolben nach unten zeigten, kein Wasser in sie eindringen konnte und auch den Vögeln das Herauspicken der Körner erschwert war. Diebstähle brauchte man nicht zu befürchten, da man den Hütegeistern die Fähigkeit zuschrieb, jeden Dieb zu töten. So blieben die Felder, auch die vom Gehöft weit entfernten, uneingezäunt.

Die Ernte erstreckte sich von Ende Oktober bis zum April und erreichte im Januar/Februar ihren Höhepunkt. Heute ist meist schon der November der Haupterntemonat. Daß früher die Maisernte fast ein halbes Jahr in Anspruch nahm, erklärt sich daraus, daß man darauf bedacht war, seinen Bedarf nur jeweils für einen kürzeren Zeitraum zu decken, um bei der Lagerung eintretende Verluste durch Witterungseinflüsse, Mäuse, Ratten und anderes Ungeziefer zu vermeiden. Wenn man das Feld für die nächste Aussaat vorbereiten mußte und die Kolben nicht länger an der trockenen Staude lassen konnte, stapelte man sie – wie noch heute – auf überdachten hölzernen Gestellen, die man im Feld errichtete (388, S. 16). Man brachte die Ernte nicht sofort zum Gehöft, weil sich der Mais draußen bei besserer Durchlüftung länger hielt als etwa in einem Maisspeicher nahe dem Haus. Jede Woche holte man sich die erforderliche Ration. Darauf beruht es, daß die spanischen Eroberer so wenig Nahrungsmittel in den Maya-Siedlungen vorfanden und Requirierungskommandos auf die Milpas schicken mußten, um sich mit den dort gelagerten Vorräten zu verproviantieren (275, S. 54). Wenn berichtet wird, daß die Maya ihre Ernte auch an »guten Plätzen unter der Erde« aufbewahrten (45, S. 167), womit wohl die mit Steinplatten abgedeckten *chultuns* (S. 195) gemeint sind, scheint sich diese Bemerkung doch weniger auf Mais als auf Sammelfrüchte aus dem Wald, besonders Brotnüsse, zu beziehen.

Die Zeit der Ernte war zugleich die Zeit der Festlichkeiten, die ein reichliches Vierteljahr umfaßte und Anfang Februar endete. In diesen niederschlagsarmen Monaten, in denen die eigentliche Feldarbeit ruhte, pflegten die Maya ihre Häuser zu reparieren; genauso kann man sie heutigentags bei Ausbesserungsarbeiten in ihren Gehöften oder an der Dorfkirche sehen. Es war dieselbe Zeitspanne, in der sie früher zu Bauarbeiten in die großen Zeremonialzentren befohlen wurden.

Der genau auf die hygrischen Jahreszeiten (S. 107) abgestimmte Agrarkalender der Maya muß im südlichen Waldland, etwa im Bereich des 15. Breitengrades, entstanden sein. Dort fallen die Hauptniederschläge in den Monaten Mai bis Oktober; die niederschlagsarme Jahreszeit reicht vom November bis zum April (Fig. 16). Da an der Golfküste zwischen dem 18. und 20. Breitengrad auch der Januar und Februar noch regenreich sind, kann der Ursprung des Agrarzyklus nicht im olmekischen Kulturbereich gesucht werden. Keiner der vorgeschriebenen Feldarbeitstermine entspricht den dortigen Klimabedingungen.

5. Landwechsel und Landbedarf

Die Maya besaßen keine größeren Haustiere und hatten somit keine Möglichkeit, ihre Felder zu düngen. Die sich schnell mit Unkräutern bedeckenden Böden waren nach wenigen Jahren des Anbaus erschöpft. Sowohl im südlichen Waldland als auch im nördlichen Yucatán pflegte man die Felder nur zwei Jahre lang zu bestellen, da der Maisertrag im dritten Jahr bereits auf die Hälfte zurückging. Allenfalls pflanzten die Bauern nach zwei Maisernten auf dem der Wiederbewaldung überlassenen Brachfeld Maniok an, dessen Knollen sie so lange ernten konnten, bis schließlich das aufkommende Buschwerk sie zu stark behinderte (440, S. 442). Heute werden im Petén gern während des ersten Brachejahres ein paar Bananenstauden oder Papayabäume gesetzt, deren Früchte sich auch noch im Sekundärwald ohne große Mühe einsammeln lassen (388, S. 7). Nur in persönlichen Notfällen – bei Krankheit oder Tod eines männlichen Familienmitgliedes – bebauten die Maya in Yucatán die Milpa ein drittes, im Petén auch ein viertes Mal mit Mais. Andere Waldstücke mußten gerodet, gebrannt und bebaut werden, bis man nach 5–6 Jahren im Petén, nach 7–12, gelegentlich aber auch erst nach 6 weiteren Jahren im nördlichen Yucatán den inzwischen zum Niederwald herangewachsenen Sekundärbusch auf dem ersten Landstück abermals schlagen konnte (216, S. 31). Wenn auch die ehemaligen Milpagrenzen im wiederaufgekommenen Wald nicht mehr immer klar erkennbar waren und die erneut gerodeten Flächen nach Größe und Umriß nicht absolut mit den früheren Feldstücken übereinstimmten, blieb doch im Prinzip das alte Parzellengefüge erhalten.

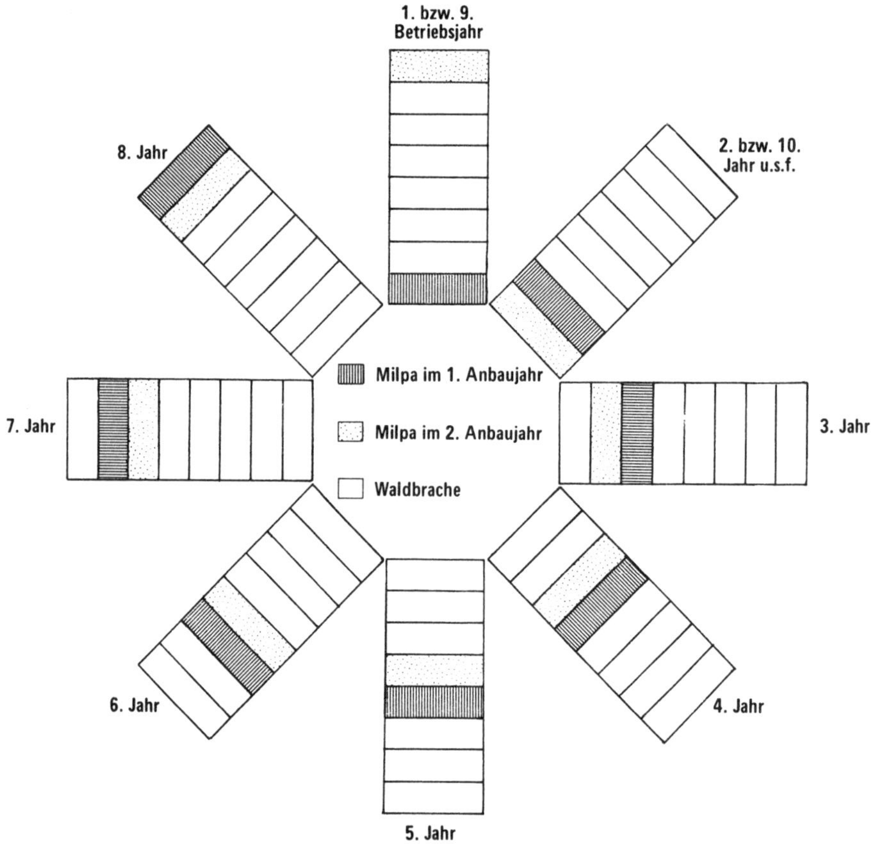

Fig. 26 Schematische Darstellung des Landwechsels im Petén bei Einhaltung einer sechsjährigen Brachezeit und gleichzeitiger Bestellung von zwei Milpas

(Entwurf H. Wilhelmy)

Überall im Maya-Tiefland sind heute ständig zwei Milpas in Betrieb: eine frisch gerodete, die erstmalig mit Mais eingesät wird, und eine andere, die ein Jahr zuvor urbar gemacht wurde und nun zum zweitenmal bestellt wird. Im gleichen Sinn setzt sich die Rotation fort: Nach zweimaliger Ernte fällt im 3. Jahr das ältere Feld brach, das andere rückt für die zweite Bestellung nach, und auf einer dritten, neuen Milpa erfolgt die Erstaussaat. Im Petén steht dann nach 6 Jahren der Ruhe und Wiederbewaldung, das heißt im 9. Betriebsjahr, die erste Milpa wieder zur Rodung und Bebauung an (Fig. 26). Insgesamt brauchen die Peténbauern bei dieser im südlichen Tiefland allgemein üblichen Rotation (388, S. 7) acht Milpas, von denen sie eine pro Jahr roden, bzw. viermal soviel Land, wie sie im jährlichen Turnus bestellen.

Im heutigen Yucatán hingegen ergibt sich aus dem statistisch ermittelten Verhältnis von 15 % bebautem und 85 % brachliegendem Land, also einer Relation von 1 : 6, ein Landwechselzyklus, für dessen Einhaltung die dortigen Bauern 14 Milpas benötigen, wenn sie ebenfalls pro Jahr zwei mit Mais bepflanzen. Erst nach zwölf Brachejahren kommt im 15. Betriebsjahr die erste Milpa wieder an die Reihe (Fig. 27).

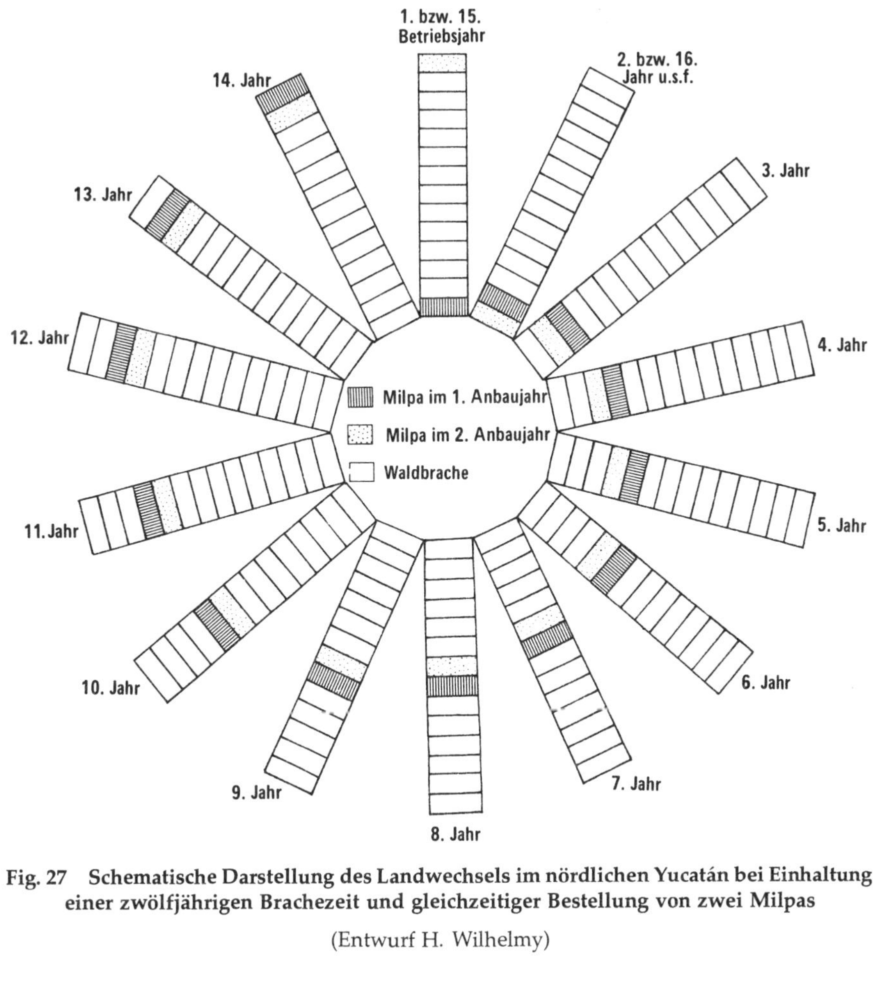

Fig. 27 Schematische Darstellung des Landwechsels im nördlichen Yucatán bei Einhaltung einer zwölfjährigen Brachezeit und gleichzeitiger Bestellung von zwei Milpas

(Entwurf H. Wilhelmy)

Natürlich ist jeder Bauer bestrebt, seine Felder möglichst dicht beieinander anzulegen, so daß er nicht mehr als eine Stunde braucht, um von einer Milpa zur anderen zu kommen. Die günstigste Situation ergibt sich für solche Bauern, die – wie es in der alten Maya-Zeit fast allgemein der Fall war – in Einzelhöfen oder kleinen Weilern inmitten ihrer Fluren leben (S. 249). Es hat aber in der Spätzeit auch schon Dörfer gegeben. Als die Spanier im 16. Jahrhundert erstmalig an den Petén-Itzá-See kamen, zählten sie an dessen Ufern zwölf »Pueblos« (388, S. 9). Es waren dies sicherlich Ausnahmen, die auf der Möglichkeit zusätzlichen Nahrungserwerbs durch einen ergiebigen Fischfang im See beruhten.

Die geschlossene Siedlungsweise am Petén-Itzá-See und das Fehlen einer die Pueblos allseitig umfassenden Gemarkung zwang zu langen Anmarschwegen bis zu den zum Teil weit im Hinterland gelegenen Milpas. So ist es dort noch heute. In San José sind von 97 Familien 79 »Vollbauern«, 31 von ihnen haben Entfernungen von 1–8 km bis zu ihren Feldern zurückzulegen und bewirtschaften diese vom Ort aus. 39 Bauern, deren Wegstrecke 4–36 km beträgt, bleiben jeweils 5–6 Tage auf den Milpas und verbringen nur die Wochenenden bei ihren Familien in San José. Sie leben draußen entweder allein, mit einem Bruder oder mit einem Sohn in einer Feldhütte. 9 Bauern, deren Äcker ähnlich weit entfernt liegen, ziehen es vor, mit ihrer ganzen Familie während der Hauptarbeitszeit aufs Feld zu ziehen (388, S. 10ff.). In Nordyucatán sind 5–7 km die kritische Entfernung, von der an der Milpero während der Hauptarbeitszeit auch die Nächte in einer Feldhütte zu verbringen pflegt (329, S. 55). Von 162 in der Gegend von Pisté lebenden Bauern haben 28 Wegstrecken zwischen 8 und 25 km zurückzulegen (412, S. 126).

Über die absolute Größe der im nördlichen Yucatán für die Ernährung einer fünfköpfigen Familie erforderlichen Fläche gibt eine in 3 Dörfern bei Chichén Itzá durchgeführte Erhebung Auskunft. 638 Maya-Bauern bestellen dort je Familie jährlich 2 Milpas von zusammen 4–5 ha mit Mais (122, S. 137). Da sie den Anbau auf demselben Feld wie üblich nur noch ein zweites Mal wiederholen und es in diesem Gebiet nach einer 10jährigen Brachezeit erneut roden und bewirtschaften, benötigt jeder Haushalt für seine Versorgung 12 Milpas mit einer Gesamtfläche von 6 × 4–5 ha = 24–30 ha. Ein Dorf von 100 Familien mit rund 500 Menschen muß also im nördlichen Yucatán über mindestens 2400–3000 ha potentieller Nutzfläche verfügen. Bei günstigeren Bodenverhältnissen reichen jedoch in anderen Teilen Yucatáns bereits 1,5–2 ha jährliche Anbaufläche, das heißt ein Grundbesitz von 9–12 ha, für die Ernährung einer fünfköpfigen Familie aus. Selbst die Trokkenwaldgebiete des nördlichen Yucatán sind dank ihrer Kalkböden nicht so »unfruchtbar«, wie mit bodenkundlichen Fragen weniger vertraute Maya-Forscher vermuten. In Verbindung mit etwas Gemüse- und Obstbau und einer bescheidenen Kleinviehhaltung auf dem Hof genügt dort 1 ha noch gerade zur Deckung des Eigenbedarfs (421, S. 176). Neuere Dorfuntersuchungen im Petén ergaben, daß die gesamte Nutzfläche einer Mayero-Familie am Petén-Itzá-See 3–4 ha nicht übersteigt (388, S. 10). Da es in 8 Milpas aufgeteilt ist, von denen stets zwei gleichzeitig bestellt werden, umfaßt die jährlich bewirtschaftete Fläche 0,75–1 ha, die Größe des einzelnen Maisfeldes also durchschnittlich 1/3–1/2 ha. Die kleinsten Milpas liegen in Siedlungsnähe, die größten an der Peripherie der Gemarkung (Fig. 28). Dort können sie bis 1,5 ha erreichen (388, S. 13). Insgesamt genügt die pro Familie zur Verfügung stehende Nutzfläche von 3–4 ha nur knapp zur Sicherung der Selbstversorgung. Zusätzlicher Nebenerwerb ist erforderlich (S. 176).

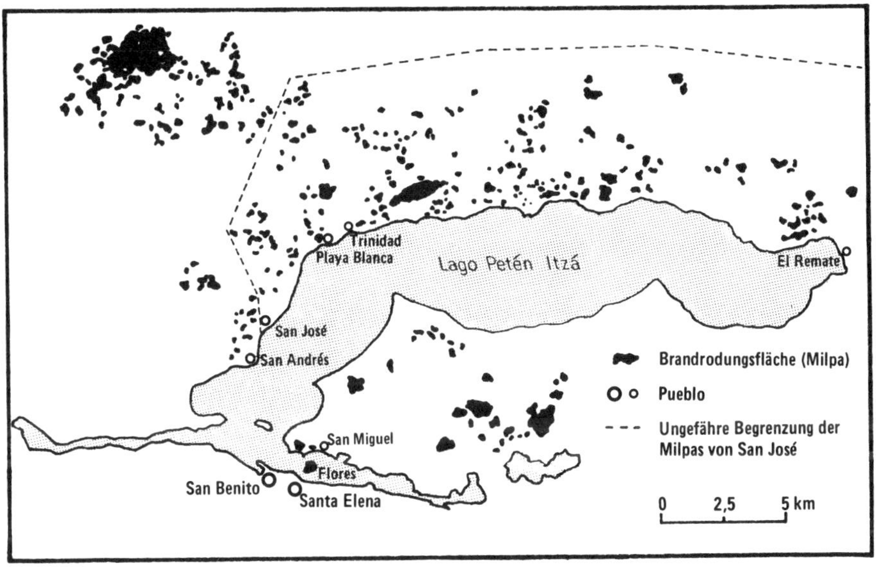

Fig. 28 Brandrodungsflächen (Milpas) im Umkreis des Petén-Itzá-Sees
(Nach einer Kartierung von R. E. Reina, 1960)

Größer als im Petén sind die Wirtschaftsflächen der heutigen Totonaken in Zentralveracruz. Bei Einhaltung eines 12jährigen Landwechselzyklus kommen dort die Bauern mit 7–8 ha im Rahmen der von ihnen betriebenen Subsistenzwirtschaft für die Versorgung einer fünfköpfigen Familie voll aus (350, S. 216).

Diese Werte lassen sich nun freilich nicht ohne weiteres in die alte Maya-Zeit zurückprojizieren, da sich die Lebens- und Erwerbsbedingungen – besonders in Yucatán – seit Beginn der Kolonialzeit in mancherlei Hinsicht verändert haben. Aber ein Vergleich mit tropischen Tieflandgebieten, in denen noch heute ein von der modernen Zivilisation wenig beeinträchtigter Brandrodungsfeldbau im Rahmen der Landwechselwirtschaft betrieben wird, ist doch aufschlußreich.

In Liberia benötigt eine fünfköpfige Familie 2 ha als jährliche Nutzfläche, das heißt je nach Länge der Brachezeit ein Mehrfaches dieses Areals (354, S. 18). In Nordborneo hingegen, wo die Bevölkerung – wie einst die Maya – von der in Stammesgruppen oder im Familienverband durchgeführten *shifting cultivation* lebt, rechnet man mit einem jährlichen Anbauflächenbedarf von nur einem knappen Hektar je Familie zur Sicherstellung der Selbstversorgung (458, S. 278). Wenn nicht Bodenzerstörung eintreten soll, müssen dort zur Gewährleistung ausreichender Umtriebszeiten mindestens 10–12 ha Land je Familie zur Verfügung stehen. In Nordborneo liegt damit der Flächenbedarf pro Haushalt unter dem im heutigen Yucatán. Zutreffender ist der Vergleich Nordborneos mit dem Petén, da die Naturausstattung beider Gebiete stärker miteinander übereinstimmt als mit Yucatán: Im südlichen Regenwaldgebiet des alten Maya-Landes kam man – günstige Geländeverhältnisse vorausgesetzt – wegen der kürzeren Regenerationszeit der brachgefallenen Flächen mit Betriebsgrößen von 10–12 ha je Familie aus. Genau die gleiche Flächengröße von 12 ha benötigen heute die Maisbauern bei Tajin in Veracruz (373), und ebenso werden 10–12 ha Umtriebsland als Familienbedarf in El Salvador angegeben (357, S. 36). Bei besonders ungünstigen topographischen Verhältnissen im Bergland sind hingegen weitaus größere Betriebseinheiten erforderlich. Auf stark devastierten Böden im Waldbergland Guatemalas genügen zum Beispiel 150–250 ha gerade noch für die Selbstversorgung einer Familie (122, S. 137).

6. Das Produktionspotential der Landwechselwirtschaft

Nach Oberflächenformen, Klima, Pflanzenkleid und Bodenausstattung stellt der Lebensraum der Tiefland-Maya keineswegs eine naturgeographische Einheit dar (S. 71). Kulturell und wirtschaftlich ist er jedoch ein weitgehend einheitlich gestalteter Raum. Umweltabhängigkeiten haben freilich in einem von Region zu Region unterschiedlichen Ausmaß die wirtschaftlichen Entfaltungsmöglichkeiten der Maya gefördert oder eingeengt. Von Natur begünstigten Räumen, wie solchen höherer Niederschläge und fruchtbarer Böden, stehen andere geringeren Ernährungspotentials gegenüber. Dementsprechend kann man auch die Tragfähigkeit des alten Maya-Landes pauschal nicht abschätzen, sondern muß die regionalen Unterschiede in die Rechnung einbeziehen.

Unter »Tragfähigkeit« verstehen wir die maximal erreichbare Einwohnerzahl bzw. die höchstmögliche Bevölkerungsdichte unter bestimmten wirtschaftlichen Bedingungen. Diese sind zum Teil naturgegeben, zum Teil durch technische Entwicklungen veränderbar. Den Tragfähigkeitsberechnungen für die Maya-Zeit müssen agrarwirtschaftliche Ertragswerte zugrunde gelegt werden, wie man sie etwa für die kulturelle Blütezeit annehmen darf. Sie zu ermitteln ist das Hauptproblem. Methodisch können mehrere Wege eingeschlagen werden.

Erste Anhaltswerte ergeben die heutigen Ernteerträge. Sie sind zu vergleichen mit den in Landwechselwirtschaft erzielten Erträgen von Agrargesellschaften, deren gegenwärtiger Wirtschaftsstatus etwa dem des für die klassische Maya-Zeit angenommenen entsprechen könnte.

Die in den heutigen Verbreitungsgebieten der *shifting cultivation* erreichten Bevölkerungsdichten lassen sich unter Berücksichtigung jeweils örtlich gegebener Sonderbedingungen wiederum in Beziehung setzen zu solchen Dichtewerten, wie sie im Maya-Land auf Grund des in erster Linie durch die Bodenqualität (S. 133) bestimmten Ertragspotentials maximal möglich erscheinen. Schließlich müssen diese theoretisch ermittelten Dichtewerte mit denen verglichen werden, die sich aus den archäologischen Befunden für die Blütezeit der Maya-Hochkultur ableiten lassen.

Was den älteren Maya-Forschern viel Kopfzerbrechen bereitete, war die Diskrepanz zwischen der aus der Größe der Zeremonialzentren und der riesigen Zahl von alten Hausplattformen im ländlichen Siedlungsraum zu folgernden großen Bevölkerungsdichte gegenüber der nach ihrer Ansicht nicht ausreichenden Ernährungsbasis, die der an Brandrodung und Landwechselwirtschaft gebundene Maisanbau den Maya bot. Obwohl, wie wir heute wissen, der Nahrungsspielraum sehr viel größer gewesen ist (S. 225), stellte der Maisanbau das eigentliche Fundament in der Ernährungswirtschaft der Maya dar, und seine Leistungsfähigkeit ist daher an erster Stelle zu überprüfen.

Um eine Vorstellung von den Maiserträgen in der Gegenwart im Vergleich zu denen in der klassischen Maya-Zeit zu gewinnen, wurde in Yucatán bei Chichén Itzá ein Versuchsfeld 8 Jahre hintereinander (1933/40) mit Mais bepflanzt. In den ersten 4 Jahren säuberte man das Feld in der heute üblichen Weise mit dem Buschmesser vom Unkraut, in der zweiten Hälfte der Anbauzeit nach alter Maya-Art mit der Hand einschließlich der Wurzeln. Die jeweils erzielten Erträge veranschaulicht die nachstehende Tabelle:

Unkrautbeseitigung mit Machete	Ertrag dz/ha	Unkrautbeseitigung mit der Hand	Ertrag dz/ha
1933	8,7	1937	8,8
1934	7,4	1938	4,0
1935	4,0	1939	5,4
1936	2,0	1940	0,07

Tab. 2 Maiserträge bei unterschiedlicher Art der Unkrautbekämpfung in Yucatán (nach S. G. Morley und G. W. Brainerd, 122, S. 138)

Nach den ersten beiden Jahren sank bei Unkrautbekämpfung mit dem Buschmesser das Ernteergebnis im 3. Jahr auf die Hälfte und im folgenden Jahr auf weniger als ein Viertel des Ausgangsjahres ab. Bei Handrodung des Unkrauts übertraf im 5. Jahr der Ertrag sogar denjenigen des 1. Jahres, fiel dann aber im 6. und 7. Jahr ebenfalls schnell auf etwa die Hälfte ab. Die totale Mißernte im 8. Anbaujahr beruhte auf einem Heuschreckeneinfall (122, S. 138). Vergleichbar sind auf Grund dieses Anbauexperimentes nur die Ernteergebnisse bei unterschiedlicher Methode der Unkrautbekämpfung. Rückschlüsse auf die realen Hektarerträge in der klassischen Maya-Zeit sind hingegen problematisch, da wir über die Produktivität der damals kultivierten Maissorten noch zuwenig wissen. Sie hat sich im Verlauf der Domestizierung des Maises zweifellos bis zur Gegenwart wesentlich gesteigert (S. 146). Das Ertragsverhältnis zwischen modernen Maishybriden zu guten landesüblichen Kultursorten bzw. zu züchterisch vernachlässigten oder degenerierten Sorten liegt bei 7 : 6 : 4 (325, S. 40) und läßt die große Spannweite der zu erwartenden Ernteergebnisse erkennen. Zu den sortenbedingten kamen die sich von Jahr zu Jahr verändernden witterungsbedingten Ertragsschwankungen und – in örtlicher Differenzierung – die Abhängigkeiten von der Bodenqualität.

Die heute für tropische Feuchtsavannen allgemeingültigen Maisertragswerte schwanken zwischen 7 und 25 dz/ha (297, S. 75). Die auf den yucatekischen Versuchsfeldern erzielten Ernten entsprachen für 1933/34 und 1937 den Durchschnittswerten auf ein- oder zweimal hintereinander bestellten Bauernfeldern. In guten Jahren werden aber auch in Yucatán 15–22 dz Mais je Hektar eingebracht (330, S. 138). Die starken Rückgänge im 3. und 4. Jahr waren keine Überraschung und decken sich mit den Ergebnissen einer im gleichen Gebiet von der Carnegie Institution durchgeführten 10jährigen Beobachtungsreihe. Es zeigte sich, daß im üblichen Milpasystem bewirtschaftete Maisfelder schon im zweiten Anbaujahr um 20 % geringere Erträge als im ersten lieferten und daß diese im dritten Jahr wie im Versuchsfeld auf weniger als die Hälfte zurückgingen.

Angebaut werden unterschiedliche Maisvarietäten, die schon in 2½ Monaten oder erst nach 4 oder 6 Monaten reifen. Die Ernte in Yucatán beginnt im November, erreicht im Januar/Februar ihren Höhepunkt und setzt sich bis April/Mai fort. Gleich im Anschluß an die Säuberung des Feldes erfolgt die nächste Aussaat. Der Ertragsrückgang dreimal hintereinander bestellter Felder beruht weniger auf einer allgemeinen schnellen Erschöpfung der Böden als auf der wachsenden Konkurrenz des von Jahr zu Jahr zunehmenden Unkrauts. Man rodet daher jetzt lieber nach dem 2. Anbaujahr eine neue Milpa, als auf einer alten ständig mit der Unkrautbekämpfung beschäftigt zu sein. Schon die auf einer zweijährigen Milpa während der Wachstumszeit des Maises dreimal erforderliche Unkrautbeseitigung nimmt mehr Zeit in Anspruch als die Buschrodung. Einige Agrarexperten wundern sich daher, daß man überhaupt noch eine zweijährige Milpa bestellt (329, S. 59; 330, S. 139). Nur Landmangel kann die Erklärung dafür sein.

Durch die einstige Handjätung des Unkrauts erzielten die alten Maya nicht nur über mehrere Jahre relativ gute Ernteerträge, sondern konnten dasselbe Feldstück 1–2 Jahre länger bebauen, als dies ihren Nachfahren möglich ist. Mit dem Ausreißen des Unkrauts, besonders wenn es schon höher herangewachsen ist und ein verzweigtes Wurzelwerk entwickelt hat, ist eine kräftige Bodenlockerung verbunden. Der durch die tropischen Regengüsse verschlammte und infolge der starken Sonneneinstrahlung verkrustete Oberboden wird besser durchlüftet, und die vermehrte Sauerstoffzufuhr fördert die Entwicklung der für die Zersetzung organischer Stoffe wichtigen Bodenbakterien. Mais ist eine Hackfrucht, und da die Maya die Hacke nicht kannten, besaßen sie in der Handjätung ein wirksames Mittel zur Erhöhung ihrer Ernteerträge. Bei dem infolge der Bevölkerungszunahme knapper werdenden Land bedeutete dies eine beachtliche Steigerung des Produktionspotentials, was bei meist von den heutigen Verhältnissen ausgehenden Tragfähigkeitsberechnungen leicht übersehen wird. Erfahrene Agrarwissenschaftler, wie Steggerda (412), der sechs Jahre lang (1933/38) die Anbauergebnisse auf der Versuchsstation in Chichén Itzá verfolgte, oder R. A. Emerson und J. H. Kempton (330) gehen sogar so weit, den Hauptgrund für den Feldwechsel nicht in einer schnellen Bodenerschöpfung, sondern in dem auch bei Handjätung schließlich überhandnehmenden Unkraut zu sehen. Chemische Analysen ergaben trotz 6jährigen ununterbrochenen Anbaus keine Minderung der Bodenfruchtbarkeit. Sie kann sogar trotz des nunmehr seit über 3000 Jahren in Yucatán betriebenen Maisanbaus nicht in außergewöhnlichem Maße zurückgegangen sein, denn die Erträge liegen nur um ein Viertel unter den im 27jährigen Mittel erzielten Hektarerträgen im Maisgürtel der USA (371, S. 222).

Die Erkenntnisse aus Yucatán lassen sich freilich nicht ohne weiteres auf das Regenwaldgebiet des Petén übertragen. Aber auch aus diesem Gebiet verfügen wir heute über zuverlässige Beobachtungen. In der Umgebung des Petén-Itzá-Sees wurden von bebauten, kürzere oder längere Zeit brachliegenden, verbuschten und schließlich wieder vom Hochwald bedeckten Milpas insgesamt 152 Bodenproben entnommen (317). Nach wiederholtem Anbau festgestellte Ernterückgänge ließen sich zwar auf einen Verbrauch von Bodennährstoffen zurückführen, aber auf den Brachfeldern vollzog sich regelmäßig eine schnelle Regeneration ihrer Fruchtbarkeit. Die Böden des Petén sind also nicht erschöpft, und ihre Ergiebigkeit ist nicht geringer als zur klassischen Maya-Zeit.

Ein arbeitender erwachsener Bewohner des Petén braucht für seine Ernährung im Jahr 250–300 kg Mais, für eine fünfköpfige Familie rechnet man 11–14 dz. Dazu kommen 2,5 dz Bohnen, kleinere Mengen Gemüse, Zucker, Fett und zuweilen Fleisch. Die Hauptnahrungsmittel Mais und Bohnen können in guten Jahren auf einer Fläche von weniger als 0,5 ha erzeugt werden, in mittleren und schlechten Jahren sind 0,75–1 ha erforderlich. Dem entspricht gerade die im Petén jeder Familie pro Jahr zur Verfügung stehende Anbaufläche von durchschnittlich 0,75–1 ha bzw. 3–4 ha Gesamtbesitz (S. 171). Die Erträge schwanken zwischen 13 und 25 dz Mais bzw. 1,2 und 2,5 dz Bohnen je Hektar (466, S. 460).

Die heutigen Bauern des Petén haben nicht mehr als ein bescheidenes Auskommen, obwohl weite, einst Felder tragende Landstrecken seit einem Jahrtausend unbesiedelt sind. Im Rahmen ihrer knapp ausbalancierten Subsistenzwirtschaft bleibt ihnen für die Minderung des Risikos von Ernteausfällen und um Bargeld für notwendige Anschaffungen zu erhalten nur der Nebenerwerb. Zusätzliche Nahrungsmittel liefern Sammelwirtschaft, Jagd und Fischfang, Geldeinnahmen bringen Holzverkäufe und vor allem die Kautschukzapferei in den Wäldern nach Abschluß der Feldbestellung. Söhne oder andere männliche Verwandte müssen während dieser Zeit nach den Milpas sehen, denn Frauen und Töchter sind voll mit Hausarbeit und Betreuung der Kleinkinder beschäftigt und gehen nie aufs Feld (388, S. 14f.).

Unter solchen Aspekten erweckt die Feststellung, daß ein Maya-Bauer der Gegenwart zur Deckung seines jährlichen Familienbedarfs von 11–14 dz Mais mit 72–81 Tagen Feldarbeit auskomme (329, S. 61; 355; 412), berechtigte Zweifel. Als erforderliche Arbeitszeit zur Einbringung einer Maisernte, die um 1/3 die Selbstversorgungsmenge übersteigt, werden für das westliche Tabasco 120 Tage und für Zentralveracruz 133 Tage genannt (350, S. 217). Ein Brandrodungsbauer in Yucatán ist 190 Tage auf dem Feld beschäftigt, wenn er eine Ernte einbringen will, von der er über den Bedarf seiner fünfköpfigen Familie hinaus etwa 60 % des Gesamtertrags verkaufen will. Die Iban von Sarawak (Borneo) brauchen vergleichsweise 177 Arbeitstage für Rodung und Bewirtschaftung eines Hektars im Primärurwald und 165 Tage im Sekundärwald (433, S. 93). Rein rechnerisch mag die sehr knappe Kalkulation von 72–81 Tagen für das Maya-Land vielleicht in einzelnen Fällen stimmen, aber die verschiedenen Arbeitsvorgänge auf der Milpa folgen nicht lückenlos aufeinander, und es gibt dazwischen keine wochen- oder monatelange »Freizeit«. Insgesamt erfordern die landwirtschaftlichen Arbeiten rund 200 Tage. Die wirkliche Arbeitspause auf den Feldern beschränkt sich auf die Monate November bis Anfang Februar. In dieser Zeit werden nur in wöchentlichen Abständen die erforderlichen Maisrationen von den auf der Milpa gelegenen Aufbewahrungsplätzen geholt und Hausreparaturen durchgeführt.

Zu Arbeitszeitbilanzen, die für die klassische Maya-Zeit aufgestellt worden sind: »2–2 1/2 Monate Feldarbeit für die Beschaffung des Familienunterhalts, 1–2 zusätzliche Arbeitsmonate für die Versorgung der Priesterschaft und der Oberschicht, die restlichen 8–9 Monate des Jahres für Dienstleistungen, vor allem Bauarbeiten in den Zeremonialzentren« (122, S. 140; 197,

S. 207f.), müssen ähnliche Vorbehalte angemeldet werden. Fünf nicht durch Feldarbeit beanspruchte Monate dürften das Maximum gewesen sein. Vorstellungen, daß ein Maya-Bauer mit 48 Arbeitstagen auf seiner Milpa ausgekommen sei und 9–10 Monate für den Einsatz am Sitz der Priesterfürsten zur Verfügung gestanden habe (331, S. 279), sind völlig abwegig. Aber ein knappes halbes Jahr haben die Bauern sicherlich in den Zeremonialzentren Frondienste leisten müssen, und es dürfte kein Zweifel bestehen, daß die Zusammenziehung einer großen Zahl von Männern auf den Baustellen, zumal wenn die von Feldarbeiten freie Zeitspanne überschritten wurde, spürbare Rückwirkungen auf die agrarwirtschaftliche Situation und den sozialen Frieden zur Folge gehabt hat.

7. Mögliche und wahrscheinliche Bevölkerungsdichte

Die heutige Bevölkerungsdichte Yucatáns beträgt 19 Einwohner/km². In Quintana Roo und Campeche sinkt sie auf 2–5, im Petén auf 0,85 E./km² ab. Nach Ansicht erfahrener Agrarwissenschaftler könnten im Petén 50–100 mal mehr Menschen leben als in der Gegenwart (216, S. 39; 219, S. 272; 317, S. 283), das heißt 1,5–3 Millionen, was einer Bevölkerungsdichte von 40–85 E./km² entspräche. Andere Autoren veranschlagen die potentielle Tragfähigkeit des Petén nach Abzug von 40 % nicht bebaubaren Landes auf 40 E./km² (310, S. 253; 464, S. 308).

In der Rio-Bec-Region wird die erreichbare Bevölkerungsdichte, wenn man nur das Nahrungsaufkommen durch Brandrodungswirtschaft zugrunde legt, auf 30–85 E./km² geschätzt (448, S. 111). Auch für Yucatán hält M. Steggerda (412) als Ergebnis seiner Studien eine potentielle Bevölkerungsdichte von 40–80 E./km² für durchaus möglich. Eine solche Zahl scheint nicht übertrieben hoch gegriffen, wenn man sich vor Augen hält, daß die Maisproduktion Yucatáns selbst im Rahmen der traditionellen Milpawirtschaft 15–20mal größer sein könnte als in der Gegenwart (329, S. 60).

Damit stellt sich die Frage, ob derartige Bevölkerungsdichten in der klassischen Maya-Zeit je erreicht worden sind bzw. je erreicht werden konnten oder gar noch übertroffen worden sind. S. G. Morley (122) rechnet für das gesamte Maya-Tiefland nur mit einer früheren mittleren Bevölkerungsdichte von 12,6 E./km², während W. T. Sanders (741, S. 95) meint, daß eine von ihm für die klassische Maya-Zeit angenommene Bevölkerungsdichte von 16 E./km² gerade noch mit dem aus der Brandrodungswirtschaft erzielbaren Nahrungsmittelaufkommen vereinbar sei. Vergleichsweise werden bei Einhaltung einer 22jährigen Brachezeit für Liberia 15 E./km², für Nordborneo 20 E./km² als kritische Schwellenwerte angegeben (358; 382). Demgegenüber hält K. J. Pelzer (125, S. 29; 126), der sich sehr eingehend mit den Problemen der Brandrodungswirtschaft in den asiatischen Tropen beschäftigt hat, eine Bevölkerungsdichte von 50 E./km² für den in der Landwechselwirtschaft erreichbaren Grenzwert, bis zu dem sich diese Form der Landnutzung durchaus im Gleichgewicht mit den ökologischen Umweltbedingungen befindet. B. Andreae (296, S. 83) pflichtet dieser Ansicht bei.

Solange bei einer nicht zu starken Bevölkerungszunahme genügend Umtriebsland zur Verfügung steht und die Einhaltung ausreichender Brachezeiten gewährleistet ist, stellt die *shifting cultivation* die ideale Landnutzungsform im tropischen Waldland dar. Die Gefahr der Bodenzerstörung tritt erst ein, wenn infolge wachsenden Bevölkerungsdrucks die Tragfähigkeitsgrenze überschritten wird. Auf solchen heute in vielen Brandrodungsgebieten mit unzulänglichen Waldreserven zu beobachtenden Devastierungserscheinungen beruht die häufig negative und – wie sich zeigt – zu einseitige Beurteilung der Landwechselwirtschaft.

Bei Rückschlüssen aus den in anderen tropischen Ländern gemachten Erfahrungen auf die Lebens- und Wirtschaftsbedingungen im alten Maya-Land werden in der Regel einige Gesichtspunkte übersehen, die die Beweiskraft der mitgeteilten Tatsachen beeinträchtigen oder sie überhaupt für die Diskussion des Maya-Problems untauglich machen. Für brauchbare Tragfähigkeitsvergleiche ist es nicht nur wichtig, daß in den betreffenden Gebieten ebenfalls der Mais das Grundnahrungsmittel darstellt, sondern daß die Vergleichsländer wie Yucatán und der Petén tropische, mit Feucht- oder Regenwald bedeckte Tiefländer sind, deren vom Ausgangsgestein abhängige Böden ebenso wie die für die Feldbestellung benutzten Geräte denen des alten Maya-Landes entsprechen.

Die meisten Regionen, in denen heute noch Landwechselwirtschaft betrieben wird – im tropischen Süd- und Südostasien, in Zentralafrika und im Amazonasbecken –, liegen im Bereich tiefgründig verwitterter kristalliner Gesteine, Schiefer, Sandsteine oder Quarzite. Es sind durch die tropischen Regen hochgradig ausgelaugte, nährstoffarme Böden, die nur eine kurzfristige Bebauung mit einjährigen Kulturen (Knollengewächsen, Mais, Hirse, Trockenreis) erlauben und sich auch nach sehr langen Ruhezeiten nur wenig erholen. Die Böden im alten Maya-Land hingegen sind (mit Ausnahme des Kordillerenrandes im äußersten Süden) aus der Verwitterung von Karbonatgesteinen hervorgegangen (S. 133). Kalkböden aber sind nicht »unfruchtbar«, wie wegen der weiten Verbreitung von Karsterscheinungen (S. 71) oft fälschlich angenommen wird, sondern im Gegenteil nährstoffreich, und ihre Fruchtbarkeit regeneriert sich kontinuierlich durch die Verwitterung frischen anstehenden Gesteins. Die Kalke im Untergrund sind nicht ausgelaugt wie Granite oder Sandsteine anderer innertropischer Gebiete. Sie unterliegen zwar einer den Klüften folgenden intensiven Lösung, die zur Entstehung unterirdischer Karstwassersysteme führt, aber das Gestein an sich bleibt frisch und ist nur von den Kluftflächen oder von der Oberfläche her der Zerstörung ausgesetzt. Dabei bilden sich als Verwitterungsrückstände fruchtbare Lehme, die zwar, wie überall in den Tropen, humusarm, aber besonders reich an Kalium sind (S. 134). Wenn also Vergleiche zwischen dem Maya-Land und anderen tropischen Gebieten durchgeführt werden, müssen die Voraussetzungen dafür übereinstimmen. Dies war zum Beispiel nicht der Fall, als R. Netting (370, S. 301ff.) glaubte, im Iboland Nigerias ein geeignetes Parallelbeispiel gefunden zu haben. Die Agrarwirtschaft der Ibo zeigt zwar bis in viele Einzelheiten interessante Analogien zur alten Maya-Wirtschaft, aber da der Untergrund in Nigeria aus stark verwitterten, nährstoffarmen Sandsteinen besteht – ähnlich wie die *terra firme* Amazoniens (S. 235) –, fehlt im Unterschied zu den ergiebigeren Kalksteinböden Yucatáns eine wichtige Voraussetzung für die Ermittlung eines vergleichbaren Agrarpotentials. Suchen wir auf der Erde nach einem Vergleichsgebiet, in dem Mais die vorherrschende Feldfrucht ist, der Anbau wie im Maya-Land auf Kalksteinböden erfolgt und die mittleren Jahresniederschläge wie im Petén bei einer nur kurzen Trockenzeit (März/April) zwischen 1500 und 2000 mm liegen, so bietet sich als eindrucksvolles Beispiel dafür die Philippineninsel Cebu an.

Auf Cebu werden 56 % der landwirtschaftlichen Nutzfläche mit Mais bestellt, 34 % entfallen auf Kokospflanzungen an der Küste, den Rest nehmen Taro, Bohnen, Tabak, Zuckerrohr, Kakao, Papaya, Bananen, Pfeffer und andere Spezialkulturen ein (430, S. 321). Der Mais wird auf nicht terrassierten Trockenfeldern gepflanzt; Bewässerungsmöglichkeiten fehlen, da es wegen des Kalksteinuntergrundes dafür kein Bach- oder Flußwasser gibt. Geerntet werden je Hektar nur 4–5 dz Mais. Der sonst in Südostasien vorherrschende Naßreisanbau ist auf die schmalen Alluvialebenen der Flüsse und den Küstensaum beschränkt (429; 430). Der Maisanbau wurde durch die Spanier eingeführt, die ab 1565 die Insel kolonisierten. Er löste den älteren Hirseanbau ab, der im Rahmen der traditionellen Brandrodungswirtschaft betrieben wurde. Der besonders seit Anfang des 19. Jahrhunderts intensivierte Maisanbau erwies sich angesichts steigender Bevölkerungszahlen als weit produktiver als der Hirseanbau. Ohne jegliche Düngung erbringt er jährlich 2–3 Ernten. Ein Teil der Bauern bestellt seine Felder so lange, bis der Ertrag merklich nachläßt und ein Fruchtwechsel ratsam erscheint. Es werden dann als Nachfolgekulturen Maniok oder Gemüse angebaut, aber nur selten überläßt man das Land noch in Brachejahren einer Verbuschung. An die Stelle des früheren *Land*wechsels ist der *Frucht*wechsel getreten, da seit 1874 auf Cebu wegen der auf 6 % zurückgegangenen Waldfläche und der stark um sich greifenden Bodenzerstörung die Brandrodung verboten ist. Die heutigen Maisbauern sind seßhaft gewordene Wanderfeldbauern – eine Folge der explosiven Bevölkerungszunahme auf der Insel. Um 1960 hatte sie eine Bevölkerungsdichte von 264, 1970 bereits von 320 E./km². Um 1900 betrug die Bevölkerungsdichte auf Cebu noch 130 E./km², 1874, als das Brandrodungsverbot erlassen wurde, waren es 73 E./km². Dies ist eine Zahl, die

die hohe Tragfähigkeit tropischer Kalksteinböden bestätigt und den maximalen Schätzwerten für das Maya-Tiefland zur Zeit des Klassikums sehr nahe kommt.

Mit 73 E./km² war Cebu in der zweiten Hälfte des vergangenen Jahrhunderts die bei weitem am dichtesten besiedelte Insel der Philippinen. Als Gründe für das besonders starke Bevölkerungswachstum Cebus werden außer der Ergiebigkeit der Kalksteinböden das im Mangel an Oberflächenwasser begründete Fehlen der Malaria und die von der Hafenstadt Cebu City ausgehenden Impulse angegeben (430, S. 333). Beides galt auch für das alte Maya-Land: Es war frei von Malaria (die erst in der Kolonialzeit aus der Alten Welt eingeschleppt wurde), und den von Cebu City ausstrahlenden städtischen Einflüssen entsprachen durchaus diejenigen der großen Zeremonialzentren.

Ein noch erstaunlicheres Beispiel für die hohen in tropischen Karstgebieten erreichbaren Bevölkerungsdichten stellt der durch seinen ebenmäßigen »Halbkugelkarst« geprägte Gunung Sewu auf der Insel Java dar. Die Landschaft ist nach ihrer Naturausstattung mit der Puuc-Region Yucatáns vergleichbar. Wie dort wechseln im Gunung Sewu halbkugelförmige Karstkuppen mit Karstwannen, auf deren eingeschwemmten Terra-rossa-Böden Bergreis und Maniok im Wechsel mit Bohnen, Hirse, Chili und anderen Feldfrüchten angebaut werden. Wie in Yucatán (und im Unterschied zu den Tieflandgebieten Javas) wird nur Regenfeldbau betrieben, da es keinerlei Möglichkeiten für künstliche Bewässerung gibt. Auf dieser Grundlage wurden im Gunung Sewu Bevölkerungsdichten von 240–400 E./km² erreicht (428, S. 319ff.). Sie sind zwar gering im Vergleich zu den Naßreisgebieten Javas (900–1100 E./km²), aber für ein Trockenfeldbaugebiet im Karstland ganz außerordentlich hoch.

Die für die Halbinsel Yucatán geschätzten, angeblich maximal möglichen Bevölkerungsdichten von 30–85 E./km² (S. 177) erscheinen demgegenüber relativ niedrig, wenn auch Werte um 85 E./km² von einigen Autoren bereits als unrealistisch hoch angesehen werden. Die archäologischen Befunde zeigen, daß alle theoretischen Kalkulationen von den für die klassische Maya-Zeit nachweisbaren tatsächlichen Bevölkerungsdichten weit in den Schatten gestellt werden und daß vor 1000 Jahren das Maya-Land ebenso dicht besiedelt war, wie es gegenwärtig die Karstgebiete der Inseln Cebu und Java sind. Aussagekräftig sind naturgemäß nur Siedlungsreste im ländlichen Bereich, nicht solche aus den städtischen oder stadtähnlichen Zentren. Vor allem lassen sich aus Größe und Zahl der Zeremonialzentren selbst keine Rückschlüsse auf die großräumige Bevölkerungsverteilung ziehen.

Sockelartige Erdaufschüttungen dienten den Maya-Häusern als Unterbau (S. 241). Sie sind in großer Zahl erhalten geblieben. Ihre Freilegung, Kartierung und Zählung, die für den Archäologen weniger spektakuläre Ergebnisse erwarten lassen als die Ausgrabung großer Kultbauten, stecken noch in den Anfängen. Da in dem dichtbewaldeten Gebiet die Luftbildauswertung versagt, mußten kleinere Teilgebiete entweder vom Unterholz befreit oder in nicht zu weitem Abstand parallele Schneisen durch den Dschungel geschlagen werden, von denen aus das benachbarte Gelände eingesehen und die alten Hausplattformen kartographisch aufgenommen werden konnten. In der Umgebung von Tikal und Uaxactún haben amerikanische Archäologen 500 m breite Waldstreifen von fast 70 km Länge aufgeschlagen und ein sich über 32 km in nord-südlicher und 23 km in ostwestlicher Richtung erstreckendes Areal in genügend breiten Längs- und Querstreifen exakt kartiert, so daß für die Umgebung der beiden großen Zeremonialzentren einigermaßen zuverlässige Angaben über die einstige Siedlungsdichte möglich sind (386). Die Teststreifen decken zusammen eine Fläche von rund 35 km^2 ab. Aus der je Quadratkilometer ermittelten Zahl der Hausplattformen *(mounds)* können bei Zugrundelegung einer mittleren Familiengröße von fünf Personen Rückschlüsse auf die Zahl der früheren Bewohner gezogen werden (326, S. 261; 442, S. 572, 582).

Im alten Maya-Land gab es jedoch neben den auf Eltern und Kinder beschränkten Kleinfamilien in weiter Verbreitung aus mindestens drei Generationen bestehende Großfamilien, die entweder unter einem Dach lebten, wie vor allem im Petén, oder Gruppen von drei bis vier dicht benachbarten Gehöften bewohnten (S. 249). Jedes Haus der einen hofartigen Platz *(plazuela)* umschließenden Großfamiliensiedlung stand auf einer eigenen Plattform, so daß auch in solchen Fällen eine Schätzung der Bevölkerungszahl auf Grundlage einer Haussockelzählung keine Schwierigkeiten bereitet. Schwer erfaßbar ist dagegen die Zahl solcher Plattformen, auf denen in großen Häusern weit mehr Familienmitglieder unter einem Dach vereinigt waren. Die den folgenden Berechnungen zugrunde gelegte Durchschnittszahl von fünf Personen je Wohneinheit dürfte daher eher zu niedrig als zu hoch gegriffen sein.

Ein Problem ist, in welchem Verhältnis sich die Zahl der Hausplattformen im Laufe der Zeit vermehrt hat und ob diese kontinuierlich bis in die spätklassische Zeit besiedelt waren oder nicht. Bei Annahme gleichzeitiger und ständiger Besiedlung aller nachweisbaren Wohnstätten kam man auf so hohe Bevölkerungszahlen, daß man sie im Vergleich zu denen aus Gebieten noch heute betriebener Landwechselwirtschaft für völlig unglaubwürdig hielt (die südostasiatischen Beispiele blieben den Maya-Archäologen unbekannt). Allein unter der Voraussetzung, daß nur ein Teil der Hausplattformen gleichzeitig besiedelt war, schien der Widerspruch lösbar zu sein. Man meinte daher Abstriche von 30–75 % machen zu müssen, um Zahlen zu erhalten, die etwa den mit der *shifting cultivation* verbundenen Tragfähigkeitsvorstellungen entsprechen (390, S. 23; 476, S. 366). Die Berechtigung zu solchen Korrekturen leitete man aus einer Notiz Landas (178, S. 130) ab, daß es bei den Maya allgemeiner Brauch gewesen sei, einen Wohnhügel aufzugeben, sobald unter dem Hausfußboden oder dem Vorplatz ein Toter bestattet worden war. Mit ausgemauerten Zugängen versehene Grabanlagen enthielten jedoch entgegen der Angabe Landas häufig die Überreste mehrerer Verstorbener. Dies zeigt, daß viele Mounds trotz der Todesfälle nicht verlassen worden sind oder doch zumindest nach kurzer Zeit – vielleicht nach einer Generation – bereits wiederbesiedelt wurden. Die einmal geschaffenen Sockel haben sicherlich immer wieder als bevorzugte Wohnplätze gedient, zumal die Bevölkerungszahl im Verlauf der zivilisatorischen Entwicklung zu- und nicht abgenommen hat. Man wird sich mit der Aufschüttung neuer Hausplattformen weder unnötige Arbeit gemacht noch kostbares Anbauland verschwendet haben.

Eine solche Besiedlungskontinuität bestätigen vor allem auch die in den Wohnhügeln gemachten Keramikfunde. Stilistisch gleichartige Töpfereierzeugnisse umfassen zwar gewöhnlich einen Zeitraum von mehreren Jahrhunderten, so daß kürzere Perioden, in denen die Wohnstätten möglicherweise verlassen waren, nicht erkennbar sind, aber solche von familiären Ereignissen abhängigen Wüstungsphasen traten für die einzelnen Mounds zu ganz unterschiedlichen Zeitpunkten auf, so daß man bei einer genügend großen Zahl von untersuchten Hausplattformen dennoch ein repräsentatives Gesamtbild der Siedlungsgeschichte und der Bevölkerungsentwicklung erhält.

Die Grabungsergebnisse der letzten Jahrzehnte lassen klar erkennen, daß die Zahl der besiedelten Wohnhügel von der vorklassischen Zeit an ständig zugenommen hat und daß erst kurz vor und nach dem Zusammenbruch regional unterschiedliche Entwicklungen eingetreten sind. Von den vielen näher untersuchten und kartierten Wohnhügeln des Siedlungsgebietes am Belize River (S. 255) existierten zum Beispiel in der Zeit von 300 v. Chr. bis 100 n. Chr. erst ein Drittel, um 600 n. Chr. drei Viertel. Zwischen 700 und 1000 trugen sie alle, einschließlich der älteren, bewohnte Häuser (501). Auch in Tikal wurden einige Dutzend Wohnhügel auf ihren Gehalt an datierbaren Tonscherben geprüft. Es ergab sich, daß der innere Wohnbezirk des später so bedeutenden Zeremonialzentrums in der vorklassischen Periode (vor 300 n. Chr.) erst sehr locker besiedelt war. Nur in einem Sechstel der ausgegrabenen Mounds fanden sich Keramikreste aus dieser Zeit. Im frühen Klassikum – zwischen 300 und 600 – ist eine erste starke Besiedlungsverdichtung im Nahbereich von Tikal festzustellen (386, S. 308). Dann, im Spätklassikum (600–900), vollzogen sich im ländlichen Randbereich bedeutende Veränderungen. Viele noch im Frühklassikum bewohnte Gehöftgruppen lassen durch die Spärlichkeit von Keramikresten für diese 300 Jahre umfassende Zeitspanne nur noch auf eine gelegentliche Besiedlung schließen oder waren bereits völlig verlassen. Offensichtlich war ein Teil der Bevölkerung in den »stadt«nahen Bereich umgezogen, denn dort erbrachte die sorgfältige Untersuchung von über 100 Hausplattformen den

Nachweis, daß sie um 770 n. Chr. sämtlich bewohnt waren (562, S. 192). Die Gründe für eine Abwanderung aus den Außenbezirken Tikals mögen auf einer zunehmenden Unsicherheit beruhen, die es ratsamer erscheinen ließ, im weniger gefährdeten Innenbezirk zu wohnen (386, S. 309). Ein Verzicht auf das in der Marginalzone gelegene Anbauland war aber damit nicht verbunden. Vielleicht war sogar die Gewinnung von siedlungsfreiem Anbauland – als eine sich aus dem spätklassischen Bevölkerungswachstum ergebende Notwendigkeit – der eigentliche Beweggrund für den Umzug. Während also im Gebiet des Belize River die Bevölkerungsverdichtung im ländlichen Siedlungsraum bis zum Jahre 1000 n. Chr. noch stetig zunahm, war dies schon zwischen 600 und 900 im Petén – zumindest im Umkreis des Oberzentrums Tikal – nicht mehr der Fall.

Ob auch im Bereich anderer Ober- und Regionalzentren (S. 266) im Spätklassikum ähnliche Konzentrationsbewegungen stattgefunden haben, die zu einer teilweisen Entsiedlung des agrarischen Umlandes führten, ist bisher nicht bekannt. Das Beispiel Tikal mahnt immerhin zu einer kritischen Bewertung von Bevölkerungsschätzungen, die allein auf der Zahl registrierter, aber nicht näher untersuchter Wohnhügel beruhen. Eine Reduzierung errechneter Bevölkerungsdichtewerte um ein Drittel scheint daher angebracht. Die Wahl dieses Reduktionsfaktors stützt sich auf die in Tikal gemachten Erfahrungen. Dort wurden in den ländlichen Außenbezirken 88 Hausplattformen je Quadratkilometer gezählt. Bei gleichzeitiger Besiedlung mit Haushalten zu je 5 Personen ergäbe dies eine Bevölkerungsdichte von 440 E./km², unter Abzug der im Spätklassikum wüstgefallenen Hausplattformen eine Dichte von 300 E./km² (386, S. 308f.). Trotz der Umsiedlung von einem Drittel der ursprünglichen Bevölkerung war das agrarische Umland Tikals in der letzten Phase vor dem Verfall der Maya-Hochkultur noch immer ungewöhnlich dicht besiedelt.

Für die Agrarzone des nur 18 km nördlich von Tikal gelegenen Regionalzentrums Uaxactún erbrachte eine schon vor mehr als 50 Jahren vorgenommene Kartierung einen Dichtewert von 200 E./km² (390, S. 15ff.). Eine spätere Überprüfung ergab jedoch, daß bei der ersten Aufnahme über 60 % der alten Hausplattformen wegen ungenügender Lichtung des Unterholzes übersehen worden waren (386, S. 305), so daß man einen korrigierten Wert von 500 und nach Abzug eines Drittels einen solchen von etwa 350 E./km² erhielt. Er entspricht damit ungefähr dem von Tikal. Für das wesentlich kleinere Mittelzentrum Dos Aguadas hingegen (28 km östlich von Tikal, Fig. 41) kam man bei Annahme gleichzeitiger Besiedlung aller Mounds mit je einer fünfköpfigen Familie auf die erstaunliche Bevölkerungsdichte von 900 bzw. nach Reduzierung um ein Drittel auf eine solche von 600 E./km² (476, S. 366).

Diese Zahlen – ob 300, 350 oder 600 E./km² – übertreffen bei weitem alle Bevölkerungsdichtewerte, die aus anderen tropischen Ländern mit Brandrodungsfeldbau und Landwechselwirtschaft bekannt geworden sind – mit Ausnahme derjenigen aus den vergleichbaren Kalkgebieten von Cebu und Java (S. 179). Damit stellt sich die Frage, ob die für das agrarische Umland größerer Zeremonialzentren ermittelten Dichtewerte als allgemeingültig für größere Teile des Maya-Tieflandes angesehen werden können oder nicht. Ist es – wenn auch in abgeschwächter Form – zu ähnlichen Bevölkerungsverdichtungen im Umkreis der kleineren kultischen Mittelpunkte gekommen?

Wohnhügelkartierungen in Gebieten mit Mittel- und Kleinzentren, wie zum Beispiel am Belize River (Fig. 39 und 40), zeigen, daß dies nicht der Fall ist. Im Nahbereich der dortigen Zentren geringerer Rangordnung fehlten Bevölkerungsagglomerationen wie bei Tikal oder Uaxactún, wenn auch die Fülle der kartierten Wohnhügel zunächst den Eindruck einer außerordentlich dichten Besiedlung macht.

Auf den Flußterrassen am Belize River bedecken bei Barton Ramie 262 Wohnhügel eine Fläche von 2 km² (S. 253). Zwischen 700 und 1000 n. Chr., das heißt in spätklassischer Zeit, waren sie sämtlich bewohnt, so daß G. R. Willey und seine Mitarbeiter, die mit 7,5 Personen je Haushalt rechneten, auf eine Besiedlung der Testfläche mit 2000 Menschen, das heißt eine Bevölkerungsdichte von 1000 E./km², kamen (501, S. 576). Bleiben wir bei unserem Mittelwert von 5 Personen pro Haushalt, reduziert sich die Zahl auf 666 E./km². Die Grabungsergebnisse erlauben auch für die der spätklassischen Periode vorangegangenen Zeitabschnitte, in der die Zahl der existierenden Mounds noch geringer war, Angaben der jeweiligen Bevölkerungsdichte. Sie belief sich – ebenfalls unter Zugrundelegung von 5 Personen je Wohnhügel – für die Zeit von

800 v. Chr.– 600 v. Chr.	auf 185	Einwohner/km²
600 v. Chr.– 300 v. Chr.	″ 155	″
300 v. Chr.– 100 v. Chr.	″ 250	″
100 v. Chr.– 600 n. Chr.	″ 520	″
600 n. Chr.– 700 n. Chr.	″ 570	″
700 n. Chr.–1000 n. Chr.	″ 666	″

Abgesehen von einem in seinen Ursachen nicht bekannten Bevölkerungsrückgang zwischen 600 und 300 v. Chr. hat die Bevölkerungsdichte im Gebiet um Barton Ramie im Verlauf einer 1800jährigen Siedlungsgeschichte von 185 auf 666 Menschen/km² zugenommen. Dieser letztgenannte Wert bezieht sich auf die uns besonders interessierende Zeit der maximalen Bevölkerungsdichte am Ende der klassischen Periode, ist aber in einem nur kleinen Testgebiet gewonnen worden und muß auf seine Gültigkeit für einen größeren Raum überprüft werden.

Die Untersuchungen der Harvard-Forschergruppe haben ergeben, daß sich am Belize River von der guatemaltekischen Grenze bis zum Roaring Creek ein 60 km langes, durchschnittlich 1 km breites Siedlungsband mit gleich dichtem Wohnhügelbesatz wie bei Barton Ramie erstreckt (S. 254). Über diese Siedlungsfläche von 60 km^2 verteilten sich (bei 666 E./km^2) 40 000 Menschen. Zu ihrem Lebensraum gehörte aber auch das weit größere agrarische Umland. Da die Entfernung zu den im Hügelland beiderseits des Flusses gelegenen Maisfeldern in der Regel nicht 5 km überstieg (S. 256), ist der Siedlungsfläche von 60 km^2 noch eine Wirtschaftsfläche von 600 km^2 hinzuzurechnen. Bei einer Gesamtzahl von 40 000 Menschen ergibt sich daraus für die Belize-Region eine Bevölkerungsdichte von 60 E./km^2, das heißt ein weit geringerer Wert als für das Kerngebiet des Petén. Dort rechnet man für das große Oberzentrum Tikal mit einer Nutz- und Nährfläche von 500 km^2 (535, S. 52), für Regional- und Mittelzentren mit 100–200 km^2. Ein Blick auf die Karte der räumlichen Verteilung und der Hierarchie der Zeremonialzentren (Anhang) zeigt jedoch, daß sich um das an Kultstätten reiche Petén weite, auch in der Blütezeit von *größeren* kultischen Mittelpunkten freigebliebene Räume schließen. Die Häufung der Klein- und Mittelzentren beweist andererseits, daß dies keineswegs menschenleere, agrarisch ungenutzte Waldgebiete waren. Im Gegenteil: P. W. Schufeldt (491, S. 225f.), der viele Jahre lang im Petén und im südlichen Campeche im Kautschukgeschäft tätig war und dort auf Tausenden von Hektaren die Sammelwirtschaft in den Wäldern zu überwachen hatte, stieß allenthalben auf eine solche Fülle alter Hausplattformen, daß nach seiner Ansicht das ganze Land von vielen Menschen bewohnt gewesen sein muß und es zur Maya-Zeit praktisch kein unberührtes Waldstück mehr gab. Damit ist natürlich nicht gemeint, daß der gesamte Wald zu einem gleichen bestimmten Zeitpunkt offenem Kulturland gewichen wäre, sondern nur, daß im Rahmen der Landwechselwirtschaft ein Stück nach dem anderen einmal mit Mais bestelltes Milpaland war.

Die Schilderung Schufeldts darf jedoch nicht zu einer Überschätzung der einstigen Bevölkerungsdichte verleiten, wie das Beispiel der Siedlungen am Belize River zeigt. Die weiten Landstriche zwischen den großen Zentren waren sicherlich dünner besiedelt als die Kerngebiete. Man wird daher die einstige mittlere Bevölkerungsdichte des Petén gegen Ende der klassischen Periode mit einiger Vorsicht auf 170–200 Menschen/km^2 schätzen dürfen. Wenn auch in allen anderen Teilen des alten Maya-Landes die Dichtewerte zweifellos unter denen des Petén lagen, so übertrafen sie doch in den Hauptsiedlungsgebieten die auf Grund des Agrarpotentials geschätzten maximal möglichen Bevölkerungsdichten beträchtlich (S. 177).

Alle auf das »Agrarpotential« abgestützten Kalkulationen gehen von der traditionellen Annahme aus, daß Brandrodungs-Landwechselwirtschaft und Maisanbau die *alleinige* Wirtschaftsgrundlage der Maya gewesen seien. Unter einer solchen Prämisse sind die angestellten Überlegungen und Berechnungen sicherlich zutreffend, wie der noch einmal in Erinnerung zurückzurufende Vergleich mit der Insel Cebu bestätigt (S. 179), wo zur Zeit des offiziellen Verbotes der Brandrodung eine Bevölkerungsdichte von 73 E./km² erreicht wurde. 1873 war dort der kritische Punkt überschritten, an dem die *shifting cultivation* sich selbst ein Ende bereitete und nicht wiedergutzumachende Schäden hinterließ, als nämlich das ausgewogene Verhältnis zwischen Bevölkerungsdichte und verfügbarem Lebensraum gestört wurde und für brachgefallene Felder wegen des eingetretenen Landmangels keine ausreichende Regenerierungszeit mehr eingehalten werden konnte. Während daher auf Cebu die Folge einer von zu vielen Menschen betriebenen Landwechselwirtschaft die völlige Bodenzerstörung war, sind derartige Schäden im Maya-Land nie in einem vergleichbaren Ausmaß aufgetreten. Dies muß seine besonderen Gründe haben (S. 239).

8. Landwechselwirtschaft als Grundlage einer Hochkultur

Akzeptieren wir für den Petén die auf Grund der archäologischen Indizien ermittelte Bevölkerungsdichte von 170–200 Einwohner/km² (S. 185), so bedeutet dies, daß jeder fünfköpfigen Familie im Hauptsiedlungsgebiet der Maya nur eine Wirtschaftsfläche von 2–2,5 ha zur Verfügung gestanden hätte. Davon konnte jedoch eine Familie, wenn sie ausschließlich Landwechselwirtschaft betrieb, nicht leben. Bei der auf 2 Jahre beschränkten Nutzung einer Rodungsfläche mit anschließender Brachezeit von 5–6 Jahren ist gegenwärtig im Petén ein Umtriebsland von 10–12 ha erforderlich. Wo diese Flächengröße unterschritten wird, muß ein Ausgleich durch Nebenerwerb gesucht werden (S. 176). Für die heute spärliche Bevölkerung des Petén gibt es solche Lösungen, aber für die alte Maya-Zeit ist der Widerspruch zwischen den damaligen hohen Bevölkerungszahlen und dem Ertragspotential des verfügbaren Nutzlandes offenkundig. Erfahrungen aus anderen tropischen Ländern lassen es als höchst fragwürdig erscheinen, daß im Petén allein auf der Grundlage der *shifting cultivation* eine so außerordentliche Bevölkerungsverdichtung, geschweige denn die Entstehung von großen stadtähnlichen Zentren überhaupt möglich war (199, S. 60, 77; 373, S. 31; 375, S. 26).

Landwechselwirtschaft ist überall auf der Welt mit einer in Einzelsiedlungen oder kleinen Weilern lebenden Bevölkerung verbunden, die von keinem städtischen »Kontrollzentrum« abhängig ist. *Shifting cultivation* hat eine zentrifugale, keine zentripetale, das heißt siedlungsverdichtende oder gar städtezeugende Kraft. Nun lebte in der Tat die große Masse der Maya-Bevölkerung in Streusiedlungen, aber doch, wie die Wohnhügelzählungen ausweisen (S. 181), wesentlich dichter beieinander als in anderen Brandrodungsgebieten der Erde. Eigentliche »Städte« gab es im Kernraum des alten Maya-Landes nicht, nur stadtähnliche Zeremonialzentren. Echte Städte entstanden erst in der Spätzeit im Norden Yucatáns. Mayapán mit seiner Mauer ist ein Beispiel dafür (S. 345). Aber diese Stadtgründungen sind Folgeerscheinungen der toltekischen Invasion. Die Nachfahren der aus dem mexikanischen Hochland stammenden Eindringlinge hatten die von dort eingeführten städtischen Lebensformen übernommen. Sie verfügten über Organisationsgeschick und militärische Macht und konnten sich ihre neuen politischen Zentren nach mexikanischen Vorbildern schaffen. Einmal gegründet, wurde Mayapán mit Nahrungsmitteln von den Brandrodungsbauern eines weiten Umkreises versorgt. Aber dies geschah unter dem Druck der Eroberer und ist kein Beweis für die generell bestehende Möglichkeit früher zivilisatorischer Entwicklungen im Rahmen der *shifting cultivation*.

Viele Maya-Forscher, die allen jenen Autoren entgegentraten, denen die Nahrungsmittelversorgung einer Millionenbevölkerung aus den Erträgen der Brandrodungswirtschaft unmöglich erschien und die demgegenüber den Nachweis zu führen versuchten, daß die *shifting cultivation* dazu doch durchaus in der Lage gewesen sei (317, S. 283), berufen sich darauf, daß es noch heutigentags in Mexiko und Guatemala Brandrodungsbauern gibt, die eine über den Selbstbedarf hinausgehende Überschußproduktion erzeugen (464, S. 302). Gegen ihre Argumentation ist nichts einzuwenden, solange es um den Nachweis ging, daß Bevölkerungsdichten von 40–85 E./km² mit Brandrodungsbau keineswegs unvereinbar sind, und solange man glaubte, daß diese Werte auch im alten Maya-Land nicht überschritten wurden.

Dazu ein interessantes Vergleichsbeispiel: Der Untergrund der vor der Nordküste Ostjavas gelegenen Insel Madura besteht wie Yucatán vorwiegend aus Kalk und Mergel. Dort fehlen die auf Java weitverbreiteten vulkanischen Böden. Wegen der Durchlässigkeit der Kalke kann nur auf einem Sechstel der Inselfläche Reisanbau als Bewässerungskultur betrieben werden. Vorwiegend wird Trockenreis (Bergreis) im Daueranbau gepflanzt, wofür Düngung und Fruchtwechsel auf sorgfältig angelegten Ackerterrassen unerläßliche Voraussetzung waren. Durch diese Formen der Intensivkultur wuchs die Bevölkerung von Madura (4563 km²) bis 1971 auf 2,47 Millionen, was einer Dichte von 540 E./km² entspricht. Auch die offensichtlich in der Spätphase der Maya-Zivilisation eingetretene stärkere Bevölkerungsverdichtung ist nur dadurch erklärbar, daß neben den Maisanbau im Laufe der Zeit intensivere Methoden der Produktion von Agrarerzeugnissen getreten sind.

Die konventionelle Annahme, daß der auf Brandrodung und Landwechselwirtschaft beruhende Maisanbau die Maya-Wirtschaft prägte, war schwer mit der in anderen Gebieten der *shifting cultivation* gemachten Erfahrung in Einklang zu bringen, daß eine solche Wirtschaftsform nicht die Voraussetzungen für die Entfaltung einer Hochkultur erfüllen konnte. Sie hätte also logischerweise im Tiefland gar nicht entstehen »dürfen«. Aus dem Widerspruch zwischen angenommenem Wirtschaftssystem der Maya und archäologischen Befunden zog B. Meggers (368; 369) den Schluß, daß der Ursprung der Maya-Hochkultur in einem klimatisch und agrarwirtschaftlich günstigeren Gebiet zu suchen sei und daß mit ihrer Verpflanzung ins Tiefland und dem Übergang zu der sich dort aufzwingenden Landwechselwirtschaft Verfall und schließlicher Untergang bereits vorprogrammiert gewesen seien. Dieser Hypothese einer allochthonen Entstehung der Maya-Hochkultur widersprechen jedoch sämtliche wissenschaftlichen Erkenntnisse, die keinen Zweifel an einer landschaftsgebundenen Entwicklung von der präklassischen über die klassische zur nachklassischen Periode lassen. Damit kein Mißverständnis entsteht: Die Maya sind in einer Frühphase ihrer zivilisatorischen Entwicklung vom Hochland ins Tiefland herabgestiegen (S. 14), aber die Entwicklung zur *Hochkultur* hat autochthon in diesem ihrem neuen Lebensraum stattgefunden. Angesichts der nicht zu übersehenden steinernen Zeugnisse hat Meggers' These wenig Zustimmung gefunden, und es mußte nach einer anderen Lösung des Widerspruchs zwischen den bedeutenden Kulturleistungen des Millionenvolkes der Maya und ihrer anscheinend so schmalen Ernährungsbasis gesucht werden.

Die früher widerspruchslos hingenommene lapidare Behauptung: »Die Grundlage der Maya-Zivilisation war der Anbau einer einzigen Kulturpflanze, des Mais« (353, S. 72) bzw. von Mais in Kombination mit Bohnen (495, S. 23), ist in ihrer Richtigkeit ebenso angezweifelt worden wie die als selbstverständlich angesehene Berechtigung, aus der *heute* in Yucatán und im Petén nahezu ausschließlich betriebenen Milpawirtschaft – von den Sisalplantagen im Nordwesten der Halbinsel abgesehen – zu folgern, daß sie auch in der Vergangenheit für die Maya die einzige praktizierte Form der Landnutzung war. Diese These vertrat zum Beispiel P. Gourou (789, S. 43), und ebenso schrieben S. G. Morley und M. Steggerda (120; 412), daß die moderne Agrartechnik der Maya noch genau die gleiche wie vor 3000 Jahren sei. Allenfalls glaubte man an eine bescheidene Ergänzung durch Gartenbau in Gehöftnähe, die Sammlung von Wildfrüchten, die Jagd und den Fischfang. Ist es nicht denkbar, daß bestimmte Techniken einer intensiveren Landnutzung und Bodenkonservierung mit dem Verfall der Maya-Zivilisation oder zu einem späteren Zeitpunkt einfach in Vergessenheit geraten sind? Keine andere der altamerikanischen Hochkulturen beruhte auf einem einzigen Landnutzungssystem, wie es den Tiefland-Maya auf Grund des Gegenwartsbildes von den vorwiegend auf die Kultstätten schauenden und sich weniger für den ländlichen Siedlungsraum interessierenden Maya-Forschern immer zugeschrieben wird. Die Hochland-Maya in Guatemala, die Azteken und Tolteken im Bergland und in den Hochbecken von Mexiko haben außer der üblichen Milpawirtschaft auch Terrassenanbau betrieben, ihre Felder zum Teil künstlich bewässert, in flachen Seebecken »schwimmende Gärten« (*chinampas* im Texcocosee) angelegt, feuchte Talböden dräniert und durch Schaffung überflutungsfreier

Hochäcker genutzt (dazu eine umfangreiche Literatur, vgl. besonders 313; 400; 436; 439; 440).

Auch die Maya haben bereits seit dem frühen oder mittleren Präklassikum derartige Techniken intensiver Landnutzung gekannt. Sie haben sie sogar früher und in stärkerem Umfang praktiziert als die Hochlandvölker. Die von Intensivkulturen eingenommenen Flächen im Maya-Tiefland sind erheblich größer als die für das Präklassikum und Klassikum nachweisbaren entsprechenden Areale im Gebirgsland (426, S. 362). Mag es sich auch im Tiefland anfänglich nur um eine Ergänzung der traditionellen Milpawirtschaft gehandelt haben, so gewannen Terrassen-, Hochacker- und Chinampakulturen infolge des kontinuierlichen, in spätklassischer Zeit geradezu explosiven Bevölkerungswachstums steigende Bedeutung für die Sicherung der täglichen Nahrung. Dieser agrarwirtschaftliche Intensivierungsprozeß vollzog sich jedoch nicht stetig und einheitlich im gesamten Maya-Tiefland, sondern unterlag von örtlichen Möglichkeiten und zeitlichen Erfordernissen abhängigen Varianten. Obwohl es in einem heute weithin siedlungsleeren, wieder von dichtem Wald bedeckten Land schwierig ist, relativ schnell vergängliche Zeugnisse einer vom Menschen gestalteten und umgestalteten Agrarlandschaft archäologisch nachzuweisen, ist in jüngerer Zeit eine Reihe richtungweisender Funde und Beobachtungen gemacht worden, die unsere bisherigen Vorstellungen vom Wirtschafts- und Bevölkerungspotential des alten Maya-Landes entscheidend verändern. Wir müssen das einen großen Teil der Literatur beherrschende falsche Bild der Existenzgrundlagen der Maya-Hochkultur korrigieren. Dazu gehört auch ein Fehler, der sich in alle früheren, auf dem Agrarpotential beruhenden Tragfähigkeitsberechnungen eingeschlichen hat: Sie gingen stets von der Einbringung *einer* jährlichen Maisernte je Flächeneinheit aus, obwohl in Wirklichkeit zweimalige Aussaat auf demselben Feld und die Bewirtschaftung zusätzlicher Milpas zur Minderung des Ernterisikos weithin üblich waren.

9. Formen intensivierter Agrarwirtschaft

Mehrmalige jährliche Maisernte

Ausgiebige Regenfälle, die nur von ein bis zwei Trockenmonaten unterbrochen werden (Fig. 16), ermöglichen dem Bauern im Petén die Einbringung mehrerer Maisernten im Jahr. Gewöhnlich besitzt er acht Milpas, die er in der geschilderten Rotation bewirtschaftet (S. 168). Auf der frischen Rodung legt er zu Beginn der Regenzeit, Anfang Mai, sein Maisfeld an, das ihm die Haupternte liefern soll. Noch bevor diese eingebracht ist, sät er auf demselben Feld zwischen den älteren Pflanzen ein zweites Mal Mais aus, dessen Erträge wegen der nachlassenden Niederschläge in der Regel nicht mehr so gut ausfallen. Innerhalb des agrarischen Jahres (S. 158) war für die Herrichtung dieser »Yaxkín-Milpa« offiziell die Zeit von Ende Juli bis Mitte August vorgesehen. Die Aussaat begann im September, fand aber, je nach der Witterung, zuweilen erst zwischen November und Januar ihren Abschluß. Auch von dem anderen bereits im zweiten Jahr bewirtschafteten Feld, das dann in der nächsten Anbausaison Brachland werden sollte, konnte eine Doppelernte eingebracht werden. Schließlich bestellte man noch während der Trockenzeit ein außerhalb des Landwechselzyklus liegendes Feld im feuchten Niederungsland, um bei Fehlernten auf den Hauptfeldern eine Nahrungsreserve zu haben (67, S. 1; 216, S. 13ff.; 219, S. 272). Wo es in den ganzjährig humiden Klimagebieten des Tieflandes keine klimatisch begründete Anbauunterbrechung gibt, sind sogar drei Maisernten vom selben Feld in einem Kalenderjahr möglich: zu Anfang, in der Mitte und am Ende des Jahres. K. Sapper (396, S. 41) berichtet von solchen Fällen.

Die Norm waren und sind noch heute im südlichen Petén zwei jährliche Maisernten vom selben Feld (741, S. 87) bzw. fünf Ernten in zwei Jahren, ein sonst nur von bewässerten Reisfeldern in Südostasien bekanntes Ergebnis. Nähere Untersuchungen zur Frage der doppelten Maisernte in der Gegenwart liegen aus der Gegend von Puerto Barrios, Machaquilá, Poptún und San Luis vor (319). Der Anbaurhythmus ist noch der gleiche wie in alter Zeit.

In niederschlagsreichen Jahren besteht auch im nördlichen Yucatán die Chance einer zweiten Maisaussaat, besonders wenn die Regen etwas zeitiger als gewöhnlich einsetzen. Wenn für die erste Aussaat eine bereits in 60 Tagen ausreifende Sorte gewählt wird, ist nach der Ernte eine neuerliche Bestellung derselben Milpa möglich, aber das Ernteergebnis bleibt doch weit hinter dem der ersten Aussaat zurück, so daß man kaum von einer zweimaligen Maisernte im nördlichen Yucatán sprechen kann (741, S. 88). Auch die indianischen Bauern im höheren Bergland Guatemalas müssen sich aus klimatischen Gründen mit einer Ernte begnügen. Vielleicht war die einst zu den Hochland-Maya gelangte Kenntnis der Möglichkeit einer doppelten Ernte im Tiefland für sie einer der Gründe, ihre Wohnsitze in die *tierra caliente* zu verlegen. Selbst noch heutigentags ziehen alljährlich Hochlandindianer aus Guatemala ins feuchtheiße Tiefland, wenn sie von der Regierung oder privaten Landeigentümern Anbauland zu günstigen Bedingungen erhalten können, um den Vorteil der Doppelaussaat zu nutzen. Mit den Mais- und Bohnenerträgen beider Ernten kehren sie dann wieder in die Adobe-Hütten ihrer Heimatdörfer zurück (466, S. 460).

Zwei aufeinanderfolgende Maisbestellungen desselben Feldes setzten freilich voraus, daß die reifen Kolben nicht – wie heute üblich – am Schaft auf dem Felde blieben, sondern unverzüglich geerntet wurden, falls man es nicht vorzog, den neuen Mais zwischen die abgeernteten Maisstengel zu pflanzen und diese erst später nach Einbringung der abgeknickten Kolben zu entfernen.

Die zweimalige Maisernte vom selben Feld war nicht die Ausnahme, sondern in weiten Teilen des Maya-Landes durchaus die Regel. Außer im Petén ist sie jetzt noch im benachbarten Tabasco üblich. Das für die Haupternte vorgesehene und zwischen April und Juni bestellte Feld wird dort *milpa del año* genannt (325, S. 38). 110 Tage nach der Aussaat rechnet man mit dem Erntebeginn. Dasselbe Feld wird dann im Dezember/Januar erneut bepflanzt.

Diese zweite *tonamil-* oder *tapachol-*Aussaat, deren Wachstum sich bis in die Trockenperiode (Februar bis Mai) erstreckt, hängt in ihrem Ertrag stark von den Witterungsbedingungen ab, bleibt freilich gewöhnlich hinter dem Ergebnis der Haupternte zurück. Die Tatsache der zweimaligen jährlichen Maisernte vom selben Feld ist von den meisten Archäologen, die sich mit Fragen der Tragfähigkeit, der möglichen Bevölkerungsdichte und des Untergangs der Maya-Zivilisation beschäftigten, in ihre Überlegungen nicht mit einbezogen worden. Ein Unsicherheitsfaktor bleibt freilich bei allen Kalkulationen: Wir wissen wenig über die Produktivität der in der klassischen Maya-Zeit angepflanzten Maissorten. Die heutigen Maiserträge sind das Ergebnis eines langen Züchtungsprozesses, der eine stetige Vergrößerung der Maiskolben und der Maiskörner zur Folge hatte (S. 146). Die Produktivität der einzelnen Maispflanzen in der alten Maya-Zeit wird um einiges geringer gewesen sein.

Zwischen- und Ergänzungskulturen

Da Mais und Bohnen stets im selben Pflanzloch zusammen ausgesät wurden, konnten auch mehrere jährliche Bohnenernten eingebracht werden. Die Zwischenpflanzungen beschränkten sich jedoch nicht auf Mais und Bohnen, sondern werden – wie noch heute – eine ganze Anzahl von Kulturgewächsen umfaßt haben. Eine um die Mitte unseres Jahrhunderts auf den Maisfeldern einer 2,5 ha großen Bauernstelle im nördlichen Yucatán durchgeführte Bestandsaufnahme ergab, daß zwischen dem Mais außer zehn Sorten von Bohnen und anderen Hülsenfrüchten Kürbisse, Melonen, Chili, Papaya und mehrere Knollenfrüchte wie Yamswurzel, Süßkartoffel und Maniok wuchsen (352, S. 291). Zwischenkulturen haben und hatten gegenüber Reinkulturen einen mehrfachen Vorzug: Sie vermindern wegen der unterschiedlichen Reifezeit ein wetterbedingtes Ernterisiko, sie erlauben dank der bis in unterschiedliche Tiefe vordringenden Wurzeln eine bessere Ausnutzung der Bodenfeuchte, und schließlich sind die gemischt wachsenden Kulturpflanzen weniger anfällig gegen Insektenschäden. Auf Versuchsfeldern wurde sogar beobachtet, daß zusammen mit einem anderen Gewächs gepflanzter Mais höhere Erträge lieferte als Felder, auf denen beide Kulturpflanzen getrennt angebaut wurden (411, S. 442). Wenn auch Melonen und Yamswurzeln, die man in den heutigen Hausgärten findet, altweltlichen Ursprungs sind und erst seit Beginn der Kolonialzeit den Speisezettel der Maya bereicherten, so gab es doch in alten Zeiten außer Mais mindestens noch ein halbes Dutzend Kulturgewächse, die auf nicht zum engeren Hofland gehörenden Äckern angebaut wurden. Dazu gehörten vor allem Baumwolle, Sisalagave und Tabak.

Eine einheimische Baumwollsorte *(Gossypium hirsutum)* lieferte den Rohstoff für Garne und Gewebe, die Sisalagave *(henequén)* – nach dem Ort Sisal in Yucatán genannt *(Agava sisalana* und *Agava fourcroides)* – die Fasern für Sandalen, Schnüre und Seile. Die schon frühzeitig gemachte Erfindung des Spinnens und Webens befähigte die Maya zur Herstellung kunstvoll gemusterter Baumwollstoffe und die Entwicklung der Seilertechnik zur Fertigung von Netzen und Matten.

Das Rauchen zusammengerollter Tabakblätter war bei den Maya eine allgemein verbreitete Sitte. Das yucatekische Wort *ciqar* bedeutet »rauchen«, und das von den Spaniern geprägte Wort *cigarro* wurde von uns als Zigarre übernommen. Angepflanzt wurde die mittelamerikanische Art *Nicotiana rustica,* aber die in Südamerika heimische Art *Nicotiana tabacum* war vermutlich auch schon in vorkolonialer Zeit im Maya-Land verbreitet (365, S. 440).

Wallartige Steinreihen inmitten der Wälder von Südcampeche sind als Einfassungen von Landstücken mit besonders guten Böden gedeutet worden, die vielleicht einst für solche und andere Spezialkulturen reserviert waren (360, S. 72). Möglicherweise wurden die deutlich markierten Areale im Dauerfeldbau über einen etwas längeren Zeitraum hin genutzt als die gewöhnlichen Milpas. Neuerdings sind derartige Feldmäuerchen über das Gebiet von Becán hinaus auch in den östlich anschließenden Teilen von Quintana Roo in großer Verbreitung gefunden worden (424, S. 425, 430). Da sie nur in flachem, besonders fruchtbarem Gelände auftreten, spricht alles dafür, daß die umhegten Flächen feste Eigentümer hatten, die sie alljährlich bebauten. Vor allem aber dienten den Intensivkulturen kleinere permanente und semi-permanente Felder in der Nähe der Häuser. In Yucatán werden sicherlich wie heute vorzugsweise die feuchten Böden der flachen Schüsseldolinen dafür genutzt worden sein (353, S. 97; 815, S. 23).

Gartenbau

Die auf Rodungsland in Feldwechselwirtschaft produzierten Hauptnahrungsmittel Mais, Bohnen, Kürbis, Süßkartoffel und Maniok wurden durch eine Reihe von Gartenbauerzeugnissen wesentlich ergänzt. Zu jedem Gehöft gehörten außer den meist nicht weit davon entfernten Feldern für Spezialkulturen sorgsam gepflegte, mit Mäuerchen eingehegte Gärten. Wenn auch nur geringe Spuren von ihnen aus Yucatán und dem Petén bekannt sind (43, S. 140; 353, S. 95ff.), so mindert dies doch nicht die Bedeutung, die diesen Küchengärten mit ihrer ganzjährigen Produktion verschiedener Gemüsearten, von Chilipfefferschoten *(Capsicum annuum),* Tomaten *(Lycopersicum esculentum),* Kürbissen *(Curcubita spp.),* Bataten *(Ipomoea batatas)* und auch Blumen für Bitt- und Dankopfer beizumessen ist.

Beliebte Gemüse waren Chayote *(Sechium edule)* und Chaya *(Jatropha aconitifolia),* dessen in Salzwasser gekochte Blätter ein spinatähnliches Gericht ergaben (307, S. 164). Eine Chilipfefferart mit kleinen, sehr scharfen Samenkapseln kommt wild in den Wäldern Yucatáns vor und ist von den Maya domestiziert worden. Auch mehrere Amarantarten wurden als Blattgemüse angebaut (356, S. 623). Diese Fuchsschwanzgewächse sind besonders carotin- und vitaminreich. Ihre Samen wurden ebenso wie die Kerne wilder und angepflanzter Sonnenblumen und Kürbisse gern gegessen. Ob die Ananas *(Ananas comusus),* eine Erdbromeliacee, bereits von den Maya kultiviert wurde, ist fraglich, denn es gibt keinen alten Maya-Namen für diese Frucht (361, S. 45). Ganz unwahrscheinlich ist dies allerdings nicht, denn zur Zeit der ersten Entdeckungszüge der Spanier im karibischen Raum war die »Königin aller Früchte« dort bereits allgemein verbreitet (399, S. 44). Flaschenkürbisse *(Lagenaria siceraria)* lieferten den Maya-Bauern Gefäße für den häuslichen Bedarf. Auch Tabak und Baumwolle wurden außer auf Feldern in den Hausgärten angepflanzt. Roten Farbstoff zum Einfärben der Garne und Gewebe, aber auch zur Körperbemalung und ähnlichen Verwendungszwecken erhielt man aus dem Samen des Annattostrauchs *(Bixa orellana),* der ebenfalls in keinem Hausgarten fehlte (402, S. 59). Mehrere Farbholzarten (*Haematoxylum campechianum, Chlorophora tinctoria* u. a.) gediehen in den Wäldern.

Die Hausgärten dienten permanenter Nutzung, was man durch Gießen der Beete, Gründüngung, Mulchen (Bodenbedeckung mit Blättern und Gras), Düngung mit Küchenabfällen, Fäkalien und dem Mist der wenigen Haustiere (Hunde, Truthühner) erreichte. Im Wurzelbereich mancher Kulturgewächse vergrabene faule oder ungenießbare Fische dienten ebenfalls der Nährstoffanreicherung des Bodens. Das zwischen den Anbaugewächsen aufkommende Unkraut haben die Maya durch Herausreißen gejätet. Heute werden dafür Hacken und Haumesser *(machete)* verwendet. Vergleichsuntersuchungen auf Experimentalfeldern zeigten, daß die »primitive Methode« der Unkrautvernichtung zu wesentlich höheren Ernteerträgen führte als bei Benutzung der jetzt üblichen eisernen Geräte (S. 173).

Die Küchengärten der alten Maya waren Baumgärten. Einzeln oder in Gruppen gepflanzte Fruchtbäume beschatteten die Bodengewächse. Da die verschiedenen Arten unterschiedliche Wuchshöhen erreichten, ergab sich ein lichtdämpfender Stockwerkbau – ähnlich der im Mittelmeergebiet verbreiteten *cultura mixta* –, der dem Wasserhaushalt der Gemüsebeete zugute kam. Fraglos leisteten die zu jedem Anwesen gehörenden Küchengärten mit ihren vielseitigen Erzeugnissen einen wesentlichen Beitrag zur Sicherung der täglichen Nahrung.

Baumkulturen

Als Fruchtbäume pflanzten die Maya in ihren Hausgärten Papaya *(Carica papaya),* Avocado *(Aguacate, Persea americana),* Brotnußbaum *(Brosimum alicastrum),* Zapote *(Manilkora zapota),* Zapote negro *(Diospyros ebenaster),* Chirimoya *(Anona cherimolia, Anona reticulata),* Guayava *(Psidium guayava, Psidium periferum),* Mamey *(Calocarpum mammosum)* und eine Reihe weiterer Arten (43, S. 140; 275, S. 35; 361, S. 42ff.). Dazu gehören die kirschenartige Manex *(Pseudolmedia spuria),* auf die man allenthalben in der Nähe von Ruinenstätten stößt, und die Cashewnuß *(Anacardium occidentale),* die noch wild in den Wäldern vorkommt und von der man sowohl das Fruchtfleisch als auch die kleinen nußartigen Anhängsel – geröstet – aß.

Papayabäume standen nicht nur in den Hausgärten. Die Bauern setzten sie vorzugsweise an die Ackerränder und ließen sie nach dem Wechsel der Maisfelder stehen, so daß die vitaminreichen Früchte noch jahrelang inmitten des aufkommenden Sekundärbuschs gepflückt werden konnten. Der rotfleischige Mameyapfel war zweifellos ein wichtiges Kulturgewächs, denn größere Mameybestände wurden ebenso wie solche von Brotnußbäumen, Chirimoya, Zapote und Manex überall im Umkreis alter Maya-Siedlungen entdeckt. Als Obstbaum war Mamey im ganzen Maya-Land verbreitet, während er wild nur in den Regenwäldern des südlichen Petén vorkommt (361, S. 42). Wildwachsende Papaya finden sich allenthalben. Aber die kleinen Früchte sind kaum genießbar, und die heutige Kultursorte geht vermutlich auf eine züchterische Leistung der Maya zurück. Die Avocadofrucht ist in Zentralamerika und im nördlichen Südamerika beheimatet. Die landesübliche Bezeichnung *Aguacate* ist zwar aztekisch, aber das Lorbeergewächs mit seinen birnenartigen Früchten wurde schon lange vor den Azteken um 6700 v. Chr. im Becken von Puebla angepflanzt. Auch den Maya war sie schon frühzeitig bekannt (174, S. 288). Wahrscheinlich verstanden sie sich sogar auf die Okulierung von Obstbäumen, worauf eine Bemerkung Bischof Landas (1566) verweist: »In der Nähe ihrer Behausungen besaßen die Dorfbewohner Zuchtbeete und ›versiegelte Veredlungen‹ und ernteten in Mengen, so daß der Überschuß an einen der Mächtigen für sein Haus abgegeben werden konnte.«

Zapote, heute Sapodilla genannt, wurde nicht nur wegen seiner schmackhaften süßen Früchte in Hausnähe angepflanzt, sondern lieferte außer dem für Rauchopfer und die Herstellung von Kautschukbällen begehrten Gummisaft ein vorzügliches Bauholz. Eine Leguminosenart *(Lonchocarpus),* deren giftige Rinde die Maya zum Fischfang verwendeten, die sie aber auch in geringen Mengen als Stimulans einem aus Honig bereiteten alkoholischen Getränk beimischten, nannten sie »Weinbaum«. Mit der saponinhaltigen Rinde und den Wurzeln des Seifenbaumes *(Quillaja saponaria)* wuschen sie sich und ihre Kleider.

Unter den Fruchtbäumen ragte besonders der als *ramón* bezeichnete Brotnußbaum *(Brosimum alicastrum)* hervor.* Man aß sein säuerliches Fruchtfleisch; seine zerriebenen stärkereichen Kerne, deren Geschmack dem der Edelkastanie ähnelt, dienten zur Streckung des Maismehls, besonders in Dürrezeiten oder wenn durch Heuschreckeneinfälle die Ernte geschädigt war. Wie alle anderen Fruchtbäume ist auch der Ramón weniger witterungsempfindlich als einjährige Kulturen. Darauf beruhte seine Bedeutung als zusätzliche Nahrungsquelle im Falle nicht ausreichender Mais- oder Bohnenernten. Mit großer Wahrscheinlichkeit haben die im nördlichen Yucatán und im Petén freigelegten *chultuns* (S. 289) nicht wie in der Puuc-Region als Regenwasserzisternen, sondern als Vorratskeller für Ramónkerne gedient. Die ganze Art ihrer Anlage spricht dort gegen eine Verwendung als Wasserspeicher. In Tikal wurden auf einer 18 km^2 umfassenden Testfläche 480 derartige Vorratskeller gezählt. Die ältesten Chultuns stammen aus dem späten, vielleicht auch schon aus dem mittleren Vorklassikum, die jüngsten aus der Schlußphase des Spätklassikums. In besonders großer Zahl sind sie seit Beginn des Spätklassikums geschaffen worden, das heißt zu einer Zeit, in der Tikal den stärksten Bevölkerungszuwachs erfuhr und die Ramónnüsse aus einem Zusatznahrungsmittel zu einem Hauptnahrungsmittel wurden (387, S. 410ff.).

Die Ramónernte im Wald oder in den Hausgärten war denkbar einfach: Man sammelte die reif vom Baum herabgefallenen Nüsse. D. E. Puleston (387, S. 413) machte einen Versuch und schickte eine Maya-Frau mit ihren drei Töchtern zum Sammeln in den Wald. Nach 1½ Stunden brachten sie 33 kg Brotnüsse heim. Zum Knacken der Ramónkerne werden wie früher Steine mit künstlichen Vertiefungen verwendet. In der Umgebung von Tikal bilden Brotnußbäume so ausgedehnte Bestände *(ramonales)*, daß sie nach Schätzungen des genannten Autors (383; 384) dort allein zur Ernährung einer großen Menschenzahl ausgereicht hätten. Aus wilden Ramónbeständen konnte eine Jahresernte von über 10 dz/ha eingebracht werden, also eine Menge, die sich mit dem Ertrag eines gleich großen Maisfeldes vergleichen läßt. Systematisch in Reinkultur angepflanzt, erbringt Ramón sogar 20–30 dz/ha, also weit mehr als eine mit Mais bestellte Milpa (191, S. 80). Durch bewußte Anpflanzung und Schonung wildwachsender Bäume bei der Urwaldrodung müssen sich die Ramónbestände im Laufe der Zeit stark vergrößert haben. Jedenfalls finden sich Brotnußbäume

---

* Nicht zu verwechseln mit dem Brotfruchtbaum *(Artocarpus communis, Artocarpus incisa)*, der erst in nachkolumbischer Zeit aus den asiatischen Tropen in die Neue Welt kam.

zum Beispiel bei Dzibilchaltún in ganz außergewöhnlicher Verbreitung (356, S. 623). Überall, wo sie heute inmitten der Wälder gehäuft vorkommen, sind sie ein zuverlässiger Hinweis auf die Nähe eines einstigen Zeremonialzentrums (S. 117). Im wiederaufkommenden Sekundärwald hatten sie gegenüber den der Rodung zum Opfer gefallenen Baumarten die besseren Verjüngungschancen und haben damit die Artenzusammensetzung des regenerierten Waldes erheblich verändert. Noch jetzt ist der Ramón ein in vielen Hausgärten Yucatáns, an Straßenrändern und Grundstücksgrenzen weitverbreiteter Baum. Seine Blätter und dünnen Zweige werden als Laubheu für das Vieh geschnitten.

In ihrer Erhaltung begünstigt waren außer allen wildwachsenden Fruchtbäumen auch solche, die der Faser- und Kopalharzgewinnung dienten. Sie blieben als »heilige Bäume« auf den Rodungsflächen stehen, so daß im Vergleich zu anderen Baumarten ihr prozentualer Anteil allmählich zunahm (S. 117). Neben diesen geschützten Bäumen gab es Dutzende von großen und kleinen Gewächsen im Wald, deren Früchte, Blätter, Schößlinge oder Wurzeln für Heilzwecke gesammelt wurden.

Eine bedeutende Rolle, wenn auch vorwiegend im peripheren Bereich des alten Maya-Landes, spielte der Kakaoanbau. Als wild nur im tropischen Regenwald vorkommender Baum war die Anpflanzung von *Theobroma cacao* auf die humiden Klimagebiete bzw. edaphisch besonders begünstigte Standorte beschränkt, und dem natürlichen Milieu entsprechend mußten die Kakaokulturen unter Schattenbäumen angelegt werden. Eines der Hauptanbaugebiete lag in dem feuchten Schwemmlandstreifen des heutigen Tabasco an der Golfküste und in den östlich anschließenden Niederungen des Rio Candelaria, die zu der alten Provinz Acalán gehörten (Fig. 29). Die auf dem amphibischen Gelände entstandenen monokulturartigen Kakaoanpflanzungen erforderten spezielle Anbautechniken, die man in anderen Bereichen des alten Maya-Landes nicht kannte (S. 210). An ehemaligen Siedlungsplätzen durchgeführte Ausgrabungen zeigen, daß die Blütezeit der Besiedlung des Acalán-Gebietes in das Ende der klassischen und die beginnende postklassische Periode (800–1200) fällt (403, S. 238). Einige Keramikreste stammen jedoch bereits aus mittel-, früh- und präklassischen Zeiten. Daraus ist auf einen schon sehr frühen Beginn des Kakaoanbaus zu schließen. Insgesamt soll die Acalán-Bevölkerung zu Beginn des 16. Jahrhunderts noch 10 000 Menschen umfaßt haben, von denen 4000 auf die Hauptstadt Itzamkanac entfielen (402, S. 160).

Sowohl in Tabasco wie in Acalán lebten mayasprechende Chontal. Eines der vielen »Kakaodörfer« in Acalán hieß *Tacacau,* zu deutsch »bei den Kakaobäumen« (402, S. 386). Namentlich werden in einem alten Chontal-Text 76 »Städte« und Dörfer in dieser durch Wälder und Sümpfe von Tabasco getrennten Provinz aufgeführt, aber ihre Identifizierung mit den archäologischen Fundplätzen ist nicht mehr möglich, da die Spanier die Acalán-

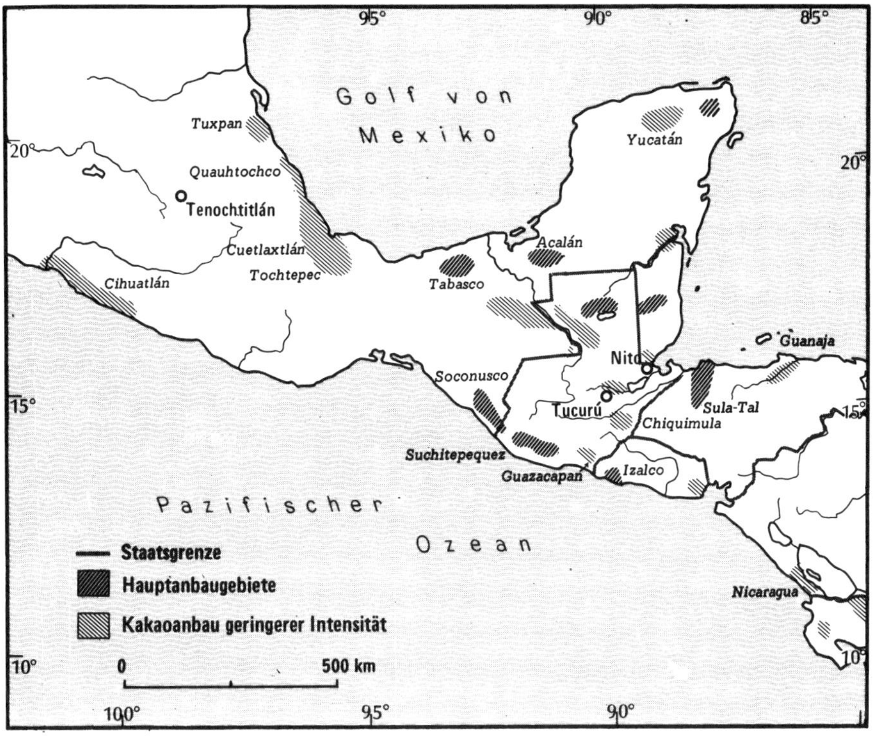

Fig. 29 Verbreitung des Kakaoanbaus im alten Maya-Land und in seinen benachbarten Gebieten

(Nach J. F. Bergmann, 1969, mit Ergänzungen des Verfassers)

Chontal 1557 – angeblich um sie vor Ausbeutung durch ihre Landsleute zu schützen, wohl aber, um sie besser unter Kontrolle zu bekommen – in ein damals noch menschenleeres Gebiet nordöstlich der Laguna de Términos umgesiedelt haben (402, S. 51f., 172). Um ihre Rückkehr an den Rio Candelaria zu verhindern, ließen sie dort alle Kakao- und Kopalharzbäume abschlagen. Versuche, in dem neuen Siedlungsgebiet um Tixchel wiederum Kakaokulturen anzulegen mißlangen wegen der armen Böden und der Heftigkeit der Seewinde, während der Anbau in Tabasco auch noch nach der Eroberung florierte. Aus einem Dokument von 1541 geht hervor, daß die spanischen Encomenderos (S. 180) dort erhebliche Kakaomengen als Abgabe verlangten (402, S. 148, 184, 243). Tixchel existiert nicht mehr. Schon um 1640 wurde der Ort von holländischen oder britischen Piraten zerstört.

Zwei weitere Kerngebiete des Kakaoanbaus im alten Maya-Land lagen in dem sehr regenreichen Gebiet (3000–4000 mm) des Izabalsees im nördlichen Tieflandstreifen von Guatemala (Fig. 29) und im ebenfalls regenreichen Ulúatal des westlichen Honduras (Sula-Region). Auf dem Schwemmland an beiden Seiten des Rio Ulúa haben sich nach Berichten aus der frühen

Kolonialzeit »Kakaogärten« ziemlich lückenlos über eine Strecke von 30 spanischen Meilen erstreckt (308, S. 86, 95). Kakaoanbau spielt dort heute keine Rolle mehr. Größere Kakaoanpflanzungen scheinen auch auf den einst dichtbesiedelten Flußterrassen am Belize River existiert zu haben (S. 253). Reiche Grabbeigaben zeugen dort von einem Wohlstand der Bevölkerung, den allein von Subsistenzwirtschaft abhängige Maisbauern nicht erreichen konnten (443, S. 779). Der höhere Lebensstandard der Belize-Maya spricht dafür, daß sie für den Export produzierten und im Austausch, zum Beispiel gegen Jade, Kakao bis in das Hochland lieferten. Wenn die Identifizierung einer in datierbarem Schutt eines Wohnhügels gefundenen Bohne als Kakaobohne stimmt, gehen die Kakaokulturen am Belize River bereits auf die Zeit um 700–600 v. Chr., das heißt auf die vorklassische Periode, zurück (501, S. 574). Ein anderes wichtiges Kakaoanbaugebiet wird im Süden von Belize im San-Antonio-Tal um Lubaantún vermutet (340, S. 316f.). Kleinere Areale sind im äußersten Norden von Belize nachgewiesen. Von dort griffen die Anpflanzungen auf das Gebiet rund um die Bucht von Chetumal über (402, S. 83).

Im nördlichen Yucatán war Kakaoanbau größeren Umfangs auf das Gebiet des feuchtheißen Regenwaldklimas im Nordosten beschränkt. Dort kommen Kakaobäume heute noch wild vor (417, S. 3). Der alte Ortsname *Tixcacauche* erinnert an die einstige Bedeutung dieses Kulturgewächses auch in diesem Teil der Halbinsel (736, S. 121). In Cobá sind auf einer Fläche von 6,3 km² 79 alte Mergelgruben *(sascaberas)* gefunden worden, deren Böden mit Schwemmlehm aufgefüllt sind. Die Sohlen der bis 2 m tiefen Gruben, von denen die größten eine Fläche bis 60 000 m² einnehmen, liegen in Grundwassernähe und haben einmal als bevorzugtes Anbauland für Gemüse, Obst- und Kakaobäume gedient (380, S. 53, 72). Unter den von den Putún-Itzá im 14. und 15. Jahrhundert in Cobá geschaffenen Fresken finden sich Darstellungen des *Ek Chua,* des Gottes der Kaufleute und des Kakaos. Im übrigen Yucatán kamen kleinere Kakaogärten nur sporadisch auf den feuchten Böden der Schüsseldolinen vor (351, S. 443; 356, S. 624).

Als erster Europäer hat Hernán Cortés auf seinem Vorstoß nach Honduras 1524 (S. 474) die damals noch sorgfältig gepflegten Kakaoanpflanzungen in Tabasco und dann, gegen Ende seines Marsches durch die südliche Regenwaldzone, am Sarstun River im südlichen Belize die für ihn neuartigen Baumkulturen gesehen (308, S. 86, 94). Von den Westindischen Inseln waren sie ihm noch nicht bekannt, denn dort gab es keine vorkolonialen Kakaoanpflanzungen. Im südlichen Petén ist Cortés nicht auf Kakaobäume gestoßen, obwohl sie dort – mit anderen Fruchtbäumen gemischt – in den Hausgärten der Maya einst nicht selten waren. Die Itzá im Bereich des Petén-Itzá-Sees haben wie die Chontal regelrechte Kakaoplantagen besessen.

Weit verbreitet war der Kakaoanbau im ganzen Tiefland von Chiapas. Er zog sich im südlichen Bergland bis in 800 m Höhe empor. Die Lacandonen ernteten ihren Kakao hauptsächlich von wildwachsenden Bäumen, denen sie wie den anderen Fruchtbäumen des Waldes besonderen Schutz angedeihen ließen, so daß man nicht mehr im eigentlichen Sinne des Wortes von »Wildbeständen« sprechen kann. Von einem kleinen regionalen Anbauzentrum in günstiger Verkehrslage wird bei Tenosique am Rio Usumacinta berichtet (402, S. 80). Es scheint jedoch schon im 16. Jahrhundert verschwunden gewesen zu sein.

Begründer des Kakaoanbaus in Mesoamerika waren die Maya. Ihr Wort *chacau haa* bedeutet wörtlich »heiß geröstet«, womit das aus gerösteten Kakaobohnen hergestellte Getränk gemeint war. Auch die vier bedeutenden alten Anbaugebiete an der pazifischen Seite des Hochlandes von Guatemala – Soconusco, Suchitepequez, Guazapacan und Izalco – liegen im Sprachbereich der Maya. Sie haben *Theobroma cacao* ebenso wie die Papaya der Menschheit als Kulturpflanze nutzbar gemacht. Die Spezies *Theobroma bicolor* kommt noch wildwachsend in der südlichen Regenwaldzone vor. Von den Maya übernahmen nahuatlsprechende Völker den Kakaoanbau und breiteten ihn nach Norden in die atlantischen und pazifischen Küstengebiete Mexikos, nach Süden bis El Salvador und Nicaragua aus (308, S. 85).

Der hohe Wirtschaftswert des Kakaos für die Maya beruhte darauf, daß der Baum im kühlen Hochland von Guatemala und Mexiko nicht gedeiht, das von den Azteken *chocolatl* genannte Getränk aber bei den Hochlandvölkern außerordentlich beliebt war. In den Besitz der Kakaobohnen konnte man nur über einen lebhaft betriebenen Fernhandel (S. 378) mit den Maya kommen. Das im kalten Wasser aus zerriebenen Kakaobohnen mit Maismehl, Chilipfeffer und Vanille angerührte ungesüßte Getränk erregte zwar den Abscheu der Spanier, galt aber bei den Azteken und anderen Hochlandindianern als ein kulinarischer Genuß, so daß die über Jahre haltbaren Kakaobohnen den Rang eines allgemeingültigen Zahlungsmittels erhielten. Kakao war somit für die Maya wichtiges Exportprodukt und Geld zugleich.

Bananen, deren plantagenmäßiger Anbau im feuchtheißen Tiefland Nordguatemalas heute eine so große Rolle spielt und die auch in den meisten Hausgärten der Maya unserer Zeit nicht fehlen, sind altweltlichen Ursprungs. Sie kamen wie auch Orangen, Limonen, Zuckerrohr und die Yamswurzel *(Dioscorea spp.)* erst mit den spanischen Eroberern im 16. Jahrhundert ins Land. Für keines dieser Kulturgewächse gibt es altindianische, sondern nur spanische Namen. Sie erscheinen nirgends in der vorkolumbischen Plastik und Malerei (408, S. 272).

Terrassenanbau

Eine Minderung der Hangneigung durch den Bau von Ackerterrassen ist das sicherste Mittel, die besonders mit einjährigen Nutzpflanzen bebauten Hänge vor schneller Bodenabtragung zu schützen. Wirksame Gefällsbrüche werden bereits durch einfache, quer über den Hang verlaufende Steinreihen erreicht, hinter denen sich der vom abfließenden Regenwasser mitgeführte Schlamm niederschlägt. Je mehr man den Steinriegel erhöht und aus ihm schließlich eine Stützmauer macht, um so mehr flachen sich die ober- und unterhalb der Mauer gelegenen Feldstücke ab, bis schließlich, wenn Wasserüberstauung das Ziel ist, die Terrasse völlig horizontal wird und sich der Hang damit in eine regelrechte Terrassentreppe verwandelt; die Reisbaulandschaften Monsunasiens sind das klassische Beispiel dafür.

Im trockenen Bergland Guatemalas und Mexikos wurde von den oberhalb 1000 m lebenden Hochland-Maya viel Mühe auf die Schaffung von Akkerbauterrassen verwendet. Sanft geböschte Hänge haben sie leicht gestuft und die Kanten zwischen den einzelnen Feldern mit Reihen von Maguey-Agaven bepflanzt. Am tiefsten reichen Ackerbauterrassen, die allerdings heute nicht mehr genutzt werden, im sehr trockenen Mittelabschnitt des Motaguatals herab. Sie sind von einer dort bis zum 11. Jahrhundert lebenden Maya-Bevölkerung angelegt worden und nehmen die unteren Hangteile über dem in nur 160–275 m Höhe gelegenen Talgrund ein (S. 206). Ein anderes Verbreitungsgebiet alter Maya-Terrassen ist das Grijalvatal im Bergland von Chiapas, südlich von San Cristóbal (338). Charakteristisch für dieses Gebiet ist, daß die flachen Hänge nur mit wenigen als Regenschlammfallen dienenden Steinreihen überzogen sind, während man die Steilhänge mit höheren Steinmauern in dichten Abständen sicherte. Durch beide Terrassenformen sollte offensichtlich die Bodenerosion verhindert und durch Reduzierung der Abflußgeschwindigkeit zugleich eine längere Durchfeuchtung des Ackerbodens erreicht werden (440, S. 434). Die heutige tzeltalsprechende Bevölkerung betreibt auf dem terrassierten Gelände keinen Feldbau mehr und weiß auch nichts über die einstige Funktion der hangparallelen Steinsetzungen. An den Randhöhen des Tals von Oaxaca findet man ebenfalls solche »Halbterrassen«, aber auch sorgsam mit Steinmauern abgestützte Terrassen für den Feldbau ohne künstliche Bewässerung (332, S. 453). Hangverbauungen sind im offenen semi-ariden Bergland ein klimatisch bedingtes Erfordernis. Im tropischen Regenwald und regengrünen Feuchtwald des Petén ist die Situation ganz anders.

Das Problem einer Gefährdung der Ackerkrume durch Bodenerosion im tropischen Waldland wird gewöhnlich unter der Perspektive der Verwendung moderner Anbaugeräte gesehen. Heute bestehen dort Gefahren – vor denen mit Recht gewarnt wird –, die es im Umweltverhalten indianischer Waldbauerngesellschaften noch nicht gab.

Der von den Maya betriebene Pflanzstockbau war die ideale, ihrem Lebensraum am besten angepaßte Form der Landnutzung. Die Feldbestellung mit dem Pflanzstock setzte im Unterschied zu dem erst seit der Kolonialzeit bekannten Hack- oder Pflugbau keine Säuberung der Rodungsfläche von unverbranntem Astwerk oder gar des Wurzelwerks und der Stubben gefällter Bäume voraus. Für die Mais-, Bohnen- und Kürbisaussaat mit dem

Pflanzstock fand sich zwischen den verkohlten Holzresten immer genügend Freiraum, so daß sich zusammen mit der heranwachsenden Kulturvegetation ein ausreichender Schutz gegen die Bodenabspülung ergab, zumal die Verwendung des Pflanzstocks keinerlei Veränderung des Bodengefüges zur Folge hatte. K. Sapper, der als Kaffeepflanzer über ein Jahrzehnt in unmittelbarer Nachbarschaft von indianischen Pflanzstockbauern in der Alta Verapaz Guatemalas lebte, hat beobachten können, daß die Milpas der Indianer, selbst auf Steilhängen von 40–50° Neigung, über die Jahre hin völlig frei von Abspülschäden blieben, während sich in den mit der Hacke bearbeiteten Kaffeepflanzungen die *soil erosion* derartig intensivierte, daß ihr durch den Bau von Querwällen am Hang begegnet werden mußte (395, S. 9). Besonders schwere und nicht wiedergutzumachende Abtragschäden stellten sich in der relativ trockenen Cobán-Region ein. Im Bergland von Oaxaca finden sie sich oberhalb 2000 m in der Kiefern-Eichen-Stufe, während in tiefergelegenen Gebieten kaum Spuren einer *soil erosion* anzutreffen sind (332, S. 448).

Aus dem Petén gibt es bisher nur spärliche Nachrichten über die Existenz von Terrassen oder terrassenähnlichen Anlagen. Durch Dammbauten in Taleinschnitten erreichten die Maya eine Kontrolle des Wasserabflusses (309) und förderten auf diese Weise die Entstehung kleiner Schwemmlandflächen für den Gartenbau. Turner (422, S. 124, Fußnote 52) hat 35 km südöstlich von Tikal an der von Flores nach Melchor de Mencos führenden Straße eine durch fünf niedrige Bruchsteindämme verbaute, 30 m breite Schlucht gesehen und von Informanten erfahren, daß die Hänge abseits der Straße von Terrassen mit Steinmäuerchen überzogen seien. Aber weder bei Uaxactún noch im weiteren Umkreis von Tikal und Seibal ergaben sorgfältige Geländeuntersuchungen irgendwelche Anhaltspunkte für einen einst dort betriebenen Terrassenanbau (387, S. 405; 390, S. 12). Auch beiderseits des Rio Usumacinta und am Belize River suchte man ergebnislos. Nach allen bisher aus dem Petén vorliegenden Forschungsberichten hat es den Anschein, daß sich die Maya in ihrem feuchttropischen Hauptsiedlungsgebiet allenfalls auf die Sicherung ihrer Milpas durch einfache Steinsetzungen, das heißt schmale Hangleisten, beschränkten, die die Funktion von Regenschlammfallen erfüllten und kaum als »Terrassen« anzusprechen sind. Vielleicht haben sie solche *silt traps* auch aus vergänglichem Material, etwa Maisstrohmatten oder Flechtwerk, errichtet, wie man sie zum Beispiel in Polynesien an ackerbaulich genutzten Steilhängen sehen kann. Wenn auch die Forschung im Petén durch die dichte Vegetationsdecke stark behindert ist, so besteht doch auch für die Zukunft nur wenig Aussicht, dort auf alte Ackerbauterrassen zu stoßen, weil wegen der im feuchttropischen Bereich nur geringen Gefahr der Bodenabspülung (S. 441) vermutlich derartig arbeitsaufwendige Kunstbauten im Petén nie angelegt worden sind. Das Fehlen von Menschenhand geschaffener Terrassensysteme kann daher den mit den Abtragungsvorgängen im tropischen Regenwaldklima vertrauten Morphologen nicht überraschen.

Doch keineswegs der gesamte Lebensraum der Tiefland-Maya ist frei von echten Ackerbauterrassen. In zwei Teilbereichen, in denen sie in größerer Verbreitung auftreten, ist das Bild der ländlichen Kulturlandschaft früher einmal entscheidend durch sie geprägt worden. Der eine Bereich ist das Kegelkarstgebiet der nordwestlichen Maya Mountains im ehemaligen Britisch-Honduras (Belize), aus dem die Existenz von ausgedehnten Terrassensystemen schon seit über 50 Jahren bekannt ist (238, S. 9ff.; 246, S. 383f.; 304, S. 14; 414, S. 228ff.; 447, S. 112f.), der andere die Rio-Bec-Region im höheren Karstland Zentralyucatáns, wo ähnliche Komplexe von Ackerbauterrassen erst vor wenigen Jahren gefunden wurden (392; 422).

Während die agrarwirtschaftlich unergiebigen Kristallingebiete der Maya Mountains in Belize bis zur Gegenwart fast unbesiedelt geblieben sind, haben die Maya in der jetzt ebenfalls menschenleeren Kegelkarstregion zwischen Sibun River und der heutigen westlichen Landesgrenze auf einer Fläche von etwa 400 km^2 nahezu alle Kalkkuppen und -kegel, wenn nur ein wenig bebaubares Erdreich zur Verfügung stand, mit quer zum Gefälle verlaufenden Feldsteinreihen überzogen. C. L. Lundell (238, S. 9) zählte allein an einem Hang – und dies war kein Ausnahmefall – 51 Terrassen übereinander. Die ursprünglich glatten Hänge dieser Gegend erscheinen daher leicht getreppt. Auf diese Weise wurde die dünne Bodenkrume über dem anstehenden Kalk vor der Abspülung bewahrt. Wegen der geringen Höhe der Stufen und der nach wie vor starken Neigung der Feldflächen kann man nur von Anfängen eines Terrassenanbaus sprechen. Es wird vermutet, daß die hangparallel angelegten Steinstreifen zunächst Lesesteinreihen waren, die sich dann als Schlammfallen zur Verhinderung der Bodenabspülung bewährten, so daß man sie wohl deshalb systematisch ausgebaut und vervollständigt hat (447, S. 112). Das hinter den Steinsetzungen angesammelte Erdreich erwies sich als besonders gutes Anbauland. In den letzten 1000 Jahren, seit diese Terrassen unbenutzt sind, wurden sie zum Teil mit bis zu 1 m mächtigem Hangschutt überdeckt – wie sich durch Probegrabungen ergab –, so daß man eine weit größere Verbreitung solcher Anlagen annehmen muß, als es bei den Geländebegehungen den Anschein hat. Besser sichtbar sind sie zwischen Benque Viejo und dem Mountain-Cow-Gebiet im südlichen Teil von Belize, wo praktisch jeder Hang terrassiert ist. Hier sind es nicht einfache Hangleisten, sondern wirklich großzügig angelegte Terrassensysteme mit 50–70 m breiten Anbauflächen und 1,5 m hohen Stützmauern, die freilich heute ebenfalls zum Teil im Hangschutt stecken (501, S. 574f.). Die Maisaussaat auf den früher gegen *soil erosion* hinlänglich gesicherten Feldern erfolgte im Rahmen des üblichen Regenfeldbaus. In diesem Gebiet hoher Niederschläge wäre künstliche Bewässerung weder erforderlich noch wegen der geneigten Terrassenflächen überhaupt möglich gewesen.

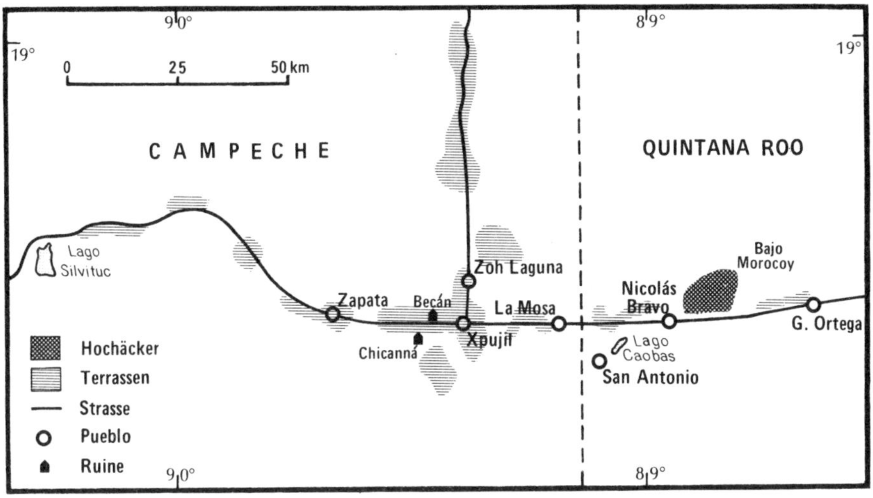

Fig. 30 Ackerbauterrassen und Hochäcker in der Rio-Bec-Region

(Nach den von B. L. Turner, 1972, ausgewerteten Luftbildaufnahmen und Kartierungen, überarbeitet vom Verfasser)

Im Luftbild sich deutlich abzeichnende Terrassensysteme bedecken in der Rio-Bec-Region von Campeche und Quintana Roo eine Fläche von mehr als 10 000 km². Von den Ruinenstätten Becán, Xpujil und Chicanná reicht das terrassierte Areal rund 60 km nach Norden, 80 km nach Osten, fast 100 km nach Westen und 14 km nach Süden (Fig. 30). Die von Chetumal nach Westen verlaufende Straße 186, die durch eine Abzweigung mit der modernen Sägewerkssiedlung Zoh Laguna verbunden ist, durchquert den südlichen Teil der einst dicht besiedelten Zone. Im Bereich dieser Straße zwischen Nicolás Bravo und Xpujil treten die bei weitem geschlossensten Terrassenkomplexe auf.

Terrassiert sind nahezu alle Hänge mit einer Neigung zwischen 4° und 47°, während bei Böschungswinkeln von mehr als 50° nur sehr selten Terrassen angelegt worden sind (422, S. 120). Die Terrassierung wurde durch den Bau von 80–140 cm hohen Bruchsteinmäuerchen erreicht, die man bergwärts durch lockere Packungen von Lesesteinen verstärkte. In ihnen sammelte sich der aus der nur 5–45 cm mächtigen Bodendecke abgespülte Regenschlamm, der schließlich auch bis zur Höhe der Terrassenkante die Steinauffüllungen bedeckte. So entstanden 1–5 m breite ebene Anbauflächen mit maximal 50 cm dicker Bodenschicht, die bergwärts bis zur nächsten Mauer in den geneigten Hang übergehen. Je nach dem Böschungswinkel waren die zwischen zwei Trockensteinmauern gelegenen Felder unterschiedlich breit: bei 4–14° im Mittel 42 m, bei 30–47° nur 19 m. Die Neigung der Felder schloß künstliche Bewässerung aus. Der Sinn der Anlagen beruhte auf der Absicht, den Regenwasserabfluß zu bremsen und das abgespülte Erdreich möglichst noch auf demselben Terrassenabschnitt aufzufangen. Es konnte dann gegebenenfalls wieder auf die höheren Hangpartien verteilt werden. Derartige Rücktransporte von Ackererde in Körben sind im zentralamerikanischen Bergland noch heute üblich. Gegen die verheerenden Auswirkungen von Starkregen schützte man sich durch Sickerlöcher in den Terrassenkanten und den Bau von Wasserleitdämmen, die zu den benachbarten Taleinschnitten führten.

Die Trockensteinmäuerchen verlaufen etwa hangparallel. Je stärker das Gelände geneigt ist, um so genauer sind sie den Höhenlinien angepaßt. Sie werden unterbrochen durch senkrecht zu ihnen hangauf- und hangabwärts ziehende 80–130 cm hohe und an ihrer Basis 2–4 m breite Steindämme, die offensichtlich die Zugangswege zu den Ackerbauterrassen dargestellt haben. Sie bestehen aus zwei sorgfältig gesetzten Begrenzungsmauern mit Bruchsteinfüllung im Zwischenraum. Auf diese Weise stellt sich die Terrassenlandschaft der Rio-Bec-Region als ein Netzwerk von in engen Abständen verlaufenden Terrassenkanten und einem weitmaschigen System von dammartigen Wirtschaftswegen dar. Über einzelne besonders breite Terrassen führten Fußpfade als Querverbindungen.

Auch die Taleinkerbungen in den Hängen wurden ackerbaulich genutzt. Quer durch die Einschnitte legte man bis zu 3 m breite, durch Geröllaufschüttungen verstärkte Steindämme, hinter denen sich der von den temporär fließenden Bächen mitgeführte Schlamm niederschlug. Auf diese Weise entstanden größere, ebene Talbodenstücke, die vielleicht intensiven Gartenbaukulturen dienten (392, S. 13, 50).

Von großer Bedeutung für die Einordnung des Terrassenanbaus in das Wirtschaftssystem der Tiefland-Maya ist die Feststellung, daß über alle terrassierten Hänge Einzelhöfe in geringen Abständen verteilt waren. Es wurden innerhalb der Ackerbauterrassen steinerne Plattformen gefunden, wie sie allgemein als Basiskonstruktionen der Wohnhütten im Maya-Land verbreitet sind (S. 241). Berechnungen ergaben, daß im Durchschnitt auf je 0,75 ha Wirtschaftsfläche ein Gehöft entfiel, was bei 5 Bewohnern je Gehöft einer Bevölkerungsdichte von 670 Einwohnern/km^2 entsprach (422, S. 120; 457, S. 77). Diese starke Besiedlung wirft die Frage auf, ob die Ackerterrassen in der Rio-Bec-Region im Rahmen der üblichen Feldwechselwirtschaft bebaut, das heißt nach einiger Zeit wieder aufgegeben und der Verbuschung überlassen wurden oder ob sie einem Dauerfeldbau mit Fruchtwechsel gedient haben. Der gewaltige Arbeitsaufwand, den der Bau der Terrassen erforderte, spricht entschieden dafür, daß das ausgedehnte Siedlungsgebiet der Maya in der Rio-Bec-Region seine wirtschaftliche Grundlage nicht in der bisher als allgemein verbreitet angenommenen Landwechselwirtschaft hatte, sondern in einem ohne künstliche Bewässerung betriebenen Dauerfeldbau. Wie überall wird der Mais die wichtigste Feldfrucht gewesen sein, der Daueranbau aber höchstwahrscheinlich in bestimmten Zeitabständen einen Fruchtwechsel erfordert haben. Die bis 50 cm mächtigen Schwemmböden vor den steinernen Terrassenkanten eigneten sich besonders für die Kultur von Knollengewächsen, zum Beispiel Maniok und Bataten.

Keramikreste, die man in den Steinpackungen hinter den Terrassenkanten und im Aufschüttungsmaterial der Hausplattformen fand, ermöglichten eine Bestimmung des Zeitpunktes, an dem die Terrassenbauten begannen, nämlich in der von 500 bis 600 n. Chr. dauernden frühklassischen Sebucan-Periode (422, S. 121). Der Hauptausbau erfolgte in der anschließenden spätklassischen Bejuco-Phase (600–730), und auch in der Chintok-Phase (730–830) wurden die Terrassen noch intensiv genutzt. Während dieser ganzen Zeit waren die Hausplattformen kontinuierlich bewohnt (457, S. 77). Als Grund für den Übergang zum Terrassenanbau um 500 n. Chr. muß zunehmender Nahrungsbedarf infolge des Bevölkerungswachstums in der Rio-Bec-Region angenommen werden, deren Besiedlung mindestens schon um 200 n. Chr. eingesetzt hatte. In den ersten 300 Jahren erbrachte die übliche, mit Brandrodung und längeren Brachezeiten verbundene Milpawirtschaft noch zur Ernährung aller ausreichende Erträge, dann fand man im Terrassenanbau eine Lösung für die Deckung des gestiegenen Bedarfs. Mit dem in der nachklassischen Periode zwischen 830 und 1050 eingetretenen Bevölkerungsschwund ließ die Intensität des Terrassenanbaus nach, und die Rio-Bec-Maya kehrten vom Dauerfeldbau wieder zur Feldwechselwirtschaft zurück, wie sie bis heute in der Region betrieben wird (422, S. 122). Ob man eine Periode des Dauerfeldbaus auch für die weniger kunstvollen Halbterrassen im Nordwesten der Maya Mountains annehmen darf, ist fraglich. Dort kann man sich die Beibehaltung des traditionellen Brandrodungsanbaus über die ganze Besiedlungszeit hin schon eher vorstellen.

Terrassenanbaugebiete kleineren Umfangs lagen im südlichen Campeche, nahe der Grenze zum Petén, und in der Chenes-Region von Nordcampeche, während in der anschließenden Puuc-Region – wohl wegen der ausgedehnten Areale fruchtbarer Poljeböden (S. 86) – kein Terrassenanbau betrieben worden ist (424, S. 423, 433). Auch im reliefschwachen nördlichen Yucatán sind nirgends Ackerbauterrassen gefunden worden und solche auch nicht zu erwarten. Allenfalls örtlich bestand dort die Notwendigkeit von Schutzmaßnahmen gegen eine allzu rasche Bodenabspülung. »Ackerbauterrassen«, die man an mehreren Stellen zu erkennen glaubte, erwiesen sich bei näherer Untersuchung als ursprünglich für Zeremonialzwecke aufgeschüttete Plattformen, die erst seit Beginn der Kolonialzeit für den Maisanbau genutzt werden, da sich das aus Erde und Steinen bestehende tiefgründige Lockermaterial dafür besonders gut eignet (352, S. 269). Als einzige in alter Zeit bewußt zur Förderung des Pflanzenwuchses vorgenommene Maßnahme werden ringförmige Erdaufschüttungen am Rande einiger Cenotes gedeutet, auf denen man Fruchtbäume, besonders Papaya, pflanzte. Solche Standorte begünstigten die Entwicklung des Wurzelwerks, und überdies ließen sich die Obstbäume dort leicht zusätzlich bewässern.

Insgesamt bleibt festzuhalten, daß die Tiefland-Maya im Ausbau ihrer Terrassensysteme zwar nicht die technische Vollkommenheit erreichten, die wir bei den Inka in Peru oder den Reisbauern Monsunasiens so sehr bewundern, daß sie aber doch in solchen Bereichen, wo die wachsende Bevölkerung sie zu einer Erweiterung des Kulturlandes in topographisch ungünstige Gebiete zwang, wirksame Maßnahmen zum Schutz ihrer Ackerböden und zur Steigerung des Ertragspotentials der verfügbaren Nutzfläche ergriffen haben.

Bewässerung und Dränage

Kennzeichnendes Merkmal der von den Tiefland-Maya betriebenen Agrarwirtschaft ist der Regenfeldbau. Er bestimmte gleichermaßen den Anbau auf nur temporär genutztem Rodungsland wie auch den vermutlich permanenten Anbau auf Ackerterrassen, die jedoch in größerer Verbreitung bisher nur aus Teilgebieten der Halbinsel bekannt sind (S. 202). Wenn auch sicherlich örtlich bestehende Möglichkeiten für eine »Überflutungsbewässerung« durch Ableitung sonst ungenutzt abfließenden Regenwassers auf die Felder mit Hilfe von Leitdämmen wahrgenommen worden sind, so gibt es doch im gesamten ehemaligen Lebensraum der Tiefland-Maya nur zwei kleinere Bereiche, aus denen frühe historische Beschreibungen die Existenz gut entwickelter Bewässerungssysteme verbürgen: das mittlere Motaguatal in der an den Petén südlich anschließenden Vorgebirgszone Guatemalas und das obere Ulúatal im westlichen Honduras (375, S. 28). In den beiden tief eingesenkten Talzügen gehen die Niederschläge auf 1500 mm, örtlich sogar bis auf 500 mm zurück. Vier bis neun Monate sind dort ausgesprochen arid (Fig. 15). Während der vom November bis zum Mai andauernden Trokkenzeit fällt praktisch kein Tropfen Niederschlag. Von den mit Dornbusch und Kakteen bedeckten Talhängen hebt sich das üppig grüne Vegetationsband des feuchten Talbodens ab.

Das ehemalige Kulturgebiet am mittleren Motagua erstreckt sich zwischen Paloamontonado im Westen und dem Rio Hondo im Osten und reicht auch noch in die Unterlaufgebiete der Nebenflüsse hinein. Der Talboden in diesem 60 km langen Flußabschnitt senkt sich von 275 m auf 160 m ab. Heute lebt dort – wie auch schon zur Zeit der spanischen Besitzergreifung – eine Nahua-Bevölkerung, aber die Forschung hat ergeben, daß das mittlere Motaguatal bis zu Anfang des 11. Jahrhunderts von Maya besiedelt war (405, S. 111). Auf den trockenen höheren Flußterrassen wurden 1600 *mounds* gezählt, zuweilen in Ansammlungen von über 100, an anderen Stellen in Gruppen von je vier bis fünf Hügeln. Die meisten von ihnen erwiesen sich als Grabhügel, einige mögen die Häuser der Priester und Herrscher, wohl auch Zeremonialbauten getragen haben. Die Tempel müssen aus vergänglichem Material errichtet worden sein, denn es fehlen Überreste größerer steinerner Bauwerke. Nur eine kleine Zahl der Tumuli liegt auf dem eigentlichen Talboden.

Die Blüte der Kultur am mittleren Motagua reichte nach datierbaren archäologischen Funden von 427 bis 987 n. Chr., entspricht also der Glanzzeit der großen Zeremonialzentren im Petén, ja überdauerte diese noch um ein halbes Jahrhundert (405, S. 174). Die Fülle der archäologischen Zeugnisse beweist, daß die auf dem Talboden betriebene Agrarwirtschaft einst eine große Menschenzahl ernährt hat. Dies kann nur durch einen wohlorganisierten Bewässerungsfeldbau erreicht worden sein, in den an mehreren Stellen auch intensiv terrassierte untere Hanglagen miteinbezogen waren. Die Terrassenmauern bestehen aus Flußgeröll mit Lehm als Mörtel. Überraschend ist, daß die Kultur am mittleren Motagua trotz der Nähe von Copán und Quiriguá so wenig von dorther beeinflußt worden ist. Glanzkeramik, die wegen ihres Aussehens meist als Bleiglanzkeramik (Plumbate, abgeleitet vom spanischen Begriff *cerámica plumbate* = Bleikeramik) bezeichnet wird (obwohl die Glasur kein Blei enthält), und alle sonstigen Funde weisen auf weit engere Beziehungen zum Hochland von Guatemala und der dort weitverbreiteten Bewässerungswirtschaft hin als zu den zeitgenössischen Maya-Zentren im Petén mit ihren auf andersartigen klimatischen Bedingungen beruhenden Formen der Agrarwirtschaft (S. 228). Die heutigen Bewässerungskulturen im mittleren Motaguatal umfassen den Anbau von Tabak, Baumwolle, Zuckerrohr und Gemüse zur Versorgung der Hauptstadt Guatemalas.

Im anderen Trockengebiet der Halbinsel, dem nördlichen und nordwestlichen Yucatán, bestanden auf der flußlosen, wasserdurchlässigen Kalkplatte keine Möglichkeiten für die Anlage von Bewässerungskanälen. Mangels eiserner Werkzeuge hätten den Maya für die Durchführung solcher Großprojekte im anstehenden Fels wohl auch die technischen Voraussetzungen gefehlt. Selbst wenn es ihnen gelungen wäre, etwa mit in Staubecken gesammeltem Regenwasser Felder zu berieseln, wäre im ariden Nordwesten Yucatáns wegen der damit verbundenen Versalzungsgefahr der Erfolg zweifelhaft gewesen. Jedenfalls ist das vor einigen Jahren durchgeführte, auf flächenhafter Bewässerung beruhende Santa-Rosa-Projekt aus diesem Grunde fehlgeschlagen: In Verkennung der ariden Klimabedingung hatte man sich zu einer flächenhaften Berieselung der Felder entschlossen, anstatt das aufwendigere, aber erfolgversprechendere System der künstlichen Beregnung zu wählen.

Über den mit einfachen Mitteln möglichen Bau von Brunnen, Zisternen und offenen Wasserreservoiren (S. 259) kamen die Maya nicht hinaus. Die Schaffung ausgedehnter Kanalsysteme, wie sie vor kurzem bei Etzná in

Zentralcampeche entdeckt wurden (451, S. 640), war den Maya nur deshalb möglich, weil der Kalkuntergrund in der weiten Talmulde von Etzná von einer mehrere Meter mächtigen Schicht zusammengeschwemmten Lehms bedeckt ist, in dem der Aushub der 1,5–3 m tiefen Kanäle keine Schwierigkeiten bereitete. Aber die neun sternförmig auf Etzná zulaufenden Kanäle, deren längster 12 km mißt, dienten in erster Linie der Trinkwasserversorgung der Stadt, in zweiter Linie dem Bootsverkehr mit dem agrarischen Umland (Fig. 31). In den bereits in präklassischer Zeit angelegten Kanälen sammelte sich das von den Randhöhen abfließende Regenwasser. Keinerlei Anzeichen deuteten darauf hin, daß aus den Kanälen Wasser für eine Berieselung der Felder abgeleitet wurde. Daß aus ihnen Wasser für die

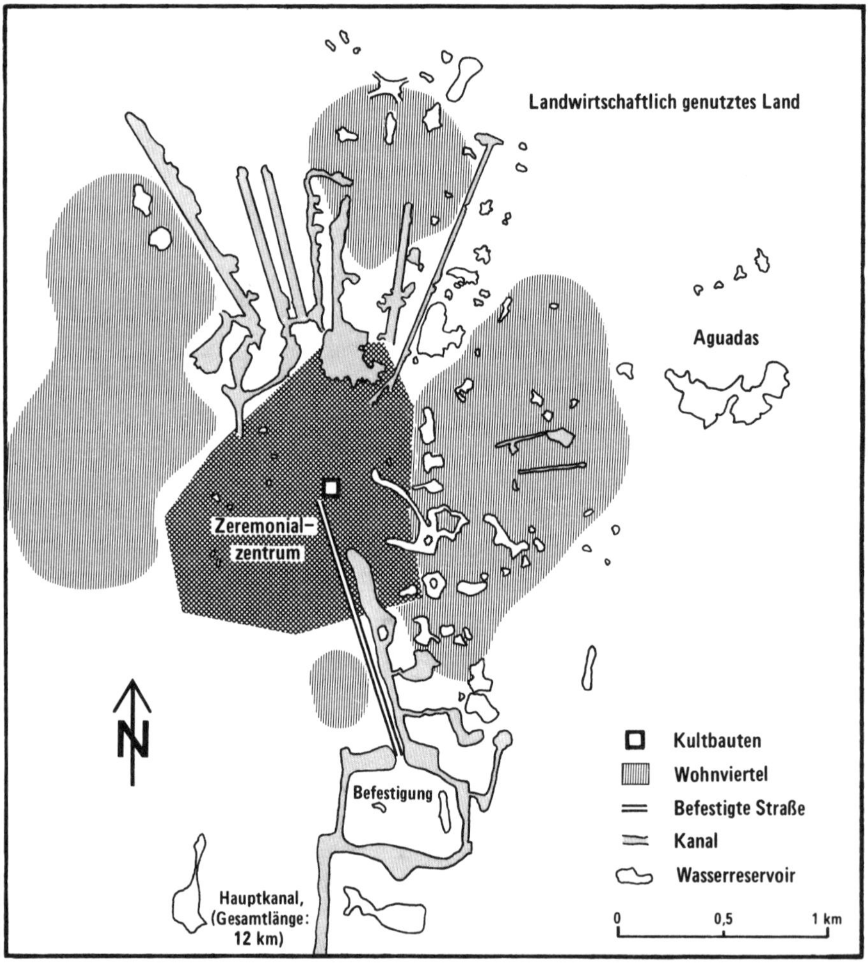

Fig. 31 Kanalsystem und Befestigungsanlage des Regionalzentrums Etzná

(Umzeichnung nach einer Planskizze von R. T. Matheny, 1976)

Versorgung von Gartenbeeten, zum Beispiel auf den sich durch Schlammaushub allmählich erhöhenden Kanalrändern, geschöpft wurde, ist anzunehmen.

Feldbewässerung durch Bäche und Flüsse wäre erst weiter im Süden der Halbinsel möglich gewesen, wo der Rio Champotón und der Rio Hondo als erste Flüsse ständig Wasser führen. Dort aber, wo Oberflächenabfluß herrscht, fallen für den Feldbau voll ausreichende Niederschläge, so daß sich Bewässerungsanlagen erübrigen. Dies ist jedoch nicht die allgemeine Auffassung: P. Armillas (301, S. 91) meint zum Beispiel, daß Feldbewässerung um Palenque allgemein üblich gewesen sei, und ebenso vermutet F. Blom (309, S. 8f.) die Existenz alter Bewässerungssysteme bei Tikal. W. D. Strong und seine Mitarbeiter (413, S. 100ff.) entdeckten einen langen Kanal am Yojoasee im nordwestlichen Honduras, Blom (309) erwähnt einen anderen zwischen Bacalarsee und der Bucht von Chetumal, und J. W. Ball fand nördlich der Bahia de la Ascensión einen künstlich ausgehobenen, etwa 10 km langen Kanal, der den kleinen Chunyaxchésee mit einer Lagune an der Küste von Quintana Roo verband (356, S. 634; 574, S. 161). Aber dies alles waren keine Bewässerungskanäle, sondern Wasserwege für den Bootsverkehr, was auch daraus hervorgeht, daß zum Beispiel in unmittelbarer Nähe des Chunyaxchésees die Ruinen der beiden großen Maya-Siedlungen Vigia und Muyil liegen.

Bei anderen Kanälen wird aus der örtlichen Situation deutlich, daß sie nicht der Bewässerung, sondern der Entwässerung des Landes gedient haben, denn das Überangebot an Wasser auf den Talböden, in den versumpften Niederungen und in küstennahen Schwemmlandgebieten zwingt zur Dränage dieser zum Teil von Natur besonders fruchtbaren Alluvialbereiche, die man in die agrarische Nutzfläche einzubeziehen strebte bzw. infolge des wachsenden Bevölkerungsdrucks einbeziehen mußte. Für die Entwässerung und die möglichst risikolose Bewirtschaftung überflutungsgefährdeten Feuchtlandes haben die Maya zwar keine nur ihnen eigene Technik entwickelt, aber die gleichen erfolgreichen Lösungen gefunden, zu denen andere, weit von ihnen entfernt unter ähnlichen Naturbedingungen lebende Bevölkerungsgruppen ebenfalls gekommen sind.

Den weitaus größten Umfang hat die Schwemmlandebene von Tabasco, die sich entlang dem Golf von Mexiko um die Laguna de Términos bis zum Rio Champotón erstreckt (Fig. 7). Im südwestlichen Teil dieser Küstenebene, die weithin den Charakter eines Marschlandes hat und von vielen natürlichen Flußarmen durchzogen wird, lagen die großen Kakaopflanzungen der Chontal-Maya (S. 196). Sie haben den Anbau geradezu als Monokultur betrieben und mußten daher Mais, Baumwolle und andere Produkte aus den auf höherem trockenen Land liegenden Agrargebieten beziehen. Für die ganzjährig in den Kakaoplantagen anfallende Arbeit setzten sie in größerem Umfang auch Sklaven – meist Kriegsgefangene – ein (402, S. 29, 318).

Es ist dies die bisher einzige bekannte Form vorkolonialer auf Sklavenarbeit beruhender Plantagenwirtschaft in der Neuen Welt.

Aus dem Siedlungsgebiet der Chontal-Maya sind Kanalsysteme seit langem bekannt. Sie dienten der Entwässerung des überfeuchten Landes und zugleich wie die natürlichen Flußläufe dem Kanuverkehr. Ausgedehnte »Kanalsysteme« wurden in jüngerer Zeit auch in dem östlich der Tabasconiederung gelegenen Flußgebiet des Rio Candelaria gefunden (403). Sie erfüllten ebenfalls zum Teil Verkehrsaufgaben, in ihrer Mehrzahl entstanden sie jedoch im Zusammenhang mit der Nutzbarmachung einer überfeuchten Schwemmlandebene.

Hochäcker, »Schwimmende Gärten« und Feldbauhügel

Der Rio Candelaria durchfließt den südlichen Teil von Campeche und mündet in die Laguna de Términos am Golf von Mexiko. Das unterste Flußgebiet ist ein ausgedehnter Küstensumpf, der sich etwa 25 km landeinwärts erstreckt. Bei Suspiro beginnt das Gelände etwas anzusteigen, und der Candelaria wird zu einem schnellfließenden, mehrfach durch Stromschnellen unterbrochenen Fluß. Die Talabschnitte zwischen den Katarakten sind feuchte Niederungen. Oberhalb Salto Grande folgt erneut eine breite amphibische Talaue, die sich am Cerro de los Muertos vergabelt und in die Täler des Rio San Pedro und des Arroyo Caribe, der beiden Hauptzuflüsse des Rio Candelaria, fortsetzt (Fig. 32). Dies ist das Kernland der einstigen »Kakaoprovinz« Acalán, deren Hauptstadt Itzamkanac wahrscheinlich in der Nähe der Zusammenflußstelle, etwa beim heutigen Ort El Tigre, gelegen hat (298, S. 45; 403, S. 230).

Die Kakaoanpflanzungen der Acalán-Chontal (S. 196) nahmen das versumpfte Niederungsland ein. Von alten Uferbänken, die häufige Flußverlegungen verraten, ziehen Hunderte von langgestreckten Mulden landeinwärts. Unter ihnen sind bis 2 km lange, aber nur 1,5–3 m breite verfallene Kanäle, die Verbindung zum Fluß haben und wohl für Kanutransporte benutzt wurden. Die anderen sind kürzer, bis 10 m breit und ohne Wasseranschluß an den Rio Candelaria. Da sie in dichter Folge parallel zueinander verlaufen, wäre es sinnlos gewesen, sie für den Bootsverkehr zu schaffen. Deshalb müssen sie aus anderen Gründen angelegt worden sein: Sie dienten der Entnahme von Erde für die Erhöhung der zwischen ihnen gelegenen Landstreifen, um auf diese Weise vor Überflutungsgefahr geschützte Wölb- oder Hochäcker (Bild 33) für den Anbau von Kakao, Mais und anderen Kulturpflanzen zu erhalten. Es ist zwar die Vermutung geäußert worden (416), daß der primäre Zweck dieser Anlagen nicht die Gewinnung von überschwemmungssicherem Nutzland gewesen sei, sondern daß man vor allem Becken für die Zucht von Süßwasserfischen habe schaffen wollen. Diese

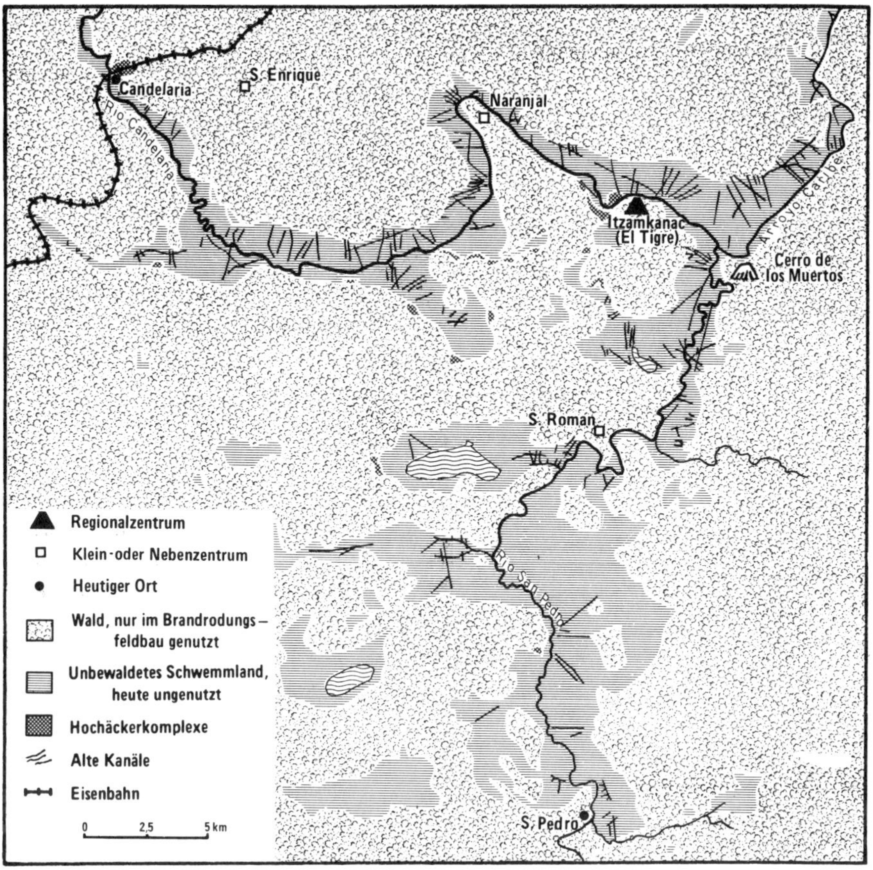

Fig. 32 Alte Hochäcker, Kanäle und Zeremonialzentren im Rio-Candelaria-Gebiet, Campeche

(Entwurf H. Wilhelmy nach Kartierungen von E. W. Andrews, 1943, A. H. Siemens und D. E. Puleston, 1972)

Deutung ist nicht von der Hand zu weisen, denn auch aus anderen Teilen Mittelamerikas ist bekannt, daß die Indianer spezielle Fischzuchtteiche angelegt haben. Die große Zahl der furchenartigen »Becken« im Rio-Candelaria-Gebiet spricht jedoch dafür, daß ihre Entstehung im Zusammenhang mit der Schaffung von Hochäckern steht, was freilich nicht ausschließt, daß im Bereich der Hochäckerkomplexe Feldbau und Fischzucht zugleich betrieben wurden, ähnlich wie zum Beispiel in Indonesien auf den unter Wasser stehenden Reisfeldern beide Nutzungsformen kombiniert werden.

Die Bewirtschaftung der kammartigen Hochäcker am Rio Candelaria, die sich in den Randgebieten der Talniederung zu 15 größeren streifenflurartigen Einheiten von rund 2 km² Fläche zusammenschlossen, erreichte, wie sich aus Grabungsbefunden ergibt, ihren Höhepunkt in der ausgehenden klassischen und beginnenden nachklassischen Periode (800–1200). Die ältesten, bis in das Vorklassikum zurückreichenden Keramikreste lassen jedoch vermuten, daß die Nutzung des feuchten Niederungslandes bereits um diese Zeit eingesetzt hat (403, S. 238). Sie fand ihr Ende mit der Zerstörung der Kakaopflanzungen und der Umsiedlung der Acalán-Chontal durch die Spanier im Jahre 1557 (S. 197). Die feuchte Talaue am Rio Candelaria ist bis in die jüngste Zeit unkultiviertes Überschwemmungsland geblieben. Erst ab 1964 sind in diesem Gebiet mehrere Ackerbausiedlungen auf genossenschaftlicher Grundlage *(ejidos)* entstanden, deren Wirtschaftsflächen aber vorwiegend aus gerodeten Ländereien innerhalb des benachbarten, etwas höher gelegenen Waldgebietes bestehen (469, S. 26ff.).

Über Hochäcker der am Rio Candelaria festgestellten Art liegen bereits mehrere Untersuchungen aus anderen Überschwemmungssavannen der amerikanischen Tropen vor: aus dem vom Rio Mamoré und Rio Beni durchflossenen östlichen Tiefland Boliviens (Mojos, 20 000 ha), aus der Schwemmlandebene am Unterlauf des Magdalena, Cauca und San Jorge im nördlichen Kolumbien (64 000 ha), aus dem Deltagebiet des Rio Guayas in Ecuador und der Küstenebene von Surinam. Über andere noch heute genutzte Hochackerfluren wird vom Westrand des Titicacasees (82 000 ha), aus dem Becken von Sibundoy in der kolumbianischen Ostkordillere, aus dem Chipaya-Gebiet nördlich des Salar de Coipasa in Bolivien, aus der Pampa de Anta bei Cuzco und anderen kleinen Hochbecken Perus berichtet (324; 404). Pedro de Aguada erwähnt um 1581 mit Mais bestellte Hochäcker in der Sabana von Bogotá.

Die gleiche Anbauform ist auch auf mehreren feuchten Talböden im Hochland von Guatemala und im Becken von Puebla-Tlaxcala (Mexiko) üblich (321–324; 328; 378; 379; 404; 440). Im ostbolivianischen Tiefland sind die Hochäcker bis 25 m breit und 400 m lang, im Schwemmland am unteren Magdalena bei 2 m Höhe im Mittel 7 m breit und bis 1½ km lang. Auf Haiti bedekken 25–50 cm hohe Humusanhäufungen von 1 m Breite und mehreren Metern Länge zu Tausenden die fruchtbare Vega Real. Ihre Schöpfer waren die Ackerbau treibenden aruakischen Taino (396, S. 43). Auf Haiti nennt man die Hochäcker *montones,* in anderen Gebieten Lateinamerikas *camellones* oder *tablones,* am Titicacasee *waru-waru.*

Hochäcker haben überall, wo sie festgestellt wurden, zweifellos dem Dauerfeldbau gedient (Bild 33). Durch Schlammaushub aus den Ackerfurchen wurden ihnen regelmäßig neue Nährstoffe zugeführt. Sie waren breit genug für die Anpflanzung von vier bis fünf Zeilen Maniok, Bataten oder Mais (378, S. 334). Bei Baumkulturen wird man sich auf eine Reihe beschränkt haben. Die Vorstellung einer intensiven gartenbaulichen Nutzung der Hochäcker am Rio Candelaria stimmt gut mit den frühen Beschreibungen der Provinz Alcalán überein. Von ihr berichten Cortés und Bernal Diaz, daß sie reich an landwirtschaftlichen Erzeugnissen sei und daß die Spanier dort ohne Schwierigkeiten 100 Boote mit Nahrungsmitteln aus den zwischen den Flüssen gelegenen Siedlungen beladen konnten (402).

Erst die moderne Luftbildauswertung hat uns Einblicke in die weite Verbreitung derartiger Hochackersysteme in den an temporärem Wasserüberfluß leidenden Gebieten der äquatorialen Breiten gegeben, wie sie besonders die Stromauen, Flußmündungsgebiete, Küstenebenen und Überschwemmungssavannen darstellen. In den meisten Fällen sind die jetzt nicht mehr genutzten Hochäcker stark abgeflacht und die Gräben zwischen ihnen mit eingeschwemmter Erde aufgefüllt oder zugewachsen, so daß man ihrer bei einer Bereisung des Landes kaum gewahr wird: ein Mosaik von schachbrettförmigen, leiter- oder hufenartigen Feldkomplexen, die rechtwinklig, in stumpfen oder spitzen Winkeln aneinanderstoßen und damit ein ganz anders Bild ergeben als die Milpablockfluren im Brandrodungsgebiet (Fig. 33). Der Luftbildauswertung folgende Feldstudien offenbaren dann die Details solcher alten Hochackerfluren. Auch am Rio Candelaria wurden sie erst im Luftbild entdeckt (403). Älteren im Gelände arbeitenden Forschern, z. B. Scholes und Roys (402), waren sie infolge der geringen Prägnanz des vom Menschen beeinflußten Reliefs und der dichten Decke nachgewachsener tropischer Vegetation verborgen geblieben. Weitere Hochackerfluren sind in jüngerer Zeit westlich des Rio Usumacinta in der Nähe von Budsilhá, La Mar, am Nordende des Santa-Clara-Sees und an verschiedenen anderen Stellen zwischen diesem See und Bonampak durch Beobachtungen vom Flugzeug aus festgestellt worden (346, S. 252).

Durch Bodenbeobachtungen, wenn auch zunächst zufälliger Art, ist hingegen die Existenz künstlich erhöhter Ackerbeete und kleiner Dränagekanäle in den feuchten Niederungen einiger Peténflüsse, am Rio Hondo im Grenzgebiet von Quintana Roo und Belize und in den Bajos des südlichen Quintana Roo schon seit längerem bekannt (422; 457). Aber man hat in der ab 1400 v. Chr. einsetzenden Nutzung der ertragreichen und sich schnell erholenden Schwemmlandböden der Talauen immer nur eine auf örtlichen Gegebenheiten beruhende Ergänzung des vorrangig von der Brandrodungswechselwirtschaft betriebenen Maisanbaus gesehen, eine Fehlbeurteilung, wie sich aus der großen Dichte alter Hausplattformen auf Flußterrassen in Belize ergibt (447, S. 110f.). Die Lage dieser Siedlungsreste spricht eindeutig für einen intensiven, permanenten Anbau in den feuchten Niederungen. Man schätzt, daß von einem Hektar Hochackerland 700 Menschen ernährt werden konnten (444, S. 451).

Daß unsere Vorstellungen der einstigen wirtschaftlichen Nutzung vorkolumbischer Hochackerfluren zutreffend sind, wird durch die Anbaupalette der Wölbäcker im Hochbecken von Puebla-Tlaxcala auf der mexikanischen Mesa Central bestätigt, die trotz ihrer bis zur Gegenwart kontinuierlich fortgesetzten Bewirtschaftung erst in jüngster Zeit nähere Beachtung gefunden haben (439). Diese Hochäcker sind etwa 10 m breit, 50–100 m lang und werden durch Wassergräben *(zanjas)* voneinander getrennt. Angebaut werden auf ihnen Mais mit Zwischenkulturen von Bohnen und vielerlei Gemüsearten. Als Dünger dient der Aushub aus den Wassergräben. Maniok oder andere Knollengewächse des Tieflandes können freilich im mexikanischen Hochland nicht angepflanzt werden. Zu den alten Hochäkkern des Belize-River-Gebietes gibt es übrigens zwei interessante moderne Parallelen: Auch die jetzt bei Spanish Lookout in Belize lebenden deutsch-

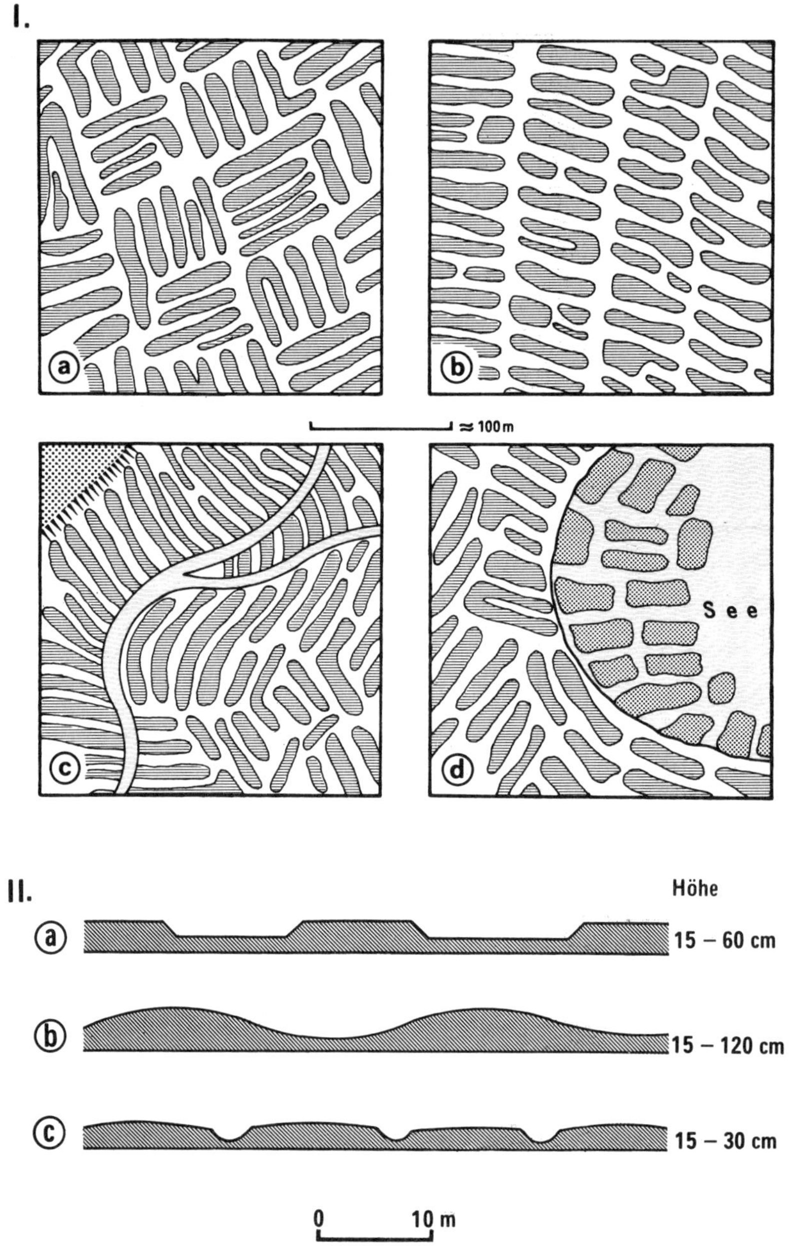

Fig. 33 Hochäcker und »Schwimmende Gärten«

I. **a** Hochäcker im Schachbrettmuster. **b** Leiterförmige Anordnung von Hochäckern. **c** Links des Flusses hufenartige Anordnung von Hochäckern, landeinwärts durch Terrassenkante begrenzt. Regellose Anordnung im Niederungsland rechts des Flusses. **d** Regellose Anordnung der Hochäcker im Seeuferbereich, »Schwimmende Gärten« *(chinampas)* im Flachwasserbereich des Sees.

II. Hochacker-Profile: **a** Ebene Ackerbeete. **b** Gewölbte Ackerbeete. **c** Durch Aushub schmaler Gräben leicht gewölbte Ackerbeete.

(Schematisierter Entwurf des Verfassers nach Luftbildern aus den neuweltlichen Tropen, Hochacker-Profile nach W. M. Denevan) stämmigen Mennoniten nutzen die schlecht dränierten Niederungsböden durch die von ihnen »wiedererfundene« Methode der Anlage von Hochäkkern; auch das in den sechziger Jahren im nördlichen Java eingeführte »Surjan-System« beruht auf dem gleichen Prinzip (475, S. 59).

Der Übergang von Hochäckern, und zwar solchen, die in Ufernähe von Seen lagen, zu »Schwimmenden Gärten« in deren Flachwasserbereichen bedeutete nur einen kleinen Schritt. Zwischen Pfahlreihen, die man in den Seeboden rammte, und Flechtwerkzäunen wurden Erde, Zweige, Schilf und Seeschlamm bis über die Höhe des Wasserspiegels aufgefüllt. Die Pfähle – meist dünne Stämme einer Weide von pappelartigem Wuchs – schlugen schnell Wurzeln und bildeten eine dauerhafte Randbepflanzung der Beete. Von Alexander von Humboldt, der sie im Hochtal von Mexiko sah und beschrieb, stammt die Bezeichnung »Schwimmende Gärten« (Bild 34 und 35). Wahrscheinlich sind sie mindestens zum Teil ursprünglich auf verankerten Flößen aus Reisiggeflecht angelegt worden, die dann infolge der Gewichtszunahme durch die ständig wiederholte Aufhöhung und Düngung mit Faulschlamm zu Boden sanken. Dank ihrer Begrenzung durch sich rechtwinklig kreuzende Kanäle und schmale Wasserarme haben sie noch immer das Aussehen von schwimmenden Ackerbeeten, sind aber jetzt tatsächlich kleine Inseln. Um die im Texcocosee gelegene Aztekenhauptstadt Tenochtitlán, die Vorsiedlung der heutigen mexikanischen Hauptstadt, bildeten sie einen 35 km^2 umfassenden Gürtel intensiv genutzter Gemüse- und Blumengärten. Reste dieser alten *chinampas* werden noch jetzt von Gemüse- und Blumengärtnern des Dorfes Xochimilco (= »Ort der Blumenbeete«) in altüberlieferter Weise bewirtschaftet (313; 372; 400; 436). Auch im Becken von Tlaxcala und im Hochland von Guatemala gibt es an den von Lavaströmen aufgestauten Seen Chinampas oder ihnen sehr ähnliche Hochäcker (439; 440). Man hat errechnet, daß 40–70 ha Chinampaland gut zur Ernährung von 1000 Familien ausreichen, während für einen entsprechend großen Ernteertrag 1200 ha Brandrodungsland erforderlich wären (374, S. 30). Den mit dem Hochland durch rege Handelsbeziehungen verbunden gewesenen Tiefland-Maya (S. 370) ist diese Möglichkeit einer intensiven agrarischen Nutzung der Flachwasserbereiche ihrer Seen, Bajos und Aguadas über die Jahrhunderte nicht unbekannt geblieben.

In den an feuchten Niederungen (Bajos) reichen Teilen des Petén – sie nehmen dort ein Viertel bis ein Drittel Gesamtfläche ein –, im südlichen Campeche und in Quintana Roo waren die Voraussetzungen für die Anlage von Chinampas voll erfüllt, weniger im Norden der Halbinsel, wo das Wasser der Dolinenteiche, zum Beispiel bei Cobá, zu tief dafür war. Daß bis in jüngste Zeit keine Spuren ehemaliger »Schwimmender Gärten« im Landschaftsbild gefunden wurden, kann nicht überraschen, denn die Gräben zwischen den Chinampas sind, sobald die Beete nicht mehr bewirtschaftet wurden, der schnellen Verlandung und Rückeroberung durch die aquatische Vegetation preisgegeben gewesen, so daß sich die alten Ackergrenzen verwischten. Aber die sorgfältige Auswertung von Luftbildern hat für die Rio-Bec-Region im südlichen Quintana Roo nicht nur den Nachweis ausgedehnter Terrassensysteme ergeben, sondern im Bajo Morocoy nordöstlich von Nicolás Bravo auch zur Auffindung gut erkennbarer, schachbrettförmig gegliederter alter Nutzlandflächen geführt (Fig. 34). Die Feldgrenzen zeichnen sich deutlich durch die dunklere Färbung und andersartige Struktur der Vegetation von den helleren Ackerflächen ab. B. L. Turner (422, S. 121), der die charakteristischen Muster zuerst auf Luftbildern entdeckte, deutete sie als Hochäcker, P. D. Harrison (345), durch den sie eingehend untersucht wurden, sieht in ihnen Chinampas oder Übergangsformen zwischen den beiden sehr ähnlichen Landnutzungstypen. Die Breite der Trennstreifen zwischen den Äckern läßt eher auf Kanäle als Hochackerfurchen, die Größe der von ihnen eingegrenzten Feldblöcke mehr auf Chinampas als Hochakkerbeete schließen.

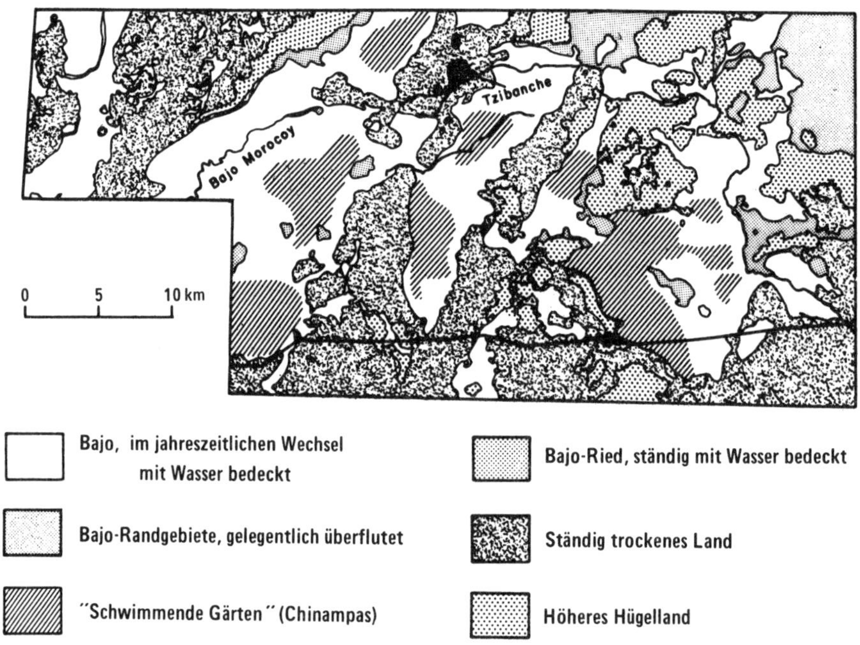

Fig. 34 Chinampas im Bajo Morocoy, südwestliches Quintana Roo
(Nach einer Luftbildkarte von P. D. Harrison, 1977)

Inmitten des Bajo Morocoy liegt auf einer halbinselartig vorspringenden Zunge höheren Landes die große Ruinenstätte Tzibanche, die von vier Satellitenzentren geringerer Größe und vielen durch Hausplattformen belegten Einzelsiedlungen auf einer Fläche von rund 45 km² umgeben war. Um

Tzibanche, das nach Ausweis seiner Inschriften mindestens im Zeitraum von 613 bis 909 existierte, schließt sich die Morocoyniederung mit neun Chinampaarealen unterschiedlicher Größe. Sie bedecken zusammen eine Fläche von 1461 km^2. In Fig. 34 sind jedoch nur die durch ihre Gitterstruktur sicher erkennbaren ehemaligen Chinampas dargestellt. Einschließlich der fraglichen Areale würde sich die Gesamtfläche etwa verdoppeln und praktisch die ganze Morocoyniederung einnehmen (345, S. 478). Es ist kein Grund ersichtlich, daß die intensive Bewirtschaftung nur auf ein Teilgebiet des Bajo beschränkt war. Außer dem Kanalsystem, das die größeren Feldkomplexe voneinander trennte, und den schmalen Gräben zwischen den einzelnen Chinampas durchzog ein breiter Hauptkanal die ganze Morocoyniederung. Er hat, wie auch die kürzeren Kanäle, dem Bootsverkehr gedient (345, S. 427).

Die Chinampas, die durch Auffüllung mit Kalkmergel und Schlamm zu über 1 m über den Wasserspiegel aufragenden »Anbauplattformen« erhöht wurden, dürften wie die Hochäcker im Dauerfeldbau wohl vorwiegend für Maniok-, Bataten- und Gemüsekulturen genutzt worden sein. Auch Baumwolle wurde auf den Chinampas angebaut, wie aus Pollenanalysen hervorgeht (387, S. 409). Die Maisfelder hingegen lagen auf dem höheren trockenen Land. Im nördlichen Belize, wo in den Talniederungen des Rio Hondo (bei San Antonio) und des New River ebenfalls alte Hochäcker und Chinampas eine Fläche von mindestens 75 km^2 einnehmen, sind in sicher datierbaren Sedimenten der Laguna de Cocos ebenfalls Maispollen gefunden worden, die den Anbau von *Zea mays* in dieser Gegend seit 1800 v. Chr. beweisen. Ein zur Abstützung der Chinampakanäle eingerammter Pfosten stammt nach Radiokarbonbestimmungen aus der Zeit von 1100 ± 230 v. Chr. (455, S. 452).

Hochäcker und Chinampas haben zweifellos auch im Petén existiert. Den ersten Hinweis darauf erbrachte eine Untersuchung in dem jahreszeitlich austrocknenden Sumpfgebiet des Bajo de Santa Fé bei Uaxactún (Fig. 46). Dort wurde für bodenkundliche Untersuchungen eine Grube ausgehoben und unter den jungen Oberflächensedimenten eine dicke Schicht lehmiger schwarzer Erde angetroffen, die ihre Färbung verwestem organischen Material verdankt. C. W. Cooke (782) und O. G. und E. B. Ricketson (390, S. 11) sahen in diesen schwarzen Lehmen einen Beweis für das hohe Ausmaß der Bodenabtragung am Ende der klassischen Maya-Zeit infolge einer übersteigerten Landnutzung, die schließlich den Untergang der Hochkultur bewirkt habe (S. 441). U. M. Cowgill (216, S. 9) widersprach dieser These, da in anderen Bajos des Petén durchgeführte Handbohrungen weder für früher noch für heute Anzeichen einer ungewöhnlichen Sedimentauffüllung infolge verstärkter Bodenerosion zu erkennen gaben. So liegt der Verdacht nahe, daß es sich bei dem Schwarzlehmhorizont in der Niederung von Uaxactún um den Kulturboden ehemaliger Chinampas handelt. Zur

Klärung der Frage wurde 1976 von B. H. Dahlin und A. H. Siemens eine eingehende Flugerkundung der Bajos des zentralen Petén durchgeführt (320). Im Unterschied zu Campeche und zum nördlichen Belize, wo sich die alten Flurmuster so gut im Vegetationsbild abzeichnen, gestalteten sich im Petén die Beobachtungen wesentlich schwieriger. Das Pflanzenkleid erwies sich als zu gleichförmig, und die sich alljährlich bildenden Risse in den austrocknenden Teilen der Bajos haben anscheinend den Großteil der anthropogenen Strukturen zerstört. Erkannt wurden trotzdem – vor allem östlich und südwestlich von Tikal – eine Anzahl alter Kanäle, die einmal Hochakker- oder Chinampakomplexe voneinander getrennt und sicherlich auch dem Kanuverkehr gedient haben. Deutlich sich abzeichnende Flurstücke wurden im Bajo Juventud westlich von Tikal und noch an zwei anderen Stellen des Petén gefunden, besonders klar erkennbar in einer kleinen Niederung 5 km östlich von Nakum und 12 km westlich von El Mirador (264, S. 384; 320, S. 309, 311). Auch im Bajo de Santa Fé sind inzwischen vom Flugzeug aus Vegetationsstrukturen erkannt worden, die vollkommen den Chinampamustern im südlichen Quintana Roo entsprechen (345, S. 485).

Die bevorzugte Lage bedeutender Kultzentren am Rande versumpfter Niederungen, wie zum Beispiel im Fall von Uaxactún, Tikal, Calakmul, San Clemente, El Mirador, Xultún, Naranjo, Nakum, Kunal, Naachtún, Kohunlich und Tzibanche, spricht dafür, daß auch die Bajos des Petén der dort lebenden Bevölkerung einen ertragreichen Gartenbau auf Hochäckern und leicht von Hand bewässerbaren Chinampas sicherten. Spanische Reiter beklagten sich, daß ihnen die vielen Wassergräben zwischen den Feldern der Seeufersiedlungen im Petén besonders hinderlich waren (409, S. 556). Diese Notiz und ähnliche Nachrichten aus der frühen Kolonialzeit beweisen, daß der Anbau auf Hochäckern und Chinampas bis um die Mitte des 16. Jahrhunderts noch nicht in Vergessenheit geraten war. Generell gilt, daß überall dort, wo sich günstige Möglichkeiten für eine intensive agrarische Nutzung feuchter Niederungen boten, die Maya auf eine Terrassierung benachbarter Berghänge verzichtet haben. Hochäcker und Chinampas lieferten offensichtlich weitaus höhere Erträge als die allein von den Niederschlagsmengen abhängigen Kulturen auf den Ackerbauterrassen.

Eine gleiche Funktion wie die Hochäcker erfüllen rundliche oder ovale Erdhügel. Derartige *mounds* gibt es – oft in weiter Streuung – in vielen tropischen Überschwemmungssavannen (321; 324). Es kann sich bei ihnen um verlassene und verfallene Termitenbauten handeln, die wegen ihres mineralreichen Bodens und ihrer hochwassersicheren Lage gern ackerbaulich genutzt werden (wie in Thailand und Ostafrika), oder es sind künstliche Erdaufschüttungen. Daß Menschen zum alleinigen Zweck des Ackerbaus in Überschwemmungsgebieten Hügel aufgeworfen haben, wissen wir von den Makuxi-Indianern der Campos am Rio Branco (Brasilien). Da Maniok keine ständige Bodennässe verträgt, pflanzen sie ihn auf 50 cm hohen künstlichen Mounds von 1–2 m Durchmessser (324, S. 651). Im schlecht entwässerten Lermatal (Salta, Argentinien) wurden über 1000 Feldbauhügel in einer gartenähnlichen Anordnung gefunden. Viele der großen Grab- und Wohnhügel in Mojos (Ostbolivien) und auf der Insel Marajó in der Amazonasmündung sind zweifellos zugleich auch als überschwemmungssicheres Anbauland genutzt worden.

Zahlreiche Ackerhügel durchsetzen im südlichen Yucatán das Deltagebiet des Rio Champotón: kreisrunde bis ovale Erdaufhäufungen von 60–100 m Durchmesser, die das Alluvialland um einige Meter überragen (451, S. 645). Sie stammen aus vorkolonialer Zeit, aber wann sie entstanden sind, wissen wir noch nicht. Sicher ist nur, daß sie ausschließlich für den Feldbau bestimmt waren; diese Aufgabe erfüllen sie noch in der Gegenwart.

Von den Mounds in der Peténsavanne ist bisher nicht bekannt, ob sie Termitenhügel sind, vielleicht in ihrem Kern aus solchen bestehen und künstlich aufgehöht wurden oder völlig vom Menschen geschaffen worden sind (S. 130). Ebenso wenig wie über den Ursprung läßt sich über ihren Nutzungszweck sagen. Die 1600 Mounds im trockenen Mittelabschnitt des Motaguatals enthalten fast ausschließlich durch Zugänge mit der Außenwelt verbundene Grabkammern (S. 206). Einige scheinen als Wohnhügel für die Oberschicht und als Standorte für hölzerne Tempel gedient zu haben (405, S. 114). Gegen eine einstige ackerbauliche Nutzung spricht die örtliche Situation: Sie liegen fast alle auf einer Flußterrasse über dem feuchten Talgrund. Die Mounds am Rio Candelaria im südlichen Campeche bedecken jeweils in Gruppen von 4–5 Hügeln das höhere Land beiderseits der sumpfigen Flußniederung. Sie sind gewöhnlich 7–8 m hoch und völlig frei von Resten steinerner Bauten (298, S. 45, 47). Da es unter ihnen keine durch Umfang oder Höhe besonders herausragenden Hügel gibt, die vielleicht größere Zeremonialanlagen getragen haben könnten, muß man sie wohl als Wohn- oder Grabhügel oder beides zugleich betrachten, denn es war ein weit verbreiteter Brauch unter den Maya, die Toten unter den Wohnhütten zu bestatten (S. 329). Die Lage der Tumuli auf höherem Land schließt wie am Motagua aus, daß sie für Anbauzwecke geschaffen worden sind. Das für die Chontal-Maya wirtschaftlich wichtigste Nutzland waren die Hochackerfluren in der feuchten Niederung.

10. Jagd und Fischfang

Außer Hunden waren Truthühner – vielleicht auch Kaninchen – die einzigen Haustiere der Maya. Darstellungen von Kaninchen finden sich häufig in der klassischen Maya-Kunst. Ob sie als Haustiere gehalten wurden, ist nicht sicher, aber wahrscheinlich. Da sie sich schnell vermehren, könnten sie für die Maya eine ähnliche Bedeutung gehabt haben wie die Meerschweinchen für die südamerikanischen Hochlandindianer. Als Jungtiere im Wald gefangene Rehe und Nasenbären wurden da und dort auf den Höfen als Spielkameraden für die Kinder großgezogen (178, S. 204). Eine nicht bellende Hundeart *(Canis caribaeus)* wurde für die Jagd gezüchtet, ein Teil der männlichen Tiere kastriert und mit Mais gemästet. Sie dienten, wie dies auch in einigen asiatischen Ländern und auf den ursprünglich haustierarmen Südseeinseln üblich war (und zum Teil dort wie auch bei den heutigen Maya noch ist), der Fleischversorgung (307, S. 167). Das gleiche galt für die auf den Höfen gehaltenen Puten, während man wilde Truthühner als Opfertiere fing. Gern zog man gerade dem Ei entschlüpfte wilde Bisamenten auf den Hausplätzen groß. Hauptanreiz für den Fang waren die schönen bunten Federn der ausgewachsenen Tiere. Wildenten und Wildtauben scheinen hingegen nur gelegentlich domestiziert worden zu sein. Schwein, Huhn und Hausente, ebenso Rind, Pferd und Esel wurden erst von den Spaniern in die Neue Welt eingeführt.

So stellte die Jagd die wichtigste Quelle zur Deckung des Fleischbedarfs dar. Sie wurde von den Männern einzeln oder in Gruppen ausgeübt. Auf größeren Jagdzügen schlossen sich einige Dutzend Männer zusammen (178, S. 97). Einziges Motiv der Jagd war die Sicherung der Fleischversorgung. Die Maya erlegten kein Tier mehr, als sie wirklich zur Stillung ihres Hungers brauchten. Anderenfalls mußten sie den Zorn des Jagdgottes befürchten, der sie für den begangenen Frevel mit Wildmangel und Hunger bestraft hätte.

Die Trocken- und Feuchtwälder des nördlichen und mittleren Yucatán waren reicher an Wild als die dichten Regenwälder des Petén. Yucatán wurde bezeichnenderweise von den Maya »das Land der Hirsche und Truthühner« genannt. Es gab zwei Hirscharten: eine große graubraune Art mit üppig entwickeltem Geweih *(Odocoileus toltecus)* in Yucatán und eine kleinere rotbraune Art *(Odocoileus truei)* mit gabelförmigem Geweih im südlichen Regenwald und auf der Peténsavanne.

Am erfolgreichsten wurde die Jagd in dem an Unterwuchs reichen Sekundärwald brachgefallener Milpas, auf frisch gebrannten Rodungsflächen und auf den Feldern betrieben. Die salzhaltige Holzasche zog die Tiere besonders an. Die Bauern nahmen gern den Verlust einiger junger Maispflanzen in Kauf, deren frisches Grün die Tiere lockte. Wenn das Wild im Morgengrauen oder gegen Abend zur Äsung auf die Felder kam, wurde es zur leichten Beute der von ihren Hunden unterstützten Jäger. Sie beobachteten daher sorgfältig die Wildwechsel am Rande der Milpas, identifizierten die Spuren, stellten Fallen oder erlegten das Wild mit ihren Waffen. So brachten sie regelmäßig von der Feldarbeit auch Wildbret heim, vor allem, wenn die Maisfelder üppig standen. In Trockenjahren blieben die Tiere im Wald. Den Tagesbedarf übersteigende Fleischmengen wurden in Streifen geschnitten und geräuchert. Sie waren dann mehrere Wochen lang haltbar. Das ungegerbte Rehleder wurde für die Anfertigung von Sandalen verwendet (178, S. 89). Gefangenen Maulwürfen sengte man die Haare ab, briet sie in einer Umhüllung von grünen Blättern in heißer Asche und aß sie unausgenommen. Unerwünschte Besucher waren Papageien und Affen, die häufig in Schwärmen oder Rudeln die Maisfelder des Petén heimsuchten und vertrieben werden mußten. Die kleinen Brüllaffen und Klammeraffen ließen sich leicht erlegen und galten als Leckerbissen.

Wichtigste Beutetiere waren außer Hirschen, Rehen und Affen die hasenähnlichen Aguti, Wildschweine *(Pecari),* Tapire, Waschbären, Opossums, Gürteltiere, Truthühner, Fasanen und Wachteln. Im Winter fielen wie noch heute alljährlich Wildenten und andere Wasser- und Strandvögel in riesigen Schwärmen auf den Lagunen, Teichen und Sümpfen ein. Man stellte ihnen des Fleisches wegen nach und sammelte ihre Eier, ebenso die der wilden Truthühner im Walde. Besonders geschätzt war das schmackhafte Fleisch der Leguane (Landechsen) und der Landschildkröten, aber ihrer konnte man nur selten habhaft werden.

Die großen Raubkatzen Jaguar, Puma und Ozelot jagten die Maya der wertvollen glänzenden Felle wegen, aus denen die mantelartigen Umhänge der Priesterfürsten und des Adels gefertigt wurden. Tapire versorgten sie mit größeren Mengen Fleisch, die feste Haut brauchten die Maya zur Herstellung von Schilden und Panzern. Der in den Bergwäldern der *tierra templada* lebende »Göttervogel« Quetzal *(Pharomachrus mocinno)* lieferte ihnen die grün-goldenen Schwanzfedern für den Kopfputz und die leuchtend roten Brustfedern als Schmuck für kostbare Gewänder. Einen Großteil der Quetzalfedern erhielten die Maya jedoch durch die Hochlandhändler (S. 377). Jaguare und Truthühner waren zugleich Opfertiere.

Vögel und kleinere Baumtiere erlegten die Maya mit Blasrohren, aus denen sie kleine Tonkugeln verschossen. Hauptwaffe für die Jagd auf größere Tiere waren Lanzen. Pfeil und Bogen lernten sie erst in der Spätzeit von den Tolteken kennen (178, S. 33). Allgemein üblich war die Fallenstellerei. Im Codex Tro-Cortesianus (Madrid) gibt es Abbildungen von »Schwippgalgen«, mit denen man Hirsche und Wildschweine fing. Für die Erbeutung von Gürteltieren verwendete man Kastenfallen. Solche Gürteltierfallen, Fallgruben und Schlingen sind ebenfalls im Madrider Codex dargestellt (45, S. 169).

Die nichtstechenden Waldbienen versorgten die Maya mit Honig und Wachs. Aus dem Honig, der ihnen zum Süßen der Speisen diente, bereiteten sie auch unter Zusatz der abgeschälten Rinde des »Weinbaumes« *(Lonchocarpus)* ein berauschendes Getränk *(balché).* Dieser nach unseren Begriffen übelriechende »Met« wurde bei Festlichkeiten in großen Mengen konsumiert. Hohle Baumstämme mit darin angetroffenen Bienenschwärmen wurden in die Nähe der Gehöfte gebracht und begründeten eine reguläre

Bienenzucht der Maya, wohl die älteste Form der Imkerei im tropischen Amerika. Als die Spanier 1518 auf die Insel Cozumel kamen, besaßen dort die Maya in Kalebassen, Tontöpfen oder hohlen, an den Enden mit Lehm abgedichteten Baumstammteilen untergebrachte Bienenvölker.

Dem Fischfang gingen die Maya vor allem in den Küstengewässern nach. Sie benutzten dazu mit Paddeln fortbewegte Kanus oder Segelboote. Ein Fischerdorf mit Darstellungen von Meerestieren findet sich auf Wandbildern in Chichén Itzá (Fig. 21), Tulúm und Bonampak. Auch in den Codices fehlen entsprechende Bildwiedergaben nicht. Einige der in Küstennähe errichteten Tempel waren den die Fischer beschützenden Gottheiten geweiht. Ein von Wallfahrern aus allen Teilen der Halbinsel viel besuchter Tempel lag auf der Insel Cozumel. Neben der Mondgöttin Ixchel, der Herrin der Meeresfluten und Schutzpatronin des weiblichen Kunsthandwerks, wurden dort der Regengott Chac und mehrere Fischereigottheiten verehrt (356, S. 633; 448, S. 19).

Die in agrarwirtschaftlich ungünstigen Küstengebieten lebenden Maya, zum Beispiel im trockenen Nordwesten Yucatáns oder am Mangrovesaum der Ostküste, sicherten sich ihren Lebensunterhalt vorwiegend durch den Fischfang, nicht durch den Feldbau. Wenn die Maisvorräte verzehrt sind, ernährt sich die ärmere Küstenbevölkerung noch jetzt zuweilen monatelang nur von Fisch, so zum Beispiel 1940 im Umkreis des Ortes Rio Lagartos (432, S. 77).

Es gibt in den yucatekischen Fischerdörfern zwar keine meterhohen Muschelabfallhaufen (Kjökkenmöddinger) wie in vielen anderen Küstensiedlungen der Erde, nur kleine Ansammlungen von Muschelresten an den Stränden der vor Belize gelegenen Inseln (447, S. 110). Aber auf Zeugnisse einer intensiv betriebenen Seefischerei ist man bei den Ausgrabungen im alten Maya-Land allenthalben gestoßen. Mit dem in den Lagunen der Nordküste, an einzelnen Stellen der Westküste und in der Bucht von Chetumal an der Ostküste gewonnenen Salz konnten die Fische für den Transport ins Binnenland haltbar gemacht werden. Auch Räucherfische waren eine wichtige Handelsware.

Die zahlreichen Arten von Seefischen fing man mit Schleppnetz oder Angel, in den flachen Lagunen wurden sie in der Spätzeit auch mit Pfeil und Bogen erlegt (45, S. 169). Größte Beutetiere waren Haie, Stachelrochen und Seekühe *(Trichechus manatus).* Den heute selten gewordenen Seekühen stellten die Maya in Gezeitenprielen und Flachwassergebieten der Westküste nördlich von Campeche nach. Sie jagten sie nach den Schilderungen Bischof Landas (178, S. 190) mit der Harpune. Das Fleisch der Haie wurde gegessen, die Zähne dienten als Opfergaben (356, S. 631). Man fand sie an ungezählten alten Siedlungsplätzen. Rochenstacheln wurden zur kultischen Blutentnahme bei Menschen und Opfertieren benutzt. Der Hai genoß wegen seiner Gefährlichkeit mythische Verehrung und kommt daher in figürlicher Nachbildung häufig unter den Keramikfunden des südlichen Quintana Roo und des nördlichen Belize vor (479, S. 64).

Die Flachwassergebiete mit ihrem reichen Seegras-, Schwamm- und Algenbewuchs sind ergiebige Weidegründe für die bis über 200 kg schweren Seeschildkröten. Die heutigen Fanggebiete an der Westküste zwischen der Laguna de Términos und Campeche, im Bereich der Inseln an der Nordostküste und in der Bucht von Chetumal sind die gleichen, wie sie durch Überlieferung und Funde aus der alten Maya-Zeit bekannt sind. Reste von Schildkrötenpanzern, die als Schilde und Resonanzböden von Musikinstrumenten verwendet wurden, dazu Tonfiguren von Schildkröten sind in Mayapán, Chichén Itzá, Copán und anderenorts gefunden worden (356, S. 630). Die Codices enthalten Abbildungen von ihnen. Bei besonders ergiebiger Beute konnte man die Riesenschildkröten auch in Gefangenschaft halten, um sie nach Bedarf zu verzehren. Zu diesem Zweck wurden aus Stökken und Pfählen im Flachwasser kleine quadratische Gehege angelegt, wie man sie in der Bucht von Chetumal für die jetzt kommerziell gefangenen Tiere noch sehen kann. An den Stränden aufgelesene Schildkröteneier waren eine ebenso begehrte Delikatesse wie Octopus und die von Tauchern gefangenen Langusten.

In den Mangrovewäldern wurden Baumaustern gesammelt. Die ergiebigen Austernbänke vor der Mündung des Rio Champotón und die in den Lagunen an der Nordküste in Mengen gefangenen Krebse und Muscheln begeisterten die ersten nach Yucatán gekommenen Spanier (Landa 1566). Von 125 Molluskenarten, die in den Gewässern um die Insel Cancún vor der Nordostküste festgestellt wurden, finden sich die Schalen schon in den Abfallhaufen der einstigen Insel- und Küstenbewohner, für die die Flachwassergebiete geradezu eine Art »Küchengarten« dargestellt haben (299, S. 290). Die Maya-Codices enthalten einige schöne Abbildungen von Mollusken- und Krustentieren (420, Tafel 1 und 4). Gebrannte Muschelschalen dienten der Herstellung von Mörtel (Zement), bunte oder geschnitzte als Schmuck, große schneckenartige Gehäuse als Trompeten bei kultischen Handlungen. Eine besondere Blüte erlebte die Muschelschnitzerei auf der Toteninsel Jaina vor der Ostküste Yucatáns: Darstellungen von Wasserlilien bestehen aus kleinen, in die Muschelschalen eingelegten Stücken apfelgrüner Jade (75, S. 138). Überraschende Mengen weit über Land beförderter Muscheln oder Muschelschalen wurden bei den Grabungen in Tikal gefunden (356, S. 632).

Gesalzene und geräucherte Meeresfische, die als Handelsware oder Tribute ins Binnenland gelangten, kamen wohl nur der Oberschicht zugute. Die übrige Bevölkerung deckte ihren Bedarf in den an Fischen reichen Flüssen. Eine in Tikal gefundene schöne Knochenschnitzerei aus dem Spätklassikum dokumentiert die übliche Fangmethode: Man warf als Betäubungsmittel eine giftige Leguminose *(Lonchocarpus)* ins Wasser, ließ die Fische gegen Reisigwehre treiben und griff sie dort mit der Hand. Diese allgemein im tropischen Amerika gebräuchliche Fangmethode sicherte ihnen zwar eine gute Ausbeute, führte aber zugleich auch zur Tötung der Jungfische. Mit Netzen abgefischt wurden die großen Süßwasserseen wie der Chichancanabsee, die Bacalarlagune und der Petén-Itzá-See. Flores auf einer Insel im Petén-Itzá-See ist noch heute mehr ein großes Fischerdorf als eine Stadt, und wenn geschätzt wird, daß die Vorsiedlung und einstige Itzá-Hauptstadt Tayasal 10 000 Einwohner hatte (356, S. 632), so beruhte die Blüte des Ortes vermutlich auf der besonders günstigen Versorgung der Bevölkerung mit Ackerbauprodukten aus dem Umland und Fischen aus dem See.

Weitere Möglichkeiten für den Fischfang boten die teichartigen Dolinenseen (zum Beispiel bei Cobá), die langgestreckten Niederungsseen und Bajos des Petén. Selbst in den Cenotes leben Fische, die gefangen wurden und bis zur Gegenwart dort gefangen werden. Ihre Existenz erklärt sich aus von Wasservögeln verschlepptem Laich. Schließlich wurden die in überfeuchten Schwemmlandgebieten und Talauen von den Maya angelegten Entwässerungsgräben, die in der Rio-Bec-Region für die Trinkwasserversorgung gebauten Kanäle und die von Wasser erfüllten Furchen zwischen Hochäkkern auf überschwemmungsgefährdetem Niederungsland regelmäßig abgefischt. Es ist nicht ausgeschlossen, daß sie zum Beispiel im Rio-Candelaria-Gebiet bewußt als 10 m breite Becken angelegt wurden, um sie für die Fischzucht zu nutzen (S. 210). Zusätzlich erbeutete man in allen diesen stehenden oder fließenden Gewässern Frösche, Lurche, Leguane (Iguana) und Krokodile.

Bild 26 Der nur in der Regenzeit belaubte Trockenwald des nördlichen Yucatán hat sich infolge der in Abständen von 12–15 Jahren von den Maya-Bauern durchgeführten Rodungen in einen xerophytischen Busch- und Niederwald verwandelt. Noch bevor die ersten Regen einsetzen, entfalten die kahlen Sträucher und Bäume ihre schönste Blütenpracht.

Bild 27 Junge Rodung im immergrünen Regenwald am südlichen Gebirgsrand bei Palenque. Dieser hochstämmige Tropenwald ist trotz seines »urwüchsigen« Aussehens kein Primärwald, sondern ein Sekundärwald, der sich in diesem südlichen Bereich seit dem Zusammenbruch der Maya-Hochkultur voll regenerieren konnte. Die Wiederbewaldung des einstigen Kulturlandes der Maya ist eine Folge der seit nunmehr einem Jahrtausend andauernden geringen Besiedlung der Regenwaldzone.

Bild 28 Maisverkäuferinnen auf dem Markt in Santiago Atitlán, einem der 14 Maya-Dörfer am Ufer des Atitlánsees im Hochland von Guatemala. Die Indianer der nördlichen Dörfer sprechen Cakchiquel, die der südlichen, zu denen Santiago zählt, Tzutuhil. Frauen und Mädchen tragen noch immer ihre farbenfrohen Trachten aus selbstgewebten Stoffen.

Bild 29 Mit Mais bestellte Milpas im Rodungsland des südlichen Belize zu Füßen einer Hügelkette mit einer der Pyramiden von Xunantunich (Benque Viejo). Mais, der bereits um 5200 v. Chr. von wildwachsenden Pflanzen gesammelt und seit der Erfindung des Pflanzstockbaus zwischen 3000 und 2500 v. Chr. in stetig zunehmendem Umfang angebaut wurde, war das Grundnahrungsmittel der Maya. Maisfelder prägten einst wie heute das Bild der Kulturlandschaft.

Bild 30 Maske des Regengottes Chac an einer Ecke des fälschlich »La Iglesia« genannten Bauwerks in Chichén Itzá. Bezeichnend ist die rüsselartig gestaltete Nase. Im trockenen Norden Yucatáns spielte der Chac-Kult eine weit größere Rolle als im regenreichen Süden.

Bild 31 Die 45 m lange Fassade des Maskenpalastes (Codz Poop) in Kabáh ist mit 250 stilisierten Chac-Masken bedeckt. Neben den in der Vorderansicht nur schwer erkennbaren Rüsselnasen gehören die großen Glotzaugen zu den charakteristischen Attributen des Regengottes. Jede der lückenlos aneinanderschließenden Masken besteht aus 30 Einzelteilen. Die Ornamentierung der gesamten Vorderfront des Maskentempels ist typisch für den Chenes-Stil, der im Unterschied zum Puuc-Stil keine dekorfreien Unterbauten kennt.

Bild 32 Milpas bei San Antonio am Ostufer des Atitlánsees im Hochland von Guatemala. Die hellgrüne Fläche der quadratischen und rechteckigen Maisfelder hebt sich deutlich vom dunklen Grün des Bergwaldes ab. Aber auch er gliedert sich in geradlinig begrenzte Parzellen unterschiedlich hohen Bewuchses: Es sind der Waldbrache überlassene Milpas, die nach einigen Jahren erneut gerodet und mit Mais bepflanzt werden.

Bild 33 Gemüsebeete der Hochland-Maya bei San Antonio am Ufer des Atitlánsees. Die im Daueranbau genutzten Beete sind zum Schutz gegen mögliche Überschwemmungen als Hochäcker und wegen des Geländeanstiegs terrassenartig angelegt. Auch die Tiefland-Maya haben einst feuchte Niederungen *(bajos)* durch Anlage von Hochäckern zu nutzen verstanden.

V. Der Nahrungsspielraum im alten Maya-Land

Der Anbau von Mais, Bohnen und Kürbissen galt lange Zeit als die eigentliche Grundlage der von den Maya betriebenen Agrarwirtschaft, und viele Autoren sprachen ihr ein im Vergleich zu anderen tropischen Selbstversorgungsgebieten besonders hohes Ertragspotential zu (353; 450). Heute wissen wir, daß es eine auf Mais, Bohnen und Kürbisse beschränkte »heilige Dreieinigkeit« der Kulturgewächse nicht gegeben hat und daß der Nahrungsspielraum der Maya in Wahrheit sehr viel größer war.

Mais, Maniok und Bataten bestehen zu 75–80 % aus Kohlenhydraten. Gegenüber dem überreichlichen Stärkeangebot in der Nahrung der alten Maya war – wie in allen Tropenländern – die Proteinversorgung wesentlich knapper bemessen. Einen bescheidenen Eiweißanteil enthalten zwar auch Mais (9–13 %) und Knollengewächse (1,5–2,5 %), aber in erster Linie deckten die Maya ihren Proteinbedarf aus den zusammen mit Mais angebauten schwarzen und roten Bohnen (17,5–25 %), aus dem Fleisch gejagter Tiere und aus den im Meer und in den Binnengewässern gefangenen Fischen. Ölhaltige Samen, besonders der Palmen, lieferten ihnen Pflanzenfett. Von den Küsten-Maya muß an den sandigen Stränden Yucatáns auch die Kokospalme genutzt worden sein, denn die Spanier fanden sie zu Beginn der Conquista bereits überall in der Karibik vor. Überraschend ist jedoch, daß es in der Maya-Kunst keine Darstellungen gibt, die auf ihre Existenz verweisen. Nicht zuletzt enthält das Maiskorn selbst beachtliche Mengen an Fett (4,2–5,4 %, Maiskeime 34–36 %), über das doppelte Quantum des Fettgehaltes eines Weizenkorns (2 %). Vitaminreiche Früchte standen in den Hausgärten und im Wald reichlich zur Verfügung. Wichtigster Vitamin-C-Träger war die Chilipfefferschote. Bescheidener sah die Versorgung mit tierischen Fetten aus. Außer Truthühnern, gemästeten Hunden und dem, was ihnen Wald und Gewässer an Wild, Fischen und Schalentieren boten, gab es keine weiteren Versorgungsquellen. Schweine, Rinder und Hühner kamen erst durch die Spanier ins Land.

Die bunte Palette der angebauten und gesammelten Nahrungsmittel befähigte die Maya zu großen körperlichen Leistungen bei der Urwaldrodung, der Feldarbeit und ihrem Einsatz auf den permanenten Baustellen der Zeremonialzentren. Einzigartig ist, daß die Hochkultur der Maya ausschließlich auf einem ohne Fruchtwechsel betriebenen Regenfeldbau, der Nutzung von Natur feuchter Niederungen, Sammelwirtschaft, Jagd und Fischfang beruhte. Daß eine so umrissene wirtschaftliche Basis für eine höhere zivilisatorische Entfaltung ausgereicht hat, steht im Widerspruch zu den Erfahrungen aus allen anderen alten Kulturgebieten der Erde. Auf ihnen beruht die von der großen Mehrheit der Historiker vertretene Meinung, daß die Entstehung früher Hochkulturen, das heißt soziale Differenzierung der Bevölkerung, Staatenbildung, Entfaltung eines Städtewesens und Sicherung der Nahrungsmittelversorgung auch eines größeren, nicht in der agrarischen Urproduktion tätigen Bevölkerungsteils, nur im Rahmen einer straff organisierten Bewässerungswirtschaft möglich gewesen sei. In dieses für die durchweg an große Stromoasen gebundenen Hochkulturen der Alten Welt gültige Konzept läßt sich die Hochkultur der Maya nicht einbeziehen. Sie entwickelte sich im tropischen Tiefland, führte nicht zur Entstehung machtpolitisch bestimmter territorialer Einheiten im Stile altweltlicher »Reichsgründungen« (S. 394) und beruhte nicht auf Bewässerungsfeldbau – wenn auch wasserbautechnische Maßnahmen zur Nutzung überfeuchter Böden keine unbedeutende Rolle spielten (S. 206) –, sondern stützte sich primär auf einen von der Ergiebigkeit der Regenfälle abhängigen Brandrodungsfeldbau.

1. Das Agrarsystem der Maya – keine »hydraulische Kultur«

Man kann der jüngst aus dem Nachweis von Hochäckern und Kanälen im Siedlungsgebiet der Maya gezogenen Schlußfolgerung nicht zustimmen, daß der Bewässerungsfeldbau »zweifellos eine hervorragende Rolle in der Entwicklung der Maya-Zivilisation« gespielt habe (453, S. 124) und damit die alte These widerlegt sei, die Maya-Hochkultur hätte ihre wirtschaftliche Grundlage im Brandrodungsfeldbau gehabt. Ganz abwegig ist es, die Agrarwirtschaft der Maya als eine echte Bewässerungskultur oder »hydraulische Kultur« im Sinne K. A. Wittfogels (460; 461) zu bezeichnen, denn Hochäcker sind überall, wo sie bisher festgestellt wurden, zur Gewinnung von Anbauland in überflutungsgefährdeten Niederungen und Savannen angelegt worden, also in Bereichen, die man entwässern, nicht bewässern mußte. Die nachgewiesenen Kanäle dienten der Trinkwasserversorgung und dem Verkehr, waren also keine Irrigationsanlagen (S. 209). Wittfogel hat den Maya in seinem Buch (461, S. 184–188) ein besonderes Kapitel gewidmet und ausführlich über Cenotes (Einsturzdolinen), Chultuns (Zisternen), Aguadas (temporäre Wasserstellen) und künstlich angelegte Reservoire berichtet, aber er selbst wies darauf hin (461, S. 294), daß diese für die Trinkwasserversorgung in einem Karstland notwendige Nutzung natürlicher Brunnen, künstlicher Zisternen und Speicherbecken nicht ausreiche, um von den Maya als einer »hydraulischen Gesellschaft«, allenfalls einer solchen marginalen Charakters, zu sprechen.

Für die von Kleinbauern bewirtschafteten Hochäcker genügte die familiäre oder dörfliche Zusammenarbeit. Beispiele dafür aus der Gegenwart finden sich in den feuchten Hochlandbecken bei Mount Hagen in Zentralneuguinea und in den Chinampas bei Xochimilco am Rande der mexikanischen Hauptstadt. Sicherlich sind die größeren Zisternen, zum Beispiel unter den Plätzen von Uxmal, und die neben den natürlichen Aguadas (S. 82) existierenden großen, zum Teil am Boden mit Steinen belegten Reservoire in dörflicher Gemeinschaftsarbeit angelegt worden; die für die großen Bewässerungskulturen der Erde so bezeichnende obrigkeitliche Organisation, ohne die umfangreichere Terrassen- und Kanalbauten kaum vorstellbar sind, existierten jedoch in der Maya-Gesellschaft nicht. Damit entfällt das wichtigste Kriterium »hydraulischer Kulturen«, deren eindrucksvollste Repräsentanten die großen altweltlichen Stromoasen sind. Dem Maya-Land fehlte die staatenbildende Kraft großer Ströme, wie sie Euphrat und Tigris, Nil und Indus besaßen. Vom Usumacinta im Süden des Maya-Landes ging keine derartige Wirkung aus, denn er ist nie für Bewässerungszwecke ausgenutzt worden.

Auch die Annahme, daß sich die einstige Größe Teotihuacáns im Hochland unter anderem aus einer dort intensiv betriebenen Bewässerungswirtschaft erkläre, hat sich nicht bestätigt. Trotz langer und intensiver Suche ist in der Umgebung der Stadt keine einzige wasserbautechnische Anlage entdeckt worden, die nachweislich weiter als bis in das Postklassikum zurückreicht, das heißt bis in eine Zeit, in der Teotihuacán bereits zerstört war: »Vergegenwärtigt man sich den Umfang der nicht hydraulischen Bauleistungen Teotihuacáns im ersten nachchristlichen Jahrhundert – darunter Mond- und Sonnenpyramide –, so ist deren Übergewicht gegenüber dem höchstmöglichen – aber durchweg hypothetischen – Ausmaß von Wasserbaumaßnahmen im Tal von Teotihuacán nicht zu übersehen. Die zweifellos vorhandenen technischen und organisatorischen Voraussetzungen für riesige Bauten wurden vielmehr fast ausschließlich im sakralen Bereich eingesetzt und wahrscheinlich auch entwickelt. Für eine tragende Funktion der Bewässerungsbauten sprechen hingegen keine Anzeichen.« (454, S. 104) Diese Worte gelten nicht minder für das alte Maya-Land.

2. Der Brandrodungsfeldbau – nicht die einzige Säule der Maya-Wirtschaft

Das Gesamtnahrungsmittelaufkommen der Maya je Flächeneinheit ist schwer abzuschätzen und ein Vergleich mit anderen tropischen Tiefländern vor allem deshalb fast unmöglich, weil sich durch die jüngere Forschung ein wesentlich differenzierteres Bild der wirtschaftlichen Aktivitäten der Maya ergibt, als früher angenommen wurde. Solange man in dem mit Brandrodung (Bild 23 und 27) und Feldwechselwirtschaft verbundenen Maisanbau (Bild 28 und 29) die alleinige Grundlage oder jedenfalls doch den weitaus dominierenden Faktor in der Ernährungswirtschaft der Maya sah, lagen naturgemäß Vergleiche mit anderen Gebieten des Wanderfeldbaus (Fig. 22) nahe. Der Wert solcher Vergleiche wurde jedoch dadurch beeinträchtigt, daß man die Erträge von Maisfeldern in Mesoamerika zum Beispiel der Produktivität afrikanischer Yamswurzel- und Hirsefelder gegenüberstellte und dabei übersah, daß Mais als lagerfähiges Getreide eine weitaus solidere Basis für die soziale Differenzierung und kulturelle Entfaltung eines Volkes darstellt, als dies bei Knollenfrüchten der Fall ist, die täglich frisch geerntet werden müssen und weit mehr Arbeitskräfte in der Agrarwirtschaft binden.

Ein Vergleich mit der Insel Cebu (S. 179) hätte noch die stärkste Aussagekraft, wenn es nur um die Ermittlung der Tragfähigkeit auf der Grundlage des Maisanbaus ginge. Aber heute wissen wir, daß über die Anpflanzung von Mais hinaus ein intensiver Anbau von Gemüse und Knollenfrüchten, besonders Bataten und Maniok, betrieben wurde. Mehrmalige jährliche Maisernten vom selben Acker und Dauerfeldbau auf Terrassen und Hochäckern verbanden sich mit der Nutzung zahlreicher wildwachsender und angepflanzter Fruchtbäume zu einem agrarischen Nutzungssystem hoher Produktivität, das in seinem Ernährungspotential sicherlich dem der auf Bewässerungswirtschaft beruhenden Hochkulturen nicht nachstand.

Wenn wir nach einem Land suchen, dessen Wirtschaftsstruktur sich etwa mit derjenigen des alten Maya-Landes vergleichen läßt, ist in erster Linie an die indonesische Insel Madura zu denken, wo auf Kalkböden eine ertragreiche, die verschiedenartigsten Kulturgewächse umfassende bäuerliche Mischwirtschaft betrieben wird und Bewässerungsanbau nur eine untergeordnete Rolle spielt. Die dort erreichte Bevölkerungsdichte von mehr als 500 Einwohnern/km^2 entspricht durchaus den auf Grund der Haussockelzählungen (S. 183) für den Petén errechneten Werten.

3. Das Bevölkerungspotential des alten Maya-Landes aus veränderter Sicht

Die Maya-Wirtschaft hat die einfachen Formen der *shifting cultivation* schon frühzeitig überwunden und sich zu einer Vielseitigkeit entwickelt, durch die ohne Störung des Ökosystems die Befriedigung der materiellen Lebensbedürfnisse optimal gesichert war. Wenn man bedenkt, daß die nur einen verhältnismäßig geringen Flächenanteil einnehmenden und zum Teil in Dauerkultur genutzten Terrassen, Hochäcker und Chinampas je Hektar einen mehrfach größeren Ernteertrag ergaben als die mit Mais bestellten

Milpas, so erscheinen uns die aus den archäologischen Befunden abgeleiteten, aber von manchen Forschern immer noch mit Skepsis betrachteten hohen Bevölkerungsdichtezahlen sehr viel wahrscheinlicher. In Nordborneo gehen die Ladang-Bauern, deren Landnutzungssystem mit dem der Milpabauern Zentralamerikas vergleichbar ist, erst jetzt zur Nutzung der feuchten Talböden und zur Gründung von Dauersiedlungen über (458, S. 285). Als Naßreisbauern brauchen sie nur noch ein Zehntel des früher für den Trokkenreisanbau auf Brandrodungen benötigten Landes. Die Bewohner der dichtbesiedelten Insel Java haben diesen Wechsel des Landnutzungssystems und der Siedlungsweise schon vor langer Zeit vollziehen müssen. Den in einem Karstland lebenden Maya fehlten die Möglichkeiten zu einem solchen letzten Schritt. Sie haben aber im Rahmen der ihnen auferlegten Umweltbedingungen nicht minder erfolgreiche Lösungen der Gestaltung ihres Lebensraums und der Befriedigung ihrer Lebensbedürfnisse gefunden. Diese wesentlich breitere Wirtschaftsgrundlage läßt die so stark voneinander abweichenden Schätzungen der einstigen Bevölkerungsdichte (S. 177ff.) in einem neuen Licht erscheinen.

Man kann die Tragfähigkeit eines Landes (T) bzw. die potentielle Bevölkerungsdichte (BD) mit einem höchstmöglichen Zuverlässigkeitsgrad ermitteln, wenn die Größe der verfügbaren Nutzfläche (LNF), der Mindestlandbedarf je Einwohner (L), die Zeitdauer des Landwechselzyklus (Z) und die Anzahl der jährlichen Ernten (E) bekannt sind. In den vorangegangenen Kapiteln wurde versucht, über diese vier Grundgegebenheiten Klarheit zu gewinnen. Nach der von H. C. Conklin (449, S. 63) gefundenen Gleichung

$$T = \frac{LNF \times E}{L \times Z}$$

ist für ein 2826 km^2 großes Areal bei Xpujil in der Rio-Bec-Region (Fig. 30), für das die erforderlichen Daten bekannt sind, eine solche detaillierte Tragfähigkeitsberechnung durchgeführt worden. Nach Turner (457) entfallen in diesem jetzt wieder von Wald bedeckten Gebiet nur 10 % auf agrarwirtschaftlich nicht nutzbares Ödland (A, Tab. 3). 60 % der Fläche sind für die traditionelle Brandrodungswirtschaft geeignet (B), 15 % für einen semipermanenten Anbau, bei dem in einem Zweijahreszyklus Bestell- und Brachezeiten miteinander wechseln (C). Dabei handelt es sich um Teilbereiche mit besonders guten Böden und durch Schlammfallen gegen Bodenabtragung gesicherte Hänge. Weitere 15 % des Gesamtareals stehen für einen intensiven Feld- und Gartenbau zur Verfügung (D). Es sind dies die voll terrassierten Hänge und das einst durch Hochäcker genutzte dränierte Niederungsland. Die Berechnungen der Tab. 3 gehen von diesen Nutzflächenanteilen aus (Spalte I).

Der in Spalte II angegebene Mindestlandbedarf (L) je Einwohner von ½ ha stimmt mit den realen Milpagrößen (2,5 ha) für eine fünfköpfige Familie in Zentralyucatán überein. Da auf intensiv genutztem, das heißt gedüngtem, gemulchtem und sorgfältig vom Unkraut befreitem Gartenland, zu dem man die früher in Dauerkulturen genutzten Terrassen und Hochäkker rechnen darf, um 90 % höhere Ernten als auf den Brandrodungsfeldern erzielt werden, reduziert sich das je Person erforderliche Nutzland auf 0,275 ha.

In Spalte III ist die der jeweiligen Nutzungsform entsprechende Dauer des Landwechselzyklus (Z) eingesetzt. Für die Brandrodungswirtschaft (B) wurden drei Beispiele für eine besonders lange Brachezeit (21 Jahre), eine mittlere Dauer (11 Jahre) und eine relativ kurze Rotation (5 Jahre) ausgewählt. Bei steigender Nutzungsintensität (C) beschleunigt sich der Zyklus erheblich. Auf Gartenland (D) können im halbjährigen Wechsel zwei Ernten eingebracht werden.

Spalte IV gibt die bei den jeweiligen Nutzungsarten maximal erreichbaren Bevölkerungsdichten (BD) wieder, die zwischen 9,5 Einwohner/km² bei der extensivsten Form der Landwechselwirtschaft und 727 Einwohner/km² auf intensivst bebautem Gartenland schwanken (Tab. 3).

R. E. W. Adams (448, S. 113) schätzte die im Rahmen der Brandrodungswirtschaft mögliche Bevölkerungsverdichtung in der Rio-Bec-Region auf 30–85 Einwohner/km² (S. 177). Sein unterer Grenzwert entspricht ungefähr den rechnerisch ermittelten Maximalwerten bei einem zwischen 5 und 11 Jahren liegenden Landwechselzyklus. Bemerkenswert sind die hohen potentiellen Dichtewerte (364–727 Einwohner/km²) in Bereichen mit intensivem Feld- und Gartenbau. Bevölkerungsdichten dieser Größenordnung sind vergleichsweise in einzelnen Gebieten Neuguineas auf entwässertem Niederungsland mit kontinuierlich bewirtschafteten Hochäckern festgestellt worden (311, S. 245). Durch den hohen Anteil des nur in Brandrodungswirtschaft nutzbaren Landes reduziert sich natürlich die auf das Gesamtgebiet bezogene Bevölkerungsdichte beträchtlich. Sie liegt bei 150 Einwohnern/km², woraus sich für das 2826 km² umfassende Untersuchungsgebiet bei Xpujil eine potentielle Tragfähigkeit (T) von rund 425 000 Menschen ergibt. Bereits eine relativ geringe Vergrößerung des intensiv genutzten Landes würde eine spürbare Zunahme der Tragfähigkeit bedeuten.

Wenn zu dieser allein durch das Agrarpotential erreichbaren Bevölkerungsverdichtung noch die sich aus der Sammelwirtschaft im Wald, der Jagd und dem Fischfang zusätzlich vorhanden gewesenen Möglichkeiten der Erweiterung des Nahrungsaufkommens hinzugerechnet werden, erscheinen Bevölkerungsdichten von 200–250 Einwohnern/km² nicht mehr außerhalb des Vorstellungsvermögens. Im Nahbereich der größeren Zeremonialzentren darf man, wie gezeigt wurde (S. 182), mit weit höheren Werten rechnen. Die archäologisch ermittelten großen Bevölkerungsdichten gewinnen damit an Überzeugungskraft und brauchen nicht weiterhin mit

	Art der Landnutzung	I Nutzflächenanteil (LNF) an der Gesamtfläche in %	II Mindestlandbedarf (L) je Einwohner in ha	III Dauer des Landwechselzyklus (Z) in Jahren	IV Potentielle Bevölkerungsdichte (BD) in Einw./km², bezogen auf den in Spalte I angegebenen LNF-Anteil
A	Ödland	10	–	–	–
	Landwechselwirtschaft mit Brandrodung 1. Anbau nach Rodung von Hochwald		0,50	21	9,5
B	2. Anbau nach Rodung von Buschwald	60	0,50	11	18,2
	3. wie 2 bei schnellerem Landwechsel		0,50	5	40
	Semipermanenter Anbau 4. bei Einschaltung nur eines Brachejahres	15	0,50	2	100
	Intensiver Feld- und Gartenbau 5. mit einer jährlichen Ernte		0,50	1	200
	6. mit zwei jährlichen Ernten		0,50	0,5	400
D	7. wie 5 mit kleinerer Anbaufläche	15	0,275	1	364
	8. wie 6 mit kleinerer Anbaufläche		0,275	0,5	727

Tab. 3 Potentielle Bevölkerungsdichte der Rio-Bec-Region bei unterschiedlicher Intensität der Landnutzung, berechnet nach der Tragfähigkeitsformel von H. C. Conklin (449). Dichtewerte bezogen auf den jeweiligen Nutzflächenanteil

Hilfe mehr oder weniger willkürlich gewählter Reduktionsfaktoren manipuliert zu werden. Die Rio-Bec-Region stellte zwar nur ein kleines Teilgebiet innerhalb des alten Maya-Landes dar, aber die an diesem Beispiel durchgeführten Berechnungen zeigen die ganze Vielfalt der Faktoren, die bei allen Tragfähigkeitskalkulationen zu berücksichtigen sind.

VI. Die Maya-Wirtschaft im tropischen Ökosystem

Der durch Kreuzung verschiedener Wildsorten gezüchtete Mais wurde dank seiner Haltbarkeit und Lagerfähigkeit zur Hauptnutzpflanze der zentralamerikanischen Indianer. Aus dem mit seinem Anbau verbundenen Witterungsrisiko erklärt sich die besondere Stellung, die der Maisanbau im kultischen Leben einnahm. In regelmäßigen Ernten eingebracht, ermöglichte er in Verbindung mit anderen Landnutzungsformen seit etwa 1500 v. Chr. den Maya ein Leben in Dauersiedlungen und eine von diesen festen Wohnplätzen aus betriebene, vielfältig ergänzte Agrarwirtschaft.

Die heutigen Maya sind seit dem Ende ihrer »großen Zeit« wieder auf den Stand von Landwechselwirtschaft treibenden Brandrodungsbauern zurückgefallen. Von den alten Terrassen und Hochäckern und deren Nutzungszweck wissen sie nichts mehr. Dieses Bild der Maya-Wirtschaft unserer Tage hat man in die Vergangenheit zurückprojiziert und ist zu falschen, zumindest unvollständigen Vorstellungen über die agrarwirtschaftlichen Grundlagen der Maya-Hochkultur gekommen. Weitere Forschungen, besonders auf dem Gebiet der Luftbildauswertung, werden unsere in den beiden letzten Jahrzehnten gewonnenen Erkenntnisse über die Lebensgrundlagen der Maya sicherlich noch wesentlich ergänzen. Darum braucht man nicht mehr – wie früher – nach Beweisen dafür zu suchen, daß der Brandrodungsfeldbau allein schon ausgereicht habe, einer Hochkultur die erforderlichen Entwicklungs- und Existenzgrundlagen zu sichern (464).

Der Pflanzstockbau im Rahmen einer an Brandrodung gebundenen Landwechselwirtschaft bezeugt ebenso wie die Terrassierung von Steilhängen und die Nutzbarmachung überfeuchter Böden eine hervorragende Anpassung der Maya an das naturgegebene Milieu. Dies war die Voraussetzung für die Ernährung einer wachsenden Bevölkerung oder – in umgekehrter Kausalität betrachtet – eine sich infolge der Bevölkerungsvermehrung ergebende zwingende Notwendigkeit.

1. Gunst- und Ungunsträume der Tropen

Die Eignung eines Erdraums für eine optimale, das heißt möglichst ganzjährige Produktion von Agrarerzeugnissen hängt vom Klima, der Qualität der Böden und den örtlichen Geländeverhältnissen ab. Von allen diesen Faktoren ist überall in den tropischen Tiefländern nur die ausreichende Wärme garantiert, die innerhalb der *tierra caliente* (dem »heißen Land«) und der *tierra templada* (dem »warmen Land« der mittleren Gebirgsstufe) auch im kühlsten Monat nicht auf weniger als 18° C absinkt. Die für den Feldbau erforderlichen Niederschläge sind dagegen keineswegs überall gewährleistet. Wo Möglichkeiten der künstlichen Bewässerung bestehen, ist diesem Mangel abzuhelfen, sonst muß man sich mit einer Aussaat während der Regenzeit zufriedengeben oder bei zu großer Trockenheit auf Feldbau ganz verzichten.

In vollariden Regionen, das heißt in Wüstengebieten, ist das »natürliche« Agrarpotential gleich Null, aber wenn Wasser durch Fremdlingsströme (Nil, Euphrat, Indus) oder artesisches Wasser (Brunnen, Oasen der Sahara) genutzt werden kann, ist der Mensch in der Lage, die klimatische Ungunst voll auszugleichen. Gerade in solchen natürlichen Ungunsträumen haben sich dank menschlicher Initiative die altweltlichen Hochkulturen zur größten Blüte entfaltet. Parallelbeispiele dazu aus der Neuen Welt sind die Flußoasen an der peruanischen Küste – einst Kulturzentren der Chimu, Mochica und Nazca. Chan-chan, die Hauptstadt des Chimu-Reiches, die in dessen zweiter Blütezeit (1150–1460 n. Chr.) entstanden ist, soll über 100 000 Einwohner gezählt haben (676, S. 54).

Ideal sind ganzjährige Niederschläge, die einen kontinuierlichen Regenfeldbau gestatten. Große Ebenen, besonders Schwemmlandebenen, sind leichter und ergiebiger zu bewirtschaften als Bergländer, jedoch hat es der Mensch im gesamten Tropengürtel der Erde verstanden, durch Terrassierung auch steilster Hänge diesen natürlichen topographischen Ungunstfaktor zu überwinden.

Das heikelste Problem agrarischer Landnutzung in den Tropen bleibt die Bodenqualität. Sie ist sehr unterschiedlich und läßt sich mit den uns aus den gemäßigten Breiten vertrauten Methoden der Düngung aus verschiedenen Gründen nur schwer verbessern. Einmal fehlt es in den tropischen Ländern mangels ausreichender Stalltierhaltung an organischem Dünger, zum anderen an Geld für den Kauf von Mineraldünger, der, selbst wenn er zur Verfügung stünde, schnell vom Regen fortgespült würde und überdies wegen des besonderen Chemismus tropischer Böden von diesen kaum aufgenommen werden kann. Dies bedeutet, da alle anderen negativen Naturfaktoren mit einiger Mühe durch den Menschen korrigierbar sind, daß es letztlich von der Qualität der naturgegebenen Böden abhängt, welche Teilbereiche zu den Gunst- oder Ungunsträumen der Tropen zählen.

Zu den an erster Stelle zu nennenden Gunsträumen mit der Möglichkeit einer ganzjährigen, durch keine klimabedingte Vegetationsruhe oder Wassermangel unterbrochenen Agrarproduktion gehören die Schwemmlandstreifen an den Flüssen, die großen Stromauen und Deltagebiete, in denen durch die Flußsedimente eine stetige Zufuhr frischer Nährstoffe erfolgt, so daß, wie zum Beispiel in Südostasien, ohne Fruchtwechsel »ewiger Reisbau« betrieben werden kann. Dank der weiten Verbreitung von Alluvialebenen sind die Böden Südostasiens – aufs Ganze gesehen – ertragreicher als diejenigen der Tropen Afrikas und Südamerikas.

Durch besondere Fruchtbarkeit zeichnen sich auch all jene Gebiete aus, die mit Schleiern mineralreicher vulkanischer Aschen bedeckt sind. In Mitteljava leben auf derartigen durch Vulkanausbrüche immer einmal wieder »gedüngten«, seit Jahrhunderten kontinuierlich von Reisbauern genutzten Flächen über 1700 Menschen/km² (475), in Ruanda-Urundi (Zaire) 150–400. Denkbar ungünstig für den Anbau einjähriger Kulturpflanzen hingegen ist das Amazonastiefland. Abgesehen von dem 20–100 km breiten Schwemmlandstreifen *(várzea)* der eigentlichen Stromaue, auf dem in der hochwasserfreien Zeit Mais, Bataten, Sojabohnen, Kürbisse, Gemüse und andere Feld- und Gartenfrüchte angebaut werden können, ist die angrenzende, 50–100 m höhere und vom tropischen Regenwald bedeckte *terra firme* eine an Nährstoffen arme Sandsteinplatte. Nur wo sie von diabasischen Tiefengesteinen durchdrungen ist, gibt es kleine Flächen mineralreicher, fruchtbarer Verwitterungsböden, die denn auch speziell von japanischen Kolonisten für den Daueranbau von Gemüse genutzt werden (474, S. 77). Im Bereich des Sandsteins hingegen sind durch die hohen Niederschläge die Mineralsalze ausgelaugt. Sie wurden mit dem Grundwasser über die Flüsse ins Meer abgeführt. Der Sandstein ist für den Regenwald Amazoniens – ähnlich wie das Kieselsteinbett einer hydroponischen Kultur – nichts anderes als der physikalische Standort. Die »Hyläa« lebt aus sich selbst, und alle durch das Absterben eines Baumes freiwerdenden Nährstoffe werden sogleich von den anderen lebenden Pflanzen wieder aufgenommen. Brandrodung und anschließende feldbauliche Nutzung derartiger *terra-firme*-Böden führen zu deren totaler Erschöpfung innerhalb kurzer Zeit. Erst nach Jahrzehnten der Brache und Wiederbewaldung ist ein erneuter kurzfristiger Anbau möglich.

Im Amazonasbecken hätte sich unter solchen ökologischen Bedingungen eine mit starker Bevölkerungsverdichtung verbundene Hochkultur nie entwickeln können. Bis zur Gegenwart leben dort auf einer Fläche von 4,5 Millionen km² nur 6 Millionen Menschen. Diese außerordentlich geringe Bevölkerung von nur wenig mehr als 1 Einwohner/km² konnte dort seit Jahrtausenden Brandrodungswirtschaft betreiben, ohne damit das Ökosystem des Regenwaldes anzutasten. Alle neueren Versuche einer »Kolonisierung« und Bevölkerungsverdichtung Amazoniens werden, wenn man nicht andere Formen der Bodennutzung findet als die des Anbaus einjähriger Kulturpflanzen im Rahmen der traditionellen Landwechselwirtschaft, zum Scheitern verurteilt sein.

Vielleicht bieten die *terra-preta*-Böden bei Santarém an der Einmündung des Tapajóz in den Amazonas einen Fingerzeig, in welcher Weise auch auf der wenig ergiebigen *terra firme* mit Erfolg Anbau betrieben werden kann. Diese »Schwarzerden« verdanken ihre Entstehung wahrscheinlich intensiver Düngung mit Küchenabfällen und Pflanzenresten, wodurch Dauerfeldbau und Dauersiedlung ermöglicht wurden. Dafür sprechen die dort aufgefundenen großartigen keramischen Erzeugnisse. Aber die »Santarém-Kultur« ist eine Ausnahmeerscheinung in einem kleinen Bereich Inneramazoniens.

Im Vergleich zu den Sandsteinböden der *terra firme* Amazoniens sind die Böden der Halbinsel Yucatán einschließlich des Petén ungleich ergiebiger, wenn auch selbst der äußerste Süden keinen Anteil an den fruchtbaren vulkanischen Böden Guatemalas mehr hat. Die Aschenregen reichen nicht bis zum Petén, geschweige denn bis Yucatán. Aber die Kalke, die das Maya-Tiefland aufbauen, verwittern zu fruchtbaren Lehmen und sind selbst bei intensiver Bebauung schnell regenerierungsfähig (S. 438). Abgeschwemmte Bodenkrume sammelt sich in den Karsthohlformen und geht somit für den Anbau nicht verloren, falls sie nicht bereits durch Anbauterrassen oder als Regenschlammfallen dienende Hangleisten festgehalten wird. Die Steine, die den Ackerboden durchsetzen, sind eine Nährstoffreserve für die künftige Nutzung. Sie verwittern während der langen Brachezeit und führen dem Boden neue Mineralstoffe zu. Es ist sogar beobachtet worden, daß sich ein leichter Bodenabtrag günstig auf die nächste Ernte auswirkt, weil dadurch die Wurzeln der Kulturgewächse tiefer in den an frischen Nährstoffen reichen Unterboden vordringen können. Die starke Verkarstung der Kalkplatte Yucatáns mit allen ihren Problemen der Wasserversorgung hat zu der irrigen Vorstellung geführt, die Böden seien unfruchtbar und unterlägen einer schnellen Einbuße ihres agrarischen Nutzwertes. Sie haben einst die Maya ernährt und sind auch in dem Jahrtausend, das seit dem Zusammenbruch ihrer Hochkultur vergangen ist, ununterbrochen in der traditionellen Weise, das heißt im regelmäßigen Wechsel von Bebauungs- und Brachejahren, landwirtschaftlich genutzt worden. Man braucht nur in Yucatán oder im Petén die nach wie vor mit dem Pflanzstock bebauten Felder der heutigen Maya zu sehen, um sich davon zu überzeugen, daß dort trotz fehlender Düngung von einem »Ende des Maisanbaus« infolge Bodenerschöpfung gar keine Rede sein kann. Die Kalkböden des alten Maya-Landes rangieren zwar in ihrer Qualität hinter denen tropischer Stromauen oder mit vulkanischer Asche bedeckter Gebiete, aber sie gehören zur Spitzenklasse tropischer Böden und stellten damit eine der entscheidenden Grundlagen für die Entwicklung der Maya-Hochkultur dar.

Dennoch wäre es falsch zu glauben, daß natürliche Gunstfaktoren allein für die Entwicklung von Hochkulturen ausreichen. Durch künstliche Bewässerung, Terrassenbau und ähnliche Maßnahmen ist es dem Menschen gelungen, die Negativfaktoren *Regenmangel* oder *ungünstige Geländeverhältnisse* zu überwinden. Aber unergiebigen Böden kann er in den Tropen kaum zur Fruchtbarkeit verhelfen: Er selbst muß über die erforderlichen physischen und geistigen Kräfte verfügen, um unter erschwerten Umweltbedingungen sein Leben zu meistern. Man würde einem falschen Determinismus huldigen, wenn man versuchen wollte, hochkulturelle Entwicklungen nur aus sogenannten »natürlichen« Gunstfaktoren zu erklären. Auch der Mensch ist eingebettet in das große Ökosystem der Natur, und dank seines Intellekts gestaltet er seinen Lebensraum zum Positiven – oder zum Negativen. Im alten Maya-Land sind physischgeographische und anthropogeographische Gunstfaktoren eine einzigartige Synthese eingegangen, die sich in gleicher Vollkommenheit nirgends in der tropischen Welt wiederholt hat. Die süd- und südostasiatischen Hochkulturen sind keine vergleichbaren Parallelbeispiele, weil sie auf Bewässerungswirtschaft beruhten.

2. Stabilität oder Selbstvernichtung der Landwechselwirtschaft

Die sich allgemein auf tropische Waldländer beziehende und auch immer wieder auf das alte Maya-Land übertragene Ansicht, daß der Wechsel zwischen einigen Jahren des Anbaus und längeren Perioden der Wiederbewaldung des Brachlandes sich in der gleichen Abfolge nur begrenzt wiederholen lasse und schließlich an Stelle von Wald und Busch nur noch Gras das devastierte Land überziehe (316, S. 314; 406, S. 461; 450, S. 17), ist zwar für die in den Tropen weitverbreiteten nährstoffarmen Böden auf Sandsteinen, Quarziten oder Graniten zutreffend, nicht aber für die mineralreichen Kalkböden im Petén und in Yucatán.

In Gebieten magerer Böden führt die fortgesetzte *shifting cultivation* zu ihrem eigenen Ende, dort ist sie ein verhängnisvolles Wirtschaftssystem. Die Menschen müssen ihre Wohnplätze verlassen, sobald der sich um ihre Siedlungen schließende Ring des verwüsteten Landes zu groß und die Anmarschwege zum bebauungsfähigen Land zu weit geworden sind. Ein stabiles und sogar optimales Bodennutzungssystem ist die Landwechselwirtschaft dort nur so lange, wie für eine geringe Bevölkerungszahl ausreichend Platz zur Verfügung steht, kurze Anbauperioden von etwa 1–3 Jahren mit 15–25jährigen Brachezeiten wechseln und das ökologische Gleichgewicht, die Harmonie im Naturhaushalt, nicht gestört wird. Trotz der im alten Maya-Land erreichten ungewöhnlichen Bevölkerungsdichte (S. 183) hat dort dennoch die traditionelle Milpawirtschaft, die die Maya sinnvoll zu betreiben und zu ergänzen verstanden, jahrhundertelang »funktioniert«, ohne zu einer Bodenerschöpfung und zu einer »Versteppung« des Landes zu führen, wie manche Autoren fälschlicherweise behaupten (vgl. zum Beispiel 316).

Immer wieder wird auf Beispiele aus Südostasien und Afrika verwiesen und auf Grund dort gemachter Erfahrungen gefolgert, daß die Entstehung von Grasfluren, das heißt von agrarwirtschaftlich wertlosen Savannen, die zwangsläufige Folge der *shifting cultivation* sei. Für das Maya-Land wurde bereits ausgeführt (S. 125), daß dort die aufgegebenen Felder stets von Busch- und schließlich von Hochwald, aber nicht von Gräsern okkupiert worden sind. Der entscheidende Unterschied in der Entwicklung der Sekundärvegetation beruht darauf, daß die Brandrodungsbauern der Alten Welt Haustiere besaßen, die Maya hingegen nicht. Bei den Südostasiaten hat der Wunsch, ausreichendes Weideland für das Vieh zur Verfügung zu haben, das Aufkommen von Sekundärwald verhindert. Auch nach Aufgabe der Äcker legte man – so auch noch heute – Brände, die den Jungwuchs von Sträuchern und Bäumen vernichteten, mit dem Ergebnis, daß sich im Laufe der Zeit riesige Flächen in *alang-alang*-Fluren mit hochwüchsigen Hartgräsern *(Imperata constricta, Imperata cylindrica)* verwandelten (314; 315; 449; 467). Die Maya hingegen schützten den nachwachsenden Wald vor Rodungsfeuern. Er konnte sich innerhalb ihres haustierlosen Landwechselsystems ungestört regenerieren. Der heutige Regenwald des Petén unterscheidet sich in seinem Habitus nicht von dem, den einst die Maya rodeten. Das Subsistenzpotential in unseren Tagen dort angelegter Milpas ist größer als das vieler Brandrodungsfelder in noch nie besiedelt gewesenen Primärurwäldern anderer tropischer Regionen.

Insgesamt ist die Brandrodungswirtschaft nicht einfach eine technisch rückständige Form der Landnutzung, wie P. Gourou (465, S. 339) meint, auch keine möglichst bald zu überwindende agrarwirtschaftliche Reminiszenz, sondern – sinnvoll betrieben – ein durchaus mit dem tropischen Ökosystem im Einklang stehendes Bodennutzungssystem. Selbst europäische Siedler in südamerikanischen Urwaldgebieten, zum Beispiel Südbrasiliens oder Paraguays, haben es trotz Kenntnis technisch fortschrittlicherer Landnutzungsmethoden übernommen (473), und aus den übervölkerten Gebieten Javas in jüngster Zeit nach Sumatra umgesiedelte Naßreisbauern, die in der Tradition einer seit Generationen betriebenen intensiven Agrarwirtschaft wurzeln, sind im siedlungsleeren Regenwald ihrer neuen Heimat zum Brandrodungsbau zurückgekehrt, ohne daß dies als ein »absoluter Anachronismus« (S. 153) zu bezeichnen wäre.

3. Pflanzstock- oder Hackbau – Vorzüge und Nachteile

Bei Vergleichen mit anderen tropischen Tiefländern, besonders der Alten Welt, blieb oft unbeachtet, daß dort andere Anbautechniken üblich sind. Dem Hack- und Pflugbau Afrikas und Südostasiens steht der ausschließliche Pflanzstockbau der Maya gegenüber. Mögen auch die im Hackbau je Flächeneinheit erzielten Ernteerträge in den ersten Anbaujahren höher sein, als sie es bei Verwendung des Pflanzstocks sind, so steht doch außer Frage, daß der Pflanzstockbau die ökologisch weitaus günstigere Form der Bodennutzung darstellt. Das Bodengefüge bleibt erhalten, und die *soil erosion* wird auf ein Minimum reduziert. Die Hackbaugebiete der wechselfeuchten Tropen sowohl der Alten als auch der Neuen Welt (seit der spanischen Besitzergreifung) sind hingegen durch ein katastrophales Ausmaß der Bodenzerstörung gekennzeichnet. Geringer sind die Gefahren der Bodenabspülung – wenn dies auch zunächst paradox erscheint – in den immerfeuchten Tropen. Dafür gibt es eindrucksvolle Beispiele. Im nördlichen Südamerika als *era* bezeichnete Fluren bestehen aus miteinander abwechselnden langgestreckten Furchen und wallartig erhöhten Anbaustreifen, die sich vielerorts in den kolumbianischen Anden im Sinne des Gefälles auch an relativ steilen Hängen herabziehen und vorwiegend mit Kartoffeln und Maniok bestellt werden. Daß sie nicht wie Terrassen quer zum Gefälle angelegt sind, überrascht, aber im angehäufelten lockeren Humusboden erweist sich die Bodenabtragung infolge der ständigen Durchfeuchtung als erstaunlich gering. Bei Pasto in Südkolumbien kann man derartige vertikal gestreifte Hänge in großer Ausdehnung sehen. Auch im südlichen Belize und im Petén ziehen sich heute Maisfelder an den steilen Hängen der Karstkegel bis hinauf zur Kuppe, allerdings nicht in deutlich erkennbar vertikal verlaufenden Anbaustreifen wie in Kolumbien. Abspülungsschäden sind nicht erkennbar, obwohl jetzt mit der Hacke gearbeitet wird. Um so weniger riskant war der Pflanzstockbau der alten Maya an solchen Steilhängen. Höchstwahrscheinlich war die Kenntnis der geringen *soil-erosion*-Gefahr in den *immer*feuchten Gebieten der südlichen Regenwaldzone die Ursache dafür, daß sie dort auf Terrassenbauten an den Hängen verzichtet haben (S. 201).

Die Landbautechnik der Maya konnte den ökologischen Umweltbedingungen nicht besser angepaßt sein. Alle naturgegebenen Möglichkeiten der Nahrungsmittelgewinnung sind von ihnen sinnvoll ausgeschöpft worden. Dies und die positiven Auswirkungen der pfleglichen Bodenbehandlung durch die Maya müssen bei allen Tragfähigkeitsüberlegungen mit in die Rechnung einbezogen werden. In diesem Zusammenhang ist die Tatsache nicht uninteressant, daß man in den seit 1964 am Rio Candelaria vom mexikanischen Staat angelegten Rodungssiedlungen nach anfänglichen Versuchen des Maschineneinsatzes wieder zu den alten Formen der *shifting cultivation* und des Pflanzstockanbaus zurückgekehrt ist (469, S. 30f.).

VII. Das ländliche Siedlungsbild

Die drei erhalten gebliebenen Codices sagen nichts über die alten Haus- und Siedlungsformen aus. Die Schreiber beschränkten sich auf Wiedergaben der konventionellen Hausglyphe, des sehr vereinfachten Zeichens für ein Strohdachhaus. Aufschlußreicher ist der Fassadendekor steinerner Kultbauten, von denen uns bereits die älteren Maya-Forscher gute Nachzeichnungen hinterlassen haben (Fig. 35). Die sich am »Nonnenviereck« in Uxmal über den Türöffnungen aller Kammern stetig wiederholenden Darstellungen von Häusern der bäuerlichen Bevölkerung entsprechen den bis heute üblichen Konstruktionsprinzipien (Bild 36 und 37). Auch die farbigen Wandbilder in einigen Tempeln bestätigen dies. Sockel, Hauseingänge und die mit Gras gedeckten Dächer sind recht naturgetreu dargestellt. Ein vorzüglich erhaltenes Hausmodell mit hohem Strohdach, zwei Säulen vor der Eingangshalle und kleiner Treppe, die zum Haussockel hinaufführt, fand sich unter den auf der Toteninsel Jaina (S. 339) geborgenen Figurinen. Einige wichtige Angaben enthalten das Werk des Bischofs Landa (178) und andere frühkoloniale Aufzeichnungen. Damit sind die direkt zugänglichen Quellen erschöpft. Was wir darüber hinaus heute über Struktur und Entwicklung des ländlichen Siedlungsbildes wissen, ist das Ergebnis der Zusammenschau unzähliger, oft zunächst belanglos erscheinender archäologischer Funde und Beobachtungen.

1. Hausplattformen und Wohnhügel

Die Maya-Bauern errichteten ihre Wohnhäuser auf 0,5–1 m, gelegentlich aber auch 2–3 m hohen rechteckigen Sockeln *(mounds),* die aus Erde, Geröll und Bruchsteinen aufgeschüttet wurden. Kleine Mauern oder Steinplattenbeläge stützten sie häufig seitlich ab. Eine Rampe oder mehrere Stufen führten zu ihnen hinauf. In ihrer Länge schwankten sie zwischen 6 und 20 m, in ihrer Breite zwischen 4 und 9 m (502, S. 361). Solche bis zur doppelten Größe gibt es in der Gegend von Copán (497, S. 130). Ovale und nahezu kreisrunde Wohnhügel sind nur aus dem südlichen Yucatán und Belize bekannt geworden (479). Die von G. R. Willey und seinen Mitarbeitern am

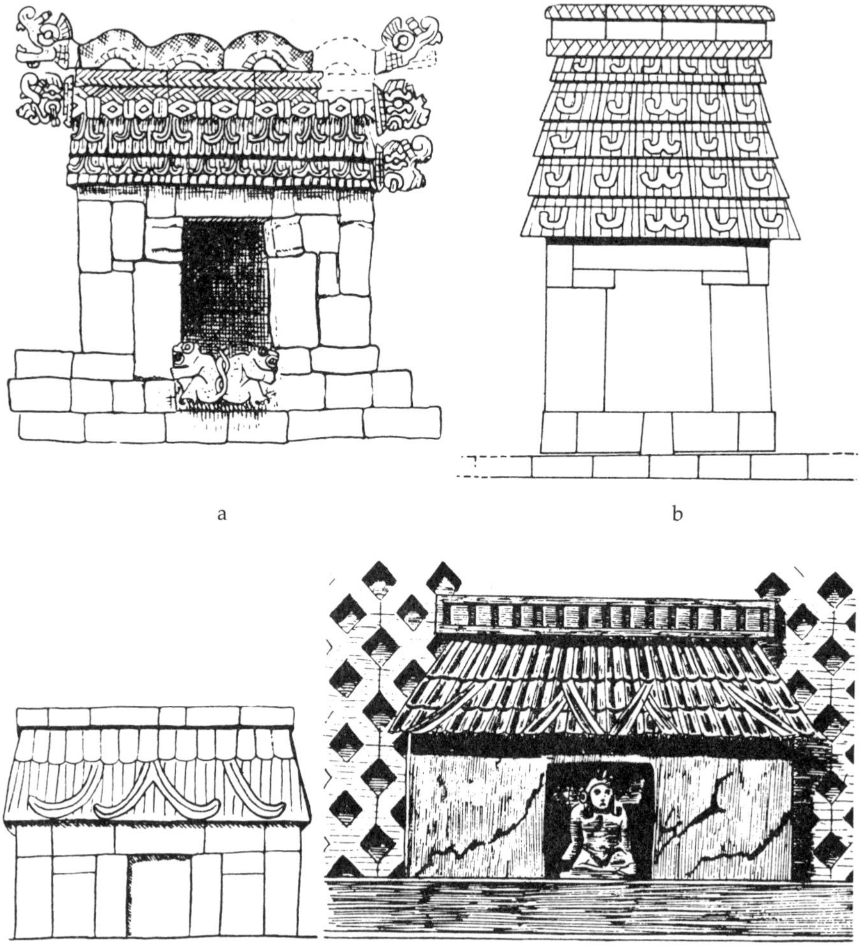

a b c d

Fig. 35 Maya-Bauernhäuser als Bestandteile architektonischen Dekors

a Am nördlichen Gebäudetrakt des »Nonnenvierecks« in Uxmal, Yucatán. (Zeichnung von E. Seler, 1917) **b** An einem Bauwerk in Labná, Yucatán. (Nach Photo ergänzte Zeichnung von H. E. D. Pollock) **c** Am südlichen Gebäudetrakt des »Nonnenvierecks« in Uxmal. (Zeichnung von E. Seler, 1917) **d** Gleiches Motiv wie c. (Nach einer Zeichnung von F. de Waldeck, 1838)

Belize River kartierten Mounds (Fig. 39 und 40) sind knapp 2 m hoch und haben einen Durchmesser von etwa 30 m. Gleich flachen Tumuli bedecken sie in dichter Folge die Uferterrassen des Flusses (501–503).

Durch von den Hauswänden abgefallenen Lehmverputz, Brandschutt, Scherben von Tongefäßen und die notwendige Planierung des Baugrundes bei Wiedererrichtung eines Hauses an der alten Stelle sind die Hausplattformen im Laufe der Zeit – ähnlich den Wurten an der Nordseeküste – über ihre ursprüngliche Höhe emporgewachsen. Überdeckte ehemalige Hausfußböden wurden durch Ausgrabungen freigelegt. Am Belize River hat man bis zu zehn übereinanderliegende rechteckige Fußböden gefunden, die sich dank der Pflasterung mit Flußgeröllen und der Verwendung von Zementmörtel ausgezeichnet erhalten haben. Die ältesten Böden stammen aus vor- und frühklassischer Zeit (503, S. 21). Einige der alten Wohnhügel werden noch heute als Unterbauten für die von der dortigen Bevölkerung bewohnten Häuser benutzt.

In hügeligem oder bergigem Gelände kerbten die Maya terrassenartige Hausplätze in die Hänge und sicherten sie, besonders zum Tal hin, durch Bruchsteinmauern. In Gebieten eines ausgeprägten Terrassenanbaus, wie in der Rio-Bec-Region (S. 204), verteilen sich die alten Hausplätze über das gesamte terrassierte Areal, liegen aber nicht zu ebener Erde, sondern ebenfalls auf steinernen Plattformen, für deren Bau man die reichlich zur Verfügung stehenden Lesesteine benutzte. Die Sockel sollten das Hausinnere vor Bodenfeuchte schützen und erfüllten die gleiche Funktion wie die Pfahlbaugerüste in anderen regenreichen tropischen Ländern.

Auf der wasserdurchlässigen Kalktafel Nordyucatáns konnten die Maya weitgehend auf Hausplattformen verzichten. Die niedrigen Haussockel sind dort gewöhnlich nicht höher als 15–40 cm. Man kann sie auf den Fresken des Jaguartempels in Chichén Itzá erkennen. Vorwiegend baute man jedoch in Yucatán ebenerdig, setzte die Häuser (Maya: *choza*) allenfalls zum Schutz gegen starke Regengüsse auf einen wenig erhöhten Steinpflasterboden. Zwar errichten heutigentags die Maya in Yucatán ihre Häuser häufig auf höheren Sockeln, aber dies kann dort nicht – wie die archäologischen Funde zeigen – als Überbleibsel alter Hausbausitten gedeutet werden. Der Übergang zum Sockelbau scheint im Norden der Halbinsel erst gegen Ende des Klassikums eingetreten zu sein (499).

In der Umgebung von Chichén Itzá sind zahlreiche alte, flache Hausfundamente in lockerer Streuung gefunden worden (498, S. 163ff.). Sie und vor allem die zu Tausenden über den Petén verteilten, immer noch gut erkennbaren Hausplattformen geben uns zuverlässigen Aufschluß über das einstige ländliche Siedlungsbild.

2. Ein- und Großfamilienhaus

Kleinste Siedlungs- und Haushaltungseinheit war das jeweils einen eigenen Sockel einnehmende, aus vergänglichem Material errichtete Haus. Wie noch erkennbare Pfostenlöcher, besonders in gut erhaltenen zementartigen Kalkmörtelfußböden, zeigen, waren die in der Mehrzahl nur einen Raum umfassenden Häuser 5–6 m lang und 3–3,5 m breit. Andere, die bis 18 m Länge erreichten, hatte man durch Zwischenwände quer zur Längsachse in zwei bis vier Räume von durchschnittlich 3 × 4 m Grundfläche aufgeteilt. Einraumhäuser wurden von einer Einzelfamilie bewohnt, in den quergeteilten größeren Häusern lebten zwei bis drei Generationen einer Großfamilie unter einem Dach. Dies geht aus dem Nachweis von Steinsetzungen hervor, die den Zwischenwänden als Fundamente dienten, und ergibt sich ebenso aus der Auffindung einer entsprechenden Zahl von Feuerstellen. 7 von 13 untersuchten Hausgrundrissen in der Umgebung von Chichén Itzá waren in zwei bis vier Räume unterteilt (498, S. 12, 163ff.).

Die einstige Existenz von Großfamilienhäusern wird durch Berichte aus der Frühzeit der kolonialen Besitzergreifung bestätigt. Als Montejo 1527/29 und 1531/35 seine Eroberungszüge in Yucatán durchführte, stieß er allenthalben auf Großfamiliensiedlungen. Von Chauacá in der alten Maya-Provinz Chikinchel (im Nordosten der Halbinsel) wird ausdrücklich betont, daß viele Einwohner in Großfamilienhäusern lebten (736, S. 106). Wenig später, 1548, schreibt Bienvenida, daß in Yucatán kaum ein Haus mit einer einzigen Familie anzutreffen sei: »Im Gegenteil, jedes Haus wird von zwei, drei, vier, sechs oder noch mehr Familien bewohnt, und unter ihnen ist ein *vecino* (= erwachsener Mann, wörtlich: Nachbar, Bürger) *pater familias,* das heißt Vorstand der Hausgemeinschaft.« (Cartas de Indias 1877, S. 70ff.)

Den Spaniern mißfiel, daß in Yucatán zahlreiche Familien zusammen in einem Haus lebten. Sie ordneten daher 1552 an, daß jede Familie ein eigenes Haus zu bewohnen habe. Wir wissen jedoch nicht, wie schnell diesem Erlaß Folge geleistet wurde. Auf der Insel Cozumel dauerten jedenfalls die alten Wohnverhältnisse bis 1570 an. Ein Zensus dieses Jahres verzeichnet die Namen aller männlichen Bewohner jedes Hauses, und daraus ergibt sich, daß dort jeweils zwei bis sieben Ehepaare unter einem Dach lebten. Nachdem die Großfamilienhäuser im kolonialen Yucatán nicht mehr zulässig waren, zogen die verheirateten Paare auseinander, aber sie blieben in der Regel in eigenen Häusern auf demselben Grundstück beisammen, jedes Ehepaar mit seinen noch unverheirateten Kindern. Der Hauptgrund für die obrigkeitliche Verordnung war, daß die Spanier die Bevölkerung nach Häusern zählten und sie auf diese Weise – vor allem für steuerliche Zwecke – einen besseren Überblick gewannen als bei Fortbestand der an Bewohnern reichen Großfamilienhäuser (402, S. 472). Trotzdem sind die Großfamilienbindungen der yucatekischen Maya bis in die Gegenwart nicht erloschen. Eine 1931/32 in Chan Kom durchgeführte soziologische Untersuchung ergab, daß es damals in dem 250 Einwohner zählenden Tochterdorf von Ebtún (S. 258) noch zwei intakte Großfamilien gab. Eltern und verheiratete Kinder lebten in Hofgruppen aus mehreren benachbarten Häusern, die zwischen 1906 und 1928 entstanden waren (489, S. 90).

Alle Häuser des alten Maya-Landes hatten einen rechteckigen Grundriß in drei Varianten: Sie waren entweder echte Rechteckhäuser, sie hatten leicht abgerundete Ecken, oder sie waren durch rundliche Ausbauten an den Schmalseiten in ein abgeplattetes Oval verwandelt. Es ist bis jetzt noch nicht geklärt, welche dieser drei Formen die älteste ist. Man sollte annehmen, daß das in seiner Konstruktion kompliziertere »Apsishaus« (Fig. 36) aus dem einfachen Rechteckhaus hervorgegangen ist, aber die archäologischen Befunde widersprechen dem. Die in Uaxactún (Petén) unter sehr alten Resten sakraler Bauten freigelegten Hausgrundrisse sind solche im Apsisstil (498, S. 20, 147), vier etwas jüngere stammen vermutlich von Rechteckhäusern. Nicht genau datierbare Grundrisse von 13 Häusern im Umkreis von Chichén Itzá und anderen in Kabáh und Sayil (Yucatán) deuten mehr auf Rechteck- als auf Apsishäuser hin.

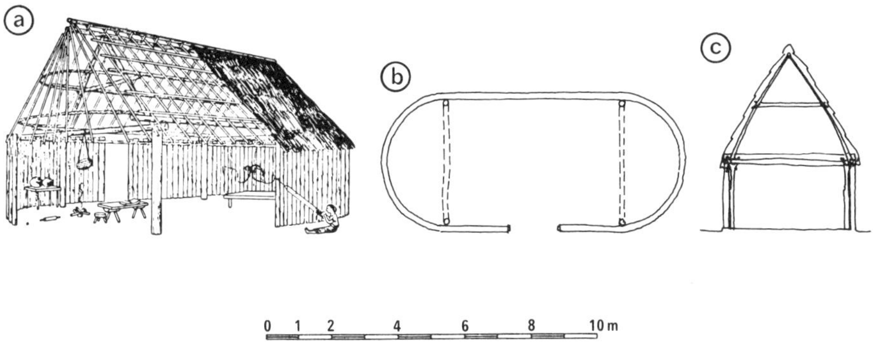

Fig. 36 Heutiges Maya-Bauernhaus in Yucatán

a Ansichtsskizze: von vier Pfosten getragenes Strohdach, Knüppel-Palisadenwände. Im Inneren des Hauses eine Bettstatt (jetzt oft durch Hängematte ersetzt), ein niedriger Tisch mit Maismahlstein, ein höherer Tisch mit Tonkrügen, ein Hocker, ferner Feuerstelle und hängender Vorratskorb. Vor dem Haus eine webende Frau. **b** Grundriß: apsisartig abgerundete Schmalseiten. **c** Pfosten und Dachkonstruktion im Querschnitt.

(Nach J. E. S. Thompson, 1968, mit Ergänzungen)

Noch im 16. Jahrhundert war die Mehrzahl der Häuser in Yucatán rechteckig. Wahrscheinlich setzte sich das dort und in Campeche heute weitaus vorherrschende Apsishaus (Bild 37) erst seit dem 18. Jahrhundert durch (498, S. 17f., 147). Man findet es jedoch ebenso im südlichen Quintana Roo, bei den Chontal-Maya in Tabasco (499, S. 234) und am Usumacinta. Im Petén ist es zwar weit verbreitet, mit ihm aber auch das Rechteckhaus, das sich dort seit Jahrhunderten unverändert erhalten hat. Häuser mit abgerundeten Ecken kommen nur vereinzelt in Campeche, im östlichen Yucatán um Tizimin und im südlichen Belize vor.

Über die drei Varianten hinaus hat es keine Abweichungen von der rechteckigen Grundform gegeben. Quadratische oder runde Häuser wie in einigen Gebieten des Berglandes von Guatemala kannten die Tiefland-Maya nicht. Wozu eine einzige, in den unteren Horizonten eines Wohnhügels bei Barton Ramie am Belize River freigelegte, kreisrunde Steinsetzung aus der Zeit um 300 n. Chr. einmal gedient hat, ist bisher unbekannt (503, Fig. 5). Auf den Fresken des Jaguartempels in Chichén Itzá dargestellte Rundhütten auf niedrigen Sockeln (oder Zelte?) werden als Behausungen der toltekischen Eindringlinge gedeutet (494, S. 156).

Die Häuser wurden von den Bauern in Gemeinschaftsarbeit errichtet. Die Mitglieder der Großfamilie zogen zusammen mit einigen Nachbarn in den Wald, schlugen die geeigneten Bäume und richteten auch gemeinsam den ausgewählten Bauplatz her (178, S. 96ff.). Für die das hohe Dach tragenden vier Pfosten wurden vorzugsweise 10–15 cm dicke Stämme von Palmen, Sapodilla, Mahagoni und spanischen Zedern verwendet. Sie endeten in kräftigen Gabeln, so daß sie die sich ebenfalls vergabelnden Knüppelstangen des Dachstuhls aufnehmen konnten (Fig. 36). Das Dach wurde also von den Pfosten, nicht von den Wänden getragen, die man erst in einem späteren Arbeitsgang einzog, wenn das Ständerwerk mit dem Dachstuhl bereits errichtet war. Firstbalken und Dachsparren wurden durch Lianen fest miteinander verbunden.

Die 2–2,5 m hohen Wände hatten ein unterschiedliches Aussehen. Entweder füllte man den Raum zwischen den tragenden Pfosten mit palisadenartig dicht nebeneinander aufgestellten und mit Lianen verknüpften Stämmen junger Bäume aus, denen man durch ein oder zwei miteingebundene Querhölzer einen besseren Halt gab, oder man baute ein Flechtwerk aus Knüppeln und dünnen Reisern ein. Beide Techniken sind archäologisch nachgewiesen, da Überreste des einstigen durch Hausbrände ziegelhart gewordenen Lehmbewurfs mit entsprechenden Abdrücken erhalten blieben (498, S. 86). Palisadenwände mit oder ohne Lehmverputz sind auch heutigentags typisch für die Bauernhäuser Yucatáns, während im Petén und im Bergland von Guatemala hauptsächlich Flechtwerkfüllungen üblich sind. Um die Jahrhundertwende sollen sie nach Auskünften alter Bauern auch in Yucatán noch sehr häufig vorgekommen sein (498, S. 71). Leider lassen die zeitgenössischen Hausdarstellungen (Fig. 21 und 35) nicht die Feinheiten der früheren Wandgestaltung erkennen.

Bei Einraumhäusern lag die rechteckige, oft nahezu quadratische Türöffnung in der Mitte der vorderen Längswand. Eine Orientierung nach Westen, in Richtung des Sonnenuntergangs, in der man ein Symbol für das Ende des Lebenslaufes sah, wurde möglichst gemieden. Unter den anderen Himmelsrichtungen wurde keine besonders bevorzugt. Quergeteilte Häuser besaßen für jeden Raum einen eigenen Zugang. Die Türöffnungen wurden mit Matten verhängt, doch gab es auch Häuser mit Holztüren, wie Funde von Angelsteinen mit napfartigen Vertiefungen beweisen. Fenster und Rauchabzüge besaßen die Bauernhäuser nicht.

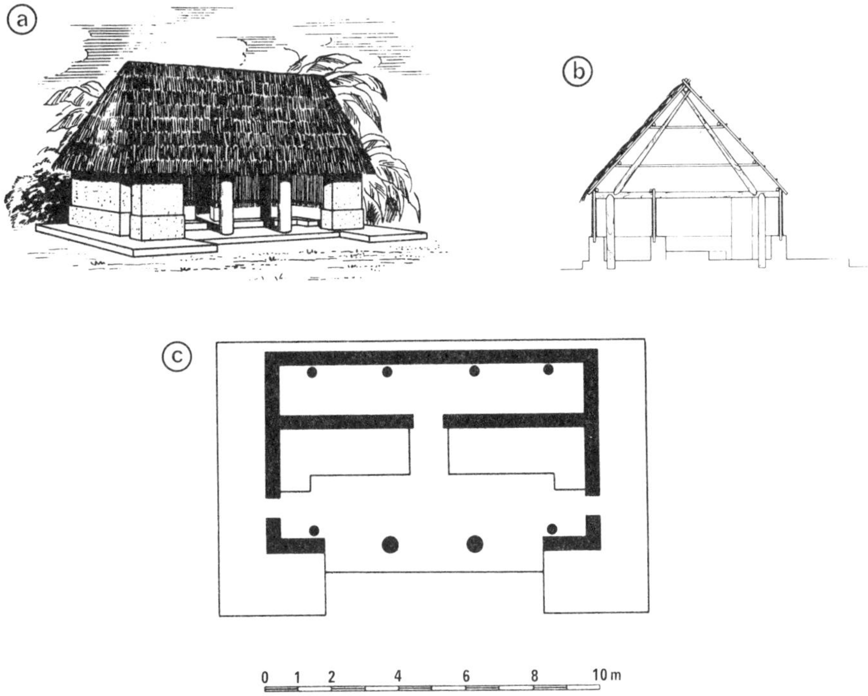

Fig. 37 Nach freigelegtem Grundriß rekonstruiertes Wohnhaus in Mayapán

a Ansichtsskizze. **b** Pfosten und Dachkonstruktion im Querschnitt. **c** Grundriß: zwei Steinsäulen in der mit Bänken versehenen Vorhalle, sechs das Dach tragende Holzpfosten.

(Nach A. L. Smith, 1962)

Die steilen Satteldächer der stets ebenerdigen Häuser waren mit Gras, Palmwedeln oder Maisstroh gedeckt. Ihre Höhe und Steilheit sicherten den schnellen Ablauf des Regenwassers. Die ständige Räucherung des Dachbelags durch das offene Küchenfeuer hielt sie bis zu einem gewissen Grade frei von Insekten und Nagetieren. Grasdächer waren am haltbarsten und mußten erst nach 20 bis 30 Jahren erneuert werden, Palmwedel- und Maisstrohbeläge schon nach 6 bis 10 Jahren. Bei den echten Rechteckhäusern endete das Dach mit oder ohne Walm am Giebel der Schmalseite, bei den Apsishäusern ging es in einen halbkugelförmigen Walm über. An der Vorderfront überdeckte es im nördlichen Yucatán häufig zugleich eine gegen das Hausinnere eingezogene, 2–2,5 m breite offene Vorhalle (Fig. 37).

Die Grundrisse alter Mehrraumhäuser lassen durch die kürzeren Fundamente der Querwände erkennen, daß Vorhallenhäuser dort – zumindest in der Spätzeit – weit verbreitet waren. Dies geht auch aus Fresken des Jaguartempels und des Tempels der Krieger in Chichén Itzá hervor (498, S. 100, 163 ff.). In Mayapán stellte das Vorhallenhaus in vielen Varianten die ausschließlich vertretene Wohnhausform der innerhalb der Mauern lebenden Bevölkerung aller sozialen Schichten dar (Fig. 63).

Mit der präzisen Angabe des Bischofs Landa (178, S. 86), daß die Maya ihre Häuser durch eine Längswand in einen rückwärtigen Schlafraum und eine offene vordere Wohnhalle zu teilen pflegten und daß bei Vorhandensein mehrerer Schlafräume diese jeweils einen eigenen Zugang hätten, stimmen die Ausgrabungsergebnisse in Mayapán, Tulúm und anderen nachklassischen Zentren des Nordens völlig überein (S. 349). Die größeren quergeteilten Vorhallenhäuser waren von Adligen und wohl auch von Großfamilien bewohnt. Heute kommen in Yucatán Vorhallenhäuser nur noch äußerst selten vor. Seit dem Untergang Mayapáns (1441), und seit die Spanier das Zusammenwohnen mehrerer Generationen unter einem Dach verboten hatten (S. 244), ist in Yucatán das verandalose Einraumhaus, das es freilich zuvor auch schon gab, zum allgemein verbreiteten Haustyp geworden. In solchen kleinen Einraumhäusern wohnten zum Beispiel jungverheiratete Ehepaare während der vier bis sechs Jahre, in denen der Frischvermählte auf den Hof seiner Schwiegereltern umziehen mußte, um deren Milpas mit zu bewirtschaften (S. 143). Der junge Mann errichtete seine Hütte in unmittelbarer Nachbarschaft des elterlichen Hauses seiner Frau (178, S. 41).

Häuser ohne offene Hallen hatten meist einen kleinen, noch einen Teil des Sockels einnehmenden Vorplatz. Er lag entweder im gleichen Niveau des Hausfußbodens oder war durch eine niedrige Stufe terrassenartig abgesetzt. Vor Großfamilienhäusern war gelegentlich auch der Vorplatz geteilt, indem man in Verlängerung der Querwände ein niedriges Mäuerchen nach draußen fortführte (498, S. 13, 164).

Das Innere des Einraumhauses und jeder Wohneinheit in einem Großfamilienhaus gliederte sich in eine Küche mit der von drei Steinen eingefaßten Feuerstelle auf der einen und einen Schlafteil auf der anderen Seite. Eine feste Trennwand zwischen beiden Bereichen gab es nicht, allenfalls eine Art Knüppelzaun, über den man Tücher und Kleidungsstücke hängte. Der Hausrat bestand aus Reibstein und Reibwalze für den Mais *(metate* und *mano),* einigen irdenen Kochtöpfen und Pfannen, Tonkrügen, Vorratskörben und Kalebassen (Flaschenkürbissen). Das heutige Kücheninventar unterscheidet sich nur wenig von dem früheren. Einzige Neuerungen im Wohnteil sind ein bescheidenes Mobiliar und Hängematten, mit denen die Maya durch die Spanier, die sie zuerst bei den Indianern der Karibik sahen, zur Zeit der Conquista bekannt gemacht wurden. Bis dahin hatten ihnen bettartige niedrige Holzgestelle mit Matten auf Lattenrosten als Schlafstätten gedient. Erst in jüngerer Zeit wurde vielerorts die Küche aus dem Haus unter ein Schutzdach oder in ein gesondert errichtetes Küchenhaus verlegt.

Dank der steilen, luftigen Dachstühle, die dem Haus eine Gesamthöhe von 4,5–6 m gaben, der dick verputzten Wände und des Stampflehm- oder

Kalkmörtelfußbodens waren die Häuser angenehm kühl. Auch der Brauch, sie weiß zu tünchen, trug zum Schutz gegen die Außenwärme bei.

Vor dem Einzug pflegten die Maya Tier- und Rauchopfer darzubringen und sich durch Gebete des Schutzes vor bösen Geistern zu versichern.

3. Einzelhöfe, Großfamiliengehöfte, Sippenweiler und Weilerschwärme

Das Siedlungsbild Yucatáns wurde durch locker gestreute Einzelhöfe und kleine Gehöftgruppen bestimmt. Die dort aufgefundenen alten ländlichen Wohnplätze liegen 30–50 m weit voneinander entfernt (498, S. 163ff.). Auch im Petén gab es neben Streuhöfen aus jeweils zwei bis vier Häusern bestehende Hofgruppen. Umfaßte ein derartiger Komplex mindestens drei Häuser, so ordneten sich diese im Unterschied zu Yucatán gewöhnlich um einen kleinen viereckigen Platz *(plazuela)* an, von dem aus einige Stufen zu den einzelnen bis 3 m hohen Hausplattformen hinaufführten (476, S. 359). Prototypen solcher Plazuela-Höfe sind besonders aus der Umgebung von Seibal im Usumacintagebiet bekannt geworden (156, S. 155f.).

Innerhalb der in der Verteilung der Wohnplätze sonst so regellos erscheinenden ländlichen Siedlungslandschaft stellen die Plazuela-Höfe eine auffällige Erscheinung dar. Sie machen den Eindruck von geplanten Anlagen, die auf bestimmten, in der Sozialstruktur begründeten Ordnungsprinzipien beruhten. Jede Hausplattform trug ein Haus mit eigener Feuerstelle. Es kann sich also nicht um zusätzliche »Wirtschaftsgebäude« gehandelt haben, die zum Hof gehörten. Für solche bestand im alten Maya-Land keine Notwendigkeit. Sie sind erst seit der Conquista mit der Einführung neuer Haustiere, besonders von Schweinen, Hühnern, Pferden, Eseln und Rindern, der vergrößerten Geräteausstattung und dem neuen Brauch, die Maisernte in Schobern auf dem Hof zu speichern, erforderlich geworden. Es ist auch unwahrscheinlich, daß in den Plazuela-Hofgruppen verwandtschaftlich nicht miteinander verbunden gewesene Familien dicht beieinander gewohnt haben. Sie hätten sicherlich das Leben in Einzelhöfen im Nahbereich ihrer Milpas vorgezogen.

Archäologische Beweise sprechen dafür, daß die Plazuela-Höfe des Petén Sitze von Großfamilien waren, es also neben den yucatekischen Gemeinschaftshäusern im Süden des Maya-Landes einen zweiten, für das Zusammenleben der Großfamilien charakteristischen Siedlungstyp gab. Aus der durch Grabungsfunde ermöglichten Datierung der *mounds* ging nämlich hervor, daß sie nicht gleichzeitig, sondern nacheinander aufgeschüttet worden sind (480, S. 107). Man muß sich also vorstellen, daß mit der Verheiratung der Söhne, sobald diese nach mehrjährigem Aufenthalt bei den Schwiegereltern (S. 143) auf den väterlichen Hof zurückkehrten, diesem ein, zwei oder drei neue Häuser auf eigens dafür aufgeschütteten Wohnhügeln hinzugefügt wurden. Eine solche allmähliche Gehöfterweiterung würde auch die unterschiedliche Zahl der sich um den kleinen Platz gruppierenden Hausplattformen erklären, von denen gewöhnlich eine größer, höher und sorgfältiger ausgeführt war als die anderen der Gruppe (476, S. 359). Vermutlich stand auf ihr das Haus des Familienältesten.

Vier bis acht solcher Plazuela-Hofgruppen, gelegentlich auch bis zu zwölf, deren jeweilige Entfernung voneinander nicht mehr als 50–150 m betrug und die eine Fläche von etwa 4–8 ha einnahmen, bildeten einen kleinen Weiler, der von anderen ähnlichen weilerartigen Verdichtungen durch einen mehr oder weniger deutlichen Freiraum geschieden war (495, S. 26; 502, S. 366). Man wird von einer »dichten« Besiedlung sprechen können, wenn die einzelnen Hofgruppen nicht weiter als 50–75 m voneinander entfernt lagen, von einer »dünnen« bei Abständen von mehr als 150 m. Die Vermutung liegt nahe, daß innerhalb solcher Weiler eine Anzahl durch patrilineare Abstammung verbundener, zu einem Clan gehöriger Großfamilien gelebt hat, das heißt, daß es sich bei diesem Siedlungstyp um ehemalige Sippenweiler handelt (Fig. 38).

Patrilineare Verwandtschaftsgruppen unter Leitung eines »Prinzipals« spielen noch heute in Chiapas eine wichtige Rolle. Ihre verstreut, aber in Rufweite gelegenen Gehöfte stellen dort als *parajes* bezeichnete siedlungsgeographische Einheiten dar (481, S. 256f.; 482, S. 40). Auch in Nordwestguatemala, im Gebiet der Ixil-Maya, wo – ähnlich wie im Tiefland – Einzelsiedlungen und kleine Weiler in einem weiten Umkreis die alten Zeremonialzentren umgeben, sich aber in jüngster Zeit mit Stärkung des kirchlichen Einflusses geschlossene Dörfer entwickelt haben, leben weiterhin Familiengruppen patrilinearer Abstammung in eigenen Sippenvierteln (488, S. 50ff.). In Parajas gliedern sich schließlich die Dorfgemeinschaften der Zapoteken (Oaxaca), die den Wald gemeinsam roden und gleichmäßig unter sich verteilen (401, S. 183). Die *calpulli* der Azteken erfüllten als Wohn-, Besitz- und Wirtschaftseinheiten eine ähnliche Funktion (481, S. 260).

Sippenweiler, wie wir sie auch aus anderen Kulturgebieten der Erde mit Großfamilien- und Clanorganisation kennen, bestimmten fraglos die ländliche Siedlungsstruktur im alten Maya-Land. Eine Anzahl solcher Sippenweiler mit zusammen 50 bis 100 Häusern, der Wohnbereich eines Clans nach der von E. Z. Vogt (495, S. 26ff.) entwickelten Modellvorstellung, bildeten die nächst größere, häufig durch einen Hügelrücken oder eine Wasserstelle begrenzte Siedlungseinheit, die sich vor allem dadurch als solche heraushebt, daß zu ihr ein kleiner, für die im Nahbereich lebende Bevölkerung bestimmter Kultplatz gehörte. Er besaß nur niedrige Opferplattformen und bescheidene Tempel aus Holz und Stroh, aber keine größeren Pyramiden, Altäre, Ballspielplätze oder Stelen. Das in Fig. 21 wiedergegebene Wandbild aus dem Tempel der Krieger in Chichén Itzá zeigt in unmittelbarer Nähe der Bauernhäuser einen dieser kleinen Dorftempel, in dem ein Mann, vielleicht

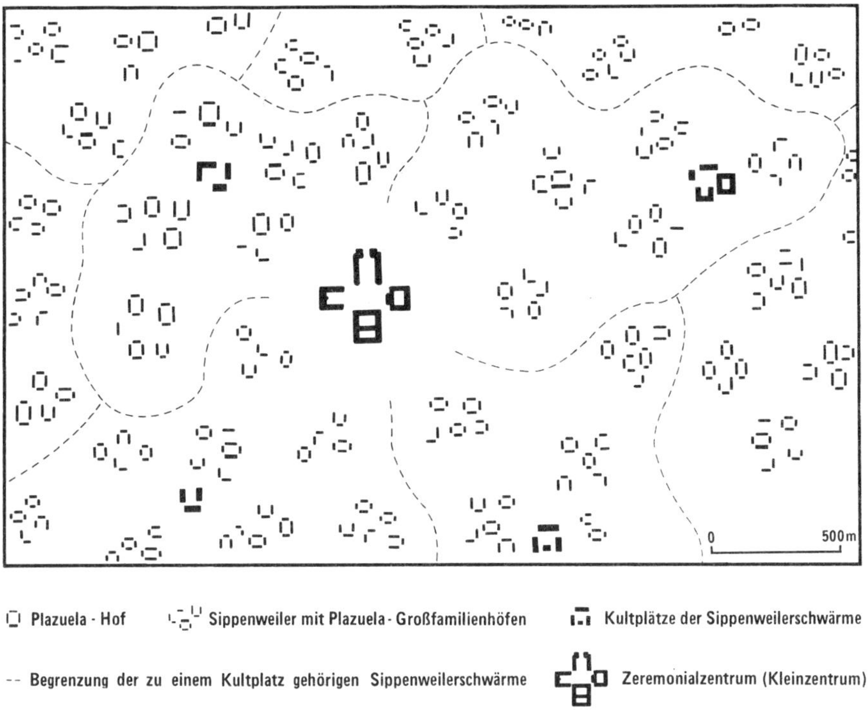

Fig. 38 Schematische Darstellung des ländlichen Siedlungsbildes der klassischen Zeit im Petén

Die Struktur der ländlichen Siedlungen wurde durch Großfamiliengehöfte (Plazuela-Höfe), Sippenweiler und Weilerschwärme bestimmt. Mehrere mit einem kleinen Kultplatz ausgestattete Sippenweilerschwärme bildeten einen Distrikt mit einem Zeremonialzentrum im Range eines Kleinzentrums, gelegentlich auch eines Unterzentrums. Über die hierarchische Ordnung der Zeremonialzentren unterrichtet die Übersichtskarte im Anhang.

(Entwurf H. Wilhelmy)

der Dorfschamane, sein Gebet verrichtet. Derartige durch eine gemeinsame Kultstätte geprägte Sippenweilerschwärme konnten einen sehr unterschiedlichen Umfang haben. Im Durchschnitt nahmen sie eine Fläche von ca. 1 km² ein (476, S. 368). Die Angehörigen eines Weilerschwarms stellten eine Dorfgemeinschaft dar, wobei die Bezeichnung »Dorf« nicht im Sinne einer geschlossenen Siedlung mit enger Bebauung verstanden werden darf.

4. Dörfer und dorfartige Siedlungen

Dörfer oder ihnen ähnliche Siedlungen gab es im Maya-Tiefland nur in Ausnahmefällen, zum Beispiel kleine Fischerdörfer an der Küste (Fig. 21) oder die aus der späten Maya-Zeit stammenden Pueblos am Ufer des

Petén-Itzá-Sees, in denen Bauern lebten, für deren Ernährung der Fischfang zugleich eine wichtige Rolle spielte (S. 223). Der Spanier Andrés de Avendaño zählte 1695 am Petén-Itzá-See 18 geschlossene Ortschaften mit Häusern, in denen bis zu 100 Personen aller Altersklassen lebten. 3 bis 4 Familien, das heißt 10 bis 15 Menschen unter einem Dach, waren dort die Regel (451, S. 438, 443).

Von den Kakaobauern in der alten Provinz Acalán wissen wir, daß sie ihre in der feuchten Niederung des Rio Candelaria gelegenen Pflanzungen von Dörfern aus bewirtschafteten (S. 196). Bernal Diaz, der zu Beginn der Conquista als einer der ersten Spanier in dieses Gebiet kam, schreibt, daß ihre Pueblos auf der höheren *tierra firme,* andere »gleich Inseln« in der feuchten Niederung lägen. Vermutlich handelte es sich bei den im Hochackerbereich entstandenen Siedlungen um solche, die an der Kreuzung von Wasserwegen in erster Linie Verkehrsfunktionen zu erfüllen hatten oder wie die Acalán-Hauptstadt Itzamkanac (jetzt El Tigre) auf einem kleinen Hügel inmitten des Schwemmlandes entstanden waren (455, S. 450).

Reihensiedlungen säumten die zehn auf Etzná zulaufenden Kanäle (Fig. 31). Der Erdaushub der 40–50 m breiten, 1,5 m tiefen Kanäle wurde für Uferdämme und den Bau von Hausplattformen benutzt. Ausgrabungen bestätigen, daß seit der späten präklassischen Periode eine große Zahl von Maya-Bauern auf diesen künstlich erhöhten Kanaluferdämmen gelebt hat (451, S. 641). Den Charakter langgestreckter dorfähnlicher Siedlungen hatten auch die sich an Flußläufen oder auf Uferterrassen aneinanderreihenden Gehöfte im Petén, besonders am Usumacinta und seinen Nebenflüssen. Genauso zog sich am Rio Mopán, einem Nebenfluß des Belize River, ein Streifen dichter Besiedlung hin (476, S. 364). Wo jedoch für die Entstehung kompakterer Siedlungen prädestinierte Terrassenflächen fehlen, wie zum Beispiel in der Umgebung von Altar de Sacrificios am Rio de la Pasión, herrschten trotz der Nähe des Flußlaufs Streusiedlungen vor (495, S. 25).

Die bisher gründlichsten Kenntnisse vom Aussehen und der Entwicklung eines ländlichen Siedlungsgebietes verdanken wir den Untersuchungen einer Arbeitsgruppe der Harvard-Universität im Tal des Belize River. Es ist dies eines der wenigen Ausgrabungsunternehmen, die nicht auf ein Zeremonialzentrum angesetzt waren, sondern speziell dem Studium der Siedlungsgeschichte des bäuerlichen Lebensraumes galten (501).

Beide Ufer des Belize River werden über weite Strecken hin von wohlausgebildeten Systemen alluvialer Flußterrassen begleitet. Die unterste Terrasse, in die der Fluß nur wenig eingetieft ist, entspricht der Talaue und wird alljährlich vom Hochwasser überflutet. Die anderen beiden liegen, oft nicht sehr deutlich gegeneinander abgesetzt, 6–11 m über dem Talboden. Nur auf diesen oberen zwei Terrassen haben die Maya-Bauern nach Aufschüttung kuppenartiger Wohnhügel ihre Siedlungen angelegt. Da sich an der Basis der »Wurten« seitliche Anlagerungen von Flußschlamm finden, die heutigen Hochwasser aber die oberen Terrassen nur noch äußerst selten erreichen, hat es den Anschein, daß die Überschwemmungsgefahr früher größer war als jetzt. Vermutlich hat sich der Fluß im Verlauf der letzten zwei Jahrtausende um 1–1,5 m tiefer eingeschnitten (503, S. 23).

Das alte Siedlungsgebiet nimmt beiderseits des Flusses einen Streifen von 1–1,5 km Breite ein. Allein dort, wo die Terrassenflächen sehr schmal sind, griff es auch auf die flachen Hänge des anschließenden bewaldeten Hügellandes über.

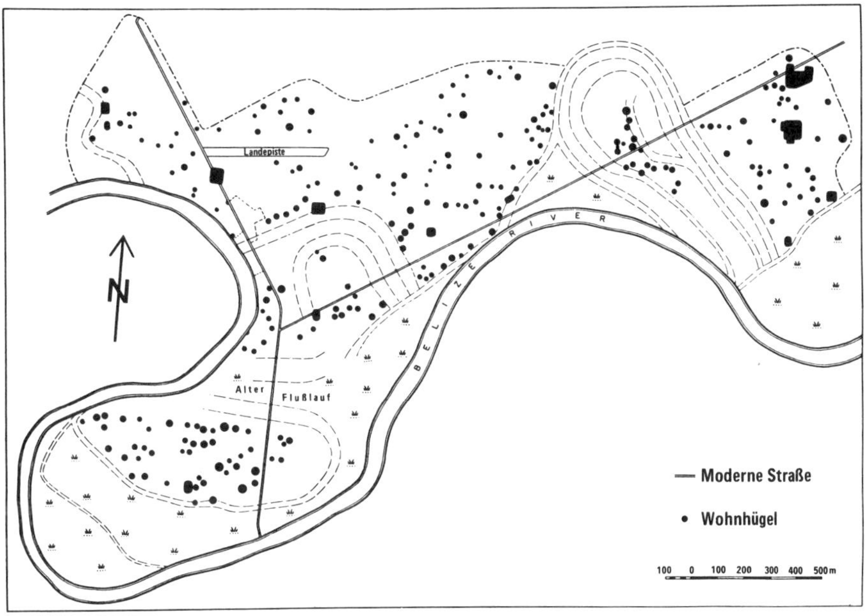

Fig. 39 Wohnhügel auf den Uferterrassen des Belize River bei Barton Ramie

Die besiedelte Terrassenfläche wird von älteren Flußmäandern durchzogen. Die überschwemmungsgefährdete Talaue wurde von den Maya gemieden. Alle Wohnhügel waren in spätklassischer Zeit (700–1000 n. Chr.) besiedelt. Der kleine Zeremonialkomplex liegt am rechten Kartenrand. Die Gebiete nördlich der gestrichelten Linie gehören nicht zum Untersuchungsgebiet.

(Umzeichnung nach der Kartenaufnahme von G. R. Willey, W. R. Bullard u. a., 1965)

An zwei Stellen, bei Barton Ramie und Baking Pot, lassen sich nähere Einblicke in Struktur und Alter der einstigen Wohnplätze gewinnen. Für landwirtschaftliche Zwecke sind dort Waldareale von 2 bzw. 0,6 km² Fläche gerodet worden. Es zeigte sich, daß das freigelegte ebene Land auf den Terrassen von alten Wohnhügeln mit eingebauten Grabkammern geradezu übersät ist. Bei Barton Ramie wurden 262 ovale oder nahezu rechteckige Mounds gezählt, die durchweg als wurtenartige Unterbauten für

Bauernhäuser gedient haben (Fig. 39). Die bis 2 m hohen Wohnhügel sind selten mehr als 50–100 m voneinander entfernt; im Durchschnitt entfallen etwa 100 Mounds auf den Quadratkilometer. Stichproben an anderen kleinen Rodungsstellen und im Bereich noch bewaldeter Teile der oberen Terrassen ergaben, daß entlang der gesamten 60 km langen Laufstrecke des Belize River zwischen Benque Viejo (Xunantunich), nahe der guatemaltekischen Grenze, und Cocos Bank, wenig unterhalb der Einmündung des Roaring Creek, alte Wohnhügel in gleicher Lage und Häufung vorkommen wie bei Barton Ramie und Baking Pot. Demnach hat ein langgestrecktes Siedlungsband einst beide Ufer des Flusses gesäumt. Wenn es auch da und dort durch ansiedlungsfeindliche feuchte Talböden ehemaliger Flußschlingen unterbrochen war (Fig. 39 und 40), so hat das gesamte Siedlungsgebiet am Belize River doch weniger das übliche Aussehen von ineinander übergehenden Weilern und Weilerschwärmen gehabt als das eines kontinuierlichen Siedlungsstreifens mit geradezu haufendorfartigen Verdichtungen und örtlichen Auflockerungen.

Die Annahme eines solchen Siedlungsbildes setzt freilich voraus, daß alle Wohnhügel gleichzeitig bewohnt waren. In der spätklassischen Zeit (700 bis

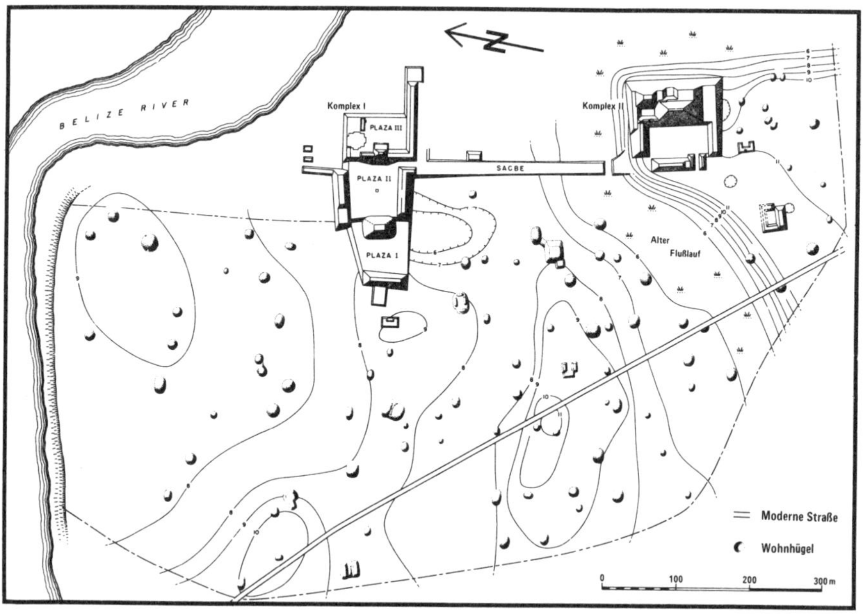

Fig. 40 Zeremonialzentrum und in spätklassischer Zeit (700–1000 n. Chr.) besiedelte Wohnhügel auf der 6–11 m hohen Terrasse des Belize River bei Baking Pot

Die gestrichelten Linien bezeichnen die Grenzen des kartierten Gebietes.

(Umzeichnung nach der Kartenaufnahme von G. R. Willey, W. R. Bullard u. a., 1965)

1000 n. Chr.) ist dies mit großer Wahrscheinlichkeit der Fall gewesen. Von den 262 Mounds bei Barton Ramie wurden 65, das heißt ein Viertel, eingehend archäologisch untersucht. Sie erwiesen sich sämtlich als in spätklassischer Zeit besiedelt (501, S. 289). Wenn dies für 65 willkürlich ausgewählte Wohnhügel gilt, darf auch für die anderen 75 % angenommen werden, daß sie im Spätklassikum bewohnte Häuser getragen haben. Nach den Grabungsbefunden war dies jedoch zweifellos ein Ergebnis des starken Bevölkerungswachstums vor allem gegen Ende der klassischen Periode. Vor dem Jahre 200 n. Chr. waren von den 65 ausgegrabenen Mounds nur 50 und vor der Zeitenwende auch davon erst die Hälfte besiedelt. Um diese Zeit stellten noch Streusiedlungen und kleine Weiler das charakteristische Merkmal der Agrarlandschaft am Belize River dar. Durch Zuwanderung oder Eigenwachstum der Bevölkerung setzte um 200 n. Chr. die Umwandlung der ursprünglich offenen Siedlungslandschaft in das geschlossene Siedlungsband der späteren Jahrhunderte ein.

Außer dem Nachweis einer kontinuierlichen Bevölkerungs- und Siedlungsverdichtung erbrachten die archäologischen Forschungen in Barton Ramie ein weiteres interessantes Ergebnis: In den unteren Horizonten der Mounds fanden sich stets nur die Grundrißstrukturen von Einzelhöfen, in den jüngeren oberen Niveaus hingegen häufig deren zwei, drei oder vier von Behausungen in Plazuela-Anordnung. Es gibt kaum eine andere Deutung, als daß es sich dabei analog der Siedlungsentwicklung in anderen Teilen des Maya-Landes (S. 249) um Großfamiliengehöfte gehandelt hat. Die Annahme von Adelssitzen scheidet aus, denn neben den kleineren sind sieben große Plazuela-Mounds von 4 m Höhe und 50 m Durchmesser gefunden worden, auf denen die den Hofplatz an drei Seiten flankierenden Wohnhäuser von Maya eines höheren Sozialstatus gestanden haben. Zu einer solchen differenzierten Entwicklung scheint es jedoch erst in spätklassischer Zeit gekommen zu sein (501, S. 572; 503, S. 22).

Innerhalb des dem Fluß folgenden Siedlungsbandes waren in Abständen von etwa 1 km kleine Kultplätze und Nebenzentren und in Entfernungen von jeweils 10–15 km Zeremonialzentren höherer Rangordnung eingeschaltet. Einige von ihnen liegen dicht oberhalb der Terrassensiedlungen im benachbarten Hügelland. Das große Regionalzentrum Benque Viejo (Xunantunich) überschaute von einer Anhöhe den Fluß (Bild 29). Es war etwa zehnmal so groß wie das Kleinzentrum Barton Ramie (503, S. 25). In 80 km Entfernung von der Siedlungszone am Belize River lag Tikal, das beherrschende Oberzentrum des Petén.

Eine auffällige Verdichtung der Wohnhügel in der Nähe der kleineren kultischen Mittelpunkte läßt sich nicht beobachten. Dennoch haben mit Sicherheit enge Kontakte zwischen der Landbevölkerung und der sich aus ihr rekrutierenden niederen Priesterschaft in den Kleinzentren bestanden.

Zahlreiche Funde von runden und ovalen Reibsteinen aus Granit mit den dazugehörigen Reibwalzen geben klar zu erkennen, daß es Maisbauern waren, die die Gehöfte am Belize River bewohnten. Ihre Milpas lagen oberhalb der Terrassen auf den fruchtbaren Kalkböden des angrenzenden Hügellandes. Die Terrassenflächen selbst waren zu dicht besiedelt, und die Freiräume zwischen den Mounds reichten allenfalls für gartenbauähnliche Intensivkulturen aus. Neben mit Knollengewächsen und Bohnen bestellten Hausgärten dürften Kakaoanpflanzungen (S. 198) im Belizetal eine bedeutende Rolle gespielt haben (501, S. 574). Aus Jadeschmuck und feiner Keramik bestehende Grabbeigaben verraten jedenfalls einen beachtlichen Wohlstand dieser keineswegs »hinterwäldlerischen« Bauernbevölkerung.

Abgesehen von den sich für Siedlungsgründungen besonders anbietenden Terrassenflächen hatte die Lage der Wohnsitze unmittelbar am Fluß drei nicht zu unterschätzende Vorteile, auf die viele Bauern in anderen Teilen des Maya-Landes verzichten mußten: eine stets gesicherte Trinkwasserversorgung, zusätzliche Ernährungsmöglichkeiten durch Fisch- und Schildkrötenfang und die Nutzung des Belize River als Verkehrsweg. Diese ungewöhnlich günstigen Lebensbedingungen erklären die starke Konzentration der Bevölkerung in Flußnähe und die Entstehung des weitgehend geschlossenen Siedlungsbandes, eine für den weitaus größten Teil des Maya-Tieflandes absolut untypische Erscheinung. Aber in seiner inneren Struktur – dem Verhältnis von Wohnplätzen zu kleineren oder größeren kultischen Zentren – unterscheidet es sich grundsätzlich nicht von dem Siedlungsschema, wie es für das »flache Land« abseits der Flußläufe entwickelt wurde (Fig. 38). Rekonstruiert man nach den datierbaren Keramikfunden das Siedlungsbild für die vorklassische (formative) Periode (vor 300 n. Chr.), dann ergibt sich, daß um diese Zeit von den vielen Wohnhügeln auf den Belizeterrassen erst wenige bewohnt waren, es zum Beispiel in Barton Ramie noch keinen Kultplatz gab, und daß es locker gestreute Einzelhöfe, vielleicht auch schon einige kleine Weiler waren, in denen die Maisbauern dieses Gebietes lebten (500, S. 109).

5. Der Zwang zum Leben in Streusiedlungen

Die Entstehung von Streusiedlungen beruhte auf dem Wirtschaftssystem, ihre Weiterentwicklung zu Weilern auf der Sozialstruktur der Maya. Brandrodungsfeldbau, Blockflur und Einzelhof sind betriebswirtschaftlich zusammengehörige Landaufteilungs- und Siedlungsformen. Aber selbst die Bewirtschaftung der intensiv genutzten Ackerbauterrassen in der Rio-Bec-Region erfolgte nicht von Dörfern, sondern von Einzelhöfen aus, mit denen die terrassierten Hänge übersät waren (S. 204).

Seit die Maya im Tiefland nachweisbar sind, das heißt nach dem neuesten Stand unserer Kenntnis seit 2600 v. Chr., betrieben sie Landwechselwirtschaft von festen Wohnsitzen aus. Dies schließt nicht die gelegentliche Aufgabe eines über längere Zeit bewohnten Platzes und eine Neugründung an anderer Stelle aus. Noch gegenwärtig kommt es in der Gegend von Valladolid (Yucatán) im Rahmen der traditionellen Landwechselwirtschaft alljährlich zu Hofverlegungen (490, S. 79), aber die aufgegebenen Wohnplätze werden meist nach Ablauf der Umtriebszeit, das heißt bereits nach 10 bis 15 Jahren, wiederbesiedelt. Die Wüstungsphasen sind zu kurz, um sich etwa in Stiländerungen der aufgefundenen Keramikreste bemerkbar zu machen. Dies muß bei allen Aussagen über die Besiedlungskontinuität archäologisch untersuchter alter Hausplattformen bedacht werden. Freilich: Siedlungsabgänge, Wiederbesiedlung und Neugründungen entsprechen dem üblichen Wohnplatzwechsel in allen bäuerlichen Gesellschaften, deren Angehörige wir dennoch als »seßhaft« bezeichnen. Vielleicht ist der Landwechselwirtschaft der Tiefland-Maya ein Wanderfeldbau mit häufiger Verlegung der Wohnsitze vorausgegangen (Fig. 22). Eine solche Frühphase unsteten Siedelns ist jedoch bisher nicht nachweisbar.

Einzelhöfe, Streusiedlungen und Weiler boten den Maya die Gewähr dafür, daß sich die Entfernung zwischen Gehöft und den jeweils bewirtschafteten Milpas in tragbaren Grenzen hielt. Sie überstieg in der Regel nicht 5–6 km. Ein Zusammenwohnen der Bevölkerung in Dörfern wäre unzweckmäßig gewesen, da sich dann die Anmarschwege zu den Feldern unnötig verlängert hätten. Wenn es heute in Yucatán eine größere Anzahl geschlossener Ortschaften gibt, so gehen diese auf Umsiedlungen zurück, die in der frühen Kolonialzeit von den Franziskanern unter obrigkeitlichem Beistand durchgeführt wurden (480, S. 70). Die gesetzliche Grundlage für die Schaffung solcher *Congregaciones* waren die sogenannten *Ordenanzas,* die Tomás Lopez Medel anläßlich einer Inspektionsreise in Yucatán 1552/53 erließ (191, S. 257). Um die Maya leichter christianisieren zu können und sie besser unter Kontrolle zu bekommen, haben die Kolonialherren zwischen 1549 und 1579 mit den »Jesuiten-Reduktionen« in Paraguay vergleichbare Indianerdörfer geschaffen. Sie sind nach dem typisch spanischen Schachbrettschema mit Baublöcken von 100 m Seitenlänge, sich senkrecht kreuzenden Straßen, mit Plaza und Kirche im Zentrum angelegt worden (490, S. 71). Viele Maya entzogen sich dieser Bevölkerungskonzentration durch Flucht in die Wälder oder zogen sich, um dem unmittelbaren Kontakt mit den Spaniern zu entgehen, in ihre sonst nur während der Hauptarbeitszeit bewohnten Feldhütten zurück.

Die wirtschaftlichen Nachteile der spanischen Umsiedlungsaktion dokumentiert eine in fünf Pueblos Nordyucatáns durchgeführte Untersuchung. Die Länge der Anmarschwege zu den 162 Maisfeldern, die die Bauern der fünf Dörfer bewirtschaften, beträgt im günstigsten Fall 3,4 km, im ungünstigsten 24,2 km (122, S. 130). So ist es kein Wunder, daß seit dem

Ende der frühkolonialzeitlichen Dorfgründungen die jüngeren Bauerngenerationen dem Leben in Einzelhöfen und Weilern wieder den Vorzug gaben. Abseits der Dörfer siedelt ein hoher Prozentsatz der yucatekischen Bevölkerung in Einzelhöfen und Weilern des traditionellen Typs (490, S. 74; 741, S. 108).

Dorfneugründungen nach dem Muster der kolonialzeitlichen Pueblos sind nur in wenigen Fällen erfolgt. Sie beschränken sich auf die Tochterdörfer frühkolonialer Pueblos, die infolge des Bevölkerungswachstums und der zunehmenden Entfernungen zu den Feldern von Aussiedlern im Nahbereich ihrer Wirtschaftsflächen angelegt wurden. Dies geschah zum Beispiel in Ebtún (Yucatán), in dessen Umkreis mehrere Satellitensiedlungen entstanden, die lange um ihre administrative Unabhängigkeit vom Mutter-Pueblo kämpfen mußten. Dem 20 km südlich von Chichén Itzá und 50 km von Ebtún entfernt liegenden Tochterdorf Chan Kom wurde sie erst 1926 gewährt (417, S. 69; 489, S. 2ff.). Aber nicht wenige der kolonialzeitlichen Pueblos haben sich auch wieder völlig aufgelöst, nur die stehengebliebenen Kirchen oder Kirchenruinen (zum Beispiel bei Yaxuná) zeugen von ihrer einstigen Existenz. 12 der 18 vorkolonialen Dörfer am Petén-Itzá-See hingegen erhielten sich bis zur Gegenwart. Für ihre Bewohner ist wegen des ergiebigen Fischfangs der Wohnsitz am Seeufer wichtiger als die Entfernung zu den Milpas (Fig. 28). Sie nehmen Anmarschwege von mehr als 30 km in Kauf und ziehen während der Arbeitszeit, zuweilen mit der ganzen Familie, in Feldhütten um (S. 170).

6. Ländliche Siedlungen und kultische Mittelpunkte

Ein besonderes Problem, das sich für die alte Maya-Zeit stellt, ist die Beziehung des ländlichen Siedlungsraums zu den größeren Zeremonialzentren. Nach ihrer Funktion sind diese zu gliedern in Oberzentren von überregionaler Bedeutung, Regionalzentren, Mittelzentren und Klein- oder Nebenzentren (S. 265ff. und Karte im Anhang). Letztes Glied in der Hierarchie der Zeremonialzentren waren die kleinen Kultplätze im Nahbereich der Sippenweilerschwärme (Fig. 38). Bereits die Klein- oder Nebenzentren dienten zugleich als örtliche Marktorte für die im Umkreis von 5–15 km lebende Bevölkerung (493, S. 3). Je höher der Rang des Zentrums, um so größer war die Zahl der ständig dort lebenden Priester, Beamten, Kunsthandwerker, Gewerbetreibenden und Händler, die aus einem weiten agrarischen Umland versorgt werden mußten.

Aus Sippenweilern bestehende Landgemeinden umgaben als breiter Ring die kultischen Mittelpunkte und waren politisch, wirtschaftlich und religiös an diese gebunden. Die Bevölkerung von Uaxactún, das zur Gruppe der großen Regionalzentren gehörte, einschließlich der in ihrem Versorgungsbereich lebenden Bauern, wird beispielsweise auf 50 000 geschätzt (502, S. 364). Obwohl die Entfernung zwischen den einzelnen stadtähnlichen Zentren höherer Rangordnung 25–60 km betrug, war der gesamte Raum zwischen ihnen mit Einzelhöfen und Weilern aufgefüllt. A. Tozzer (854, S. 149f.) und P. W. Schufeldt (491, S. 225f.), beides gründliche Kenner der Regenwaldgebiete des Petén und des südlichen Campeche, registrierten überrascht die lückenlose Überstreuung des ganzen Landes mit alten Hausplattformen. Bei Barton Ramie im Tal des Belize River wurden rund 100 Wohnhügel je Quadratkilometer gezählt (502, S. 372). Nun darf man sich freilich nicht vorstellen, daß die heutigen Wälder einst einer völlig offenen Agrarlandschaft gewichen waren: Die mit Brandrodung verbundene Landwechselwirtschaft ließ stets nur die Nutzung relativ kleiner offener Feldflächen zu, während sich der größere Teil in den verschiedensten Stadien der Waldbrache, das heißt der Wiederbewaldung, befand (Fig. 26 und 27).

Eine klare Begrenzung zwischen den durch Großbauten gekennzeichneten Zeremonialzentren und dem ländlichen Siedlungsgebiet gab es nicht, mit Ausnahme einiger weniger Fälle, in denen der engere »Stadt«bereich durch Wälle oder Mauern umschlossen war (S. 344). Gehöfte und Gehöftgruppen prägten ebenso das Bild der peripheren Wohnviertel wie das der sich anschließenden Agrarlandschaft.

7. Wohnplatzlage und Wasserversorgung

Entscheidend für die Platzwahl der Gehöfte war außer der Nähe zum bewirtschafteten Land eine stets gesicherte Wasserversorgung. Sie war am ehesten in der Nähe von Flußläufen, an den Ufern der Seen, den Rändern feuchter Niederungen *(bajos)* oder an Quellaustritten gewährleistet. Gern wählte man eine flache Geländekuppe, einen nicht zu steilen Hang oder Flußterrassen als Standorte für das Gehöft oder den ganzen Sippenweiler. Der Weg zur Wasserstelle war nur in Ausnahmefällen weiter als 1–2 km.

Wo in Gebieten mehrmonatiger Trockenzeit mit Wassermangel gerechnet werden mußte, bauten die Maya in den großen Zeremonialzentren geräumige überdeckte Zisternen, in denen Regenwasser gesammelt wurde (S. 85). Auch die ländliche Bevölkerung legte sich in den anstehenden Felsen eingearbeitete bauchige Wasserbehälter mit flaschenhalsartigen Öffnungen an. Derartige unterirdische *chultuns* sind in großer Zahl in der Puuc-Region, aber auch in den Höfen der Plazuela-Hausgruppen des Petén gefunden worden (476, S. 359). Als T. Maler 1887 Campeche bereiste, sah er bei Ixpich einen Hang, auf dem eine von einer niedrigen Mauer eingefaßte rechteckige Fläche mit einer dicken Mörtellage überzogen war. Sie diente als Auffangfläche für Regenwasser, das in drei unterirdische Chultuns abgeleitet wurde. Die Anlage war damals noch in Betrieb und wurde von den Maisbauern der Umgebung in Ordnung gehalten (484, S. 199).

Das Fassungsvermögen natürlicher, durch die Verkarstung des Untergrundes entstandener Wasserlöcher (*aguadas*, S. 82) wurde, wenn die Bodenverhältnisse es zuließen, von den Maya künstlich erweitert. Im Bereich der großen Sumpfniederungen östlich von Tikal (Fig. 46), von denen einige offene Wasserflächen in ihrem Zentrum haben, andere aber in der niederschlagslosen Zeit völlig austrocknen, sind sogar inmitten dieser Bajos tiefe kreisrunde Aguadas von 50–100 m Durchmesser ausgehoben worden, um eine ganzjährige Wasserversorgung sicherzustellen. Wenn die Niederungen vom Regen überschwemmt wurden, erhoben sich die durch den Aushub erhöhten Ränder der Aguadas gleich ringförmigen Inseln über die Wasserfläche (476, S. 363). In kleinen künstlichen Stauteichen an den flachen Hängen der Niederungen wurde ebenfalls Regenwasser aufgefangen. Von Menschenhand angelegte Brunnen – mit Bruchsteinen verkleidete 5 m tiefe zylindrische Schächte von 0,8–1 m Durchmesser – sind bisher nur ganz vereinzelt im Petén (bei Dos Aguadas), in der Chenes-Region von Campeche und in Yucatán gefunden worden. Da der Haustierbestand der Maya (S. 219) nur klein war, ergaben sich für die Wasserversorgung insgesamt weniger Probleme als heutigentags nach der Einführung von Schweinen, Rindern, Pferden und Eseln.

Im unterirdisch entwässerten verkarsteten Kalktafelland des nördlichen Yucatán wurde und wird noch heute die Lage jeder Siedlung in weit stärkerem Maße als im Petén durch die Schwierigkeiten der Trinkwasserversorgung bestimmt. Ganzjährig oder temporär von Wasser erfüllte flache Karstmulden oder steilwandige Einsturzdolinen (Cenotes) mit einem tiefen See am Grund zwangen die Menschen zur Niederlassung in ihrer Nähe, wenn sie dafür auch zuweilen weite Wege zu ihren Feldern in Kauf nehmen mußten. Es war ein besonders glücklicher Umstand für die Maya, daß gerade der niederschlagsarme nördliche Teil Yucatáns verhältnismäßig reich an wasserspendenden Einsturzkesseln ist (Fig. 9), so daß auch dort Streusiedlungen und kleine Hofgruppen von zwei bis vier Häusern für das ländliche Siedlungsbild bestimmend werden konnten. Andererseits erlaubte die Ergiebigkeit einiger Cenotes auch die Konzentration einer großen Zahl nicht in der Agarwirtschaft tätiger Menschen im Nahbereich bedeutender kultischer Mittelpunkte. In der Puuc-Region (S. 85), in der es im Gegensatz zum yucatekischen Tafelland nur wenige natürliche Einsturzdolinen gibt und wo die Bevölkerung auf eine Wasserversorgung aus großen Zisternen angewiesen war, erzwangen derartige aufwendige Kunstbauten eine Zusammensiedlung der Menschen in deren näherem Bereich. Bäuerliche Gruppensiedlung war so zum Beispiel für das Gebiet um Sayil charakteristisch (498, S. 4).

Einzelhöfe, Gehöftgruppen und Weiler, von Gemüsegärten und Maisfeldern umgeben, fügten sich harmonisch einer Kulturlandschaft ein, die nicht als eine spezifische, nur auf Selbstversorgung ausgerichtete agrarische Landschaft zu verstehen ist, sondern die Bestandteil einer durch ein hochentwickeltes religiöses Leben geprägten Kulturlandschaft war. Die Maya-Bauern waren keine »primitiven«, in animistischen Vorstellungen verharrenden Urwaldmenschen. Alle ihre Daseinsvorgänge wurden durch schützende oder den Menschen bedrohende Gottheiten bestimmt, um deren Gunst man sich durch Gebet und Opfer bemühte. »Objektivierter Geist« im Sinne M. Schwinds (492) spiegelt sich daher in vielfältiger Gestalt im Bild der Kulturlandschaft sowohl der großen Zeremonialzentren als auch ihres bäuerlichen Umlandes wider.

VIII. Struktur und Rangordnung der Zeremonialzentren

Die kleinen Kultplätze der Sippenweilerschwärme, an denen sich die Bauern alle 20 Tage zum Gebet versammelten, waren einfache Andachtsstätten mit Tempelhütten und Schreinen, aber ohne Altar, Stelen und Ballspielplätze. Sie können allenfalls als Vorstufe eines sich daraus entwickelnden Zeremonialzentrums angesehen werden. Rund 1500 solcher kleinen, häufig namenlosen Kultplätze sind gefunden worden (Fig. 38).

Aus Sippenweilerschwärmen – »Clan-Bezirken« (495, S. 26ff.) – bestehende Landgemeinden, die wahrscheinlich wiederum zu größeren administrativen Einheiten (»Distrikten«) mit Nutzflächen von 60–100 km² gehörten (502, S. 368), umgaben als breiter Ring einen kultischen Mittelpunkt nächsthöherer Ordnung. Es war dies gewöhnlich eines der zahllosen Kleinzentren, denen noch drei Gruppen von Zeremonialzentren höheren Bedeutungsgrades übergeordnet waren: Mittelzentren, Regionalzentren und Oberzentren. Sie unterscheiden sich nach baulicher Ausgestaltung, Funktion und Einwohnerzahl. Entwicklungsgeschichtlich sind sie jedoch – wie sich archäologisch nachweisen läßt – alle den gleichen Weg gegangen.

1. Vom Opferplatz zum Großzentrum

Am Anfang der Entwicklung standen einfache Opferplätze an Wasserstellen, in der Nähe und im Inneren von Karsthöhlen oder an anderweitig für kultische Zwecke geeigneten Punkten. Es ist vielleicht kein Zufall, daß das Maya-Wort *actún* zugleich Höhle und Tempel bedeutet. Kleine Opferplattformen und mit Maisstroh oder Palmwedeln gedeckte Tempelhütten, an die sich ein hofartiger Versammlungsplatz von wenigen Quadratmetern Fläche anschloß, wurden in der späten vorklassischen Periode – ab 300 v. Chr. baulich allmählich weiter ausgestaltet. Steinerne Tempel, Pyramiden und Paläste entstanden. In den protoklassischen Jahrhunderten (100 v. Chr. bis 300 n. Chr.) wurden Hieroglyphenschrift und Kalenderwesen entwickelt. Ab 292 n. Chr. begannen die Errichtung von Kalendersteinen (Stelen, S. 22) und der immer großartigere Ausbau der Zentren. Dem ursprünglich einzigen Versammlungsplatz mit seinen Kultbauten wurden weitere von

Tempelpyramiden und Plattformen umschlossene Plazas hinzugefügt, bescheidene ältere Anlagen überbaut und das imposante Gesamtbild der Zeremonialbezirke stetig gesteigert. Als Architektur gewordene Verehrung der Götter durch Priesterschaft und Volk entfalteten sich die Zeremonialzentren zu immer größerer Pracht.

Am Beispiel von Uaxactún ist dieser Entwicklungsgang klar zu verfolgen. Dort beschränkten sich die Bauten der frühen formativen Periode auf einen kleinen Geländebuckel von 200 m Durchmesser. Es ist der Platz, an dem später allmählich ein größerer Baukomplex entstand (die E-Gruppe in der Bezeichnung der Archäologen). In der späten formativen Periode war in räumlicher Trennung von dieser Tempelanlage bereits eine zweite Kuppe mit einer erheblich größeren Gruppe von Kultbauten besetzt (A-Gruppe). Auch ein dritter Komplex (E-VII) gehört dem späten Vorklassikum an. Offensichtlich bestand Uaxactún um diese Zeit noch aus mehreren Kultplätzen und Kleinzentren mit Einzelhöfen und Weilern in der Umgebung (500, S. 108), aus denen im Laufe der Zeit das große Regionalzentrum Uaxactún erwuchs. Plattformen aus der vorklassischen Periode, die am Anfang des Aufstiegs von Zeremonialzentren zu höheren Bedeutungsgraden standen, sind vielerorts, zum Beispiel in Yaxuná und Santa Rose Xtampak, gefunden worden.

Was an architektonischen Leistungen hervorgebracht wurde, war das Werk einer elitären Oberschicht, der Priesterschaft. Von ihrer Vertrautheit mit Hieroglyphenschrift und Kalenderwesen, ihrem architektonischen Einfallsreichtum und ihrer Fähigkeit, tüchtige Kunsthandwerker heranzubilden, die erforderlichen Baustoffe zu beschaffen und die Arbeitskräfte für die Großbauten zu mobilisieren, hing es ab, in welchem Glanz sich »ihr« Zentrum den bei festlichen Anlässen auf den Tempelplätzen zusammenströmenden Volksmassen präsentierte. Die kleinen Zentren, denen eine niedere, nicht zur Nobilität zählende Priesterschaft vorstand, konnten mit den Großzentren nicht oder nur in Ausnahmefällen in Wettbewerb treten.

Im Umkreis der ältesten, in eine Führungsrolle hineingewachsenen Zentren, entstanden neue, zum Teil von ihnen abhängige kultische Mittelpunkte. Manche waren echte Tochtergründungen, zum Beispiel Quiriguá eine solche von Copán, Kabáh von Uxmal (die beide durch eine 15 km lange Prozessionsstraße miteinander verbunden blieben), andere entstanden spontan aus den religiösen Bedürfnissen der sich allmählich verdichtenden ländlichen Bevölkerung. Es gab Satellitengründungen, die dank dynastischer Beziehungen (S. 399) während ihrer ganzen Existenzdauer vom Hauptzentrum abhängig blieben (wie Uaxactún und Balakbal von Tikal), und andere, die sich nach einiger Zeit verselbständigten, weil es ihrer Priesterschaft gelang, sich einen vom Mutterzentrum unabhängigen Wirkungskreis aufzubauen.

Nach der Bedeutung, die der für einen kultischen Mittelpunkt ausgewählten Örtlichkeit beigemessen wurde, der jeweiligen Aktivität der Führungsschicht und der Größe des agrarischen Umlandes, das für die Ernährung der an die Kultplätze gebundenen Bevölkerung benötigt wurde, erlebten die Zeremonialzentren eine unterschiedliche Entwicklung. In vielen Fällen – auch bei sehr frühen Gründungen – kamen sie nicht über den Rang kleiner Kultplätze hinaus (zum Beispiel San José in Belize, S. 267), in anderen erweiterten sie sich zu »urbanen« Zentren mit mächtigen und einflußreichen Eliten. Damit traten differenziertere Lebensformen in einen immer stärker werdenden Kontrast zur einfachen Lebensart der ländlichen Bevölkerung.

2. Rangordnung und Einwohnerzahl der Zentren

Man kann die Zeremonialzentren nach der aufgefundenen Bausubstanz, ihrer Funktion und der Zahl der dort festansässig gewesenen Menschen in vier Kategorien gliedern: in Kleinzentren, Mittelzentren, Regionalzentren und Ober- oder – auch dieser Ausdruck wird gebraucht – »Super«zentren. Diese hierarchische Ordnung läßt sich auf Grund einer Anzahl von Indizien (S. 266) begründen, obwohl es sicherlich zwischen den einzelnen Rangstufen Übergangsformen gab und daher die auf unserer Karte (im Anhang) erfolgte Klassifizierung keinen Anspruch auf absolute Gültigkeit erheben kann. Immerhin sind über 100 der größeren Zeremonialzentren des Maya-Tieflandes wissenschaftlich untersucht und kartographisch aufgenommen worden, so daß sie nach ihrem Bedeutungsgrad recht zuverlässig eingestuft werden können. Andererseits haben neuere Grabungen, zum Beispiel in Altun Há (Belize) und El Mirador (Petén), gezeigt, daß manche Ruinenstätte lange Zeit in ihrer Größe unterschätzt wurde und entsprechend den gewonnenen Erkenntnissen auch ihre rangliche Einordnung zu verändern war. Niemand hatte bis zur Grabungskampagne von 1956/61 geahnt, daß es sich bei dem bis dahin wenig beachteten Ruinenfeld von Dzibilchaltún um eines der größten in der Neuen Welt handeln würde. Viele als mittlere und kleinere Zentren geltende Ruinen hat noch kein Archäologe näher in Augenschein genommen, und Korrekturen in ihrer Einstufung sind nicht ausgeschlossen.

Zu den ältesten Zeremonialzentren des Petén gehören Tikal, Uaxactún und El Mirador, in Honduras Copán, im Usumacintagebiet Seibal und Altar des Sacrificios, in Belize Barton Ramie, in Yucatán Dzibilchaltún und Oxkintok. Von ihnen sind nur Tikal und Copán in den Rang von bedeutenden Oberzentren aufgestiegen. Uaxactún und Dzibilchaltún standen ihnen als Regionalzentren nicht in der Größe, aber in der baulichen Ausgestaltung bereits deutlich nach. Noch erheblicher war der Abstand zu den Mittelzentren Seibal, Altar de Sacrificios und Oxkintok. Auf der Stufe eines Kleinzentrums verharrte bis zu seinem Untergang Barton Ramie am Belize River.

In der hierarchischen Ordnung der Zeremonialzentren ist von neun am frühesten entstandenen eine verhältnismäßig große Zahl – vier – bis in die oberste oder zweitoberste Kategorie aufgestiegen. Überblickt man jedoch die Gesamtzahl der Kultzentren – unabhängig von ihrer Entstehungszeit –, so wird deutlich, welchen exponierten Rang die wenigen Ober- und Regionalzentren gegenüber den Dutzenden von Mittelzentren und Hunderten von Kleinzentren einnahmen. Unsere Übersichtskarte im Anhang verzeichnet insgesamt 404 Zeremonialzentren, davon liegen 365 im Tiefland und 39 im südlichen Bergland. Nach ihrem Bedeutungsgrad lassen sie sich wie folgt gliedern:

Tiefland	Bergland
6 Oberzentren	1 Oberzentrum
27 Regionalzentren	5 Regionalzentren
67 Mittelzentren	12 Mittelzentren
265 Kleinzentren	21 Kleinzentren
365 Kultzentren insgesamt	39 Kultzentren insgesamt

Tab. 4 Zahl der Zeremonialzentren im Maya-Land nach ihrer Rangordnung

Hinzu kommen noch 18 Handelsplätze mit nur geringen kultischen Funktionen (S. 389), so daß sich die Gesamtzahl der auf der Karte wiedergegebenen Mittelpunktssiedlungen im Maya-Tiefland auf 383 beläuft. Nicht mehr innerhalb des Kartenausschnitts liegen im Golfküstenbereich die vier wichtigen Handelsplätze Coatzocoalcos, Cimatan, Chontalpa und Potonchán, die in Fig. 70 verzeichnet sind.

Ohne Kenntnis der von W. Christaller (532) entwickelten Theorie der zentralen Orte hat S. G. Morley (120, S. 318; 122, S. 269) schon vor mehr als drei Jahrzehnten eine hierarchische Gliederung der kultischen Mittelpunkte versucht. Er unterschied vier Gruppen: die zur Gruppe I gehörenden 4 Hauptzentren Tikal, Copán, Chichén Itzá und Uxmal, 19 sekundäre Zentren der Gruppe II, 39 Nebenzentren der Gruppe III und 54 Kleinzentren der Gruppe IV. Morleys Gliederung beruhte allein auf Zahl und künstlerischer Qualität der dort aufgefundenen Stelen und Inschriften, berücksichtigte aber weder Umfang der Bauten noch Größe der Ruinenstätten. Palenque zählte er zum Beispiel zu den Sekundärzentren, was in Anbetracht seiner großartigen architektonischen Zeugnisse und des Umfangs der bebauten Fläche (über 16 km^2) nicht vertretbar ist. Auch Mayapán, das in der Spätzeit eine so bedeutende politische Rolle im nördlichen Yucatán spielte, fehlt unter seinen Zentren der Gruppe I. Freilich sind die baulichen Hinterlassenschaften Mayapáns nicht sonderlich spektakulär, aber wenn man eine Vorstellung von der Siedlungsstruktur des alten Maya-Landes gewinnen will, verdienen geographische Gesichtspunkte eine stärkere Berücksichtigung als rein archäologische. Auch N. Hammonds Gliederungsversuch (549) ist unzulänglich, da er nur zwischen »größeren« und »kleineren« Zentren unterscheidet und auf seiner Karte der 83 größeren Zeremonialzentren zum Beispiel gleichrangig Tikal und Lubaantún erscheinen.

Morley führt in seiner Zusammenstellung insgesamt nur 116 Zeremonialzentren auf, unsere Karte im Anhang verzeichnet die dreieinhalbfache Zahl. Davon sind viele erst nach Morleys Zeiten entdeckt oder näher untersucht worden. Morleys Verdienst ist, erstmalig eine Klassifizierung durchgeführt zu haben, und seine Gliederung der Zeremonialzentren in vier Gruppen unterschiedlicher Rangordnung besitzt auch nach den jüngeren Forschungen ihre volle Gültigkeit. Ihre spezifischen Merkmale, über die sich Morley nicht näher geäußert hat, lassen sich nach unseren heutigen Erkenntnissen wie folgt präzisieren:

Die *Kleinzentren* bestehen aus einer oder mehreren kleinen Tempelpyramiden, die sich gewöhnlich mit einem oder zwei flachen, palastartigen Gebäuden um einen Versammlungsplatz gruppieren (Fig. 39). Altäre, Stelen oder Ballspielplätze treten erst vereinzelt auf. Als lokale kultische Mittelpunkte mit einer nur kleinen, noch in der bäuerlichen Umgebung verwurzelten Priesterschaft lagen sie übergangslos inmitten des ländlichen Siedlungsgebietes. Die Außenmauern der Zeremonialbauten bezeichneten die Grenze gegenüber dem von Einzelhöfen und Sippenweilern durchsetzten agrarischen Umland, aus dem die Bauern bei kultischen Anlässen in den Tempelbezirk kamen.

Im Unterschied zu den kleinen Kultplätzen der Sippenweiler (S. 250), in denen es überhaupt keine festansässige Bevölkerung gab, stand den Priestern der Kleinzentren eine bescheidene Zahl von ständig dort lebenden Tempelgehilfen, Kunsthandwerkern, Beamten und sonstigem Dienstleistungspersonal zur Verfügung. Die Gesamtzahl der Festansässigen dürfte aber 250 bis 300 nicht überstiegen haben. San José im zentralen Teil von Belize ist ein gutes Beispiel für ein derartiges Kleinzentrum (174, S. 140ff.). Vier Ruinengruppen auf künstlichen Hügeln, darunter drei mit bis 12 m hohen Pyramiden, flankieren jeweils voneinander getrennte Höfe. Ein zweistöckiger Palast mit elf Räumen und ein anderer mit je sechs in zwei parallel angeordneten Kammern haben falsche Gewölbe als Decken. Ein drittes flaches Gebäude hat Räume mit und ohne Kraggewölbe. In Stein gehauene Skulpturen fehlen, aber die Bewohner schmückten die Wände der Kultbauten mit Ornamenten und Hieroglyphen in Stuck. Einer oder zwei der kleinen Paläste könnten ständig bewohnt gewesen sein. Ein Reservoir stellte die Wasserversorgung sicher; es gab einen kleinen Ballspielplatz, jedoch wurde nur eine unverzierte Stele gefunden.

Keramische Hinterlassenschaften beweisen, daß San José von der formativen Periode an, während des ganzen Klassikums und wahrscheinlich bis in die frühe nachklassische Zeit kontinuierlich ein von Leben erfülltes kleines Kultzentrum war. Obsidianwerkzeuge aus dem Hochland von Guatemala, Spinnwirtel aus Veracruz, Töpfereierzeugnisse aus Yucatán, Marmorgefäße aus Honduras, Korallen aus dem Karibischen Meer, Muscheln von der pazifischen Küste, Jade und andere Gegenstände fremder Herkunft lassen erkennen, daß selbst ein Kleinzentrum wie San José, das ganz am Rande des Petén-Kernraumes lag, kein isoliertes Hinterwäldlerdasein führte, sondern, wenn auch wohl nicht direkt, so doch über benachbarte größere Zentren mit der Außenwelt verbunden war. Kleinzentren dieses Typs hat es zu Hunderten im ganzen Maya-Tiefland gegeben.

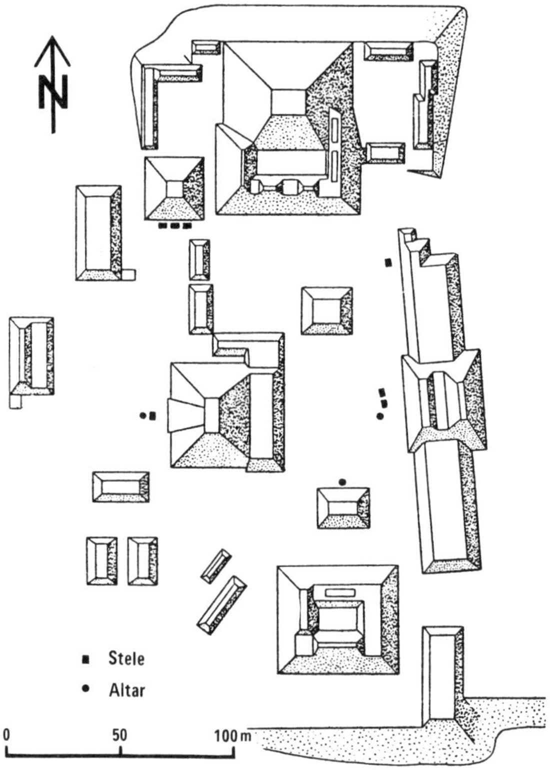

Fig. 41 Zeremonialkomplex des Mittelzentrums Dos Aguadas, Petén

(Nach W. R. Bullard, 1960)

Die *Mittelzentren* unterscheiden sich von den Kleinzentren vor allem dadurch, daß der Tempelkomplex größer ist, meist aus zwei oder drei umbauten hofartigen Plätzen besteht und die Flachbauten bereits den Charakter von »Palästen« haben. Stelen und Altäre kennzeichnen ebenso den Bedeutungszuwachs gegenüber den Kleinzentren wie Plätze für das kultische Ballspiel. Die Zeremonialbauten liegen dicht beieinander, so daß sie noch eine geschlossene Einheit darstellen. Baking Pot am Belize River, dessen zwei Tempelbezirke aus topographischen Gründen getrennt angelegt und durch eine befestigte, 300 m lange Zeremonialstraße miteinander verbunden waren (Fig. 40), stellt eine Ausnahme dar. Baking Pot und Dos Aguadas (Fig. 41) sind schöne Beispiele für solche Mittelzentren, deren im Nahbereich ständig lebende Bevölkerung auf 2000 bis 4000 zu veranschlagen ist. Altar de Sacrificios, Seibal, Becán, Labná, Oxkintok und Holmul – um nur einige der bekanntesten zu nennen – gehören zu der gleichen, 67 Tieflandzentren umfassenden Kategorie.

Die *Regionalzentren* sind baulich voll ausgestattete Großzentren, deren Funktion im kultischen, politischen und wirtschaftlichen Bereich jedoch regional begrenzt war, da sie entweder in einem Abhängigkeitsverhältnis zu einem in der Regel nicht weit entfernten Oberzentrum standen oder aus anderen Gründen (wie zum Beispiel Piedras Negras und Yaxchilán am Usumacinta) trotz des Fehlens eines nahen Oberzentrums selbst nicht in den Rang eines Zentrums von überregionaler Bedeutung aufsteigen konnten. Im Falle der Usumacinta-Zentren mag ebenso wie für Altun Há im nördlichen Belize (Fig. 42) die abseitige Lage zum Hauptkulturgebiet des Petén, geringeres politisches Durchsetzungsvermögen der Priesterschaft oder bewußte Beschränkung auf den engeren Lebensraum Ursache der auf Regionalebene beendeten Entwicklung gewesen sein.

Zeremonialzentren dieses Typs sind vor allem durch Weitläufigkeit der Anlagen und die Größe ihrer Gebäudekomplexe gekennzeichnet. Die Pyramiden erheben sich auf terrassierten Plattformen zu beachtlicher Höhe, und die Tempel sind mit Flachreliefs, Plastiken und Hieroglypheninschriften reich dekoriert. Das »falsche Gewölbe« bildet sowohl in den Tempeln wie in den vielkammerigen »Palästen« ein wichtiges Konstruktionselement. Die Versammlungsplätze erreichen ungewöhnliche Dimensionen (S. 294). Vor den Kultbauten aufgestellte Altäre und Reihen von Stelen erhöhten die festliche Wirkung dieser Plätze. In Dreiergruppen erbaute kleine Tempel mit gegenüberliegenden Visierstandorten oder nach bestimmten Gesichtspunkten orientierte Stelen dienten ebenso wie mancherorts errichtete Observatorien astronomischen Beobachtungen (S. 302ff.). Dazu kommt eine meist größere Zahl von Ballspielplätzen.

Wesentliches Merkmal eines solchen Großzentrums ist, daß die Kultbauten nicht mehr wie in den kleineren Zentren auf einen Baukomplex oder unmittelbar benachbarte Tempelgruppen beschränkt sind, sondern daß es mehrere Sakralbezirke gibt, die durch befestigte Zeremonialstraßen miteinander verbunden sind. Probleme der Trinkwasserversorgung werden – je nach den Klimabedingungen – durch den Bau geräumiger offener Reservoire oder überdeckter Zisternen gelöst (S. 288).

Zu den bedeutendsten Regionalzentren gehörten Uaxactún, Cobá und Dzibilchaltún. Wenn für Uaxactún gelegentlich (120, S. 315; 502, S. 364)

Fig. 42 Zentralbezirk des Regionalzentrums Altun Há im nördlichen Belize

1 und **2** Hauptzeremonialbezirk mit zwei von Tempeln und Tempelplattformen umgebenen Plätzen. **3** Gebäudegruppe, zum Teil mit Wohnhäusern und Gräbern. **4** Am Südrand des Zentrums gelegener Tempel und Gräber. **5** Wasserreservoir. **6** Fußweg. **7** Moderne Fahrstraße.

(Nach D. M. Pendergast, 1964/70)

50 000 Einwohner angegeben werden, so ist darin die Zahl der im ländlichen Versorgungsbereich lebenden Bauern mit inbegriffen. Uaxactún war zweifellos kleiner als Tikal (S. 273), eine Einwohnerzahl von 35 000 bis 40 000 dürfte etwa zutreffend sein.

Für Cobá in Quintana Roo wurden durch Zählung der Hausplattformen 40 000 Einwohner, einschließlich der innerhalb des Weichbildes dieses großen Regionalzentrums lebenden Bevölkerung sogar 55 000 errechnet (162, S. 60; 380, S. 48). Cobá bedeckte eine Fläche von etwa 63 km², auf der rund 20 000 Überreste von Bauten aller Art gezählt worden sind. In der Spätzeit war Cobá sogar Hauptstadt eines der kleinen Teilstaaten des Nordens, der ein Areal von ca. 5000 km² umfaßte und im Nordwesten an einen anderen derartigen Teilstaat mit Izamal als Mittelpunkt grenzte.

Dzibilchaltún im äußersten Norden Yucatáns soll nahezu ebenso viele Einwohner gehabt haben. Auf einer Fläche von 19 km² hat man dort 8400 Haussockel registriert, von denen 90 % im Spätklassikum besiedelt waren

(191, S. 76). Daraus ergeben sich für diese Zeit 37 800 Einwohner bzw. eine Besiedlungsdichte von rund 2000 Einwohnern/km². Nach neueren Forschungen war aber Dzibilchaltún offensichtlich weit größer, als man bisher geahnt hat. Einschließlich des peripheren Siedlungsbereichs sind auf einer Fläche von rund 50 km² über 15 000 alte Hausplattformen nachgewiesen worden, und zusammen mit den noch nicht erkannten wird für das gesamte Siedlungsgebiet von Dzibilchaltún sogar eine Gesamtzahl von 50 000 Wohnstätten vermutet (502, S. 370). Daraus ergäbe sich die erstaunlich hohe Bevölkerungsdichte von mindestens 1500 und maximal 5000 Einwohnern/km². Selbst wenn man bei dem unteren Dichtewert von 1500 Menschen/km² bleibt, ist kaum anzunehmen, daß er für die Gesamtfläche Dzibilchaltúns einschließlich seiner Außenbezirke zutrifft, was jedoch andererseits bedeutet, daß das Kerngebiet noch erheblich dichter besiedelt war. Wie dem auch sei: Dzibilchaltún muß ein sehr bedeutendes Zentrum gewesen sein. Von seinen Zeremonialbauten ist allerdings infolge der Zerstörung durch die Spanier, die die Steine in einer Kirche verbauten, nur wenig erhalten geblieben, zumal die Ruinenstätte nunmehr seit 400 Jahren den Bewohnern von Mérida als bequemer »Steinbruch« dient und sogar Schottermühlen von dort ihr Material für die Autostraßen Yucatáns beziehen. Die Kirche trägt eine stark verwitterte Jahreszahl, vermutlich 1593 (626, S. 162). Da es in der Gegend keine größeren kolonialzeitlichen Siedlungen gibt, darf man annehmen, daß Dzibilchaltún um diese Zeit noch bewohnt war und erst zu Beginn des 17. Jahrhunderts unterging. Damit würde Dzibilchaltún, dessen Anfänge mindestens bis auf das Jahr 500 v. Chr. zurückgehen, zu den langlebigsten Siedlungen des Maya-Landes überhaupt gehören. Trotz zweimaliger starker Bevölkerungseinbußen um die Zeitenwende und während der Toltekenherrschaft überdauerte Dzibilchaltún die Zeiten. Weitere Forschungen müssen klären, ob man E. W. Andrews Annahme beipflichten kann, daß es bereits zwischen 300 und 600 n. Chr. eine der größten »Städte« der Neuen Welt gewesen ist (512).

Außer Uaxactún, Cobá und Dzibilchaltún gehören Piedras Negras, Yaxchilán, Quiriguá, Xultún, Calakmul, Altun Há, Etzná, Rio Bec, Tulúm, Sayil und Kabáh – um nur einige der bekanntesten Plätze zu nennen – zur Gruppe der Regionalzentren. Yaxchilán ist berühmt wegen seiner vollendet schönen Reliefs, Quiriguá wegen seiner herrlichen Stelen. Die Mehrzahl der Regionalzentren dürfte zwischen 15 000 und 20 000 Einwohner gezählt haben. Auch Itzamkanac, die Hauptstadt der Kakaoprovinz Acalán, und Tayasal, die Hauptstadt der Itzá auf einer Insel im Petén-Itzá-See, rechnen wir zu ihnen. Beide gewannen erst in der Spätzeit Bedeutung und blieben in ihrem Wirkungsbereich begrenzt, wenn auch der in Tayasal residierende Itzá-König über 22 Provinzen mit eigenen Stammesfürsten gebot (136, S. 57).

Die anderen der insgesamt 27 Regionalzentren lassen durch Zahl und Größe der Kultbauten ihre einstige überragende Bedeutung erkennen. Al-

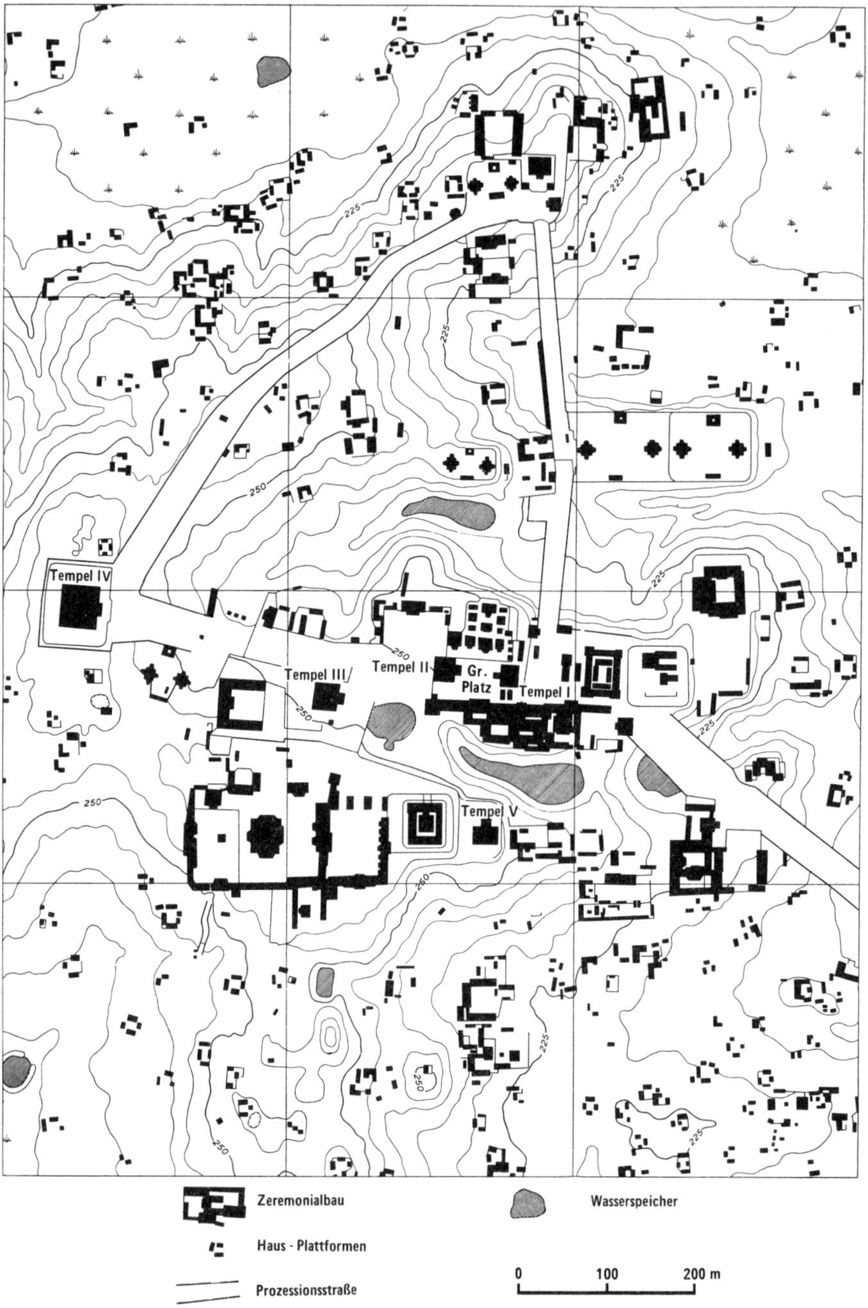

Fig. 43 Zentraler Kultbezirk des Oberzentrums Tikal, Petén

Mehrere Tempelkomplexe sind durch Zeremonialstraßen miteinander verbunden. Südlich des von zwei hohen Tempelpyramiden flankierten großen Platzes erhebt sich die zentrale Akropolis, ihr gegenüber die nördliche Akropolis (vgl. Fig. 51). Der ganze Bereich ist in unterschiedlicher Dichte von Plattformen (Sockeln) ehemaliger Wohnhäuser durchsetzt.

(Überarbeiteter Ausschnitt aus dem von W. R. Coe, 1968, aufgenommenen Plan) lein in Calakmul sind mehr als 100 Stelen gefunden worden. Auf der bisher nur selten besuchten Ruinenstätte von El Mirador im äußersten Norden des Petén erheben sich die Überreste von 12 großen Pyramiden (162, S. 50). Da in den meisten Regionalzentren noch keine systematischen Ausgrabungen vorgenommen wurden, sind von der künftigen Forschung noch Überraschungen zu erwarten. Daß damit stets gerechnet werden muß, zeigte sich 1964/70 bei den Ausgrabungen in Altun Há (Belize, S. 43). Was man früher für ein unbedeutendes Kleinzentrum gehalten hatte, erwies sich als eine 9 km² einnehmende Ruinenstätte. Allein in dem 4 km² großen Zentralbezirk fand man die Reste von mehr als 500 Bauten (Fig. 42).

Nur sechs Ruinenstätten hatten den Rang von *Oberzentren*: Tikal, Copán, Palenque, Uxmal, Chichén Itzá und Mayapán. In ihrem Erscheinungsbild sind sie – abgesehen vom Umfang der bebauten Flächen und ihrer Einwohnerzahl – kaum von den Regionalzentren zu trennen. Zwar sind die Kultbauten noch großzügiger, ihre architektonische Gestaltung noch raffinierter, aber der entscheidende Unterschied liegt in den überregionalen Funktionen, die sie ausübten, und der darauf beruhenden verfeinerten sozialen Gliederung der festansässigen Bevölkerung.

Tikal war eindeutig das überragende »Super«zentrum des gesamten Maya-Tieflandes (Fig. 43). Es besaß die höchsten und steilsten aller Tempelpyramiden (Bild 45), die geräumigsten Versammlungsplätze, die größte Einwohnerzahl. Seinen frühen Aufschwung verdankte es den engen kulturellen und wirtschaftlichen Beziehungen zu Teotihuacán (S. 370), einer ungewöhnlich fähigen Führungsschicht, seinem bedeutenden Fernhandel (S. 388) und seiner zentralen Lage im Hauptkulturgebiet des Petén. F. Katz (204, S. 135) stellt die Frage, ob Tikal nicht überhaupt in allererster Linie auf der Grundlage einer Pax Teotihuacána oder Pax Tikaliana als Untergebener oder Verbündeter Teotihuacáns seine Sonderstellung erreicht hat. Dies scheint – zumindest im Frühklassikum – in der Tat der Fall gewesen zu sein.

Copán, das einstmals eine Fläche von über 30 km² einnahm, war ein von weither besuchtes Pilgerzentrum und die geistige Metropole für das gesamte Maya-Land (Fig. 44). Seine Astronomen und Mathematiker waren führend in der Entwicklung des Kalenderwesens. In Copán soll – was neuerdings bezweifelt wird – im Jahre 776 einer von zahlreichen anderen Zeremonialzentren beschickter Astronomenkongreß mit dem Ziel einer Vereinheitlichung der Zeitrechnung stattgefunden haben. Die Steinmetzkunst erreichte in den vollplastischen Stelen Copáns und in dem von diesem Oberzentrum abhängigen Regionalzentrum Quiriguá ihre höchste Entfaltung.

Palenque (Fig. 49) lag wie Copán an der Peripherie des Maya-Tieflandes, und beide Zentren unterhielten zum Hochland intensive Beziehungen. Palenque nimmt in vieler Hinsicht eine einzigartige Stellung ein. Dort wurden zwar keine Stelen errichtet, aber die Hieroglyphenschrift und die zu barokken Formen gesteigerte Kunst der Stuckornamentik erreichten hier einen so

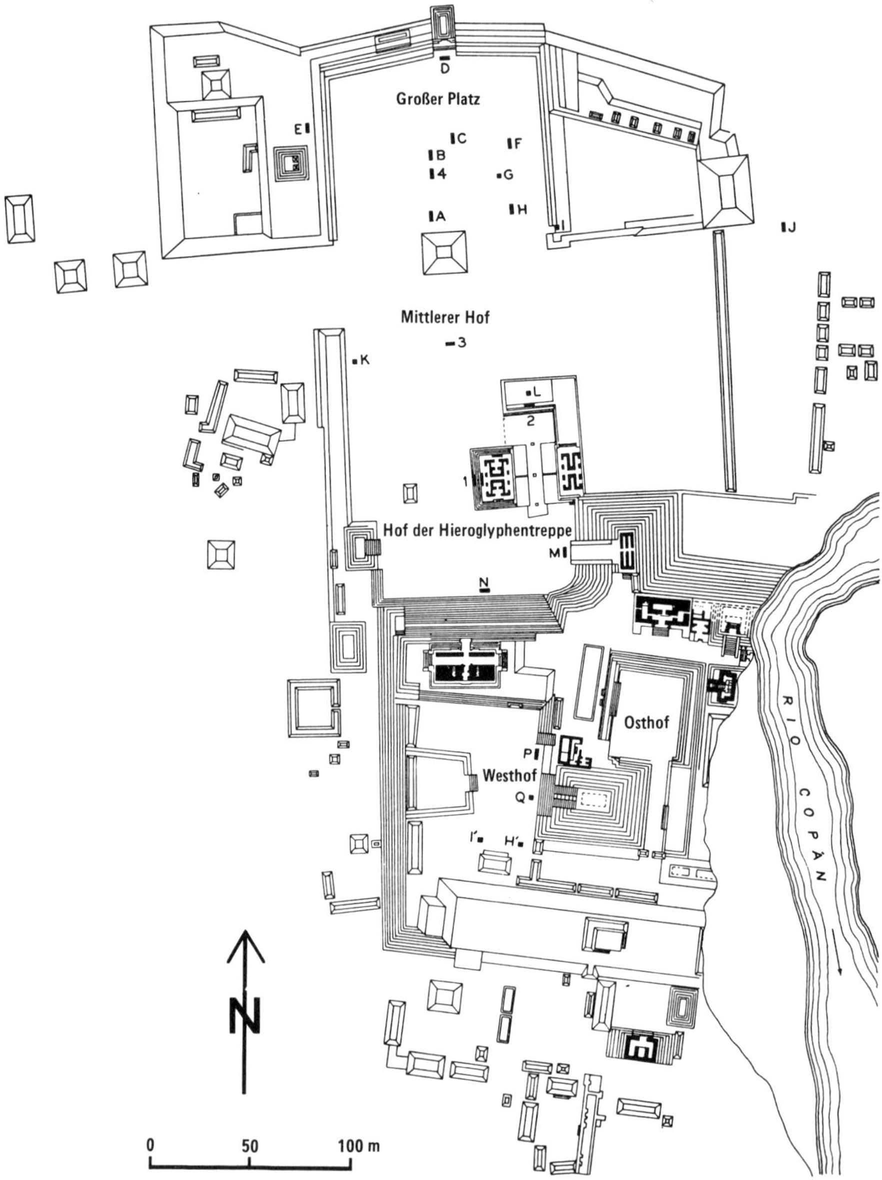

Fig. 44 Zentraler Kultbezirk des Oberzentrums Copán, Honduras

(Nach S. G. Morley, 1956)

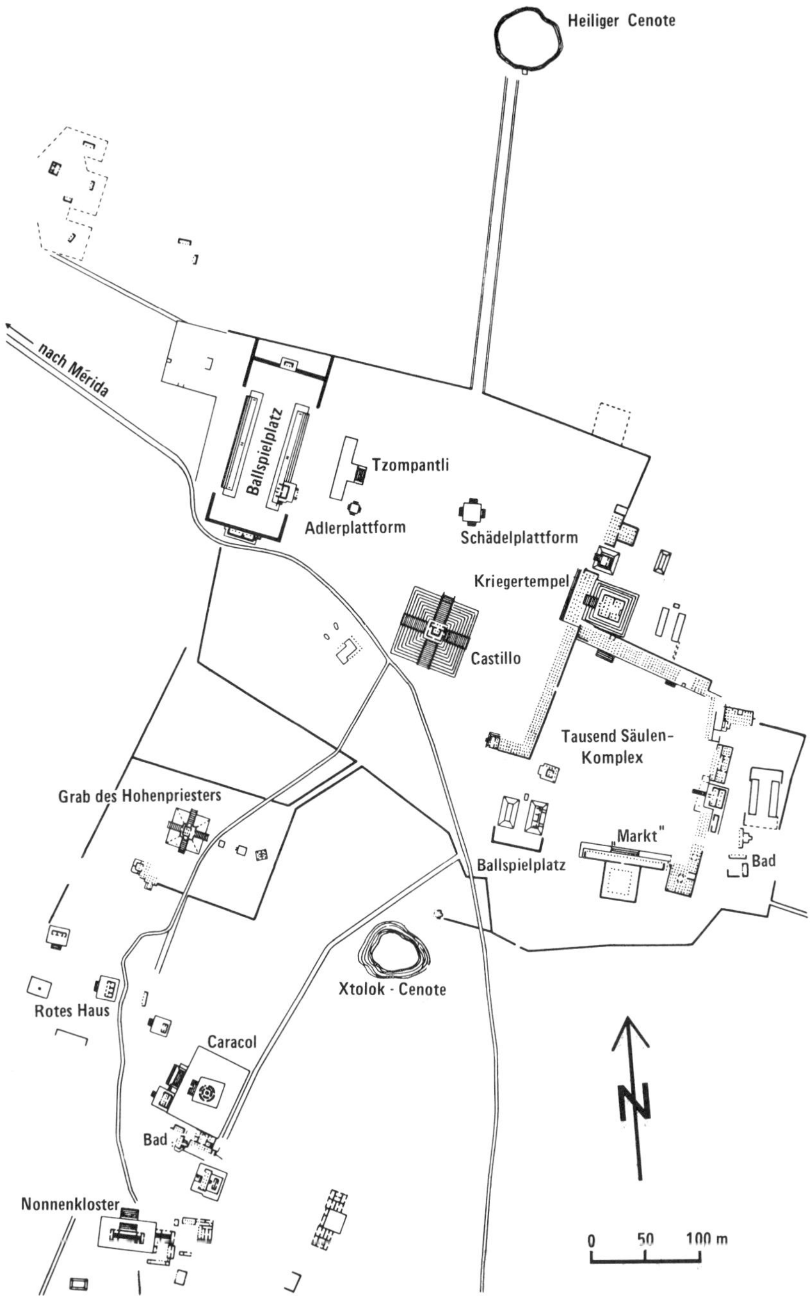

Fig. 45 Chichén Itzá, ein Oberzentrum der frühen nachklassischen Periode (etwa 975–1200 n. Chr.) im nördlichen Yucatán

Südöstlich der Straße die älteren Maya-Bauten, nordöstlich diejenigen aus der maya-toltekischen Periode.

(Nach I. Marquina und S. G. Morley, 1946)

hohen Stand, daß von Palenque trotz der randlichen Lage fruchtbare Fernwirkungen ausgingen.

Die drei Oberzentren Yucatáns reichen zwar in ihrer Anlage bis in das Klassikum zurück (S. 52), ihre Blütezeit fällt jedoch erst in das Nachklassikum. Uxmal (Fig. 53), dessen Bauten alles übertrifft, was die altamerikanische Architektur je im nördlichen und südlichen Teil des Doppelkontinents hervorgebracht hat, war einige Jahrhunderte hindurch der geistige und politische Mittelpunkt des ganzen nördlichen und mittleren Yucatán. In dieser Stellung wurde es Ende des 10. Jahrhunderts durch Chichén Itzá (Fig. 45) abgelöst, das die toltekischen Eroberer zu ihrem Herrschaftssitz machten und wo sich unter ihrem Einfluß eine maya-toltekische Architekturrenaissance vollzog. Durch Politik und Handel reichten die Ausstrahlungen Chichén Itzás bis weit in den Süden des Maya-Landes, selbst bis in das Hochland von Guatemala und Mexiko.

Vom 13. Jahrhundert an war Mayapán das letzte bedeutende Zentrum im Norden Yucatáns. Es entwickelte sich in einer Zeit zunehmender Säkularisierung und architektonischen Niedergangs. Als Zeremonialzentrum spielte es nur eine bescheidene Rolle, die Reste seiner Kultbauten sind kläglich. Aber als große ummauerte Stadt der Spätzeit mit ausgedehnten Wohnvierteln stellt sie einen bei den Maya der klassischen Zeit unbekannten Siedlungstyp dar. Dazu kommt seine ausgesprochene Hauptstadtfunktion. Die Cocom-Herrscher von Mayapán zwangen alle Territorialherren, deren Unabhängigkeitsbestrebungen sie fürchten mußten, zur Übersiedlung in ihre Residenz. Nur in diesem Exil *intra muros* fühlten die Cocom sich sicher. Trotzdem wurde Mayapán 1441 im Verlauf einer Revolte zerstört (Fig. 62 und Stadtplan im Anhang).

Die Frage nach der Zahl der Menschen, die in diesen Oberzentren gelebt haben, ist nicht leicht zu beantworten. Errichtung und Instandhaltung der vielen Kultbauten machten zweifellos in ihnen eine ständige starke Bevölkerungskonzentration erforderlich. Man glaubt, daß von der jeweiligen Gesamteinwohnerschaft drei Viertel auf die arbeitende Bevölkerung und ein Viertel auf die höhere und niedere Geistlichkeit entfielen (745, S. 106). Zur festansässigen Bürgerschaft kam die zeitweise zur Teilnahme an Kulthandlungen, zur Ablieferung von Lebensmitteln (Fig. 61) und zur Arbeit an den Bauwerken in den religiösen Zentren zusammenströmende Landbevölkerung. So war dort das tägliche Leben weitgehend durch die aus den verschiedensten Anlässen erfolgende Bevölkerungsfluktuation bestimmt. Dies erschwert es, sich ein einigermaßen verläßliches Bild von der Größe der festansässigen Einwohnerschaft zu machen.

Die zweite Schwierigkeit – Mayapán und Tulúm ausgenommen – beruht auf der fehlenden klaren Abgrenzung der Kultzentren gegen das agrarische Umland. Welche Bevölkerungsteile sollen ihnen noch zugerechnet werden, welche nicht? Von den Klein- und Mittelzentren wissen wir aus den Wohnhügelzählungen (S. 184), daß es in ihrem nahen Umkreis keine sonderlich ins Auge fallenden Bevölkerungskonzentrationen gab. Die großen Zeremonialzentren hingegen hatten eine eigene »Gemarkung«, den für ihre große festansässige Priester- und Beamtenschaft, die Handwerker und Händler erforderlichen agrarischen Versorgungsbereich. Über dessen Abgrenzung gegenüber demjenigen eines anderen größeren Zentrums war lange Zeit wenig bekannt. Theoretisch könnte man aus einer vielleicht gegen die Peripherie hin abnehmenden und einer zum nächsten Zentrum hin wieder steigenden Wohndichte in dem am dünnsten besiedelten Streifen den Grenzsaum zwischen zwei Mittelpunktsiedlungen vermuten. Aber Zu- und Abnahme der Bevölkerungsdichte in Abhängigkeit von der Entfernung zum Zentrum ist eine Modellvorstellung, deren Richtigkeit auf Grund archäologischer Befunde erst bewiesen werden mußte.

Der Klärung dieser Frage diente eine Wohnhügelkartierung in einem Teststreifen zwischen dem Oberzentrum Tikal und dem nur 18 km davon entfernten großen Regionalzentrum Uaxactún (386). Im Falle von Tikal wurde die Bestimmung der »Stadtgrenze« dadurch erleichtert, daß in 4,5 km Entfernung vom Zentrum ein für Verteidigungszwecke angelegter Erdwall von fast 10 km Länge und 8,8 km im Südosten ein ähnliches, jedoch wesentlich kürzeres Befestigungswerk verläuft (Fig. 46). Tikal ist von mehreren sumpfigen Niederungen *(bajos)* umgeben, und die Erdwälle schließen die verbliebenen offenen Zugänge über das trockene Land. Das zwischen den Wällen und Sümpfen gelegene Areal hat zweifellos den eigentlichen Siedlungsraum Tikals dargestellt. Er belief sich auf 123 km^2, von denen etwa jeweils die Hälfte auf eine dicht besiedelte zentrale und eine locker bebaute periphere Zone entfiel (562, S. 190). 1,3 km^2 der inneren Zone nahm der engere Bezirk der Sakralbauten ein (Fig. 43). Jenseits der Befestigungen und Niederungen lag das bäuerlich geprägte Umland, aber auch innerhalb der »Stadt«, besonders in den Randbereichen, lebten inmitten ihrer Hausgärten und Felder Tausende von »Teilzeitbauern«. Sie verfügten je Haushalt nur über etwa 1 ha Anbauland (562, S. 194) und müssen einem zusätzlichen Nahrungserwerb als Handwerker, Händler oder Dienstleistungspersonal nachgegangen sein.

Die Ergebnisse der Kartierungen bestätigten die Modellvorstellung: In den Außenbezirken wurden 88 Hausplattformen/km^2, an der Peripherie des Innenbezirks 197 gezählt (386, S. 308). Dies ergibt 440 Einwohner/km^2 für das agrarische Umland und 985 E./km^2 für die äußeren Wohnbereiche, also einen Anstieg der Bevölkerungsdichte um mehr als das Doppelte. Die Differenz vergrößert sich noch, wenn man den Dichtewert für die Außenbezirke wegen des dort für die Spätzeit nachweisbaren Bevölkerungsrückgangs um ein Drittel reduziert (= 300 E./km^2, vgl. S. 183). In den randlichen Wohnvierteln waren zur gleichen Zeit sämtliche Hausplattformen besiedelt, so daß für diesen Bereich der Dichtewert von nahezu 1000 E./km^2 gilt.

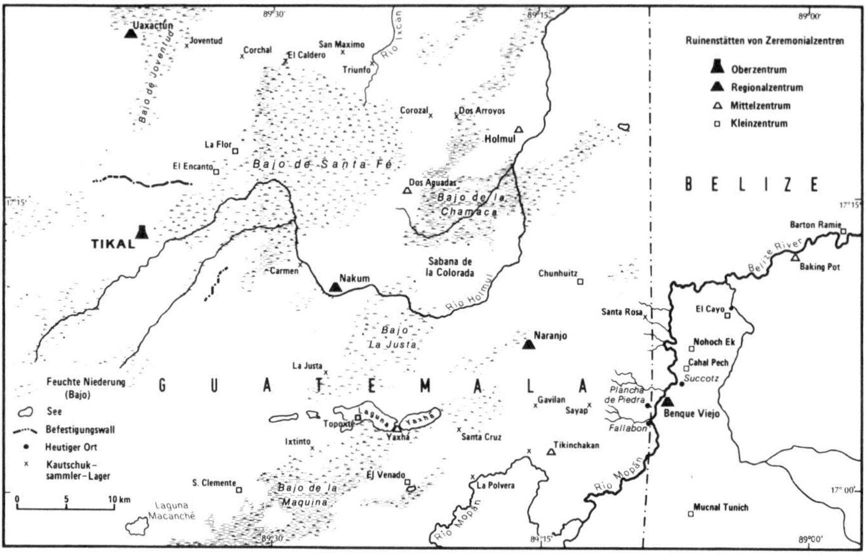

Fig. 46 Verteilung und Rangordnung der Zeremonialzentren im Gebiet der Bajos zwischen Tikal und Belize River

(Entwurf H. Wilhelmy, topographische Grundkarte nach W. R. Bullard, 1960, Lokalisierung der Befestigungswälle bei Tikal nach D. E. Puleston und D. W. Callender, 1967)

Im Kernbereich Tikals war wegen des großen Raumbedarfs der Kultbauten die Bevölkerungskonzentration merklich geringer. Dort wurden auf einer Fläche von 16 km² 3000 Baustrukturen aller Art gezählt, darunter außer solchen von Tempeln, Ballspielplätzen usw. allein 1800 Hausplattformen (Fig. 43). Unter ihnen liegt noch eine weit größere Zahl älterer Kultbauten und Wohnhaussockel verborgen. W. R. Coe (537, S. 21) schätzt die Einwohnerzahl dieses Zeremonialbezirks auf wenigstens 10 000 Menschen, was einer Bevölkerungsdichte von 625 E./km² entspricht. Auch W. A. Haviland (562, S. 193) gibt die Bevölkerungsdichte im Innenbezirk zur Blütezeit Tikals mit 600–700 E./km² an. Außer den 10 000 Bewohnern des Zentralbezirks sollen in den äußeren Wohnvierteln und im näheren Versorgungsbereich auf einer Fläche von rund 125 km² weitere 30 000 bis 40 000 Menschen gelebt haben (197, S. 59; 537, S. 105). Dieser Gesamtzahl von rund 50 000 Einwohnern, die von den besten Kennern Tikals ermittelt wurde, steht eine jüngere Schätzung gegenüber (453, S. 211), die allein 84 000 Menschen für den Bereich zwischen den beiden Wällen ansetzt. Diese Zahl bedarf noch der näheren Überprüfung.

Bleiben wir bei der vorsichtigen Schätzung von 50 000 Einwohnern, so gehört auch diese Zahl zu den größten, die bisher für ein Maya-Zentrum einigermaßen zuverlässig ermittelt worden sind. Dzibilchaltún und Cobá könnten nach ihrer Einwohnerzahl mit Tikal gewetteifert haben – falls sich die bisherigen Berechnungen als richtig erweisen –, aber nach Umfang seiner

Bauten, seiner nachweisbaren Handelsbeziehungen und seiner politischen Funktionen hat Tikal alle anderen Zentren an Bedeutung übertroffen.

Copán, Palenque, Uxmal und Chichén Itzá haben geringere Einwohnerzahlen gehabt. Archäologisch abgesicherte Berechnungen liegen noch nicht vor, aber Schätzungen von 35 000 bis 40 000 Einwohner für jedes dieser Oberzentren dürften vertretbar sein. Dies entspräche Werten, wie sie auch für die meisten Regionalzentren ermittelt worden sind (S. 270), die sich ja von den Oberzentren weniger durch ihre Größe und bauliche Gestaltung als durch das Fehlen überregionaler Funktionen unterschieden.

Mayapán war nicht nur das jüngste, sondern auch das kleinste aller Oberzentren. Innerhalb seiner Mauern sind 4140 Gebäudestrukturen untersucht und kartiert worden, darunter solche von 2800 Wohnhäusern (Karte 2 im Anhang). Sie liegen auf natürlichen Kalkkuppen oder künstlich aufgeschütteten Sockeln und schließen sich um den nur 250 m² großen zeremoniellen Kernbezirk. Da sie, als Mayapán den Gipfel seiner Entwicklung erreichte, alle von bewohnten Häusern besetzt waren, müßten zwischen 1250 und 1441 in den Wohnquartieren der Stadt 12 000 bis 15 000 (122, S. 94; 155, S. 204, 264), nach anderen Schätzungen vielleicht bis 20 000 Menschen gelebt haben (191, S. 144). Die Zahl von 35 000 (432, S. 86) ist sicherlich zu hoch gegriffen.

Von der Gesamteinwohnerzahl der Zeremonialzentren aller Größenordnungen erhält man eine ungefähre Vorstellung, wenn man die oben angegebenen mittleren Einwohnerzahlen der vier Kategorien mit der Anzahl der ihnen jeweils zuzuordnenden kultischen Mittelpunkte multipliziert. Wir legen dieser überschlägigen Rechnung die nach ihrer Rangordnung auf unserer Karte verzeichneten 365 Zeremonialzentren des Maya-Tieflandes zugrunde. Die Zentren des Hochlandes bleiben außer Betracht.

6 Oberzentren	200 000	Einwohner
27 Regionalzentren	480 000	"
67 Mittelzentren	175 000	"
265 Kleinzentren	75 000	"
365 Zeremonialzentren	930 000	Einwohner

Tab. 5 Einwohnerzahlen der Zeremonialzentren des Maya-Tieflandes in ihrer Blütezeit

Außer diesen 365 Zeremonialzentren gab es im alten Maya-Land – wie schon erwähnt – 18, einschließlich der 4 Golfküstenorte insgesamt 22 Handelsplätze, von denen in einem späteren Abschnitt noch die Rede sein wird (S. 387 ff.). Rechnet man die in diesen Orten konzentrierte Bevölkerung mit schätzungsweise 70 000 Personen hinzu, so ergibt sich eine Gesamtzahl in der Größenordnung von etwa 1 Million. Diese in den Zeremonialzentren und Handelsorten mehr oder weniger ständig ansässigen Maya in ihrer Gesamtheit als eine »verstädterte« oder gar »städtische« Bevölkerung zu bezeichnen wäre abwegig, da ihr zweifellos eine beträchtliche Zahl von Ackerbürgern angehörte, die mit dem agrarischen Umland noch eng verbunden waren.

3. Das räumliche Verteilungsmuster der Zeremonialzentren

Ein Blick auf die Übersichtskarte (im Anhang) zeigt, daß sich die Zeremonialzentren der vier Kategorien keineswegs in gleichmäßiger Streuung über das ganze Land verteilen. Ausgesprochene Verdichtungsräume – um nicht zu sagen »Ballungsgebiete« – sind der Petén, die Rio-Bec-Region und die Chenes-Puuc-Region. Stark aufgelockert ist das Siedlungsbild im nördlichen Yucatán, in Campeche, im nördlichen Belize und im Übergangsgebiet zum südlichen Hochland. In der Usumacinta-Region sind die Zentren an den Stromverlauf gebunden, was sich in kleinerem Maßstab in der Belize-River- und Acalán-Region wiederholt. Reich besetzt mit Kleinzentren ist Cozumel, und in dichter Folge säumen Klein- und Mittelzentren den dieser Insel gegenüberliegenden Küstenabschnitt des nördlichen Quintana Roo (Fig. 47). Kleinere Zeremonialplatzhäufungen finden sich im Umkreis von Copán-Quiriguá und Palenque.

Zwischen den Kerngebieten dehnen sich weite Freiräume, in denen es über Hunderte von Quadratkilometern kein einziges größeres Kultzentrum gibt, was freilich nicht besagt, daß diese leeren Flächen von den Maya agrarisch nie genutzt worden seien. In den Wäldern von Campeche sind erstaunlich viele Hausplattformen gefunden worden, die auf eine einst dichte Besiedlung schließen lassen, jedoch keine größeren Ruinenstätten wie im Petén. Es gibt in Zentralcampeche alte ländliche Wohngebiete, von denen das nächste Klein- oder Mittelzentrum bis 30 km entfernt war. Daß die »weißen Flecken« der Karte später noch einmal durch neue Ruinenfunde aufgefüllt werden, ist unwahrscheinlich (S. 45), und gelegentliche Einzelentdeckungen können das Kartenbild nicht mehr entscheidend verändern. Wir dürfen also von dem dargestellten Verteilungsmuster ausgehen und uns nach den Gründen seines Zustandekommens fragen.

Die siedlungsleeren oder nur locker mit Zeremonialzentren durchsetzten Gebiete des mittleren Quintana Roo und des nördlichen Yucatán sind dekkungsgleich mit dem Verbreitungsgebiet des nackten Karstes (Fig. 7), in dem die guten Anbauböden auf flache Mulden und Dolinen beschränkt sind und die Wasserversorgung an die Cenotes gebunden ist. Wegen Unfruchtbarkeit der kristallinen Böden sind die Maya Mountains sogar völlig von einer Besiedlung ausgespart geblieben. Der intensiv erschlossen gewe-

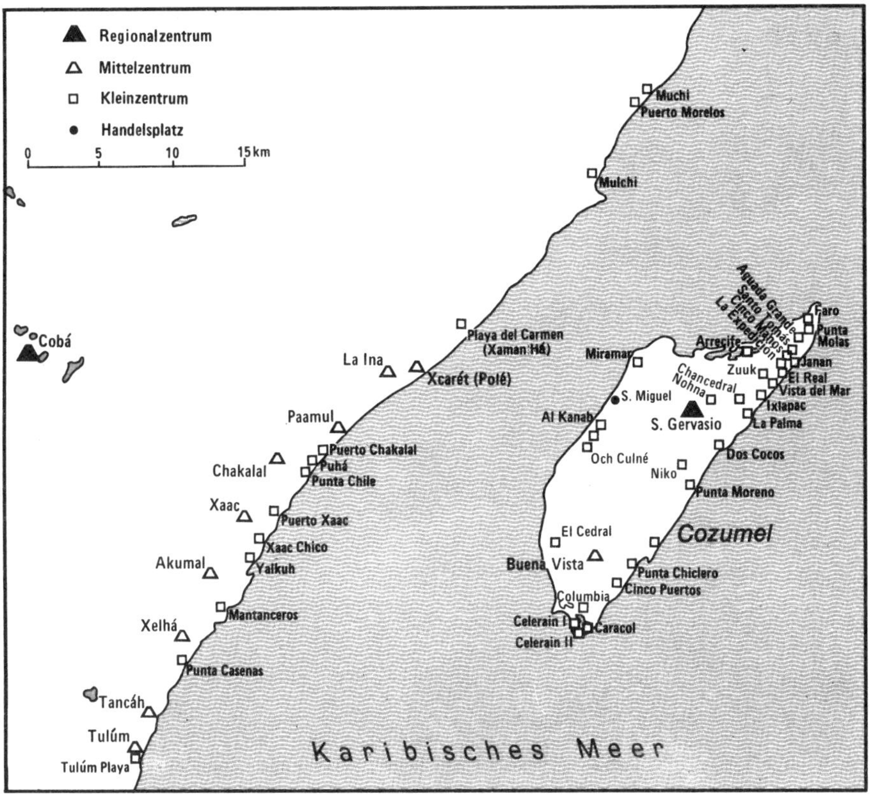

Fig. 47 Die nachklassischen Maya-Zentren an der Ostküste Yucatáns und auf der Insel Cozumel

(Entwurf H. Wilhelmy nach kartographischen Aufnahmen von A. P. Andrews, 1972, und J. A. Sabloff, W. Rathje u. a., 1974)

sene Petén liegt ebenso im südlichen Regenwaldgebiet wie die siedlungsarme Vorhügelzone am Kordillerenrand. Aber das Relief dieser Vorhügelzone ist durch Tausende von steilen Karstkegeln mit trichterförmigen Vertiefungen *(cockpits)* gekennzeichnet (S. 87), so daß der agrarischen Nutzung und Besiedlung die denkbar größten Hindernisse entgegenstanden. Die größeren Zeremonialzentren lagen daher dort alle an den Ufern der Quellflüsse des Usumacinta wie auch an diesem großen Strom selbst. Menschenleer war aber auch das abseits der Hauptflüsse gelegene Gebiet keineswegs, wie die beachtliche Zahl kleiner, zum Teil namenloser Kultstätten beweist (Fig. 48), die unter der Größenordnung der in der Übersichtskarte verzeichneten Zeremonialzentren liegen. Die Spezialkarte veranschaulicht zugleich, wie man sich auch andere »Leerräume« der Hauptkarte (im Anhang) mit kleinen und kleinsten Kultplätzen inmitten des von Weilern und Einzelhöfen bedeckten Landes aufgefüllt vorstellen muß.

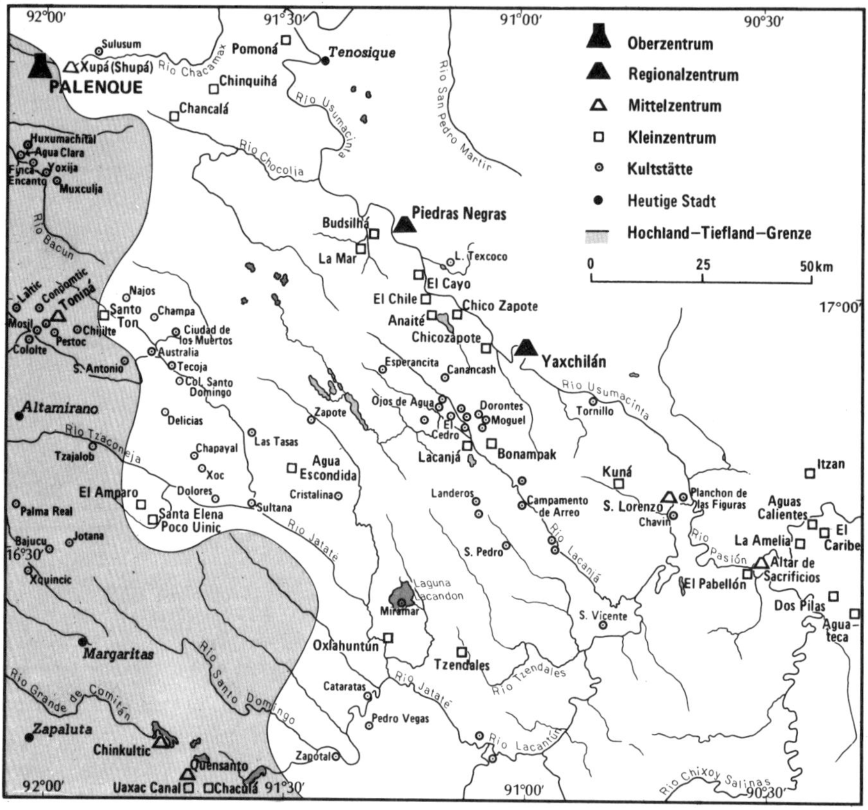

Fig. 48 Hierarchie der Zeremonialzentren im Usumacinta-Gebiet und im angrenzenden Gebirgsland von Chiapas (schattiert)

Die zusätzlich verzeichneten 62 Kultstätten (darunter 12 ohne Namen) sollen veranschaulichen, in welch starkem Maße die Kulturlandschaft der klassischen Maya-Zeit von großen, mittleren, kleinen und kleinsten kultischen Mittelpunkten durchsetzt war.

(Entwurf H. Wilhelmy unter Verwendung der Karte »La Selva Lacandona« von F. Blom, 1953)

Siedlungsfreundlicher als der südliche Kegelkarst war das topographisch weniger stark gegliederte Kuppenkarstgebiet der Puuc- und Chenes-Region mit seinen zahlreichen von roten Schwemmböden erfüllten flachen Schüsseldolinen. Das Problem der Wasserversorgung lösten die Maya durch die Anlage zahlloser großer und kleiner Zisternen. Am Rio Candelaria im Acalán-Gebiet dagegen hatten sie gegen Wasserüberfluß zu kämpfen, konnten dort aber das trockengelegte feuchte Niederungsland durch Intensivkulturen und einen ergiebigen Kakaoanbau nutzen (S. 210).

Schließlich gibt es neben diesen geographischen auch historische Gründe, die mit dem Verlauf der Einwanderungswege der Maya und dem Prozeß der fortschreitenden Landnahme verbunden sind. Manche für eine Niederlassung durchaus geeigneten Gebiete sind nur deshalb nicht erreicht worden, weil die Hochkultur vor diesem Zeitpunkt zusammengebrochen ist. Wir wissen, daß es an der Peripherie des Petén noch zu Neugründungen kam, als im Kerngebiet bereits die ersten Zentren verlassen wurden. Das Mittelzentrum Lubaantún im südlichen Belize ist zum Beispiel erst in der Schlußphase des Spätklassikums entstanden (549, S. 316) und bald wieder aufgegeben worden.

Unsere Übersichtskarte stellt die wichtigsten Zeremonialzentren im Maya-Tiefland von den Kleinzentren an aufwärts dar, und zwar unabhängig vom Zeitpunkt ihrer Gründung oder ihres Untergangs. In keiner Phase der zivilisatorischen Entwicklung der Maya ist das Tiefland *gleichzeitig* mit so vielen von Leben erfüllten Zeremonialzentren besetzt gewesen, wie man fälschlicherweise aus der Karte herauslesen könnte. Am nächsten kommt sie dem Siedlungsbild in der spätklassischen Periode (600–900 n. Chr.), aber sie verzeichnet in Yucatán auch Plätze, die erst seit dem Postklassikum existieren bzw. zu größerer Bedeutung gelangt sind. Der Schwerpunkt der Kulturentfaltung hat sich mehrfach verlagert: von den großen Flußtälern (Usumacinta, Rio de la Pasión, Belize River) in das Regenwaldgebiet des Petén – den Kernraum der klassischen Periode – und schließlich in nachklassischer Zeit in den Norden der Halbinsel. Durch diese Schwerpunktverschiebungen wird die Berechnung der in den Zentren zu einem bestimmten Zeitpunkt seßhaft gewesenen Bevölkerung erschwert. Da uns besonders die Ermittlung der Einwohnerzahl der spätklassischen Zentren interessiert, müßte die Bevölkerung der nachklassischen Mittelpunkte des nördlichen Yucatán in Tabelle 5 unberücksichtigt bleiben. Verglichen mit der errechneten Gesamtzahl fallen jedoch die Einwohnerzahlen der erst im Postklassikum entstandenen Mittelpunktsiedlungen des Nordens nicht sonderlich ins Gewicht und ändern (wenn man nicht mehr Genauigkeit als möglich vorspiegeln will) nichts an unserem nur die Größenordnung kennzeichnenden Wert von 1 Million Einwohnern in den kultischen Zentren.

Die Frage liegt nahe, ob sich in der räumlichen Verteilung der Zeremonialzentren unterschiedlichen Ranges ein Anordnungsmuster erkennen läßt, das – nach modernen stadtgeographischen Ordnungsprinzipien – eine zentralörtliche Gliederung erkennen läßt. Die Begriffe Kleinzentrum, Mittelzentrum, Regionalzentrum und Oberzentrum entsprechen der in der heutigen Stadtgeographie üblichen Terminologie, und die von W. Christaller (532) entwickelte »Theorie der zentralen Orte« besagt, daß sich um die Oberzentren ein Ring von Regionalzentren und um diese jeweils kleinere Gürtel von Mittel- und Kleinzentren schließen. Man kann nicht erwarten, daß sich eine solche Modellvorstellung exakt im wirklichen Siedlungsbild widerspiegelt: Die Abhängigkeiten von der Wasserversorgung, örtliche Geländeverhältnisse, andere Gründe und Zufälle können Abweichungen vom Idealschema bewirken, aber im Prinzip ist ein solches Anordnungsmuster auch im alten Maya-Land erkennbar. Um Tikal gruppieren sich zum Beispiel mehrere Regionalzentren und um diese zahlreiche Mittel- und Kleinzentren. In solchen Fällen, in denen Regionalzentren die einzigen größeren Mittelpunktsiedlungen innerhalb eines weiten Bereichs darstellen, wie zum Beispiel Calakmul, Naachtún und El Mirador im nördlichen Petén, werden sie ebenso von Mittel- und Kleinzentren umschlossen.

Für eine solche zentralitätsbezogene Grundanordnung sprechen auch die Entfernungen zwischen den Zeremonialzentren unterschiedlichen Bedeutungsgrades und deren Gemarkungsgrößen. Die Distanzen zwischen den großen Zentren liegen zwischen 25 und über 150 km, bei den Mittelzentren zwischen 10 und 30 km und gehen in dichtbesiedelten Gebieten bei den Kleinzentren bis auf wenige Kilometer zurück. In nur locker mit Zeremonialzentren ausgestatteten Gebieten, wie im südlichen Campeche und mittleren Quintana Roo, steigen auch die Entfernungen zwischen den Kleinzentren erheblich an. Für die großen Zeremonialzentren muß man auf Grund der Siedlungsreste Weichbildbereiche von 80–125 km^2 Fläche annehmen. Im weiteren Sinne aber waren die Regional- und Oberzentren Mittelpunkte von Flächeneinheiten, die man als Territorien, Distrikte oder Provinzen bezeichnen kann und die einen Umfang von 250–500 km^2 gehabt haben (45, S. 110; 516, S. 30).

Der Versuch, um die Ober- und Regionalzentren Kreise von »Einflußbereichen« zu schlagen oder unterschiedlich große Polygone zu konstruieren, in denen sie jeweils als Mittelpunkte erscheinen, ist wenig ergiebig, da die politischen und wirtschaftlichen Abhängigkeiten noch nicht genau genug bekannt sind. Man kann sich zwar eine solche ideale Raumordnung vorstellen – und sie wird sicherlich mit Fortgang der Forschung in Einzelfällen nachweisbar sein –, aber gegenwärtig sind die Unterlagen noch zu dürftig, um etwa für das ganze Maya-Land eine kartographische Darstellung der zentralörtlichen Gliederung wagen zu können. N. Hammonds Entwurf einer solchen Polygonenkarte der Einflußzonen (549, S. 321) erscheint zwar zunächst recht eindrucksvoll, ist jedoch, da der Autor die Rangordnung der einzelnen Zentren zu wenig berücksichtigt (S. 267), die Zahl der verzeichneten Mittelpunktsiedlungen unvollständig ist und alle Seiten der Polygone nur mathematischen Mittellinien zwischen den Zentren entsprechen, wirklichkeitsfremd.

4. Wichtigste Voraussetzung für die Ortswahl: Wasser

Strategische Gesichtspunkte spielten bei der Ortswahl nur in Einzelfällen eine Rolle. Die Zeremonialzentren waren offene, durch keinerlei Befestigungen gesicherte und für jedermann frei zugängliche Kultstätten. Ummauerte Städte (Mayapán, Tulúm, Xelhá, Ichpaatún) sind erst Schöpfungen der maya-toltekischen Spätzeit (S. 344). Schon aus prä- und frühklassischer

Zeit stammende Erdbefestigungen in Tikal (Fig. 46), Etzná, Becán, Calakmul und Uxmal (S. 341) gehören zu den wenigen (bisher bekannten) Ausnahmen von der Regel. Den Ausschlag für die jeweilige Ortswahl gaben außer dem für ein größeres Gemeinwesen geeigneten Baugrund und ausreichender Ernährungsbasis die Möglichkeiten einer sicheren Wasserversorgung.

Copán, das südöstlichste der großen Zentren in der Vorgebirgszone, liegt in 620 m Meereshöhe am Rande des maximal 2,5 km breiten Talbodens des Rio Copán, dessen klare Wasser sich weiter unterhalb mit denen des Rio Motagua vereinigen. Die zentralen Gebäudekomplexe von Piedras Negras bauen sich in 30–60 m Höhe unmittelbar über der Talsohle des Rio Usumacinta auf. In einer Mäanderschlinge desselben Flusses entstand 45 km stromaufwärts auf zum Teil künstlich eingeebnetem Gelände Yaxchilán, eines der anderen bedeutenden Regionalzentren des Südens. Die 86 Bauten von Yaxchilán erheben sich über dem Steilufer des Usumacinta, jedoch in einiger Entfernung vom Fluß, und greifen weiter landeinwärts auf die benachbarten Hügel über. Architektonisch ist die Flußuferlage nicht genutzt. Die Gebäudefronten sind vom Strom abgekehrt, so wichtig er für die Bewohner als große Verkehrsader auch war. Der Gedanke einer etwaigen Überwachung des Flußverkehrs hat offensichtlich den Maya völlig ferngelegen. Die Kultzentren am Belize River nehmen die hochwasserfreien oberen Terrassen des Flusses ein (Fig. 39 und 40). Gute Möglichkeiten der Wasserversorgung, fruchtbare Schwemmlandböden und günstige Verkehrslage boten bevorzugte Entwicklungsbedingungen für die Flußufersiedlungen, von denen aus der kolonisatorische Vorstoß in die angrenzenden Waldgebiete einfacher war als die Schaffung von Rodungsinseln im verkehrsentlegenen weiteren Hinterland. So gehören denn Altar de Sacrificios, Seibal und Barton Ramie zu den ältesten Kultzentren des Tieflandes – wahrscheinlich waren sie überhaupt die ältesten.

Ihnen gegenüber haben die etwas jüngeren Petén-Zentren nicht mehr den Vorzug der Flußlage. Tikal und Uaxactún entstanden am Rande versumpfter Talauen und Niederungen, die zur Zeit der Kultplatzgründung bereits das gleiche Aussehen hatten wie heutigentags und keine offenen Wasserflächen waren, was man zeitweilig annahm (S. 87). Die großen Steinbauten selbst liegen bereits auf festem Grund. Zur Versorgung der 50 000 Einwohner dieses Superzentrums, das überdies während der Zeremonialfeste Tausende von Besuchern aufnehmen mußte, war die Anlage von sieben geräumigen Wasserreservoiren im inneren und drei weiteren im äußeren Bezirk erforderlich. Ihrer Auffüllung mit Regenwasser dienten Leitdämme. In der sich über sieben Monate erstreckenden Regenzeit fiel genügend Niederschlag. Die von Erdwällen eingefaßten Wasserbecken liegen im anstehenden Fels, und die Mühe ihrer Anlage lohnte sich doppelt, weil man die Gruben zugleich als von den Tempelbaustellen bequem erreichbare Steinbrüche benutzte. In der Nähe der Reservoire aufgefundene unfertige Werksteine bezeugen dies.

Am Ufer des Petén-Itzá-Sees sind bisher keine Spuren größerer alter Siedlungen gefunden worden, obwohl die zwischen Regen- und Trockenzeit nur einen halben Meter betragenden Seespiegelschwankungen und eine etwa daraus resultierende Überschwemmungsgefahr nicht der dafür entscheidende Grund gewesen sein können. Nur drei Kleinzentren und einige Fischersiedlungen haben am Seeufer gelegen, denn der See ist reich an Fischen, Schildkröten und Wasservögeln, durch deren Fang die Maya ihren Speisezettel um eine eiweißhaltige Zusatznahrung bereichern konnten. Aber auf einer Insel im südlichen Teil des Sees existierte in der Spätzeit das wichtige Regionalzentrum Tayasal, und das daraus hervorgegangene Flores ist auch in der Gegenwart mit 5000 Einwohnern die größte Stadt des sonst so menschenarmen Petén.

Ebenfalls auf einer Insel lag Topoxté. Es ist wie Tayasal eine Gründung der Itzá und erst im späten Postklassikum entstanden (191, S. 119). Da im Norden Yucatáns von den Tolteken und den mit ihnen verwandten Itzá in der Spätzeit aus Verteidigungsgründen befestigte Städte angelegt wurden, ist anzunehmen, daß die Insellagen im Petén aus dem gleichen Sicherheitsbedürfnis gewählt wurden. Die Maya der klassischen Zeit hingegen haben Ortslagen an offenen Wasserflächen gemieden. Cobá, das zu den frühesten Gründungen in Yucatán gehört und dessen Ruinen in unmittelbarer Nachbarschaft von fünf wasserreichen Dolinenseen liegen, von denen zwei durch einen Kanal miteinander verbunden waren, ebenso Yaxhá, das wie Interlaken zwischen zwei Seen entstand, sind die beiden einzigen gegenteiligen Beispiele, die sich anführen lassen. Wahrscheinlich gaben die Maya den flachen Ufern der Niederungssümpfe den Vorzug, weil sie dort auf dränierten Böden und im Bereich »schwimmender Gärten« *(chinampas*, S. 215) Intensivkulturen anlegen konnten, was am Rande der Tiefwasserbecken nicht möglich war.

Ausgebaute Systeme von Wasserleitungen haben die Zeremonialzentren nicht besessen, aber wo es notwendig war, hat man für die Ableitung des Regenwassers in die Flüsse oder für seine Speicherung in Zisternen gesorgt. Durch einen Bergrutsch an der Akropolis von Copán wurde das Röhrennetz einstiger Entwässerungsanlagen sichtbar, das mit überdeckten Gräben und unterirdischen Kloaken aus Stein oder Zement den inneren Zeremonialbereich durchzog. In Palenque haben die Maya das Bett des Flüßchens Otulúm kanalisiert und mit einem falschen Gewölbe überdeckt, so daß es unterirdisch mitten durch den Tempel- und Palastbezirk seinen Weg zum Rio Usumacinta nahm (Fig. 49). Das von den Dächern der Kultbauten und den Höfen abfließende Regenwasser wurde ihm durch ein Kanalisationssystem zugeführt. Im übrigen beschränkte sich die Zu- oder Ableitung von Wasser auf die Schwitzbäder, die sakralen Reinigungen dienten. Es sind kleine,

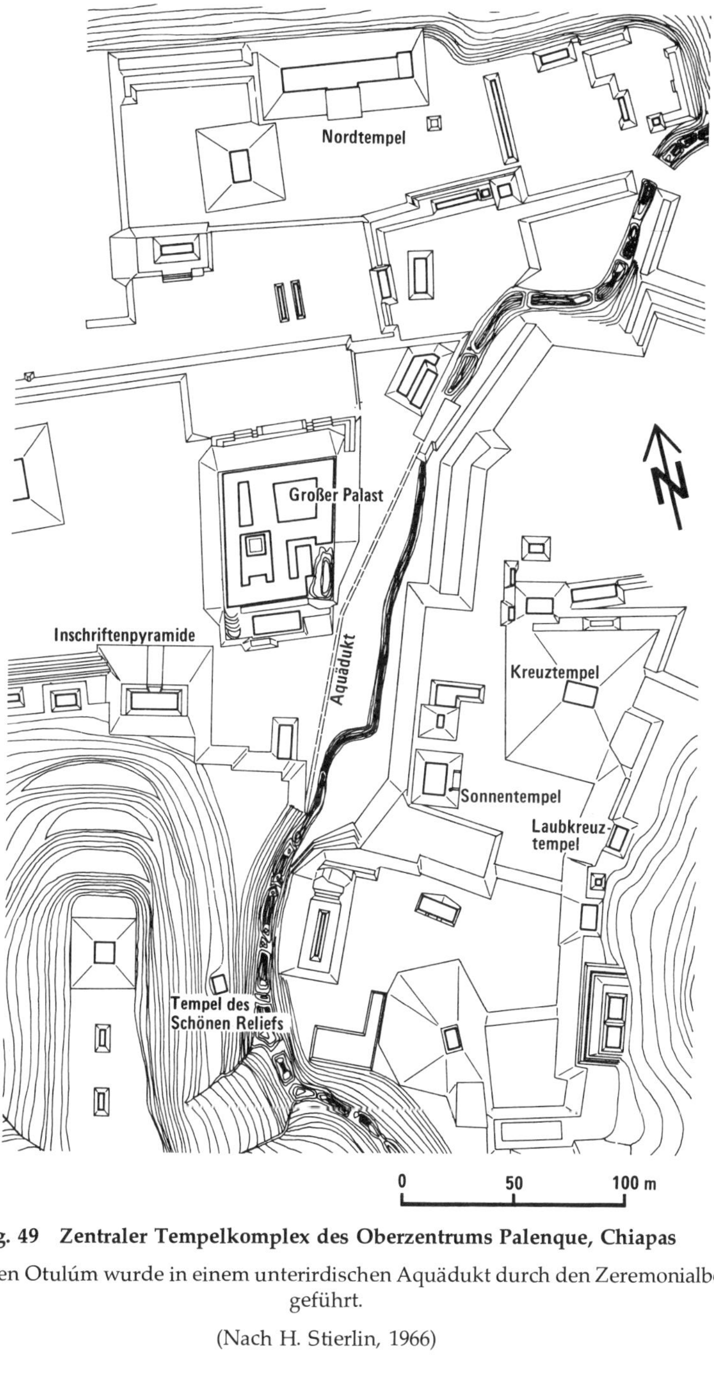

Fig. 49 Zentraler Tempelkomplex des Oberzentrums Palenque, Chiapas

Das Flüßchen Otulúm wurde in einem unterirdischen Aquädukt durch den Zeremonialbezirk geführt.

(Nach H. Stierlin, 1966)

gewölbte Kammern, deren Inneneinrichtung, Beheizungsanlagen und Kanalisationssysteme diesen Verwendungszweck erkennen lassen. Trink- und Brauchwasser wurden in erster Linie den benachbarten Fluß- und Bachläufen (in der südlichen Regenwaldzone) oder den von Wasser erfüllten Einsturzdolinen (Cenotes) und Regenwasserzisternen (im Karstland Yucatáns) entnommen.

Auf der Kalktafel Yucatáns, der offene Flußläufe fehlen, haben derartige Dolinenbrunnen (S. 76) die Lage der großen Zentren, zum Beispiel von Chichén Itzá und Mayapán, bestimmt. Der Bedeutung des Wassers im Karstland entsprechend war der Heilige Cenote Sitz des Regen- und Wassergottes, dem Menschenopfer dargebracht wurden. In der Nähe von Xcarét an der Küste von Quintana Roo (Fig. 47) gibt es Cenotes und Höhlen, von denen einige mit kleinen Schreinen und Altären ausgestattet sind (650, S. 474). Zwei weitere wasserführende Karsthöhlen mit Felsbildern wurden 1978 bei Valladolid und südwestlich der Laguna Chichancanab gefunden (593). Daß diese unterirdischen Plätze Kulthandlungen dienten, entsprang der berechtigten Sorge der Menschen um eine stets ausreichende Trinkwasserversorgung.

Wo es keine Karstbrunnen oder offene Wasserflächen gab – in der Puuc-Region, dem nördlichen Quintana Roo und Teilen des Petén –, haben die Bewohner der Zeremonialzentren ebenso wie die in diesen Gebieten lebenden Bauern künstliche Zisternen, häufig mit dem Querschnitt bauchiger Flaschen oder von Kuppelgewölben, in den Kalkfels hineingearbeitet, zu denen gelegentlich sogar Wendeltreppen hinabführen. In diese *chultuns* wurde das von den flachgeneigten Dächern der Kultbauten, von besonders dafür angelegten gepflasterten Auffangflächen und auch von den Palmwedeldächern der Hütten ablaufende Regenwasser geleitet. Der Bau solcher Zisternen war überall dort erforderlich, wo die Wohnplätze zu weit von Bach- oder Flußläufen entfernt lagen – was für manche Petén-Zentren gilt – oder es wegen der tiefen Lage des Grundwasserspiegels keine durch Einsturz entstandenen Dolinenbrunnen gibt. Dies ist im Hügelland der Puuc-Region der Fall. Die einst dort siedelnde Maya-Bevölkerung, deren großes Kultzentrum Uxmal war, hatte Tausende von Chultuns geschaffen, aus denen sie sich in diesem unter sechsmonatiger Trockenheit leidenden Gebiet ganzjährig mit Brauch- und Trinkwasser versorgten. In den Zeremonialzentren der Puuc-Region wurden die Zisternen vorzugsweise unter dem Pflaster der großen Plätze angelegt und zur Vermeidung von Unglücksfällen mit sorgsam in die kleinen oberen Öffnungen eingepaßten Steinplatten abgedeckt. In offenen Reservoiren wurde durch ein ganzes System von Kanälen das in der weiteren Umgebung von Uxmal abfließende Regenwasser gesammelt. Bereits J. L. Stephens (1843) und C. E. Brasseur de Bourbourg (1865) haben darüber berichtet (452, S. 209).

Die 67 Chultuns von Santa Rosa Xtampak hatten ein Fassungsvermögen

Bild 38 Die Nördliche Akropolis in Tikal erhebt sich auf einer künstlich geschaffenen Plattform und ist ein vom Präklassikum bis zum Spätklassikum mehrfach überbauter gewaltiger Tempelkomplex. Aus der letzten Bauphase des 8. Jhs. stammen die im Bilde sichtbaren, von den Archäologen renovierten 16 Tempel der Akropolis (vgl. den Grundriß Fig. 51).

Bild 39 Der große Ballspielplatz mit Jaguartempel (rechts) in Chichén Itzá. Der 95 m lange und 35 m breite Platz ist die größte derartige Anlage in Mesoamerika. Durch seine über 8 m hohen senkrechten Wände unterscheidet sich dieser aus der Toltekenzeit stammende Platz von allen älteren mit abgeschrägten Wänden. Der Kautschukball mußte durch die an den beiden Seiten eingelassenen Steinringe gestoßen werden (vgl. Bild 44).

Bild 40 Der Caracol in Chichén Itzá ist ein zu Beginn der Toltekenherrschaft erbautes astronomisches Observatorium mit mehreren Sehschlitzen. Lange hielt man den doppelwandigen zylindrischen Bau mit einer Wendeltreppe im Inneren – daher der Name »die Schnecke« –für den einzigen seiner Art im ganzen Maya-Land, bis in jüngerer Zeit drei weitere, ebenfalls als Sternwarten gedeutete Rundbauten gefunden wurden.

Bild 41 Der Gouverneurspalast in Uxmal gilt als ein vollendet schöner Bau. Als schmales Rechteck von 98 m Länge erhebt er sich auf einer fast doppelt so langen geräumigen Plattform, der noch eine kleinere aufgesetzt ist. Sein kunstvoll gestalteter Fries besteht aus mehr als 20000 Einzelteilen. Rechts das »Haus der Schildkröten«, dahinter die breite Freitreppe der Großen Pyramide (vgl. Fig. 53).

Bild 34 Einer der Hauptkanäle in den »Schwimmenden Gärten« von Xochimilco. Zur Gemüse- und Blumenversorgung ihrer Hauptstadt Tenochtitlán (heute Mexico City) haben bereits die Azteken im flachen Wasser des Texcocosees durch Anhäufung von Schlamm zwischen Flechtwerkzäunen und Pfahlreihen hochwertiges Anbauland gewonnen.

Bild 35 Die jeweils durch kleine Wassergräben voneinander getrennten Ackerbeete werden *chinampas* genannt. Die indianischen Gärtner düngen sie regelmäßig mit frischem Seeschlamm und bewirtschaften sie mit äußerster Sorgfalt. Luftbilder geben zu erkennen, daß die Tiefland-Maya der klassischen Zeit mit der *chinampa*-Kultur ebenfalls wohlvertraut waren (Fig. 33, 34). Sie erbrachte vielfach höhere Erträge als der Pflanzstockbau auf Rodungsland.

Bild 36 Nachbildung eines Maya-Bauernhauses als dekoratives Element im Fassadendekor des Nonnenvierecks in Uxmal (vgl. Bild 47 und Fig. 35). Da die sehr vereinfachte Hausglyphe in den wenigen erhalten gebliebenen schriftlichen Aufzeichnungen der Maya keine genauere Auskunft über das Aussehen der alten Bauernhäuser gibt, sind die – wenn auch stilisierten – Darstellungen im Fassadenschmuck von Uxmal und Labná (Bild 61) von besonderem Wert. Sie beweisen, daß sich das Konstruktionsprinzip seit alten Zeiten nicht verändert hat (Bild 37).

Bild 37 Ein aus lehmbeworfenem Knüppelwerk erbautes yucatekisches Bauernhaus *(choza)* von heute. Das steile Satteldach wird mit Gras, Palmwedeln oder Maisstroh gedeckt. Die Schmalseiten des ursprünglich rechteckigen Hauses pflegt man seit dem 18. Jh. apsisartig abzurunden (Fig. 36).

von 1500 m³ (451, S. 640). Eine einzelne Zisterne reichte für die permanente Wasserversorgung von 25 Personen, das heißt von vier bis fünf Familien, aus. Man hat errechnet, daß die Chultuns der größeren Zentren in der Puuc-Region (Uxmal, Kabáh, Sayil und Labná) den jährlichen Wasserbedarf für 2000 bis 6000 Menschen je Kultstätte decken konnten (122, S. 265). Die toltekischen Eindringlinge, die im 10. Jahrhundert Yucatán besetzten, nutzten diese Situation, um die Puuc-Region mit ihrem Zentrum Uxmal für alle Zukunft auszuschalten: Sie zerstörten systematisch sämtliche Wasserspeicher und verpflanzten die Bevölkerung in den Norden Yucatáns, wo die Fülle der Cenotes eine Konzentration der Umsiedler in leicht kontrollierbaren größeren Siedlungen erlaubte. Auch eine spätere Rückkehr in die alte Heimat war wegen des unlösbaren Wasserproblems nicht möglich. Die zwangsweise durchgeführte Entvölkerung der Puuc-Region gerade im Zeitpunkt ihrer höchsten kulturellen Entwicklung führte nicht nur zum schnellen Verfall der dortigen Zeremonialzentren mit den bedeutendsten Bauten des präkolumbischen Amerika, sondern sicherte vor allem die künftige überragende Stellung von Chichén Itzá (122, S. 89). Bis heute ist die Puuc-Region ein menschenarmes Gebiet geblieben.

Einige Forscher bezweifeln, daß die im weniger von Wasserproblemen betroffenen Petén angelegten Chultuns ausschließlich als Zisternen gedient haben. Die bauchigen Aushöhlungen, von denen man allein in Tikal einige hundert gefunden hat und deren älteste aus der Zeit um 200 v. Chr. stammen (562, S. 196), können auch als Vorratskammern, besonders für Brotnüsse (S. 195), oder als Schwitzbäder verwendet worden sein. Vorratsspeicher waren mit großer Wahrscheinlichkeit solche Chultuns, die nicht nur aus einer Kammer, sondern zwei oder mehr seitlich angegliederten Kavernen in unterschiedlichem Niveau bestehen. Sie sind durch Schwellen und Stufen voneinander getrennt, also nicht gerade praktisch für Einlaß oder Entnahme von Wasser. Sie gleichen eher Kellern für die Einlagerung von Vorräten. Derartige Chultuns sind in größerer Verbreitung besonders im nordöstlichen Petén gefunden worden (476, S. 362). Die Hohlräume liegen in einem weichen Mergelhorizont *(sascab)* unter der harten Kalkplatte. Es können also auch hier anfänglich für Bauzwecke (oder zur Düngung?) ausgebeutete Mergelgruben gewesen sein, die man dann nach sorgfältiger Glättung der Wände als Keller benutzte. Von kleineren Chultuns wissen wir aus aufgefundenen Beisetzungsresten, daß sie zum Teil als Grabstätten dienten (45, S. 60). Manche sind auch mit Abfällen angefüllt. Mit Sicherheit waren sie keine Brunnen, da sie nicht bis zum Grundwasserniveau reichen oder – wie moderne Bohrungen bei Santa Rosa Corozal im Küstengebiet des nördlichen Belize zeigten – dicht unter dem Boden der Chultuns bereits Brackwasser ansteht. Die Existenz von unterirdischen Zisternen oder Vorratskellern ist durch Keramikfunde seit dem Präklassikum über das Klassikum bis in die Spätzeit nachgewiesen.

5. Die Namen der Zeremonialzentren

Wie die Maya der klassischen Periode einst ihre Kultstätten benannten, ist unbekannt. Die Annahme, daß die sogenannten Emblemglyphen (S. 396) Stadtnamen sind, wäre zu einfach. Tatsächlich bezeichnen sie gleichermaßen die mythische Herkunft der herrschenden Geschlechter. Überliefert sind uns nur durch die Chilám-Balám-Bücher (S. 34) die Originalnamen der Spätzeit von sieben Zeremonialzentren im nördlichen Yucatán: Uxmal, Chichén Itzá, Cobá, Mayapán, Izamal, Chacanputún und Tihó (122, S. 270). Uxmal ist die hispanisierte Form des Maya-Wortes Oxmal und bedeutet »die dreimal Erbaute«, was den tatsächlichen historischen Geschehnissen entspricht. Chichén Itzá ist mit »am Brunnen der Itzá gelegen« zu übersetzen. Cobá *(cob-há)* heißt »gekräuseltes Wasser«, eine Anspielung auf die fünf benachbarten Dolinenseen. Von Tulúm wird angenommen, daß der ursprüngliche Name Tzama war (736, S. 146), und Dzibilchaltún, »der Ort der flachen Steine mit den Zeichen«, soll noch im 16. Jahrhundert Holtún Chable geheißen haben (94, S. 171).

Originalnamen aus dem südlichen Kerngebiet mögen Pusilhá und Quiriguá sein (172, S. 337). Viele Namen in Maya oder Pseudo-Maya klingen zwar sehr alt und echt, sind aber in Wahrheit Neuschöpfungen. Selbst der Name Tikal, den J. E. S. Thompson für alt hielt, entstand erst nach der Entdeckung des alten Zentrums. Die am Petén-Itzá-See lebenden Indianer nannten die Ruinenstätte den »Ort, an dem Geisterstimmen ertönen«, in Maya: *tikal.* Der Name des dicht benachbarten Uaxactún (Maya: *uaxac* = acht, *tún* = Stein) ist noch keine 70 Jahre alt. Copán ist vermutlich nach dem Häuptling Copan Calel benannt, der 1530 sein Stammesgebiet gegen die vorrückenden Spanier verteidigte. Als Diego Garcia de Palacio 1576 den ersten Bericht über diese große Ruinenstätte an Philipp II. nach Spanien schickte, schildert er sie bereits unter dem Namen Copán. Noch weit jünger ist die Benennung von Yaxchilán. A. P. Maudslay, der die schon lange bekannte Ruinenstätte als erster Wissenschaftler besuchte, taufte sie auf den der Maya-Sprache entlehnten Namen Menche, zu deutsch »grüner Baum«. D. Charnay (1885) nannte sie nach dem Geldgeber für seine Expedition Lorillard. Von T. Maler stammt ihr schließlich beibehaltener Name Yaxchilán = Ort der grünen Steine. 1926 fand Th. Gann an der Chetumalbucht eine Ruinenstätte, die seitdem als Ichpaatún bekannt ist. Bonampak bedeutet »Ort der bemalten Wände«. Der inzwischen berühmt gewordene Tempel mit seinen in leuchtenden Farben ausgeführten Freskogemälden wurde erst 1946 entdeckt. Der Archäologe S. G. Morley hat der kleinen Ruinenstätte ihren jetzigen Namen in der Sprache der dort lebenden Lacandonen gegeben.

Viele der Ruinenstätten wurden von den Spaniern nach Heiligen, örtlichen Besonderheiten oder anderen auffälligen Merkmalen in ihrer Sprache benannt. So bedeutet Palenque »Ort der Palisaden«. Vermutlich gab es in der Nähe der Ruinen in der Eroberungszeit ein gegen Indianerüberfälle mit Palisaden gesichertes Truppenlager. In Belize treten auch englische Namen auf, wie Baking Pot, Floralpark oder Richmondhill. Viele ländliche Kultplätze, auch einige Kleinzentren, sind bis jetzt namenlos. Auf einigen Karten in diesem Buch (z. B. Fig. 48) finden sich daher auch Signaturen ohne Ortsangaben.

6. Strukturmerkmale der kultischen Kernbezirke

Ihrem durch die Jahrhunderte gleichbleibenden kultischen Hauptzweck entsprachen Anlage und Grundrißgestaltung der Zeremonialzentren jeder Größenordnung. Nur regional – in erster Linie topographisch bedingt – ergaben sich gewisse Unterschiede. Zeremonialzentren am Hochufer des Usumacinta, im Kegelkarst des Petén oder auf der flachen Kalktafel Yucatáns hatten dank der unterschiedlichen landschaftlichen Kulisse ein erheblich voneinander abweichendes Aussehen. Das Kegelkarstrelief des Petén zwingt zur Gebäudekonzentration und begünstigt Akropolisanlagen. Auf der Karstebene des nördlichen Yucatán hingegen ist die Bebauung weit lockerer und anscheinend regellos, folgt jedoch zu einem erheblichen Teil bestimmten, meist astronomisch fixierten Achsen (S. 297). In Chichén Itzá sind die einzelnen Gebäudekomplexe durch größere Freilandflächen voneinander getrennt. Wenn auch die monumentale Wirkung der Zeremonialbauten durch ihre Isolierung kaum beeinträchtigt, vielleicht sogar gelegentlich noch gesteigert wird, so bleibt der Gesamteindruck derartiger aufgelokkerter Baukomplexe doch hinter dem der Akropolisanlagen zurück (Fig. 50). Der im Norden und Süden von je einer Akropolis überragte Große Platz in Tikal (Bild 5) wird von zwei hohen Tempelpyramiden flankiert: im Osten vom »Tempel des Großen Jaguars« (Tempel I), im Westen vom »Tempel der Masken« (Tempel II). Sie und die beiden Akropolen sind das imposanteste Beispiel für die Götterberge und Götterburgen der Maya. Die nördliche Akropolis (Bild 38) besteht aus einer gigantischen, 13 m über dem Großen Platz gelegenen künstlich geschaffenen Plattform, über die sich elf große Tempel erheben (Fig. 51). Selbst weit weniger bedeutende Kultzentren, wie Bonampak, besaßen eine kleine Akropolis.

Eine Zwischenstellung nimmt die Rio-Bec-Region ein. In diesem Kuppenkarstgebiet fehlen die großartigen Akropolen des Petén. Hochaufragende Tempelpyramiden sind dort selten, und auch für die Gruppierung der Zeremonialbauten um die Versammlungsplätze scheinen weniger feste Regeln bestanden zu haben.

Allen Maya-Zentren der klassischen Zeit gemeinsam war das Fehlen eines nach einem gewissen Planschema angelegten Straßennetzes. Durch Steinpackungen befestigte Wege verbanden zwar innerhalb der Zentren die

Fig. 50 Die Akropolis von Copán, Honduras

(Rekonstruktion von T. Proskouriakoff, 1963)

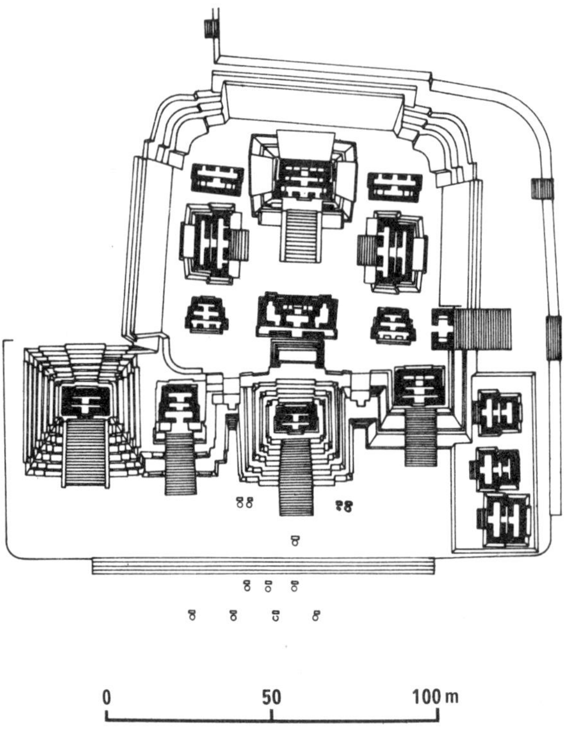

Fig. 51 Die nördliche Akropolis von Tikal, Petén

Unmittelbar nördlich an den großen Platz anschließend erhebt sich auf einer von Menschenhand geschaffenen riesigen Plattform, 13 m über dem Niveau der Plaza, der großartigste im Frühklassikum entstandene Tempelkomplex des Maya-Landes.

(Nach W. R. Coe, 1968)

einzelnen Zeremonialkomplexe, zum Beispiel in Tikal, Uaxactún oder Oxkintok, aber sie erfüllten nur diesen Zweck und paßten sich nicht in eine übergeordnete, zusammenhängende Streckenführung ein. In Tikal (Fig. 43) sind fünf solcher Straßenzüge aus spätklassischer Zeit mit solidem Unterbau und hellem Belag freigelegt worden. Gepflasterte Wege führten zu den Brunnen, so ein 300 m langer Steindamm in Chichén Itzá zum Heiligen Cenote (Fig. 45). Alle diese »Prozessionsstraßen« dienten nur der Verbindung zwischen den einzelnen Gebäudegruppen. Auf ihnen bewegten sich – durch die dammartige Erhöhung der Trassen weithin sichtbar – farbenprächtige festliche Züge von einem Tempelbezirk zum anderen. Ein eigentliches städtisches Straßennetz erübrigte sich, da man wegen des Fehlens von Wagen und Tragtieren alle Lasten auf dem Rücken von Menschen transportierte. Dafür genügten einfache Trampelpfade.

Nicht im Petén, aber im nördlichen Yucatán bezeichnete gelegentlich ein prächtiger, als falsches Gewölbe architektonisch eindrucksvoll gestalteter Triumphbogen die »Grenze« zwischen zwei Zeremonialkomplexen. Die Prozessionsteilnehmer durchschritten ihn, um in den nächsten Tempelbezirk zu gelangen. In Labná steht auf einem vierstufigen Sockel ein solches aus dem 8. oder 9. Jahrhundert stammendes Tor, dessen wuchtige Seitenanbauten reiche Steinmosaiken im Puuc-Stil zieren. Ein ähnliches imposantes, jedoch schmuckloses Tor erhebt sich am Rande von Kabáh und bezeichnet wie das in Labná (Bild 61) den Anfang einer streckenweise noch gut erhaltenen Zeremonialstraße, die sich etwa 15 km weit in Richtung Uxmal verfolgen läßt (Fig. 67).

Eigentliche »Stadttore« gab es nicht, da die Zentren der klassischen Zeit nicht ummauert waren und die Wohnviertel der festansässigen Bevölkerung ohne erkennbare Begrenzung in die durch Weiler und Einzelhöfe geprägte Agrarlandschaft übergingen. Auch innerhalb der großen Zentren schoben sich zwischen die einzelnen Kultbaukomplexe mit »privaten« Wohnhäusern locker besetzte Areale ein, die genügend Raum für Hausgärten und sogar noch für 1/2–1 ha landwirtschaftlicher Nutzfläche ließen. Wenn man vom physiognomischen Erscheinungsbild her einen Vergleich mit einer uns vertrauten Siedlungsform sucht, so wird man am ehesten an eine Gartenstadt denken, die sich um einen oder mehrere architektonische Brennpunkte, zum Beispiel ein Schloß, in den USA um das Kapitol mit Regierungsviertel, eine Kirche oder ähnliche Zentralbauten, schließt.

Keimzelle aller Zeremonialzentren war der von einem oder mehreren Tempeln flankierte, gewöhnlich rechteckige Versammlungsplatz. Mit seiner Anlage beginnt die Geschichte jeder Kultstätte, und manche Plaza hat nahezu 1000 Jahre hindurch die gleiche Funktion des zentralen Zeremonialplatzes beibehalten. Dies wird durch das Alter der Stuckpflasterlagen bewiesen, von denen zum Beispiel in Tikal vier übereinander folgen (537). Das älteste der Pflaster unter der großen Plaza (Bild 5) stammt aus der Zeit um 150 v. Chr., das oberste, jüngste wurde um 700 n. Chr. verlegt. Da sich die Ausmaße des Platzes die Jahrhunderte hindurch nicht verändert haben, ist der Schluß berechtigt, daß Tikal seit Beginn seiner Existenz zu den führenden Zeremonialzentren des Maya-Landes mit einer entsprechend großen Dauerbevölkerung gehört hat. Bestätigt wird diese Deutung durch die ebenfalls unter der »Plaza der sieben Tempel« im Südwesten des Großen Platzes aufgefundenen verschiedenen Pflasterungen, von denen die älteste Lage sogar noch aus präklassischen Zeiten stammt. Aus der Tatsache, daß sich die großen Plätze während der ganzen Existenzdauer von Tikal unverändert erhalten haben und die Zeremonialgebäude – wenn auch mehrfach überbaut – ihren ursprünglichen Standort beibehielten, ergibt sich für Tikal wie für die meisten anderen Zentren eine außerordentliche Konstanz der in der Gründungszeit einmal festgelegten Siedlungskerne.

Um eine Vorstellung von der Größe dieser Zeremonialplätze zu vermitteln: Die Große Plaza zwischen Tempel I und II in Tikal (Fig. 43) mißt 120 × 75 m, bedeckt also eine Fläche von knapp einem Hektar. In Yaxchilán beträgt die Längsausdehnung des größten Platzes sogar 300 m, in Xultún 245 m und in Copán 236 m. Auf der Großen Plaza von Copán konnten sich 50 000 Menschen versammeln (174, S. 118; 191, S. 86). Der Petersplatz in Rom ist vergleichsweise 340 m lang und bis 240 m breit. Dort haben bis 300 000 Menschen Platz. Wo bergiges Gelände und enge Flußtäler keinen Raum für die Anlage großer Plätze boten, schuf man ihn durch Terrassierung der Hänge und begnügte sich mit der Gebäudegruppierung um kleinere Anhöhen, wie zum Beispiel in Palenque oder in Piedras Negras und Yaxchilán am Usumacinta.

Fest in den Plan der Platzanlagen miteinbezogen waren in den Stuckboden der Plazas eingelassene Stelen und runde oder rechteckige Altäre (Bild 13). Durch ihre Anordnung auf den Zeremonialplätzen in Front der gewaltigen Baukörper von Tempeln und Palästen oder zwischen den Gebäuden standen die Stelen in enger Verbindung zu den Schöpfungen der Architektur, bildeten mit diesen eine Raumeinheit und verfehlten durch eine derartige Akzentuierung der Gesamtanlage sicherlich nicht ihre Wirkung auf die Menschenmassen, die Plätze, Terrassen und Tribünen füllten.

Weiträumigkeit der Anlage, Ausfüllung der verbliebenen Freiräume zwischen den Kultbauten mit tribünenartigen, getreppten Plattformen und langen Stufenfolgen lassen keinen Zweifel daran, daß diese Plätze der Versammlung großer Menschenmassen dienten, vor deren Augen sich hier wie auf einer grandiosen Freilichtbühne die spektakulären Zeremonialhandlungen abspielten. Der sich über den Platz verbreitende Duft und Rauch des in Tonpfannen verbrannten Räucherharzes (Kopal) steigerte noch die feierliche Stimmung. Zugleich benutzte man die Plätze, besonders in den größeren Zentren der Spätzeit, für die Abhaltung von Märkten. Sie fanden alle fünf Tage statt. Ob es in den Zeremonialzentren auch überdachte Markthallen gegeben hat, ist fraglich. Ein großes, von Korridoren mit falschen Gewölben umschlossenes Rechteck in Tikal könnte eine solche Anlage gewesen sein (174, S. 123). Der sogenannte *mercado* in Chichén Itzá dagegen war kein Marktplatz, aber diese Bezeichnung wurde beibehalten, weil die Ausgräber den Bauwerkrest anfänglich für einen solchen hielten. Es handelt sich dabei um eine aus dem 12. Jahrhundert, also der toltekischen Zeit stammende, über 70 m lange und 4,5 m breite Terrasse mit Galerie, in der 2 1/2 m hohe vierkantige und runde Säulen miteinander abwechseln. Es war das längste und breiteste (4,25 m!) von einem falschen Gewölbe überdeckte Gebäude des ganzen Maya-Gebietes. Hinter der Galerie liegt ein Hof von 31 × 31 m Seitenlänge. Die Ausgrabungen haben keinerlei Zeugnisse erbracht, daß diese Anlage für Marktzwecke verwendet wurde (603, S. 230). Der Mercado, von dem man nicht mehr weiß, ob er anderen weltlichen Zwecken oder zeremoniellen Veranstaltungen gedient hat, wird im Süden vom großen Hof der 1000 Säulen begrenzt, von dem viel eher anzunehmen ist, daß er ein offener Marktplatz war. Dies beweist eine große Anzahl kleiner Plattformen und mit Steinlinien begrenzter Areale, die vielleicht einmal kleine Hallen oder Plätze für Marktstände gewesen sind.

Außer Tempeln und Palästen gehörten Ballspielplätze (Bild 39) zu den wichtigsten kultischen Anlagen, die meist an die Versammlungsplätze unmittelbar angrenzten und mit ihnen zusammen den Kern des Zeremonialbezirks bildeten. Vor 300 n. Chr. fehlten sie noch, aber seit Beginn des Klassikums und vor allem in der Blütezeit nehmen sie ihren festen Platz im baulichen Bestand aller größeren Kultzentren ein. Der älteste bekannte Ballspielplatz wurde zwischen 1000 und 700 v. Chr. in La Venta, im Olmekenland (S. 18), geschaffen. Von dort verbreiteten sich derartige Anlagen über ganz Mesoamerika. Die langgestreckten, meist in die Erde versenkten, sehr unterschiedlich großen Plätze mit schräg abfallenden Wänden und Tribünen dienten der Durchführung ritueller Spiele, nicht profaner sportlicher Betätigung, es sei denn zu Übungszwecken. In manchen Zentren sind mehrere Ballspielplätze gefunden worden, von denen die kleineren sicherlich Übungsplätze waren. Die von den Spielern mit der durch einen baumwollgepolsterten Lederpanzer geschützten Hüfte gestoßenen, 3–4 kg schweren Kautschukbälle symbolisierten den Himmelslauf der Sonne, der durch das Spiel magisch beeinflußt werden sollte. Der Ausgang des Spiels hatte mythologisch-prophetische Bedeutung, denn dem Anführer der siegreichen Mannschaft stand das Recht zu, die drei bis fünf unterlegenen gegnerischen Spieler zu töten und der Sonne zu opfern (Bild 44).

Ihre weiteste Verbreitung haben die Ballspielplätze im Südosten des Maya-Landes, wo Copán den schönsten und am besten ausgebauten der bisher freigelegten 50 Ballspielplätze besitzt. Chichén Itzá hatte neun, darunter die größte aller derartigen Anlagen im Maya-Land mit Spielfeldausmaßen von 35 × 95 m gegenüber einer Normalbreite von 7–20 m und

30–50 m Länge. Daß dieser Platz im Unterschied zu anderen von senkrechten Mauern mit zwei eingelassenen Steinringen begrenzt wird, beruht auf toltekischen Einflüssen.

Nur einer der neun Ballspielplätze in Chichén Itzá hat eine Ost-West verlaufende Achse. Der große Ballspielplatz ist mit einer Abweichung von 17° 24′ Nord-Süd orientiert. Bei den anderen Plätzen liegen die Werte zwischen 16° und 17°. In Copán verläuft die Längsachse Nord 6° 31′ West (522, S. 12). Sonnenaufgangs- und Sonnenuntergangspunkte scheinen also nicht grundsätzlich die Richtung der Längsachsen bestimmt zu haben. In Campeche sind von sieben Ballspielplätzen verschiedener Zeremonialzentren drei Ost-West und vier Nord-Süd orientiert (605, S. 6).

Benennung und Funktion der Ballspielplätze sind eindeutig, aber viele der heute gebräuchlichen Bezeichnungen für andere Bauten in den Ruinenstätten erwecken falsche Vorstellungen. So war die Stufenpyramide »El Castillo« in Chichén Itzá nie ein Kastell, und die Bezeichnungen »Nonnenkloster« (Casa de las Monjas) für den südlichsten Bau in Chichén Itzá (Fig. 52) oder »Haus des Wahrsagers« (Casa del Adivino) für eine Pyramide mit ovalem Grundriß in Uxmal sind völlig aus der Luft gegriffen. Das sich dort um einen großen Innenhof schließende weitläufige »Nonnenviereck« war ebenfalls kein Kloster, sondern gehörte wie der ganz willkürlich benannte »Gouverneurspalast« zu den großen Palastanlagen, für deren einstige Nutzung unterschiedliche Erklärungen gegeben werden (S. 325).

Fig. 52 Hauptfassade des »Nonnenklosters« in Chichén Itzá um 1880 (vgl. Fig. 45)

(Nach einem Stich von D. Charnay, 1885)

Den Zeremonialzentren der Maya lag zwar nicht die streng axial-schematische Ordnung der mexikanischen Hochlandstädte zugrunde, für die Teotihuacán mit seiner 1,7 km langen, von zahlreichen Querstraßen gekreuzten und durch die Mondpyramide abgeschlossenen »Straße der Toten« das klassische Beispiel ist. Aber sakralkultische Planideen bestimmten bei den Maya wie überall in Mesoamerika die Orientierung der Pyramiden, Tempel und Paläste. Nicht nur für die großen Bauten selbst, auch für deren Plazierung innerhalb der Zentren müssen die Maya auf Feigenbastpapier (S. 27) gezeichnete Pläne besessen haben. In den Wohnvierteln außerhalb der kultischen Kernbezirke mit ihren auf Grund religiöser und kalendarischer Vorstellungen fixierten Fluchtlinien der Gebäude scheint zwar bauliche Regellosigkeit vorzuherrschen, in Wahrheit galt jedoch auch für die einfachen Wohnhäuser als lagebestimmender Grundsatz die Orientierung nach den glückverheißenden Himmelsrichtungen (S. 246). Während für die alten bäuerlichen Fluren in den weitgespannten Beckenlandschaften des Hochlandes von Mexiko vor allem von F. Tichy (631–633; 636) eine enge Bindung des Verlaufs der Feldgrenzen an die gleichen Richtungen nachgewiesen wurde, die den Fluchtlinien der alten Sakralbauten entsprachen, sind ähnliche exakte Übereinstimmungen der Milpagrenzen mit derartigen Orientierungslinien aus dem Maya-Land infolge Fehlens genauerer topographischer Karten und flächendeckender Luftbilder bisher nicht bekannt geworden. Einzelbeobachtungen sprechen jedoch für vergleichbare Anpassungen.

Die Orientierungsprinzipien für Platzanlagen und Gebäudefluchtlinien sind komplizierter, als es bei der flüchtigen Prüfung der Ruinenpläne den Anschein hat. Auf das kosmische Quadrat oder kosmische Kreuz bezogene Orientierungslinien sind unerwartet selten. Dem kosmischen Viereck, das heißt Nordwest-Südost ausgerichteten Bauachsen, entspricht von allen größeren Zeremonialzentren nur Quiriguá. Sucht man nach Achsen, die Nord-Süd oder Ost-West verlaufen, stößt man auf die nördliche Akropolis von Tikal (Fig. 51), die älteste Baugruppe dieses großen Zeremonialzentrums, deren Fluchtlinien sich seit dem Präklassikum nicht verändert haben. Die berühmte, astronomischen Zwecken dienende Tempelgruppe E in Uaxactún ging nach der Skizze S. G. Morleys (Fig. 54) als Prototyp einer nach den Haupthimmelsrichtungen orientierten Baugruppe in die Literatur ein. Bei manchen anscheinend ebenfalls auf die sphärischen Koordinaten bezogenen Palastbauten fragt man sich freilich, welchem Richtpunkt die Hauptbedeutung beizumessen wäre; für die Ost-West-Orientierung könnten Beziehungen zum Sonnen- und Regengott maßgeblich gewesen sein, für die Türöffnungen hingegen die Nord- oder Südexposition. Schließlich meinte man in dem nach den Haupthimmelsrichtungen ausgelegten Stadtplan von Teotihuacán den überzeugendsten Beleg für das maßgebliche Orientierungsprinzip mesoamerikanischer Kultstätten und Kultbauten gefunden zu haben.

Diese Vorstellung einer einfachen Anpassung der Fluchtlinien an die Haupthimmelsrichtungen, die vor allem auf ungenauen Kompaßmessungen in der Frühzeit der Maya-Forschung beruhte, mußte aufgegeben werden, als sich durch exakte Theodolitmessungen und die Auswertung von Luftbildern ganz beträchtliche Abweichungen der Bauwerkachsen von der Nord-Süd- bzw. Ost-West-Richtung ergaben. Am frühesten bekannt wurde eine Winkelabweichung von der Nordrichtung um 16–17° nach Ost bzw. von der Ost-West-Linie nach Süd. In fast allen Fällen handelt es sich um eine Abweichung im Uhrzeigersinn, also eine Rechtsabweichung. Linksabweichungen kommen nur in La Venta (– 8°), Xunantunich (– 8° 20′), Seibal (– 8°) und Huitzo/Oaxaca (– 7° 12′) vor.

Um 17° weichen nicht nur die Achsen der Pyramiden von Teotihuacán von den Kardinalrichtungen ab, sondern auch diejenigen zahlreicher Kultbauten im engeren und weiteren Einflußbereich dieser großen Hochlandstadt, so daß der Gedanke einer Übertragung des »Teotihuacán-Modells« in andere Bereiche Mesoamerikas naheliegt, selbst bis ins ferne Maya-Land. 16–17°-Abweichungen sind in Tikal, Uaxactún, Yaxhá, Uxul, Oxpemul, La Muñeca, Rio Bec und Hormiguero erkennbar (556; 617). In besonderer Häufung findet sich diese Winkelabweichung der Fluchtlinien im maya-toltekischen Nordyucatán: in Chichén Itzá mit seinem großen Ballspielplatz (17° 42′), der Schädelplattform (17° 36′) und dem Jaguartempel (16° 06′). Es sind die gleichen Orientierungswinkel wie in Tula. Auch Bauten in Dzibilchaltún (17° 12′), Izamal (17° 11′), auf der Insel Cozumel (16° 01′) und in Oxkintok (16° 21′) gehören zu dieser Gruppe (515, S. 244; 638). Die Spanier haben sowohl im mexikanischen Hochland wie auch in Yucatán (zum Beispiel in Izamal) ihre Kirchen in der Achsenrichtung von 16–17° erbaut, wohl um durch diese Anpassung an die alte Tradition ihre Missionsarbeit erfolgreicher zu gestalten.

Neben der 16–17°-Abweichung gibt es zahllose Gebäude in allen Teilen des Maya-Landes, deren Fluchtlinien oder Längsachsen einen Winkel von 7° 30′ bis 7° 45′ zur wahren Nordrichtung bilden, zum Beispiel der Inschriftentempel in Palenque, der *mercado* (S. 295) in Chichén Itzá und andere (545, S. 305; 605). Auch die Bauten nahezu aller Kultzentren in Campeche und Quintana Roo zeigen diese Winkelabweichung, besonders in Calakmul und Becán (vgl. dazu die Karten in 605). Dies ist eigentlich die überraschendste Winkelabweichung, denn sie entspricht genau der gegenwärtigen magnetischen Mißweisung, die in Veracruz und Oaxaca 7° 28,5′, in Mérida/Yucatán allerdings nur 4° 41,2′ beträgt. Welche Magnetabweichung dort und im übrigen Maya-Land für das Klassikum anzunehmen wäre, ist unbekannt und läßt sich auch wegen der irregulären Schwankungsbewegungen aus der Rückschau nicht berechnen. Wir wissen nur, daß sie um 1650 im Hochland ähnlich der heutigen etwa N 7° O betragen hat (636, S. 139). Aber Zusammenhängen zwischen Gebäudefluchtlinien alter Kultbauten und der magnetischen Mißweisung nachzuspüren erscheint müßig, da der Kompaß den Maya unbekannt war. Allenfalls hätte der Nordstern als Orientierungspunkt dienen können. Es gibt zwar eine kühne Hypothese, daß bereits die Olmeken flache, polierte Hämatitstäbchen als Magnetnadeln benutzt hätten, aber sichere Beweise für eine solche Annahme fehlen bisher. Außerdem weichen die olmekischen Bauten nicht wie die der Maya und Tolteken um 16–17° bzw. 7° 30′ nach Ost, sondern um 8° nach West von der Nord-Süd-Richtung ab (350, S. 218). Inzwischen hat der junge Forschungszweig der Archaeoastronomie zahlreiche Arbeitsergebnisse erbracht, die immer deutlicher machen, daß die beobachteten Winkelabweichungen primär als Abweichungen von der Ost-West-Achse aufzufassen sind und sich infolge der Quadrat- oder Rechteckform der Bauwerke nur sekundär als eine entsprechende Winkelabweichung von der Nord-Süd-Achse ausgewirkt haben. Selbst für die berühmte Straße der Toten in Teotihuacán zeigte sich, daß von ihr, obwohl sie die beherrschende Bauachse zu sein scheint, die Stadtentwicklung nicht ausgegangen ist. Das ältere System mit einer Rechtsabweichung von 16° 30′ stellen die Ost-West verlaufenden Straßen dar, in das dann rechtwinklig die breite Straße der Toten eingefügt wurde. Dabei ergab sich eine Ungenauigkeit: Sie weicht nicht 16° 30′, sondern nur 15° 25′ von der Nord-Süd-Richtung ab (519, S. 168). Die weitere Suche gilt also, nachdem sich die Annahme eines nördlichen Orientierungspunktes (Cerro Gordo) als Irrtum erwiesen hat, im Osten oder Westen gelegenen Richtpunkten, das heißt solchen, die in irgendeiner Form mit den Auf- oder Untergängen der Sonne in Verbindung stehen. Da es mit wenigen Ausnahmen um Rechtsabweichungen geht, liegt von vornherein die Vermutung nahe, daß es sich um Zusammenhänge entweder mit den Sonnenaufgängen im Winterhalbjahr oder mit Sonnenuntergängen im Sommerhalbjahr handeln wird (637, S. 153). Die Arbeiten von Marquina und Ruiz, Dow, Tichy, Aveni, Hartung und anderen haben uns dank dieses veränderten Forschungsansatzes ein entscheidendes Stück vorangebracht und uns die den mesoamerikanischen Kultbauten zugrunde liegenden Planungsideen verständlich gemacht.

Die Durcharbeitung eines umfangreichen Meß- und Luftbildmaterials ergab, daß alle beobachteten Rechtsabweichungen zwischen 1° und 26° schwanken. Außer den schon besprochenen Abweichungen von 7–8° und 16–17° treten folgende Zwischenrichtungen in besonderer Häufung auf: 11–12° (in Chichén Itzá), 20–21° (nur im Becken von Mexiko), 24–26° (einzelne Pyramiden im Maya-Gebiet, große Kultplätze in Oaxaca). Damit scheint es eine nahezu beliebig große Zahl von Orientierungsmöglichkeiten gegeben zu haben. Das Bild klärt sich jedoch, wenn man auf Grund einer statistischen Auszählung die häufigsten Winkelgruppen in einer Reihe anordnet (7-8° – 11-12° – 16-17° – 20-21° – 24-26°) und ihre Abstände untereinander überprüft. Sie betragen jeweils 4–5°. Dieser mittlere Winkelabstand von 4,5°

entspricht einem Zwanzigstel des rechten Winkels, der in der Maya-Architektur eine große Rolle gespielt hat. Eine Beziehung zum Vigesimalsystem der Maya (S. 60) ist unverkennbar (631–638).

Eine zweite, besonders im Maya-Gebiet auftretende Gruppe von Winkelabweichungen zeigt die Sequenz 4,5° (Monte Albán) – 9° (Copán, Wahrsagerpyramide in Uxmal, Tikal) – 13,5° (Kabáh, Nohpat, Chacmooltempel im Tempel der Krieger in Chichén Itzá) – 18° (Tikal) (638). Wiederum entspricht die Differenz der »mesoamerikanischen Winkeleinheit« von 4,5° (F. Tichy).

Die Erklärung für alle Rechtsabweichungen und die konstante Differenz der Häufungsgruppen ist in einer aus kultischen Gründen beabsichtigten Angleichung wichtiger Bauachsen an bestimmte Sonnenstände bzw. Jahreszeitenmarken zu suchen. Die Sonnenwenden (Solstitien) teilen das Jahr in zwei gleich lange Abschnitte von je 182½ Tagen. Eine weitere Unterteilung in vier gleich große Jahreszeiten durch die Tagundnachtgleichen (Äquinoktien) ist nicht einwandfrei möglich, weil die Sonne im Sommer in Sonnenferne (Aphel) eine um acht Tage geringere Umlaufsgeschwindigkeit hat als im Winter (Perihel). Aus diesem Grunde werden, um vier gleich lange Jahreszeiten zu erhalten, die Zeitabschnitte zwischen den Sonnenwenden halbiert und die »Mittjahrestage« bestimmt. Sie fallen in Mesoamerika auf den 24. März und den 20. September. An diesen beiden Tagen geht die Sonne mit einer Rechtsabweichung von etwa 1° unter. Achsenabweichungen in dieser Größenordnung haben die drei Tempel der Gruppe E in Uaxactún (57′) und die Hieroglyphentreppe von Copán (52′; 1° 15′) (596; 638). Daß die Winkelabweichung von nur 1° Grad vielleicht innerhalb der Baufehlergrenze liegt, ist wenig wahrscheinlich, da sowohl aus anderen Teilen des Maya-Tieflandes als auch aus dem mexikanischen Hochland einige Bauten mit nur 1° Rechtsabweichung bekannt sind (638). Die reine Ost-West-Richtung wäre an den Äquinoktialtagen, an denen die Sonne genau im Osten auf- und im Westen untergeht, ohne Schwierigkeiten feststellbar und immer wieder kontrollierbar gewesen.

Weniger problematisch als die kleinste Winkelabweichung ist die größte von 24–26°. Sie entspricht den vier Sonnenaufgangs- und Sonnenuntergangsazimuten an den Tagen der beiden Sonnenwenden (24° 50′). Da sie in allen Teilen Mesoamerikas in nahezu gleichem Winkelabstand von Ost oder West zu beobachten sind, markieren die vier Solstitialpunkte zusammen mit dem Zenit die Kardinalrichtungen Altmexikos einschließlich des Maya-Landes. Von ihnen liegt die wichtige Gruppe der Winkelabweichungen von 16–17° um 9°, das heißt zwei mesoamerikanische Winkeleinheiten, entfernt. Dies ist kein zufällig oder willkürlich zustande gekommener Wert. Er entspricht im Bereich der Halbinsel Yucatán zwischen Copán (ca. 15° n. Br.) und Mérida (ca. 21° n. Br.) dem Azimut der Sonnenaufgänge am 4. Februar und 7. November bzw. dem der Sonnenuntergänge am 5. Mai und 7. August. Innerhalb dieser sich über sechs Breitenkreise erstrekkenden Zone nehmen die Azimute von 16° 50,4′ im Süden auf 17° 26,5′ im Norden zu, liegen also im Mittel bei etwa 17°, was gut mit den Rechtsabweichungen der Bauachsen übereinstimmt (638).

Die Auswahl der vier genannten Tage, für die die Auf- und Untergangsazimute berechnet wurden, bedarf der Begründung: Es sind die Tage, die jeweils genau in der Mitte zwischen den Solstitien und Äquinoktien liegen, zum Beispiel der 4. Februar zwischen 22. 12. und 21. 3., der 5. Mai zwischen 21. 3. und 21. 6. usw. Diese Tage teilen also die kalendarischen Jahreszeiten und erhalten damit in den kosmologischen Vorstellungen der Maya einen besonderen Rang. Anfang Februar beginnt das agrarische Jahr, Anfang Mai die Regenzeit! In der Übernahme der Auf- und Untergangsazimute der Sonne als Orientierungsmarken für die Achsenrichtungen der Kultbauten äußert sich die kultische und praktische Bedeutung, die diesen »Mittjahreszeiten-Tagen« beigemessen wurde. Somit steht die Winkelabweichung von 16–17° in engem Zusammenhang mit der Jahreszeitengliederung. Da die fraglichen Azimute in ganz Mesoamerika nahezu die gleichen sind, braucht man das Auftreten dieser Winkelabweichung der Fluchtlinien im Maya-Tiefland nicht mit einer Übertragung des »Teotihuacán-Modells« (S. 298) über so weite Entfernungen zu begründen, sondern es konnten an jeder beliebigen Stelle leicht die für Planungszwecke erforderlichen Sonnenbeobachtungen durchgeführt werden.

Die besprochenen Beispiele charakteristischer Winkelabweichungen von den Haupthimmelsrichtungen lassen keine Zweifel offen, daß zwischen ihnen und dem Jahreslauf der Sonne eine unmittelbare Beziehung besteht. Die als kultisch wichtig angesehenen Sonnenpositionen projizieren sich am Horizont als Richtpunkte, die untereinander Winkelabstände von 4,5° haben. Auch die 7–8°-Rechtsabweichung entspricht den Sonnenaufgangsazimuten an bestimmten Tagen (632, S. 137) und ordnet sich in die arithmetische Reihe der 4,5°-Abstände ein.

Den Sonnenständen kam im kultischen und täglichen Leben der Maya überragende Bedeutung zu, wohingegen durch Sternbilder- oder Planetenpositionen zu erklärende Achsenlagen bisher nur in zwei Fällen bekannt geworden sind: der richtungweisende Extremstand der Venus im Caracol in Chichén Itzá (S. 307) und im Gouverneurspalast von Uxmal (521). Für die von A. F. Aveni (519, S. 169, 189) vermutete Beziehung der 17°-Abweichung zu den Plejaden gibt es, obwohl dieses Sternbild in altamerikanischen Mythen eine nicht unbedeutende Rolle spielt, keine überzeugenden Beweise.

Zeremonialzentren, deren Gebäudeanordnung bisher anscheinend keinerlei planerische Idee erkennen ließ, wie zum Beispiel Palenque (Fig. 49), betrachten wir nunmehr aus völlig veränderter Sicht. Der »chaotische« Grundriß löst sich auf in Gebäudegruppen mehrerer auf Sonnenstände bezogener Achsenlagen. Die unterschiedliche Orientierung der Fluchtlinien einzelner, zuweilen in unmittelbarer Nachbarschaft gelegener Gebäude vieler Zeremonialzentren ist den Archäologen natürlich schon frühzeitig aufgefallen. Man erklärte sie mit einem im historischen Verlauf der baulichen Entwicklung aus unbekannten Gründen erfolgten Bruch mit den traditionellen Orientierungsprinzipien und wunderte sich nur darüber, daß es selbst in weit voneinander entfernten Kultstätten zu einer gleichartigen »Neufestlegung« der Fluchtlinien gekommen ist. In einzelnen Fällen mögen tatsächlich unterschiedlich orientierte Bauachsen eine zeitliche Folge darstellen, aber nach dem Gesagten ist das zeitgleiche Nebeneinanderauftreten verschieden orientierter Gebäudefluchten die Norm. A. F. Aveni und S. L. Gibbs (520) kommen auf Grund ihrer Untersuchungen im mexikanischen Hochland zu dem Ergebnis, daß es keine Korrelation zwischen der Achsenrichtung der Kultbauten und deren Alter gibt. Dies dürfte ebenso für das Maya-Tiefland gelten.

Winkelabweichungen von 7–8° und 16–17° sind gleichermaßen seit präklassischen Zeiten nachweisbar (636, S. 139). Sie treten ebenso bei sehr alten wie noch bei Pyramiden aus der Spätzeit auf. Das Baugeschehen in den Maya-Zentren war wie überall in Altmexiko geprägt durch die gegenseitige Zuordnung von Zeit und Raum, »in der vielseitigen und doch planerischen Ordnung der Zeit, in der Gliederung und Orientierung von großen und kleinen Kultanlagen« (637, S. 157). Die innige Verschmelzung von Zeit- und Raumvorstellungen führte zu einer großartigen einheitlichen Ordnung in allen Lebensbereichen.

Dem sich innerhalb eines Zeremonialkomplexes aus der häufigen Dominanz eines solaren Richtpunktes ergebenden Anordnungsschema der Kultbauten entlang einer oder mehrerer paralleler Hauptachsen mit der Eröffnung weiträumiger Perspektiven steht das andere Prinzip der Gruppierung der Kultbauten um große viereckige oder trapezförmige Platzanlagen gegenüber, wofür Nonnenviereck und Taubenviereck in Uxmal die schönsten Beispiele sind (Fig. 53). Dabei kann die Einfassung des Platzes geschlossen oder mit offenen Ecken sein. Die Koordinaten der Palasthöfe fügen sich zwar nicht mathematisch exakt, aber meist doch nur mit geringer Abweichung den vorherrschenden Fluchtlinien ein. Dies gilt für Copán ebenso wie für Uxmal oder Chichén Itzá. Die Geländeverhältnisse in Palenque, Piedras Negras oder Yaxchilán zwingen zu stärkeren Abweichungen von einer dominanten Richtung (554).

Die während der Errichtung der Kultbauten zur Festlegung der Fluchtlinien benutzten astronomischen Beobachtungsgeräte werden zunächst nur einfache Peilstäbe gewesen sein. Im Verlauf des Wachstums der Zeremonialzentren entstanden jedoch spezielle feste Beobachtungseinrichtungen, deren Verwendungszweck von den Maya-Forschern schon frühzeitig erkannt worden ist, so zum Beispiel, wenn von einem bestimmten Beobachtungsort aus an Tempelecken vorbeizielende Visierlinien genau auf jene Punkte am Horizont gerichtet sind, die den Tagundnachtgleichen bzw.

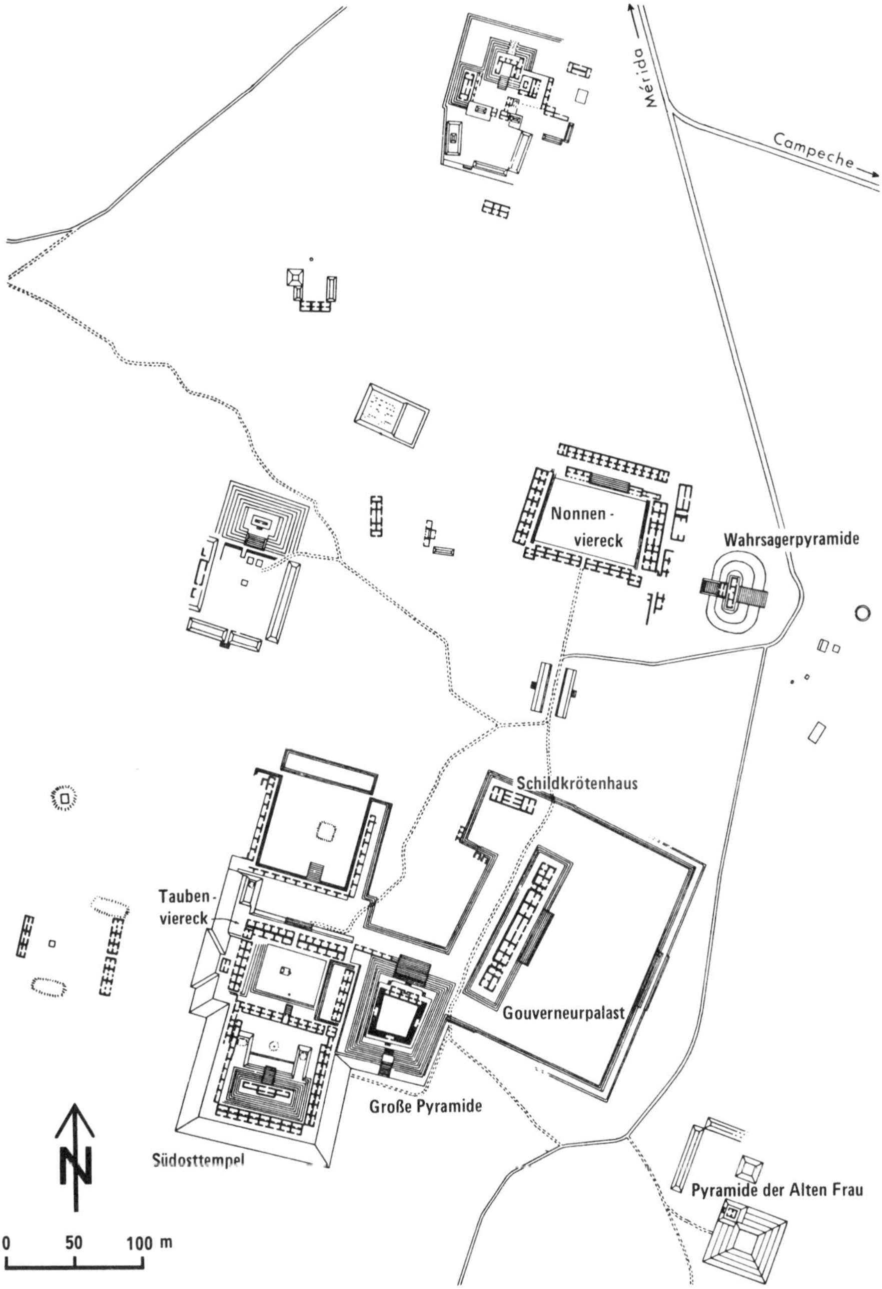

Fig. 53 Zentralbezirk von Uxmal, Yucatán

Bezeichnend für Uxmal sind die großen Plätze und geschlossenen Palasthöfe.

(Nach S. G. Morley, 1956)

den Sommer- und Wintersonnenwenden entsprechen. Dafür liefert die Gebäudeanordnung an der Plaza E in Uaxactún einen vorzüglichen Beleg (Fig. 54). Eine mit ihrer Hauptfront nach Osten schauende Pyramide wurde an der Westseite des Platzes errichtet. Ihr gegenüber stehen auf der Ostseite drei kleinere Tempel, deren Orientierung einen klaren Bezug zu den Solstitien und mit einer Achsenabweichung von 57′ von Ost nach Süd auch zu den Äquinoktien hat. Peilt man von der Mitte der Pyramidentreppe aus etwa 5 m Höhe über dem Platz die linke vordere Ecke des linken Tem-

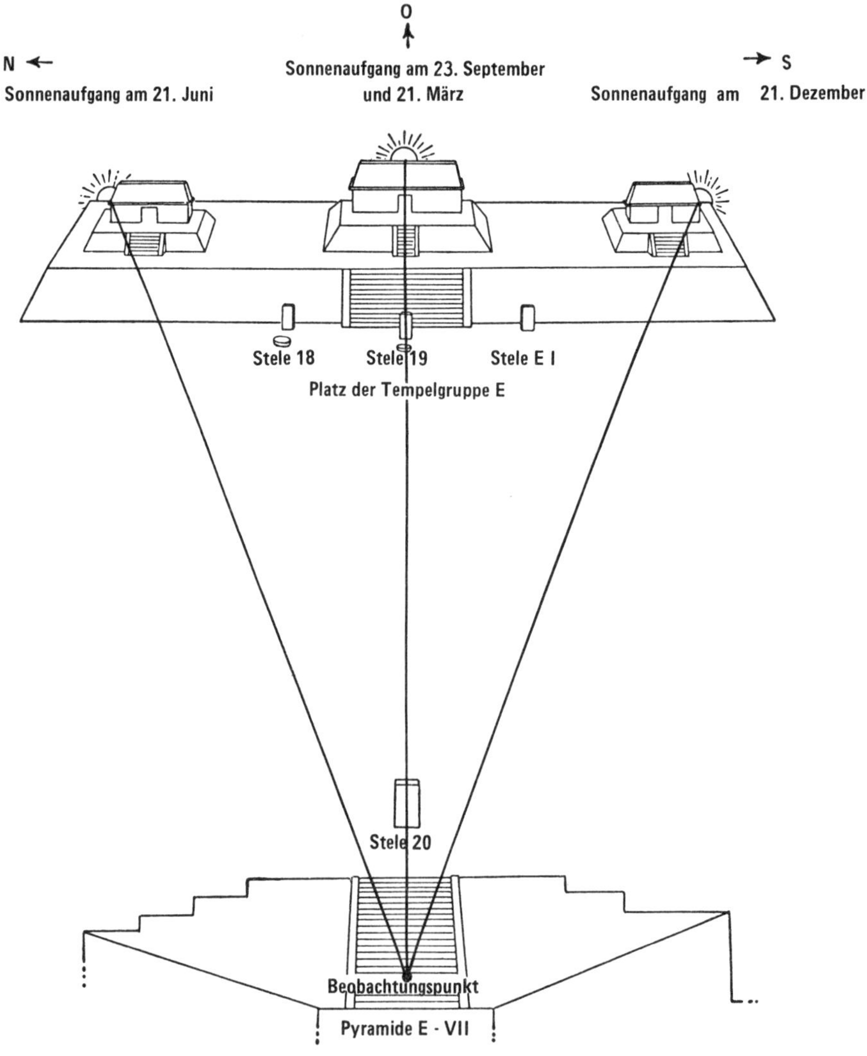

Fig. 54 Die Tempelgruppe E in Uaxactún, Petén, mit Peilstrahlen, die die Punkte der Sonnenwenden (Solstitien) und der Tagundnachtgleichen (Äquinoktien) markieren (vgl. Fig. 55)

(Nach S. G. Morley, 1956, mit Berichtigung der Winkel)

pels an, so bezeichnet die Verlängerung dieses Peilstrahls am Horizont jenen Punkt, an dem am 21. Juni, der Sommersonnenwende, die Sonne aufgeht. Der Punkt des Sonnenaufgangs zur Zeit der Wintersonnenwende (21. Dezember) entspricht dem über die rechte vordere Ecke des rechten Tempels verlaufenden Peilstrahl, während die Sonne zur Zeit der Tagundnachtgleichen (21. März und 23. September) genau in Richtung der West-Ost-Achse, auf der Zeichnung der verlängerten Mittelachse, des mittleren Tempels aufgeht. S. G. Morley (122, S. 300) interpretierte die Tempelgruppe als eine ständigen astronomischen Beobachtungen dienende Anlage. Die von O. Ricketson (596; 597) durchgeführte Vermessung des Komplexes und die nunmehr auf Grund der Forschungsergebnisse Tichys möglich gewordene Deutung der ermittelten Winkel zeigt jedoch, daß darüber hinaus auch in den Bauten dieses Observatoriums die uns bereits bekannten Winkelabweichungen von 7°, 11,5°, 16°, 20° und ca. 25° architektonisch fixiert worden sind (Fig. 55). Auch die wohlbegründete Abweichung der Mittelachse um 57′ von der Ost-West-Linie, die Morley in seiner Zeichnung vernachlässigte, nicht für wichtig oder vielleicht nur für einen unwesentlichen Baufehler hielt, wurde bereits von Ricketson festgestellt. Sie entspricht der Mittjahrestagslinie (S. 301), und gerade sie war offensichtlich für die Maya von größerem Interesse als die von Morley in den Vordergrund gerückten anderen astronomischen Bezüge.

Innerhalb eines Umkreises von 110 km mit Uaxactún als Mittelpunkt wiederholt sich die gleiche Gebäudeanordnung zwölfmal. In sechs weiteren Fällen ist die Identität mit der Anlage in Uaxactún, der ältesten ihrer Art, unklar (604, S. 222). Die Verbreitung ist also auf das Kerngebiet des Petén einschließlich des westlichen Belize beschränkt; in Campeche, der Rio-Bec-Region, im nördlichen Yucatán und im Usumacinta-Gebiet sind keine derartigen, astronomischen Zwecken dienenden Tempelkomplexe gefunden worden. Aber weit davon entfernt, in Xochicalco auf der Südabdachung der mexikanischen Mesa Central, gibt es unter Maya-Einfluß entstandene ganz ähnliche Anlagen mit der 57′-Abweichung (103, S. 474ff.).

Die Bauachsen der Sonnenobservatorien entsprechen in den wenigsten Fällen exakt den Himmelsrichtungen. Nur in Nakum folgt die Längsachse der Plattform mit den drei kleinen Tempeln genau der Nord-Süd-Richtung, in elf anderen Fällen schwanken die Abweichungen zwischen N 0° 10′ O und N 14° 30′ O. Allein in Benque Viejo ist eine Westabweichung von der Nord-Süd-Achse um 2° 23′ gemessen worden.

Ähnliche Differenzen betreffen die mittlere, West-Ost verlaufende Visierlinie. In Uaxactún weicht sie – wie bereits gesagt – um 57′ von der wahren Ostrichtung nach Süden ab, in elf anderen Fällen um 2° 21′ bis 15° 54′. Wiederum steht Benque Viejo mit einer Linksabweichung von 5° 3′ nach Nord allein. Bis zu einer Achsenabweichung von etwa 2° waren Tempelgruppen des Uaxactún-Typs für genaue Sonnenbeobachtungen, etwa an den Mitt-

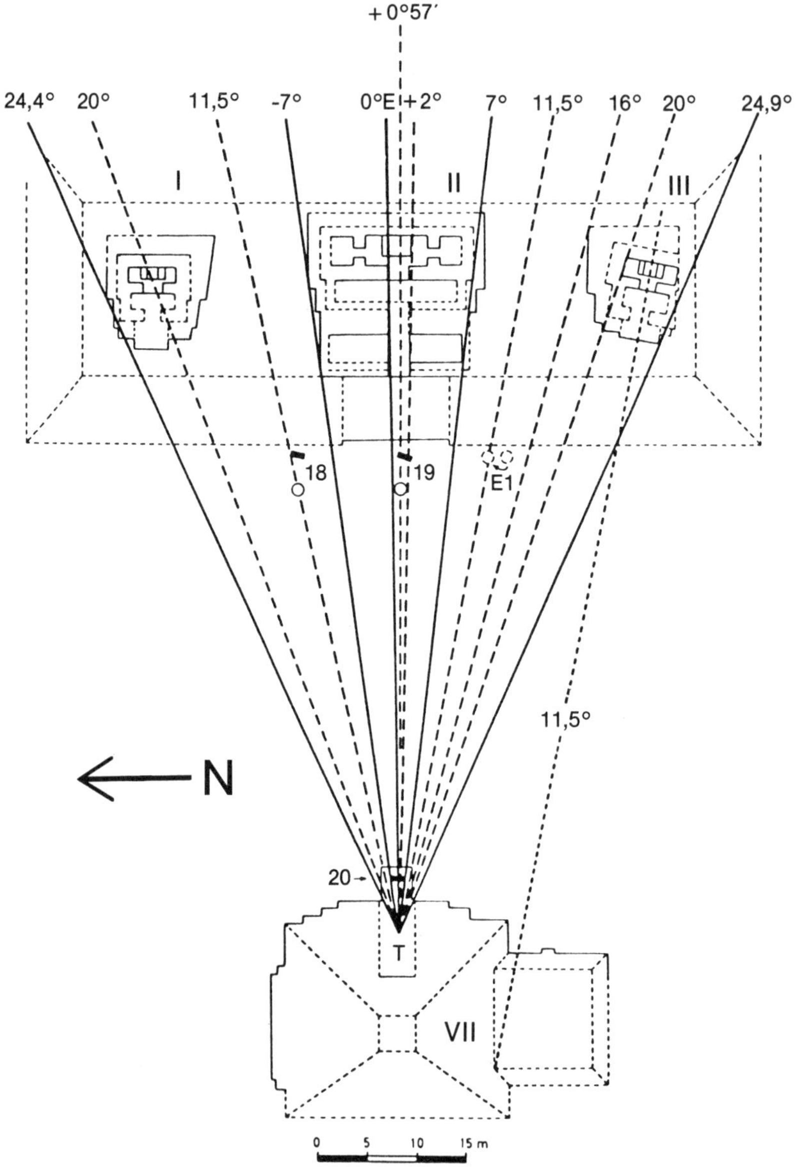

Fig. 55 Die Tempelgruppe E in Uaxactún, Petén, mit den astronomisch wichtigsten Bezugslinien (vgl. Fig. 54)

(Nach O. G. Ricketson, 1937, von F. Tichy, 1976, ergänzt durch die Winkelabweichungen von 11,5°, 16° und 20° von der Ost-West-Richtung nach Nord und Süd. Die Pyramide III besitzt einen um 11,5° schräggestellten Teil.)

jahres- und Sonnenwendtagen, geeignet. Die architektonische Markierung der Visierpunkte beruhte auf der Beobachtungserfahrung. Erschwert wird die Visierpunktbestimmung dadurch, daß in einem hügeligen oder bergigen Gelände der wahre Horizontkreis (im Unterschied zur Beobachtung auf dem Meer) nicht sichtbar ist und sich auf diese Weise Fehler einschleichen können. Anders als in unseren Breiten waren sie jedoch nur klein, da die Sonne in den Tropen stets sehr steil aufgeht (69–75°).

Weitgehend von Topographie und Vegetation unbehindert hingegen war die Beobachtung des gestirnten Himmels; für diesen Zweck haben die Maya regelrechte Observatorien geschaffen. Insgesamt fand man in mehr als einem Dutzend Zeremonialstätten der klassischen Periode Konstruktionen, die als Sternwarten gedeutet werden. Das erstaunlichste Bauwerk ist der 12,5 m hohe Caracol in Chichén Itzá, ein zylindrischer Turm mit zwei ihn ringförmig umschließenden Außenmauern und einer Wendeltreppe im Inneren, worauf sein Name »die Schnecke« beruht (Bild 40). Der Caracol stammt aus der Anfangszeit der Tolteken-Herrschaft, diente vermutlich dem Quetzalcóatl-Kult, war zugleich Sternwarte und verewigte architektonisch eine Reihe wichtiger astronomischer Ereignisse. Man hat dieses »steinerne Archiv« mit den Aufzeichnungen eines modernen astronomischen Jahrbuchs verglichen (521, S. 985). Die drei von acht ursprünglichen »Fenstern« sind so in das Mauerwerk eingelassen, daß wahrscheinlich der Westpunkt, sicherlich aber die beiden Extremstände der Venus bei ihrem Untergang in 28,5° Abstand von Westen gegen Norden bzw. Süden beobachtet werden konnten. Von den vier Außentüren geht der Blick zum Sonnenuntergangspunkt am Tag des Zenitstandes, zum Venusextremstand W 28° N und zu den Aufgangspunkten des zweithellsten Sterns am Himmel – Canopus – sowie Castor und Pollux nach den für 1000 n. Chr. gültigen Positionsberechnungen. Die Diagonale der unteren Plattform von Nordosten nach Südwesten weist zum Sonnenaufgangspunkt am Tag der Sommersonnenwende und zum Sonnenuntergangspunkt zur Zeit der Wintersonnenwende. Der Caracol erhielt seine endgültige Form vermutlich erst im 15. Jahrhundert (190, S. 182). Drei weitere, bis 6 m hohe Rundbauten, die ebenfalls als Observatorien gedeutet werden, sind in Mayapán, Paamul an der karibischen Küste gegenüber Cozumel und zuletzt 1967 in Puerto Rico in der Rio-Bec-Region gefunden worden (557; 558). Im Klassikum waren Rundbauten noch unbekannt. In einem merkwürdigen Beharrungsvermögen ist die ältere Maya-Architektur über rechteckige Baueinheiten und geradlinige Mauern ohne Vorsprünge oder Einbuchtungen nie hinausgekommen.

Einen quadratischen Grundriß hat der 15 m hohe dreistöckige Turm im Palastbezirk von Palenque, der sich über einem geschoßhohen massiven Sockel erhebt (Bild 3). Er war, worauf breite Fensteröffnungen nach allen Seiten und eine Morgenstern-(Venus-)Hieroglyphe verweisen, Observatorium, Wacht- und Aussichtsturm zugleich.

Wie Darstellungen in mexikanischen Codices und einige Reliefs zeigen, führten die Priester ihre Beobachtungen aus dem Inneren der Tempel durch den offenen Türrahmen durch. Als Visiergeräte dienten gekreuzte Stäbe, Gnomonen (Peilstäbe), Bambusrohre, vielleicht auch – wenn die Deutung entsprechender Funde richtig ist – kleine geschliffene Jaderohre. Weitere Orientierungshilfen waren Reihen in Stuckfußböden eingelassener kleiner Steine, an geeigneten Punkten aufgestellte Stelen, Ecken, Kanten und Fronten von Gebäuden und sicherlich auch bestimmte Geländemarken (Berggipfel usw.). Die vollkommenste Beobachtung erlaubten die Sehschlitze des Caracol. Mit solchen relativ bescheidenen Hilfsmitteln des vortechnischen Zeitalters erzielten die Maya-Priester erstaunliche Resultate: Es gelangen ihnen die Bestimmung der Umlaufzeiten der Planeten und die genaue Voraussage des Eintritts von Sonnenfinsternissen. Auf derartigen Fähigkeiten beruhte das überragende Ansehen, das die Priester beim einfachen Volk genossen.

7. Pyramiden, Tempel und Paläste

Um den Zentralplatz – bei den großen Zentren gewöhnlich um mehrere Plätze – schließen sich in der südlichen Regenwaldzone unter geschickter Ausnutzung des Geländes die Zeremonialbauten in eindrucksvoller Gruppierung eng zusammen: Tempelpyramiden, gestufte Plattformen und Paläste. Wo natürliche erhöhte Standorte fehlten, wurden künstliche, aus Steinpackungen oder Erdaufschüttungen geschaffene Plattformen und Terrassen als Unterbau für die Gebäude benutzt und dadurch monumentalere Wirkungen erzielt. Für die Aufschüttung der Palastunterbauten waren Erdbewegungen erforderlich, deren Ausmaß fast unser Vorstellungsvermögen übersteigt, zumal wenn man sich vor Augen hält, daß es keinen Karrentransport gab und alles Material in Körben herbeigeschleppt werden mußte. Für die 155 × 180 m messende Plattform, auf der der Gouverneurspalast von Uxmal steht (Bild 41), wurden etwa 1 Mill. t Erde und Steine bewegt, für die 300 × 600 m große Esplanade in Chichén Itzá, die alle Bauten der toltekischen Periode trägt, ist ein Materialtransport von 2 Mill. t errechnet worden (625, S. 132). Wo es nicht genügend Steine gab, wie im Schwemmland bei Altar de Sacrificios am Rio de la Pasión, begnügte man sich mit Aufschüttungen aus Sand und Erde und errichtete Stützmauern aus in Lehm gebetteten Muscheln. Umgekehrt mußten im südlichen Hügelland ganze Bergkuppen abgetragen werden, bevor man an ihre Bebauung gehen konnte.

In dem Brauch, die Bauwerke über das allgemeine Geländeniveau zu erheben, lebt allem Anschein nach in bewußter Steigerung des Effekts die traditionelle Sitte des Wohnhausbaus auf sockelartigen Plattformen fort, so wie auch die *choza,* das mit Lehm beworfene Pfostenhaus (Bild 37), das Vorbild für die ersten massiven Steinbauten der Maya war. Die besonders im

Süden, weniger im Norden der Halbinsel zu beobachtende Wahl erhöhter Standorte für die Sakralbauten hat das Bild der Zeremonialzentren entscheidend geprägt.

Sehr einheitlich im ganzen Maya-Land wurden die großen Kultbauten aus hellem Kalkstein, nur im äußersten Südosten auch aus Trachyt, Sandstein und Schiefer errichtet. Als Baukerne der Pyramiden dienten Erd-, Geröll- oder Bruchsteinfüllungen. Sorgfältig behauene Blöcke von zuweilen gleicher Länge, Breite und Höhe bilden die Außenmauern der Tempel und Paläste; die Fugen sind mit Kalkmörtel verstrichen, ein sonst nirgends in Altamerika üblich gewesenes Verfahren. In spätklassischer Zeit wurden die Fassaden, besonders in Zentral- und Nordyucatán, aus Gründen der Materialersparnis häufig nur noch mit dünnen Steinplatten verkleidet. In solchen Fällen besteht der Mauerkern aus solidem Beton, den die Maya dank ihrer Kenntnis der Kalkmörtelherstellung zu gießen verstanden. In der nachklassischen Zeit beschränkte man sich in Yucatán meist auf mörtellose Bruchsteinfüllungen, die – Uxmal ist ein Beispiel dafür – den ornamentalen Fassadenverkleidungen keinen dauerhaften Halt zu bieten vermochten.

Der Übergang von der präklassischen Holz- zur späteren Steinbauweise wurde den Maya dadurch erleichtert, daß mit Ausnahme der kristallinen Maya Mountains (S. 91) der Untergrund der gesamten Halbinsel Yucatán, einschließlich des Petén, aus Kalkstein besteht. Seiner jeweiligen Struktur entsprechend war er für die unterschiedlichsten Zwecke verwendbar: Massenkalke von zum Teil marmorartigem Charakter (wie bei Lubaantún in Belize) lieferten feste kubische Blöcke, die besonders in der Frühzeit für repräsentative Massivbauten gebraucht wurden (zum Beispiel in Machaquilá). Das Brechen der ungeschichteten Massenkalke war äußerst mühsam, da die Maya keine eisernen Werkzeuge besaßen. Nur mit Feuerstein-, Diorit- oder Obsidianmeißeln und schweren hölzernen Schlegeln oder stiellosen länglichen Hammersteinen, auf denen durch lange Benutzung entstandene Eintiefungen der Meißelköpfe noch erkennbar sind (269, S. 452), konnten sie Reihen schmaler Schlitze in den Felsen schlagen, in die dann Holzkeile eingepaßt wurden. Durch Übergießen mit Wasser quoll das trockene Holz und sprengte die Blöcke aus ihrem Verband. In Labná, wo kein guter Baustein ansteht, scheute man sich nicht, Kalksteinblöcke der gewünschten Qualität aus großer Entfernung heranzutransportieren. Die Steinbrüche sind bis jetzt noch nicht gefunden worden.

Später ersparte man sich eine solche beschwerliche Werksteinbeschaffung und erleichterte sich auch die Arbeit in den Brüchen, indem man zu einer Verschalung gegossener Betonkerne mit dünnen Steinplatten überging. Als Steinfurniere waren die weit verbreiteten und sehr viel einfacher abzubauenden wohlgeschichteten Plattenkalke vorzüglich geeignet. Bei Palenque sind sie geradezu den Solnhofener Schiefern ähnlich. Sie ließen sich von den Steinmetzen leicht bearbeiten und haben zweifellos die Entwicklung der Reliefbildhauerei, besonders die feine Ausarbeitung von Flachreliefs, sehr begünstigt.

Lesesteine und Steinmetzabfälle dienten der Kalkbrennerei, unter den harten Deckschichten auftretende Bänke von Kalkmergel *(sascab)* und Gips (z. B. im südlichen Yucatán und am Belize River) der Mörtel- und Stuckherstellung. In der Umgebung von Cobá hat man 79 derartige *sascaberas* von 1,5–2 m Tiefe gefunden, aus denen im Verlauf des Ausbaus des großen Regionalzentrums und seines ausgedehnten Systems von befestigten Zeremonialstraßen (S. 367) rund 200 000 m^3 Mergel entnommen worden sind (380, S. 51 f.). Der krümelige Mergel ersetzte den in den Kalkregionen des Maya-Landes fehlenden Quarzsand und wurde zusammen mit gebranntem Kalk zu Mörtel angerührt. Die mit Holz befeuerten einfachen meilerartigen Kalköfen dürften kaum anders ausgesehen haben als die heutigen. In Copán und Quiriguá, wo gute Kalkvorkommen seltener sind als im Petén und im Norden der Halbinsel, wurden Kalksteine und Zement nur in der Frühzeit reichlich verwendet. Die in der Nähe der Kultzentren gelegenen Steinbrüche scheinen dort bald erschöpft gewesen zu sein (405, S. 177). In Quiriguá wurde selbst für massive Tempelmauern nur Lehm als Mörtel verwendet.

Bei der Anlage der Steinbrüche verfolgte man gelegentlich einen doppelten Zweck: Nach beendeter Ausbeute nutzte man die entstandenen Gruben als Wasserspeicher oder man baute – wie in Tikal – umgekehrt Trinkwasserreservoire und verwendete die gebrochenen Steine zur Errichtung in der Nähe gelegener Kultbauten. Grundsätzlich wurden die gewonnenen Werksteine, je nach ihrem Verwendungszweck, entweder unbearbeitet vermauert oder zu rechteckigen Blöcken behauen. Winklig zugerichtete Blöcke kannte man nicht, da es in der klassischen Maya-Architektur keine Rundbauten und keine echten Gewölbe gab, für die man sie benötigt hätte. Man kann auch umgekehrt sagen: Weil die sich aus der Zusammensetzung stumpf- oder spitzwinkliger Blöcke ergebenden architektonischen Möglichkeiten nicht erkannt wurden, blieb der Maya-Baukunst über die Jahrhunderte ein wesentlicher, stilverändernder Fortschritt versagt.

Wo sich kein anstehender Kalk zur Gewinnung guter Werksteinblöcke fand, zum Beispiel in der Schwemmlandebene von Tabasco, haben die Chontales aus dem Lehm Ziegelsteine gebrannt, um gleich ihren östlichen und südöstlichen Nachbarn wetterbeständige Steingebäude errichten zu können, die sie mit Stuck überzogen. Die Bauten in Comalcalco am unteren Usumacinta sind zum Beispiel aus großen, 19 × 25 × 24 cm messenden Ziegelsteinen errichtet worden (626, S. 230). Auch in Palenque wurde Mauerwerk aus gebrannten Ziegelsteinen gefunden. Im ganzen übrigen Maya-Tiefland war die Ziegelbrennerei überflüssig und unbekannt. Dort dienten die Brennöfen ausschließlich der Herstellung keramischer Erzeugnisse. Ungebrannte Lehmziegel *(adobe)* wurden – schon aus klimatischen Gründen – nirgends im Maya-Tiefland verbaut.

An guten Bauhölzern bestand kein Mangel. Außer Mahagoni wurde vorzugsweise der Zapote (Bild 17) wegen der Härte seines Holzes und des Termiten abweisenden Saponingehaltes verwendet (S. 119). In Belize lieferten die Kiefern dank ihres geraden Wuchses ein ausgezeichnetes Bauholz, das durch seinen Harzgehalt ebenfalls termitenresistent war. Es konnte natürlich nicht ausbleiben, daß im Laufe der Jahrhunderte auch sehr widerständige Hölzer unter dem Einfluß des feuchtheißen Klimas der Verwesung unterlagen, Deckenbalken einbrachen und damit zum Verfall der verlassenen Tempel beitrugen. Aber nichttragende Balken und kunstvoll geschnitzte Türstürze (Linteln) in geschützter Lage blieben zum Teil in erstaunlicher Frische erhalten.

Fig. 56 Querschnitt durch die Pyramide des Wahrsagers in Uxmal, Yucatán

Der Schnitt läßt eine viermalige Überbauung der Pyramide erkennen (**1–4**).

(Nach H. Stierlin, 1966)

Die Priesterfürsten der Maya bemühten sich, ähnlich wie die Pharaonen, die Werke ihrer Vorgänger durch immer höhere und imposantere Bauten zu übertrumpfen. Dabei wurden entweder die Hinterlassenschaften aus älterer Zeit zerstört oder – was häufiger der Fall war – durch Ummantelung vollständig in den neuen, größeren Baukörper einbezogen. So gehören in Tikal die meisten der freigelegten Ruinen zwar der klassischen Periode (550–900 n. Chr.) an, aber es dürfte nur wenige Stellen innerhalb des Zentralbezirks geben, an denen unter diesen jüngeren Bauten nicht solche aus vorangegangenen Zeiten verborgen liegen (537, S. 96). Die Tempel und Pyramiden der nördlichen Akropolis (Fig. 51) stehen zum Beispiel auf den Fundamenten von nicht weniger als zwölf älteren Bauten, die seit dem 2. nachchristlichen Jahrhundert nach und nach abgerissen und wiedererrichtet wurden (94, S. 23). Ein wichtiger Termin für die Zerstörung älterer Kultbauten waren die Tage nach Ablauf einer 52jährigen Kalenderrunde (S. 62), die als unheilbringend betrachtet wurden. Gleichzeitig pflegte man den tönernen Hausrat zu zerschlagen und durch neuen für den nächsten Jahreszyklus zu ersetzen.

Sieben ältere, immer kleiner werdende Vorformen wurden unter einem der Bauwerke von Uaxactún erkannt. In Copán ist, nachdem es längst von seinen Bewohnern verlassen war, infolge einer Flußlaufverlegung die östliche Flanke der 55 m hohen Akropolis unterschnitten und ein Bergrutsch ausgelöst worden, wodurch die Archäologen einen vollständigen Einblick in den Aufbau des Hügels erhielten. In klarer Schichtung fand man übereinander mehrere im Verlauf eines Jahrtausends entstandene Tempelterrassen, mit Steinplatten belegte Plätze und Gebäudereste. Von der »Pyramide des Wahrsagers« in Uxmal (Bild 50 und Fig. 56) wissen wir, daß sie viermal überbaut worden ist (197, S. 210, 225), und in Uaxactún zeigte sich, daß ältere, auf niedrigen Plattformen gelegene Tempel durch mehrmalige Überbauung zu Palastbezirken umgewandelt wurden. T. Proskouriakoff hat die vier Phasen dieser baulichen Entwicklung zeichnerisch dargestellt (Fig. 57). Daran knüpft sich die Frage, ob der Funktionswandel als Ausdruck einer Bewegung zu deuten ist, die von einem ursprünglich rein religiös bestimmten Kult zu einer im Laufe der Zeit immer stärkeren Säkularisierung geführt hat (S. 401 und 457).

Die Tempel erheben sich gewöhnlich auf den Plattformen steil aufragender, bis 65 m hoher getreppter Pyramiden oder auf sorgfältig terrassierten niedrigen, pyramidenartigen Sockeln. So ist die Stufenpyramide in ihrer Endgestalt als eine Großplattform zu verstehen, die allmählich aus einander überlagernden, nach oben kleiner werdenden Plattformen besteht und die in ihrer Gesamtheit nichts anderes als den Unterbau, ein Piedestal, des sie krönenden Tempels darstellt. Man kann die Entwicklung von ihren Anfängen an noch gut verfolgen.

Die älteste Pyramide des Maya-Tieflandes steht in Uaxactún (Bild 52). Sie ist im späten Vorklassikum errichtet worden und war noch ein über vier Treppen besteigbarer, ganz mit Stuck verkleideter niedriger Pyramidenstumpf, der einen hölzernen Tempel trug. Erhalten gebliebene Pfostenlöcher auf der Plattform bezeugen, daß auf ihr einst ein hölzerner Tempel stand und daß die steinernen Hochtempel erst einer späteren Phase der baulichen Entwicklung angehören.

Infolge ständiger Um- und Überbauung wuchsen die Tempelberge immer eindrucksvoller in die Höhe. Durch die Vergrößerung der Bauten ergab sich gleichzeitig eine optisch wirkungsvolle Verdichtung zu regelrechten Akropolisbezirken. Das trefflichste Beispiel ist die nördliche Akropolis von Tikal mit ihren 16 sich auf Pyramidenstümpfen erhebenden Tempeln (Bild 38 und Fig. 51).

Zu den Hochtempeln führen an einer, zwei oder allen vier Seiten Freitreppen hinauf (Fig. 58). Diese durch ihre schmalen, aber hohen Stufen

1. Phase

2. Phase

3. Phase

4. Phase

Fig. 57 Umgestaltung einer Tempelgruppe durch mehrfache Überbauung im Palastbezirk von Uaxactún, Petén; frühklassische bis spätklassische Periode (ca. 300–900 n. Chr.)

(Rekonstruktion nach T. Proskouriakoff, ergänzt von H. D. Disselhoff, 1953) schwindelerregend steilen Treppen sind von den Priestern begangen worden. Auf der Gipfelplattform, im Inneren der Tempel, deren Zugänge durch farbenprächtige Vorhänge verschlossen waren, sozusagen gelöst von allen irdischen Bindungen, hielten die Priester Zwiesprache mit ihren Göttern. In den engen, fensterlosen Tempelkammern brachten sie im Fackellicht ihre Opfer dar.

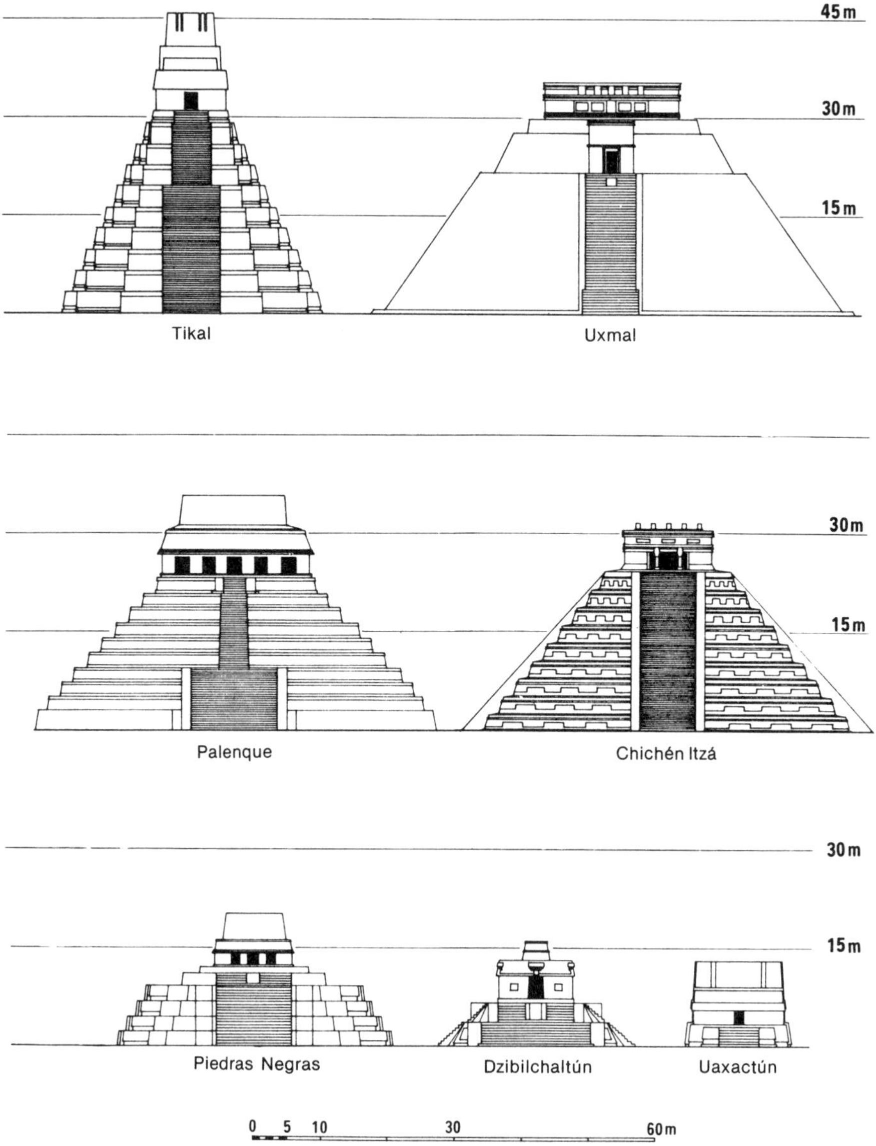

Fig. 58 Pyramiden und Hochtempel der Maya im Form- und Größenvergleich

(Auswahl aus einer Zusammenstellung von G. F. Andrews, 1975)

Die Pyramiden – oder richtiger Pyramidenstümpfe – von quadratischem oder rechteckigem Grundriß, die durch die terrassenförmige Übereinanderschichtung mehrerer Plattformen entstanden und deren größte ein Bauvolumen bis 250 000 m^3 haben (etwa 1/4 der Sonnenpyramide im Hochtal von Mexiko), stellen die Verkörperung eines Weltberges dar, wie insbesondere die 65 m hohe, steile Pyramide IV in Tikal, das höchste noch erhaltene Bauwerk des vorkolumbischen Amerika. Die vertikale Linie betonend, repräsentiert sie eindrucksvoll, wie auch Tempel I (Bild 45), den Typus der Tikal-Pyramiden, während die breitgelagerten, von Plattformen unterbrochenen und bequem besteigbaren Pyramiden im mexikanischen Hochland, zum Beispiel die Sonnen- und Mondpyramide von Teotihuacán, mehr auf Horizontalwirkung bedacht sind. Der Unterschied in der Konzeption mag darauf beruhen, daß die mexikanischen Pyramiden in den großen vegetationsarmen Hochlandbecken entstanden und sich dort ein wuchtiger Baukörper wirksamer aus der weiten offenen Landschaft abhebt als ein hoher Bau mit schmaler Basis. Umgekehrt verhielt es sich mit einem in den tropischen Regenwald des Tieflands übertragenen »künstlichen Berggipfel«, der dort die höchsten Bäume überragen sollte, gleich den steilen Karstkegeln, durch die vielleicht die Baumeister bei der Suche nach einer neuen Pyramidenform inspiriert worden sind. In dem der hohen Pyramide aufgesetzten Tempel fühlten sich die Priester den Göttern am nächsten, zugleich erlaubte ihnen der freie Ausblick in hervorragendem Maße die Durchführung astronomischer Beobachtungen. Als einzige weicht die 38 m hohe »Pyramide des Wahrsagers« in Uxmal durch ihren ovalen Grundriß von der sonst üblichen quadratischen Basis ab. Sie erinnert am ehesten an einen künstlich geschaffenen Berggipfel (Bild 50).

In der Gestaltung der Großbauten selbst spiegelt sich astronomisch-kosmographisches Wissen wider. Die Stufenpyramide El Castillo in Chichén Itzá (Bild 53) stellt zum Beispiel ein gewaltiges steinernes Kosmogramm von 24 m Höhe und etwa 60 m Seitenlänge dar. Die neun terrassenartig gegeneinander abgesetzten Stufen der Pyramide, die man ebenso bei den sehr viel höheren und steileren Tempelpyramiden von Tikal findet, werden durch vier breite Mitteltreppen jeweils in zwei Hälften geteilt: 2 × 9 entspricht der Zahl der Monate des Maya-Sonnenjahres, das aus 18 × 20 Tagen plus 5 »Unglückstagen« am Ende des Jahres besteht. Jeder der vier breiten Treppenläufe zählt 91 Stufen (4 × 91) zuzüglich einer Einzelstufe vor dem Eingang zum Hochaltar, woraus sich eine Gesamtzahl von 365 Stufen ergibt, gleich den 365 Tagen eines Jahres. Jede Seite der Pyramide ist durch 52 steinerne Schmuckplatten *(tableros)* gegliedert, die den 52 Jahren einer Kalenderrunde entsprechen (S. 62). Im Inneren des Castillo steckt eine kleinere ältere, überbaute Pyramide (Fig. 59). Sie ist ebenfalls neunstufig angelegt und enthält eine Tempelkammer, in der ein Thronsessel in Gestalt eines rotbemalten Jaguars mit eingelegten Augen und Flecken aus

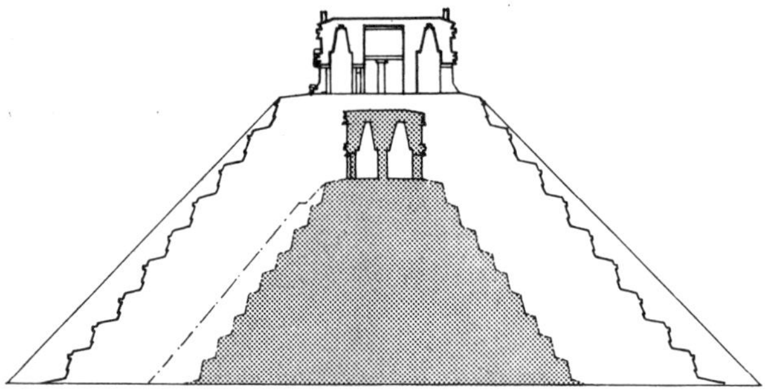

Fig. 59 Querschnitt durch die Tempelpyramide El Castillo in Chichén Itzá, Yucatán

Den Kern des Bauwerks bildet die überbaute ältere Pyramide mit dem roten Jaguar.

(Nach J. Marquina und H. Stierlin, 1966)

grüner Jade und einer Sonnenscheibe auf dem Rücken gefunden wurde. Die neun Stufen dieser inneren Pyramide sind nicht durch Mitteltreppen geteilt, so daß sie als die neun Schichten der Unterwelt gedeutet werden, in die der Mensch nach seinem Tode zurückkehrt, während der jüngere große Überbau des Castillo die Tagwelt symbolisiert.

Lange Zeit sah man in den Maya-Pyramiden nur Sockel der sie krönenden Tempel und leugnete jede Vergleichsmöglichkeit mit den als Königsgräber dienenden Pyramiden in Ägypten. Daher war die Freilegung eines Grabes im »Tempel der Inschriften« zu Palenque (Bild 54) in den Jahren 1949/52 eine archäologische Sensation. Der mexikanische Maya-Forscher A. Ruz Lhuillier fand eine versteckte Treppe, die vom Boden des um 692 n. Chr. vollendeten Tempels, also von der Plattform der Pyramide, in deren Inneres führt (Fig. 60). Die Überraschung wuchs, als ein weiterer Teil der Treppe und ein Gang entdeckt wurden, über die man in den Kern des Unterbaus gelangt. Eine dicke Mauer versperrte den Zugang zu einer Gruft mit Opfergaben und einem 20 t schweren, mit Hieroglyphen bedeckten Sarkophag in der Mitte der Pyramidenbasis (Bild 55). Er enthielt die Gebeine eines 683 verstorbenen 80jährigen Fürsten (S. 397). Auch die Skelette von fünf jungen Männern und einer Frau, vermutlich des Totengefolges, wurden gefunden. Aus diesem 21 m unter der Tempelplattform und 2 m unter der Pyramidenbasis gelegenen Grab barg man die kostbarsten Jadearbeiten, die bisher aus dem Maya-Land bekanntgeworden sind, darunter eine aus Jademosaik kunstvoll zusammengesetzte Totenmaske. Wenige Jahre später, 1958, wurde auch unter dem Boden des Hauptraumes von Tempel I in Tikal ein Gang entdeckt, der zu einem großartig ausgestatteten Einzelgrab im Inneren der Tempelpyramide führt (537, S. 29, 33). Auf den mit Stuck überzogenen und mit Hieroglyphen bemalten Wänden der Grabkammer findet sich das Datum 457 n. Chr. Inzwischen vermutet man, daß auch unter anderen Tempeln Gräber liegen, in denen Bestat-

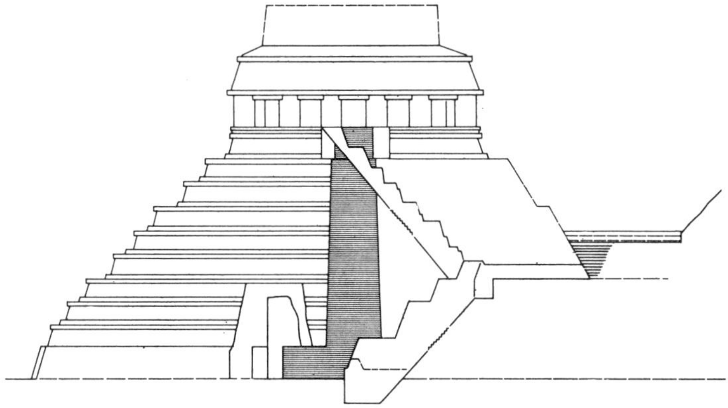

Fig. 60 Querschnitt durch die »Pyramide der Inschriften« in Palenque mit Treppen und Grabkammer

Die Krypta enthält einen Sarkophag mit den Gebeinen eines um 683 n. Chr. beigesetzten Maya-Fürsten.

(Nach A. Ruz Lluillier und H. Stierlin, 1966)

tungen kurz vor, während oder nach deren Errichtung stattgefunden haben. Im Fall von Palenque beweisen Enge des Treppenganges, Grabkammerkonstruktion und Größe des Sarkophags, daß die Errichtung der Pyramide erst nach Fertigstellung der Krypta erfolgt sein kann.

Zweifellos handelte es sich jeweils um hochgestellte Persönlichkeiten, die im Inneren der Pyramiden ihre letzte Ruhestätte fanden. Aber der primäre Zweck der Tempelpyramiden war nicht der einer Begräbnisstätte wie bei den Pyramiden am Nil. Der fundamentale Unterschied zwischen beiden Pyramidenarten beruht vor allem darauf, daß die Maya-Pyramiden von Hochtempeln gekrönt wurden, hingegen die in einer Spitze endenden, ausschließlich als Grabstätten erbauten ägyptischen Pyramiden mit ihren ursprünglich glatten Flächen unbesteigbar waren.

Als »Paläste« werden flache, merkwürdig langgestreckte Gebäude bezeichnet, die frei stehen oder mehrere Seiten eines Platzes begrenzen. Am eindrucksvollsten treten sie in Erscheinung, wenn sie als geschlossene Gebäudekomplexe einen etwa quadratischen bis rechteckigen Innenhof umschließen (Bild 51). Man betritt ihn, wie im Falle des Nonnenvierecks in Uxmal, durch einen triumphbogenartigen Torgang (Bild 46). Keinerlei Zier- oder Vorbauten gliedern die geraden Fluchtlinien der Fassaden. Das Innere der zwischen 50 und 100 m langen Gebäude enthält Dutzende, zuweilen bis über 80 sich zellenartig aneinanderschließende Kammern, von denen jede nur halbe Gebäudetiefe hat, da sie gewöhnlich in Doppelreihen angelegt sind. Dies führte zu dem völlig irrigen Namen »Nonnenviereck«. Der Palast der zentralen Akropolis in Tikal muß sogar wenigstens 150 Räume gehabt haben. Einzelreihen oder drei- und vierfache Anordnungen hintereinander sind selten. Die meisten der fensterlosen Kammern haben einen eigenen Zugang, entweder von der Außen- oder der Hofseite her. Nur gelegentlich gibt es im Inneren verbindende Durchgänge. Das Nonnenviereck hat wahrscheinlich einem sehr ähnlichen Palastbau in Tihó, auf dessen Trümmern spanische Franziskaner die Stadt Mérida erbauten, als Vorbild gedient (45, S. 133).

Im Vergleich zur Dicke des Gemäuers erscheinen die Kammern klein. Das Verhältnis des Raumvolumens zu dem der verbauten Steinmassen ist auf 1 : 3 geschätzt worden. Dies beruht auf dem für die Überdachung allgemein angewendeten Konstruktionsprinzip des falschen Gewölbes (S. 48), dessen mögliche Spannweite sehr begrenzt ist, da es nicht wie das echte Gewölbe durch einen Schlußstein statisch gesichert war. So konnten die Paläste zwar in einer beliebigen Länge, jedoch nur in einer Breite von maximal 4,25 m angelegt werden, was ihre eigenartig schmale, langgestreckte Form erklärt. Die Innenräume im 98 m messenden Gouverneurspalast zu Uxmal, der sich auf einer 180 m langen Terrasse erhebt (Bild 41), sind sogar nur 3,5 m breit. Die engen Palastkammern nannten die Maya *actún*. Es ist der gleiche Name, den sie auch für natürliche Karstgrotten verwendeten (S. 85). Man fragt sich, ob die Namensgleichheit darauf beruht, daß sie den Maya gleichermaßen eng und dunkel erschienen, oder ob der gemeinsame kultische Zweck damit bezeichnet werden sollte: In den Karstgrotten wurden Wassergottheiten verehrt, und die Palastkammern erfüllten ebenfalls eine mit Priesterschaft und Kult in Verbindung stehende Funktion (S. 263). Die lückenlos aneinanderschließenden engen Gewölbe erhielten ihren Abschluß durch ein sie überdeckendes flaches, gemauertes Steindach; in Palenque – ein Charakteristikum für dessen Paläste und Tempel – ruhte es auf einer mansardenartigen Abschrägung. Im Hochland von Mexiko kannte man nur flache Balkendecken oder Strohdächer.

Ihren Ausgang hat die Konstruktion von falschen, Schein- oder Kraggewölben im Petén, in der Gegend von Uaxactún, genommen und sich von dort in der ersten Hälfte des 4. nachchristlichen Jahrhunderts schnell über nahezu das ganze Maya-Tiefland verbreitet (155, S. 203, 211). Nur südlich des Petén-Itzá-Sees (mit Ausnahme der Copán-Motagua-Region) und im südlichen Belize ist es selten oder fehlt auch völlig. Obwohl die Maya den tragenden Mauern durch die Verwendung von Mörtel und Beton große Standfestigkeit gaben und sie damit über die technischen Mittel verfügt hätten, auch echte Gewölbe oder freitragende Kuppeln größerer Spannweite zu bauen, haben sie die Jahrhunderte hindurch den Schritt zu dieser Vervollkommnung ihrer Bautechnik nicht vollzogen. In La Muñeca ist zwar das Fragment eines Gewölbes gefunden worden, aus dessen Steinsetzungen man auf ein echtes Gewölbe schloß, aber der Überrest ist zu dürftig, um dies mit absoluter Sicherheit sagen zu können, zumal keilförmig gesetzte Natursteinplatten bisher in keinem anderen Bau nachgewiesen werden konnten (565, S. 34). Mit den üblichen Scheingewölben war es den Maya nicht möglich, große Säle oder Hallen zu schaffen. Sie blieben bei ihren engen, zellenartigen Räumen, was die Entdecker der Paläste zu der irrigen Ansicht führte, es handle sich um »Klöster«. Weiträumige Hallen entstanden erst in der maya-toltekischen Spätzeit. Von diesen sind die Säulenhalle des Kriegertempels in Chichén Itzá und der anschließende »Tausendsäulen«-Komplex die bedeutendsten. In diesen der Versammlung der Kriegerorden und der wehrfähigen Männer dienenden Hallen vereinigt sich der traditionelle Gewölbebau der Maya mit der den Itzá-Tolteken aus dem mexikanischen Hochland vertrauten Pfeilerkonstruktion. Von mehreren parallelen Säulenreihen getragene langgestreckte Gewölbe ergeben den nach außen offenen Saal.

Eine Eigenart der klassischen Maya-Architektur ist, daß alle senkrecht aufeinanderstoßenden Mauern nicht miteinander verzahnt sind. Jede Wand steht als eigenes Bauelement für sich; wo Bodensenkungen eingetreten sind, wird der fehlende Verbund durch einen aufgerissenen Spalt sichtbar. Es ist die gleiche Bautechnik, die man auch bei den Pueblo-Indianern Nordamerikas antrifft.

Mehrstöckige Gebäude, wie die fünfgeschossige Palastpyramide von Etzná, gehören zu den Ausnahmeerscheinungen der Maya-Architektur. Es gibt zwar einige turmartige Bauten, die der astronomischen Beobachtung dienten (S. 307), aber eine Mehrstöckigkeit von Palästen wird gewöhnlich nur vorgetäuscht. Der »zweigeschossige« Tempel der Fresken in Tulúm, der aus der ausklingenden nachklassischen Periode stammt, bestand zum Beispiel ursprünglich nur aus dem Untergeschoß, dem erst später ein kleines Obergeschoß aufgesetzt wurde. Während der ganzen klassischen Zeit wagte man wegen der geringen Tragfestigkeit des falschen Gewölbes derartige Konstruktionen nicht, und wenn man aufstocken wollte, verwandelte man das Untergeschoß durch Erd- und Steinauffüllung in einen massiven Sockel, dessen Fassade dann den Anschein eines doppelstöckigen Bauwerks erweckte. In anderen Fällen wird das Vorhandensein eines oder mehrerer höherer Stockwerke dadurch vorgetäuscht, daß man nach Art moderner Terrassenhäuser, die sich an einen Hang anlehnen, jeweils oberhalb des tieferen Stockwerks auf gewachsenem Boden zwei oder mehrere weitere Raumeinheiten zurückgesetzt hinzufügte. Über das Niveau der Dächer als Blendmauern sich fortsetzende Fassaden sollten ebenfalls die Gebäude gelegentlich höher erscheinen lassen, als sie in Wahrheit sind. Beste Beispiele dafür sind der »vierstöckige« Terrassenpalast von Chacmultún und der »dreistöckige« Palast von Sayil (Bild 56). In allen diesen Pseudo-Mehrstockbauten gab es natürlich keine Treppenhäuser, denn jedes »Stockwerk« war ja leicht von außen erreichbar. Der dreistöckige Sternwartenturm von Palenque war über Holztreppen besteigbar. Die jetzt von den Besuchern benutzte Steintreppe ist ein Einbau aus späterer Zeit.

Die Repräsentationsbauten trugen flache oder zur Begünstigung des Wasserabflusses ganz leicht gewölbte, häufig an den Rändern mansardenartig abgeschrägte Dächer (Bild 42 und 59). Sie bestanden aus Kalkzement-Beton, für dessen Guß man Verschalungen und Hilfsgerüste brauchte. Tragende Konstruktion waren falsche Gewölbe, seltener flache Balkendecken.

Im Grunde waren Qualität und Bearbeitungsgrad der Werksteine für das Erscheinungsbild der Kultbauten nicht von ausschlaggebender Bedeutung, denn die großen Mauerflächen wurden im Unterschied zu den sorgfältig behauenen und ohne Mörtel aneinandergesetzten Blöcken inkaischer Natursteinmauern ziemlich einheitlich mit Kalkmörtel verputzt. Im südlichen Maya-Land haben die glatten Außenmauern der Kultbauten nur selten zur Verschönerung durch Reliefschmuck angeregt. Die Großplastiken in Copán und die aus Kalkstein gemeißelten Wandskulpturen in Piedras Negras stellen zwar Höhepunkte der Maya-Kunst dar, sind aber Ausnahmen geblieben. Im nördlichen Yucatán dagegen wurden die Gebäudefronten entweder ganz oder in ihren oberen Teilen reich mit Fliesen, mosaik- oder netzförmigen Steinornamenten überzogen. Quadrate, Rauten, Andreaskreuze, Zacken- und Mäanderbänder, Hakenmuster und Würfelfelder treten als einfallsreich gestaltete Steinmosaiken plastisch aus dem Mauerwerk hervor (Bild 47 und 57). Der 3 m hohe, 700 m^2 bedeckende Mosaikenfries am Gouverneurspalast in Uxmal gleicht einem gewaltigen hieratischen Teppich. Dieser Palast gilt auf Grund der Symmetrie und Eleganz seiner Komposition, der Sorgfalt seiner Ausführung und des hohen künstlerischen Niveaus seines Dekors als das eindrucksvollste Zeugnis nicht nur des Maya-Gebietes, sondern des gesamten präkolumbischen Amerika (191, S. 128). Aber typisch »Maya« sind die Stufenmäander und anderen geometrischen Muster nicht. Sie sind auf die Puuc-Region beschränkt. In der klassischen Maya-Architektur des südlichen Tieflandes wurden Stuckdekorationen verwendet. Mit dieser Art der Ornamentierung hat man an manchen Tempelpyramiden bereits seit dem späten Vorklassikum (etwa ab Christi Geburt) begonnen (197, S. 43).

Farbige Stucküberzüge finden sich vor allem an den Bauten von Palenque, wo diese Technik ihre höchste Vollendung erreichte; ganze Stuckfassaden sind in Calakmul (Campeche) erhalten. In ihrem Einfallsreichtum waren die Maya-Handwerker den späteren Stukkateuren des europäischen Barocks durchaus ebenbürtig. Hergestellt wurde der Stuck aus Gips oder einer Mischung von feinkörnigem Kalk, aufgelöstem Harz und Wasser. Als dicker Verputz zur Verhüllung grobgefügter Bruchsteinmauern aufgetragen (wie zum Beispiel in Yaxchilán), erfüllte das Material voll seinen Zweck, aber feine Stuckplastiken unterlagen doch sehr der Verwitterung. Daß trotzdem großartige Stuckreliefs erhalten blieben, beruht vor allem darauf, daß sie unter Dachvorsprüngen gut gegen Wettereinflüsse geschützt waren und sich durch das an den Mauern abfließende Regenwasser allmählich mit einer dünnen Kalksinterschicht überzogen, die die Stukkaturen vor dem Zerfall bewahrten.

Ungeschützt den tropischen Regengüssen ausgesetzt waren hingegen die grell bemalten Stuck- und Steinfiguren auf gitterartig durchbrochenen Dachkämmen, deren schönste sich auf den Kultbauten in Palenque und im Usumacinta-Gebiet (Yaxchilán) finden (Bild 59). Wo kein guter Gips verwendet wurde, sind sie häufig bis zur Unkenntlichkeit verwittert. Möglicherweise stellen die Dachkämme *(cresterias)*, die vor allem ästhetische Funktionen erfüllten, eine dekorative Fortentwicklung der dem Regenschutz dienenden Firsthauben auf den Palmwedel- und Strohdächern einfacher Maya-Häuser dar. Manchmal sind sie höher als das Gebäude selbst – auf einem der Tempel von Tikal zum Beispiel 16 m gegenüber dem nur 9 m hohen Heiligtum –, so daß sie des hohen Gewichtes wegen vorzugsweise über der stabilsten Wand, der türlosen Rückwand, errichtet wurden (625, S. 138). Eine andere Lösung fand man durch Verteilung des Gewichtes auf zwei tragende Mauern. Den toltekisch beeinflußten Tempelbauten des nördlichen Yucatán fehlen solche Dachkämme.

Kunstvolle Gesimsabschlüsse, mit Reliefs überzogene Türstürze und stilisierte Masken auf Friesen oder an einzelnen Stellen des Mauerwerks vervollständigen den äußeren Dekor (Fig. 52). Manche der Reliefs auf den steinernen Türstürzen lassen erkennen, daß sie sich aus Schnitzereien ursprünglich hölzerner Türbalken entwickelt haben, wie man sie in einigen aus Hartholz gefertigten Exemplaren tatsächlich noch gefunden hat (S. 119). Dies gilt auch für die in der Puuc-Region in dichter Folge nebeneinander an den Tempelfassaden angeordneten runden Säulen (zum Beispiel am »Haus der Schildkröten« in Uxmal), die ursprünglich als Rundhölzer die Funktion von Stützpfeilern hatten, aber nach ihrer Übersetzung in Stein nur noch als ornamentales Motiv dienten. Es gibt sogar dekorative Rundpfeiler, die an ihrem oberen Ende Einkerbungen aufweisen, wie man sie bei hölzernen Hüttenpfosten für die Lianenstricke zur Befestigung des Dachgebälks benötigte (Bild 58). Eine naturgetreue steinerne Nachahmung der in unterschiedlicher Höhe durch Seilgeflechte versteiften Palisadenwände eines Bauernhauses ist die Palastfassade in Sayil mit ihren eingebundenen Balustern (Bild 56). Auch das von den Maya erfundene falsche Gewölbe gleicht ja weniger einem »Gewölbe« als dem Giebeldach ihrer Hütten, das vermutlich das Vorbild für die in Stein übertragene Dachkonstruktion gewesen ist. Daß den massiven Tempelbauten bescheidene hölzerne Tempel vorausgegangen sind, deren Pfostenlöcher man noch auf den Pyramidenplattformen gefunden hat, wurde bereits erwähnt (S. 312).

Nicht von der Hand zu weisen ist aber auch die Möglichkeit, daß es sich bei einem Teil der in Stein nachgebildeten Holzarchitektur um nichts anderes als ein Dekorationsmotiv handelt, das die Baumeister zeitgenössischen

Profanbauten – einfachen Wohnhäusern – abgeschaut haben. Solche Anregungen können zu unterschiedlichen Zeiten wirksam geworden sein, ohne daß mit ihnen eine Erinnerung an längst vergessene sakrale Holzbauten verbunden gewesen sein muß (498, S. 150; 624, S. 150).

Obwohl die Maya-Architektur nach ihren großen Grundstrukturen eine durch formale Strenge geprägte Einheit darstellt, die auf dem gemeinsamen religiösen Zeremoniell beruht, lassen sich auf Grund der Mauertechnik, des mit schöpferischer Phantasie gestalteten Fassadenschmucks und anderer Besonderheiten vier *Regionalstile* durchaus eigenen Charakters unterscheiden. Es gibt große und mittelgroße Zeremonialzentren, in denen keine einzige Stele errichtet worden ist, wie in Palenque, Lubaantún und im Rio-Bec-Gebiet, während sie in sehr viel kleineren Ruinenstätten anderer Gebiete in großer Zahl gefunden wurden. Auch das so weit verbreitete Konstruktionsprinzip des falschen Gewölbes wurde nicht überall angewendet. In manchen Gegenden bevorzugte man flache Balkendecken. Während die Bauwerke des Petén aus grobblockigem massiven Mauerwerk bestehen, herrschen in der Rio-Bec-, Chenes- und Puuc-Region betonartige Mauerkerne mit fein bearbeiteten dünnen Plattenbelägen vor. Petén und Rio-Bec-Region sind zwar einander unmittelbar benachbart, aber die stilistischen Unterschiede im Dekor der Tempelfassaden sind so markant, daß man nach S. G. Morleys Ansicht gezwungen ist, auf eine Art – zumindest zeitweise wirksamer – politischer Grenzen zwischen beiden Gebieten zu schließen (122, S. 76). Wahrscheinlicher ist, daß die Stilregionen einstigen ethnischen Gruppierungen und Dialekteinheiten entsprochen haben.

Der *Petén-Stil* ist in seinem zentralen Verbreitungsgebiet durch die besonders hohen und steilen Pyramiden, vorwiegend glatte Außenmauern, aber reich skulptierte Dachkämme gekennzeichnet. Copán tritt durch seinen vollplastischen, realistischen Wandschmuck, Palenque durch seine üppigen Stukkaturen hervor. Charakteristisch für den *Rio-Bec-Stil* des südlichen Yucatán sind kleine Paläste mit unbetretbaren turmartigen Anbauten, die keinerlei Funktion haben, nur Attrappen sind und die Front einer Tempelpyramide imitieren. Es ist der bescheidene Versuch, in kleineren Proportionen Tikal nachzuahmen (45, S. 128; 191, S. 105). Die Mauern sind von Maskenfeldern überzogen. Das Stuckrelief des Südens und die Steinmosaiken des Nordens gehen in der Rio-Bec-Region eine enge Verbindung ein. Den *Chenes-Stil* Zentralyucatáns zeichnet die völlige Bedeckung der Tempel- und Palastfassaden mit figürlichem und ornamentalem Schmuck aus (Bild 43). In der nördlichsten Architekturprovinz, der Region des *Puuc-Stils,* erreicht der Mauerschmuck seinen absoluten Höhepunkt. Breite Zierfriese mit vorwiegend geometrischen Mustern und stilisierten Motiven bedecken die oberen Fassadenpartien, während die Sockelzonen aus glattbehauenen Werksteinen oder langen Fluchten von steinernen Halbsäulen bestehen (Bild 46, 47, 56 und 57). An den Ecken der Friese leiten übereinander angeordnete halbrunde Masken – vor allem des Regengottes Chac – von den Längs- zu den Schmalseiten über. 250 Chac-Masken zieren in Kabáh allein den dortigen Palast der Masken. Stilisierte Chac-Bildnisse sind geradezu das Leitmotiv der Puuc-Architektur (Bild 30 und 31).

Daß Chenes- und Puuc-Stil von Copán her, etwa durch Auswanderer, beeinflußt worden sind, wurde auf Grund einiger architektonischer Übereinstimmungen schon länger vermutet, fand aber erst in jüngerer Zeit seine Bestätigung (345, S. 496). Der flachgebaute Tempel des Agrarkults in Copán (Tempel XXIII) mit seiner glatten Mauerfläche, dem prachtvollen Skulpturenfries und den vier Köpfen des Regengottes Chac hat eine bemerkenswerte Ähnlichkeit mit dem Gouverneurspalast in Uxmal. Andererseits ist auffällig, daß die Zeremonialzentren in der Rio-Bec-, Chenes- und Puuc-Region (sicherlich topographisch begründet) aufgelockerter in ihrer Anlage sind, von Tempeln gekrönte Pyramiden im Bild der Zentren zurücktreten und statt dessen viereckige Plätze einschließende Palastbauten dominieren. Rio-Bec- und Chenes-Stil, die man auch unter der Bezeichnung »zentral-yucatekischer Stil« zusammengefaßt hat, entfalteten sich zwischen 550 und 830 n. Chr. und erweisen sich damit als zeitgleich mit dem Petén-Stil der spätklassischen Zeit (345, S. 495). Der Puuc-Stil, der um 800 einsetzt, hielt sich in seiner typischen Ausprägung bis 987, als mit der toltekischen Eroberung die nachklassische Periode begann.

Neben diesen durch das Raffinement ihrer typischen Schmuckelemente charakterisierten vier Regionalstilen stehen andere, historisch zu begründende Stilbegriffe, wie zum Beispiel der durch Teotihuacán-Einflüsse geprägte Stil mancher Flachreliefs in den Zentren am Usumacinta und in Tikal oder der maya-toltekische Baustil von Chichén Itzá, mit bestimmten Merkmalen, deren Verbreitung auf das nördliche Yucatán beschränkt ist. Der Gegensatz zu Uxmal ist unverkennbar: In Uxmal herrscht noch absolut der um neue Elemente bereicherte Puuc-Stil der Maya-Tradition fort. Es fehlt dort der Chacmool, der so typisch für das toltekische Chichén Itzá ist (190, S. 176).

In zeitlicher Folge ist ein allmählicher Übergang von der realistisch-naturalistischen Vollplastik der alten kultischen Mittelpunkte des Südens zur mehr abstrakten Ornamentik der in der Spätzeit führenden Zentren des Nordens festzustellen. Die Plastiken des Südens sind Schöpfungen einzelner begabter Bildhauer, deren Namen nicht überliefert sind und die sich auch nicht durch die künstlerische Eigenart ihrer Werke identifizieren lassen. Die individuelle »künstlerische Handschrift« trat zurück hinter die durch Religion und Überlieferung geprägte Form. Die Hinterlassenschaften der anonymen Meister weichen in ihrem Ausdruck ebensowenig voneinander ab wie die sich vielfach wiederholenden geometrischen Steinmosaiken des Nordens, die zweifellos das Ergebnis einer Serienfertigung sind, an der viele, auch weniger talentierte, Hilfskräfte beteiligt werden konnten. An den vier Außenfronten des Gouverneurspalastes in Uxmal sind rund 20 000 geometrische Ornamentteile in einem 3 m hohen Mosaikfries verbaut worden. Zwischen Wahrsagerpyramide und Nonnenviereck kann man ganze Stapel solcher gleichartigen, wohl von den Restaurierungsarbeiten stammenden Einzelteile des Fassadendekors sehen. Die straffe Arbeitsorganisation auf den »Großbaustellen« der Zeremonialzentren wirft ein bezeichnendes Licht auf das Verhältnis zwischen Führungsschicht und der zur Dienstleistung verpflichteten Masse der Bevölkerung.

Verglichen mit den eindrucksvollen, stilprägenden Schauseiten der Kultbauten, sind deren *Innenräume* merkwürdig kahl und schmucklos. Jeglicher plastische Dekor fehlt im Inneren der Gebäude, aber die mit Mörtel verputzten Wände waren allem Anschein nach einst mit Wandmalereien bedeckt, die in ihrer Mehrzahl freilich längst der Verwitterung zum Opfer gefallen sind. Zu den wenigen Ausnahmen gehören bescheidene Reste frühklassischer Malereien in Uaxactún aus der Zeit vor 593, solche aus der nachklassischen Periode an Tempelmauern in Santa Rita Corozal im nördlichen Belize, im Chacmool-Tempel von Chichén Itzá und großartige Wandbildfolgen in leuchtendem Rot, Grün, Orange, Gelb, Braun und Schwarz in Bonampak. Aus dem späten 7. Jahrhundert stammende Darstellungen bewegter, nicht mehr die formale Strenge der Flachreliefs aufweisender Zeremonial-, Kampf- und Folterungsszenen haben sich dort in den drei Innenräumen eines Tempels überraschend gut erhalten, weil ein im Laufe der Zeit entstandener durchsichtiger Kalksinterüberzug sie schützte. Ein entziffertes Datum entspricht dem Jahre 692 n. Chr. Leider sind durch die verstärkte Luftzufuhr seit der Freilegung des Tempels die farbigen Bildwerke schnell verblichen. Die Nachwelt kann sie nur noch auf rechtzeitig hergestellten Kopien und Farbaufnahmen bewundern. Eine vorzügliche Nachbildung des Tempels mit den drei Freskenkammern steht im Garten des Nationalen Anthropologischen Museums in Mexico City.

Farbreste an Tempelfassaden, besonders an den Dachkämmen, zeigen an, daß man sich auch das einstige Äußere der Tempel mit bunten Szenerien gleichen Inhalts und gleichen Stils vorstellen muß, wie sie uns in den Plastiken und Reliefs entgegentreten. Dabei kommt den jeweils verwendeten Farben symbolische Bedeutung zu. Grün galt als die königliche Farbe, weil sie die Farbe des Quetzalvogels ist, dessen Federn für den Schmuck des Herrschers vorbehalten waren. Gelb, die Farbe des Maiskorns, symbolisierte Nahrung und Fruchtbarkeit. Blau galt als heilige Farbe, daher waren zum Beispiel die kleinen Kopalharzballen, die man im Opferbrunnen von Chichén Itzá fand, türkisblau eingefärbt. Waffen wurden schwarz dargestellt, da dies die Farbe des Obsidians ist, und Rot wählte man für Blut. Symbolisch verband man zuzüglich die Farben mit den Himmelsrichtungen: Gelb war die Farbe des Südens, Schwarz des Westens, Weiß des Nordens, Rot des Ostens und Grün, die königliche Farbe, vermutlich die der Mitte.

Über den funktionalen Zweck der sogenannten »Paläste« besteht immer noch keine völlige Klarheit. Gegen die naheliegende Annahme, daß die Paläste Wohnsitze der herrschenden Kaste, der Priester und Priesterfürsten, gewesen sind, wurden gewichtige Gründe angeführt. Die feuchten, dunklen Steinbauten hatten keine Fenster, und Licht fiel nur durch enge Türen in ihr Inneres. In ihnen konnten nach Ansicht der einen, vor allem durch J. E. S. Thompson (174, S. 112, 160), E. Z. Vogt (495, S. 30) und M. D. Coe (45, S. 113) repräsentierten, Forschergruppe Menschen kaum ständig leben, zumal in ihnen auch keine Räume mit Rauchabzügen gefunden wurden, die als Küchen gedient haben könnten. Die Haushalte der Priesterfürsten hätten sicherlich eine Unterbringung in klimatisch zuträglicheren Behausungen der üblichen Bauweise bevorzugt. Vermutlich seien die Paläste von den amtierenden Priestern nur zu kultischen Handlungen aufgesucht worden, die sie im Zwielicht oder Dunkeln verrichteten; allenfalls können sie als Priesterschulen oder als Quartiere für die zur Teilnahme an Festlichkeiten von außerhalb in die größeren Zentren kommenden Priester gedient haben, die sich eine Zeitlang in den Palästen aufgehalten, dort gelebt, geopfert, gegessen und auch geschlafen hätten. Aber als Residenzen weltlicher Herrscher, Sitze der öffentlichen Verwaltung mit Amtsstuben und Arbeitsplätzen von Schreibern und anderen Beamten, woran zum Beispiel W. Westphal (191, S. 83, 85) denkt, seien die lichtlosen Kammern ungeeignet gewesen. Vielleicht hätten sie überhaupt nur für die Lagerung von Kultgegenständen oder der bäuerlichen Naturalabgaben gedient. Bei aller Phantasie fände man kaum einen einleuchtenden Verwendungszweck für diese eigenartigen Gebäude, und man müsse daraus folgern, daß es sich bei ihnen um nichts anderes als sakrale Repräsentationsbauten gehandelt habe, die vor allem Eindruck auf die vor ihren Fronten versammelten Gläubigen machen sollten. Ihre Unzweckmäßigkeit sei hingegen bei nur kurzfristiger Benutzung für kultische Handlungen nicht sonderlich ins Gewicht gefallen.

Die andere Forschergruppe mit G. R. Willey (197, S. 62), P. Westheim (190, S. 151), H. Stierlin (625, S. 103) und anderen verteidigt demgegenüber die Meinung, daß die Paläste in erster Linie als Residenzen der Aristokraten und ihres engeren Gefolges anzusehen seien. Dafür spräche zunächst einmal die Weiträumigkeit der Anlagen und die sonst nicht verständliche große Zahl der Innenräume, deren Ausmaße etwa denen einer Wohnhütte der einfachen Bevölkerung glichen. Man dürfe vor allem nicht mit europäischen Wohnvorstellungen an diese Frage herangehen. An das Leben in dunklen Räumen seien die Maya seit jeher gewöhnt, denn auch ihre Hütten seien fensterlos. Daß die Palastkammern dank der dicken Steinwände kühl gewesen seien, könne in dem heißen Tieflandklima nur als ein Vorteil gegenüber den Lehmhütten angesehen werden, und gekocht habe man nicht im Inneren der Paläste, sondern unter besonders dafür bestimmten luftigen Schattendächern. Diese Vermutung scheinen Grabungsergebnisse in Seibal zu bestätigen. Dort wurde ein Palast vom Patiotypus mit drei hufeisenförmig angeordneten langgestreckten Gebäudetrakten freigelegt, an dessen vierter, offener Seite eine niedrige Plattform lag, auf der man mehrere alte Kochstellen, Abfallgruben und andere Hinweise ihrer ehemaligen Benutzung als Küchenplatz fand (197, S. 62). Abfallgruben gibt es auch im Bereich der zentralen Akropolis von Tikal, aber sie beweisen dort die Verwendung einiger Gebäude als Dauerwohnungen mit einiger Sicherheit erst für die nachklassische Zeit (552, S. 168). Zahlreiche Um- und Einbauten in den Palästen, gelegentlich eingezogene Zwischenwände, veränderte oder neugeschaffene Türöffnungen und nachträglich angelegte kleine getreppte Fußsteige zwischen den in verschiedenen Niveaus gelegenen sechs Plätzen der Akropolis sprechen für eine Dauerbenutzung der Gebäude, zumindest nach der Aufgabe von Tikal als Zeremonialzentrum durch die verbliebene Restbevölkerung. An anderen Plätzen hat man auf den Treppenstufen und in den Kammern der Paläste Dutzende von Maismahlsteinen gefunden, unter den Fußböden auch Gräber von Frauen und Kindern. Diese Grabstätten besagen jedoch wenig, da es sich auch um beigesetzte Menschenopfer handeln kann. Aber die zahlreichen Hinweise auf eine nicht ausschließlich kultische Nutzung der Paläste machen ebenso wie andere Beobachtungen die Tendenz einer allmählichen Säkularisierung der ursprünglich reinen Sakralzentren deutlich (S. 312).

8. Die Wohnviertel

Die unterschiedlichen Auffassungen über die Nutzung der Paläste für Zeremonial- oder Wohnzwecke lassen sich usnter dem Aspekt einer zunehmenden »Verweltlichung« des zunächst ganz durch die Priesterschaft bestimmten öffentlichen und privaten Lebens durchaus vereinigen: Ursprüngliche Kultbauten, die nur bei bestimmten Anlässen den Zeremonialhandlungen der Priester dienten, sind im Laufe der Zeit zu Residenzen der führenden Familien geworden. Aber dieser Nutzungswandel erklärt nur die eine Seite des »Palastproblems«, nämlich die Umfunktionierung der *großen* Paläste in spät- und nachklassischer Zeit. Es gab aber in den Zeremonialzentren des Klassikums neben den großen auch zahlreiche kleinere Paläste oder palastähnliche Bauten, die auf geräumigen Plattformen standen und zum Teil aus solidem Mauerwerk errichtet waren. Da zu ihrer Ausstattung breite Wandbänke gehörten, wie man sie allgemein in komfortableren Häusern als Schlafstätten benutzte (Fig. 63), kann kein Zweifel bestehen, daß zumindest diese kleineren Paläste als Wohnhäuser von Angehörigen der Oberschicht gedient haben (506, S. 286). Sollte sich auf Grund weiterer Forschungen herausstellen, daß auch die großen Palastbezirke von der Priesterelite und ihrem Gefolge ständig bewohnt worden sind, so könnte ein solches Privileg doch sicherlich – schon aus Platzmangel – nicht für die gesamte Oberschicht gegolten haben. Ihre Wohnquartiere einschließlich derjenigen der höheren Priesterschaft und ihrer Familien müssen wie die der übrigen Bürgerschaft außerhalb, wenn auch noch im Nahbereich der eigentlichen Tempel- und Palastbezirke gelegen haben – und dies bestätigen die archäologischen Funde. So sind in Tikal die Reste einiger Wohnhäuser freigelegt worden, die aus Bruchsteinen mit Lehmverputz erbaut waren und offensichtlich einmal Mitgliedern der wohlhabenden Oberschicht gehörten. Andererseits besagt dies jedoch nicht, daß alle Angehörigen dieser Gruppe Steinhäuser bewohnten. Höchstwahrscheinlich war ein Teil ihrer Häuser gleich denen der einfachen Bevölkerung aus schnell vergänglichem Material erbaut. Allgemein üblich waren, wie noch heutigentags, Behausungen aus lehmbeworfenen Knüppelwänden, denen ein Pfostengerüst den erforderlichen Halt gab (S. 246). Sie trugen steile Gras-, Maisstroh- oder Palmwedeldächer. Selbst die Steinhäuser versah man nur in seltenen Fällen mit stabilen Dächern oder falschen Gewölben. Insgesamt standen die bescheidenen Wohnquartiere, auch der Oberschicht, in einem merklichen Kontrast zur großartigen Steinarchitektur der Zeremonialbauten.

Im Unterschied zu Teotihuacán, wo Mauerzüge den Zeremonialbezirk umgaben, teils auch die Wohnviertel gegeneinander abgrenzten, gingen in den klassischen Maya-Zentren die unterschiedlichen Baukomplexe ohne sichtbare Trennung ineinander über. Auch die kurzen, unzusammenhängenden Zeremonialstraßen schieden keine Wohnviertel oder gar »Wohnblöcke« wie in der Hochland-Metropole voneinander. Einzige Ausnahme war Cobá in Quintana Roo, wo sich ein ganzes System weit über Land führender Zeremonialstraßen kreuzte (S. 363), durch die die Siedlungsfläche in mehrere Sektoren zerlegt wurde, die man vielleicht als »Stadt«viertel bezeichnen kann.

Zur Peripherie der Zentren hin wurde die Besiedlung lockerer. Im Falle von Tikal nimmt die Hausdichte besonders in Richtung des fünf Fußstunden weiter nördlich gelegenen Uaxactún auffällig schnell ab. Aber da und dort gab es innerhalb dieser Randzone kleinere Gruppen von Zeremonialbauten und Siedlungskonzentrationen, die noch zum »urbanen« Bereich von Tikal gerechnet werden müssen, so die Palast- und Tempelgruppe von Chikin-Tikal und die kleineren Siedlungsplätze Uolantun, Jimbal, El Encanto, Bobal, Corozal und El Palmar (537, S. 105).

Wichtigste Hinterlassenschaft der einstigen Wohnquartiere sind wie im ländlichen Bereich flache Sockel, die einst die Häuser trugen. Zahl und Anordnung dieser Plattformhügel vermitteln uns einen Begriff von der Größe und Grundrißgestaltung der Wohnsiedlungen, die den Freiraum zwischen den Komplexen der großen Kultbauten durchdrangen und sich ringförmig um den gesamten Kernbezirk legten. Der Plan von Tikal (Fig. 43) bringt diese Siedlungsstruktur klar zum Ausdruck. Von etwa 100 Zeremonialzentren gibt es Kartenunterlagen, und zwar einfache, mit dem Kompaß aufgenommene Grundrißskizzen von 70 Ruinenstätten und 30 genauere Pläne (516, S. 25). Fast alle beschränken sich ausschließlich auf die Wiedergabe der Zeremonialbezirke. Neben den Plänen von Dzibilchaltún, Etzná, Seibal und Mayapán ist derjenige von Tikal einer der wenigen, die auch die Wohnkomplexe mit in die Kartierung einbeziehen und uns dadurch das tatsächliche einstige Siedlungsgefüge veranschaulichen. Mayapán, dessen ausgedehnte Wohnviertel ebenfalls vollständig kartiert worden sind (Fig. 62), gehört bereits der späten nachklassischen Periode an. Weitere Detailkartierungen dieser Art würden fraglos unser bisheriges Bild von der inneren Gliederung der Zeremonialzentren noch wesentlich vervollständigen.

Das hügelige Gelände erlaubte in Tikal ebensowenig wie in den anderen Zeremonialzentren des Südens eine sehr dichte Bebauung. Enges Beieinanderwohnen entsprach überdies nicht den Gewohnheiten der Maya. Als Landwechselwirtschaft treibende Maisbauern waren sie das Leben in Streusiedlungen und kleinen Weilern gewöhnt (S. 251). Auch als Ackerbürger und zu neuen städtischen Tätigkeiten übergegangene Zuwanderer haben sie offensichtlich die traditionelle Siedlungsweise weitgehend beibehalten. So wurden die Häuser jeweils in kleinen Gruppen auf etwas erhöhtem Gelände um einen hofartigen Platz herum erbaut. Da diese kleinen Siedlungskomplexe in der Regel drei bis vier Häuser umfaßten, müssen sie wie in den Weilern des angrenzenden Umlandes als Wohnsitze von Großfamilien angesehen werden, in denen jeweils außer dem Familienoberhaupt dessen verheiratete Söhne mit Frauen und Kindern lebten (537, S. 105). Sayil in der Puuc-Region ist ein schönes Beispiel für derartige Gruppensiedlungen der zwischen den Sakralbauten lebenden Ackerbürger (498, S. 4). Die Schwärme kleiner Gehöftgruppen im nahen Umkreis der zentralen Heiligtümer sind offensichtlich die Wohnplätze teils mit Dienstleistungen beschäftigter, teils noch bäuerlich orientierter, jedenfalls zur festansässigen Bevölkerung zählender Menschen gewesen.

Wo sich mehrere Gehöftgruppen zu etwas geschlosseneren Wohnvierteln vereinigten, lag zwischen ihnen gewöhnlich ein kleiner Platz mit Schattenbäumen. In Copán hat man 40 solcher randlichen Wohnbezirke gezählt. In Chichén Itzá hingegen sind im Umkreis der Zeremonialbauten bisher keinerlei Spuren einer ehemaligen »Wohnstadt« gefunden worden (122, S. 89). Chichén Itzá war somit entweder ausschließlich Zeremonialzentrum, oder es wurde dort unter dem Einfluß der Tolteken auf die Anlage von Haussockeln verzichtet, womit die einzigen sicheren Beweise für die ehemalige Existenz einer ständigen Wohnbevölkerung entfallen.

In vielen Fällen haben die in den Zeremonialzentren ansässigen Großfamilien eigene kleine Heiligtümer an der Ostseite ihrer einen Innenhof umschließenden Hausgruppen besessen. Hier fanden Kulthandlungen statt, und hier sind auch die führenden Familienmitglieder bestattet worden. Es gab keine speziellen Friedhöfe in Tikal und auch nicht in den anderen Zentren mit Ausnahme des Kulturgebietes am mittleren Rio Motagua. In diesem ganz im Süden gelegenen Teil des Maya-Tieflandes bedecken Tumuli in großer Zahl die Flußterrassen, so daß man diese Areale als ausgesprochene Friedhöfe bezeichnen muß. Die Grabkammern wurden nicht nachträglich in schon vorhandene Wohnhügel hineingegraben, sondern als Begräbnisstätten angelegt und dann mit Erde überdeckt. Sie haben mit Türen verschließbare Zugänge und sind über längere Zeiträume hinweg für Beisetzungen benutzt worden (405, S. 172).

Die aus einfachen Bevölkerungskreisen stammenden Verstorbenen wurden unter den Fußböden der Häuser bestattet, die sie bewohnt haben, gelegentlich auch hinter den Häusern. Höhergestellte Persönlichkeiten wurden unter Tempelplattformen, in Grabhügeln oder Grabkammern unter den großen Plätzen der Zeremonialzentren beigesetzt, wie zum Beispiel in Copán, Palenque, Uaxactún und Chichén Itzá. Pyramidengräber (S. 316) sind seltene Ausnahmen.

Einzigartig ist die auf der Insel Jaina vor der Westküste Yucatáns gelegene große Nekropole, die den Maya der Puuc-Region jahrhundertelang als Begräbnisplatz gedient hat. Die Toteninsel wird von zwei verfallenen Pyramiden überragt, die ihr den Namen (Maya: »Haus über dem Meer«) gaben. Seinen archäologischen Ruhm verdankt Jaina der ungewöhnlich großen Zahl reich ausgestatteter Gräber. Im Gegensatz zu den streng formalen Personendarstellungen der Flachreliefs zeigen die dort gefundenen fein gearbeiteten Tonfigürchen Menschen, wie sie wirklich waren: jung und hübsch oder alt und gebrechlich, in üppiger oder bescheidener Kleidung, Frauen beim Weben oder Männer beim Ballspiel (538). Der besondere Wert der Terrakotten von Jaina, diesem »Meißen der Neuen Welt« (300, S. 42), beruht darauf, daß sie die einzigen naturgetreuen Darstellungen aus dem Leben der Maya in der klassischen Zeit sind und uns damit wichtige Erkenntnisgrundlagen liefern. Das Nationale Anthropologische Museum in Mexico City besitzt eine reichhaltige Sammlung dieser wundervollen Figurinen.

9. Die sozialen Gruppen in den kultischen Zentren

Die Zeremonialzentren der Maya sind lange Zeit als wirtschaftlich und politisch autonome kultische Mittelpunkte eines Volkes betrachtet worden, das nur geistig im Rahmen eines theokratischen Systems geeint war, aber keiner politischen Zentralgewalt unterstand. Diese Kennzeichnung ist im Grundsatz richtig, galt aber nur für die Zentren des höchsten Bedeutungsgrades, die Oberzentren. Schon für viele der Regionalzentren, besonders aber für die Mittel- und Kleinzentren, bestanden Abhängigkeiten zu Zentren höheren Ranges. Die hierarchische Ordnung der Zentren beruhte – wie gezeigt wurde (S. 265) – nicht nur auf der Ausstattung mit einer kleineren oder größeren Zahl von Kultbauten, sondern vor allem auf unterschiedlichen Funktionen und einer dem erweiterten Aufgabenkreis entsprechenden sozialen Gliederung. Die Maya-Gesellschaft war eine Klassengesellschaft.

Von den Kleinzentren wissen wir, daß sie aus einigen wenigen Kultbauten bestanden und nur eine sehr geringe Einwohnerzahl hatten. Priester, Novizen, Tempeldiener, Schamanen, Angehörige der Verwaltung und einige sich auf die Anfertigung der erforderlichen Zeremonialgeräte verstehende Kunsthandwerker waren die einzigen ständig dort lebenden Bewohner. Die als Medizinmänner fungierenden Schamanen erfüllten gerade in den Kleinzentren neben den Priestern wichtige Aufgaben im zeremoniellen Bereich. Beide nahmen sich ergänzende Funktionen wahr und kamen auf unterschiedlichen Wegen zu ihren Ämtern.

Die Priester waren die offiziellen Hüter des Kults, trugen die Verantwortung für den Ablauf der rituellen Handlungen und die bauliche Ausgestaltung der Zeremonialkomplexe. Sie »speicherten« Schrift- und Kalenderwissen und gaben es an die künftigen Generationen weiter. Besondere Verehrung genossen die *chilâm,* Priester mit visionärer Begabung, deren Weissagungen von schicksalhafter Bedeutung für die Maya werden konnten (S. 35). Sie bildeten innerhalb der höheren Priesterschaft eine eigene Kaste.

Über die Schamanen wissen wir aus der alten Maya-Zeit nur wenig. Aber aus ihrer Existenz in den heutigen Maya-Dörfern des Hochlandes von Chiapas (495) ist mit einem hohen Wahrscheinlichkeitsgrad zu folgern, daß es diese Gruppe von Zauberern und Medizinmännern auch in den Zeremonialzentren der klassischen Zeit gegeben hat. Dafür spricht nicht zuletzt, daß in dem yucatekischen Dorf Chan Kom vor einigen Jahrzehnten neben dem katholischen Priester noch ein Schamane tätig war und daß auch in zahlreichen anderen Gemeinden Regenmacher- und Besprechungszeremonien zur Verhütung von Krankheiten immer noch eine große Rolle spielen (489; 627, S. 279ff.). Bei den Zinacanteken in Chiapas sind es die *curanderos,* die Krankheiten diagnostizieren, Heilzeremonien veranstalten, Weihe- und Bittopfer an Wasserstellen darbringen und kleinere Zeremonialhandlungen an den Kultplätzen der Sippenweiler durchführen. Ihre »Berufung« und ihre Fähigkeiten leiten diese Schamanen aus Träumen oder Eingebungen ab. Sie stammen aus bäuerlichen Familien und tragen durch ihre Tätigkeit zum sozialen Ansehen und Aufstieg ihrer Sippen bei (495, S. 31). Ähnlich wird auch in frühen Zeiten die breite Masse der bäuerlichen Bevölkerung das Reservoir für den Schamanennachwuchs dargestellt haben, während die Priester, die im Unterschied zum aztekischen Klerus nicht im Zölibat lebten, durch Erbfolge in ihre Ämter aufrückten.

Größere Zentren erfüllten über die kultischen Funktionen hinaus solche eines Verwaltungsmittelpunktes, eines Marktortes, sogar einer Handelsstadt, in der neben der Priesterschaft und dem im Zeremonialdienst tätigen

Personal festansässige Beamte, Künstler, Kaufleute, Handwerker, Gewerbetreibende und Ackerbürger, das heißt sozial deutlich differenzierte Bevölkerungsgruppen, lebten. Besonders in der Spätzeit gewannen Handel und Gewerbe in den größeren Zentren zunehmend an Bedeutung, und damit wurde die soziale Schichtung der Maya-Gesellschaft ausgeprägter, als sie es noch in frühklassischer Zeit gewesen war.

Die Oberschicht umfaßte im Rahmen einer erblichen Klassenzugehörigkeit den Adel und die sich aus ihm rekrutierende höhere Priester- und Beamtenschaft. Auch bei kriegerischen Auseinandersetzungen lag die Führung in den Händen des Adels. Der Hochadel residierte in den großen Zeremonialzentren und verfügte dort über ein stattliches Palastpersonal, zu dem auch Scharen weiblicher Bediensteter gehörten. Die Wohnsitze des Landadels lagen inmitten des bäuerlichen Umlandes, zum Teil bewohnten sie kleine Paläste im Zeremonialzentrum selbst (S. 326), wenn die von ihnen abhängigen Bauern in erreichbarer Nähe lebten. Im Cayo-Distrikt (Belize) wurden außerhalb zweier Zeremonialzentren einst von Angehörigen des Landadels besiedelte Wohnhügel gefunden (414, S. 232).

Dem Adel waren nicht nur alle wichtigen religiösen und politischen Ämter vorbehalten, er hatte auch im Unterschied zu den gemeinfreien Bauern (S. 144) privaten Grundbesitz, der wahrscheinlich in erster Linie von Hörigen bearbeitet wurde (45, S. 176). Darüber hinaus besaßen die Adelsfamilien im wirtschaftlichen Bereich eine Reihe einträglicher, zum Teil monopolartiger Privilegien: in der Nutzung der Salzgärten an der Nordküste Yucatáns, in der Plantagenwirtschaft (Kakao, S. 209) und vor allem in dem sich gegen Ende des Klassikums kräftig entfaltenden Fernhandel (S. 387), den sie mit Flotten eigener seegängiger Boote betrieben. Durch eine zielstrebige Heiratspolitik waren die herrschenden Adelsfamilien stets darauf bedacht, ihren Einfluß durch verwandtschaftliche Bindungen zu festigen und auch auf benachbarte Zeremonialzentren auszudehnen (136, S. 45). Der Anteil der Elite an der Gesamtbevölkerung der größeren Zeremonialzentren wird auf 1–3 % geschätzt (444, S. 206; 508, S. 131).

Eine breite *Mittelschicht* gab es in den Kultzentren der klassischen Zeit noch nicht. Zwar lebten selbst in den Kleinzentren festansässige Tempelbedienstete und Handwerker, aber doch in so geringer Zahl, daß man nicht von einer sozialen »Schicht« sprechen kann. In den größeren Zentren war diese Gruppe schon wesentlich umfangreicher und beruflich differenzierter. Mit fortschreitender Verweltlichung in der spätklassischen Zeit festigte sich ihre Position in der Klassengesellschaft der Maya. Dieser sich allmählich heranbildenden Mittelschicht gehörten die Beamten der niederen Ränge, Händler und vor allem Handwerker und Gewerbetreibende an. Ob niedere Priester, Tempeldiener und Hofgesinde eine eigene soziale Gruppe bildeten oder der Mittelschicht zuzuordnen waren, ist unbekannt.

Wenn auch bei der Errichtung von Großbauten die Schwerarbeit auf die zur Dienstleistung verpflichtete bäuerliche Bevölkerung der Umgebung entfiel, so waren doch zur Durchführung der von den Priestern geplanten und geleiteten Projekte zahlreiche Fachkräfte erforderlich, die ausschließlich oder vorwiegend in ihren Spezialberufen tätig waren und ständig im Zeremonialzentrum lebten: Steinbrecher, Kalkbrenner, Maurer, Steinmetze und Bildhauer; für die künstlerische Ausgestaltung der Bauten Stukkateure, Maler, Zimmerleute, Holz- und Idolschnitzer. Dazu kamen als weitere Ortsansässige die Werkzeugmacher, Tischler, Töpfer, Weber (in der Regel Frauen), Kleidermacher und Kürschner; für die Anfertigung von Schmuck die Verarbeiter von Vogelfedern; die Jade-, Muschel- und Knochenschneider, in der Spätzeit auch Goldhandwerker und Bronzegießer; für die Versorgung der Kranken die Heilkundigen. Besonderes Ansehen genossen die mit der Hieroglyphenschrift vertrauten Steinmetze, Bildhauer und schriftkundigen Künstler, wie Stukkateure, Holz-, Knochen- und Jadeschnitzer. Die künstlerische Gestaltung aller Kultgeräte und des rituellen Schmucks stand in einem unübersehbaren Gegensatz zur Schlichtheit aller Gegenstände des täglichen Gebrauchs. Die mit der Herstellung von Sakralgegenständen befaßten Kunsthandwerker arbeiteten zurückgezogen in ihren Häusern. Sie unterwarfen sich strengen Riten, fasteten und übten Enthaltsamkeit, bis ihre Arbeit vollendet war (517, S. 131). Bei Bruch der Askese galt das Werk als unrein und unheilbringend.

Von Zusammenschlüssen der anderen Handwerker in Gilden oder Zünften ist nichts bekannt, aber vermutlich hat es auf den großen Baustellen mit unseren mittelalterlichen Bauhütten vergleichbare, unter obrigkeitlicher Kontrolle stehende Arbeitsstätten gegeben. Auch die Angehörigen verschiedener anderer Berufsgruppen konnten ihre Tätigkeit nur gemeinschaftlich ausüben, so die Steinbrucharbeiter und Werkzeugmacher, deren Arbeitsplätze an die natürlichen Vorkommen von festen Massenkalken und Feuersteinen (Flint) gebunden waren. Aus den reichlichen Schlagabfällen darf man auf die Zusammenarbeit jeweils mehrerer Steinaxt-, Speerspitzen-, Schaber- und Flintmesserhersteller schließen. Solche Werkstattplätze, die sicherlich meist unter luftigen Schattendächern lagen und auf denen außer dem örtlich vorkommenden Feuerstein auch importierter Obsidian zu Werkzeugen verarbeitet wurde, gab es im Umkreis von Tikal und besonders auch im Binnenland des nördlichen Belize, wo die Kalkhorizonte reich an Feuersteinknollen sind. Aus dem erstaunlichen Umfang der dort festgestellten Flintabfallhaufen ergibt sich, daß Anfertigung und Handel mit Feuersteinwerkzeugen offensichtlich einträglicher waren als die Bebauung der dort kargen Böden (268, S. 305). Auch die in jedem Haushalt benötigten Maisreibsteine *(metates)* und Reibwalzen *(manos)* wurden gewerbsmäßig angefertigt, vor allem dort, wo harte kristalline Gesteine anstehen, wie im Bereich der Maya Mountains oder im äußersten Süden des Landes. Es wurden sowohl aus dem Hochland importierte Basalte, häufig aber auch Massenkalke aus dem Nahbereich verarbeitet, die sich freilich verhältnismäßig schnell abnutzten. Schließlich bestand für die Töpfereiwerkstätten eine ausgesprochene Standortabhängigkeit. Zwar gab es für eine bescheidene Haustöpferei geeignete Lehmvorkommen – den Rückstand aus der Kalkverwitterung – fast überall in unmittelbarer Nähe, jedoch die für die Herstellung hochwertiger Keramikwaren erforderlichen fein ausgeschlämmten Tone nur an bestimmten Stellen. In solchen Bereichen lebende Maya haben sich auf die Töpferei spezialisiert und ihre Erzeugnisse weit über Land verhandelt. Wahrscheinlich produzierten und verkauften die Handwerker der verschiedenen Sparten in der Hauptsache auf eigene Rechnung. Mit Sicherheit hat zumindest ein Teil von ihnen als »Teilzeitbauern« etwas Landwirtschaft nebenbei betrieben (848, S. 46).

Den Status von Gemeinfreien nahm die zahlenmäßig bedeutendste soziale Gruppe, die der bäuerlichen Bevölkerung, ein. Sie lebte in den peripheren Vierteln der größeren Zentren und im anschließenden agrarischen Umland. Die Bauern hatten die Versorgung der Oberschicht mit Nahrungsmitteln sicherzustellen. Ihre Tribute und Geschenke umfaßten Mais, Gemüse, Obst, Wildbret, Honig, Fische und auch Erzeugnisse des Heimgewerbes wie Baumwollgewebe und Tongefäße (Fig. 61). Da alle Erzeugnisse, sofern nicht Wasserwege zur Verfügung standen, von Trägern auf dem Rücken transportiert werden mußten, war der Versorgungsradius der Zeremonialzentren relativ begrenzt.

Obgleich die Bauern beim Bau der Tempel, Pyramiden und Paläste die Hauptarbeitslast zu tragen hatten, wäre es falsch zu glauben, daß die jährlich sich über Monate erstreckenden Arbeitseinsätze auf den Großbaustellen der Priester von ihnen als harte Fron empfunden worden wären. Ihr Leben war genauso wie das aller Maya höherer Stände eingebunden in den sie alle umfassenden Kult. Die Beschaffung der Nahrung war notwendig, aber

Fig. 61 Lebensmittelabgabe der Maya-Bauern an einen Priesterfürsten
Tongefäßmalerei aus Nebaj, Alta Verapaz/Guatemala.
(Nach S. G. Morley und H. D. Disselhoff-Linné, 1960)

für sie nicht eigentlicher Lebenszweck, und die ihnen darüber hinaus verbleibende Zeit betrachteten die Bauern nicht als »Freizeit« (die ihnen von den Priestern »gestohlen« wurde), sondern als die ihnen gebotene Möglichkeit, an der Schaffung gottgefälliger Werke teilzuhaben – zu ihrem Heil und dem ihres Volkes. Erst gegen Ende des Klassikums hat sich offensichtlich mit der zunehmenden Verweltlichung des Lebens die Einstellung der Bauern zur Priesterschaft und den ständig gesteigerten Arbeitsdeputaten grundlegend geändert (S. 459).

Auf der untersten sozialen Stufe standen die Sklaven. Daß es solche bei den Maya gegeben hat, geht mit Sicherheit aus zahlreichen sprachlichen Belegen, aus den Wandgemälden von Bonampak und aus den in den Herrschergräbern gefundenen Skeletten geopferter Menschen hervor. Der größte Teil der Sklaven bestand wahrscheinlich aus Kriegsgefangenen einfacher Herkunft, während solche adliger Abstammung in der Regel geopfert wurden. Hinzu kamen durch Kauf erworbene Angehörige anderer Stämme. Hundert Kakaobohnen waren der Preis für einen Sklaven – ein makabres Indiz für die Wertschätzung des Kakaos (S. 378) und die Mißachtung eines Menschenschicksals (94, S. 194). Kolumbus sah auf einem ihm begegnenden yucatekischen Handelsboot zwischen Töpferwaren, Steinwerkzeugen und aufgestapelten Textilien eine Anzahl von Sklaven mit um den Hals gelegten Stricken.

Seine Freiheit verlor jeder Maya, der beim Diebstahl ertappt wurde. Man übereignete ihn dem Bestohlenen, dessen Sklave er zeitlebens verblieb, sofern es ihm nicht gelang, den Wert des gestohlenen Gutes zu ersetzen. Von Sklaven gezeugte Kinder blieben Sklaven. Manche von ihnen wurden den Göttern geopfert. Von Sklavinnen geborene Söhne adliger Maya konnten durchaus zu höheren Würden aufsteigen. Adlige pflegten Sklaven als Geschenke auszutauschen. Diese Leibeigenen ergänzten das Hauspersonal, wurden als Läufer, Kanupaddler und auch als Arbeitskräfte auf den Feldern und beim Fischfang eingesetzt. Sklaven waren die Lastenträger der adligen Handelsherren (S. 369).

10. Merkmale und Funktionen der Zeremonialzentren

Primär waren die Zeremonialzentren Stätten der religiösen Begegnung, Pilger- und Wallfahrtsorte, in denen sich von Zeit zu Zeit größere Menschenmassen versammelten. Bauern aus der näheren Umgebung besuchten bei allen festlichen Anlässen ihre kultischen Mittelpunkte, Pilger kamen oft von weit her, um an bedeutenderen Heiligtümern den Göttern zu opfern. Ein solches berühmtes Pilgerzentrum, das erst die Spanier 1536 »offiziell« außer Funktion setzten, war Chichén Itzá dank seines Heiligen Cenote (S. 365). Von dort führte eine gut ausgebaute Zeremonialstraße zu einem anderen Pilgerzentrum, das besonders in der späten nachklassischen Zeit aufblühte, zu der mit Bootsfähren erreichbaren Insel Cozumel mit ihrem der Mondgöttin Ixchel geweihten Heiligtum. Copán im äußersten Südosten des alten Maya-Landes erfüllte lange Zeit ähnliche Funktionen. Nach seinem Verfall trat die in der Kolonialzeit im östlichen Guatemala, nahe der Grenze von Honduras, gegründete Stadt Esquipulas an die Stelle des alten Zeremonialzentrums. Am Tage des »Schwarzen Christus von Esquipulas« (15. Januar) kommen dort noch heute jährlich bis über 100 000 Pilger zusammen (527, S. 104f.). Die normale ständige Bevölkerung der Stadt beläuft sich auf nur knapp 3000 Einwohner, aber an hohen Feiertagen nimmt sie Zehntausende von zusätzlichen Besuchern auf, die beköstigt werden wollen und von denen viele über Nacht bleiben.

Eine andere derartige »Sonntagsstadt« der Gegenwart ist Chichicastenango im westlichen Hochland von Guatemala (Bild 62). Sie hat nur 1600 Einwohner, ist aber das religiöse Zentrum für die rund 30 000 in der Umgebung lebenden Quiché-Maya, die an den zwei wöchentlichen Markttagen die Zahl der sich in der Stadt aufhaltenden Menschen um ein Mehrfaches vergrößern. Aber selbst von den 1600 Einwohnern sind nur 700 festansässige Indianer, die anderen verteilen sich über das Munizip Chichicastenango, das heißt, sie wohnen in Einzelhöfen inmitten ihrer Maisfelder und kommen nur an Fest- oder Markttagen mit ihren Familien in die Stadt, wo sie sonst leerstehende Zweitwohnungen besitzen (527, S. 104). Auf der großen Freitreppe und im Inneren der Kirche Santo Tomás bringen sie Kerzen- und Rauchopfer dar, auf einem Steinblock vor der Kirche verbrennen sie Mais als Fruchtbarkeitsopfer (Bild 63).

Die Bezeichnung Sonntagsstadt für ein solches religiöses Zentrum mit Plaza, Kirche, Marktplätzen und Wohnhäusern, deren Besitzer nur zeitweise ortsanwesend sind, kennzeichnet einen eigenartigen Siedlungstyp, der keineswegs auf Mesoamerika beschränkt ist. Sonntagsstädte, die von wochentags einsam auf ihren Fazenden lebenden Viehzüchtern über das Wochenende aufgesucht werden, gibt es in Brasilien, entsprechende Mittelpunkte *(vacant towns)* für Farmer in Texas, für Bergbauern in Skandinavien und anderenorts. Ob die großen Maya-Zentren der klassischen Zeit auch als solche Sonntagsstädte angesehen werden können, läßt sich allenfalls vermuten. Sicher ist nur – denn dies entspricht dem Zweck kultischer Mittelpunkte –, daß sie an vielen Tagen des Jahres eine bedeutend vermehrte Menschenzahl aufnehmen mußten, ob mit oder ohne Unterkunftsmöglichkeiten, wissen wir nicht. Jedoch kann kein Zweifel bestehen, daß der Zustrom einer großen Zahl von Teilnehmern an den Zeremonialhandlungen, von Pilgern und Wallfahrern zwangsläufig auch zum Aufbau einer organisierten Stadtverwaltung, zu einer Entfaltung des Marktwesens und gewerblicher Tätigkeiten führen mußte. Dies bewirkte in Wechselwirkung wiederum ein Wachstum der dauernd seßhaften Bevölkerung und eine beständige Vergrößerung des ländlichen Versorgungsbereichs. Trotz des funktionalen Zugewinns trat die primäre Funktion als Zeremonialzentrum aber nicht in den Hintergrund – in den Jahrhunderten der kulturellen Entfaltung war vielmehr das Gegenteil der Fall.

Pyramiden und Tempelkomplexe wuchsen zu immer gewaltigerem Umfang heran, ließen aber zwischen sich in der Regel genügend Freiraum für eine relativ lockere Bebauung mit palastartigen Adelssitzen und einfachen Wohnhausgruppen (Fig. 43). An diesen Kernbezirk und die noch stärker aufgelockerten äußeren Bürgerquartiere schloß sich unmittelbar ein lockerer Ring von Weilern und Streusiedlungen mit den Gehöften der Maisbauern an, von denen die nicht in der agrarischen Urproduktion Beschäftigten mit Lebensmitteln versorgt wurden. Ohne merkliche Unterbrechung ging das agrarische Hinterland des einen Zentrums in das des nächsten über. Der ländliche Versorgungsbereich von Tikal ist auf etwa 65–100 km^2 veranschlagt worden (537, S. 106f.). Ein Problem ist freilich, nach welchen Gesichtspunkten die Bauern ihre im Pflanzstockbau gewonnenen Erzeugnisse in das eine oder andere Zentrum lieferten. Es hat den Anschein, daß nicht unbedingt die günstigste Entfernung zum Verbrauchszentrum eine Rolle spielte, sondern daß fixierte politische Grenzen die Herrschaftsbereiche von Territorialfürsten und damit die einzelnen Versorgungsbereiche voneinander trennten (S. 399). Tikals politischer Einfluß reichte zum Beispiel nach Süden bis Machaquilá und nach Südosten bis Caracol in Belize. Wenn die kultischen Zentren im allgemeinen auch aus ihren Nahbereichen versorgt wurden und es nur in Notzeiten zu einem Handel mit Grundnahrungsmitteln innerhalb des Tieflandes kam (S. 369), so mußten doch die Großzentren mit ihrer sozial weitgehend differenzierten und nicht mehr in der Agrarproduktion tätigen Bevölkerung notwendigerweise auch aus weiter entfernt liegenden Anbaugebieten beliefert werden. Die intensiv genutzte Hochacker-Region am Rio Hondo in Belize (S. 388) könnte ein solches Zuliefergebiet für Tikal gewesen sein (424, S. 432). Für die Transporte stand der Wasserweg zur Verfügung, und da der Oberlauf des Flusses bis in die unmittelbare Nähe Tikals heranführt (Fig. 70), war für die Lastenträger nur noch eine kleine Wegstrecke zu überwinden.

Man muß die Zeremonialzentren der Maya unter verschiedenen Gesichtspunkten betrachten, wenn man sie einem uns geläufigen Siedlungstypus zuordnen will. Die Grundfrage lautet natürlich: Kann man sie als »Städte« bezeichnen oder nicht?

Vom Grundriß her gesehen, lassen die Maya-Zentren infolge des fehlenden Straßennetzes und der ungeordneten lockeren Bebauung, die sogar noch bescheidene Möglichkeiten für den Feldbau in den Kernbereichen zuließ, zweifellos ein typisch »städtisches« Merkmal vermissen, das vergleichsweise bei Teotihuacán oder Tenochtitlán, den beiden präkolumbischen Großstädten des mexikanischen Hochlandes, sehr ausgeprägt vorhanden war. Starke Bevölkerungskonzentrationen wie dort gab es jedoch auch in den größeren Maya-Zentren, wie die Einwohnerzahlen der Ober- und Regionalzentren bezeugen (S. 269ff.). Je größer die dauernd seßhafte Bevölkerung und deren Ballung auf engem Raum ist, um so mehr nimmt die Siedlung »städtische« Züge an, zumal wenn die permanente Einwohnerschaft sozial so deutlich differenziert ist, wie dies in den Maya-Zentren höherer Rangordnung der Fall war. Unleugbar städtische Merkmale waren darüber hinaus die monumentalen Bauten, das von großer schöpferischer Kraft zeugende künstlerische Schaffen und der starke Einfluß von Religion und Wissenschaft im öffentlichen Leben und auf alle Daseinsfunktionen der in Klassen gegliederten Gesellschaft. In dieser Hinsicht sind die Zeremonialzentren der Maya – freilich nur die größten von ihnen – mit den Tempel- und Klosterstädten in Tibet und Nepal vergleichbar. Auch dort liegen im Umkreis der Tempel die Häuser höhergestellter Persönlichkeiten, an der Peripherie die des einfachen Volkes. Die nepalesischen Tempelstädte sind Zentren vieler blühenden Gewerbe. Die Werkstätten der Töpfer, Schnitzer, Steinmetze, Bronzegießer, Seiler, Weber, Schneider, Schuhmacher usw. reihen sich lückenlos aneinander. Weniger geschlossen, aber im Prinzip ähnlich muß man sich auch die Kernkomplexe der großen Maya-Zentren vorstellen.

Die äußeren Wohnbereiche mit ihren locker gestreuten Hausgruppen glichen eher Gartenstädten. In Tikal hatte jeder peripher gelegene Haushalt eine Anbaufläche von 3–3,5 ha zur Verfügung, im inneren Wohnbereich einen knappen Hektar (411, S. 438; 592, S. 197). Die mit einem großen Anteil vertretene ganz- oder halbbäuerliche Bevölkerung schränkte freilich andererseits den urbanen Charakter der Maya-Zentren, besonders jener, die nicht zu den allergrößten zählten, stark ein und legt den Vergleich mit den alten griechischen Ackerbürgerstädten nahe. Die antike Polis war nicht ohne die sie versorgende und übergangslos innerhalb ihres Weichbildes siedelnde bäuerliche Bevölkerung zu denken. Auch die griechische Pflanzstadt war ein ähnlich in sich ruhendes, politisch autonomes Gebilde wie ein Zeremonialzentrum der Maya. Freilich besaßen die Maya-Bauern keine demokratischen Bürgerrechte wie die Bewohner einer griechischen Polis und konnten daher auch keinen politischen Einfluß ausüben wie dort.

Wenn man die »Stadt« als eine sozial vielschichtige Gemeinschaft konzentriert auf engem Raum lebender Menschen definiert, von denen über 75 % mehr als zwei Drittel ihrer Arbeitszeit Tätigkeiten widmen, die in keiner Verbindung zur agrarischen Urproduktion stehen, so gibt es dafür unter den Maya-Zentren der klassischen Zeit nur ein zweifelsfreies Beispiel: Tikal. In diesem führenden Zeremonialzentrum vereinigten sich alle typischen Merkmale einer Stadt des vorindustriellen Zeitalters mit intensiven Stadt-Umland-Beziehungen und bedeutenden regionalen und überregionalen Funktionen (religiöses Zentrum, Verwaltungssitz, Handelsplatz). Eine breite Mittelschicht von Handwerkern, Gewerbetreibenden und Kaufleuten gab der Bürgerschaft das Gepräge.

G. F. Andrews (516, S. 20f.) faßt den Stadtbegriff wesentlich weiter und meint, daß es im alten Maya-Land mindestens ein Dutzend Zentren von »städtischem« Charakter gegeben habe, wenn das aufgelockerte Siedlungsbild auch nicht unserer allgemeinen Vorstellung von einer Stadt entsprochen hätte. Außer Tikal rechnet er Dzibilchaltún, Cobá, Oxkintok, Santa Rosa Xtampak, Etzná, Rio Bec, Tulúm, El Mirador, Yaxchilán, Palenque, Copán und (?) Benque Viejo dazu. Tulúm ist wie das eigenartigerweise nicht genannte Mayapán eine befestigte Stadt der nachklassischen Periode und unterlag anderen Entwicklungsbedingungen als die Zeremonialzentren der klassischen Zeit (S. 352). Dzibilchaltún und Cobá waren zweifellos Regionalzentren mit einer großen Einwohnerschaft, über deren soziale Differenzierung jedoch bisher wenig bekannt ist. Sie, vermutlich auch Etzná, El Mirador und Yaxchilán, könnten mancherlei stadtähnliche Züge aufgewiesen haben. Auch Santa Rosa Xtampak und Rio Bec waren wichtige Regionalzentren, aber sie sind archäologisch noch zu wenig untersucht, um sie näher klassifizieren zu können. Benque Viejo und das Mittelzentrum Oxkintok dürften nach Bedeutungsgrad und innerer Struktur kaum in die Gruppe der »Städte« oder stadtähnlichen Zentren einzureihen sein. Auch so bedeutende Oberzentren wie Copán und Palenque sind sicherlich zutreffender als Tempel- und Ackerbürgerstädte mit fließendem Übergang in den sie umgebenden Gürtel ländlicher Siedlungen zu bezeichnen, obwohl Copán als geistiger Mittelpunkt des alten Maya-Landes ebenfalls eine herausgehobene Stellung einnahm.

In den Regional- und Mittelzentren reduzieren sich immer mehr die Merkmale echter Urbanität, in den Kleinzentren fehlen sie ganz. Die Bezeichnung »Zeremonialzentrum« umreißt prägnant ihre Funktion und damit auch ihr strukturelles Erscheinungsbild. Der physiognomische Gegensatz zwischen Zeremonialzentrum und Stadt beruht jedoch nicht nur auf dem Zugewinn städtischer Funktionen infolge des Flächen- und Bevölkerungszuwachses der zu Oberzentren aufgestiegenen kultischen Mittelpunkte. Im Verlauf der Zivilisationsentwicklung der Maya vollzog sich gleichzeitig ein geistiger Wandel in Richtung einer allmählich zunehmenden *Säkularisierung*: An die Stelle alter Priesterfürsten-Autoritäten traten weltliche. Der Versuch, traditionelle religiös-mythische Vorstellungen mit dem sich ständig mehrenden Erfahrungsschatz aus dem täglichen Leben in Einklang zu bringen, führte zwangsläufig zu einer Verweltlichung, die auch im Baugeschehen ihren äußeren Ausdruck fand. In Uaxactún ist zum Beispiel eine frühklassische Tempelgruppe über zwei Zwischenstadien zu einem spätklassischen Palast umgebaut worden (Fig. 57). Palastartige Repräsentationsbauten – in nachklassischer Zeit mit Kolonnadenfassaden – gewinnen immer mehr Vorrang vor den Tempeln: Beweis für die

Entmachtung der früher absolut herrschenden Priesterkaste durch die neue Oligarchie weltlicher Fürsten. Stelen tragen nicht mehr die Bildnisse von Priesterfürsten, sondern, wie zwei Beispiele in Quiriguá aus den Jahren 766 (Stele D) und 771 (Stele E) zeigen, die Gestalten weltlicher Würdenträger mit Schild und Zepter. Auch daß man im späten Klassikum in einzelnen Zentren, die zuvor sehr »stelenfreudig« waren, selbst bei wichtigen Anlässen nur noch wenige Stelen setzte, spricht für den fortschreitenden Säkularisierungsprozeß. Zwar betraf er das Priesterwissen nicht unmittelbar, denn Hieroglyphen- und Kalenderkenntnis gingen erst am Ende des Klassikums mit den Kultzentren und ihren Priestern unter, aber es ist vielleicht kein Zufall, daß eines der letzten Daten der »Langen Zählung«, das dem Jahre 909 entspricht, nicht auf einer Stele erscheint, sondern in einem Brustschmuck aus Jade eingraviert ist (56, S. 128).

Für die Zeit des Übergangs vom Frühklassikum zum Spätklassikum nachweisbare allgemeine Zentralisations- und Konzentrationsbestrebungen (541) drückten sich vor allem in einer Veränderung der Sozialstruktur aus. Der vermehrte Bedarf an Beamten, Handwerkern, Künstlern, Kaufleuten und Gewerbetreibenden ließ eine breite Mittelschicht entstehen, die es in den alten, von Priestern und ihren Gehilfen erbauten Kleinzentren noch gar nicht, in den Mittelzentren in schwachen Ansätzen und nur in den Großzentren von Stadtcharakter bereits in klarer Ausbildung gab. Im gleichen Ausmaß, in dem der Klerus an Machtvollkommenheit verlor, verschärften sich andererseits die Klassenunterschiede zwischen der mächtiger gewordenen kriegerischen Herrenkaste und der dienenden Masse des Volkes, zwischen die sich der verbreiterte, wirtschaftlich besser gestellte, aber politisch zunächst noch einflußarme Mittelstand gleich einem Keil eingeschoben hatte.

All dies sind eindeutige Anzeichen, daß die Entwicklung der großen Zeremonialzentren seit dem Spätklassikum in der Richtung eines zunehmenden Urbanismus verlief. Tikal ist das eindrucksvollste Beispiel dafür. Die im dortigen Kernbereich kartierten 16 km² weisen eine Dichte von 275 Hausplattformen je Quadratkilometer auf (530), das heißt doppelt soviel wie in dem Kleinzentrum Barton Ramie am Belize River, wo 130 Haussockel je Quadratkilometer gezählt wurden (501, S. 581). Die Bevölkerungskonzentration, eines der typischen Verstädterungsmerkmale, war also in Tikal bereits erheblich stärker vorangeschritten als in Barton Ramie. Nächst Tikal hat sich auch in dem großen Regionalzentrum Dzibilchaltún, das von der präklassischen Zeit bis weit in die postklassische Periode hinein kontinuierlich bewohnt war, eine derartige städtische Entwicklung angebahnt. Die Tendenz einer allmählichen Urbanisierung der großen Zeremonialzentren – noch unter ausschließlichem Maya-Einfluß – ist jedenfalls unverkennbar.

Seinen Abschluß fand der Säkularisierungs- und Verstädterungsprozeß nach dem Einfall der Tolteken in der nachklassischen Zeit mit der Ablösung der Zeremonialzentren durch von Mauerringen umgebene Städte als Residenzen weltlicher Fürsten, dem Zurücktreten der öffentlichen Tempel zugunsten privater Andachtskapellen, der zunehmenden Zahl von Palästen, der für diese Adelssitze erkennbaren sorgfältigeren Bauausführung gegenüber dem rohen Gemäuer der Kultbauten, dem Verzicht auf Ballspielplätze, dem Erlöschen des Stelenkults und der Beendigung des Baues von Zeremonialstraßen, die zuvor einige der bedeutenderen Zentren miteinander verbunden hatten (Fig. 67). Sie wurden nun dem Verfall und der sie schnell überwuchernden Urwaldvegetation überlassen. Erst in dieser Schlußphase setzte sich die vom mexikanischen Urbanismus geprägte Lebensform auch voll im Maya-Land durch.

IX. Befestigte Städte

1. Verteidigungsanlagen klassischer Zentren

Die Zeremonialzentren der klassischen Zeit waren offene Siedlungen und dienten nicht dem Schutzbedürfnis einer »Bürgerschaft«. Trotzdem fehlt es nicht an einer Reihe interessanter Ausnahmen. Etzná im nördlichen Campeche entstand als befestigte Siedlung bereits in der mittleren präklassischen Zeit (Fig. 31). Im späten Präklassikum wurde dort ein mehr als 20 km langes Kanalsystem ausgebaut. Neun Kanäle, in denen sich Regenwasser sammelte, laufen strahlenförmig auf das Zeremonialzentrum und die südlich davon gelegene quadratische Erdbefestigung zu, die bis auf einen Zugang im Norden von Wassergräben umgeben war (451, S. 640ff.). Eine ähnliche Wehranlage wurde von R. T. Matheny im Bereich von Uxmal entdeckt (452, S. 209). Auch Becán war befestigt und sollte in der frühen klassischen Periode zu einer regelrechten Wasserburg ausgebaut werden. Das Zeremonialzentrum wurde von einem 2–9 m tiefen und 3–24 m breiten Graben umzogen, den sieben hölzerne Brücken überspannten (605, S. 9). Aber der Graben ist nie ganz fertig geworden, es fehlten im letzten Stück 5 m Erdaushub, um die Verbindung zu einem Sumpf herzustellen, aus dem das Wasser in das Grabensystem abgeleitet werden sollte (174, S. 199; 422). Wahrscheinlich ist die Vollendung des um 250 n. Chr. begonnenen Werks durch einen militärischen Vorstoß Tikals, der zum Sturz der örtlichen Hierarchie führte, verhindert worden. Der Zeitpunkt des Ereignisses zwischen 400 und 450 läßt vermuten, daß Teotihuacán hinter dieser Aktion gestanden hat (12, S. 183; 679, S. 277).

Eine ebenfalls in der frühen klassischen Periode erbaute und erneuerte Verteidigungslinie besaß Tikal (537, S. 107; 662). Sie bestand aus einem 10 km langen Wall mit Graben, der 4,5 km nördlich des großen Platzes in ost-westlicher Richtung verlief und dann in einem Sumpfgelände endete (Fig. 46). Daß die Befestigungsanlage auf Uaxactún im Norden hin orientiert ist, überrascht, da die Entwicklung von Uaxactún eng mit der von Tikal verbunden war und bis zur Entdeckung des Schutzwalls im Jahre 1966 das Verhältnis zwischen beiden Zentren immer als freundschaftlich angesehen wurde. Möglicherweise haben auch hier Teotihuacán-Einflüsse eine Rolle gespielt. Zusammen mit einem zweiten Erdwall von 8,8 km Länge im Südosten und schwer passierbaren feuchten Niederungen war Tikal rundum vor möglichen Angriffen gut geschützt. Die auf diese Weise gesicherte Siedlungsfläche der größten Maya-»Stadt« umfaßte 123 km².

Einige Anzeichen sprechen dafür, daß das erst im Spätklassikum entstandene Mittelzentrum Lubaantún im südlichen Belize ebenfalls bescheidene Befestigungsanlagen gehabt hat (71, S. 216, 220). Reste eines 200 m langen, 2 m breiten und über 6 m hohen Walls wurden schließlich an der Nordwestecke von Calakmul gefunden. Da aber das Gelände um dieses große Regionalzentrum sehr eben ist, kann der Wall kaum eine wirksame Befestigung gewesen sein, zumal der Zugang im Unterschied zu Tikal an allen Seiten offen war (605, S. 9).

Wo überhaupt ein Schutzbedürfnis vorlag, begnügte man sich in der Regel mit der Wahl topographisch günstiger Lagen. Oxpemul liegt auf einer eingeebneten steilen Bergkuppe 57 m oberhalb einer offenen Wasserstelle. Ixtinta und andere kleinere Zentren in der Rio-Bec-Region nutzten die guten Schutzlagen des Kuppenkarsts. Obwohl sie auf den Anhöhen liegen, sind manche noch zusätzlich umwallt. K. Sapper (666, S. 168) betont geradezu ihren Festungscharakter. Bescheidene Erdbefestigungen schützten unter Ausnutzung natürlicher Schluchten Aguateca (80, S. 5). Die sich mehrenden Funde bereits aus frühklassischer Zeit stammender Befestigungsanlagen deuten darauf hin, daß das tägliche Leben der Maya von Beginn ihrer zivilisatorischen Entwicklung an nicht unter so absolut friedlichen Verhältnissen verlief, wie lange geglaubt. Die Zentren im Stromgebiet des Usumacinta, besonders Altar de Sacrificios und Seibal, fühlten sich am Stromufer, umgeben von einer schwer passierbaren Kegelkarstlandschaft, sicher genug und konnten auf zusätzliche Verteidigungsanlagen verzichten.

Ein Wandel vollzog sich in der Spätzeit mit dem Vordringen kriegerischer Hochlandgruppen. Die mayasprechenden Cehache im südlichen Zentralyucatán befestigten nicht nur ihr Zentrum Tiac gegen äußere Feinde durch Gräben und Palisaden, sondern sicherten die drei »Stadtteile« noch untereinander durch zusätzliche Verteidigungsanlagen (402, S. 70; 736, S. 8). Bei den Quejache waren zur Zeit der Conquista ausnahmslos alle größeren Siedlungen befestigt. Cortés, der eine solche Befestigung sah, beschrieb sie in seinem 5. Brief an Karl V.:

»Die Eigenart dieses Ortes beruht auf seiner Lage auf einem hohen Felsen. Auf der einen Seite grenzt er an einen See, auf der anderen an einen tiefen Fluß, der in den See mündet. Er besitzt nur einen einzigen guten Zugang. Alles ist von einem tiefen Graben umgeben, hinter dem sich eine brusthohe Palisadenwand erhebt. Hinter ihr steht ein zwei Klafter hoher Zaun aus dicken Balken, der überall mit Schießscharten versehen ist, um daraus Pfeile abzuschießen. In Abständen voneinander stehen vor dem Palisadenzaun Wachttürme, die ihn um sieben oder acht Fuß überragen. Sie sind gleichfalls mit Brustwehren versehen, auf denen eine Menge Steine liegen, um von oben herab damit zu kämpfen. Sie besitzen auch Schießscharten wie alle Häuser im Ort. Die Straßen sind so vortrefflich durch Barrikaden versperrt, wie es für die Wirksamkeit der in den Kämpfen benutzten Waffen nicht besser sein könnte.«

Die nach ihrer Vertreibung aus Chichén Itzá um die Mitte des 15. Jahrhunderts in den Petén geflüchteten Itzá suchten Schutz vor ihren Feinden, indem sie ihre neuen Städte auf Inseln gründeten. Ihre Hauptstadt Tayasal – eine »Stadt« im vollen Sinne des Wortes – entstand auf einer Insel im Petén-Itzá-See. In der Abgelegenheit des nach dem Untergang der klassischen Zeremonialzentren menschenleer gewordenen Petén hielt sie sich nach Beginn der spanischen Eroberung noch fast 180 Jahre.

Gleichfalls als Inselstadt angelegt war Topoxté in der westlichen der beiden Lagunen von Yaxhá (Fig. 46). Yaxhá selbst liegt auf der schmalen Landbrücke zwischen beiden Seen. Im Unterschied zu diesem aus der klassischen Zeit stammenden Zeremonialzentrum fehlen in Topoxté Bauten mit falschem Gewölbe, dafür hatte es Gebäudefassaden mit Rundsäulen, die es in Yaxhá nicht gibt (476, S. 371; 780) – alles sichere Merkmale für den in der späten nachklassischen Zeit erfolgten Ausbau der Stadt. Die Insel ist nur 400 m lang und 200 m breit und muß mit Häusern dicht besetzt gewesen sein, denn es wurden dort gegen 100 alte Hausplattformen gefunden. Zwei kleine Nebeninseln waren ebenso dicht besiedelt, so daß Topoxté insgesamt rund 200 Haushaltungen bzw. 1000 Einwohner gezählt haben dürfte (502, S. 370). Aus Sicherheitsgründen nahm man in der späten nachklassischen Zeit Bootsfahrt und weite Anmarschwege zu den im Umkreis des Sees gelegenen Feldern in Kauf. Topoxté war von seinen Bewohnern bereits verlassen, als die Spanier 1697 Tayasal eroberten. Spanische Missionare, die bereits zu Anfang des 17. Jahrhunderts die Lagune durchquerten, um die Itzá in der Umgebung des Petén-Itzá-Sees zu bekehren, haben die von dichtem Wald überwucherten Ruinen von Topoxté nicht zu Gesicht bekommen (191, S. 119).

Im Lebensraum der Hochland-Maya hatte der Prozeß der Wohnplatzsicherung gegen feindliche Übergriffe bereits ein paar Jahrhunderte früher eingesetzt. Schon in den unruhigen Zeiten des ausgehenden 9. Jahrhunderts legten die Bewohner der Talsiedlungen Fluchtburgen auf den benachbarten Höhen an oder bauten bestehende Wehranlagen aus (136, S. 73). Im Hochland von Guatemala liegen fast alle Maya-Städte auf Bergspornen oder schwer zugänglichen Hochplateaus. Die Wahl solcher Schutzlagen dokumentiert den Übergang vom reinen Zeremonialzentrum zur militärisch gesicherten Stadt, in der Krieger die alte Priesterschaft in der Führung abgelöst hatten. Seit dem Vorstoß der Tolteken nach Yucatán gegen Ende des 10. Jahrhunderts taucht in einigen Maya-Dialekten neben anderen mexikanischen Lehnworten das Wort *tenamitl* auf, das diesen im Maya-Land neuen Typ der Stadt bezeichnet (56, S. 165). Aus dem ohne scharfe Grenze in das agrarische Umland übergehenden kultischen Mittelpunkt wurde die festbegrenzte Residenzstadt weltlicher Fürsten mit ausgedehnten Wohnvierteln für Adel und Bürgerschaft.

2. Ummauerte Städte der nachklassischen Periode

Der entscheidende Wandel im Tiefland trat gegen Ende der nachklassischen Periode ein, als unter Führung der Cocom-Dynastie, die zu Beginn des 13. Jahrhunderts die Macht an sich gerissen hatte (S. 402), im nördlichen Yucatán und Quintana Roo festungsartig ummauerte Städte entstanden: Mayapán, Tulúm, Xelhá, und im mittleren Abschnitt der Ostküste Ichpaatún. Ob die vor der Gründung Mayapáns führende Stadt des nördlichen Yucatán, Chichén Itzá, befestigt war, was aus einigen Mauerresten geschlossen, aber auch anders interpretiert wurde (122, S. 89), muß die künftige Forschung klären. Für Uxmal bestand die gleiche Frage. Dort hat man tatsächlich 1978 die alte Mauer wiederentdeckt und vermessen.*

Mayapán ist von den Archäologen der Carnegie Institution seit 1950 mit einer solchen Sorgfalt ausgegraben, kartographisch aufgenommen (Fig. 62) und bis in die feinsten Details untersucht worden, daß wir uns heute ein umfassendes Bild über Gesamtanlage und städtebauliche Struktur, vom Aussehen der öffentlichen und privaten Gebäude, von der Größe der Einwohnerschaft und sogar von deren täglichem Leben machen können (660). Es ist das Bild einer echten, unter starkem Einfluß der mexikanisch-toltekischen Eroberer stehenden Stadt, für die es aus dem alten Maya-Land kein Vergleichsbeispiel gibt. Die am stärksten ins Auge springenden städtischen Züge sind: die Ummauerung der Stadt, das Vorhandensein von zwei langen Straßenzügen (die zwar nicht geradlinig geführt sind wie im kleineren Tulúm, S. 352), die Beschränkung des Zeremonialkomplexes auf nur 1,5 % der bebauten Fläche, die Existenz ausgedehnter Wohnviertel mit von Einzelfamilien oder Familienverbänden bewohnten Hausgruppen, die jeweils von kleinen Mauern umgebene private Besitzeinheiten darstellten (Fig. 64). Dies alles sind ausgesprochen urbane Züge, wie wir sie von den alten mexikanischen Hochlandstädten kennen. Dort ist zweifellos das Vorbild für diesen im Maya-Tiefland neuen Siedlungstyp zu suchen.

Der Platz, an dem (45 km südöstlich der heutigen Hauptstadt Mérida) Mayapán entstand, ist altbesiedelt (669, S. 264). Keramische Hinterlassenschaften reichen bis in präklassische Zeiten zurück. Das dann an der Stelle unbedeutender Vorsiedlungen in seiner endgültigen Gestalt 1263 gegründete und zu einem politischen Mittelpunkt ersten Ranges aufgestiegene Mayapán erlebte seine Glanzzeit unter der Herrschaft der Cocom in der späten nachklassischen Periode (13.–15. Jahrhundert), als die Zeremonialzentren des Petén und des südlichen Yucatán längst verfallen waren. Die »Liga von Mayapán« (S. 402), ein Dreibund zwischen Uxmal, Chichén Itzá und Mayapán, entstand vor dieser Blütezeit, denn als das Bündnis 1204 zerfiel, war das etwa in der Mitte zwischen Uxmal und Chichén Itzá gele-

* Zeitschr. Mexicon I, Nr. 4, 1979, S. 43.

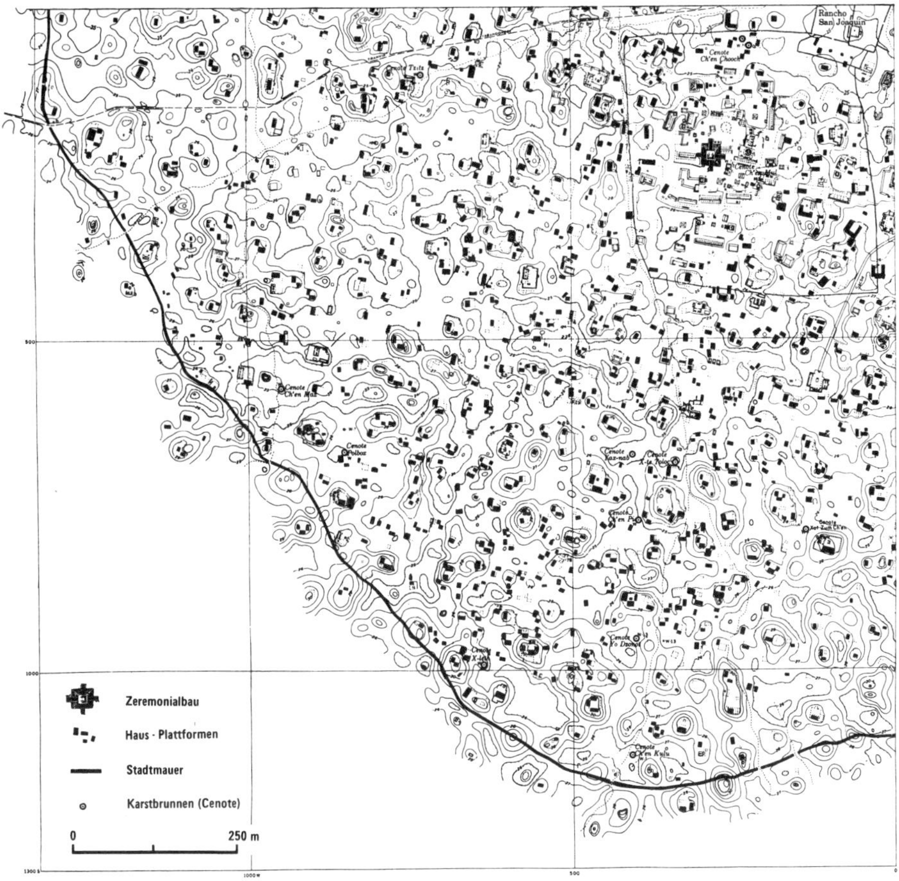

Fig. 62 Stadtmauer und südwestlicher Teil von Mayapán, Yucatán; späte nachklassische Periode (1250–1441)

Die Ruinenstätte liegt in 18 m Meereshöhe, die Isohypsen verlaufen im Abstand von 1 m. Die etwa quadratische Umfassung des Zeremonialkomplexes ist keine alte innere Mauer, sondern die Begrenzung einer Hazienda, zu der dieser Teil des Ruinenfeldes gehört.

(Überarbeiteter Ausschnitt aus dem von M. R. Jones aufgenommenen Stadtplan in der Monographie von H. E. D. Pollock, R. L. Roys u. a., 1962. Vollständiger Plan von Mayapán im Anhang)

gene Mayapán nach Größe und Rang mit den beiden Partnern noch nicht zu vergleichen. Anlaß des Zerfalls der Liga war ein zwischen den Verbündeten durch einen Frauenraub ausgelöster Zwist, den der Cocom-Fürst Hunec Ceel dazu benutzte, die Macht an sich zu reißen. Sie erstreckte sich weit nach Süden und bis zur Ostküste. In Cobá sind zum Beispiel Räuchergefäße im anthropomorphen Mayapán-Stil gefunden worden, die enge Beziehungen zwischen beiden Zentren erkennen lassen (380, S. 56). Unzufriedene lehnten sich unter Führung eines Xiu-Fürsten aus dem Herrscherhaus von Mani gegen die Vorherrschaft Mayapáns auf, und in einer Revolte wurde die Stadt 1441 geplündert und völlig zerstört.

Während der Cocom-Herrschaft entstand die 9 km lange, 1,5–2,5 m hohe Befestigungsmauer. Sie umschließt als ein gewaltiges Oval die 4,2 km^2 Fläche messende, einst dicht bebaute Stadt (Karte im Anhang). Die Maya nannten sie *Ychpá,* »in den Mauern«, während der Name Mayapán, »Banner des Maya-Landes«, toltekisch ist. Er spielt auf die Hauptstadtfunktion Mayapáns an.

Sieben große und fünf kleine Tore in der Mauer vermittelten den Zugang zum Stadtinneren. Von außen herankommende Verkehrswege setzten sich aber merkwürdigerweise nicht jenseits der Mauertore fort, sondern verloren sich in einem Gewirr schmaler, von Mäuerchen begrenzter Hausgrundstücke. Wahrscheinlich erklärt sich dies, wie allgemein das Fehlen durchgehender Straßenzüge in den alten Zeremonialzentren, aus dem Verkehr ohne Tragtiere und Wagen. Lastenträger konnten auch durch gewundene Gäßchen ihr Ziel erreichen.

Es gab jedoch in Mayapán zwei zum Fernverkehr beziehungslose, 2 m breite Straßen, die unabhängig vom Netz der Grundstücksmäuerchen verliefen. Die eine Straße läßt sich über 400 m Länge verfolgen, zieht ziemlich geradlinig von Osten nach Westen durch die Stadt und endet 1000 m südwestlich eines Cenote. Die andere – südlichere – ist gewunden, schlängelt sich in südwest-nordöstlicher Richtung zwischen den Hausgrundstücken hindurch und vereinigt sich mit der nördlichen geraden Straße kurz vor deren Ende. Beide folgen in dem welligen Karstgelände natürlichen Tiefenzonen und weichen dabei allen vorspringenden Hausgruppen aus. Sie sind also nicht exakt nach Plan angelegt, auch keine nachträglichen Durchbrüche, sondern haben sich mit den wachsenden Verkehrsbedürfnissen allmählich herausgebildet. Sie waren die Hauptverbindungswege zum großen Cenote und dem nahebei gelegenen kleinen Zeremonialkomplex. In die beiden Hauptstraßen münden viele kleine Nebengassen der Wohnviertel ein (655, S. 259f.).

Insgesamt verfügten die Stadtbewohner über 26 Karstbrunnen innerhalb der Mauern, von denen 19 noch heute Wasser liefern. Drei lagen in der Nähe der Tempel, die anderen verteilten sich über das Wohngebiet und waren für jedermann auf schmalen Schlängelpfaden leicht erreichbar. Innerhalb der Einfriedungen privater Wohngrundstücke gab es keine Brunnen. Die in den älteren Zeremonialzentren Yucatáns in Verbindung mit den Cenotes so sehr gepflegte Verehrung des Regengottes Chac spielte – aus der geringen Zahl aufgefundener Chac-Köpfe zu schließen – nur eine sehr untergeordnete Rolle. Dies wirft ein bezeichnendes Licht auf die Sozialstruktur der Bevölkerung: In den weitläufigen Wohnquartieren lebten keine Ackerbürger, sondern eine voll in die Funktionen eines bedeutenden politischen Zentrums hineingewachsene städtische Bürgerschaft. Sie wurde von der in der Umgebung lebenden bäuerlichen Bevölkerung ernährt, die der Herrschaft des Stadtadels unterstand und diesem tributpflichtig war.

Dominierende Sozialgruppen waren außer den Adligen die Beamten mit ihren Familien, Dienstleistungspersonal, Handwerker und mexikanische Söldner, die die Herrscherfamilie der Cocom mitgebracht hatten, um die zwangsweise nach Mayapán umgesiedelten Territorialfürsten Yucatáns in Schach zu halten (S. 402). Die einst führende Gruppe der Priester stand in dieser weltlich orientierten Stadt ganz im Hintergrund. Ihr Wirkungsbereich war auf den relativ kleinen Zeremonialkomplex mit einem Kukulcantempel beschränkt. Vier kleinere Kultbaugruppen in der östlichen Stadthälfte können nur geringe Bedeutung gehabt haben. Eine den klassischen Zentren fehlende Institution sind offene Versammlungshäuser mit von Säulen getragenem Dach, wahrscheinlich Treffpunkte und Schlafhäuser junger Männer, die in diesen Hallen auf die Ehe vorbereitet wurden. Nur aus Cobá ist bisher ein ähnlicher postklassischer Säulenbau bekanntgeworden, der ebenfalls als Versammlungshaus junger Adliger für deren Einführung in künftige religiöse, weltliche und familiäre Aufgaben gedeutet wird (380, S. 57).

30 größere Wohnkomplexe lagen in unmittelbarer Nähe des zentralen Tempelbezirks. Sie werden auf Grund der Grabungsbefunde als die Residenzen der »Großen Lords«, der Hohenpriester und anderer einflußreicher Angehöriger der Oberschicht angesehen (669, S. 265). Es waren aus Bruchsteinen errichtete Häuser von zwei oder mehr Räumen, deren rohe Wände man verputzte und bunt bemalte (Fig. 63). Sie trugen ein flaches Balkendach mit Knüppelrost und Mörtelbelag. Die Adelssitze umfaßten in der Regel ein Wohnhaus der beschriebenen Art, kleine Nebenhäuser für Söhne und Schwiegersöhne mit deren Familien, ein Vorratshaus, Unterkünfte für Diener und Aufseher, ein an der Vorderseite mit Steinsäulen geschmücktes Familienoratorium mit Altar und einen kleinen Küchenanbau, wohl meist nur ein einfaches Schutzdach über einer tischartigen Plattform. Nur zum Kochplatz gab es eine kleine »Durchreiche« in den sonst fensterlosen Hauswänden.

Die übrige den unteren Sozialgruppen angehörende Bevölkerung lebte, dicht gedrängt über den ganzen Stadtbereich verteilt, hauptsächlich im südwestlichen Teil (Fig. 62). Das bucklige Karstgelände wird die Ursache für das Fehlen jeglicher planerischer Anordnung sein. Dieses unübersichtliche Siedlungsbild gleicht mehr komprimierten ländlichen Weilerschwärmen als städtischen Wohnvierteln. Ob es innerhalb dieser Wohnbezirke kleinere stadtpolitische Einheiten gegeben hat, die der unmittelbaren Verwaltung durch einzelne Adelsfamilien unterstanden, ist unbekannt. Erst für die Regionalzentren aus der unmittelbar der spanischen Eroberung vorausgehenden Zeit ist eine Gliederung in jeweils vier Ortsteile nachweisbar, deren Oberhäupter gemeinsam den Stadtrat bildeten.

Bevorzugte Hausplätze in Mayapán waren die 1–4 m hohen Kalkkuppen, auf denen aber trotz der erhöhten Lage nach alter Maya-Tradition für die Häuser zusätzlich 15–80 cm hohe Sockelplattformen aufgeschüttet oder aufgemauert wurden. Aus drei oder vier Bauten bestehende Hausgruppen umschlossen – wie in den Weilern (S. 249) – einen rechteckigen Hof. Spätere Raumenge zwang auch zur Aufsiedlung der jahreszeitlich feuchten Karstmulden.

Im Gegensatz zur ungeordnet erscheinenden, aber topographisch begründeten Verteilung der Wohnhausgruppen läßt die Orientierung der Einzelhäuser doch die Beachtung gewisser kultischer Regeln erkennen. Die Hausfronten waren vorzugweise nach Osten, der Seite des Sonnenaufgangs, gerichtet, während die Westexposition absolut gemieden wurde. Der Westen war die Seite des Sonnenuntergangs, des Todes, zudem hoher nachmittäglicher Temperaturen. Auch die Nord- und Südrichtung wurden gewählt, meist aber nur, wenn die Gruppierung mehrerer Häuser um einen Innenhof dies erzwang. Grundsätzlich herrschten bei der Orientierung der Wohnhäuser gleiche Grundsätze wie in den ländlichen Siedlungsgebieten.

In der Zahl der Räume variierten die Häuser, aber allgemein bezeichnend für den Mayapán-Stil war eine überdachte offene Vorhalle mit rückwärtigem geschlossenen, durch eine oder mehrere Türen zugänglichen Teil (Fig. 63). Holzpfosten stützten das Dach über der Vorhalle, bei den Adelshäusern waren es steinerne Säulen. Steinbänke in der Vorhalle waren mit Matten belegt und dienten im Sommer zum Schlafen, während der übrigen Jahreszeit benutzte man dafür den hinteren Hausteil. Die Pfostenhäuser mit ihren lehmverputzten Knüppelwänden und dem steilen Strohdach unterschieden sich – bis auf die Vorhalle – nicht vom traditionellen Typ des Maya-Hauses (S. 246). Wie auf dem Lande lebten in den Hausgruppen häufig Großfamilien beieinander, aber im Gegensatz zum Bauernhaus mit seiner Feuerstelle im Schlafraum gehörten zu den »Stadthäusern« von Mayapán gewöhnlich separate Küchenhütten.

Viele Häuser, selbst einfacher Leute, hatten Andachtsräume (Oratorien) und Familienschreine. Offensichtlich hatte sich in der Spätzeit ein Großteil des religiösen Lebens von den öffentlichen Tempelbezirken in die privaten Hauskapellen der Familien verlagert. Im rückwärtigen Teil der Häuser sind kleine Ausbauten für Altäre gefunden worden, oder der Altar stand in der Mitte der Rückwand des Schlafraumes (Fig. 63f). Besonders der Ahnenkult wurde in den Familienoratorien gepflegt. Die Toten begrub man innerhalb des Hauses, unter dem Andachtsraum, oder außerhalb unter dem vorgezogenen Teil der Hausplattform, jedoch nicht unter der Vorhalle. Grabkammern, manchmal zwei, wurden schon bei Errichtung des Hauses mit eingebaut und dienten wiederholten Bestattungen. Die Wohnplätze wurden also nach einem Todesfall nicht verlassen, wie Landa (178, S. 130) meint. Ein-

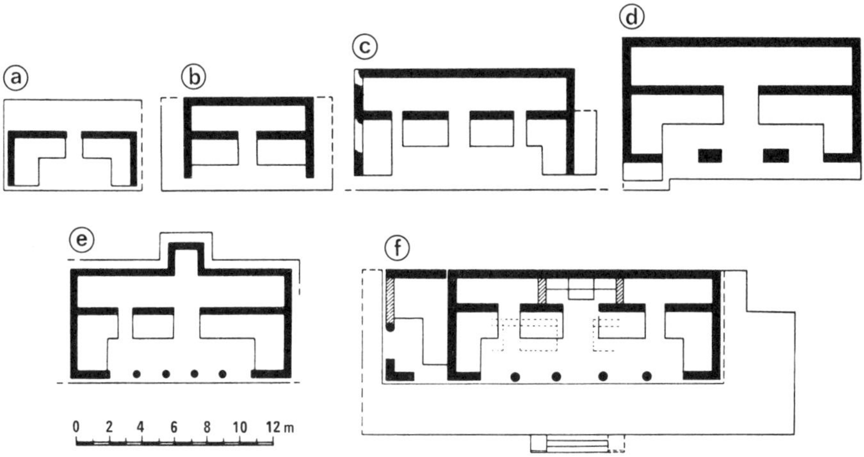

Fig. 63 Wohnhausgrundrisse aus Mayapán, Yucatán

Steinfundamente in kräftigen schwarzen Linien. **a** Kleines Wohnhaus mit überdachter Vorhalle und steinernen Bänken. Die rückwärtige Holzwand des Schlafraumes besaß kein Fundament. **b** Ähnlicher Haustyp wie a, jedoch Rückwand des Schlafraumes ebenfalls mit Steinfundament. **c** Haus mit drei Eingängen zum Schlafraum und vier Bänken in der Vorhalle. Eine weitere Bank außen an der rechten Schmalseite (Kochstelle?). **d** Größeres Haus mit Vorhalle und zwei steinernen Säulen zur Unterstützung des vorgezogenen Strohdachs. Ein geräumiger Schlafraum. **e** Haus mit zwei Zugängen zum Schlafraum, drei Bänken in der Vorhalle und vier hölzernen Dachpfosten. Rückwand des Schlafraumes mit ausgebautem Altarplatz. **f** Stattliches Wohnhaus mit drei Zugängen zu drei rückwärtigen Räumen, von denen der mittlere ein Andachtsraum mit Schrein war. Vier Bänke unter dem von vier Holzpfosten getragenen Dach der Vorhalle. Links ein nachträglich angebauter Raum.

(Auswahl aus den von A. L. Smith, 1962, aufgenommenen Grundrissen)

äscherungen waren selten, die Grabbeigaben sind ausgesprochen dürftig. Statt dessen gab man verstorbenen Adligen getötete Diener oder Sklaven mit ins Grab. In einem wurden die Skelette von vier geopferten Menschen gefunden – ein ganzes Personalgefolge. Ein allgemeiner Friedhof fehlte. In der Abkehr vom großen Tempelmittelpunkt der klassischen Periode zur Religionsausübung im eigenen Haus und den häufiger werdenden Menschenopfern spiegelt sich der starke mexikanisch-toltekische Einfluß im kultischen Bereich.

Das besondere städtebauliche Merkmal der Wohnviertel Mayapáns sind die Grundstücksmäuerchen: 60–150 cm hohe Einfriedungen aus Bruchsteinen mit einem schmalen Durchgang (654; 655). Sie umschließen als rundliche oder ovale »Krale« die einer Familie gehörende Hausgruppe, haben aber einen zu geringen Durchmesser, um innerhalb des Rings noch Platz für einen Hausgarten zu lassen (Fig. 64). Nur auf den geräumigeren Grundstücken der Adligen sind vielleicht zwischen Gemüsebeeten ein paar Obstbäume angepflanzt gewesen. Mäuerchen als Eigentumsgrenzen sind auch in Cobá (380, S. 51) und in der Handelsstadt Chunchucmil gefunden worden. Sie stammen wie in Mayapán aus nachklassischer Zeit, in den Zentren des Klassikums waren sie unbekannt. Heute sind durch Zäune oder Feldsteinmauern markierte Gehöftgrenzen in Yucatán allgemein üblich. Tempelgruppen und öffentliche Gebäude waren auch in Mayapán nicht von eigenen Mauergevierten umschlossen.

Die Stadt wuchs im Laufe der Zeit über ihren äußeren Mauerring hinaus. Die vor den Toren gelegenen Häuser waren sehr viel lockerer gestreut, bevorzugten aber auch wegen des trockenen Baugrundes und der kühlen Brise flache Karstkuppen und Geländewellen. Bereits in kurzer Entfernung hört die noch den Wohnquartieren der Stadt zuzurechnende Besiedlung mit den so typischen Hauseinfriedungen auf. Auch das für Mayapán charakteristische Vorhallenhaus findet sich nur bis in 3 oder 4 km Entfernung, vereinzelt bis 12 km. In Chichén Itzá gibt es nur drei Beispiele dafür, in Tulúm einige mehr. Offensichtlich ist das Mayapán-Haus eine spät entwikkelte Form, denn in der benachbarten, früh besiedelt gewesenen, dann von den Itzá entvölkerten Puuc-Region kommt es nirgends vor.

Bischof Landa (178, S. 62ff.) gibt in seiner »Relación de las Cosas de Yucatán« nach mündlichen Berichten von Angehörigen alter Adelsfamilien eine aufschlußreiche Schilderung der städtischen Lebensweise der Maya: »Bevor die Spanier das Land erobert hatten, lebten die Maya in einer recht zivilisierten Weise in Städten zusammen ... Ihre Wohnplätze sahen wie folgt aus: In der Mitte der Stadt erhoben sich ihre Tempel an hübschen Plätzen, und im nahen Umkreis der Tempel standen die Häuser der Adligen und

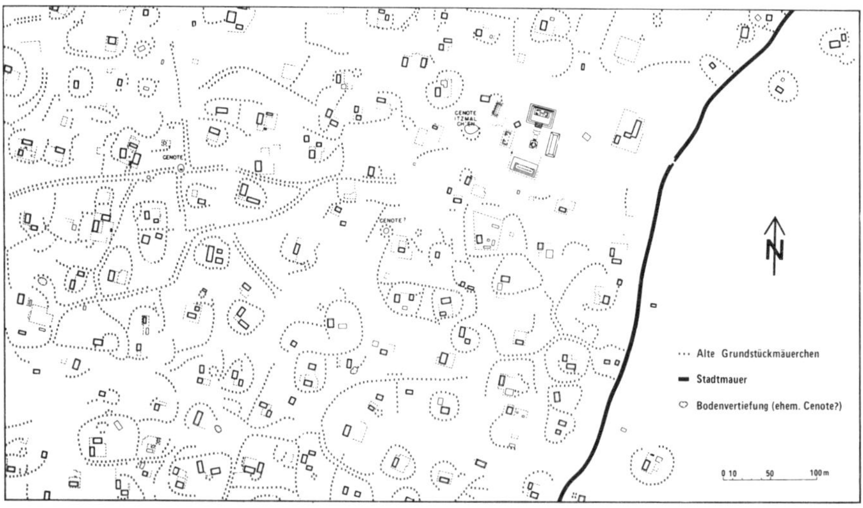

Fig. 64 Hausgruppen mit Mauereinfriedungen im nordwestlichen Wohnviertel von Mayapán, Yucatán

(Vergrößerter und überarbeiteter Ausschnitt aus dem von M. R. Jones aufgenommenen Stadtplan in der Monographie von H. E. D. Pollock, R. L. Roys u. a., 1962)

Priester sowie anderer wichtiger Personen. Es folgten die Häuser der Wohlhabenden und in deren Nähe die Häuser derjenigen, die sich besonderer Wertschätzung erfreuten. In den Außenbezirken der Stadt lagen die Häuser der niederen Klasse. Die Brunnen – sofern ihre Zahl gering war – lagen in der Nähe der Häuser der Adligen.« Diese präzise Beschreibung wurde lange Zeit von vielen Maya-Forschern als allgemeingültig für alle Zeremonialzentren, das heißt auch die der klassischen Zeit, angesehen. Nachdem nunmehr Mayapán ausgegraben ist, liegt die Vermutung nahe (122, S. 81f.), daß es sich um nichts anderes als eine Beschreibung der letzten maya-toltekischen Hauptstadt des Nordens handelt. Dieser Tatsache war sich Landa nicht bewußt, und so glaubte er an die Allgemeingültigkeit seiner Angaben auch für die ältere Maya-Zeit. Betrachtet man seinen Bericht als eine Darstellung Mayapáns zur Spätzeit, so stößt man jedoch auf einen Widerspruch gegenüber den Grabungsbefunden. Landa meinte, daß sich in der inneren Stadt außer Tempeln nur die Häuser der Adligen und der höheren Priesterschaft befunden hätten, während die übrige Bevölkerung in den Außenbezirken gelebt habe. Dort hätten auch die in die Stadt kommenden Bauern und Pilger jeweils Quartier bezogen. Zu Landas Zeiten lag Mayapán schon über ein Jahrhundert wüst, und seine irrtümlichen Angaben können nur auf Kenntnislücken der Informanten beruhen, denn die Grabungsergebnisse beweisen eindeutig, daß die Masse der Bevölkerung in der Innenstadt, nicht außerhalb gelebt hat. Unter den 4140 genauer untersuchten Gebäudestrukturen sind 2800 Grundrisse von Wohnhäusern, die zur Zeit der Zerstörung Mayapáns sämtlich bewohnt waren. Der Rest entfällt auf Nebengebäude und 140 Ruinen und Fundamente von Zeremonialbauten. Bei der mit dem Wachstum der Bevölkerung eingetretenen Raumenge wäre auch ohne den archäologischen Gegenbeweis nicht anzunehmen, daß innerhalb der Mauern unbebaute Wohnplätze in größerer Zahl existierten. Mit 500 Hausplattformen je Quadratkilometer war die Wohndichte in Mayapán fast doppelt so groß wie im Kernbezirk von Tikal (275 Haussockel/km^2), dem Zeremonialzentrum mit dem ausgeprägtesten »Stadt«charakter der klassischen Zeit. Insgesamt dürften 15 000 bis 20 000 Menschen in Mayapán gelebt haben.

Nachdem in jüngster Zeit unsere Kenntnisse über Cobá (S. 43) wesentlich vervollständigt worden sind, spricht viel dafür, daß Landas Gewährsleute gar nicht Mayapán, sondern dieses große Zeremonialzentrum gemeint haben, das in der Schlußphase der Maya-Zivilisation noch zur Hauptstadt eines der 16 Teilstaaten des Nordens aufgestiegen ist. Auf Cobá paßt die Beschreibung ohne Widersprüche (380, S. 49). Wenn Landa Mayapán gemeint hätte, wäre sicherlich von ihm auch die Mauer erwähnt worden. Mayapán war eine Stadt im vollen Sinne des Wortes. Aber sie trug schon alle Zeichen des kulturellen Niedergangs. Zwar wurden viele Architekturelemente aus Chichén Itzá übernommen, aber man kam nicht über schlechte Kopien hinaus, wie zum Beispiel bei einem Rundbau, der den Caracol (S. 307) zu imitieren versucht. Mauern und Säulen der Tempel waren aus nur roh behauenen Steinen aufgeführt, deren Zwischenräume man mit Mörtel und Steinsplittern ausfüllte. Zur Glättung und Verschönerung des unansehnlichen Gemäuers wurden dicke Lagen von Stuck oder Lehm aufgetragen. Ballspielplätze gab es überhaupt nicht mehr, und an die Konstruktion falscher Gewölbe wagte man sich nur noch vereinzelt heran. In der Regel überdachte man die Tempel mit Balkendecken. Selbst Strohdächer auf öffentlichen Gebäuden waren nicht selten (736, S. 3). Der Kukulcan geweihte Haupttempel ist eine dürftige Nachbildung des Castillo in Chichén Itzá. Ebenfalls nach dem Vorbild von Chichén Itzá erbaute Kolonnaden und Säulenhallen beweisen in ihrer minderwertigen Ausführung, auf welcher Stufe der Dekadenz die Baukunst in Mayapán angelangt war. Dies gilt ebenso für die keramischen Erzeugnisse. Wenn auch noch einige datierte Stelen errichtet wurden, so kann doch von einem Nachleben der yucatekischen Maya-Renaissance in dieser Stadt nicht mehr die Rede sein.

Wesentlich kleiner nach Umfang und Einwohnerzahl war Tulúm an der Ostküste der Halbinsel (Bild 4), jene erste Maya-Stadt, die überhaupt von einem Europäer gesehen worden ist und die Juan Diaz, Kaplan und Chronist Grijalvas (1518), beschreibt (S. 58). Sie stellt ein schiefwinkliges Rechteck von 400 × 170 m Seitenlänge dar, ist im Osten vom Meer und an den drei Landseiten von einer wesentlich monumentaleren Befestigungsmauer begrenzt als Mayapán (Fig. 65). Die aus Bruchsteinen ohne Verwendung von Mörtel errichtete Mauer ist fast 6 m dick und 3–4,5 m hoch. Fünf schmale Tore boten Einlaß. Ein mit seiner oberen Abdeckung erhaltener Torweg zeigt, daß selbst einem Indianer der Durchgang nur in gebückter Haltung möglich war. Die Mauer hatte Umgänge und Brustwehren. Zwei kleine Tempel krönten gleich Bastionen die beiden landseitigen Ecken und werden infolge ihrer erhöhten Lage im Bedarfsfall zugleich als Wachttürme gedient haben. Sie sind beide noch erhalten (Bild 60). Der Name Tulúm, »Festung«, bezeichnet genau den Charakter dieser wehrhaften Stadt. Ihr ursprünglicher Maya-Name war Tzama, »Stadt der Morgenröte«.

Tulúms Stadtplan ist der einzige, der in seiner strengen Regelmäßigkeit – wenn auch nur als stark verkleinerte Kopie – an Teotihuacán oder Tenochtitlán erinnert. Der Plan dieser mexikanischen Hochlandstädte ist für die toltekischen Stadtgründer zweifellos das Vorbild gewesen. Als Grundgerüst zeichnen sich zwei parallele, schnurgerade von Nord nach Süd (mit einer Winkelabweichung von 17° Ost) verlaufende Hauptstraßen ab, die an den vier Toren der beiden Schmalseiten der Stadtmauer enden. Das fünfte Tor liegt in der Mitte des langen westlichen Mauerstücks und war über eine die Hauptstraßen rechtwinklig kreuzende Querstraße erreichbar. Wahrscheinlich hat es noch mehrere Querstraßen gegeben, aber sie sind weniger deutlich erkennbar.

Bild 42 Der Tempel »El Conde« in Palenque. Dieser für Palenque typische kleine Tempelbau (vgl. Bild 6 und 59) diente dem »Grafen« Jean Frédéric de Waldeck während seines zweijährigen Aufenthaltes in der Ruinenstätte Anfang des vorigen Jahrhunderts als Quartier, woran der Name erinnert.

Bild 43 Im Chenes-Stil reich verzierte Fassade des Haupttempels in Hochob. Naturgetreue Rekonstruktion des aus dem 8. oder 9. Jh. stammenden Bauwerks im Garten des Nationalen Archäologischen Museums in Mexico City. Bezeichnend für den Chenes-Stil Zentralyucatáns ist die völlige Bedeckung der Tempel und Paläste mit figürlichem und ornamentalem Schmuck. Bei im Puuc-Stil errichteten Bauten fehlt in der Sockelzone jeglicher Dekor (Bild 46, 47, 56, 57, 61).

Bild 44 Tötungsszene auf einem Wandrelief des Großen Ballspielplatzes in Chichén Itzá (Bild 39). Der rechts niederkniende Spieler hat verloren und wurde von seinem Gegner (links) mit einem Obsidianmesser (in der rechten Hand) enthauptet. Aus dem Hals des Besiegten schießt eine Blutfontäne in Gestalt züngelnder Schlangen empor. Blut entströmt auch dem abgeschlagenen Kopf des Verlierers (links neben dem Medaillon).

Bild 45 Tempel I in Tikal. Wenn diese vom »Tempel des Großen Jaguars« gekrönte Pyramide mit einer Höhe von 45 m auch noch weit vom Tempel IV (65 m) überragt wird, so kann sie doch als der Prototyp der außerordentlich hohen und steilen Tikal-Pyramiden gelten (vgl. Fig. 58). Sie überragen die höchsten Bäume des südlichen Regenwaldes und sind eindrucksvolle Verkörperungen der Idee des »Weltberges«. Im Unterschied zu ihnen sind die Pyramiden des nicht so hochwüchsigen nördlichen Trockenwaldes breitgelagert und wesentlich niedriger (Bild 50 und 53).

Bild 46 Den Hauptzugang zum Innenhof des Nonnenvierecks in Uxmal vermittelt das in der Technik des »falschen Gewölbes« errichtete große Tor an der Südseite des Gebäudevierecks. Der ornamentale Schmuck beschränkt sich wie bei allen im Puuc-Stil errichteten Bauten auf den oberen Fassadenteil, ist jedoch beiderseits des Tores noch nicht wieder ergänzt. Das Konstruktionsprinzip des echten Gewölbes blieb den Maya unbekannt.

Bild 47 Teil des im Puuc-Stil erbauten Westflügels des Nonnenvierecks in Uxmal. Oberhalb des glatten Unterbaus mit den Eingängen erstreckt sich ein Gesimsband mit Rautenmustern, Chac-Masken und dem Motiv der mäanderartig aufgerollten Schlange. Rechts daneben ist ein stilisiertes Maya-Haus in die Ornamentik einbezogen (vgl. Fig. 35, Bild 36 und 37).

Bild 48 Das Motiv des »herabsteigenden« oder »niederfahrenden« Gottes an einem der Tempel in Tulúm ist in seiner Verbreitung auf das nordöstliche Yucatán beschränkt, das ein Hauptproduktionsgebiet von Bienenhonig war. So scheint es durchaus begründet, daß in der zur Erde herabschwebenden Gottheit eine Darstellung des Bienengottes gesehen wird.

Bild 49 Flores im Petén-Itzá-See, die heutige Hauptstadt des Petén. Die auf einer Insel gelegene und durch einen Straßendamm (links) mit dem Festland verbundene Stadt ist die Nachfolgerin der 1697 von den Spaniern zerstörten Itzá-Hauptstadt Tayasal. Die etwa 25000 Stammesangehörige zählenden Itzá waren die letzte unabhängig gebliebene Bevölkerungsgruppe im alten Maya-Land. Ihre Siedlungen lagen am West- und Südufer des Sees.

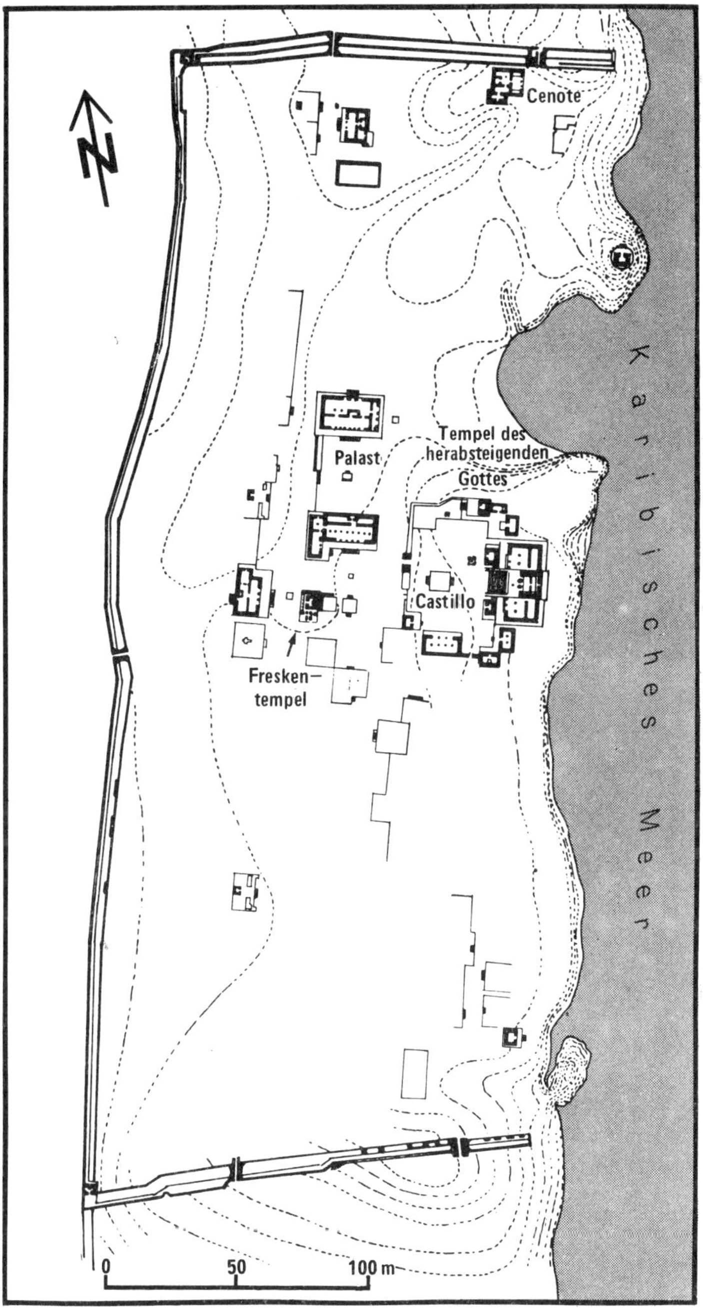

Fig. 65 Tulúm an der karibischen Küste

Die von einer Festungsmauer umgebene Stadt stammt aus der späten nachklassischen Zeit (1200 bis 2. Hälfte des 16. Jahrhunderts). Die an der Südwestecke der Stadtmauer beginnende Vorstadtmauer ist nur in ihrem Ansatz eingezeichnet.

(Nach S. K. Lothrop, 1924)

Im Unterschied zu Mayapán war also Tulúm eine planmäßig angelegte Stadt. Außer den mexikanischen Hochlandstädten lag auch anderen indianischen Städten der vorkolumbischen Zeit das Schachbrettmuster zugrunde, zum Beispiel Chán-Chán, der Hauptstadt der Chimŭ. Zu dieser Planungsidee ist man in zwei so weit voneinander entfernten Gebieten mit größter Wahrscheinlichkeit selbständig gekommen. Daß die Spanier später ihre Kolonialstädte ebenfalls nach dem Schachbrettplan anlegten, beruht nicht auf diesen indianischen Vorbildern, sondern auf solchen aus der europäischen Antike, was sich eindeutig nachweisen läßt (676). Die unabhängige Entdeckung des gleichen Planungsmusters in den verschiedensten Kulturgebieten der Erde (auch in China!) gehört zu den eindrucksvollsten Phänomenen der historischen Stadtgeographie.

Die östliche der beiden Straßen Tulúms stößt im Stadtzentrum auf den etwas erhöht gelegenen Komplex der Zeremonialgebäude. Städtebaulich ist die Lage des Castillo, des Haupttempels, einzigartig: Hart an einem 12 m hohen Meereskliff erhebt sich auf einem als kleines Kap vorspringenden Geländebuckel ein hallenartiger Palast, der später mit Steinen und Erde aufgefüllt wurde, um als mächtiger Sockel für den darauf erbauten Tempel zu dienen. Seine durch zwei Schlangensäulen und drei Türöffnungen gegliederte Schauseite ist der Stadt, nicht dem Meere zugewendet. Der vorgelagerte Hof wird von kleineren Kultbauten mit Verbindungsmauern umrahmt, darunter dem nur aus einem Raum bestehenden Tempel des geflügelten »herabsteigenden« oder »niederfahrenden« Gottes (Bild 48). Für diese zur Erde herabschwebende Gottheit, die als *Ah Muzen Cab*, der Bienengott, gedeutet wurde, gibt es keine Parallele in der älteren klassischen Maya-Kunst, jedoch ähnliche Darstellungen in mexikanischen Codices (94, S. 167). Auch in Cobá und in einem Tempel von Playa del Carmen (Xaman Há) sind solche Bildnisse gefunden worden. Vom Hof steigt man über eine breite Freitreppe mit ebenfalls toltekischen Schlangenmotiven an den Treppenwangen zum Tempel empor, dessen Räume teils flachgedeckt, teils nach alter Maya-Art überwölbt sind.

Am westlichen Straßenzug, der eigentlichen Hauptstraße, die ungepflastert, aber von Mäuerchen gesäumt war, liegt der Tempel der Fresken, ein wie das Castillo (wenn auch bescheideneren Umfangs) nachträglich aufgestockter Bau. Jedoch ist das Gewölbe des Unterstocks nicht zur Erhöhung der Tragfähigkeit mit Erde aufgefüllt worden, so daß die in schwarzen und blauen Farben gehaltenen Stuckfresken erhalten blieben. Stilistisch setzen sie nicht die Maya-Tradition und auch nicht die maya-toltekische Darstellungsweise fort, hingegen sind starke Anklänge an die Kunstauffassung der Mixteken erkennbar (664, S. 86). Der kleinere obere Baukörper ist gegenüber dem unteren ein wenig zurückgesetzt.

An den Freskentempel schließt sich im Zuge der westlichen Hauptstraße unmittelbar eine größere Palastgruppe mit mehreren überwölbten Räumen

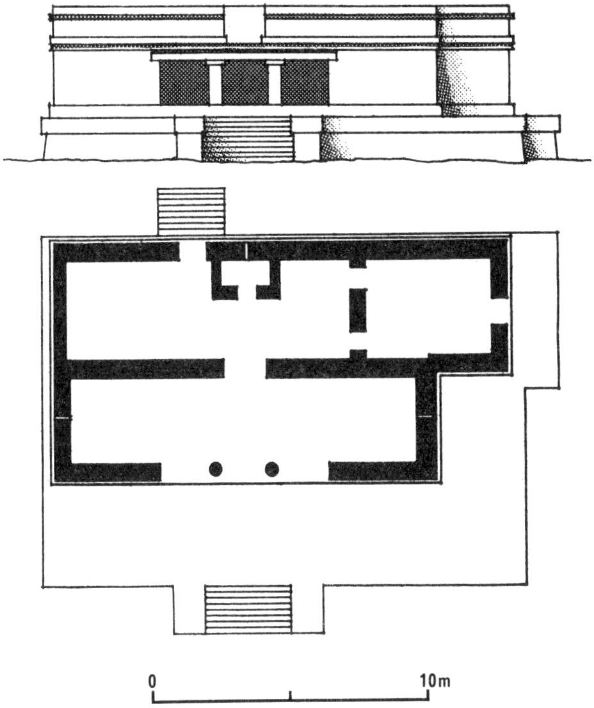

Fig. 66 Haus eines Adligen in Tulúm

Vorderansicht und Grundriß. Der kleine Palast ist aus Stein erbaut, das Dach wird von einer mit Mörtel beworfenen Balkendecke getragen. An der Rückwand des linken Raumes ein Schrein mit Altar.

(Nach S. K. Lothrop, 1924)

und einem schmalen Verbindungstrakt parallel zur Straße an. Weitere Fundamente von vier kleineren Palästen und Plattformen ehemaliger Adelssitze fügen sich in die Fluchtlinie der Straße ein (Fig. 66).

Viel Platz für eine nicht im Zeremonialdienst stehende Bevölkerung blieb innerhalb der Mauern nicht übrig. Es sind dort auch nur wenige sockelartige Unterbauten für Wohnhäuser gefunden worden. Zudem gab es nur einen einzigen Karsthöhlenbrunnen, der über eine Treppe zugänglich war, aber ziemlich abseits am nördlichen Teil der Stadtmauer unter einem kleinen Tempel lag. Die Wohnviertel von Tulúm nehmen das Vorgelände nördlich und südlich der Stadtmauer ein und waren – wenigstens zum Teil – durch eine kleinere Mauer geschützt, die sich von der Südwestecke der Stadt im Zuge der großen Westmauer noch ein Stück weiter nach Süden fortsetzt und dann in einem großen offenen Bogen auf die Küste zu verläuft (659, S. 74). Diese Außenmauer umschließt ein Areal von 5 ha, das heißt etwa ein Drittel weniger als die Hauptmauer (7 ha). Südlich dieser beiden Komplexe folgt ein verkarstetes Hügelland, das von ganzen Systemen brustwehrartiger Doppelmauern durchzogen ist, deren Verlauf man erst dank jüngerer Forschungen näher kennt (665, S. 175). Diese äußerste Verteidigungslinie war mindestens ebenso lang wie Haupt- und Vorstadtmauer zusammen.

Tulúm muß mächtige Feinde im Süden gehabt haben, denn auch das südliche Stück der Hauptmauer ist massiver als die anderen Teile. Vorfeldbefestigungen westlich des Hauptmauerzuges waren nicht erforderlich, da dort das sich leicht landeinwärts neigende Gelände in ein Sumpfgebiet übergeht. Im Norden Tulúms liegen noch zwei Tempel in 400 bzw. 600 m Entfernung vor der Mauer. In dieser Richtung gibt es keine weiteren Verteidigungsanlagen. Das Gebiet war mit Vorstadtsiedlungen bedeckt, die nahtlos in die äußeren Wohnviertel des nur 3 km entfernten Mittelzentrums Tancáh übergingen. Eingehende archäologische Untersuchungen haben gezeigt, daß Tancáh in einem Radius von mehreren Kilometern von weilerartigen Siedlungen umgeben war, während im Kernbezirk selbst nur eine kleine Zahl von Hausplattformen und Plätzen für Küchenabfälle gefunden wurde (502, S. 370).

Einwohnerzahlen für die Städte und Zeremonialzentren an der Ostküste anzugeben ist schwierig, denn die Siedlungen folgten sich so dicht aufeinander, daß es ein geschlossenes Siedlungsband gewesen sein muß, das sich von Tulúm bis Xcarét und dann aufgelockert weiter nach Nordosten erstreckte (Fig. 47). Diese auf Bodenfunden beruhende Vorstellung einer lockeren Besiedlung der stadtnahen Bereiche wird durch einen frühen spanischen Bericht bestätigt: »In dieser ganzen Provinz Yucatán gibt es keine Stadt mit zwei nebeneinanderstehenden Häusern. Vielmehr steht jedes Haus für sich allein, umgeben von Bäumen, so daß eine Stadt von 50 Häusern sich über mindestens eine Viertel Legua erstreckt.« (174, S. 115)

Auf Grund der 1916/22 von der Carnegie Institution durchgeführten Ausgrabungen (659) wird angenommen, daß innerhalb der Hauptmauer von Tulúm nur 500 bis 600 Menschen gelebt haben. Die Zahl der in den Außenbezirken seßhaften Ackerbürger, Handwerker, Fischer usw. muß ein Vielfaches davon betragen haben. Im Grunde war die große Mauer keine »Stadt«mauer, sondern nur die Mauer des Zeremonialbezirks, in dem die Priester, die Adligen und eine überschaubare Zahl von Bediensteten lebten.

Tulúm geht wie Mayapán auf eine ältere reine Maya-Vorsiedlung zurück. Das früheste bekannte Datum ist das einer Stele aus dem Jahre 564 n. Chr. Im 10. Jahrhundert haben Tolteken sich an der gleichen Stelle niedergelassen. Die Stadt in ihrem gegenwärtig erkennbaren Grundriß mit der in mehreren Etappen ausgebauten und verstärkten Mauer ist in der späten nachklassischen Periode entstanden. Ein Kalenderstein gibt das Jahr 1263 als Gründungsdatum an. Den Zeitpunkt ihres Untergangs kennt man nicht genau. 1518, als Grijalva die Stadt vom Meer her sah, ohne sie allerdings zu betreten, war sie zweifellos noch bewohnt. Aus dem Jahre 1579 ist ein Bericht erhalten, der Tulúm als eine Stadt ohne klaren Plan und ohne gerade Straßen beschreibt, die mehr einem ungeordneten Dorf als einer Stadt gleiche (736, S. 147). Diese Notiz kann sich nicht auf den ummauerten Teil von Tulúm beziehen, der nach anderen schriftlichen Quellen um 1550 seine Funktion als kultischer Mittelpunkt verlor und verlassen wurde, sondern trifft auf die nördlich und südlich vor der Mauer gelegene Wohnstadt zu, die dann infolge des durch eingeschleppte Krankheiten verursachten Massensterbens der Bevölkerung Ende des 16. oder Anfang des 17. Jahrhunderts aufgegeben worden ist. Bekräftigt wird der Inhalt des frühen spanischen Berichtes durch ein Wandbild des Freskentempels mit der Darstellung des Regengottes Chac auf einem vierbeinigen Tier. Dafür ist nur eine Erklärung möglich: Man hatte auf Pferden reitende Spanier gesehen oder von ihnen gehört. Tulúm muß also nach dem Eindringen der Spanier im Schutze der dichten Wälder von Quintana Roo noch einige Jahrzehnte fortbestanden haben (45, S. 160).

Zur Zeit seiner Blüte befand sich Tulúm gar nicht in so abseitiger Lage, denn eine gut ausgebaute Zeremonialstraße verband sie über Xelhá, Cobá und Yaxuná mit Chichén Itzá (Fig. 67), und dies erklärt auch den starken toltekischen Einfluß in Tulúm: Schlangensäulen, Schlangenbalustraden und selbst das Vorkommen von Chacmool-Figuren, von denen eine in einer nahebei gelegenen kleinen Ruinenstätte gefunden wurde (659, S. 162). Nach Tulúm kamen viele Pilger auf ihrem Wege von Chichén Itzá nach der Insel Cozumel, auf der das Heiligtum der Mondgöttin Ixchel stand, und Tulúm war neben Xcarét, Chakalal und Xaac einer jener Orte an der Küste, von dem sich die Wallfahrer nach Cozumel übersetzen ließen. An der sturmreichen Kliffküste besaß Tulúm eine relativ sichere kleine Hafenbucht.

Während Mayapán infolge innenpolitischer Wirren schon in vorspanischer Zeit untergegangen war, wurde Tulúm mehr als 100 Jahre später ein Opfer der durch die Conquista verursachten Umwälzungen. Wiederentdeckt wurden die Ruinen, nachdem der Bericht des Juan Diaz von der Grijalva-Expedition des Jahres 1518 in Vergessenheit geraten war, 1840 durch Juan José Galvéz, der wissenschaftlichen Welt bekannt durch die Beschreibungen und Zeichnungen von J. L. Stephens und F. Catherwood, die das Ruinenfeld 1842 besuchten.

Die architektonische Qualität der Bauten Tulúms liegt nur wenig über der Mayapáns und übersteigt kaum den bescheidenen Standard der nachklassischen Periode. Wie um diese Zeit allgemein üblich, ist das rohe Mauerwerk dick verputzt, ornamentaler Schmuck fehlt fast völlig. Deutlicher jedoch als in Mayapán sind noch Elemente der klassischen Maya-Architektur erkennbar, zum Beispiel in der häufigen Konstruktion falscher Gewölbe. Andererseits demonstriert Tulúm nachdrücklich, welch grundsätzlicher Wandel sich zwischen dem klassischen Zeremonialzentrum und der nachklassischen Stadt im Zuge des allgemeinen Säkularisierungsprozesses vollzogen hat. Nicht von Tempeln gekrönte Pyramiden beherrschen das

Stadtbild, sondern flachdachige »Paläste« oder palastartige Bauten auf steinernen Plattformen. Auch die ebenfalls auf Plattformen oder, wie im Falle des Kukulcantempels, auf einem als Sockel dienenden zugefüllten ehemaligen Palast stehenden Tempel sind nur noch ungegliederte ein- oder zweiräumige Würfel, denen die Baumeister jedoch dadurch eine gewisse Dynamik und perspektivische Wirkung verliehen, daß sie die Mauern nicht lotrecht setzten, sondern sich zum Dach hin leicht nach außen neigen ließen und den Türöffnungen eine Trapezform gaben. Zugleich wurden durch die nach oben ausladenden Mauern die Stuckmalereien an den Tempelecken vor ablaufendem Regenwasser geschützt. Stuck spielte zwar in der Tulúm-Architektur noch eine große Rolle, aber nicht, um großartige Reliefs aus Gips zu gestalten, wie in den klassischen Zentren des Südens (Palenque!), sondern nur um die rohen Steinfassaden der Kultbauten zu glätten und Flächen für die bunte, freilich jetzt verschwundene, Bemalung zu schaffen (Bild 60).

Den gleichen Baustil wie Tulúm weisen drei andere Städte an der Ostküste auf, von denen eine wahrscheinlich (Xcarét) und zwei mit Sicherheit befestigt waren (Xelhá und Ichpaatún). Xcarét, das der Insel Cozumel genau gegenüber liegt, ist identisch mit dem schon 1528 von Francisco Montejo erwähnten Polé und war vor und nach der Conquista neben Playa del Carmen, dem ehemaligen Xaman Há, ein wichtiger Übersetzhafen der Cozumelpilger. Für seegängige Kanus bot seine Felsenbucht einen sicheren Hafen. Das erst 1926 entdeckte Ruinenfeld nimmt eine Fläche von $^1/_2$ km^2 ein und besteht aus 11 Gruppen von über 30 massiven Steingebäuden und vielen kleinen Hausplattformen (650, S. 473). Die Überprüfung von 1500 Tonscherben ergab, daß Xcarét von der späten formativen Periode an bis zur frühen Kolonialzeit ununterbrochen besiedelt war. Es gibt dort sogar Mauerreste einer spanischen Kapelle und einen spanischen Friedhof. Auch Bruchstücke glasierter spanischer Keramik wurden gefunden. Von der vorkolumbischen Stadtmauer sind nur fragwürdige Reste erhalten (587, S. 395). Daß Xcarét einige Jahre oder Jahrzehnte nach der spanischen Eroberung verfiel, war eine Folge der starken Bevölkerungsdezimierung infolge eingeschleppter Krankheiten (S. 481). Ein gleiches Schicksal ist Playa del Carmen widerfahren, das anfangs auch noch von den Spaniern bewohnt und von ihnen zunächst in Salamanca de Xaman Há umbenannt worden war.

Xelhá war schon in der klassischen Zeit ein nicht unbedeutendes Zeremonialzentrum und wurde in der Mayapán-Periode durch eine Mauer befestigt. Die Ruinenstätte liegt im Bereich der gleichnamigen Bucht, dem vom Meer überfluteten Unterlauf eines alten Karstflusses (Fig. 10). Die Halbinsel zwischen zwei sich vergabelnden Wasserarmen wird durch eine Mauer von 2,5 m Höhe und 3–7,5 m Dicke abgesperrt. An Solidität steht sie der Hauptmauer von Tulúm nicht nach (659, S. 134). Mit dem 1 km entfernten

Tempelkomplex ist der Hafen durch eine feste Straße verbunden. Unter den Ruinen ist ein tumulusartiger Hügel hervorzuheben, auf dessen Gipfelplateau ein Tempel stand – ein schwaches Gegenstück zu den Akropolisanlagen der klassischen Zentren.

Ichpaatún liegt im mittleren Abschnitt der Ostküste, im Inneren der Chetumalbucht. Mit Ausnahme der Wasserfront war die einst wichtige Handelsstadt von einer bis 5 m hohen Mauer aus rohbehauenen Steinen umgeben. Ichpaatúns Aufstieg fällt wie derjenige von Xelhá und Tulúm in die Blütezeit Mayapáns. Vom inneren Winkel der Chetumalbucht erstreckt sich, zunächst der Küstenebene folgend, dann in südwestlicher Richtung abbiegend, eine Kette von fast 20 m hohen, großen Erdhügeln. Da ihre Abstände untereinander nicht 10–20 km übersteigen, die Hügel also in Sichtweite für auf ihnen gegebene Feuerzeichen liegen, werden sie als Wacht- und Signalhügel für die in Streusiedlungen lebenden Maya gedeutet, die sich im Falle einer Gefahr in Fluchtburgen zurückziehen konnten (657, S. 680).

X. Verkehrswege, Güteraustausch und Handelsplätze

Ein zusammenhängendes, ausgebautes Fernstraßennetz, das man etwa mit dem der Inka in Peru vergleichen könnte, hat es im Siedlungsgebiet der Maya nicht gegeben. Ebensowenig wie die Maya infolge des Fehlens von Tragtieren und Wagen innerhalb ihrer Zeremonialzentren ein regelrechtes Straßennetz benötigten (S. 291), brauchten sie für ihre von Trägern besorgten Warentransporte befestigte Wege. Dafür genügten in ihrem Verlauf sich häufig verändernde Pisten und Waldschneisen, deren wichtigste noch zur Zeit der Conquista von den spanischen Eroberern und Missionaren benutzt wurden. Manche von ihnen leben in den Streckenführungen heutiger Überlandstraßen fort, andere sind verwachsen und vergessen. Auch die durchgehende Piste von Mérida nach Guatemala, die die Spanier im 17. Jahrhundert anzulegen versuchten, teilte dieses Schicksal.

Zu ihrer Überraschung stießen die Spanier jedoch nicht nur auf alte Waldpfade der Maya, sondern auch auf mehr oder weniger lange Abschnitte gut ausgebauter, wetterfester Straßen, die bei der einheimischen Bevölkerung nur noch vage bekannt waren, auf denen Bäume und Sträucher den Weg versperrten und die oft nach 10 oder 20 km geradlinigen Verlaufs keine Spur einer einstigen Fortsetzung erkennen ließen. Bischof Landa (178) meinte, daß diese gepflasterten Straßen »das gesamte Königreich durchziehen und angeblich erst im Osten an der Küste enden«. Er verglich die Straßen, »denen man sich ohne Furcht vor Irrwegen anvertrauen kann«, mit den spanischen *caminos reales*. Heute wissen wir, daß sie nicht Teile eines ehemaligen Fernstraßennetzes waren, sondern daß die nach ihrem hellen Kalk-Zement-Belag von den Maya als *sacbeob* bezeichneten »weißen Straßen« die Funktion von Zeremonialstraßen erfüllten, auf denen sich in vergangenen Zeiten feierliche Prozessionen und Pilgerzüge bewegten (Fig. 67).

1. Zeremonialstraßen

Über den einstigen Nutzungszweck der in der klassischen Periode angelegten *sacbeob* (Singular: *sacbé*) können kaum Zweifel bestehen, wenn man sich vor Augen hält, daß in mehreren Fällen mitten auf der Trasse Pyramiden

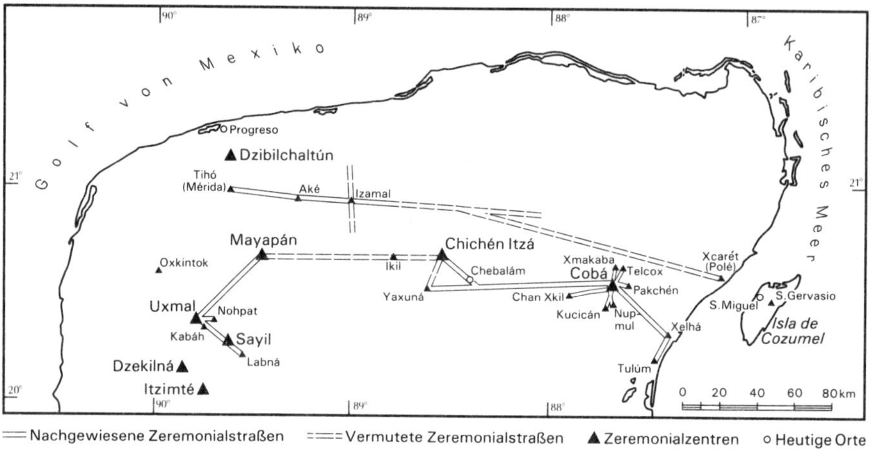

Fig. 67 Nachgewiesene und vermutete Zeremonialstraßen im nördlichen Yucatán (vgl. Fig. 68 und 70)

(Entwurf H. Wilhelmy nach verschiedenen Quellen)

und Tempel errichtet wurden, oder wenn man sie mit den bautechnisch völlig gleichartigen Prozessionsstraßen der Zeremonialzentren vergleicht. Dort verbinden sie als durch Steinpackungen befestigte, oft dammartig erhöhte, mehrere Meter breite Pflasterwege die einzelnen in einer gewissen Entfernung voneinander entstandenen Tempelkomplexe. Tikal (Fig. 43) ist ein schönes Beispiel für die Zeremonialstraßen eines führenden Maya-Zentrums, Baking Pot am Belize River (Fig. 40) für einen nur 300 m langen, jedoch 15 m breiten Prozessionsweg zwischen den beiden Tempelgruppen eines Mittelzentrums.

Die Sacbeob, von denen in diesem Kapitel die Rede ist, erfüllten im Prinzip den gleichen Zweck, nur nicht innerhalb eines bestimmten Zeremonialzentrums, sondern als Überlandverbindungen zwischen mehreren räumlich voneinander getrennten Zentren, zu deren kultischen Festen Prozessionszüge aus der Nachbarschaft erwartet wurden:

»Man kann sich die prächtig gekleidete Prozession von Priestern und Adligen vorstellen, die von Cobá aufbrach und deren Juwelen, bunt leuchtende Gewänder und prachtvoller Kopfschmuck in der Sonne funkelten, voran die Sänger, die Flötenspieler und die Trommler und im Gefolge weißgewandete Priester, die grotesk geformte Weihrauchgefäße trugen und damit süß duftenden Rauch brennenden Kopalräucherwerks verbreiteten.« (686, S. 285)

Für das in der Schilderung genannte Cobá in Quintana Roo sind die meisten Zeremonialstraßen nachgewiesen worden, die von einem einzigen Kultzentrum ausstrahlten (Fig. 68). Insgesamt sind es 16, von denen zwei schon lange durch Luftbildaufnahmen bekannt sind. Sie führen von Cobá nach Süden und enden bei den Ruinen von Kucicán und Nupmul. Beide sind vom Flugzeug aus als schnurgerade Linien im geschlossenen Wald erkennbar und kreuzen sich spitzwinklig in der Nähe des südlichsten der fünf Dolinenseen, die im wasserarmen Norden der Halbinsel entscheidend für die Ortswahl waren. Bodenforschungen haben Verlauf und Erhaltungszustand der »weißen Straßen« von Cobá in den letzten Jahren weitgehend geklärt (380).

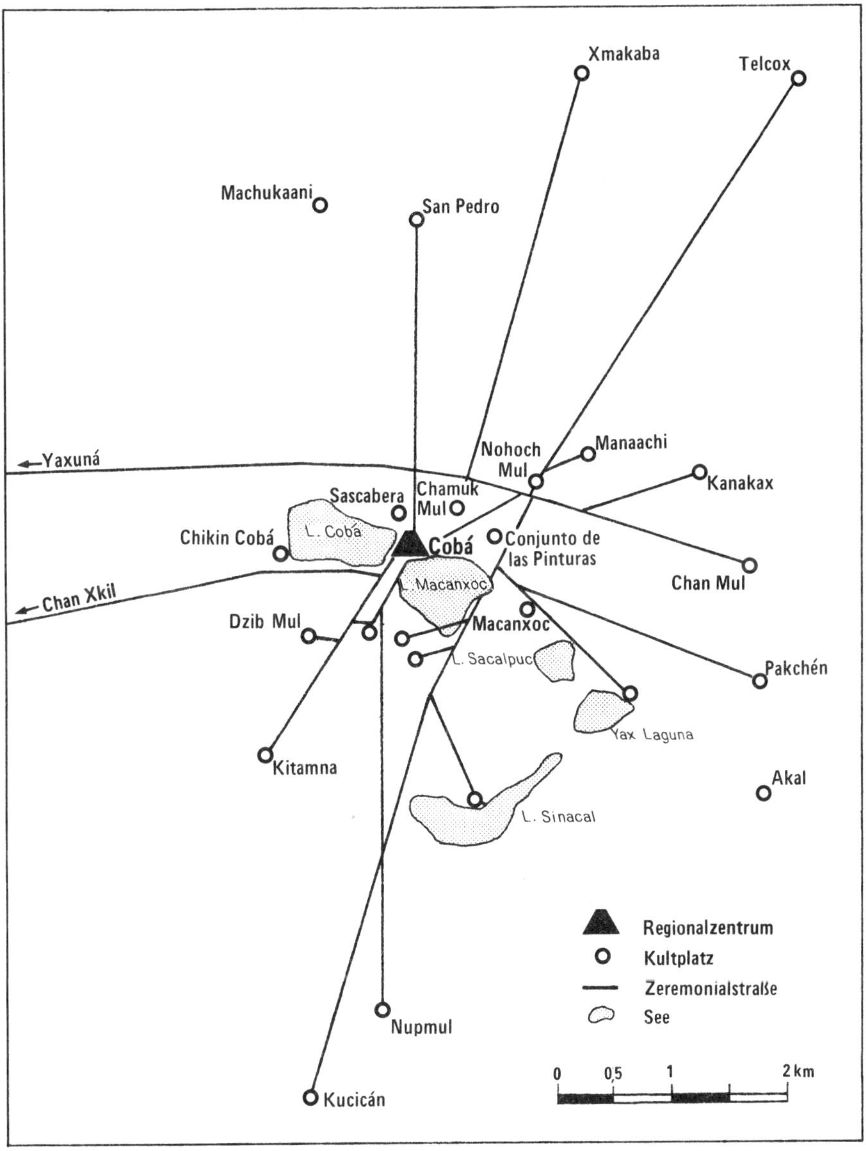

Fig. 68 Die Zeremonialstraßen im Bereich von Cobá, Quintana Roo (vgl. Fig. 67)
(Nach P. Peniche Rivero und W. J. Folan, 1978)

Als Prototyp kann die 8 km lange nach Kucicán führende Sacbé gelten. Sie beginnt wie alle anderen im Zentrum von Cobá als 90 cm hohe und 9 m breite Dammstraße und verschwindet bereits nach kurzer Strecke in der östlichen Bucht der Macanxoc-Doline, um an deren Südufer wieder aus dem Wasser aufzutauchen. Ein Schilfstreifen markiert jeweils bis zu einer bestimmten Tiefe den Straßenverlauf. Da man die Trasse ohne Schwierigkeiten östlich an der Doline hätte vorbeiführen können, ist anzunehmen, daß die Straße erst später durch Absenkung des Dolinenbodens oder infolge eines Wasserspiegelanstiegs überflutet worden ist. Dies gilt auch für eine der beiden kleinen Nebenstraßen, die südlich der Doline zu zwei seitlich gelegenen Ruinengruppen führen. Die ältere Vermutung, daß die Pflasterung der Hauptstraße am Nordufer der Macanxoc-Doline absichtlich bis ins Wasser hinein fortgesetzt worden wäre, um einen Anlegeplatz für Kanus zu schaffen, hat sich durch die Auffindung des am gegenüberliegenden Ufer wieder auftauchenden Straßenteils als unrichtig erwiesen. Im letzten Abschnitt vor Kucicán verläuft die Trasse in einer Höhe von 6–7 m über dem allgemeinen Geländeniveau, so daß der Einbau mehrerer gewölbter Unterführungen erforderlich war, um Fußgängern das Überwechseln von der einen zur anderen Straßenseite zu ermöglichen (174, S. 291; 711, S. 41).

Die größte und am besten erhaltene aller Zeremonialstraßen in Yucatán führt von Cobá nach Westen und endet in Yaxuná (Fig. 67). Sie ist ziemlich genau 100 km lang, von unterschiedlicher Breite (4–10,5 m) und besteht aus sieben geradlinigen, in ihrer Richtung nur um 4–10° voneinander abweichenden Teilstrecken (715). Die unbedeutenden Knicke in der Trassenführung sind entweder topographisch begründet oder hatten den Zweck – dies in drei Fällen –, einen Anschluß zu kleineren an der Strecke gelegenen Zeremonialkomplexen herzustellen. Insgesamt bleibt aber der nahezu gestreckte ost-westliche Verlauf der Straße erhalten. Die beiden längsten Abschnitte durchziehen über Entfernungen von 36 bzw. 32 km ohne jede Richtungsänderung den Wald. Durch von Regenüberflutungen bedrohte Geländemulden führt die Straße über Steinpackungen und Erdaufschüttungen, die seitlich durch maximal 2,5 m hohes Mauerwerk abgestützt sind. Auf ebenem Gelände verläuft die durchweg dammartig angelegte Straße etwa 60 cm über Grund. Sie war geschottert und durch einen zementartigen Mörtel wetterfest gemacht. Auf ihr wurde bei Ekal eine in zwei Teile zerbrochene 5 t schwere Steinwalze von 4 m Länge und 70 cm Durchmesser gefunden, die offensichtlich zum Festwalzen der Schotterauffüllungen gedient hat (715, S. 199). Zu ihrer Fortbewegung sind mindestens 15 Männer erforderlich gewesen.

Man hat den 100 km langen Straßenzug zwischen Cobá und Yaxuná mit Recht als eine *via sacra* bezeichnet. Daß er als Prozessions- und Pilgerstraße vor allem kultischen Zwecken diente (was natürlich eine anderweitige Nutzung zwischen den Festtagen nicht ausschloß), geht aus einer Reihe von Besonderheiten hervor, zum Beispiel aus den der Straße in bestimmten Abständen unmittelbar seitlich angefügten Plattformen, die als Wallfahrtsstationen oder Rastplätze gedeutet werden, und aus einer Anzahl kleiner Stelen (Meilensteine?) an der Nordseite der Trasse (680, S. 357f.). An einer Stelle führte die Sacbé sogar über einen 5 m hohen Sockel mit dem Rest einer Pyramide hinweg. Hingegen fehlen der Straße jegliche Verzweigungen, die man erwarten müßte, wenn sie vorzugsweise für alltägliche Verkehrszwecke angelegt worden wäre. Den seitlichen Zugang zu der erhöhten Straßentrasse – etwa von kleineren benachbarten Zeremonialplätzen oder den für die Trinkwasserversorgung der Pilger wichtigen natürlichen Karstbrunnen aus (Fig. 9) – ermöglichten Treppenstufen, von denen aber nur noch dürftige Überreste erhalten sind. Jahrhundertelang galt die große Straße als Grenze zwischen den nördlich und südlich von ihr gelegenen Bezirken und Gemeinden. Gegen Ende der Mayapán-Zeit (Mitte des 15. Jahrhunderts) trennte sie die Herrschaftsbereiche der Cochuahes- und Cupules-Häuptlinge (715, S. 205).

Die beiden Endpunkte der Sacbé – Cobá und Yaxuná – sprechen dafür, daß die Straße, die wegen ihrer ungewöhnlichen Länge nur abschnittsweise von Prozessionszügen benutzt worden sein kann, vor allem Pilgern und Wallfahrern die Fußwanderung von Chichén Itzá zur Insel Cozumel erleichtern sollte. Yaxuná liegt nur 20 km südwestlich von Chichén Itzá und ließ sich von dort aus auf einer ebenfalls gut ausgebauten Straße leicht erreichen. Eine durch Luftbildaufnahmen nachgewiesene Abkürzungsstrecke führte über Chebalám zur großen Zeremonialstraße (680, S. 361f.; 690, S. 241). Chichén Itzá mit seinem Heiligen Cenote war ein alter, berühmter Wallfahrtsort (S. 335), der von der klassischen über die nachklassische Zeit bis zum Jahre 1536 regelmäßig von großen Pilgerscharen besucht wurde (138, S. 175). Der Opferbrunnen selbst ist durch eine 300 m lange und 6 m breite Sacbé, die vielleicht einst von schattigen Alleebäumen gesäumt war, mit dem Komplex der großen Kultbauten verbunden. Als diese im 16. Jahrhundert längst vom Wald überwachsen waren, hatten sich die Maya immer noch einen Zugang zum Cenote offengehalten. Erst um 1560 gelang es den Spaniern endgültig, den alten Brunnenkult auszurotten, nachdem er bereits seit 1536 offiziell verboten war (174, S. 217).

Cobá am anderen Ende der 100-km-Trasse war zwar ein wichtiges Regionalzentrum, aber kein Wallfahrtsort im eigentlichen Sinne des Wortes. Er war jedoch, wie schon geschildert, Ausgangspunkt von 16 kleineren Zeremonialstraßen. Darüber hinaus scheint es noch weitere gegeben zu haben, so eine bisher nur vom Flugzeug aus an den typischen Mauereinfassungen erkannte Sacbé, die von Cobá nach Xelhá an der Ostküste führt und dort in südlicher Richtung nach Tulúm abbiegt (690, S. 244). Xelhá und auch Xcarét, wo mehrere gut ausgebaute Straßen aus dem Landesinneren zusammentrafen (736, S. 147), waren Übersetzhäfen zur 17 km entfernten Insel Cozumel, zu deren Heiligtum der Mondgöttin Ixchel in postklassischer Zeit alljährlich Zehntausende, oft von weit her, pilgerten (S. 335). Cozumel selbst war von einem ganzen System gepflasterter Straßen durchzogen (707, S. 410). Bischof Landa scheute sich nicht, die Pilgerfahrten der Maya nach Chichén Itzá und Cozumel mit christlichen Wallfahrten nach Rom und Jerusalem zu vergleichen (174, S. 213).

Ein drittes wichtiges Wallfahrtszentrum im nördlichen Yucatán war Izamal, wo die Maya ihren Himmelsgott Itzamna und eine Manifestation des Sonnengottes, Kinichkakmo, seit frühklassischen Zeiten verehrten. Die als Eroberer ins Land gekommenen Itzá haben diese drei bedeutendsten Kultplätze der Maya respektiert, die Wallfahrt nicht behindert und wahrscheinlich sogar von den Einkünften aus dem Pilgerverkehr profitiert. Izamal war Zwischenstation einer von Tihó (Mérida) im Westen über Aké heranführenden Zeremonialstraße (709, S. 91), die sich nach Osten bis zu einem der Küstenorte gegenüber Cozumel – vermutlich Xcarét (Polé) – fortsetzte (Fig. 67). Sie wäre damit sogar noch länger als die Straße von Yaxuná nach Cobá gewesen. D. Charnay (685, S. 308) hat bereits 1880 Reste eines von Izamal nach Osten verlaufenden langen Straßenzugs entdeckt, von dem er vermutete, daß er bis zur Küste führe, aber nähere Untersuchungen stehen noch aus.

Seit langem gut bekannt sind die beiden Zeremonialstraßen von Uxmal nach Nohpat und von Uxmal nach Kabáh, eine 4,5 m breite und bis zu 1,2 m Höhe aufgeschüttete Dammstraße. Ein »Triumphtor« am Rande von Kabáh bezeichnete das Ende dieser ca. 15 km langen Teilstrecke. Über Sayil setzte sich die *via sacra* bis Labná fort, wo sie wiederum durch ein großartiges Prunktor in den Zeremonialbezirk einmündete (Bild 61). Auch nach Nordosten hin war Uxmal durch eine Chaussee mit Mayapán verbunden. Möglicherweise gab es von dort eine Fortsetzung über Ikil nach Chichén Itzá (690, S. 241). Die in anderen Teilen des nördlichen Yucatán aufgefundenen Reste ähnlicher befestigter Straßenzüge sind unbedeutend: Spuren einer Sacbé zwischen Chan Kom und Xanla (489, S. 18) und das 3 km lange Teilstück eines 2,5 m hohen Straßendamms in Dzibilchaltún (626, S. 150), das aber wahrscheinlich zu den »innerstädtischen« Prozessionsstraßen zu rechnen ist.

Die Nachrichten über Zeremonialstraßen in der Rio-Bec-Region und im Petén sind dürftig. Hernán Cortés fand zwar 1524 auf seiner Überlandexpedition von der Golfküste nach Honduras eine befestigte Straße, die durch eine überflutete Niederung in der Nähe von Potonchan führte, aber wir wissen nicht, ob es eine gepflasterte Zeremonialstraße war (402, S. 81). Von den anderen frühen Spaniern – Barrios, Velasco, Fray Pedro, Alonso Dávila und José Delgado –, die zwischen 1524 und 1695 das südliche Siedlungsgebiet der Maya durchzogen, sind nur zwei auf ausgebaute Straßen gestoßen. Dávila, der 1530/31 von Chiapas nach Champotón an der yucatekischen Westküste reiste, erreichte in der Nähe von Macaclan (Mazatlán) im Petén eine breite »Chaussee«, auf der er in die Stadt einritt, und Delgado berichtet 1695, daß er zwischen Cahabon und Bacalar einem durch die Sümpfe führenden befestigten Weg gefolgt sei, der aus »alten Zeiten« stamme und noch gut erhalten sei (715, S. 190f.).

Sehr viel mehr über Zeremonialstraßen im südlichen Regenwaldgebiet wußten wir bis in die jüngste Zeit noch nicht: Bei Grabungen wurden Pflasterreste in der Umgebung von Palenque entdeckt, ebenso beim Eisenbahnbau unweit der Ruinen von Quiriguá. Die unter 1 m mächtigen alluvialen Ablagerungen verborgene Straße, für die man sorgfältig behauene Steine verwendet hatte, muß Quiriguá mit einem bisher unbekannten, nordöstlich des alten Zeremonialzentrums gelegenen Ort verbunden haben (715, S. 191). Wesentliche Neuerkenntnisse ergaben sich erst aus der Auswertung von Luftbildreihen, die die Royal Dutch Shell in den dreißiger Jahren im Zusammenhang mit ihrer Erdölsuche im Petén aufgenommen hat (S. 44). Danach hat es den Anschein, daß auch im Norden des Petén einst eine große Straße verlief, die vielleicht mit der von Cobá nach Yaxuná vergleichbar ist (174, S. 292). Das Regionalzentrum El Mirador könnte als Straßenknotenpunkt im Petén eine ganz ähnliche Rolle wie Cobá im Norden der Halbinsel gespielt haben. Die von El Mirador ausstrahlenden Zeremonialstraßen sind vor allem im Bereich der feuchten Niederungen *(bajos)* an der andersartigen Vegetation gut erkennbar (Fig. 69). Ihre Verläufe auf bewaldetem, trockenem Land wurden bisher nicht näher untersucht (80, S. 41).

Die Zeremonialstraßen der Maya verraten ein hohes Maß an straßenbautechnischem Können. Schon die Trassierung über 30 km langer, schnurgerader Wegabschnitte ohne geodätische Hilfsmittel, wie zum Beispiel durch den unübersichtlichen Busch- und Hochwald des nördlichen Yucatán, bedeutete eine erstaunliche Leistung. Man wird sich, um einen gewünschten Endpunkt ohne Richtungsänderung zu erreichen, nächtlicher Feuerzeichen und sorgfältig gesetzter Peilstäbe bedient haben. Da die Straßenbauer einen Verlauf in möglichst gleichem Niveau anstrebten, waren kleinere Geländedurchstiche, vor allem aber der Bau dammartig erhöhter Abschnitte erforderlich. Selbst die Querung von Sumpfgebieten war kein unlösbares Problem. Die Straßendämme wurden so gut fundamentiert, daß es mit Ausnahme der durch die Dolinen von Cobá führenden Strecken auch auf die Länge der Zeit keine Sackungserscheinungen gab.

Für die seitlichen, oft mehrere Meter hohen Begrenzungsmauern der Sakralstraßen verwendete man zentnerschwere behauene Steinblöcke. Der Mittelteil wurde mit Erde und Bruchsteinen aufgefüllt und mit einer dicken Geröllage abgedeckt. Darauf kam ein weißer Kalkzement- oder Kalkmörtelbelag. Bei Cobá sind im Nahbereich der Zeremonialstraßen 79 Mergelgruben *(sascaberas)* gefunden worden, die das Material für die Straßendecken lieferten (380, S. 51). Auch durch den Straßenbau entstandene Steinbrüche gibt es beiderseits der Trassen in großer Zahl.

Steinpackungen, Geröllauffüllungen und Zementbelag wurden mit ton-

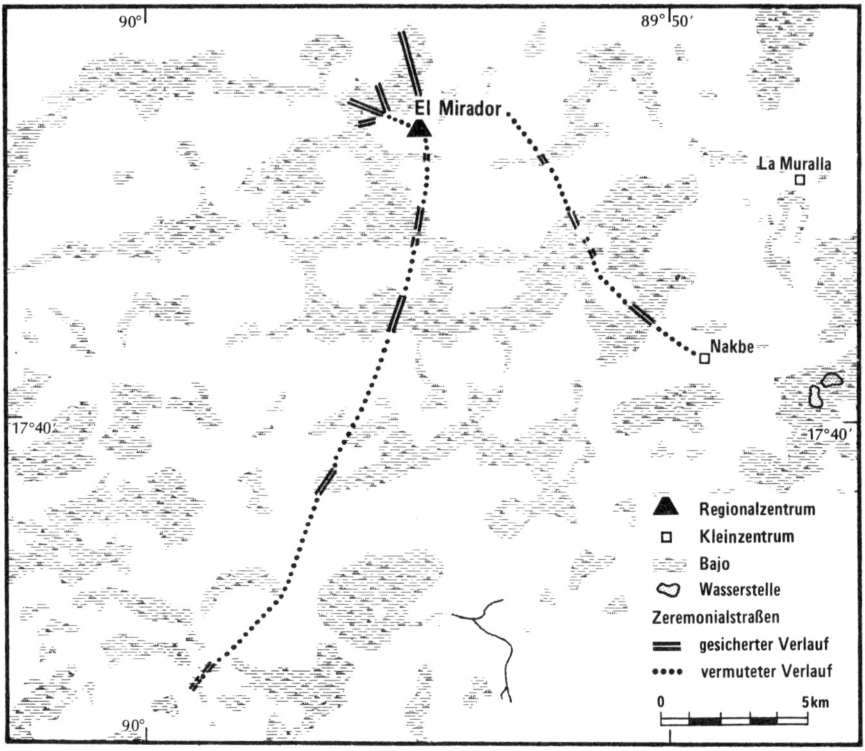

Fig. 69 Die Zeremonialstraßen im Bereich von El Mirador, Petén

(Umzeichnung nach einer Vorlage von I. Graham, 1967)

nenschweren Steintrommeln festgewalzt. Manche Sacbeob sind leicht gewölbt, damit das Regenwasser gut zu den Seiten hin abfließen kann. Wo die Straßen Talmulden durchqueren, ist für Wasserdurchlässe gesorgt, bei niedrigen Randmauern für Treppenübergänge, bei höheren für Fußgängerunterführungen. Brückenbauten im Zuge der Zeremonialstraßen sind hingegen bisher nicht bekannt geworden.

Von der technischen Perfektion her wären die 10 m, bei Cobá maximal 20 m breiten »weißen Straßen« durchaus für einen Wagenverkehr geeignet gewesen, besser sogar als die häufig von Treppen oder Absätzen unterbrochenen Inka-Straßen. Bischof Landa übertrieb nicht, wenn er sie mit den spanischen *caminos reales* verglich. Aber es fuhren auf ihnen niemals Wagen. Den Schritt von der Rolle zum Rad – die Rolle am eindrucksvollsten belegt durch den Fund der steinernen Straßenwalze zwischen Cobá und Yaxuná – haben die Maya nie vollzogen, weil ihnen das Prinzip der Radnabe, das heißt des Aufsteckens eines Rades auf eine starre oder drehbare Achse, unbekannt blieb. Für den Trägerverkehr aber wäre eine Straßenbreite von mehreren Metern sinnlos gewesen. Es kann sich bei den Sacbeob um nichts anderes als Zeremonialstraßen gehandelt haben.

2. Handelsgüter

Voraussetzung für einen als »Handel« zu bezeichnenden Güteraustausch ist die Entstehung des Wunsches oder der Notwendigkeit, im eigenen Lebensbereich fehlende Güter sich durch Tausch oder Kauf von außerhalb zu beschaffen. Ein ausgedehnter Handel mit Agrarprodukten konnte sich bei den Maya nicht entfalten, da in ihrem gesamten Tiefland-Siedlungsraum praktisch die gleichen Nahrungsmittel produziert wurden. Priesterschaft, Adel und Beamtenschaft der Zeremonialzentren erhielten ihre Lebensmitteldeputate unmittelbar von den im Nahbereich lebenden Bauern. Nur bei örtlicher Fehlernte oder auf anderen Ursachen beruhenden Mangelsituationen wurde Mais auch aus weiter entfernten Anbaugebieten herantransportiert. Handwerker und Gewerbetreibende versorgten sich auf den innerhalb oder außerhalb der Zentren veranstalteten Wochenmärkten. Der Gott des Marktes schrieb jedem Bauern, der bis zu 15 km von einem Markt entfernt lebte, vor, alle fünf Tage diesen Markt zu beschicken. Unterwegs durfte er nichts von seinen Erzeugnissen verkaufen, um den Gott nicht zu erzürnen. Mit Gartenbauprodukten versorgte man sich aus eigenen Hausgärten oder aus den Hochacker- und Chinampagebieten der Bajos. Tikal erhielt sein Gemüse zum Teil über Kanutransporte vom Rio Hondo (S. 385f.).

Die Wege, die von den Einzelhöfen und Weilern zu den Märkten führten, waren gleich jenen zwischen den großen und kleineren Zeremonialzentren dem Gelände angepaßte schmale Trampelpfade. Sie folgten in der Regel nicht den Tälern, sondern den Hügelrücken. Auf diesen Pfaden mußten die Indianer mit ihren von einem ledernen Stirnband gehaltenen Rückenlasten hintereinander gehen. Das berühmte Wandbild eines Fischerdorfes im Tempel der Krieger von Chichén Itzá zeigt solche ihre Waren schleppenden Händler (Fig. 21). Waren es Kaufleute, die größere Warenmengen beförderten, so schritten sie den vielfach aus Sklaven bestehenden Trägerkarawanen voran. Am Ende der Handelsreise wurde ein Teil der Sklaven verkauft, der Rest der Träger kehrte mit den eingetauschten Waren an den Standort des Kaufmanns zurück (683, S. 134). Hochgestellte Persönlichkeiten ließen sich auf Tragsesseln befördern. Vier Sklaven trugen die beiden Stangen, an denen der Sitz befestigt war. Es sind Figürchen und bemalte Tongefäße mit Darstellungen derartiger Sänften gefunden worden. Ein ganzes Netz von Fußpfaden, die häufig aus alten Wildwechseln hervorgegangen waren, durchzog Yucatán und den Petén. Seit der Conquista wurden sie von berittenen Spaniern benutzt, denen sie allerdings manchen Verdruß bereiteten, da die Indianer ihre Pfade nicht hoch genug freigeschlagen hatten und sich die Reiter ständig des Astwerks und herabhängender Lianen erwehren mußten. Bis in die Gegenwart folgen Kautschuksammler solchen schmalen, schnell verwachsenden Wegen in ihre Dschungellager.

Von diesen den bescheidenen lokalen Verkehrsbedürfnissen dienenden

Waldpfaden sind die Fernhandelswege der Maya zu unterscheiden, die einst über Hunderte von Kilometern die Halbinsel von Norden nach Süden und quer durch ihre Wurzelzone vom Golf von Mexiko bis zum Golf von Honduras durchzogen. In ihrem Verlauf gab es Kanufähren zum Übersetzen über die großen Flüsse des Südens, Lianen-Seilbrücken zur Überwindung schmalerer Wasserläufe und in seltenen Ausnahmefällen sogar steinerne Brücken. Bei Pusilhá sind an beiden Ufern des Flusses noch die steinernen Widerlager erhalten (174, S. 124). Im übrigen glichen diese Fernhandelswege völlig den kleineren Waldpfaden, aber sie hatten eine andere Funktion: Sie verbanden weite Teile des Tieflandes miteinander und setzten sich bis in das Hochland von Guatemala und Mexiko fort. Auf ihnen wurden Handelsgüter transportiert, die Berufskaufleute aus den Bergen ins Tiefland brachten und für die sie dort solche Waren eintauschten, nach denen eine Nachfrage im Hochland bestand (Fig. 70).

Die bedeutendste Etappenstation im Fernhandel zwischen dem Hochtal von Mexiko und dem Maya-Tiefland war Kaminaljuyú in Guatemala (S. 15). Es war der südöstlichste Außenposten für die Kaufleute aus Teotihuacán, die Tikal und andere Handelsplätze des Tieflandes besuchten. Sie hatten die Pflicht, alle von ihnen heimgebrachten Maya-Produkte zunächst dem Herrscherhaus in Teotihuacán anzubieten, das dann über deren weitere Verteilung und Nutznießung entschied (45, S. 96). Die Handelsbeziehungen zwischen Kaminaljuyú und Tikal begannen bereits in der mittleren vorklassischen Zeit und verstärkten sich mit dem wachsenden politischen und wirtschaftlichen Einfluß Teotihuacáns auf Kaminaljuyú seit der Mitte des 4. nachchristlichen Jahrhunderts (49, S. 259). Während des Höhepunktes dieser Entwicklung war Kaminaljuyú geradezu eine Handelskolonie Teotihuacáns. In der klassischen Periode blühte besonders der Güteraustausch auf Überlandwegen, in der nachklassischen Zeit trat der mit seegängigen Kanus betriebene Küstenhandel in den Vordergrund (Fig. 70). Hochland und Tiefland – diese beiden so unterschiedlich ausgestatteten Naturräume – hatten sich gegenseitig durchaus etwas zu bieten: Mit Ausnahme der kristallinen Maya Mountains in Belize (Fig. 7) und kleinerer Trachyt-, Quarzit- und Sandsteinvorkommen in der südlichen Vorgebirgsregion besteht der Untergrund Yucatáns und des Petén einheitlich aus Kalk. Man verfügte zwar in ausreichendem Maße über gute Werksteine für die Errichtung der Kultbauten und fand in den Kalkschichten genügend Feuersteinknollen für die Anfertigung von Werkzeugen, aber es gab auf der Halbinsel keine Edel- und Halbedelsteine für die Anfertigung von Schmuck und sakralem Zierat, kein Kupfererz und kein Gold. Alles, was aus den Maya-Gräbern des Tieflandes an Jadestatuetten und Jadeschmuck, an Türkisen, Topas und Jaspis geborgen worden ist, stammt aus dem Hochland und muß über den Handel ins Tiefland gekommen sein. Den gleichen Weg haben in der Spätzeit kupferne und goldene Gerätschaften genommen.

Jade – richtiger Jadeit – war ein bei den Mesoamerikanern wegen seiner Durchsichtigkeit und seiner von Grünlichweiß über Smaragdgrün bis zu Blautönen spielenden Farbe hochgeschätzter Schmuckstein. Als besondere Kostbarkeit galt die seltene blaue Jade, gefolgt von der warm glänzenden smaragdgrünen. Je nach dem Rang eines Verstorbenen wurde Jade als Symbol des Lebens in unterschiedlicher Feinheit der Bearbeitung und Zahl der Stücke mit ins Grab gegeben. Man legte den Toten eine Jadeperle in den Mund und bedeckte ihr Gesicht mit Masken aus einem Mosaik kleiner Jadestücke. Die schönste und besterhaltene ist die Totenmaske aus dem Pyramidengrab von Palenque (S. 316).

Berühmt geworden ist das nicht weniger als 782 herrliche Jadefiguren und Jadeschmuckstücke enthaltende Depot von Cerro de las Mesas, das bereits aus der La-Venta-Zeit stammt (S. 17). Die größten bisher bekannten Jadeobjekte sind eine 28 cm messende Prunkaxt und ein erst jüngst in Altun Há (Belize) gefundener 4,4 kg schwerer Kopf des Sonnengottes, eine massive Jadekugel von 15 cm Durchmesser. Alle Anzeichen sprechen dafür, daß Altun Há, weil es an der östlichen Peripherie des alten Maya-Landes lag, das Hauptzentrum für die Verehrung des morgendlichen Sonnengottes war (582, S. 40).

Ihren Höhepunkt erlebte die Jadeschnitzerei bei den Maya während der klassischen Periode. Bedeutende Verarbeitungszentren lagen im Usumacinta-Gebiet. Zeitweise sind dort hergestellte Jadeschmuckstücke und -statuetten sogar ins Hochland zurückexportiert worden. Man hat dort Jadeschmuck im typischen Maya-Stil gefunden. Im nördlichen Yucatán sind Jadeobjekte – sicherlich wegen der weiten Entfernung zum Herkunftsgebiet – seltener als im gebirgsnahen Süden. Die meisten Funde stammen aus dem Opferbrunnen von Chichén Itzá. In nachklassischer Zeit scheint kaum noch Jade im Norden der Halbinsel verarbeitet worden zu sein. In Mayapán fanden die Ausgräber nur einige wenige dürftige Stücke.

Lange Zeit wußte man nicht, woher die La-Venta-Leute und die Maya das kostbare Gestein bezogen. Die Lage der einst ausgebeuteten Gruben war in Vergessenheit geraten, und nur aus dem Vorkommen jadeithaltiger Flußgerölle konnte man auf die Existenz von Jadeitadern im südlichen Gebirgsland schließen. Eine Lösung des Rätsels brachte 1953 die Entdeckung einer alten Jadeitgrube bei Zacapa im mittleren Motaguatal (Fig. 70). Die Lagerstätte erwies sich als so ergiebig, daß in Guatemala, besonders in Antigua, die Jadeschnitzerei zu neuem Leben erwachte und jetzt sogar Rohjade in größeren Mengen nach Hongkong exportiert werden kann.

Wie Jade- und Malachitplättchen wurden auch Türkise für Maskeninkrustationen verwendet. Besonders die Tolteken verstanden sich auf die hohe Kunst solcher Einlegearbeiten. Erst durch sie kamen Türkise nach Yucatán. So gehörte zum Beispiel zu den Beigaben in einem Grab aus der Mayapán-Zeit eine schöne Türkisperlenkette. Auch Jaspis wurde zu Schmuck verarbeitet. Unter den Funden der klassischen Zeit fehlen diese Halbedelsteine noch völlig (174, S. 330). Türkislagerstätten gibt es nach unserer heutigen Kenntnis in Zacatecas und Neumexiko; alte Tributlisten nennen als Hauptfundplätze das nordwestliche Oaxaca und Zentralveracruz (103, S. 139, 330). Gelber Topas, aus dem die Maya ihre Nasenknöpfe fertigten, kam aus dem Hochland von Chiapas (402, S. 29).

Ein für die Herstellung von Spiegeln außerordentlich begehrtes Handelsgut war Pyrit (Schwefelkies). Bischof Landa berichtet, daß alle Männer Spiegel zu benutzen pflegten, Frauen hingegen nicht (178, S. 89). Als kostbarer Besitz galten polierte Pyritspiegel, die als flache Scheiben aus einem großen Schwefelkiesstück geschliffen wurden. Einfachere Spiegel wurden aus mehreren Stücken mosaikartig zusammengesetzt. Als 1967/68 das mexikanische Instituto Nacional de Antropológia e História erneut den Heiligen Cenote in Chichén Itzá abpumpen ließ (S. 41), wurde auch eine Anzahl von Pyritspiegeln gefunden, die dem Brunnengott als Opfergaben dargebracht worden waren. Zu runden Perlen geschliffene Pyritkristalle dienten wie Jade- oder Obsidianstückchen als dekorative Zahnplomben. Pyrit wurde neben Hämatit (Roteisenstein), Magnetit und Ilmenit auch für Einlegearbeiten verwendet.

Bevor die Maya selbst die Kunst der Metallverarbeitung erlernten, importierten sie Schmuck, Statuetten und die verschiedenartigsten Gerätschaften aus Gold und Kupfer vom Hochland, aus dem südlichen Zentralamerika und sogar aus dem Norden Südamerikas. Metallurgische Analysen und stilistische Merkmale geben uns Auskunft, woher zum Beispiel der Goldschmuck stammt, den die spanischen Eroberer bei den Yucateken sahen und aus dem sie fälschlicherweise schlossen, daß die Halbinsel eines der von ihnen so sehr gesuchten »Goldländer« sei. Die reiche Beute, die sie an Goldbarren und Schmuck in Chetumal machten, war ein Einzelfall, denn dieser Handelsplatz stand in regem Warenaustausch mit Honduras und anderen zentralamerikanischen Ländern. Die verhältnismäßig geringen Goldmengen, die die Spanier anderenorts in ihren Besitz bringen konnten, bereiteten ihren Goldträumen bald ein Ende, denn was an goldenen Grabbeigaben in der Erde schlummerte oder als Regengott-Opfer in der Tiefe des Heiligen Cenote lag, blieb ihnen unbekannt. Es bedurfte vieler Jahrzehnte intensiver archäologischer Forschungsarbeit, diese Kostbarkeiten wieder ans Tageslicht zu bringen.

Eine in Chichén Itzá gefundene stark stilisierte goldene menschliche Gestalt gehört dem Kulturkreis von Quimbaya im Caucatal Kolumbiens an. Kleine, in verlorener Form gegossene Goldfigürchen stammen vom Isthmus von Tehuantepec, wo derartige Idole hergestellt und in den Handel gebracht wurden (681, S. 389). Vom späten 10. bis zum 12. Jahrhundert muß zwischen dem Isthmusgebiet und dem Maya-Land ein lebhafter Goldhandel bestanden haben. Andere Stücke kamen aus Costa Rica und Panama.

Als Halbfertigerzeugnisse aus Veraguas (Panama) eingeführte dünne Goldblechscheiben wurden in Yucatán weiterverarbeitet.

Alle Goldfunde gehören der nachklassischen Periode an. Copán, im äußersten Südosten des Maya-Landes und den Goldproduktionsgebieten Zentralamerikas am nächsten gelegen, stellte die einzige Ausnahme dar. Dort wurden unter einer im Jahre 782 geweihten Stele die Bruchstücke einer kleinen Goldfigur entdeckt (122, S. 279). Da die Maya des Klassikums noch keinerlei metallurgische Kenntnisse besaßen, blieben bescheidene Goldvorkommen in den Maya Mountains von ihnen unbeachtet, und auch größere Waschgoldanreicherungen in den Flußsanden des Rio Motagua in der südlichen Gebirgsrandzone konnten von ihnen noch nicht genutzt werden. Es blieb einer nordamerikanischen Minengesellschaft vorbehalten, diese Goldseifen bei Las Quebradas seit den zwanziger Jahren unseres Jahrhunderts mit modernen technischen Hilfsmitteln auszubeuten.

Das Sortiment der von den Maya importierten goldenen Kult-, Schmuck- und Gebrauchsgegenstände reicht von massivgoldenen Angelhaken, wie sie Grijalva noch 1518 bei den Fischern auf der Insel Cozumel sah, Hals- und Brustschmuck, Armbändern, Ohrpflöcken, Ringen mit kleinen Masken und Gesichtern auf der Schauseite bis zu flachen Goldblechscheiben zur Verzierung von Schilden. Mit hauchdünnen Folien überzog man Knochendolche und hölzerne Masken, wodurch sie das Aussehen von massivem getriebenen Gold erhielten. Kleine Goldmasken wurden auch auf Gewänder, gehämmerte Goldblechstreifen auf Ledergürtel genäht (681, S. 376ff., 396). Goldperlen unterschiedlicher Größe verarbeitete man zu Ketten, solche in Tropfenform, aber auch echte Perlen oder Harzkügelchen hängten die Mütter an einem Haarbüschel auf die Naselwurzel ihrer Kinder. Sie sollten jenen leichten »Silberblick« erzeugen, der wie die durch aufgebundene Bretter hervorgerufene fliehende Stirn zum Schönheitsideal der Maya gehörte.

Viele der Goldobjekte sind in unterschiedlichen Anteilen mit Kupfer legiert. »Tumbaga« (Tombak) ist eine im vorkolumbischen Amerika weitverbreitete Legierung, die außer der Goldersparnis den Vorteil eines tieferen Schmelzpunktes als reines Gold und reines Kupfer hat, sich leichter verarbeiten läßt und bei nicht zu hohem Kupferanteil immer noch das Aussehen puren Goldes hat. Glöckchen und Schellen für Fußketten und Tanzklappern wurden aus einer bronzeartigen Kupfer-Blei-Legierung oder aus reinem Kupfer hergestellt. Geräte und Werkzeuge aus Kupfer tauchen im Maya-Land nahezu gleichzeitig mit der Entstehung lokaler metallurgischer Zentren in Mexiko auf (178, S. 394), sporadisch während des Spätklassikums, in größerer Zahl aber erst in nachklassischer Zeit, das heißt in den letzten Jahrhunderten vor der Conquista.

Die ältesten Kupferfunde aus dem Opferbrunnen von Chichén Itzá mögen bereits der klassischen Zeit entstammen, die meisten sind jedoch postklassisch und lassen toltekische Einflüsse erkennen. Bis zum 16. Jahrhundert haben sich dann Kupfer- und Bronzeäxte schnell verbreitet. Las Casas schreibt, daß die Bauern in der Umgebung von Champotón Metalläxte auf ihren Milpas verwendeten, und Bischof Landa berichtet, daß die Yucatán-Maya zu seiner Zeit Metalläxte für die Holzbearbeitung und als Waffen gebrauchten (178, S. 121). Gelegentlich sind Kupferäxte auf ehemaligem Rodungsland gefunden worden, wie zum Beispiel in der Nähe der Ruinen von Yaxhá östlich des Petén-Itzá-Sees (235, S. 185). Die Steinzeit, in der die Maya während des Klassikums gelebt hatten, war durch die Kupferzeit abgelöst worden.

Bis zu diesem Zeitpunkt hatten die Maya ihre Äxte, Messer, Schaber, Dolche und Speerspitzen aus Feuerstein (Flint) und Obsidian hergestellt. Feuersteinknollen finden sich lagenweise in den Kalkschichten der Halbinsel, freilich in örtlich unterschiedlicher Menge und Qualität. Bedeutende Bearbeitungsstätten lagen im Umkreis von Tikal und im nördlichen Belize, besonders bei Colhá, wo bereits seit 300 v. Chr. Speerspitzen und Flintwerkzeuge in großer Zahl hergestellt wurden. Die Feuersteinschläger verstanden sich nicht nur auf die Herstellung von Waffen und Werkzeugen des täglichen Bedarfs, sondern beherrschten das spröde Rohmaterial so vollkommen, daß sie sogar vollständige menschliche Figuren gestalten und die facettierten Ränder von Feuersteingeräten mit »geschnitzten« Götterprofilen verzieren konnten.

Der Handel, der von jenen Zeremonialzentren ausging, die im Besitz größerer Feuersteinvorkommen waren, umfaßte nicht nur Fertigwaren, sondern auch den begehrten Rohstoff, der dann anderenorts verarbeitet wurde. Die Flintschläger trugen ebenso wie die anderen Kunsthandwerker zum steigenden Wohlstand und Wachstum der größeren Zentren bei. Ihre Werkstätten versorgten sowohl die örtlichen Märkte als auch reisende Händler, die die Erzeugnisse in einem näheren oder weiteren Umkreis zum Verkauf anboten. Zur großen Überraschung der Archäologen wurden sogar im Hochland von Guatemala und in Zentralmexiko Feuersteinwerkzeuge gefunden, die Fernhändler aus dem Maya-Tiefland mitgebracht haben müssen (172, S. 334), obwohl es im Hochland ausreichend Obsidian für die gleichen Verwendungszwecke gab.

Umgekehrt ist auch im Tiefland trotz des dort leicht erhältlichen Feuersteins in nicht geringen Mengen Obsidian verarbeitet worden. Eine Auszählung der in Tikal gefundenen Steinwerkzeuge ergab ein Verhältnis von sieben Flintobjekten gegenüber einem aus Obsidian (814, S. 534). Möglicherweise war der Feuersteinanteil in Tikal dank der reichlichen Eigenproduktion im Vergleich zu anderen Regionen des Tieflandes überdurchschnittlich groß.

Obsidian ist vulkanisches Glas – schnell erkaltete Lava – von schwarzer, grauer oder grünlicher Färbung und kommt nur im Hochland vor. Alle im Tiefland gefundenen Äxte, Klingen oder Spitzen aus diesem Rohstoff können daher nur als Handelsware dorthin gelangt sein oder sind von Maya-Handwerkern aus importierten Obsidianblöcken an Ort und Stelle geschlagen worden. Durch Spektralanalysen und chemische Untersuchungen ließ sich feststellen, aus welchen Lagerstätten im Hochland das Rohmaterial stammt.

Die bedeutendsten Obsidianvorkommen liegen im Hochland von Guatemala bei La Jolla und El Chayal, unweit der Hauptstadt, bei Ixtepeque und Jutiapa, ferner im Hochtal von Mexiko (Pachuca), wo die Obsidianverarbeitung wahrscheinlich ihren Ausgang genommen hat (Fig. 70). In Teotihuacán und dessen Umgebung gab es rund 400 Obsidianwerkstätten, die teilweise auf die Herstellung ganz bestimmter Gegenstände spezialisiert waren (454, S. 102). Von dort stammende grüne Obsidianobjekte sind in den Gräbern von Tikal, in Becán, Altun Há und an anderen Plätzen gefunden worden, die im Frühklassikum unter Teotihuacán-Einfluß standen (49, S. 253; 679, S. 271f.). Die sich je nach ihrer Herkunft farblich unterscheidenden Obsidiangegenstände sind geradezu archäologische »Leitfossilien« zur Rekonstruktion der alten Handelsbeziehungen und der von den Kaufleuten benutzten Routen. Ähnliche Möglichkeiten ergeben sich für Mahlsteine aus Basalt, Granit usw. und Gegenstände aus Kupfer und Gold, während die Wege, auf denen vergängliche Produkte (Salz, Kakao, Textilien) transportiert worden sind, aus anderen Indizien erschlossen werden müssen.

Die Obsidianbrüche und Verarbeitungswerkstätten von El Chayal erstrecken sich über mehrere Hügel östlich der Stadt Guatemala (45, S. 47). Dort sind Tausende von Klingenabschlägen über das Land verstreut, und vermutlich kamen aus den dortigen Werkstätten vorwiegend Halbfertigwaren aus grauem Obsidian in den Handel. Sie sind erst im Zielgebiet – so auch im Maya-Tiefland – zum gewünschten Endprodukt verarbeitet worden: zu Speerspitzen, Schabern und Messern. Obsidianmesser sind zwar scharf wie Rasierklingen, weshalb man den Obsidian als Stahl des Steinzeitalters bezeichnet hat, aber sie waren zerbrechlich wie Glas, so daß der Rohstoff zum Beispiel für die Herstellung von Äxten zur Waldrodung ungeeignet war. Eine aus einem Stück mit Stiel gefertigte Obsidianaxt von 30 cm Länge, die in einem Opferversteck entdeckt wurde, kann nur eine Zeremonialaxt gewesen sein (174, S. 332).

Die Obsidianimporte aus dem Hochland haben schon im mittleren Vorklassikum eingesetzt (49, S. 253) und hörten in der nachklassischen Periode allmählich auf. In Mayapán waren unter 1700 dort geborgenen Funden aller Art nur drei Obsidianfragmente (174, S. 332). Die Umstellung von Stein- auf Kupfergeräte hat sich nach dem Ende des Klassikums über mehrere Jahrhunderte erstreckt. Die ganze Tragweite des Eintritts der nachklassischen Maya in das Metallzeitalter ist deutlich geworden durch drei große Depotfunde von Kupferbarren und Kupferschrott bei Naco im westlichen Honduras, das heißt im Übergangsgebiet vom Hoch- zum Tiefland. Das eine der

Depots enthielt zugleich ein Sortiment von 800 Kupferschellen unterschiedlichster Form, so daß die Kupferschmelzen und Werkstätten zu ermitteln waren, aus denen sie stammten (681, S. 393). Sie reichten von Mexiko bis Honduras. Ein Teil der Schellen war direkt für den Verkauf als Fuß- oder Tanzklappern bestimmt, die anderen benutzten die Händler als Zahlungsmittel. Da alle Schellen eine bestimmte Gewichts- bzw. Werteinheit darstellten, konnten sie jederzeit die Funktion von »barem Geld« erfüllen, so wie auch Kakaobohnen als Zahlungsmittel im Umlauf waren (S. 378). Daneben galten Jadeperlen, Salz und Baumwollstoffe von bestimmten Maßen als Geldeinheiten (683, S. 134). Den Besitzern von Kupferschellen blieb es überlassen, diese für Zeremonialzwecke zu benutzen, andere Waren dafür zu erstehen oder sie zur Herstellung irgendwelcher Kupfergeräte einschmelzen zu lassen. Daß dies einer der Verwendungszwecke war, hat man daraus geschlossen, daß die Schellen in den Depots nicht nur zusammen mit regelrechten Barren und zur Wiedereinschmelzung bestimmtem Altkupfer gefunden wurden, sondern daß auch größere Glocken dabei waren, für die im Sakralbereich keine Verwendung bekannt ist, so daß man sie für eine etwas attraktiver gestaltete Form von Kupferbarren hält (681, S. 293).

Bei den Naco-Depots handelt es sich höchstwahrscheinlich um die Warenlager reisender Metallkaufleute, die zugleich Kupferschmiede waren. Es hat in der Spätzeit im Maya-Land Verarbeitungswerkstätten für Kupfer gegeben, aber es ist kaum anzunehmen, daß die Maya die Technik des Kupferschmelzens nur von durchreisenden Kaufleuten gelernt hätten. Viel wahrscheinlicher ist, daß es wandernde Metallhandwerker waren, die aus dem Hochland kamen, von Ort zu Ort zogen und Auftragsarbeiten ausführten, bis es bei den Tiefland-Maya selbst genügend fähige Kupferschmiede gab. Anzeichen für die einstige Existenz von Kupferschmelzen finden sich in Quiriguá und Belize (681, S. 396f.).

1502 begegnete Kolumbus auf seiner vierten Reise einem indianischen Handelskanu mit Kaufleuten und reisenden Metallhandwerkern. Wahrscheinlich waren es Chontal-Maya aus der Acalán-Region am Golf von Mexiko, die sich nach ihrer Mexikanisierung (S. 53) Putunes nannten und im Verlauf des Postklassikums ihre Aktivitäten bis Panama ausgedehnt hatten (191, S. 157). Die Ladung des Bootes umfaßte außer Baumwollstoffen, Kakaobohnen und hölzernen Kriegskeulen mit Feuersteinbesatz die für ihr Gewerbe erforderliche Ausrüstung: Schmelztiegel, Äxte und Schellen aus Kupfer (681, S. 394). Wie diese konnten – ebenfalls als Barrenersatz – auch die Äxte leicht zu anderem Kupfergerät umgeschmolzen werden. Die gefundenen Kupferwerkzeuge und die aus Kupfer-Gold-Legierungen bestehenden Schmuckstücke zeigen durchaus die Merkmale der traditionellen Maya-Kunst. Aber nicht immer ist klar, ob die Gegenstände in Werkstätten des Tieflandes entstanden sind oder ob man bereits im Hochland die Exportwaren dem Geschmack der Maya-Käufer angepaßt hatte.

Die Liste der vom Hochland ins Tiefland gebrachten Handelsgüter ist mit den angeführten gewerblichen Erzeugnissen noch keineswegs erschöpft. Auch die prachtvollen, für den Kopfputz der höheren Priesterschaft und der Fürsten verwendeten grün-goldenen Quetzalfedern kamen von dort. Die Maya waren auf diese Importe angewiesen, da die Verbreitung des Quetzalvogels auf die Bergwälder von Chiapas, der Alta Verapaz und auf Honduras beschränkt ist. Fallensteller beraubten die gefangenen Vögel ihrer vier langen, buntschillernden Schwanzfedern, und zusammen mit gefärbten Schwanzhaaren von Hasen und Kaninchen, die zum Besticken der Zeremonialkleidung verwendet wurden, gelangten sie über Aufkäufer in den Hochland-Tiefland-Handel. Auch Chromalaun wurde für Gerbereizwecke aus dem Hochland importiert.

In unterschiedlicher Verbreitung sind in den Ruinenstätten des Tieflandes Maisreiben *(metates)* und Mahlsteine *(manos)* aus Basalt gefunden worden. Sie müssen über den Fernhandel, und zwar in Anbetracht ihres hohen Gewichtes hauptsächlich über Bootstransporte, aus dem Hochland dorthin gebracht worden sein. Im Tiefland selbst standen für die Herstellung der in jedem Haushalt benötigten Maisreiben nur solche aus sich schnell abnutzendem Kalkstein zur Verfügung. Man gab daher importierten Hartgesteinen den Vorzug: Graniten und Gneisen von den Maya Mountains, Quarziten und Sandsteinen aus der südlichen Vorgebirgszone und Basalten vom Hochland. Das Rohmaterial von 400 in Tikal gefundenen und untersuchten Metates stammte zu 91 % aus dem Tiefland und dessen Randgebieten, doch immerhin zu 9 % aus dem Hochland (814, S. 533). Die Überprüfung der von den Ausgräbern des Mittelzentrums Becán geborgenen Reibsteine und Reibwalzen ergab, daß sie zu 11 % bzw. 21 % aus kristallinen Gesteinen bestehen, die man aus den 200 km entfernten Maya Mountains bezogen hatte. Der Transportweg bis Mayapán war über doppelt so weit, so daß von den dort gefundenen 745 Metates und 54 Manos nur noch 3 % bzw. 15 % der gleichen Herkunft sind (719, S. 112).

Schließlich sind als Hochlandwaren noch Mineralfarben zu nennen (Zinnober und andere), die die aus der örtlichen Kalkverwitterung hervorgehenden Farberden um einige Varianten bereicherten. Da die Freskenmalerei bei den Maya eine große Rolle spielte, legte man besonderen Wert auf eine breite Skala haltbarer Mineralfarben.

Alle diese Importgüter – Jade, Türkis, Pyrit, Obsidian, Gold, Kupfer, Quetzalfedern, Maisreiben und Mineralfarben – mußten von den Tiefland-Maya bezahlt beziehungsweise mit gleichermaßen im Hochland gesuchten Erzeugnissen aufgewogen werden.

Die hochwertigste Tausch- und Fernhandelsware der Maya war zweifellos Kakao. Die Blüte der Tabasco-, Acalán- und Ulúa-Region (Fig. 29) beruhte auf dessen plantagenmäßig mit Sklaven betriebenem Anbau und dem damit verbundenen ausgedehnten Handel. Die in Küstennähe gelegenen

Produktionsbetriebe des im Hochland so sehr gefragten Luxusartikels waren auf dem Landweg und über See – wenn auch mit einigem Risiko – von den reisenden Händlern zu erreichen.

Für die Zubereitung des bei den Hochlandindianern beliebten *chocolatl*-Getränks (S. 199) wurden bedeutende Mengen der in den feuchttropischen Tieflandgebieten geernteten Kakaobohnen benötigt. Der tägliche Bedarf am Hofe eines der Aztekenfürsten soll sich auf 50 Pfund belaufen haben. Aber der *chocolatl*-Genuß war keineswegs auf die Oberschicht beschränkt, und dies drückt sich vor allem darin aus, daß Kakaobohnen als Zahlungsmittel allenthalben im Umlauf waren. Der frühe spanische Chronist Oviedo zitiert dazu als drastisches Beispiel, daß ein Freudenmädchen in der Hauptstadt Mexiko für zehn Kakaobohnen zu haben war. Auch Gewichtseinheiten basierten auf einer bestimmten Zahl von Kakaobohnen. Die Menge von 400 Kakaobohnen bezeichneten die Azteken als 1 *zontle,* 20 *zontles* waren 1 *xiquipil,* und 3 *xiquipiles,* das heißt 24 000 Kakaobohnen, entsprachen einer normalen indianischen Traglast, einer *carga* im Sprachgebrauch der Spanier (308, S. 86f.).

Lokal- und Fernhandel mit Kakao lagen in den Händen der Chontal-Maya und von Nahua-Kaufleuten. Nahuatl-sprechende Händler aus dem Hochland hatten feste Niederlassungen an der Laguna de Términos. Der Kakaohandel mit dem Aztekenreich blühte noch im 16. Jahrhundert. 1504 kehrte zum Beispiel eine Gruppe von Kaufleuten mit vielen hundert Traglasten Kakaobohnen aus dem Maya-Land nach Tenochtitlán zurück. Der hohe Handelswert führte dazu, daß sogar gefälschte Kakaobohnen im Umlauf waren. Vorsichtig abgezogene und mit Lehm gefüllte Kakaoschalen wurden von gewinnsüchtigen Händlern unter die echten Bohnen gemischt. Bischof Landa hat nicht versäumt, dies in seinem Bericht zu registrieren (178, S. 95).

Ähnlich wie im Kakaoanbau besaßen die Maya ein Monopol in der Salzgewinnung. Das langgestreckte Haff an der Nordküste Yucatáns, das durch die von der Meeresströmung verschleppte Mündung des Rio Lagartos gebildet und von der offenen See durch eine schmale Nehrung getrennt wird, war ein einziger riesiger »Salzgarten«. Das durch die hohe Verdunstung auf dem flachen Boden der Lagune abgeschiedene Salz wurde zu großen Haufen zusammengetragen und entweder auf dem Wasserwege oder von Trägern über Land in die Verbrauchsgebiete, vor allem des südlichen Regenwaldes und ins Hochland, gebracht. Die Oberfläche der angehäuften Salzvorräte pflegte man mit Feuer zu härten, so daß eine wetterfeste Kruste entstand (736, S. 103f.). Zwei weitere, aber kleinere Salzgewinnungsgebiete lagen in der Nähe von Campeche an der Westküste Yucatáns und an der karibischen Küste in Belize. Abgesehen davon, daß die weitgehend vegetarisch lebenden Maya pro Person täglich 2–5 g Salz für ihre Mahlzeiten benötigten, war Salz das unerläßliche Konservierungsmittel für die im Meer und in den Binnengewässern gefangenen Fische, die man nicht sofort verzehren, sondern als Handelsware transportfähig machen wollte. Es waren also beträchtliche Mengen, die laufend aus den Salinen bezogen werden mußten. Ein erheblicher Teil der Salzausbeute ging ins Bergland von Guatemala. Daran hat sich bis in unser Jahrhundert grundsätzlich nichts geändert. Noch 1928 stieß J. E. S. Thompson (711, S. 43) im Süden von Belize auf einen Trupp zu Fuß wandernder Kekchi-Händler aus der Gegend von Cobán, die zwei- bis dreimal im Jahr eine jeweils zwei Monate dauernde Handelsreise in die damals noch britische Kolonie durchführten. Sie brachten aus ihrer Heimat Textilerzeugnisse ins Tiefland und beluden in Punta Gorda ihre Traggestelle mit Salz, das sie auf dem Rückweg in den Dörfern der Alta Verapaz verkauften.

Der Salzhandel der Maya wurde ebenso wie der Handel mit anderen wichtigen Gütern weitgehend von der adligen Oberschicht und den Mitgliedern der herrschenden Familien kontrolliert (713, S. 246). Für die Siedlungsentwicklung im nördlichen Yucatán war das Salzmonopol von außerordentlicher Bedeutung. Besonders im 8. Jahrhundert erlebten die Salzhäfen, zum Beispiel El Cuyo, einen sprunghaften Aufstieg (12, S. 189).

Andere Ausfuhrgüter Yucatáns waren gewebte Baumwollstoffe, Baumwollhemden und ponchoartige Umhänge, Rohbaumwolle, Wachs und Honig. Die Baumwollweberei muß einst sehr bedeutend gewesen sein. Einen Begriff davon vermitteln die Tributlisten aus der frühen Kolonialzeit: 26 Dörfer der Provinz Mani hatten jährlich 13 400 Baumwollbahnen von je 14,5 m Länge und 60 cm Breite zu liefern. Das ergab fast 200 000 m Baumwollstoffe aus diesem relativ kleinen Gebiet Nordyucatáns (690, S. 112). Im moorigen Grund des Heiligen Cenote von Chichén Itzá wurden an geborgenen Skeletten noch Kleidungsreste gefunden, die untersucht werden konnten. Aus dem südlichen Regenwald kamen Rohkautschuk für das kultische Ballspiel, fein gegerbte Jaguarfelle, Alligator- und andere Tierhäute, Federn tropischer Vögel, gezähmte Papageien und Schnitzereien aus edlen Hölzern. Die Küstengebiete lieferten unbearbeitete oder mit Gravuren verzierte Schildkrötenschalen, Korallen, Rochenstacheln für die zeremonielle Blutentnahme und zu Schmuckstücken verarbeitete Muscheln. Aus den in Kaminaljuyú am Rande von Guatemala-City gemachten Muschelfunden ergeben sich interessante Erkenntnisse über die weitausgreifenden Handelsbeziehungen der Hochlandzentren. Neben vielen Arten, die aus der Karibik und dem Golf von Mexiko, also aus dem Maya-Fernhandel, stammen, enthalten die Grabbeigaben große Mengen zu Ringen und Anhängern verarbeiteter roter Spondylus-Muscheln *(Spondylus princeps)*, die von der pazifischen Küste Nicaraguas über Honduras nach Yucatán kamen (683, S. 134). Es ist bezeichnend, daß auch die an den Siedlungsplätzen des mittleren Motaguatals gefundenen Muschelschalen pazifischer Herkunft sind, was neben anderen Indizien, zum Beispiel der hauptsächlich verbreiteten Keramik, beweist, daß sowohl die wirtschaftlichen als auch die kulturellen Beziehungen der Motagua-Maya zum leicht erreichbaren offenen Hochland enger waren als zu den großen Zeremonialzentren im Regenwald des Petén bzw. zu den atlantischen Küstenplätzen (S. 207). Hingegen stammen fast alle Muschelschalen, die in Uaxactún und in den Belize-Zentren ausgegraben wurden, vom Atlantik (405, S. 178). Auch viele Arten von Süßwassermuscheln galten als gut verkäufliche Handelsware.

Ein keineswegs unbedeutendes Exportprodukt der Maya waren keramische Erzeugnisse, besonders eine im Hochland beliebte polychrome Ware. Sie ging aus ihrem Ursprungsgebiet am Rio Ulúa nach Guatemala, nach Süden bis Costa Rica und Nicaragua und nach Norden bis Yucatán (681, S. 393). Die Putunes der Acalán-Region, die den Kakao- und Salzhandel weitgehend in ihren Händen hatten, stellten selbst eine leichte, harte Tonware her, die sie in großen Mengen auf ihren Handelsbooten transportieren konnten, da sie den Gefäßen eine raumsparende, stapelfähige Form gaben (663, S. 74). Über Land wurden die keramischen Erzeugnisse auf hochbepackten hölzernen Traggestellen befördert, wie man sie noch heutigentags auf dem Rücken der Händler sehen kann, die zweimal wöchentlich den Markt von Chichicastenango besuchen (Bild 64). Eine feine orangefarbene Töpferware wurde in Veracruz, in Tabasco und am Golf von Campeche hergestellt. Ein Dutzend von dort stammende Tongefäße und Tausende von Scherben der gleichen Keramikart sind in Chichén Itzá und auch in Mayapán gefunden worden. Sie müssen auf Booten an der Küste entlang ins nördliche Yucatán gebracht worden sein.

Ein sehr spezieller, aber für alle Kulthandlungen unerläßlicher Handelsartikel des feuchttropischen Tieflandes war das Kopalharz, das man für die Räucherzeremonien in und vor den Tempeln benötigte. Ziegelsteinartig geformte Kopalballen wurden in größerer Zahl im Heiligen Cenote von Chichén Itzá gefunden. Der Kopalharzbaum *(Protium copal)* erreicht eine Höhe von 10–20 m und ist im Regenwald des nördlichen Petén, im Einzugsgebiet des Rio Candelaria und in der nordöstlichen Regenwaldinsel Yucatáns weit verbreitet. Zeitweise hatten die Bewohner des Gebietes um Sinsimato geradezu ein Monopol im Kopalharzhandel. Er reichte weit über Land und von den südliche Zapfgebieten bis ins Hochland hinauf. Auch einige andere Harzarten dienten als Weihrauchspender. Dazu kamen pflanzliche Farbstoffe (Blauholz), Vanille und Drogen, die im Regenwald des Tieflandes gesammelt und von den Kaufleuten in die Hochlandzentren gebracht wurden.

Die Ausfuhrliste Yucatáns erweiterte sich in der Spätzeit um eine makabre »Ware«: um Sklaven, die in den häufigen Kriegen zwischen den nördlichen Provinzen als Kriegsgefangene eingebracht wurden (736). Soweit sie nicht in den Haushalten der Oberschicht benötigt wurden, verkaufte man sie in andere »Bedarfsgebiete«, zum Beispiel als Arbeitskräfte auf die Kakaoplantagen in Acalán (S. 209). Ein Haupthandelsplatz für Sklaven war Xicalango.

Yucatán und der Petén, durch Regenwald und Gebirgsanstieg vom Hochland getrennt, lagen abseits der altbegangenen zentralamerikanischen Handelswege. Saumpfade und Flußläufe verbanden das Maya-Land mit seiner Umwelt. Bereits seit klassischen Zeiten existierte ein ausgedehntes Netz von Handelswegen (Fig. 70). Wichtigste Wasserstraße im Zentralgebiet der Maya war der Rio Usumacinta mit seinen Quell- und Nebenflüssen. Über sie gelangte man ins Hochland von Guatemala und quer durch die Wurzelzone der Halbinsel in das Küstenland am Golf von Honduras.

Dem Usumacinta aufwärts folgten die Kakaoaufkäufer bis in das Anbaugebiet von Tenosique. Dieser einst rege Handelsplatz war in günstiger Verkehrslage gerade unterhalb einer Reihe gefährlicher Katarakte entstanden, die sich stromaufwärts bis Yaxchilán erstrecken. Von Tenosique konnte man über mehrere Bootsschleppen (Portagen) Yaxchilán erreichen, das am Beginn des schiffbaren Oberlaufs die Funktion eines wichtigen Stapel- und Warenumschlagplatzes erfüllte. Der nur noch von einer Portage unterbrochene Wasserweg führte weiter bis in das Kakaogebiet am Golf von Honduras (S. 197). Mit dieser Route, die hohe Anforderungen an die Kanufahrer stellte, konkurrierte der rund um die Halbinsel Yucatán führende Seeweg.

Neben dem Usumacinta und seinen Zuflüssen Rio de la Pasión und Rio Cancuén gehörten der Grijalva, Candelaria, San Pedro Martir, Hondo, Sarstun, Motagua und Ulúa im Süden der Halbinsel zu einem Netzwerk von Wasserstraßen, das dem Warentransport innerhalb des Tieflandes und vom Hoch- zum Tiefland oder in umgekehrter Richtung diente. 1524 kam Hernán Cortés in den Besitz von Kartenskizzen, auf denen die Kaufleute aus Tabasco, Xicalango und Acalán diese Routen verzeichnet hatten (402, S. 30). Sie waren sorgfältig auf feines Baumwolltuch gemalt.

Verkehrsgeographisch besonders begünstigt war das in der Kakaoproduktion führende Acalán-Gebiet. Es lag im Schnittpunkt zahlreicher wichtiger Handelsrouten, die das Hochtal von Mexiko, die Gebirgsrandzone von Veracruz und das Bergland von Chiapas mit Yucatán und über ein System von Fluß- und Landwegen mit dem reichen Küstenland des nordwestlichen Honduras verbanden. Als eine ausgezeichnete Verkehrsader durchzieht der Rio Candelaria die Region. Der schiffbare, allerdings unterhalb Itzamkanac nicht ganz von Stromschnellen freie Fluß mündet in die Laguna de Términos, an deren westlichem Ende Xicalango, das alte Handelszentrum von Tabasco, lag, das sich mit dem nicht weit entfernten Potonchan an der Westseite der Usumacintamündung in den Handel teilte (402, S. 33). Ein Durchlaß in der Nehrung des großen Haffs stellte die Verbindung zum offenen Meer her, so daß in Xicalango die den Rio Candelaria herunterkommenden Waren auf seegängige Handelsboote umgeladen werden konnten.

Natürliche Flußarme und von den Chontal-Maya künstlich geschaffene

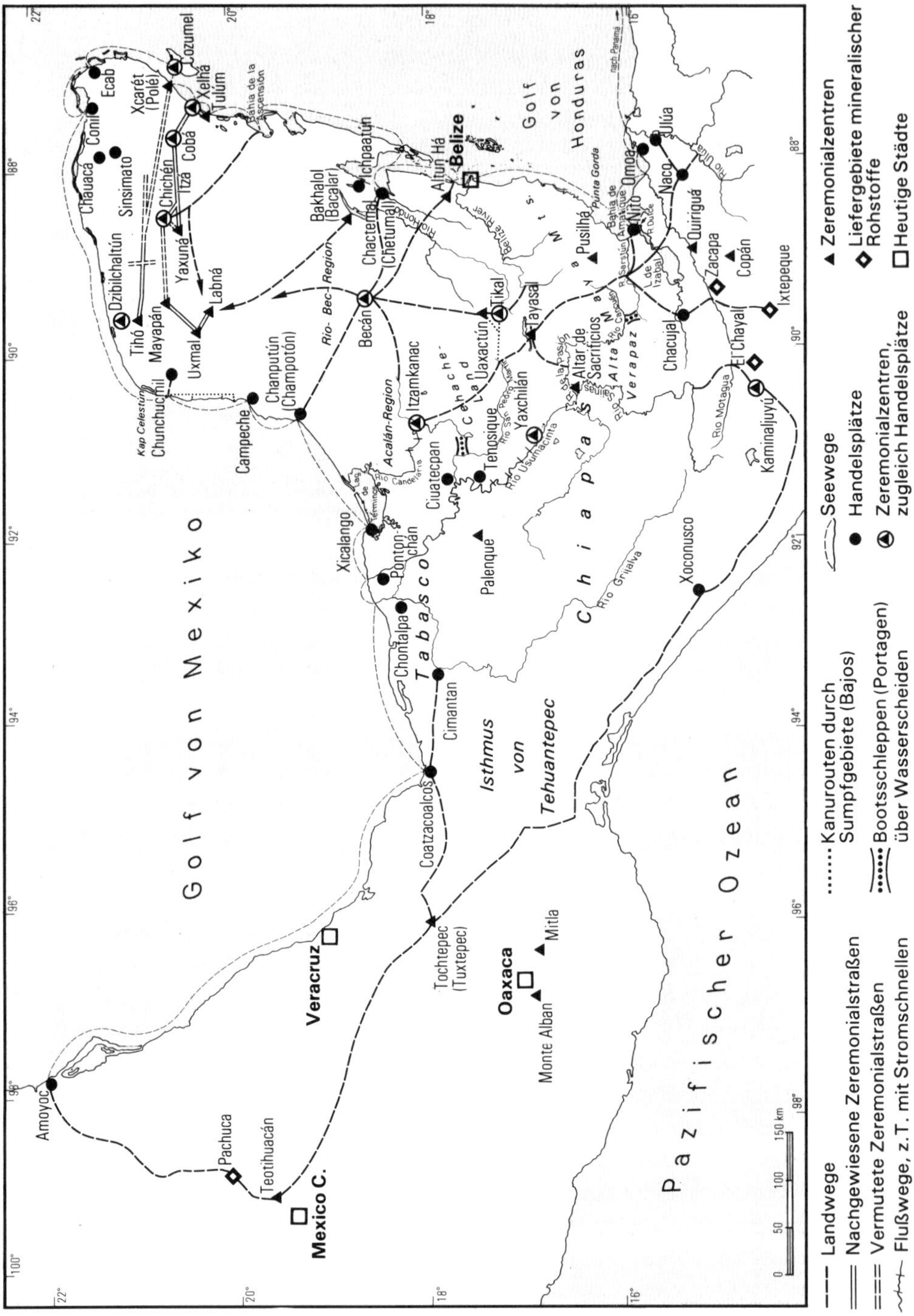

Fig. 70 Alte Fernhandelswege und Handelsplätze im Maya-Land

Zeremonialstraßen aus Maßstabsgründen stark vereinfacht (vgl. Fig. 67).

(Entwurf H. Wilhelmy)

Kanäle (S. 209) sicherten jedem Kakaobauern und damit auch den Aufkäufern eine unmittelbare Verbindung zum Hauptwasserweg, auf dem stets ein lebhafter Bootsverkehr herrschte. Flußabwärts wurde Kakao, flußaufwärts Salz transportiert. Die Lastboote mit dem aus den Salinen bei Campeche stammenden Salz fuhren entweder direkt an der Küste des Golfs von Mexiko entlang zu dem kleinen Hafen Amoyoc, südlich von Tampico (174, S. 342), von wo sie auf dem Rückweg Erdpech zum Kalfatern der Boote mit ins Maya-Land brachten, oder sie folgten der yucatekischen Küste nur bis zur Mündung des Rio Candelaria, um dann den Fluß bis in die Nähe der heutigen Grenze von Guatemala hinaufzufahren. Über eine rund 10 km breite Bootsschleppe konnten die Salzhändler den Rio Chocop, einen Nebenfluß des Rio San Pedro Martir, erreichen und auf diesem tief in das Waldland des Petén eindringen (402, S. 59). Einige mit Booten befahrbare Bajos trennten sie schließlich noch von Tikal und Uaxactún. Ein bei Itzamkanac in den Candelaria mündender Nebenfluß öffnete den Kaufleuten auch einen Weg in die Rio-Bec-Region.

Der für das Candelaria-Gebiet gebräuchliche Landschaftsname Acalán – ein Nahuatl-Wort – leitet sich von *acalli* (=Kanu) ab und bedeutet »Land der Boote« (402, S. 50f.). In dieser Gegend, in der jedermann mit Kanus die Flüsse und Kanäle befuhr, war Cortés mit seiner an Landmärsche gewöhnten Truppe ziemlich hilflos. Wochenlang kämpfte er sich durch das amphibische Gebiet und wurde durch die erforderlichen Brückenschläge immer wieder aufgehalten. Aber der in Acalán florierende Handel hat ihn sehr beeindruckt, und er berichtete darüber in seinem 5. Brief an Karl V.

Daß die von Chontal-Maya bewohnte Acalán-Region einen Nahua-Namen trägt, erklärt sich daraus, daß es zwischen den Chontal-Siedlungen acht Orte mit einer nahuatlsprechenden Bevölkerung gab. Diese Landfremden scheinen von einer Nahua-Gruppe abzustammen, die zu einem unbekannten Zeitpunkt das Hochland von Mexiko verlassen und sich über Teile des Maya-Tieflandes verstreut hatte (402, S. 318). Überraschend ist, daß sie sich die reichen Kakaoländereien der Chontal nicht angeeignet haben und auch den gewinnbringenden Kakaohandel weitgehend in deren Händen beließen, obwohl sie selbst sehr aktive Kaufleute waren. Auch unter den Chontal von Tabasco lebte eine Minderheit. Eine Zoque-Gruppe bewohnte im Süden von Tabasco sechs Orte, von denen aus sie Agrarprodukte und handwerkliche Erzeugnisse mit Booten die Flüsse herab zu den Kakaopflanzern und Kaufleuten im Küstenland brachten. Die Tabasco-Leute waren ganz auf ihre einträglicheren Erwerbsquellen spezialisiert und überließen ihre Nahrungsmittelversorgung gern den Zoque-Bauern.

Kakao aus der Golfküstenregion wurde auf dem Landweg oder über See ins mexikanische Hochland gebracht. Der Schiffsverkehr übers Meer scheint insbesondere in toltekischer Zeit von größerer Bedeutung gewesen zu sein, obwohl die Tolteken selbst als kriegerische Binnenländer kein Verhältnis zum Meer hatten. Die kühnen Seefahrer in den mittelamerikanischen Gewässern – die »Phönizier« der Neuen Welt (Thompson) – waren die Chontal. Ihre geräumigen seegängigen Einbäume aus dem Holz spanischer Zedern *(Cedrela mexicana)* waren bis 25 m lang, faßten 30 bis 50 Personen und wurden von Sklaven oder Maya-Bootsleuten gerudert. Zur Ausnutzung günstiger Winde wurden Mattensegel, vermutlich auch solche aus Baumwollstoffen, gesetzt. Die früher gültige Meinung, daß die Indianer Zentralamerikas keine Segelboote kannten (122, S. 89), ist heute widerlegt (712). Auf die Benutzung von miteinander vertäuten Doppelbooten gibt es nur einen einzigen Hinweis, und Ausliegerboote werden in keinem der frühen Conquistadorenberichte erwähnt. Alle bildlichen Darstellungen zeigen nur Einbäume mit hohem Bug und Heck (Fig. 21). Bedeutende Zentren des Bootsbaus waren die Siedlungen an dem mit der Bucht von Chetumal verbundenen Bacalarsee, Chetumal selbst und die Küstenorte bei Ecab. Die Stämme der in deren Hinterland wachsenden spanischen Zedern wurden mit Tauen oder auf Holzrollen zu den Bootswerften gebracht.

Kaufleute aus Tabasco, Acalán und Campeche umrundeten die ganze Halbinsel und stießen bis in den Golf von Honduras, ja darüber hinaus bis Nicaragua, Panama und zu der 3000 Seemeilen entfernten Insel Margarita an der Küste Venezuelas vor, von wo sie wahrscheinlich jene Perlen holten, die im Pyramidengrab von Palenque und auch in der Gruft eines Hohenpriesters in Chichén Itzá gefunden wurden. Vor dem Jahre 700 n. Chr. scheinen noch keine Kaufleute aus dem mexikanischen Hochland an den Handelsreisen rund um Yucatán beteiligt gewesen zu sein (515, S. 246). Eine wichtige Etappenstation der Seefahrer war die Insel Cozumel vor dem nördlichen Abschnitt der karibischen Küste Yucatáns. Sie war bereits seit dem späten Vorklassikum von Maya besiedelt und erlebte ihre größte Blüte in der Tolteken- und Mayapán-Zeit. Im Postklassikum wurde sie nicht nur von Pilgerbooten aus Tabasco, Champotón und Campeche angelaufen (736, S. 159), sondern entwickelte sich zugleich zu einem bedeutenden Warenumschlagplatz mit reich gefüllten Lagerhäusern (704–707; 736, S. 159; 826, S. 68f.). Dort luden die über Cozumel hinaus ihre Reise nach Süden fortsetzenden Handelsboote yucatekische Baumwollstoffe und Salz und brachten sie nach Nito, das ungefähr an der Stelle des heutigen Livingston an der Bahia de Amatique lag, oder nach Omoa an der Küste von Honduras.

In Nito, Omoa und am Ulúafluß in Honduras besaßen die Fernhändler wiederum ihre eigenen Warenhäuser und Faktoreien (402, S. 3). Nito war der führende Handelsplatz für Kakao an der karibischen Küste. Die Hauptanbaugebiete dieser Region lagen in der über den Rio Dulce leicht erreichbaren Izabalniederung und im Ulúatal. Von dort stammte jene Ladung Kakao, die Kolumbus 1502 auf einem Handelsboot vor der Nordküste von Honduras sah. Als sich Cortés 1525 auf seinem Zug nach Honduras auch in Nito aufhielt, fand er in der Hafenstadt zu seiner Überraschung eine ganze Kolonie festansässiger Nahua-Kaufleute (308, S. 94). In ihren Faktoreien stapelten sie die Waren, die die reisenden Händler über See oder auf dem Landweg von der einen zur anderen Seite der Halbinsel brachten. Dabei war die quer durch die Wurzelzone Yucatáns von Nito zur mexikanischen Golfküste führende Überlandroute die zwar weniger gefährliche, aber unbequemere. Sie folgte zunächst dem in die Bahia de Amatique mündenden Rio Sarstun aufwärts bis zur flachen Hauptwasserscheide zwischen den nach Osten und Westen verlaufenden Flüssen. Auf Gleitbahnen (Portagen) mußten die Boote durch den Wald zum Oberlauf des Rio Cancuén geschleppt werden. Auf ihm und dem Rio de la Pasión ging es dann abwärts bis zu dessen Zusammenfluß mit dem Rio Salinas bei Altar de Sacrificios. Dieses Zeremonialzentrum am Beginn des aus den beiden Quellflüssen gespeisten Rio Usumacinta war ein wichtiger Verkehrsknoten, der zu Wohlstand kam und es sich sogar leisten konnte, seine ursprünglich aus dem örtlich auftretenden roten Sandstein errichteten Kultbauten durch solche aus Kalksteinen zu ersetzen, die auf Flößen herantransportiert wurden (828, S. 116). Die Umgehung der zahlreichen Stromschnellen im Mittellauf des Usumacinta zwischen Yaxchilán und Tenosique zwang die zum Golf von Mexiko reisenden Kaufleute noch mehrmals zu harter Schlepparbeit über Land, bis ab Tenosique die Boote wieder ungehindert den Fluß abwärts fahren konnten.

Es gab noch einen zweiten, nicht an Flußläufe gebundenen Überlandweg, der von der Acalán-Region in südöstlicher Richtung durch das Cehache-Land nach der Inselstadt Tayasal im Petén-Itzá-See führte. Die Cehache und Mazateken waren yucatekische Maya, die das Gebiet zwischen Acalán und dem großen Binnensee bewohnten (402, S. 67). In Tayasal begegnete Cortés 1524 vielen Kaufleuten und Sklaven, die Waren auf die Märkte von Nito und Naco schleppten. Sie benutzten die Route über die Maya Mountains zur Bahia de Amatique (Fig. 70). Cortés, der ihr folgte, fand in dem sonst siedlungsleeren Bergland eine Anzahl von Gebäuden, die dem Itzá-Herrscher von Tayasal gehörten und Rasthäuser für die Reisenden waren. Diese aufwendigen Einrichtungen zeigen, daß es sich um eine zwischen Tayasal und Nito von Kaufleuten viel begangene Wegstrecke handelte (402, S. 60). Daneben war es auch möglich, von Tayasal nach Südwesten zum Rio de la Pasión zu reisen, diesem und dem Rio Cancuén aufwärts zu folgen und über die schon erwähnte Sarstun-Portage Nito zu erreichen.

Bei Betrachtungen über die einzigartige Stellung Tikals unter den Maya-Zentren ist bisher viel zuwenig dessen hervorragende Fernverkehrslage gewürdigt worden. Tikal liegt auf der breiten Wasserscheide zwischen dem Rio San Pedro Martir, der in den unteren Usumacinta mündet, und zwei Quellflüssen des Rio Hondo, der in der Bucht von Chetumal endet. Auch auf dieser Route konnten Kanureisende müheloser als weiter im Süden die Halbinsel in beiden Richtungen durchqueren. Eine kurze Landverbindung führte zum Oberlauf des Belize River. Die Nähe des Rio-Hondo-Oberlaufs war wichtig, weil dieses Gebiet intensiv bewirtschafteter Hochäcker und Chinampas die Bewohner von Tikal mit Gemüse versorgte (S. 369). Schwieriger war wegen der fehlenden Flußläufe Becán in der Rio-Bec-Region zu erreichen. Wenn auch dort ebenso wie in Tikal grüne Obsidianwerkzeuge aus Teotihuacán gefunden worden sind, so ist es doch fraglich, ob all diese Gegenstände ihren Weg über Tikal genommen haben. Bequemer war es für die Teotihuacán-Kaufleute, über ihren Stützpunkt Kaminaljuyú zum Rio Motagua zu reisen und auf Booten den Strom abwärts bis in den Golf von Honduras zu fahren (Bild 10). Von dort konnten sie dann der karibischen Küste nach Norden bis in die Gegend von Altun Há oder Chetumal folgen und von Osten her nach Becán gelangen. In der Belize-River-Region gefundene Werkzeuge aus Hochlandgesteinen (Basalt, Obsidian, Jadeit) haben wahrscheinlich den gleichen Weg genommen (341, S. 97; 679, S. 273).

Die breite, im Mittelabschnitt von lichtem Trockenwald bedeckte Talfurche des Rio Motagua ist seit frühen Zeiten ein Leitweg für den Bevölkerungsaustausch und den Hochland-Tiefland-Handel gewesen, wie entsprechende archäologische Funde beweisen (S. 207). Da der Talgrund wilde Früchte als Nahrung bietet, der Fluß reich an Fischen und der Bergwald an jagdbarem Wild ist, waren die Flußufer wahrscheinlich längst besiedelt, bevor sich dort eine Feldbau treibende Bevölkerung niederließ (405, S. 171). Spuren von Kanälen im Bereich der Ruinenstätte von Quiriguá (695, S. 160f.) lassen vermuten, daß einst Wasserverbindungen zum Strom bestanden. Auf ihnen sind vielleicht die riesigen Sandsteinmonolithe transportiert worden, aus denen Steinmetze die prachtvollen Stelen von Quiriguá schufen.

Kanäle, die nicht Bewässerungszwecken, sondern der Erleichterung des Bootsverkehrs dienten, sind auch an verschiedenen anderen Stellen im Maya-Land gefunden worden: bei Etzná, zwischen dem Bacalarsee und der Bucht von Chetumal, nördlich der Bahia de la Ascensión und am Yojoasee im nordwestlichen Honduras (S. 209). Ein 25 m breiter, nahezu schnurgerader und im Luftbild noch vorzüglich erkennbarer Kanal durchzieht den Bajo Morocoy im südlichen Quintana Roo (426, S. 340). Er hat zweifellos nicht nur der Dränage gedient. Am Rio Candelaria gibt es Durchstiche zur Abkürzung der Bootswege auf dem schlingenreichen Fluß, und an dem 110 km langen feuchten Küstenabschnitt zwischen Campeche im Süden und dem Kap Celestun im Norden (Fig. 70) sind aus der Luft unzählige 2–3 m breite Kanäle erkennbar, die teils küstenparallel, teils als Stichkanäle einige Kilometer weit landeinwärts führen. Die küstenparallelen Kanäle verbanden den Salzhandelsplatz Chunchucmil mit Campeche. Unklar ist bisher, ob sie alle aus alten Zeiten stammen oder erst während der Kolonialzeit von spanischen Holzausbeutern für den Abtransport der begehrten Campecheholzstämme *(Haematoxylum campechianum)* angelegt worden sind (452, S. 193ff.). Einige an Ruinenstätten endende Kanäle sind mit Sicherheit alt und für den Kanuverkehr geschaffen worden.

4. Fernhändler und Handelsplätze

Der Fernhandel mit Hochlandprodukten lag in den Händen von Berufskaufleuten, die im Hochland von Mexiko eine eigene Kaste bildeten und in besonderen Vierteln lebten, während bei den Maya die Oberschicht und die Mitglieder der herrschenden Familien das Aufkommen und den Absatz der aus dem Tiefland stammenden Handelsgüter über eigene Faktoreien kontrollierten (713, S. 246). Dies galt insbesondere für solche Produkte, für deren Erzeugung und Verkauf die Elite ein ausgesprochenes Monopol besaß, vor allem für das an den Küsten Yucatáns gewonnene Salz und andere Güter des »gehobenen Bedarfs«. Von vielen adligen Familien Yucatáns ist bekannt, daß sie ihre Söhne oder Männer ihres Vertrauens bis in die Faktoreien am Ulúafluß in Honduras oder nach Xicalango in Tabasco schickten. Der Sohn des ermordeten Cocom-Herrschers von Mayapán war zum Beispiel zur Zeit des Todes seines Vaters aus geschäftlichen Gründen gerade im Ulúa-Gebiet und entging auf diese Weise dem Blutbad, dem seine gesamte übrige Familie zum Opfer fiel (S. 403). Mitglieder der Mayapán-Elite waren die Hauptnutznießer des Zwischenhandels auf der Insel Cozumel (704–707). Ein Bruder des Acalán-Herrschers vertrat als »Gesandter« dessen Interessen an der östlichen Peripherie des Maya-Landes und war zugleich Gemeindevorsteher jenes Viertels in Nito (S. 384f.), in dem die Nahua-Kaufleute aus Acalán lebten (402, S. 34). Durch Einheirat von Töchtern führender Familien in solche weit entfernter Zentren bahnten sich nicht nur engere politische, sondern auch wirtschaftliche Kontakte an. Verwandtschaftliche Beziehungen dieser Art sind für Tikal mit Yaxchilán und Kaminaljuyú nachgewiesen, die beide Schlüsselpositionen im Hochland-Tiefland-Handel innehatten (698; 814).

Der Handelsverkehr wurde dadurch erleichtert, daß im ganzen Maya-Land sehr ähnliche Sprachen gesprochen wurden. Chontal, Chol und Chorti, die drei zwischen Tabasco und Honduras verbreiteten Dialekte, wurden auch von den Yucateken ohne größere Schwierigkeiten verstanden. Die reisenden Kaufleute eigneten sich schnell den erforderlichen Wortschatz an (402, S. 3). Sie hatten stets freies Geleit, konnten unbehelligt die Gebiete verfeindeter Stämme passieren und waren auch sicher vor Raubüberfällen. Ihrem Schutzgott *Ek Chuah* brachten sie unterwegs Kopalrauchopfer dar. Wenn auch die Maya ein gastfreundliches Volk waren, das keinem Bittsteller Obdach und Nahrung verweigerte, so mußten doch, wie Gaspar Antonio Chi berichtet, reisende Händler stets für Quartier und erhaltene Beköstigung bezahlen (683, S. 134).

Die Rolle von Zulieferern nicht monopolisierter Waren an die Fernhändler übernahmen die kleinen ortsansässigen Kaufleute, die ihre Geschäfte auf den in den Zeremonialzentren stattfindenden Märkten abwickelten. In den frühen Phasen des Marktwesens gab es noch keine professionelle

Händlerschaft, die dort Waren zum Verkauf anbot. Es waren vielmehr Landleute, die eigene Erzeugnisse in die Zentren brachten und allmählich begannen, ihr Angebot durch Zukäufe zu vergrößern. Auch Handwerker, die auf Vorrat arbeiteten, schlugen ihre Stände auf, nahmen Erzeugnisse aus anderen Werkstätten dazu und spezialisierten sich schließlich ganz auf den Handel. Wir haben die fortschreitende soziale Differenzierung der in den größeren Zeremonialzentren lebenden Bevölkerung bereits in anderem Zusammenhang verfolgt (S. 322 und 339). Diese Umstrukturierung war ein auf Wechselwirkung beruhender Vorgang: Das Wachstum der Zentren führte in der zweiten Hälfte des 7. Jahrhunderts (793, S. 582) zur Entstehung einer anfänglich nicht vorhandenen Mittelschicht von vollberuflichen Handwerkern, Gewerbetreibenden und Kaufleuten, und dieser neue Mittelstand mit seinen vielfältigen Aktivitäten verbreiterte umgekehrt die wirtschaftliche Basis der Zeremonialzentren. Der zunehmend urbane Charakter ursprünglich rein kultischer Mittelpunkte gegen Ende der klassischen Periode kennzeichnet diese Entwicklung.

Tikal war zweifellos das führende Zeremonialzentrum des gesamten Maya-Landes. Daß sich dort eine Bevölkerung von 50 000 Menschen konzentrieren konnte, ist jedoch aus dieser Funktion allein nicht erklärbar. Tikal war dank seiner guten Verkehrslage (S. 385) auch ein Handelszentrum ersten Ranges. Es besaß ergiebige Feuersteinlager und exportierte Flintwerkzeuge und Rohmaterial in alle Richtungen (562, S. 194). Aus den Küstengebieten importierten Tikals Kaufleute Muscheln, Korallen und Rochenstacheln für kultische Zwecke und gaben diese Waren an die Fernhändler weiter (537, S. 98). Zugleich war Tikal ein wichtiger Umschlagplatz für Baumwollstoffe aus Yucatán, keramische Erzeugnisse und Einfuhrgüter aus dem Hochland. Die östliche Plaza mit den sie umgebenden Bauten ist als der zentrale Marktkomplex identifiziert worden (537; 814, S. 539). Enge Verbindungen mit Teotihuacán und dessen südöstlichem Außenposten Kaminaljuyú haben Tikals frühen Aufstieg begünstigt. Zur Ernährung der in Tikal konzentrierten Bevölkerung trugen Gemüseimporte aus dem Bereich der Intensivkulturen am Rio Hondo (S. 336) wesentlich bei.

Auch Chichén Itzá war nicht nur kultischer und politischer Mittelpunkt des nördlichen Yucatán, zudem ein vielbesuchter Wallfahrtsort, sondern darüber hinaus der Hauptmarkt eines großen Handelsimperiums. Die dortigen Indianer erzählten den Spaniern, daß die »Lords« der Stadt über Land bis zur Bahia de la Ascensión an der Ostküste zu reisen pflegten, wo sie sich nach Honduras einschifften, um dort Kakao und Federn einzukaufen (402, S. 319). Im Gegenzug brachten sie Rohbaumwolle, Textilien, Salz und Kopalharz nach dem Süden.

Rund 70 km südwestlich von Mérida und fast 25 km von der Westküste entfernt liegt die 7 km² große Ruinenstätte von Chunchucmil. Sie wurde erst 1975 näher bekannt. Etwa ein Dutzend über eine Fläche von 1 km² verteilte 8–15 m hohe Pyramidensockel nehmen den zentralen Teil der Siedlung ein. In einem Umkreis von 6 km² wurden 2400 alte Hausplattformen gefunden, aus denen man für das Spätklassikum eine Einwohnerschaft von 12 000 Menschen errechnete. Da noch ein 13 km² umfassender äußerer Ring verhältnismäßig dicht besiedelt war, ist die einstige Gesamteinwohnerzahl noch wesentlich höher zu veranschlagen. Eine so große »städtische« Bevölkerung kann nicht von der Agrarproduktion der unmittelbaren Umgebung gelebt haben. Aus diesem Mißverhältnis folgern die Erforscher von Chunchucmil, daß der Handel mit dem an der Küste gewonnenen Salz die eigentliche Erwerbsgrundlage der Bevölkerung gewesen ist und daß im Austausch dafür deren Grundnahrungsmittel zum Teil von weither bezogen worden sind (344, S. 303; 716).

Cobá lebte zum wesentlichen Teil vom Handel mit Kakao, Honig und Wachs – Produkte, die aus seiner näheren Umgebung kamen. Bakhalol (Bacalar), dessen See durch einen Kanal mit der Bucht von Chetumal verbunden ist, wird von den frühen Spaniern noch als ein lebhafter Handelsplatz beschrieben (683, S. 131). Schließlich gehören Yaxchilán am Usumacinta, Itzamkanac am Rio Candelaria und Dzibilchaltún im äußersten Norden der Halbinsel zu den großen binnenländischen Zentren, die kultische Mittelpunkte und wichtige Handelsplätze zugleich gewesen sind. In Dzibilchaltún lebten bereits zweieinhalb Jahrhunderte, bevor Chichén Itzá unter toltekische Herrschaft kam, mexikanische oder mexikanisierte Händler (Putunes?), wie sich aus Bodenfunden folgern läßt (515, S. 247).

Einem anderen Siedlungstypus sind solche Handelsniederlassungen zuzurechnen, die ganz an der Peripherie des Maya-Landes lagen und nur die Funktion von Stapel- und Umschlagplätzen erfüllten, das heißt im kultischen Bereich überhaupt keine Rolle spielten. Dazu gehörten zunächst einmal die Hafenplätze, die als Stützpunkte der seefahrenden Kaufleute die Küste Yucatáns säumten: Champutún (Champotón), Campeche, Conil, Ecab (das die Spanier so beeindruckte, daß sie es »Groß-Kairo« nannten), Xelhá, Ichpaatún, Chactemal (Chetumal) und Nito. Zwar besaß auch Tulúm einen sicheren Hafen, aber die befestigte Stadt war trotz ihrer nicht unbedeutenden Handelsaktivitäten doch in erster Linie ein Stützpunkt toltekischer Macht (S. 356). Der andere Sonderfall ist Cozumel: Als Inselheiligtum hatte es überregionale Bedeutung (S. 365), wurde von Pilgern aus dem gesamten Maya-Land besucht und war zugleich der größte Handels- und Warenumschlagplatz an der yucatekischen Küste. Ein Teil der Pilger rekrutierte sich aus Kaufleuten, die in Geschäften nach Yucatán kamen und vor ihrer Weiterreise nach Honduras der Mondgöttin Ixchel ihre Reverenz erwiesen (402, S. 33). Xelhá war zwar nur ein kleiner Hafen an der Cozumel gegenüberliegenden Küste, aber die tief ins Land eingreifende Bucht galt als sicherste Zuflucht für die der Ostküste Yucatáns folgenden Handelsboote (Fig. 10 und Bild 21). Der Ort ist seit dem Frühklassikum nachweisbar und scheint vom 7. bis zum 9. Jahrhundert von Cobá abhängig gewesen zu sein. Vermutlich war er eine Art Freihafen mit von ortsfremden Händlern bewohnten Vierteln.

Sechs wichtige Handelsplätze lagen vor dem südlichen Gebirgsrand. Ciutecpan und Tenosique waren ebenso wie Chacujal südlich des in den Lago de Izabal mündenden Rio Polochic reine Warenumschlagplätze. Hernán Cortés schildert Chacujal als die reichste und schönste Handelsstadt, die er bis dahin auf seinem Landmarsch von Mexiko nach Honduras (1524/26) zu Gesicht bekam. Die anderen drei – Naco, Ulúa und Omoa im westlichen Honduras – waren Stapelplätze für Kakao. Eine ganz ähnliche Funktion als Sammelzentren von Kopalharz erfüllten Sinsimato und Chauacá im nordöstlichen Yucatán.

Der vom mexikanischen Hochland zur zentralamerikanischen Landbrücke verlaufende Handelsweg teilte sich in Tochtepec, dem heutigen Tuxtepec, am östlichen Hochlandrand (Fig. 70). Ein südlicher Zweig führte nach Xoconusco an der pazifischen Küste und von dort hinauf ins Hochland von Guatemala nach Teotihuacáns südöstlichstem Außenposten Kaminaljuyú. Der nördliche Zweig stieg herab zur Golfküste. Coatzacoalcos an der Mündung des gleichnamigen Flusses, unweit der jetzigen Erdölstadt Minatitlán, war die östliche Grenzstadt des Aztekenreiches und damit in der Spätzeit ein wichtiger Kontrollpunkt im Hochland-Tiefland-Handel. Östlich davon und weiter landeinwärts, etwa in der Gegend des heutigen Cardenas am Grijalvabogen, lag Cimatan mit einer nahuatlsprechenden Kaufmannschaft. Cimatan am Ende des Überlandweges erfüllte eine ähnliche Grenzstadtfunktion auf der Maya-Seite. Von nun an folgte die Handelsroute dem Rio Grijalva zur Küste und erreichte Chontalpa inmitten der reichen und einst dichtbesiedelten Kakaozone im Mündungsbereich des Rio Usumacinta. Dort und in der weiteren Umgebung besaßen die aztekischen Kaufleute eine Reihe von Faktoreien (683, S. 138). Potonchán am Westufer des östlichen Usumacinta-Mündungsarms beherrschte den Handel stromauf- und stromabwärts bis zum Golf von Honduras, hatte enge Beziehungen zur Acalán-Region und zu den Hafenplätzen an der Ostküste Yucatáns. Alle diese Fernhandelsstützpunkte in der Golfküstenebene wurden übertroffen von Xicalango am westlichen Ende der Laguna de Términos. Chontal- und nahuatlsprechende Kaufleute saßen dort an einer Hauptschaltstelle des Hochland-Tiefland-Handels. Dies drückt auch der vollständige Name des Handelsplatzes aus: *Anáhuac Xicalango,* das heißt »der Ort, an dem die Sprache wechselt«.

Die Kaufleute an der Peripherie des Maya-Landes – in den Niederlassungen am Gebirgsrand und in den Hafenplätzen – vermittelten den Warenaustausch zwischen Hoch- und Tiefland, dem Binnenland und den zur See fahrenden Händlern. Theoretisch sollte man annehmen, daß sich die durch den Zwischenhandel erzielten Gewinne in einer besonders auffälligen städtebaulichen Entfaltung und Bevölkerungszunahme dieser Handelsplätze widergespiegelt hätten. Dies war jedoch ganz und gar nicht der Fall. Nicht die in der Randzone – der »Pufferzone« W. L. Rathjes (703) – lebende Bevölkerung zeichnete sich durch überdurchschnittlichen Wohlstand aus, sondern die im Kernbereich des Maya-Landes, in den großen Zeremonialzentren, ansässige Bevölkerung zog den eigentlichen Nutzen aus allen wirtschaftlichen Aktivitäten. Dort und nicht in der Marginalzone saßen die den Fernhandel steuernden Adelsfamilien. Sie kontrollierten das gesamte öffentliche Leben und damit auch alle wirtschaftlichen Vorgänge. Der wachsende Wohlstand fand seinen Ausdruck in der fortschreitenden Urbanisierung der großen Zentren, während die peripheren Zwischenhandelsplätze bescheidene Händlerniederlassungen von fast dörflichem Aussehen blieben. Im kulturellen Leben spielten sie keine Rolle.

Die Entstehung der großen Zeremonialzentren ist, wie nunmehr deutlich wird, nicht die Leistung einer reinen Agrargesellschaft. Die einfache Sozialstruktur hat sich im Laufe der Zeit durch die Entwicklung von Handel und Gewerbe verändert. Erst die Schaffung zusätzlicher Erwerbsquellen durch nichtlandwirtschaftliche Tätigkeiten hat Bevölkerungskonzentrationen in dem bei den Oberzentren festgestellten Ausmaß ermöglicht (S. 278). Wir wissen nicht, wie groß der Bevölkerungsanteil war, der im Verlauf von Generationen den Wandel vom Bauern über den Teilzeitbauern zu hauptberuflich tätigen Handwerkern, Kaufleuten usw. durchgemacht hat. In Teotihuacán bestand vergleichsweise ein Viertel der Stadtbevölkerung aus einer hochspezialisierten Handwerkerschaft (454, S. 112).

Die soziale und wirtschaftliche Differenzierung war Stärke und Schwäche der Maya-Zivilisation zugleich: Sie erweiterte die Existenzgrundlagen dieses Volkes wesentlich, schuf die Voraussetzungen für das einzigartige Aufblühen der Maya-Hochkultur und war doch auf der anderen Seite auch eine der Ursachen für deren Zusammenbruch (S. 458).

XI. Wandlungen einer Theokratie

Trotz großer Entfernungen und des Fehlens ausgebauter Straßen (von Piedras Negras, dem Zentrum der Usumacinta-Region, sind es in der Luftlinie 175 km bis Tikal, 350 km bis Copán und fast 400 km bis Uxmal) waren die Maya-Zentren geistig nicht voneinander isoliert. Gleiche Sprache – wenn auch mit mehr oder weniger voneinander abweichenden Dialekten –, gleiche Religion und gleiches Ritual erleichterten den Maya über ihren gesamten Siedlungsraum hinweg Verständigung und Austausch ihres materiellen und geistigen Besitzes, eine einzigartige Situation inmitten der sprachlich sonst so differenzierten Völkerschaften Zentralamerikas. Dieser enge geistige Kontakt der Maya-Zentren untereinander gibt sich in der Entwicklung eines einheitlichen Glyphensystems für Zahlen und Texte, gleichartiger Gestaltungsprinzipien in der Baukunst (was die Entstehung örtlicher Architekturstile nicht ausschloß, S. 322), in übereinstimmenden Wirtschaftsformen und in den Gemeinsamkeiten der sozialen und politischen Organisation zu erkennen.

Eigentliches Fundament dieser kulturellen Homogenität war die untrennbare Verbindung des religiösen und agrarwirtschaftlichen Lebens der Maya. Priester bestimmten den Ablauf der Arbeitsvorgänge auf dem Feld. Die wichtigen Termine im agrarischen Jahr waren zugleich die Zeitpunkte der großen religiösen Festlichkeiten. Kein Zweifel, daß das gesellschaftliche Leben der Maya in stärkstem Maße, ja ausschließlich durch Kult und Mythos bestimmt war. Aber vereinigten die Priester zugleich mit der geistigen auch die politische Macht in ihren Händen? Waren sie Priester und weltliche Herrscher zugleich, oder existierten nebeneinander geistliche und politische Führerpersönlichkeiten? Reichte deren Macht über den engeren Umkreis der Zeremonialzentren hinaus, in denen sie residierten, oder ist jedes Zeremonialzentrum mit seinem ländlichen Versorgungsbereich eine autonome Einheit gewesen?

Die Entwicklung der Hochkulturen in den Stromoasen der altweltlichen Trockengebiete, am Indus, Nil, Euphrat und Tigris, wird auf die durch die Bewässerungswirtschaft erzwungene straffe staatliche Organisation zurückgeführt. Diese alte Lehrmeinung ist jüngst durch den Nachweis erschüttert worden, daß in Ägypten noch lange nach der Konstituierung einer straffen Staatsgewalt unabhängig von dieser Bewässerungswirtschaft auf rein privater Grundlage betrieben wurde (725). Die Entstehung der Bewässerungswirtschaft am Nil hängt also ursächlich nicht mit der staatlichen Organisation zusammen, sondern agrarwirtschaftliche und politische Strukturen entwickelten sich selbständig nebeneinander, und erst zu einem späteren Zeitpunkt griff die Staatsgewalt in den Ausbau der Bewässerungswirtschaft ein.

Im tropischen Tiefland Mesoamerikas bestand keine Notwendigkeit der künstlichen Bewässerung, und vom Usumacinta, dem für den Fernhandel wichtigen großen Urwaldfluß, gingen keine staatenbildenden Kräfte aus. Dennoch hat sich auch dort eine bis ins nördliche Yucatán reichende Hochkultur entfaltet. Da dieser Prozeß ohne eine ausgeprägte Zentralgewalt verlaufen ist, sind die Maya das erste Beispiel für eine Zivilisationsentwicklung unter andersartigen Voraussetzungen.

Wir wissen, daß im 5. Jahrhundert zwischen den Maya-Zentren des Tieflandes und den Städten des Hochlandes, besonders zwischen Tikal, Kaminaljuyú und Teotihuacán, enge kulturelle, wirtschaftliche und politische Kontakte bestanden. Aber der für Hochlandstaaten typische Zentralismus hat sich nicht auf die politische Struktur des Maya-Landes ausgewirkt. Tikal war im Frühklassikum auf dem Wege, in die Rolle eines politischen Kristallisationskernes hineinzuwachsen. Derartige Ansätze endeten jedoch bereits wieder mit dem Zusammenbruch Teotihuacáns im 7. Jahrhundert. Nach Überwindung der dadurch eingetretenen Krise (S. 429), die sich besonders in einer Stagnation der Bautätigkeit auswirkte, setzte dann zwar ein neuer, großartiger Aufschwung ein, der Tikal zum bedeutendsten Zeremonialzentrum des Maya-Landes machte, aber seine politische Führungsrolle gewann es im Spätklassikum nicht zurück. Es kam zu keinem großräumigen staatlichen Zusammenschluß der vielen im Tiefland entstandenen kultischen Zentren. Früher häufig gebrauchte Begriffe wie »Altes Reich« oder »Neues Reich«, »Nordreich« oder »Südreich« sind daher überholt. Die Bezeichnung »Reich« verbietet sich, weil es keinen über den Großteil der Zeremonialzentren gebietenden Landesherrn gab und weil den Maya eine »Reichsidee« immer fremd geblieben ist. Nur gegen Ende der nachklassischen Zeit, als das Siedlungsgebiet im Petén längst verödet war, hat es im nördlichen Yucatán einen toltekisch beeinflußten Einheitsstaat mit dem Zentrum Mayapán gegeben, in dem von 1204 bis 1441 n. Chr. jeweils ein einziger Herrscher über mehrere Städte gebot. Allenfalls dieses regional begrenzte politische Gebilde könnte als »Spätreich« der Maya bezeichnet werden.

Die Gegenüberstellung von »Altem« und »Neuem« Reich (S. G. Morley) hat ihre Berechtigung verloren, seit im »Neuen Reich« Nordyucatáns nicht anders als im Petén frühklassische Maya-Siedlungen nachgewiesen worden sind (S. 52). Die älteste datierte Stele im südlichen Regenwaldgebiet stammt aus dem Jahre 292 n. Chr., diejenige des nördlichen Yucatán aus der Zeit um 415 n. Chr. Damit entfällt die Möglichkeit, die Zentren im nördlichen Yucatán einfach als jüngere koloniale Außenposten des zu höherer Blüte aufgestiegenen »Alten Reiches« aufzufassen. Alle Erkenntnisse sprechen vielmehr gegen die Annahme größerer Wanderbewegungen und einer kolonialen Expansion der Maya über ihren sich in seinen Grenzen schon frühzeitig abzeichnenden Lebensraum hinaus. Morleys Vergleich (120, S. 73) der yucatekischen »Städte« mit den römischen Gründungen in Britannien in ihrem Verhältnis zu den alten Städten der Apenninenhalbinsel wird der tatsächlichen Entwicklung im Petén und im nördlichen Yucatán nicht gerecht. Auch die klassische Epoche beginnt und endet in beiden Gebieten ungefähr gleichzeitig (195, S. 156). Die letzten datierten Inschriften in Oxkintok stammen aus dem Jahre 849 n. Chr., in Labná von 869, in Uxmal und Chichén Itzá von 909 (173, S. 97). Die früher angenommene Ablösung eines »Alten Reiches« durch ein »Neues Reich« hat sich nicht bestätigt. Dies ändert freilich nichts an der Tatsache, daß das Schwergewicht der klassischen Maya-Zivilisation im Süden der Halbinsel, im Petén, lag und während dieser Zeit die Maya-Siedlungen im nördlichen Yucatán eine mehr randliche Erscheinung waren. Erst nach dem Untergang der großen Zeremonialzentren im alten Kernland setzte die eigentliche Blütezeit der Yucatán-Maya – wenn auch stark toltekisch überprägt – ein.

Diese Erkenntnisse führten dazu, daß es heute die meisten Forscher vermeiden, von Maya-»Reichen« zu sprechen, und schon 1952 schlug F. Termer (209, S. 153) vor, statt dessen lieber den Begriff »theokratisch regierter Territorien« zu verwenden, worunter er wesentlich kleinere politische Einheiten verstand, in denen Priesterfürsten herrschten und Priesterschulen mit jeweils eigener Lehrsatzung das religiöse, soziale und politische Leben bestimmten. Andere Forscher hingegen glaubten nicht an die einstige Existenz solcher territorialen Zusammenschlüsse, sondern sahen in den Maya-Zentren politisch selbständige kultische Mittelpunkte, Tempelstädte, die ihre überragende Stellung einer auch politisch mächtigen Priesterklasse, einer theokratischen Herrenschicht, verdankten.

Die entscheidende Frage ist also, ob die vielen Zeremonialzentren unterschiedlicher Größe völlig autonome Gebilde waren oder ob es zwischen ihnen außer den kulturellen Gemeinsamkeiten auch politische Abhängigkeiten gab. Lange hat man angenommen, daß die Inschriften der Stelen (S. 23) außer Kalenderdaten und astronomischen Mitteilungen keine sicheren Aussagen über Rang und Funktion der dargestellten hohen Persönlichkeiten – Priesterfürsten oder weltliche Herrscher – zulassen und auch keinerlei historische Angaben enthalten. Die jüngere Hieroglyphenforschung hat zu bahnbrechenden neuen Erkenntnissen über dynastische Beziehungen der Zeremonialzentren untereinander und damit über die politischen Strukturen im alten Maya-Land geführt.

H. Berlin (723; 724) entdeckte 1958, daß zahlreiche Zeremonialzentren auf ihren Stelen eine Art Wappenzeichen, sogenannte »Emblem-Glyphen«, führen. Sie bestehen jeweils aus einer Hauptglyphe und zwei Nebenglyphen. Die Hauptglyphe ist ein spezifisches, an ein oder wenige Zeremonialzentren gebundenes Zeichen, das von Bereich zu Bereich wechselt, während sich die Nebenglyphen auf den Denkmälern der verschiedensten Kultplätze in stets gleichbleibender Zeichnung formelhaft wiederholen. Beim Auftreten der gleichen Haupt- und Nebenglyphen-Kombination in mehreren Zeremonialzentren wurden sie demjenigen Zentrum als »Stammglyphe« zugeordnet, in dem sie am häufigsten und zum frühesten Zeitpunkt erscheint. Von diesem Zentrum, so darf man folgern, ist die Verbreitung der betreffenden Emblem-Glyphe ausgegangen. Aus der Verbindung bestimmter Hauptglyphen mit den beiden konstanten Nebenglyphen schloß Berlin, daß die »Stadtwappen« entweder die Namen der ermittelten Ausgangszentren oder der dort residierenden Herrscherfamilien bedeuten. Er identifizierte also die Ausgangspunkte der Verbreitung spezifischer Emblem-Glyphen mit Herrschersitzen, in deren politischem Einflußbereich alle jene Kultzentren lagen, die ein gleichartiges Wappenzeichen führten. Th. S. Barthel (721, S. 120) konnte einen weiteren Fortschritt erzielen und Belege dafür beibringen, daß die sich stereotyp wiederholenden Nebenglyphen soviel bedeuten wie »Prinzlicher Sproß, geboren in der rechtmäßigen väterlichen Abstammungslinie, rangmäßig an der Spitze stehend«. Wir haben es demnach bei den Emblem-Glyphen nicht mit Stadtnamen, sondern mit den Namen von Herrscherdynastien zu tun.

1960 machte T. Proskouriakoff (733; 734) eine Beobachtung, die den Interpretationsversuch Berlins wesentlich unterbaute: Sie stellte fest, daß die 35 datierten Stelen in Piedras Negras in einer ganz bewußt gewählten Anordnung aufgestellt worden sind, und zwar in sieben Gruppen, von denen keine mehr als ein Menschenleben umfaßt (45, S. 207). Auf Grund dieser Anordnung vermutete die Forscherin, daß es sich bei jeder Stelenreihe um Gedenksteine handelt, auf denen wichtige Lebensdaten der örtlichen Herrscher festgehalten sind. Ihre Idee erwies sich durch die Detailanalyse des Inhalts der Steleninschriften als richtig: Sie verzeichnen Geburts- und Thronbesteigungsdaten, Angaben über Kriegszüge und andere politische Ereignisse, die Jahreszahlen der Eheschließung, der Geburt des Thronerben und weiterer Nachkommen. Auch die Gemahlinnen der Herrscher und die Namen hervorragender Mitglieder des Hofstaates sind genannt. Auf dem jeweils letzten Stein der Reihe steht das Todesjahr des Fürsten. Die sieben Stelenserien in Piedras Negras ermöglichten für dieses wichtige Regionalzentrum am mittleren Usumacinta die Aufstellung einer genauen Herrscherliste, die eine Dynastie von sieben Fürsten (oder Königen) umfaßt. Der erste der verzeichneten Herrscher bestieg im Jahre 603 n. Chr. den Thron und regierte 35 Jahre lang. Seine beiden Nachfolger waren 47 bzw. 42 Jahre im Amt.

Sie hatten bereits im Alter von 13 bzw. 22 Jahren die Regentschaft angetreten. Wesentlich kürzer war die Regierungszeit der drei nächsten Herrscher – zusammen genau 50 Jahre –, und vom letzten ist nur bekannt, daß er 777 als 31jähriger den Thron bestieg. Dann setzte rasch der Niedergang von Piedras Negras ein. Nach dem Jahre 810 gibt es von dort keine Dateninschriften mehr (191, S. 102f.).

Ähnliche Herrscherlisten konnten auch für Yaxchilán, Palenque und Quiriguá erarbeitet werden. In Yaxchilán sind es die zahlreichen steinernen Türstürze, aus denen T. Proskouriakoff die Generationenfolge der dort im 8. Jahrhundert residierenden kriegerischen »Jaguar-Dynastie« rekonstruierte. Die Darstellung einer Versammlung in Piedras Negras, auf der »Vogel-Jaguar« den Vorsitz führte, läßt vermuten, daß dieser seit 752 in Yaxchilán residierende Herrscher im Jahre 781 in die dynastischen Verhältnisse von Piedras Negras nachhaltig eingegriffen hat. Vielleicht haben beide Zentren durch einen Eheschluß zeitweilig eine politische Einheit gebildet (136, S. 23, 25; 191, S. 103).

Die Herrscherannalen von Palenque finden sich, da dort niemals Stelen errichtet worden sind (S. 25), auf Wandtafeln im Palast und in den Tempeln. Sie umfassen für den Zeitraum von 603–783 sechs Herrscherpersönlichkeiten, deren bedeutendste Pacal (603–683) war. Dieser fast 70 Jahre regierende Fürst hat aus dem in frühklassischer Zeit noch unbedeutenden Palenque eines der führenden Zentren des Maya-Landes gemacht (191, S. 103). Er ist es, dessen durch ungewöhnlich kostbare Grabbeigaben berühmt gewordener Sarkophag in einer Gruft unter dem Inschriftentempel von Palenque gefunden wurde (S. 316). Die Hieroglyphentexte in Palenque und anderenorts beweisen übereinstimmend, daß jedes größere Zeremonialzentrum von einem einzigen Herrscher auf Lebenszeit regiert wurde und daß der Thron in Erbfolge auf den erstgeborenen Sohn, ersatzweise an den nächstberechtigten Verwandten, überging.

Palenques Herrschaftsgebiet umfaßte rund 10 000 km². Es erstreckte sich von der Meseta Central in Chiapas bis zum Usumacintadelta und schloß vermutlich auch noch das Küstengebiet bis in die Gegend von Campeche ein. Das Wappenzeichen dieses bedeutenden Zeremonialzentrums findet sich in Miraflores, Tortuguero, Simojovel und Jonuta (136, S. 25; 191, S. 102; 663, S. 73).

Emblem-Glyphen in Verbindung mit dynastischen Daten stellen ältere Vermutungen über das politische Verhältnis der Zeremonialzentren untereinander nunmehr auf eine gesicherte Grundlage. Zunächst zeigte sich, daß die Emblem-Glyphen in ihrer Verbreitung nicht auf die einzelnen Oberzentren beschränkt sind, sondern daß sie auch in mehr oder weniger weit von ihnen entfernten kultischen Mittelpunkten niederer Rangordnung auftreten, so daß sich daraus präzisere Vorstellungen über die Einflußsphären der Hauptzentren ableiten lassen. Eigene Emblem-Glyphen besaßen nach unserer bisherigen Kenntnis Palenque, Tikal, Copán, Yaxchilán, Piedras Negras, Seibal, Quiriguá, Naranjo, Aguateca, Machaquilá, Toniná und vermutlich auch Calakmul und Motul de San José.

Der Hegemonialbereich Tikals reichte nach Süden bis zum Petén-Itzá-See und nach Osten bis zum Belize River. Mit Naranjo scheint Tikal durch Einheirat seiner Prinzessinnen besonders eng verbunden gewesen zu sein. Naranjo, das von einem bestimmten Zeitpunkt an eine eigene Emblem-Glyphe besaß, hatte wiederum rege Beziehungen zu Machaquilá im Süden, Caracol in Belize und selbst zu dem weit entfernten Cobá im Nordosten der Halbinsel. Die Hieroglyphen auf den Stelen von Cobá zeigen große stilistische Übereinstimmungen mit denen von Tikal und Naranjo (136, S. 26; 380, S. 49). Auch Becán in der Rio-Bec-Region scheint zeitweise unter dem politischen Einfluß von Tikal gestanden zu haben (679, S. 279).

Copán besitzt eine Porträtgalerie von 16 Herrschern. Sie stellt eine Zusammenfassung seiner frühen Geschichte bis zu einem Herrscher namens »18 Kaninchen« dar (136). Copán und das rangniedrigere Quiriguá am Motaguafluß bildeten eine weitere Emblemgemeinschaft, die zugleich auch eine enge kulturelle Gemeinschaft war. Dies bezeugen der gleichartige Stil der Stelen und das Auftreten von großen Gefäßen zur Speicherung von Mais, die in allen anderen Maya-Zentren außerhalb des Motaguatals unbekannt sind (405, S. 172). Wie die Emblemgemeinschaft zwischen Copán und Quiriguá zustande kam, geht aus den familiengeschichtlich auswertbaren Stelenreliefs in beiden Zeremonialzentren hervor. Zu Anfang des 8. Jahrhunderts regierte in Copán ein Fürst namens »Schwarze Fledermaus«. Zwei Stelen in Copán tragen sein Bildnis. Er eroberte das nicht weit entfernte Quiriguá und begründete dort durch die Inthronisation seines 15jährigen Sohnes »Zweibeiniger Himmel« (723 bis ca. 783), den er mit einer einheimischen Prinzessin vermählte, eine neue Dynastie (191, S. 104). Wenn auch das Vasallenverhältnis zu Copán fortbestand, setzte doch während der Regentschaft von »Zweibeiniger Himmel« eine großartige Eigenentwicklung von Quiriguá ein. Sie äußerte sich zwar nicht im Bau hoher Pyramiden, aber in der Errichtung ungewöhnlich großer plastischer Sandsteinstelen (Bild 11). Die höchste von ihnen mißt rund 10 m und zeigt die Gestalt des bärtigen Herrschers mit Schild und Zepter. Ihm sind noch vier weitere Familienmitglieder bis zum Untergang des Zeremonialzentrums gefolgt. Aus dem eigenständigen Bedeutungsgewinn wird verständlich, daß sich Quiriguá trotz der Emblemgemeinschaft mit Copán später ein eigenes Wappenzeichen zulegte.

Auch Regionalzentren wie Yaxchilán und Piedras Negras am Usumacinta waren Mittelpunkte kleinerer Einflußgebiete. Bonampak hatte zum Beispiel die gleiche Emblem-Glyphe wie Yaxchilán (zu sehen auf einem der Wandbilder im Freskentempel), und in El Cayo entsprach das Wappenzeichen demjenigen von Piedras Negras (174, S. 154). Selbst das Mittelzentrum Seibal am

Rio de la Pasión gebot über mindestens drei von ihm abhängige Kleinzentren: Dos Pilas, Tamarindito und Aguateca. Zeitweilig scheint jedoch Seibal mit seinen drei Kleinzentren im Umkreis des Petexbatúnsees seine Selbständigkeit eingebüßt und eine Emblemgemeinschaft mit Tikal gebildet zu haben (136, S. 26; 191, S. 102).

Zu jedem der in ein politisches Abhängigkeitsverhältnis geratenen Zeremonialzentren gehörte natürlich auch dessen agrarisches Umland mit Weilern, Einzelsiedlungen und kleinen örtlichen Kultplätzen. Alle ländlichen Siedlungen, die auf dem »Territorium« eines Herrschaftszentrums lagen, waren fest in das politische Gesamtsystem eingegliedert. Nur dadurch waren Fürsten und Hohepriester in der Lage, die Lieferung ausreichender Nahrungsmittel für die Zeremonialzentren und die Abordnung der für die Kultbauten erforderlichen Arbeitskräfte sicherzustellen. Zeremonialzentren und agrarisches Umland waren keine »getrennten Welten« (495, S. 29). Regelmäßige Lebensmittelabgaben und Arbeitseinsätze verbanden die ländlichen Siedlungen fest mit ihren zentralen Orten, mögen diese Herrschersitze, kultische Mittelpunkte oder – wie bei einer Reihe von Ober- und Regionalzentren – beides zugleich gewesen sein. Über die Fragen der Abgrenzungen von wirtschaftlichen Einzugsbereichen und politischen Einzugsgebieten wurde bereits gesprochen (S. 277).

Die Emblem-Glyphen bestätigen in allen Fällen die auf Grund anderer Kriterien aufgestellte hierarchische Ordnung der Zeremonialzentren (S. 266, Karte im Anhang). Aber die aus den kultischen Funktionen abgeleitete Rangordnung sagte bis zur Entdeckung der Emblem-Glyphen nichts über politische Abhängigkeiten der kleineren Zentren von den großen aus, wenn es auch schwerfiel anzunehmen, daß jeder kultische Mittelpunkt, unabhängig von seinem Bedeutungsgrad, ein politisch autonomes Gebilde gewesen wäre. Jetzt kann kein Zweifel mehr bestehen, daß die großen Zentren im Laufe der Zeit einen Teil der kleineren nicht nur kulturell und wirtschaftlich, sondern auch politisch von sich abhängig gemacht haben. Im allgemeinen werden diese Expansionsbestrebungen auf friedlichen Wegen verfolgt worden sein. Einige der kleineren Zentren sind fraglos als Tochtergründungen der größeren entstanden. Besonders eine planmäßig betriebene Heiratspolitik hat durch die Entstehung verwandtschaftlicher Bindungen wesentlich zur Erweiterung der politischen und wirtschaftlichen Einflußsphären beigetragen. Dynastische Querverbindungen zwischen Tikal, Yaxchilán, Copán und Quiriguá sind nachgewiesen (698, S. 439). Sie reichten sogar bis ins Hochland. Die Tochter des Tikal-Fürsten »Jaguartatze« zum Beispiel heiratete einen Prinzen aus Kaminaljuyú, der wiederum mit Teotihuacán verwandtschaftlich verbunden war (444, S. 216). Aus dieser Ehe ging ein Sohn hervor, »Stürmischer Himmel«, der eine neue Dynastie begründete, unter deren Herrschaft Ende des 4. und Anfang des 5. Jahrhunderts die Tikal-Teotihuacán-Beziehungen am engsten waren. Aus dieser

Zeit stammen die berühmte Stele 31 (S. 21) und zahlreiche Tongefäße im Teotihuacán-Stil, die in Tikals Aristokratengräbern gefunden wurden. Aber es gab – wie Freskendarstellungen zeigen – auch militärische Auseinandersetzungen, die sicher nicht nur lokaler Art waren und gelegentlich wohl mit Annektionen endeten (52, S. 74). An »Befreiungskriege« werden die Kleinen den Großen gegenüber kaum haben denken können, zumal es auch keine Anzeichen dafür gibt, daß die politische Suprematie der Ober- und Regionalzentren in eine Art Tyrannei über die abhängig gewordenen kleineren kultischen Mittelpunkte ausgeartet wäre.

Wegbereiter der Emblemgemeinschaften waren Zentren wie Tikal, Palenque und Copán. Aber wie soll man die solcherart entstandenen politischen Raumeinheiten nennen? Früher hat man gern von theokratisch regierten »Stadtstaaten« gesprochen. Der Vergleich mit dem in viele Stadtstaaten aufgeteilten Griechenland in den Tagen Homers lag nahe, wenn auch dort von einem theokratischen Regiment nicht die Rede sein konnte. Heute wissen wir, daß es in den Zeremonialzentren der Maya neben der Hohenpriesterschaft schon gegen Ende der frühklassischen Zeit regelrechte Herrscherdynastien gegeben hat. Durch die Forschungen Barthels (721; 722) ist deutlich geworden, in welcher Weise die Gewaltenteilung zwischen geistlichen und weltlichen Herren geregelt war. Die Führungsspitze der »Stadtstaaten« stellte eine Dreiheit dar: Der Ranghöchste trug einen Titel, der sich mit »Herrscher von vornehmem Geblüt« übersetzen läßt. Er kann als eine Erscheinungsform des Regengottes und damit als sakraler Fürst oder König verstanden werden (722, S. 176). Reliefbildnisse geben zu erkennen, daß dieser Herrscher neben seinen zivilen Aufgaben auch priesterliche Funktionen erfüllte (174, S. 157). Eine Rangstufe tiefer flankieren ihn links der Hohepriester und rechts der Kriegshäuptling. Titel, Rangbezeichnungen und Insignien auf den klassischen Maya-Denkmälern verraten ein ausgesprochenes Statusbewußtsein (722, S. 177). Ernsthafte Rivalitäten scheint es zwischen den drei obersten Amtsträgern nicht gegeben zu haben.

Die politische Struktur der »Stadtstaaten« im Maya-Land stellt sich jetzt wesentlich anders dar als noch vor einem Jahrzehnt. Wenn der Begriff mit seinem veränderten Sinngehalt weiter verwendet wird (zum Beispiel von Barthel), so nur unter der Voraussetzung, daß er nicht ganz wörtlich zu nehmen ist, denn mit Ausnahme von Tikal, der befestigten Städte im Norden der Halbinsel und vielleicht noch einiger weniger großer kultischer Mittelpunkte waren ja die Zeremonialzentren keine »Städte«. Termer (209) sprach daher nicht von Stadtstaaten, sondern von Territorien, deren theokratische Führung er allerdings überbewertete. Am ehesten zutreffend ist es, sie als religiös und politisch geprägte Fürstentümer zu bezeichnen.

Den spätklassischen Emblemgemeinschaften müssen andersartige politische Organisationsformen vorausgegangen sein, und es ist nicht daran zu zweifeln, daß dies in den frühen Phasen der Entwicklung ein auf Gläubigkeit, Einfügung in die kultische Gemeinschaft und Respekt vor der priesterlichen Autorität beruhendes, absolut theokratisches Herrschaftssystem gewesen ist. »Der Hohepriester war gleichzeitig kraft seines geistlichen Ranges die höchste zivile Instanz.« Diese Formulierung, die Morley noch als allgemeingültig für die gesamte Existenzdauer der Maya-Hochkultur ansah, trifft für das Spätklassikum nicht mehr zu. Im Verlauf des allgemeinen Säkularisierungsprozesses während dieses Zeitabschnittes sind die Priesterfürsten immer stärker hinter die weltlichen Herrscher zurückgetreten, bis sich schließlich alle Mittel der politischen Machtausübung in deren Händen befanden. Sie liebten fürstlichen Prunk. In bildlichen Darstellungen, zum Beispiel auf den Wandgemälden von Bonampak, heben sie sich durch ihre Kleidung aus Jaguarfellen, breite Halskragen aus Jade und Quetzalfedern als Kopfputz von der schlichten Kleidung der einfachen Bevölkerung ab. In diesem reichen Ornat wurden sie auch bestattet.

Den Herrschern nachgeordnet war eine Elite hoher Adliger, der anscheinend weitgehend die selbständige Verwaltung kleinerer Bezirke übertragen war. Diese Gruppe mag in einem Lehensverhältnis zum Herrscher gestanden haben. Auch der Adel war erblich, der älteste Sohn übernahm Rechte und Pflichten des Vaters. Aus den nachgeborenen Söhnen rekrutierte sich die höhere Priesterschaft. Damit war der Zugang zu den höheren Priesterwürden ebenfalls auf dem Wege des Erbgangs gesichert. Ob die Priesterschaft dann selbst eine eigene Gruppe mit Erbfolgerechten dargestellt hat, ist noch nicht geklärt (83, S. 100).

Bereits im Frühklassikum gab es im Petén mindestens vier bis fünf »religiöse Fürstentümer«, deren Zahl sich bis zum 8. Jahrhundert fast verdreifacht hat. Für das Spätklassikum sind acht von ihnen durch Emblemglyphen sicher belegt. Aus bestimmten Emblemgruppierungen hat Barthel (722, S. 176) auf die Existenz von »Viererbünden« geschlossen, die sich zeitlich sogar genauer fixieren lassen. In der zweiten Hälfte des 7. Jahrhunderts bestand ein solcher Viererbund zwischen Copán, Tikal, Palenque und einem noch nicht identifizierten Zentrum. In der zweiten Hälfte des 8. Jahrhunderts war die Konstellation ähnlich, in der Mitte des 9. Jahrhunderts gehörte auch Seibal zu einem solchen Zusammenschluß, an dem regelmäßig Tikal beteiligt war. Sicherlich fiel Tikal die führende Stellung im Rahmen derartiger lockerer Konföderationen zu, aber es war niemals offizielle »Hauptstadt« eines festgefügten Einheitsstaates – eines Reiches. Daß es sich jeweils um Viererbünde handelte, hängt mit der in der Maya-Mythologie so wichtigen Zahl 4 und dem kosmischen Kreuz als Symbol des viergeteilten Universums zusammen (S. 62) Die Viererbünde waren mit den Himmelsrichtungen gekoppelt, wobei die Quadranten im umgekehrten Uhrzeigersinn von Süden über Osten und Norden nach Westen aufeinander folgten. Die politischen Repräsentanten der Weltviertel stellten die Totalität der

Maya-Oikumene dar (721, S. 121; 722, S. 176). Es wird vermutet, daß es auch in den Zeremonialzentren und ländlichen Gemeinden eine Art imaginärer Viertelsbildung gab, indem sich dort der Wechsel in der Übernahme öffentlicher Ämter zwischen den Bewohnern der vier Quadranten ebenfalls entgegengesetzt zum Uhrzeigersinn vollzog (627).

Unbekannt ist die politische Struktur Nord- und Zentralyucatáns während der klassischen Zeit. Unter den wenigen erhaltenen Inschriften dieser Periode sind dort bisher keine Emblem-Glyphen gefunden worden (136, S. 26). Erst seit dem Toltekeneinfall gegen Ende des 10. Jahrhunderts zeichnet sich in Yucatán die Entstehung großräumiger Herrschaftsbereiche ab. Aber strukturell sind sie nicht ohne weiteres mit den religiösen Fürstentümern des Petén gleichzusetzen. Einer der wesentlichen Unterschiede war, daß im nachklassischen Yucatán nur Herrscher- und Adelsfamilien toltekischen Geblüts waren, die Priesterämter hingegen in der Regel weiterhin bei den unterworfenen Maya verblieben. Es fehlten also weitgehend die Querverbindungen, die im Petén zwischen den Vertretern der weltlichen und geistlichen Macht bestanden hatten. Zwar gab es in Chichén Itzá und Mayapán auch Priester toltekischer Herkunft, aber in Uxmal, Kabáh, Sayil und anderen Zentren waren die Ämter klar der einen oder anderen völkischen Gruppe zugeordnet (94, S. 137).

Die Geschichte Yucatáns nach der Jahrtausendwende wurde zunächst durch die Liga von Mayapán bestimmt, einem Dreibund zwischen den in Chichén Itzá herrschenden Itzá, den Tutul Xiu von Uxmal und den Cocom-Herrschern von Mayapán. Der Zeitpunkt, an dem dieser politische Zusammenschluß zustande kam, ist nicht genau bekannt. Yucatekische Chroniken nennen die Zeitspanne zwischen 987 und 1007. Die Richtigkeit dieser Angabe wird jedoch bezweifelt, da während des ganzen angeblichen Bestehens der Liga (987–1204) Uxmal bereits verlassen und Mayapán noch eine bedeutungslose toltekische Siedlung war (103, S. 317). Entweder existierte der Dreibund also schon vor dieser Zeit, das heißt im 8. und 9. Jahrhundert, als Uxmal, Chichén Itzá und auch die Vorsiedlung des später ummauerten Mayapán bereits als Maya-Zentren der klassischen Zeit eine erste Blüte erlebten, oder der Bestand der Liga war sehr viel kürzer, denn wir wissen mit Sicherheit, daß sie im Jahre 1204 auseinanderbrach. Um diese Zeit riß nämlich Hunec Ceel, einer der Cocom-Fürsten, nach einer von ihm inszenierten Intrige gegen König Chac Xib Chac von Chichén Itzá die Macht an sich und zerstörte dessen Residenz. Hunec Ceel festigte mit Hilfe mexikanischer (toltekischer) Söldner seine Macht, und er oder einer seiner Nachfolger machte Mayapán zu seinem Regierungssitz. Ab 1263 umgaben sie die Stadt mit einer mächtigen Mauer und organisierten ein straffes zentralistisches Regime, das sie durch Eheallianzen mit mehreren von ihnen abhängigen Territorialherrschaften festigten. Sie sicherten ihre Vormachtstellung, indem sie die Fürsten der etwa zwölf unterworfenen Kleinstaaten zwangen, in Mayapán zu »residieren« und sich dort von ihnen »beraten« zu lassen. Das kam einem von den Cocom kontrollierten Leben im Exil gleich.

Knapp 250 Jahre hielten die Cocom ihre Alleinherrschaft aufrecht, bis ein von Ah Xupan aus dem in Mani residierenden Geschlecht der Tutul Xiu angeführter Aufstand der unterdrückten Fürstenfamilien 1441 mit der Zerstörung Mayapáns und der fast völligen Auslöschung der Cocom-Familie – ein Prinz befand sich gerade auf einer Handelsreise in Honduras (S. 387) und entging der Ermordung – das Ende brachte. Ihr Reich, der einzige größere Staatenverband, der je im Maya-Land existierte, löste sich in eine Vielzahl von Territorialherrschaften auf, deren Oberhäupter in beständigen Kleinkriegen miteinander lagen (736). In diesem Zustand fanden die Spanier das in 16 »Provinzen« zersplitterte nördliche Maya-Land vor, als sie zu Anfang des 16. Jahrhunderts dessen Eroberung in Angriff nahmen.

In einem der Kleinstaaten, der die Puuc-Region beiderseits der jetzigen Grenze zwischen Campeche und Yucatán einnahm, regierten die Xiu. Ihren Sitz hatten sie ursprünglich in Uxmal, dann seit der Mitte des 15. Jahrhunderts – nach dem Untergang Mayapáns – wenig östlich davon in Mani. Im Nordosten grenzte ihr Territorium an das wesentlich kleinere der Cocom, die sich in Sotutá niedergelassen hatten. Sie waren die Nachfolger jenes einzigen Cocom-Prinzen, der infolge seiner Abwesenheit bei dem Überfall auf Mayapán mit dem Leben davongekommen war. Die nach wie vor tief verfeindeten Xiu und Cocom lebten in ständiger Fehde, die von den spanischen Eroberern geschickt ausgenutzt wurde. In Tecoh residierten die Chel, in Motul die Pech (122, S. 148). Das politisch einflußreichste Geschlecht war das der Xiu, deren Nachkommen jetzt noch als einfache Bauern in Ticul eine der üblichen Maya-Hütten bewohnen. Vom alten Glanz der Gebieter über Uxmal und Mani ist nichts geblieben.

XII. Wie groß war das Volk der Maya?

Die Grundlagen für eine Schätzung der einstigen Gesamtbevölkerung im Maya-Tiefland haben sich im Verlauf der letzten Jahrzehnte entscheidend verändert. Ältere Angaben, die nur von der Zahl der entdeckten Zeremonialzentren oder allgemeinen Erkenntnissen aus anderen tropischen Tiefländern ausgingen und sich noch nicht auf Haussockelzählungen stützen konnten, schwanken zwischen weit auseinandergehenden Extremen. H. J. Spinden (265, S. 651) gab für die Zeit der maximalen Kulturentfaltung eine Gesamtbevölkerung der Maya von 8 Millionen an, eine Zahl, die H. O. Wagner (432, S. 93) übernahm, während D. Hosler (793, S. 560) und W. Westphal (191, S. 77) an 5 Millionen denken, was der Gesamtzahl der heutigen Hoch- und Tiefland-Maya entsprechen würde. S. G. Morley (120, S. 13) hingegen veranschlagte die einstige Maya-Bevölkerung auf mindestens 13 und höchstens 53 Millionen. J. E. S. Thompson (853, S. 29) nennt, bezogen auf die Zeit um 800 n. Chr., ähnlich wie zuvor schon K. Sapper (743, S. 458), eine Bevölkerungszahl von 3 Millionen, G. R. Willey (195) nur von ca. 1 Million. F. Termer, der in einer Reihe von Arbeiten (206–209; 244; 245) das Bevölkerungsproblem mit allerdings immer vorsichtiger werdenden Ergebnissen diskutierte, blieb mit 800 000 sogar unter diesen Werten. Heute wissen wir, daß die Zahl der Zeremonialzentren weit größer war, als früher vermutet, und daß allein deren Einwohnerschaft auf 1 Million zu veranschlagen ist (S. 279). So sind alle früheren Schätzungen – mit Ausnahme derjenigen von Morley – zweifellos viel zu niedrig angesetzt.

Der am schwersten ins Gewicht fallende Mangel älterer Bevölkerungsberechnungen war, daß die auf dem »flachen Lande« lebende Bevölkerung kaum in die Kalkulationen einbezogen oder in ihrem Anteil an der Gesamtbevölkerung völlig falsch beurteilt wurde. Der Nachweis unzähliger über das ganze Land verteilter alter Hausplattformen und Wohnhügel dokumentiert eine zuvor ungeahnt dichte Besiedlung des ländlichen Raumes, die ihren Höhepunkt im Spätklassikum (600–900 n. Chr.) erreichte. Vom mittleren Vorklassikum (850–300 v. Chr.) bis zum Spätklassikum stieg zum Beispiel im Yaxhá-Sacanab-Gebiet (Petén) die Bevölkerungsdichte von 25 auf 210 Einwohner/km² (389, S. 317), das heißt, die Zahl der dort lebenden Menschen hat sich im Verlauf von 1000 bis 1200 Jahren verachtfacht.

Wenn man für den Petén (35 000 km^2) von dem aus den archäologischen Befunden abgeleiteten, nach kritischer Überprüfung reduzierten Dichtewert von 170–200 Einw./km^2 ausgeht (S. 185), so ergibt sich daraus für das Kernland der Maya eine Agrarbevölkerung von 6 bis 7 Millionen, zu der noch die Bewohner der Zeremonialzentren hinzuzurechnen wären. Für Tabasco, Chiapas, die Alta Verapaz und das westliche Honduras, die, wie unsere Karte (im Anhang) ausweist, sehr viel dünner besiedelt waren, sind bei einer vorsichtig kalkulierten Bevölkerungsdichte von 60 Einw./km^2 weitere 3 Millionen Maya zu veranschlagen.

Unzählige Hausplattformen in der Rio-Bec-Region sprechen dort für eine sehr hohe Siedlungsdichte während der klassischen und spätklassischen Periode (457, S. 76). Wohnstättenzählungen auf einer Fläche von 2,5 km^2 in der Umgebung von Becán ergaben Werte von 880–900 Einw./km^2 (746, S. 139ff.), für die gesamte Rio-Bec-Region (10 000 km^2) errechnet sich eine mittlere Dichte von 400–500 Einw./km^2 oder eine absolute Bevölkerungszahl von rund 5 Millionen (457, S. 78). Die Bewohner der Rio-Bec-Region lebten zu etwa gleichen Teilen auf heute politisch zu Campeche und Quintana Roo gehörenden Gebieten. Insgesamt wird man für Campeche (56 114 km^2), das zwei weitere Siedlungsschwerpunkte in der Acalán-Region am Rio Candelaria und in der westlichen Chenes- und Puuc-Region besaß, mit einer einstigen Einwohnerschaft von 5 Millionen rechnen dürfen. Als 1517 Hernández de Córdoba südlich von Campeche in Champotón landete, zog der dortige Herrscher innerhalb eines Tages eine Streitmacht von 10 000 Kriegern zusammen. In einem nur dünnbesiedelten Gebiet wäre dies kaum in so kurzer Zeit möglich gewesen.

Das heutige Territorium Quintana Roo (42 000 km^2) war in seinem zur Rio-Bec-Region gehörenden südlichen Teil und im Küstengebiet des Nordens dicht besiedelt. Die Mitte war menschenarm, so daß die Gesamtzahl der Maya in diesem Teil der Halbinsel kaum mehr als 2 Millionen betragen haben wird.

Für Belize (23 000 km^2) liegt eine ältere Schätzung vor (738, S. 30), die die Zahl der im 8. Jahrhundert in dieser Region lebenden Maya auf 700 000 veranschlagt. Die Wohnhügelzählungen ergaben für das Kerngebiet am Belize River nur 40 000 Einwohner (S. 185). Die Maya Mountains waren nahezu menschenleer. Allein im Norden lag in der östlichen Fortsetzung der Rio-Bec-Region ein größeres Gebiet dichter Besiedlung, jedoch ohne bedeutendere Zeremonialzentren. Eine auf 500 000 Maya-Bauern zu beziffernde Gesamtbevölkerung erscheint daher realistischer als 700 000.

Am schwierigsten ist die Angabe von Bevölkerungszahlen für den nördlichsten Teil der Halbinsel, die Yucatán-Region, weil sich dort gegen Ende der klassischen Periode bedeutende Bevölkerungsumschichtungen vollzogen haben. Das Bevölkerungsmaximum wurde dort erst in der nachklassischen Zeit erreicht, als im Süden des Maya-Landes bereits weite Gebiete verlassen waren. Für die klassische Periode wird die Bevölkerung des nördlichen Yucatán von W. T. Sanders (741, S. 95) auf 1,25 Millionen geschätzt, sie dürfte dann im Spätklassikum durch die Abwanderung aus dem Süden auf vielleicht 1,5 Millionen in der frühen nachklassischen Zeit auf etwa 3 Millionen angewachsen sein (S. 481). Wir legen unserer auf das Spätklassikum bezogenen Rechnung die Zahl von 1,5 Millionen Menschen zugrunde. Allein auf der vor der Ostküste der Halbinsel gelegenen Insel Cozumel (Fig. 47) mit ihren 33 Zeremonialzentren verschiedenster Rangordnung (704) sollen nach Angaben von Grijalva (1518) 100 000 Maya gelebt haben (432, S. 67). Wenn dies auch sicherlich nur ein grober Schätzwert ist, könnte er dennoch ungefähr stimmen, denn die Insel ist 490 km² groß, und ihre Bevölkerungsdichte hätte mit rund 200 Einw./km² durchaus den archäologisch ermittelten Werten aus anderen dichtbesiedelten Teilgebieten der Halbinsel entsprochen. Für das Spätklassikum ergibt sich somit – tabellarisch zusammengefaßt – folgendes Bild:

Teilgebiet	Fläche in km²	Einwohner (ohne Zeremonialzentren) in Mill.	je km²
Petén	35 000	6,0–7,0	170–200
Tabasco Chiapas Alta Verapaz Westhonduras	50 000	3,0	60
Campeche	56 114	5,0	90
Quintana Roo	42 000	2,0	48
Belize	23 000	0,5	22
Yucatán	43 380	1,5	35
Zeremonialzentren und Handelsplätze		1,0	
Gesamtgebiet	ca. 250 000	19,0–20,0	76–80

Tab. 6 Einwohnerzahlen und Bevölkerungsdichte im alten Maya-Land zur Zeit des Spätklassikums (600–900 n. Chr.), berechnet auf Grund der Haussockelzählungen und anderer Unterlagen vom Verfasser

Alles in allem ergibt sich aus unseren Überlegungen und Berechnungen für das alte Maya-Land – die in den Zeremonialzentren lebenden Menschen einbezogen – eine Gesamtbevölkerung von etwa 19–20 Millionen Menschen. Auf den einstigen Lebensraum der Tiefland-Maya von 250 000 km² Fläche verteilt, errechnet sich daraus eine Bevölkerungsdichte von 76–80 Einw./km², ein Mittelwert, der annehmbar erscheint, wenn man sich vor Augen hält, daß das Maya-Land sowohl sehr dicht besiedelte Teilgebiete mit über 250 Einw./km² als auch agrarwirtschaftlich unergiebige Räume mit erheblich geringerer Bevölkerungsdichte umfaßte. Der Petén war mit 170–200 Einw./km² das weitaus am stärksten bevölkerte Kernland. Der Dichtewert liegt beträchtlich über dem, den Agrarwissenschaftler, die von der Maisbau-Landwechselwirtschaft als alleiniger Grundlage der Maya-Wirtschaft ausgingen, in diesem Bereich optimaler Anbaubedingungen für möglich gehalten haben, nämlich 85 Einw./km². Daß der tatsächlich erreichte Dichtewert den theoretisch-potentiellen um mehr als das Doppelte übertraf, ist nur durch die höhere Produktivität eines sehr viel mannigfaltiger gestalteten Wirtschaftssystems erklärbar (S. 189 ff.). Auch die relativ hohe mittlere Bevölkerungsdichte für den Gesamtraum (76–80 Einw./km²) muß unter diesem Aspekt gesehen werden.

Heute leben im Petén nur noch 30 000 Menschen; die Bevölkerungsdichte ist auf weniger als 1 Einw./km² abgesunken. Quintana Roo hat 88 000 Einwohner (2 Einw./km²), Campeche 252 000 (5 Einw./km²) und Yucatán 758 000 (19 Einw./km²), was jedoch vor allem auf das schnelle Wachstum von Mérida (1975: 250 000 Einwohner) zurückzuführen ist. Nirgends im alten Maya-Tiefland sind durch die neuzeitliche Entwicklung Bevölkerungszahlen erreicht worden, die sich auch nur entfernt mit denen der klassischen und spätklassischen Zeit vergleichen lassen. Auch früher in ihren Bevölkerungsschätzungen sehr vorsichtige Forscher haben ihre Ansichten revidieren müssen. Sie sind heute davon überzeugt, wie einer der Altmeister der Maya-Archäologie, G. R. Willey, im Anschluß an ein Symposium über Fragen der prähispanischen Landwirtschaft sagte, »daß die einstige Bevölkerung im Maya-Tiefland eine weitaus größere Menschenzahl umfaßte, als man früher anzunehmen gewagt hat« (748, S. 325).

XIII. Fremdeinflüsse auf die Maya-Hochkultur – Spekulationen um frühe Seefahrer und Astronauten

Die ältere Generation der Maya-Forscher dachte isolationistisch. Sie war überzeugt von der Eigenständigkeit dieser tropischen Tieflandzivilisation. Durch eine Fülle archäologischer Zeugnisse und Ausschöpfung verschiedenartigster anderer Quellen ist längst der Nachweis erbracht, daß die Maya jahrhundertelang in einem engen geistigen und materiellen Austausch mit ihren Nachbarn an der Golfküste, im Hochland von Mexiko und in den Ländern der zentralamerikanischen Landbrücke gestanden haben. Die Maya-Hochkultur war zwar kein »Ableger« von der einen oder anderen Hochkultur – vergleichbar etwa mit dem Verhältnis der japanischen zur chinesischen Kultur –, aber doch eingebunden in die zivilisatorische Entwicklung des gesamten mesoamerikanischen Raumes. Die Kontakte reichen von frühen kulturellen Anregungen, die ihnen die »Olmeken« gaben, über politische und wirtschaftliche Bande, die sie um die Mitte des 1. Jahrtausends mit Teotihuacán verknüpften, bis zu den in nachklassischer Zeit blühenden Handelsverbindungen mit dem Reich der Azteken.

Vermutlich haben sich auch Fremdeinflüsse aus wesentlich ferneren Ländern bis in das Maya-Tiefland ausgewirkt. In jüngerer Zeit mehren sich die Hinweise, die auf transpazifische Kulturbeziehungen Mesoamerikas schließen lassen. Im Kalenderwesen der Maya bestehen auffällige Übereinstimmungen mit süd- und ostasiatischen kosmologischen Vorstellungen (771, S. 135ff.). Der für Mesoamerika so bezeichnende zyklische Zeitbegriff findet sich auch im frühen hinduistischen Indien. Dort begann die Zeitrechnung mit einem Nulldatum, das sich nicht wesentlich von dem der Maya unterscheidet (191, S. 64). Bei den Hindus ist es das Jahr 3102 v. Chr., bei den Maya fiel es auf das Jahr 3113 v. Chr. Zwar hatten zu diesem frühen Zeitpunkt »auch die Inder noch keinen Kalender, aber dort, woher sie offensichtlich ihre ersten zivilisatorischen Impulse erhielten, in Mesopotamien, war um 3000 v. Chr. die städtische Kultur der Sumerer bereits auf ihrem Höhepunkt angelangt« (191, S. 64). W. Westphal hegt sogar Zweifel, daß die Entdeckung der Zahl Null, die von den Archäologen allgemein den Maya zugeschrieben wird (S. 60), deren ureigene geistige Leistung war, und hält es nicht für ausgeschlossen, daß die Maya sie – wie letztlich auch wir – von den Indern übernommen haben (191, S. 64). Die weitere Forschung wird klären müssen, welchem Volk die Priorität dieser mathematischen Errungenschaft zuzuerkennen ist. Oder ist diese ungewöhnliche Entdeckung den Maya und Indern völlig unabhängig voneinander gelungen?

Die Frage, ob ein bei räumlich weit entfernten Völkern auftretender geistiger oder materieller Kulturbesitz, der wesentliche Übereinstimmungen oder Ähnlichkeiten aufweist, jeweils selbständig entstanden oder vom einen in das andere Kulturgebiet übertragen worden ist, läßt sich nicht allgemeingültig beantworten. Sowohl »Konvergenzler« wie »Diffusionisten« haben überzeugende Argumente für ihre voneinander abweichenden Ansichten, und es hängt vom jeweiligen »Fall« ab, welcher Deutung man den Vorzug gibt. Viele einfache Dinge des täglichen Lebens, wie Speer, Pfeil und Bogen, Spitzen, Klingen und Schaber aus hartem Gestein, Grab- und Pflanzstock, sind zweifellos autochthone Erfindungen, geboren aus den gleichen geistigen Grundstrukturen und Lebensbedürfnissen aller Menschen. Runde und eckige Hütten oder bestimmte Formen von Feuersteinspitzen kommen als Ergebnis selbständiger, konvergenter Kulturentwicklungen in allen Erdteilen vor. Aber frappierende Übereinstimmungen in der künstlerischen Gestaltung bestimmter Gegenstände, in religiösen Vorstellungen und Riten, in der Symbolik, der Ikonographie, im Kalenderwesen oder den Ideen eines allgemeinen Weltbildes geben doch zu denken. Sie einfach als »zufällige Konvergenzen« zu erklären wäre wenig überzeugend. Die Möglichkeit einer erfolgten Kulturübertragung wird um so wahrscheinlicher, je umfangreicher das »Paket« übereinstimmender Erscheinungen ist und je deutlicher sich in den Vergleichsgebieten innere Zusammenhänge zwischen den beobachteten Einzelerscheinungen erkennen lassen.

1. Transpazifische Beziehungen

Die Erforschung transpazifischer Kulturbeziehungen zwischen der Alten und Neuen Welt durch R. v. Heine-Geldern (762–767), G. F. Ekholm (758–760), S. C. Hentze (768), Th. S. Barthel (750–752), W. Marschall (773) und andere hat zu Ergebnissen geführt, durch die unsere Kenntnisse über die großen kulturellen Ausbreitungsvorgänge ganz wesentlich bereichert worden sind. Dabei zeichnen sich eine ältere Periode chinesischer Kulturübertragung und eine jüngere indischer Beeinflussung ab.

Ähnlichkeiten zwischen Mesoamerika und dem China der Shang- und Chou-Zeit (15.–3. Jh. v. Chr.) bestehen in der Siedlungs- und Sozialstruktur, der astronomischen Orientierung der Zeremonialzentren und ihrer Bauwerke, der besonderen Wertschätzung von Jade als Schmuckstein, der Rolle der gefiederten Schlange und der Tiger- bzw. Jaguarverehrung (103, S. 579; 191, S. 49f.). Die Darstellung des Menschen im Jaguarrachen, zum Beispiel in den Olmeken-»Altären«, entspricht bis in die Einzelheiten der altchinesischen Tao-Tieh-Maske mit einem Menschen im Tigermaul. Maskenmotive auf rituellen Bronzegefäßen der Shang-Dynastie haben nahezu die gleichen Gesichtszüge wie die des Regengottes Chac im Fassadendekor der Maya. Alle Steinskulpturen der Totonaken, eines Volkes, das in enger Verbindung mit den Olmeken stand, sind mit Bandmustern überzogen, deren eigenartige Linienführung nirgends in Mesoamerika wiederkehrt, aber mit der Ornamentik altchinesischer Bronzen aus der Zeit der Chou nahe verwandt ist. So »besteht in der Tat der dringende Verdacht, daß wir es ... nicht mit Konvergenzen zu tun haben, sondern mit uralten Kulturbeziehungen« (103, S. 583).

Im hinduistisch-buddhistischen Indien herrscht außer dem gleichen zyklischen Zeitbegriff die gleiche Vorstellung von den vier Weltzeitaltern und den vier Weltgegenden wie bei den Maya (191, S. 91, 94). Parallelen in der Kunst beider Gebiete finden sich im typischen Himmelsbaum Südostasiens, der sich im Lebensbaum der Maya mit einem Dämonengesicht am Ende des Stammes wiederholt, in Lotosmotiven, die für Mesoamerika deshalb so überraschend sind, weil es dort keine Lotosblumen gibt. Ganz besonders bemerkenswert ist ein Lotosfries im Jaguartempel von Chichén Itzá, zu dem die toltekischen Baumeister das Vorbild aus der älteren Maya-Kunst übernommen haben. In Palenque ist das Lotosmotiv mindestens seit dem 6. Jahrhundert nachweisbar, im Tempel der Wahrsagerpyramide von Uxmal tritt es im 7. Jahrhundert und in Chichén Itzá einige Zeit später auf. Bis in die Details gleicht es einem Ornament aus dem 2. nachchristlichen Jahrhundert in der südindischen Tempelstadt Amaravati. Bevor das Lotosmotiv in Yucatán auftauchte, fand es Eingang in die Kunst der malaiischen Halbinsel, Indochinas und Indonesiens (103, S. 581; 767, S. 284 f.).

Elefantenköpfe als Menschenhäupter mittelamerikanischer Skulpturen gleichen Ganesha-Darstellungen Indiens. Elefanten hat es in den neuweltlichen Tropen nie gegeben. Ein interessantes Problem stellen über zwei Dutzend in Mesoamerika gefundene Tonfiguren auf Rädern dar. Sie haben nach bisher gültiger Meinung als Kinderspielzeug gedient, aber dies wird neuerdings bezweifelt, weil keinerlei Abnutzungsspuren der Achsen in den Achsenlagern zu erkennen sind (773, S. 194). Man wird vielleicht doch an einen kultischen Verwendungszweck denken müssen. Das eigentliche Problem beruht jedoch auf der Tatsache, daß den Mesoamerikanern das Prinzip des Rades unbekannt war, es für die Rädertiere also kein Vorbild aus dem täglichen Leben gab, andererseits die beweglichen »Spielzeuge« wohl wegen des Fehlens von Zugtieren auch nicht als Modelle zur Konstruktion ein- oder zweirädriger Karren angereizt haben. Räderfiguren der gleichen Art sind aus Indien seit dem 3. vorchristlichen Jahrtausend bekannt (767, S. 288 f.). Die Vermutung ist also wohlbegründet, daß zumindest die Idee zur Herstellung dieser ganz aus dem Rahmen mesoamerikanischen Kulturguts fallenden Rädertiere aus Indien stammt.

Das monumentalste Beweisstück für indisch-mesoamerikanische Kulturbeziehungen sind zwei Riesenköpfe, die in Monte Alto an der mittleren pazifischen Küste Guatemalas gefunden wurden. Sie erinnern an die olmekischen Kolossalköpfe (Bild 1), aber im Gegensatz zu diesen haben die Monte-Alto-Skulpturen geschlossene Augen, »so daß sie – im Verein mit einer leichten Schrägstellung der Augen und einem kahlgeschorenen Schädel – das Profil eines meditierenden Buddha beziehungsweise eines buddhistischen Mönchs ergeben« (191, S. 59).

Frühe chinesisch-indische Einflüsse, besonders auf mexikanische Weltbildvorstellungen, macht auch die Ausdeutung postklassischer Bilderhandschriften aus dem südlichen Mexiko wahrscheinlich (750–752). Das Kontaktgebiet dürfte an der Westküste zwischen Acapulco und Tehuantepec zu suchen sein. Das im Codex Laud fixierte Weltbild zeigt verblüffende Übereinstimmungen mit Auffassungen der altchinesischen Kosmographie, andere Teile derselben Handschrift geben hinduistische Einflüsse zu erkennen. Barthel denkt an Brahmanen-Missionare, die über See an die mexikanische Küste kamen, längere Zeit am Hofe indianischer Herrscher lebten und dort über indianische Priestergelehrte ihre Glaubensvorstellungen in die mesoamerikanischen Bildsprachen übertrugen. Auch Heine-Geldern ist der Ansicht, daß die frühen Mesoamerika-Besucher aus Asien missionarische Ziele verfolgten, da alle Kulturgüter, deren Übertragung nach Amerika man ihnen zuschreibt, dem sakralen Bereich angehören. Händler hätten Gebrauchsgegenstände importiert – und von solchen fehlt bisher jede Spur.

Bis in welches Jahrhundert diese vermuteten indo-chinesischen Kulturbeziehungen zurückreichen, ist aus den schriftlichen Quellen nicht zu erschließen. Der Codex Laud ist mit Sicherheit vorspanischen Ursprungs und stammt wahrscheinlich aus dem 14. Jahrhundert, aber wir wissen nicht, wie viele ältere Fassungen ihm vorausgegangen und abschriftlich überliefert worden sind. Nach Heine-Gelderns Forschungen (767, S. 293) könnten die transpazifischen Fahrten um 700 v. Chr. begonnen und bis ins 9. oder 10. nachchristliche Jahrhundert angedauert haben (vgl. auch 776, S. 468). Der Wiener Gelehrte nimmt sogar an, daß mit den Missionaren ganze Einwanderertrupps nach Mesoamerika gekommen sind, die zwar von der einheimischen Bevölkerung aufgesogen wurden, sie aber doch stark beeinflußt hätten. Weil bestimmte indo-chinesische Motive und Stilformen, die zu festen Bestandteilen der klassischen Maya-Kunst geworden sind, am frühesten auf bildlichen Darstellungen in Izapa (S. 14) auftreten, hält W. Westphal diesen in Küstennähe gelegenen Ort für einen besonders wichtigen Kontaktpunkt des transpazifischen Kulturaustauschs:

»Ein besonders auffälliges Beispiel ist das Relief auf der Stele 5 in Izapa. Es zeigt in der Mitte einen Baum, unter dem zu beiden Seiten Menschen sitzen, die eine turbanartige Kopfbedekkung tragen bzw. durch einen Schirm geschützt werden. Im Hintergrund stehen menschliche Gestalten, die in der bisher üblichen Form indianischer Würdenträger gekleidet sind und sich darin ganz erheblich von der sitzenden Gruppe im Vordergrund unterscheiden. Der Bodhi-

Baum, unter dem Buddha seine Erleuchtung fand? Indische Gesandte oder Missionare, die mit einer Abordnung indianischer Würdenträger zusammentreffen? Unwahrscheinlich, doch nicht ausgeschlossen, denn wenn tatsächlich kulturelle Einflüsse aus Indien ins Maya-Gebiet gelangten, wäre Izapa, als westlicher Vorposten unweit der Pazifikküste gelegen, wohl am ehesten ein Einfallstor für indisches Gedankengut gewesen.« (191, S. 66)

Die Entdeckung archäologischer Bodenfunde indischer oder ostasiatischer Herkunft im südlichen Mexiko ist, wenn es sich tatsächlich ausschließlich um Missionsreisen und nicht auch um Handelsfahrten gehandelt haben sollte, kaum zu erwarten. So fehlt leider ein in wörtlichem Sinne »greifbares« Glied in der Beweiskette. Voller Überraschungen sind auch die Antworten auf die umgekehrt gestellte Frage: Gibt es an der asiatischen Gegenküste Zeugnisse einer bis dorthin reichenden Ausstrahlung mesoamerikanischer Kultureinflüsse?

Die Stufenpyramiden in Angkor sind verblüffende Ebenbilder der Maya-Pyramiden des Petén. Die Tempelpyramide Baksei Chamkrong von Angkor (Fig. 71) könnte als Pendant zur Pyramide II von Tikal im selben Zeremonialzentrum stehen (Fig. 72). Welche Vorbild und welche Kopie gewesen sein könnte, ergibt sich aus den zeitlichen Zusammenhängen. Das Khmer-Reich in Kambodscha mit seinem Mittelpunkt Angkor bestand von 802 bis 1431, die klassische Periode der Maya-Hochkultur umfaßte die Zeitspanne zwischen 300 und 900 n. Chr. Die letzte beschriftete Stele in Tikal trägt die Jahreszahl 879. Die Pyramide II mit dem Tempel der Masken wurde um 700 erbaut (537, S. 37), die Pyramide Baksei Chamkrong stammt aus der Zeit

Fig. 71 Tempelpyramide Baksei Chamkrong in Angkor/Kambodscha, erbaut zwischen 900 und 922 n. Chr.

(Zeichnung nach W. Krickeberg, 1975)

Fig. 72 Tempelpyramide II (Tempel der Masken) in Tikal/Petén, erbaut um 700 n. Chr.

(Zeichnung nach W. Krickeberg, 1975)

zwischen 900 und 922 (749, S. 278). Sie entstand also erst rund 70 Jahre nach dem Ende Tikals und zweieinhalb Jahrhunderte nach der größten Blüte der Maya-Hochkultur.

Wer aber könnten die Überträger der als typisch mesoamerikanisch geltenden Idee des »Weltberges« nach Kambodscha gewesen sein? Die Maya, die nur Küstenschiffahrt, zudem auf der atlantischen Seite, betrieben (S. 384), scheiden – auch aus zeitlichen Gründen – aus. Kambodschaner mögen unter Ausnutzung der Meeresströmung (Kuro Schio) nördlich an Hawaii vorbei und dann der amerikanischen Küste nach Süden folgend bis nach Mittelamerika vorgedrungen sein und von dort architektonische Anregungen mit nach Hause gebracht haben. Oder sind die Stufenpyramiden beiderseits des Pazifiks doch nichts anderes als eine Konvergenzerscheinung? Ist es ein Zufall – ein weiteres Beispiel –, daß sich das um 800 n. Chr. entstandene Borobudur-Heiligtum, das bedeutendste Denkmal indisch-buddhistischer Kunst auf Java, ebenso in neun Terrassen erhebt wie das Castillo in Chichén Itzá?

W. Krickeberg (103, S. 580) macht darauf aufmerksam, daß die Stufenpyramide in Asien schon im babylonischen Zikkurat (dem getreppten Turm von Babel als Prototyp) »einen Vorläufer hatte und daß die gesamte hindubuddhistische Welt von der Idee des in zahlreichen Stockwerken aufsteigenden Welt- und Himmelsberges Meru beherrscht wurde, die sie den meisten ihrer sakralen Bauformen (Stupen, Türmen, Hallen mit Stufendach usw.) zugrunde legte«. Es gibt aber außer dem äußeren Erscheinungsbild der Stufenpyramiden noch zahlreiche architektonische und stilistische Details, die erstaunlich übereinstimmend sowohl bei den Sakralbauten in Angkor als auch bei denen der Maya auftreten: Schlangenbalustraden, vorn offene Kolonnaden mit gemauerter Rückwand und – besonders typisch – Halbsäulen als Fassadendekor, die in der Puuc-Region Yucatáns ebenso wie in Angkor glatte oder gedrechselte Holzsäulen imitieren (S. 321). Während die Maya diese einzelnen Bau- und Stilelemente selbständig entwikkelt haben, sind sie von den Khmer fertig übernommen worden, aber nicht von den Maya, sondern von den Indern, die die Hochkultur der Khmer in hohem Maße beeinflußt haben. Als sich die Erbauer von Angkor im Monsunwald Kambodschas niederließen, waren sie bereits im Vollbesitz aller von ihren westlichen Nachbarn übernommenen kulturellen Errungenschaften. Eindeutige Belege für mesoamerikanische Einflüsse auf Südostasien gibt es also nicht. Alle transpazifischen Kulturbeziehungen, die sich bisher erschließen lassen, gingen einseitig von Süd- und Ostasien aus. Die nautischen Leistungen der südostasiatischen Völker brauchen einen Vergleich mit denen der Nordmänner nicht zu scheuen. Mit Schiffen, die größer waren als Kolumbus' Karavellen, führten sie von vorwiegend hinterindischen Häfen planmäßig ihre Missionsreisen durch (103, S. 582). Die durch die Meeresströmungen vorgezeichnete einfachste Route wurde schon skizziert: mit der Kuro-Schio-Drift entlang der chinesischen und japanischen Küste bis zu den Kurilen und Aleuten, dann an der nordamerikanischen Küste mit dem Kalifornienstrom nach Süden bis zur Landenge von Tehuantepec und Izapa.

2. Transatlantische Beziehungen

Über frühe transatlantische Beziehungen zwischen der Alten und der Neuen Welt ist nicht weniger gerätselt und geschrieben worden als über solche im pazifischen Bereich. Daß Wikinger bereits 500 Jahre vor Kolumbus die Küste Nordamerikas erreicht haben, wird heute nicht mehr ernsthaft bestritten, aber daß ihnen die Schuld am Untergang der Maya-Hochkultur zuzuschreiben sei, wie 1974 ein sensationell aufgemachter Zeitungsartikel verkündete, ist schon deshalb eine völlig unsinnige Behauptung, weil zur Zeit ihrer ersten Ankunft in Neufundland das kulturelle Leben im Petén bereits seit mehr als einem Jahrhundert erloschen war und im Norden der Halbinsel zur Zeit der angeblichen »Wikinger-Eroberung« unangefochten die Tolteken herrschten. Kaum weniger fragwürdig sind für erheblich frühere Zeiten vermutete Kontakte zwischen Ägypten und Mesoamerika. Zwei Funde im Olmekenland erinnern an ägyptische Vorbilder: die Skulptur eines Mannes im Schneidersitz, der auf seinem Schoß einen als Rolle gedeuteten Gegenstand hält, und ein Relief mit der Darstellung eines Bootes, dessen hochgezogener Steven und kastenförmiger Aufbau einer ägyptischen Barke ähneln (191, S. 48f.). Th. Heyerdahl hat ein solches Boot aus Papyrus nachgebaut und damit den Atlantik überquert, um zu beweisen, daß dies auch den Ägyptern hätte gelingen können. Der erste Versuch mit Ra I ist gescheitert, aber ein Jahr später glückte Heyerdahl die Überfahrt von der marokkanischen Küste bis Barbados in 57 Tagen (769). Wir werden noch sehen, daß die Ägypter alles andere als Hochseefahrer waren, im Gegensatz zu den Phöniziern, die wahrscheinlich schon um 600 v. Chr. Afrika umrundeten und denen 531 v. Chr. eine Überfahrt zur brasilianischen Küste gelungen sein soll. Wenn dies auch stark bezweifelt wird, kann man doch die Möglichkeit nicht ausschließen, daß ein vom Sturm verschlagenes ägyptisches Boot vielleicht einmal an der mexikanischen Golfküste gelandet ist.

Es wäre wohl mehr als gewagt, aus den beiden genannten Einzelfunden eine von schlichten ägyptischen Seeleuten ausgelöste Initialzündung für die Entwicklung der La-Venta-Kultur abzuleiten. Doch der in Mexiko lebende sächsische Graf Alexander von Wuthenau ist davon überzeugt, einen sicheren Beweis für eine solche frühe ägyptische Beeinflussung Mesoamerikas gefunden zu haben. Wuthenaus Thesen knüpfen an ein ganz bestimmtes Ereignis in der ägyptischen Geschichte an, nämlich die 1182 v. Chr. von Ramses III. gewonnene »Seeschlacht gegen eine Koalition seefahrender Völker bei Zypern«. Nach dieser Schlacht habe der Pharao sieben Schiffe mit Phöniziern, Kretern, Mykenern und Sarden, begleitet von nubischen und libyschen Gelehrten, nach Westen geschickt. Ihr Auftrag wäre gewesen, die »Unterwelt« zu suchen. Von dieser Expedition über den Atlantik seien die Schiffe nie zurückgekehrt, aber von diesem Zeitpunkt an, meint Wuthenau, treten in der indianischen Bevölkerung Mesoamerikas erstmals afrikanisch-negroide Rassenmerkmale auf. Den Beweis dafür sieht er – wie auch Heyerdahl – in den wulstigen Lippen und breiten, flachen Nasen der Kolossalköpfe von La Venta (Bild 1). Die aus Erde aufgeführten, mit Steinen verkleideten Olmeken-Pyramiden führt er ebenfalls auf ägyptischen Einfluß zurück. Zeitlich gibt es in der Tat keine Diskrepanz zwischen der angeblich von Ramses III. befohlenen Atlantikerkundung und der Kulturentfaltung im Olmeken-Land: Nach bescheidenen Anfängen setzte sie um 1200 v. Chr. in deutlicherer Ausprägung ein und erreichte zwischen 800 und 400 v. Chr. ihren Höhepunkt. Ein ägyptisch-mesoamerikanischer Kontakt scheint damit nicht völlig ausgeschlossen.

Dennoch ist diese Version Wuthenaus aus mehreren Gründen nicht haltbar. Die »Seeschlacht bei Zypern« war keine Seeschlacht, sondern fand im Nildelta statt. Die Ägypter kämpften vom Lande aus und vernichteten die in die Flußmündung gelockte Flotte der Seevölker. Die Ägypter befuhren nie das offene Meer, sondern folgten stets der sichtbaren Küste, da sie sich nicht auf Hochseenavigation verstanden. Selbst nach Kreta wagten sie nicht zu fahren, es waren vielmehr kretische Seeleute, die nach Ägypten kamen. So gibt es auch keinen einzigen historischen Beleg für eine Entsendung von sieben ägyptischen Schiffen nach Westen,* denen es beim Stande der ägyptischen Nautik überdies nie möglich gewesen wäre, ein so fernes Ziel wie Mittelamerika zu erreichen. Die von Wuthenau behauptete planmäßige Ozeanüberquerung zur Zeit Ramses' III. gehört in das Reich der Fabel, und auch seine archäologischen »Beweise« für frühe ägyptisch-mesoamerikanische Kulturbeziehungen sind unbrauchbar. Es wurde bereits in einem früheren Kapitel ausgeführt, daß die mesoamerikanischen und die ägyptischen Pyramiden nichts miteinander zu tun haben (S. 317). Die ägyptischen Pyramiden waren Grabstätten und endeten in einer Spitze. Durch ihre glatte Oberfläche waren sie unbesteigbar. Die mesoamerikanischen Pyramiden hingegen entsprangen der Idee des Weltberges, waren gestuft und im Prinzip nichts anderes als Sockel für die auf ihren Gipfelplattformen errichteten Tempel, in denen sich die Priester dem Himmel und den Göttern besonders nahe fühlten. Auch die beiden Pyramiden, unter denen in Palenque und Tikal Gräber gefunden wurden, erfüllten die gleiche Funktion.

In den Gesichtern der riesigen Olmeken-Köpfe kann man zwar »negroide Züge« erkennen, andere fanden dagegen mehr »asiatische« Parallelen.

---

* Nach einer freundlichen Auskunft des Tübinger Ägyptologen Prof. Dr. H. Brunner.

Bild 50 Die Wahrsagerpyramide in Uxmal hat als einzige aller Tempelpyramiden einen ovalen Grundriß. Sie ist im Laufe der Zeit viermal überbaut worden (vgl. Fig. 56). Die insgesamt fünf ineinander verschachtelten Bauwerke umfassen eine 300jährige Architekturgeschichte.

Bild 51 Die vier zum Teil fast 100 m langen Palastbauten des Nonnenvierecks in Uxmal umschließen einen etwas versenkten, nahezu rechteckigen Innenhof. Der torartige Eingang (Bild 46) führt durch den südlichen Flügel. Da die vier Trakte insgesamt 88 kleine, an Zellen erinnernde, Innenräume haben, hielt man die Anlage für ein Kloster. Die Bezeichnung »Nonnenkloster« oder »Nonnenviereck« ist sicherlich falsch, der eigentliche Verwendungszweck der »Paläste« aber auch noch nicht eindeutig geklärt (vgl. S. 325f.).

Bild 52 Die Pyramide E-VII-sub in Uaxactún ist die älteste Pyramide des Maya-Landes. Sie stammt aus dem späten Vorklassikum (300 v. Chr.–100 n. Chr.), ist nur 8 m hoch, mit Stuck überzogen und trug einen mit Palmwedeln bedeckten hölzernen Tempel, was noch erhaltene Pfostenlöcher auf der Plattform bezeugen. Erst in einer späteren Entwicklungsphase wurden die Holztempel durch steinerne Hochtempel abgelöst.

Bild 53 Blick vom Kriegertempel auf Pyramide und Tempel des Kukulcan (El Castillo) in Chichén Itzá. Den Kern des Maya-toltekischen Bauwerks aus dem frühen 11. Jh. bildet eine kleinere, ältere Pyramide mit dem Roten Jaguar in der inneren Kammer (Fig. 59). Der Chacmool (rechts im Vordergrund) entstammt dem Kulturkreis der Tolteken und hat in Tula völlig gleichartige Gegenstücke.

Bild 54 Der Tempel der Inschriften in Palenque verdankt seinen Namen einer langen Hieroglypheninschrift an der Rückwand der Tempelkammer. Im Boden des auf einem neunstufigen Pyramidenstumpf erbauten Tempels fand Alberto Ruz Lluillier 1949 jene mit Löchern versehene herausnehmbare Platte, die ihm über eine verschüttete Treppe den Zugang zur ersten unter einer Maya-Pyramide entdeckten Grabkammer eröffnete.

Bild 55 Die als »falsches Gewölbe« erbaute Krypta im Tempel der Inschriften (Bild 54) mit der reich skulptierten rötlichen Kalksteinplatte über dem Sarkophag des 683 n. Chr. verstorbenen Fürsten Pacal. Der über der Grabkammer errichtete Tempel selbst wurde um 692 vollendet. Einzelheiten der Grabplattendarstellung veranschaulichen die Umzeichnungen Fig. 73 und 74.

Bild 56 Der »dreistöckige« Palast von Sayil. Aus statischen Gründen errichteten die Maya wegen der geringen Tragfähigkeit ihrer »falschen Gewölbe« keine mehrstöckigen Bauten. Die optische Wirkung einer dreistöckigen Palastanlage wurde in Sayil dadurch erzielt, daß die drei Baueinheiten dicht hinter- und übereinander auf drei in den Hang gegrabenen künstlichen Terrassen errichtet wurden. Die Friese über dem glatten unteren Fassadenteil sind Holzsäulen-Imitationen.

Bild 57 Der Fries des ebenfalls im Puuc-Stil errichteten Ostflügels des Nonnenvierecks setzt sich aus unzähligen Einzelteilen zusammen. Vor einem gitterartigen Netzgrund wiederholt sich sechsmal ein Motiv, das aus je acht waagerecht übereinander liegenden doppelköpfigen Schlangen besteht. Im Hintergrund der die Wahrsagerpyramide (Bild 50) krönende Tempel.

W. Krickeberg (103, S. 583) meint zum Beispiel, daß manches, was die olmekische Kultur charakterisiert, wie eine längst verwehte Spur ostasiatischer Einflüsse anmutet: »der physische Typ ihrer Figuren und Köpfe, der stärker mongoloid ist als auf allen sonstigen mesoamerikanischen Menschendarstellungen«. Am einleuchtendsten ist immer noch die Deutung, daß die Olmeken-Köpfe mit ihren schweren Lidern, breiten Nasen und heruntergezogenen Mundwinkeln Menschengesichter des als Gottheit verehrten Jaguars darstellen sollen. Letztlich darf man nicht vergessen, daß es sich um stilisierte Großplastiken von Künstlern handelt, deren Gestaltungsideen wir nur ahnen können. Aus ihnen lassen sich nicht – wie aus Photos – anthropologische Rückschlüsse ziehen. Die Bilder Pablo Picassos oder die Plastiken Henry Moores sind auch keine Konterfeis heute lebender Mitteleuropäer.

Stellvertretend für die vielen anderen Autoren, die sich mit dem Problem transatlantischer früher Kulturbeziehungen zwischen Alter und Neuer Welt beschäftigt haben, sei hier P. Honoré genannt. Sein Buch »Ich fand den Weißen Gott« (770) knüpft an die alte indianische Legende an, daß in grauer Vorzeit ein »Weißer Gott« sein Volk verlassen, aber fest versprochen habe, dereinst wiederzukehren. Diese Legende war bis zur Conquista bei den Maya, Azteken und Inka (Ketchua) lebendig und hat nicht unwesentlich dazu beigetragen, daß die Spanier, die man für die zurückgekommenen Weißen Götter hielt, nur auf geringen Widerstand stießen. Es war ein eigentümlicher Zufall, daß das von den Azteken-Priestern geweissagte Datum mit dem der Landung von Hernán Cortés an der mexikanischen Küste (1519) übereinstimmte.

Honoré bemüht sich um den Nachweis, daß die bärtigen Weißen Götter der indianischen Überlieferung keine legendären Gestalten waren, sondern Kreter, die bereits drei Jahrtausende vor Kolumbus über den Atlantischen Ozean gekommen seien (770, S. 291). Nachdem es dem deutschen Arzt H. Lindemann zweimal gelungen ist, in einem afrikanischen Einbaum und mit einem Faltboot den Atlantik zu überqueren, Westindien und die mexikanische Küste zu erreichen, hält Honoré es für durchaus möglich, daß ein abgetriebenes kretisches Schiff unter Ausnutzung des Passats und der Meeresströmungen vor langen Zeiten die amerikanische Gegenküste erreicht hat. Daß es Kreter gewesen sind, folgert er aus der Ähnlichkeit zwischen Maya-Hieroglyphen und altkretischen Schriftzeichen: »die Schrift der Maya ist die alte Schrift Kretas gewesen« (770, S. 121, 123, 153). Dies ist nun allerdings eine recht leichtfertige Behauptung. Ähnlichkeiten zwischen sehr einfach geformten Zeichen, zum Beispiel einem Kreis mit vier Punkten oder einem Kreuz, sagen nichts über das innere Gefüge eines Schriftsystems aus. Die altkretische Schrift war eine vielleicht aus der ägyptischen Bilderschrift abgeleitete Silbenschrift, die Maya-Hieroglyphen haben eine ganz andere Struktur (S. 31). Wenn die Maya-Schrift eine Silbenschrift wäre, hätte man sie wahrscheinlich gleich der kretischen längst vollständig zu entziffern vermocht.

Äußerlich ähnliche Schriftzeichen können an mehreren Orten völlig unabhängig voneinander erfunden worden sein. Damit ist das für kulturhistorische Fragestellungen grundsätzlich wichtige Problem: zufällige Konvergenz oder Diffusion, erneut angesprochen. Honoré gehört zu den überzeugten Diffusionisten. Er hat eine Fülle von Beobachtungsmaterial gesammelt, mit dem er seine These zu stützen versucht, daß die Uramerikaner alle bedeutenden Kulturanregungen von Übersee empfangen haben. Die Vermittler waren seine »Weißen Götter«, die Kreter. Zwar folgt er R. Heine-Geldern und akzeptiert dessen Auffassung, daß die aus Ostasien nach Mittel- und Südamerika gelangten Kulturströme letzte Ausläufer alter mediterraner (kaukasischer) Kultureinflüsse waren, die bis nach China reichten (770, S. 280ff.). Aber er bezweifelt, daß sie sich ausschließlich über die ostasiatische Zwischenstation und den Pazifischen Ozean in die Neue Welt fortgesetzt haben. Für bedeutsamer hält er jene, die aus dem Mittelmeergebiet auf direktem Wege über den Atlantik nach Amerika gelangt seien. Er kann sich nicht vorstellen, daß der Glaube der Maya an Himmel und Hölle und Ähnlichkeiten zwischen deren religiösen Festen mit denen der katholischen Welt auf Zufall beruhen, und fragt: »Haben die alten Maya die Bibel gekannt?« (770, S. 44)

Auf den Reliefs der Maya zeigen die Menschen die gleiche, anatomisch unmögliche Körperhaltung wie auf entsprechenden Darstellungen der alten Ägypter. Wieder ein Zufall? Und er wiederholt die vor ihm schon von anderen gestellte Frage: Sollten die Pyramiden der Neuen Welt doch keine eigene Erfindung der Indianer sein, sondern von den Ägyptern stammen (770, S. 94, 99)?

Wir wollen die Liste der »verblüffenden Parallelen« nicht fortsetzen. Schrift und Pyramiden sind für die daran geknüpften Schlußfolgerungen ungeeignet. Andere der von Honoré angeführten Fakten sind durchaus richtig oder enthalten zumindest ein Körnchen Wahrheit – aber das sichere Fundament der Tatsachen wird immer wieder bei deren Interpretation verlassen. Wenn der Autor auch selbst oft hinter seine Deutungen ein Fragezeichen setzt, so suggerieren sie doch in ihrer Häufung eine Antwort, die der gewünschten entspricht. Dabei läuft der Leser Gefahr zu vergessen, daß diese Antworten in ihrer Mehrzahl unbewiesene Annahmen sind, die auf einer unbewiesenen Prämisse beruhen, nämlich der Fahrt der Kreter über den Atlantik. Man kann nicht gegen Honoré argumentieren, daß eine solche frühe Ozeanüberquerung »unmöglich« gewesen wäre, doch selbst wenn sie stattgefunden hätte, beweist sie nicht die daraus abgeleitete These starker kretischer Einflüsse auf die Kulturentwicklung der Maya. Andere Zeugnisse, die Beziehungen zu altweltlichen Kulturen erkennen lassen, verweisen mit größerer Wahrscheinlichkeit auf eine Herkunft aus Süd- und Ostasien.

Aber auch diese haben letztlich – wie Heine-Geldern gezeigt hat – ihren Ursprung im vorderasiatisch-mediterranen Raum. Im Grunde genommen hat W. Westphal (191, S. 50) recht, wenn er meint, daß es eigentlich eine müßige Frage ist, ob altweltliche Kultureinflüsse auf dem östlichen oder dem westlichen Weg über die Meere nach Mesoamerika gelangt sind: »Nicht Ägypter, auch keine Chinesen – Sumerer waren die geistigen Väter der Olmeken!« Das mag überspitzt formuliert sein, bezeichnet aber richtig die mesopotamisch-ostmediterrane Keimzelle der ältesten Hochkultur, von der so viele andere befruchtet worden sind.

Honorés Buch ist lesenswert und enthält manche Gedanken, die die Forschung aufgreifen sollte. Wenn auch die Phantasie den Autor stark beflügelt hat, so ist dies nicht von vornherein negativ zu bewerten. Auch zu jeder streng wissenschaftlichen Arbeit gehört »schöpferische Phantasie«, schon im Forschungsansatz, dem eine von bestimmten Ideen getragene wissenschaftliche Neugier zugrunde liegt. Aus ersten Erkenntnissen ergeben sich dann in einer Art Kettenreaktion die nächsten Fragestellungen. Jedes Ergebnis baut sich auf dem vorangegangenen auf. Die Schlußfolgerungen müssen sachlich begründet und logisch sein. Bleibt es bei der reinen, nur auf Annahmen beruhenden Phantasie, kann der Autor seine Gefolgschaft nur unter Gläubigen finden. Damit sind wir bei dem umstrittensten Bestseller-Autor des letzten Jahrzehnts: E. v. Däniken. Seine Bücher sind in 32 Sprachen übersetzt und in über 25 Millionen Exemplaren verbreitet.

3. Weltraumbesucher

Während Honorés »Weiße Götter« über den Atlantischen Ozean zur Neuen Welt segelten, kamen Dänikens Astronauten-Götter vor mehr als 10 000 Jahren in riesigen Raumschiffen aus dem All (756, S. 134). Mit ihrer Landung auf der Erde bringt er die Halbinsel Yucatán an zwei Stellen seiner Bücher (756; 757) in Verbindung. Im La-Venta-Freilichtmuseum zu Villahermosa (Tabasco) »steht ein sauber bearbeiteter Monolith, auf dem eine Schlange oder vielmehr ein Drachen dargestellt ist, der die drei Seiten des Kolosses einfaßt. Im Innern des Tieres sitzt ein Mensch mit gekrümmtem Rücken und hochgelegten Beinen. Die Fußsohlen bedienen Pedale, die linke Hand liegt auf einem Schalthebel, die rechte trägt ein Kästchen. Der Kopf ist von einem festanliegenden Helm umschlossen, der auch Stirn, Ohren und Kinn einfaßt und der nur das Gesicht freiläßt. Direkt vor den Lippen kann man ein Gerät als Mikrophon identifizieren. Kleidung und Helm der sitzenden Gestalt sind fest miteinander verbunden.« (757, S. 197ff.) Die beigegebene Abbildung des Monolithen bestätigt dem unbefangenen Betrachter die Korrektheit der Beschreibung und – wenn er sich noch nie mit der »Olmeken«-Kunst beschäftigt hat – auch die Glaubwürdigkeit der Deutung oder wenigstens doch die Möglichkeit einer derartigen Interpretation. Leider hat Dänikens Abbildung drucktechnische Mängel und läßt im Vergleich zu dem in Villahermosa stehenden Original nicht erkennen, daß es kein Drache, sondern eine riesige Schlange ist, die einen Sarkophag oder eine Grabkammer mit einem darin hockenden Toten bewacht.

Das andere »Beweisstück« Dänikens ist die gewaltige, 8 t schwere Grabplatte im »Tempel der Inschriften« von Palenque mit dem »raketenfahrenden Gott Kukulkan« (756, S. 199). Diese Reliefdarstellung schien ihm für seine Thesen so überzeugend, daß er sie als Umschlagbild für sein erstes Buch »Erinnerungen an die Zukunft« (756) wählte (Fig. 73):

»Da sitzt ein menschliches Wesen, mit dem Oberkörper vorgeneigt, in Rennfahrerpose vor uns; sein Fahrzeug wird heute jedes Kind als Rakete identifizieren. Das Vehikel ist vorn spitz, geht über in merkwürdig gehöhlte Ausbuchtungen, die Ansauglöchern gleichen, wird dann breiter und endet am Rumpf in eine züngelnde Feuerflamme. Das Wesen selbst, vornübergeneigt, bedient mit den Händen eine Reihe undefinierbarer Kontrollgeräte und setzt die Ferse des linken Fußes auf eine Art Pedal. Seine Kleidung ist zweckentsprechend: eine kurze karierte Hose mit einem breiten Gurt, eine Jacke mit modernem japanischem Halsausschnitt und dicht abschließende Arm- und Beinbänder. Es würde, in Kenntnis korrespondierender Darstellungen, verwundern, wenn der komplizierte Hut fehlen würde! Er ist da mit Ausbuchtungen und Röhren, wieder eine antennenähnliche Kopfbedeckung. Unser so deutlich dargestellter Raumfahrer ist nicht nur

Fig. 73 Grabplatte im »Tempel der Inschriften« von Palenque in der »Astronautensicht« E. v. Dänikens

Die richtige Schauseite ist die rechte Schmalseite (vgl. Fig. 74)

durch seine Pose in Aktion – dicht vor seinem Gesicht hängt ein Gerät, das er starrend und aufmerksam beobachtet. Der Vordersitz des Astronauten ist vom hinteren Raum des Fahrzeugs, in dem man gleichmäßig angeordnete Kästen, Kreise, Punkte und Spiralen sieht, durch Verstrebungen abgetrennt.« (756, S. 149f.)

In dem von E. v. Khuon herausgegebenen Buch »Waren die Götter Astronauten?« (772), in dem die Thesen Dänikens von 16 Wissenschaftlern diskutiert werden, meinen die Professoren S. Ruff und W. Briegleb, zwei Raumfahrtexperten, zu dieser Grabplatte: »Man muß sich hier wirklich Gewalt antun, um nicht mit den Augen unserer Tage eine stilisierte Gemini- oder Wostok-Kapsel zu erkennen ... Die Körperhaltung der dargestellten menschlichen Gestalt ist eigentlich nur sinnvoll, wenn sie eine Beschleunigung in Richtung Brust–Rücken erhält, und zwar entweder durch die Schwerkraft oder aber, im Sinne Dänikens, durch Raketenschub. Daß der hypothetische Raketenpilot zudem anscheinend hemdsärmelig fliegt, ist uns eine inzwischen vertraute Vorstellung.« (772, S. 84f.) Khuon fragt in seiner Einleitung: »Sind solche Übereinstimmungen vorgeschichtlicher Bilder mit heutiger Technik nicht frappierend?« Und er antwortet: »Sie müssen stutzig machen, aber im entgegengesetzten Sinn. Es wäre, so meine ich, das Unwahrscheinlichste der Welt, würden jene ›Astronauten‹, die in vorgeschichtlicher Zeit Lichtjahrentfernungen überwanden, unseren Mondfahrern gleichen. Den Maya-Gott im Tempel der Inschriften zu Palenque kann man sich gut als heutigen Raumfahrer, noch besser als einen Testfahrer auf dem Motorrad vorstellen, den Fuß auf ein Pedal gesetzt, die Kontrollgeräte vor sich. Der Raumfahrer einer uns weit überlegenen Zivilisation dürfte in seiner Ausrüstung kaum Armstrong ähneln, er muß ganz einfach anders aussehen. Die Erklärung der Archäologen, der Maya-Gott obliege einer kultischen Handlung, bleibt – selbst in dieser vagen Formulierung – nicht weniger glaubhaft.« (772, S. 30)

Die Frage, ob es eine vorgeschichtliche Raumfahrt gegeben haben kann oder nicht, ist hier im einzelnen nicht zu erörtern. Nur so viel: Bisher kennen wir keinen zweiten bewohnten oder bewohnbaren Planeten, und die modernen Erkenntnisse der Astrophysik, Geophysik, Planetenchemie und Biologie machen es immer unwahrscheinlicher, daß auf einem anderen Stern der biologische Sprung von vielleicht vorhandenen Einzellern oder Bakterien zu höheren, von vielen ökologischen Grundfaktoren abhängigen Lebensformen gelungen ist. Sollte er doch geglückt sein, wäre es wiederum höchst unwahrscheinlich, daß die entstandenen höheren Lebewesen menschliche Gestalt angenommen hätten, denn es gibt unendlich viele Möglichkeiten der biologischen Entwicklung. Die »Menschwerdung« ist mit nahezu absoluter Sicherheit eine an die Erde gebundene singuläre Erscheinung. Die radioastronomische und radioteleskopische Suche nach außerirdischen, von Lebewesen stammenden Funksignalen, die seit 1960 vom radioastronomischen Observatorium in Green Bank, USA (Projekte OZMA und SETI), und seit 1968 auch von sowjetischen Forschungsstellen aus betrieben wird, ist ergebnislos geblieben. Von Weltraummenschen gesteuerte »fliegende Untertassen« sind weiterhin eine Glaubensangelegenheit. In Frankreich gehört laut Umfrage des Magazins »Le Pelerin« (Juni 1979) ein Viertel der Bevölkerung zu den UFO-Gläubigen.

Dänikens Bucherfolge beruhen darauf, daß er unter dem Mantel wissenschaftlicher Argumentation an die Phantasie und Wundergläubigkeit wissenschaftsmethodisch ungeschulter und für überraschende Lösungen zugängliche Menschen appelliert. Des Autors Erfolg ist um so sicherer, je mehr er den zünftigen Wissenschaftlern völliges Versagen »nachweisen« kann. Seine Arbeitsweise ist dabei denkbar einfach: Er sichtet wissenschaftliche Literatur, allerdings nur deren Abbildungsteile, während ihn die Texte wenig interessieren. Für seine mangelhaften Literaturkenntnisse nur ein Beispiel. Er spricht vom Heiligen Cenote in Chichén Itzá und dem nicht weit davon entfernten zweiten, aus dem die Bewohner des Zeremonialzentrums ihr Brauchwasser holten: »Sie gleichen sich in frappanter Weise ... sogar in der Höhe des Wasserspiegels ... Fraglos sind beide Brunnen von gleichem Alter, und möglicherweise verdanken beide ihre Existenz den Einschlägen von Meteoriten. Die heutige Forschung spricht indes immer nur von dem Heiligen Brunnen in Chichén Itzá; der zweite, so ähnliche Brunnen paßt nicht ins Konzept ...« (756, S. 154) Der geheimnisvolle Schleier, der hier über einen längst geklärten Sachverhalt ausgebreitet wird, ist ein Hirngespinst Dänikens. Die Cenotes sind keine Meteoriteneinschläge, sondern Deckeneinbrüche von Karsthöhlen, die im nördlichen Yucatán weit verbreitet sind (Fig. 8 und 9). Nur dank des Vorkommens vieler Einsturzdolinen haben die Maya den regenarmen Norden der Halbinsel überhaupt besiedeln können. Die Entstehung der Cenotes ist seit 1910 bekannt, alle wichtigen Übersichtswerke zur Maya-Hochkultur, zum Beispiel von J. E. S. Thompson (174, S. 51) oder M. D. Coe (45, S. 26), geben korrekte Darstellungen dieser naturwissenschaftlich eindeutig geklärten Erscheinung. Die gleich hohen Wasserstände sind nicht verwunderlich, und es kann keine Rede davon sein, daß der zweite Cenote in Chichén Itzá »nicht ins Konzept« passe. Zur weiteren Information sei auf die ausführliche Darstellung zu Anfang dieses Buches verwiesen (S. 74 ff.).

Däniken geht nun in der Weise vor, daß er aus den Bildbeigaben der Literatur diejenigen Photos heraussucht, die er in seinem Sinne interpretieren kann. Von mehreren Reisen kennt er auch eine Anzahl der für ihn wichtigen Objekte aus eigener Anschauung. Manche seiner Vermessungsdaten werden der Fachforschung willkommen sein. Völlig unwissenschaftlich dagegen ist die Methode der weiteren Verarbeitung des Materials. Bei seinen »Beweisführungen« ist es ihm absolut gleichgültig, aus welchem Zeitabschnitt der Menschheitsgeschichte die jeweils angeführten Beispiele stammen, obwohl sie doch bestätigen sollen, daß seine Raumfahrer zwischen 40 000 und 10 000 v. Chr. zur Erde gekommen sind (756, S. 134). Die Großplastiken der La-Venta-Kultur, zu denen der von Däniken beschriebene »Drachen-Monolith« gehört, stammen zum Beispiel aus dem 1. vorchristlichen Jahrtausend, die Grabplatte im Inschriftentempel von Palenque (Bild 54 und 55) ist hingegen erst nach dem Jahre 683 n. Chr. geschaffen worden. Sie bedeckt den Sarkophag des bedeutendsten Herrschers von Palenque, Pacal, der von 603 bis 683 lebte (S. 397). Aber das Bildnis auf der Grabplatte ist nicht das des Fürsten Pacal, auch nicht das eines Astronauten, sondern das des Maisgottes Yum Kax. Die »Astronautenhaltung« der Gottheit kommt nur dann zustande, wenn man die Grabplatte von der falschen Seite her betrachtet, nämlich von der Breitseite, wie es Däniken tat (Fig. 73). Die Lage der Platte in der schmalen Grabkammer und die Gesamtkomposition des Reliefs lassen jedoch keinen Zweifel aufkommen, daß die Schmalseite die Schauseite war (Fig. 74). Nur aus dieser Sicht hat die Reliefdarstellung einen Sinn:

Fig. 74 Grabplatte im »Tempel der Inschriften« von Palenque in der richtigen Ansicht (vgl. Fig. 73)

Erklärung der Darstellung S. 424

Auf der Maske des Finsternis-Dämons und im Rachen des Todes sitzt in leicht zurückgelehnter Haltung ein Jüngling. Arm-, Bein- und Brustschmuck bedecken seinen nackten Körper. Aus ihm erhebt sich in Kreuzform der Baum der Unterwelt, auf dessen Spitze ein wohlgesonnener Vogel sitzt. Jüngling und aufragender Baum verkörpern zusammen die Idee der ewigen, unzerstörbaren Lebenskraft und der ständigen Erneuerung.

Dänikens Astronauten-Deutung und sein Versuch, eine zeitliche Verbindung zwischen einer angeblich vor mehr als 10 000 Jahren erfolgten Raumfahrerlandung und der erst im Maya-Klassikum entstandenen Reliefdarstellung herzustellen, ist ebenso phantastisch wie die einstige Annahme katholischer Priester, daß die Bewohner Palenques Christen gewesen seien, weil sie dort im »Tempel des Kreuzes« ein Symbol des viergeteilten Universums fanden, das sie für ein christliches Kreuz hielten (S. 62).

Däniken behauptet, daß die Astronauten eine Reihe von Gegenständen zurückgelassen hätten, die dann bei den Erdbewohnern in den Rang »heiliger Reliquien« aufgestiegen wären. Aber irgendwelche aus Weltraummaterie gefertigten Dinge sind nie gefunden worden; alle geborgenen Kultgegenstände bestehen aus durchaus irdischen Substanzen: Ton, Stein, Kupfer oder Gold, und nach ihrer Fertigungstechnik sind sie Schöpfungen von Menschen des vorindustriellen Zeitalters, nicht von Weltraum-Superwesen, die in der Lage waren, Raumschiffe zu konstruieren. Überhaupt, meint W. Rathje (775, S. 6), seien Dänikens Abqualifizierung der Maya-Leistungen und sein eindeutiges Bekenntnis zum überragenden geistigen und technischen Können der Herrenmenschen aus dem All eine neue Form des Rassismus – des Weltraumrassismus!

Man sollte sich über Dänikens Archäologie-Klitterungen nicht ärgern, weil Gläubigen nicht mit Logik beizukommen ist. Die Ergebnisse wissenschaftlicher Forschung beruhen auf den logischen Schlußfolgerungen ungezählter fachlich ausgewiesener Wissenschaftler. Ihre Resultate verdienen mehr Vertrauen als die unbewiesenen Behauptungen und Vermutungen eines phantasiebegabten Science-fiction-Schreibers, der wie andere in reichem Maße mit rhetorischen Suggestivfragen arbeitet, in die die erwartete Antwort bereits hineingelegt ist. Heinrich Schliemann und andere Außenseiter hatten zwar auch kühne Ideen, die zunächst belächelt wurden, aber sie haben deren Richtigkeit beweisen können. Däniken hat nicht einen einzigen greifbaren, wissenschaftlich akzeptablen Beweis, und seine Chancen, einen solchen erbringen zu können, sind, wie nicht nur die Verfasser der 16 Diskussionsbeiträge übereinstimmend meinen (772), gleich Null.

Die einzige nicht mehr rein hypothetische Beziehung zwischen Mesoamerika und einem ganz anderen Kulturkreis war die über den Pazifischen Ozean. Der chinesisch-indische, letztlich vom Zweistromland und dem östlichen Mittelmeergebiet ausgegangene Kulturstrom hat zwar die religiöse Vorstellungswelt und das künstlerische Schaffen der Mesoamerikaner bereichert, aber deren kulturelle Grundsubstanz nicht entscheidend überformt. Das Ausmaß dieser Ferneinwirkungen war nicht größer, als dies auch bei anderen Hochkulturen erkennbar ist. Verglichen mit der ganz unter indischem Einfluß stehenden Hochkultur der Khmer waren die transpazifischen Kulturausstrahlungen auf Mesoamerika von nur geringer Bedeutung, so interessant auch die entdeckten Einzelheiten für die kulturgeschichtliche Forschung sind. Die Maya haben eine weitgehend eigenständige, spezifisch geprägte Hochkultur hervorgebracht – sie wurde im Tropenwald geboren und wieder von ihm verschlungen.

XIV. Das Ende

Unter den vielen Rätseln, die der Maya-Forschung zur Lösung aufgegeben sind, hat das des »plötzlichen« Unterganges dieser Hochkultur ganze Forschergenerationen immer wieder aufs neue beschäftigt. Der Niedergang vollzog sich innerhalb eines Zeitraums von nur 150 Jahren. Die Datensprache der Stelen beginnt, wenn man von wenigen Einzelfällen um 730 absieht, vom Jahre 780 an zu verstummen (Fig. 2). Nach 928 gibt es keine steinernen Aufzeichnungen mehr. Das abrupte Ende einst blühender Zeremonialzentren lassen zahlreiche unvollendet gebliebene Bauwerke erkennen (S. 50). Was in den nicht völlig von ihren Bewohnern verlassenen Kultplätzen später noch an baulicher Substanz hinzugefügt wurde, geschah ohne die zuvor herrschende, auf astronomischen Erkenntnissen beruhende Ordnung. Offensichtlich fehlten jene Autoritäten, von denen einst die Planungsrichtlinien ausgegangen waren. Niemand sorgte mehr für Pflege und Erhaltung der Bauten, Reinigung der allmählich verschlammenden Wasserreservoire, Offenhaltung der zuwachsenden Wege. Keine der vielen Grabungen gibt uns schlüssige Kunde über die Ursachen des Zusammenbruchs. Auch die drei erhaltenen Bilderhandschriften aus der nachklassischen Periode liefern keine Anhaltspunkte. Im Codex Tro-Cortesianus finden sich zwar Darstellungen der verheerenden Folgen von Heuschreckeneinfällen, aber so verhängnisvoll sich in einzelnen Jahren auch die Ernteverluste ausgewirkt haben mögen, sie waren immer regional begrenzt und können ebensowenig wie Verwüstungen durch Hurrikane ein ganzes Volk zum Verlassen seiner Heimat veranlaßt haben. Auch die neuerdings vertretene Annahme, daß eine epidemische Ausbreitung von Pflanzenschädlingen, besonders des Mais-Mosaikvirus, den Zusammenbruch verursacht habe, ist wenig überzeugend, da den Maya außer Mais zahlreiche andere Nahrungsmittel – neben Obst und Gemüse vor allem die Brotnuß – zur Verfügung standen. Wir müssen daher versuchen, auf anderen Wegen und mit anderen Methoden der Lösung des Rätsels näherzukommen, das bisher Unbegreifliche begreiflich zu machen.

Eine Grundfrage ist, ob der »plötzliche« Untergang der Maya-Hochkultur tatsächlich ein so einmaliges und so einzigartiges Ereignis innerhalb der Entwicklungsgeschichte mesoamerikanischer Hochkulturen war oder nicht. Jede der alten Hochkulturen ist einmal zu Ende gegangen, meist sogar noch viel unvermittelter als die der Maya. Nach mehrhundertjährigem Bestehen erlosch die La-Venta-Kultur zwischen 300 und 400 v. Chr., Teotihuacán ging zwischen 630 und 650 n. Chr. unter, und Tollan (Tula), der Mittelpunkt des von Chichimeken begründeten Toltekenreiches, wurde 1168 von einer anderen Chichimeken-Gruppe erobert. In allen drei Fällen bezeugen gewaltsame Zerstörungen, daß Kriegsereignisse die Ursache des Niedergangs waren. Im Maya-Tiefland hingegen fehlen – mit einer Ausnahme – eindeutige Beweise für Brandschatzungen und Plünderungen durch fremde Eindringlinge (S. 462). Man muß also nach anderen Gründen für das Erlöschen der vielen Zeremonialzentren und das Verschwinden der Millionen einstiger Tieflandbewohner suchen.

Der Untergang Teotihuacáns hat Cholula im Hochtal von Puebla, Xochicalco und andere Zentren im mexikanischen Hochland kaum berührt. Anders im Maya-Tiefland. Dort war der Zusammenbruch vollkommen. Ein Volk trat von der Bühne der Geschichte ab, ohne – nach allgemein verbreiteter Meinung – eine Spur zu hinterlassen. Also doch ein »einzigartiges« kulturhistorisches Phänomen, das sozusagen über Nacht und ohne Vorwarnung über die Maya hereinbrach? Wir werden sehen, daß die Populärliteratur das Problem zu sehr vereinfacht hat und daß es auf fast alle der als »möglich« angesehenen oder in Frage gestellten Ursachen des Zusammenbruchs durchaus eine konkrete Antwort gibt. Wenn man die Entwicklungsgeschichte der Maya-Zivilisation überschaut, so zeigt sich, daß sie keineswegs stetig verlaufen ist, sondern daß zumindest eine schwere Krise bereits vor dem endgültigen Kollaps existenzbedrohenden Charakter hatte.

1. Die erste Krise

In der Maya-Chronologie pflegen wir zwischen einer frühklassischen und einer spätklassischen Periode zu unterscheiden. Beide werden durch den sogenannten Maya-Hiatus voneinander getrennt, eine kurze Zeitspanne zwischen 540 und 600 n. Chr., in der eine eigenartige Stagnation aller Aktivitäten im Maya-Tiefland zu beobachten ist. Während dieses halben Jahrhunderts wurden keine datierten Stelen errichtet, und die Skulpturen dieser Phase tragen Zeichen des künstlerischen Verfalls, auch mutwilliger Zerstörungen. Vielleicht haben Volksaufstände stattgefunden, aber offensichtlich sind keine Kultzentren von ihrer Bevölkerung völlig verlassen worden (45, S. 102; 195, S. 152; 648, S. 397). Im Hochland war zu dieser Zeit genau das Gegenteil der Fall. Lokale Kulturzentren bildeten sich heraus und entfalteten sich zu großer Blüte: Teotihuacán, Xochicalco und Cholula in Zentralmexiko, Kaminaljuyú im Hochland von Guatemala, Tajin in Zentralveracruz und Monte Alban in Oaxaca. Eine solche von 400 bis 700 n. Chr.

andauernde »mittelklassische« Blütezeit gab es im Maya-Tiefland nicht. An ihre Stelle trat dort jene scharfe Zäsur, die mit dem Niedergang Teotihuacáns, der einflußreichsten Stadt im alten Mesoamerika, verbunden ist.

Die Ausstrahlungskraft dieser großen Stadt reichte seit 380 n. Chr. teils direkt, hauptsächlich aber über Kaminaljuyú, ihren kolonialen Vorposten im Hochland von Guatemala, bis Tikal und darüber hinaus bis in die Rio-Bec-Region und das nördliche Yucatán (Chichén Itzá). Wir haben ausführlich von den politischen und dynastischen Bindungen, den Handelsbeziehungen und den besonders in Tikal sichtbar gewordenen künstlerischen Einflüssen Teotihuacáns gehört (S. 21). Nachdem schon im 6. Jahrhundert infolge politischer Wirren und Bevölkerungsbewegungen im Hochland die alten Kontakte zu Teotihuacán abgebrochen waren und schließlich die alte Metropole um die Mitte des 7. Jahrhunderts zerstört wurde, litt das gesamte Maya-Kernland unter den Fernwirkungen des eingetretenen politischen und wirtschaftlichen Vakuums. Nur einige an der Peripherie gelegene Kultplätze – Pusilhá im südlichen Belize, Cobá und Tulúm im Norden Yucatáns – blieben von der schweren Krise verschont und begannen gerade um diese Zeit mit der Errichtung datierter Stelen (198, S. 153). Diese Zentren waren nicht oder nur in geringem Maße von Teotihuacán-Einflüssen berührt worden und bekamen daher von den veränderten Verhältnissen auch nur wenig zu spüren. Dies gilt besonders auch für Palenque im äußersten Nordwesten, das niemals in direkter Verbindung zu Teotihuacán gestanden hat (805, S. 135).

Erst nach einer Pause von einem halben Jahrhundert entfaltete sich – nun ganz aus eigener Kraft und dank einer schnell wachsenden Bevölkerung – die Maya-Zivilisation zu ihrer höchsten Blüte. Aber Tikal, das seiner Schutzmacht Teotihuacán und der von dort ausgegangenen vielfältigen Impulse verlustig gegangen war, gewann seine zuvor herausragende Stellung nie wieder zurück. Andere Ober- und Regionalzentren, wie Palenque, Piedras Negras, Yaxchilán, Copán und Naranjo, schufen sich in der Folgezeit ihre eigenen politischen und wirtschaftlichen Einflußsphären (S. 397).

War diese erste, aber doch glücklich überstandene Krise ein früher Vorbote des knapp 300 Jahre später eingetretenen endgültigen Zusammenbruchs?

2. Ablauf und Ursachen des Untergangs

Man hat das »jähe« Ende der Maya-Hochkultur mit dem Fall einer belagerten Festung verglichen. In Wirklichkeit war es kein »schlagartig« eingetretenes Ereignis, wie es La Venta, Teotihuacán oder Tula widerfuhr, sondern ein sich über rund 150 Jahre erstreckender Verfalls- und Auflösungsprozeß. Die Zeremonialzentren verödeten, erloschen wie ein Licht nach dem anderen. Wie wir aus den beschrifteten Stelen die »Geburtsdaten« der Zeremonialzentren kennen, überliefern sie uns auch mit der letzten verzeichneten Zahl das »Sterbejahr«. Freilich: die ersten und letzten Stelendaten fixieren nur die *absolut* gesicherte Existenzdauer eines Zeremonialzentrums, sie lassen uns jedoch im Ungewissen, wie lange der betreffende Kultplatz schon vor Errichtung des ältesten Gedenksteins besiedelt war und ob und wie lange nach der letzten Stelensetzung dort noch Menschen lebten. Je nach Ergiebigkeit der in den alten Hausplattformen gefundenen datierbaren Keramikreste können glücklicherweise auch diese beiden Fragen beantwortet werden. Die letzte datierte Stele in Seibal stammt zum Beispiel aus dem Jahre 889, aber von seiner Einwohnerschaft verlassen wurde das Zeremonialzentrum erst 40 Jahre später. An anderen Plätzen zog sich der Entvölkerungsprozeß noch weit länger hin (S. 432).

Zweifellos war die Errichtung datierter Stelen das Werk einer schriftkundigen, astronomisch geschulten Priesterschaft. Wenn von einem bestimmten Zeitpunkt an keine Kalenderdaten mehr festgehalten wurden und die Stelen »verstummten«, lassen sich daraus verschiedene Schlüsse ziehen:

- die bis dahin führende Oberschicht war entmachtet, vertrieben, getötet und damit das Kalenderwissen verlorengegangen, die Bevölkerung jedoch am Ort verblieben, oder
- im Verlauf der allgemeinen Säkularisierung waren die kult-religiösen Grundlagen und damit das Interesse an der Errichtung von Kalendersteinen entfallen, oder
- das Kultzentrum war gleichzeitig mit der Führungsschicht von seiner gesamten Einwohnerschaft verlassen worden.

Daß mit dem Auszug der Elite und dem Verfall der administrativen Zentren auch die breite Masse der »städtischen« und »ländlichen« Bevölkerung aus ihrem angestammten Siedlungsraum verschwunden sei, schlossen die Maya-Forscher des 19. Jahrhunderts aus der nahezu völligen Menschenleere des Petén, die sie sich anders nicht erklären konnten. Man wußte weder, wohin die Menschen gezogen waren, noch kannte man die Gründe für den allgemeinen Exodus. Die Möglichkeit einer erst im Verlauf des halben Jahrtausends zwischen Untergang der Zeremonialzentren und Beginn der spanischen Eroberung oder einer während der frühen Kolonialzeit durch eingeschleppte Krankheiten verursachten Entvölkerung des Petén wurde kaum ins Auge gefaßt. Nur J. E. S. Thompson (414, S. 230) äußerte vor 50 Jahren einmal den Verdacht, daß die eigentliche große Dezimierung des Maya-Volkes nicht am Ende des Klassikums, sondern erst im Verlauf des 16. und 17. Jahrhunderts erfolgt sei. Im nördlichen Teil der Halbinsel mit seinen bedeutenden nachklassischen Zentren und seiner noch zur Zeit der Conquista dichten Bevölkerung war das Massensterben tatsächlich erst eine Folge der spanischen Eroberungszüge (S. 481). Im Maya-Kernland der südlichen Regenwaldzone hingegen lebten, wie in Tikal, Palenque und Copán archäologisch nachweisbar ist, nach dem Untergang der Zeremonialplätze noch für die Dauer von 100 bis 150 Jahren Reste der einstigen Bevölkerung, bis dann auch diese verschwanden. Um 770 waren in Tikal, dessen letzte Stele das Datum 879 trägt, sämtliche privaten Hausgrundstücke bewohnt, um 870 noch die meisten, und erst vom Jahre 1000 an waren schließlich alle geräumt (562, S. 192).

Durch eingezogene Zwischenwände in den von Priestern und Adeligen verlassenen Tempeln und Palästen ist in Tikal und Uaxactún erkennbar, daß diese massiven Bauten noch eine Zeitlang einem Teil der führerlos gewordenen einfachen Bevölkerung als Behausungen dienten. Urkunden bezeugen, daß noch bis zum 18. Jahrhundert Maya-Bauern im Umkreis von Tikal gelebt haben (537, S. 12, 37f.), dann verstummen die Berichte. Als die ersten Spanier 1696 nach Tikal kamen, waren zwar die Ruinen völlig vom tropischen Regenwald überwuchert, aber das alte Zeremonialzentrum war den Itzá-Bauern am Petén-Itzá-See noch durchaus ein Begriff (122, S. 68). Manche Tempel sind, wie aus nachklassischer Zeit stammende Räuchergefäße beweisen, auch nach Ausscheiden der offiziellen Priesterschaft noch für kultische Zwecke benutzt worden. Der große Jaguartempel (Tempel I) in Tikal war zum Beispiel noch im 12. Jahrhundert ein religiöser Andachtsplatz. Einige Tempel wurden sogar, nachdem die ursprüngliche Bevölkerung längst verschwunden war, von ortsfremden Pilgern bis in die Zeit der Conquista hinein besucht.

Nach dem Untergang der Zentren wurden zwar keine neuen Stelen mehr gesetzt und keine Inschriften in Stein gemeißelt, aber der Stelenkult brach nicht unmittelbar gänzlich zusammen. Die Überlebenden schleppten umgestürzte Stelen von unbekannten Fundorten heran und richteten sie an den ihnen geheiligten Plätzen wieder auf. Häufig grub man sie in Unkenntnis der Schriftzeichen mit dem Kopfende in den Boden. In Tikal, Naachtún, Calakmul und Rio Bec sind solche auf dem Kopf stehenden Stelen gefunden worden (172, S. 346). Oft wählten die im Lande verbliebenen Maya mangels Anleitung für die Wiederaufstellung Plätze, an die während des Klassikums niemals Stelen gesetzt worden wären. Auf dem großen Platz in Tikal entsprechen etwa 40 % der Stelen mit ihren dazugehörigen Altären nicht den alten Aufstellungsprinzipien (52, S. 106f.).

Die Bewohner der verlassenen Tempel kochten ihre Mahlzeiten vor den Gebäuden und hinterließen Abfallhaufen mit datierbaren Topfscherben. Aber es fehlen die stilistischen Merkmale der eigentlichen nachklassischen Keramik, so daß diese Siedlungsphase nur als der Ausklang des allgemeinen Entvölkerungsprozesses aufgefaßt werden kann. Mit dem Ausfall der Elite war die überlieferte Sozialstruktur zusammengebrochen; es gab die alte Obrigkeit nicht mehr, die zuvor alle Arbeiten auf dem Feld nach festen Kalenderterminen angeordnet hatte. Offensichtlich waren die Bauern nicht in der Lage, ohne diese Anweisungen ihr bisheriges Leben fortzusetzen, und verloren sich als Wanderfeldbauern in den Wäldern – oder sie sind wie die anderen Tiefland-Maya schließlich auch in den großen rätselhaften Abwanderungsstrom geraten. Jedenfalls sind überall im Petén Keramikreste und andere datierbare Zeugnisse aus postklassischer Zeit so selten, daß man nach Meinung G. R. Willeys (500, S. 113) kaum einen anderen Schluß ziehen kann.

Aber so wie die Stelendatierungen in den Zeremonialzentren nicht gleichzeitig enden, erstreckte sich auch der allgemeine Bevölkerungsschwund des Maya-Tieflandes über einen längeren Zeitraum. Wenn wir das Verstummen der Stelensprache üblicherweise als das Ende des Klassikums bezeichnen, reichte – wie gesagt – im Kernland des Petén die Anwesenheit einer Restbevölkerung noch ein bis eineinhalb Jahrhunderte in die nachklassische Epoche hinein. Die Größe dieser Restbevölkerung wird auf 10–15 % der ursprünglichen geschätzt (508, S. 128). Aber diese Werte sind sehr vage, und der Anteil der auf dem flachen Lande Verbliebenen könnte auch erheblich größer gewesen sein. Solange dort noch nicht genügend Wohnhügeluntersuchungen durchgeführt sind und man nicht weiß, ob sie datierbare Keramikreste enthalten, muß diese Frage offenbleiben.

Im Unterschied zum Kerngebiet sind in einigen peripheren Regionen des Tieflandes im frühen Nachklassikum überhaupt noch keine Verfallserscheinungen erkennbar. In manchen Zentren wurde noch eifrig gebaut, als andere bereits verfielen. Bei Santa Rita Corozal in Belize sind noch Ende des 14. oder Anfang des 15. Jahrhunderts neue Tempel errichtet, dann von den Maya selbst wieder zerstört und die Trümmer mit Erde bedeckt worden (657, S. 676). Wahrscheinlich war es die Furcht vor den aus Süden vordringenden Fremdvölkern, die die Maya zu solchem Tun veranlaßte.

Die Wohnhügel am Ufer des Belize River waren um 1000 n. Chr. noch voll besiedelt (S. 184), und daran änderte sich bis zum Jahre 1500 fast nichts. Auf den mit *mounds* übersäten Flußterrassen hielt sich die ganze Zeit über die Bevölkerungszahl bei 500 Einwohner je Quadratkilometer (501, S. 291, 573). Die postklassische Keramik läßt dort deutliche Abweichungen von den im Klassikum verwendeten Töpfereierzeugnissen erkennen (195, S. 156). Erst in der Kolonialzeit setzte am Belize River der eigentliche Bevölkerungsrückgang ein. Auch im Cayo-Distrikt (Belize) wurden abseits der Zeremonialzentren vom Landadel bewohnte Residenzsiedlungen gefunden, die noch intakt waren, als die großen Kultbauten der örtlichen Zentren bereits ihre einstige Funktion verloren hatten (414, S. 335).

Im mittleren Motaguatal reichte die Blütezeit der Siedlungen von 427 bis 987 n. Chr. Sie dauerte also noch an, als viele klassische Stätten des Petén längst aufgehört hatten, religiöse Zentren zu sein. Um das Jahr 1000 wurden die Siedlungen dann verlassen (405, S. 174, 179). Auf die große nachklassische Blütezeit im nördlichen Yucatán – verbunden mit den Namen Chichén Itzá, Mayapán, Tulúm und anderen – wurde bereits verwiesen (S. 52ff.).

Nehmen wir letzte Stelendaten und Grabungsergebnisse zusammen, so läßt sich die Endphase der Maya-Hochkultur etwa wie folgt rekonstruieren:

Erste Signale des beginnenden Zusammenbruchs kamen aus der Usumacinta-Region und dem südlichen Belize. Bereits ab 730 wurden dort keine datierten Stelen mehr errichtet, während im nördlichen Belize, an den Ufern des Stroms, das Leben ungestört weiterging. Im 8. und bis zur Mitte des 9. Jahrhunderts dauerten noch in allen anderen Zentren die Stelensetzungen in den üblichen Abständen von 5, 10 und 20 Jahren an. Das Jahr 780 bezeichnet mit dem letzten Inschriftendatum in Palenque den Beginn des endgültigen Niedergangs. Innerhalb der nächsten drei Jahrzehnte wurden Copán, Quiriguá und Piedras Negras verlassen, alles Plätze am südlichen Gebirgsrand und in der Usumacinta-Region. Der Zusammenbruch setzt damit eindeutig an der westlichen Peripherie des Maya-Tieflandes ein, wenn sich dort auch einzelne etwas abseits gelegene Zentren, zum Beispiel Seibal, bis zur ersten Hälfte des 10. Jahrhunderts hielten.

Innerhalb der gleichen Zeitspanne (780–810), in der am Usumacinta das Leben weitgehend erlosch, wurden auch in der Kernzone des Petén (Naachtún, Uxul, La Honradez, Ixkún) und in der Rio-Bec-Region (Calakmul, Etzná) bereits die ersten Zeremonialzentren aufgegeben. Aber erst 70 Jahre später, zwischen 879 und 889, mit dem Ende von Tikal und Uaxactún, war das Schicksal des Petén besiegelt. Die Wende zum 10. Jahrhundert überlebten außer Seibal am Rio de la Pasión nur noch zwei Zeremonialzentren in der Rio-Bec-Region (La Muñeca, Tzibanche). Im Puuc-Gebiet, wo nach einer neuerlichen Phase des Aufschwungs (830–850) bereits einige Zentren zwischen 849 und 889 still geworden waren (174, S. 182), hören im Jahre 909 die reinen Maya-Datierungen endgültig auf (Uxmal), was jedoch nicht gleichbedeutend mit einer Entvölkerung dieses Gebietes war. Eine zwangsweise Umsiedlung der Puuc-Bewohner in das nördliche Yucatán wurde erst von den Tolteken durchgeführt (S. 54), die Ende des 10. Jahrhunderts diesen von den Ereignissen im Süden nur wenig erschütterten Teil der Halbinsel besetzten und zu neuer Blüte brachten.

Nachdem wir uns auf Grund der bisher erbrachten Forschungsergebnisse ein Bild von dem zeitlich und regional unterschiedlichen Ablauf des Verfallsprozesses machen können, fragen wir erneut nach den Ursachen des Zusammenbruchs und nach dem Verbleib der Menschen, die von ihm betroffen wurden. Argumente für die Beantwortung der zweiten Frage werden uns erst zur Verfügung stehen, wenn wir die möglichen Gründe des Niedergangs erörtert haben. Eines ist klar: Alle jene Autoren, die in ihren Schriften die Ansicht vertraten, daß sich eine Hochkultur im tropischen Regenwald auf die Dauer nicht halten könne, ihr Untergang daher von Anfang an vorprogrammiert gewesen wäre, befanden sich im Irrtum. Die Anfänge der Maya-Zivilisation im Tiefland reichen bis in das 3. vorchristliche Jahrtausend zurück, und allein die Epoche der hochkulturellen Entwicklung umfaßt volle 600 Jahre (300–900 n. Chr.). Das ist eine lange Zeitspanne. Man kann E. Z. Vogt (495, S. 40) nur beipflichten, wenn er meint, es sei absurd zu sagen, daß die Kultur der Petén-Maya während dieser vielen Jahrhunderte ständig nur im Abstieg begriffen gewesen wäre.

Die in der Literatur geäußerten Meinungen über die Ursachen des Maya-Zusammenbruchs sind außerordentlich vielfältig – ein Zeichen dafür, daß es offenbar schwierig ist, eine »richtige«, allen Gegenargumenten standhaltende Antwort zu finden. Es muß vielmehr von vornherein damit gerechnet werden, daß es gar keine »einzige« Antwort gibt, sondern daß es sich um ein sehr komplexes Phänomen handelt, das heißt, daß eine Reihe von Ursachen in Wirkung und Wechselwirkung den Untergang herbeigeführt haben. Diese Ursachen könnten Überbevölkerung und eine allgemeine Verschlechterung der Lebensbedingungen gewesen sein, auf Störungen des ökologischen Gleichgewichts durch die Formen der Bodennutzung und andere Eingriffe in den Naturhaushalt zurückgehen, mit Klimaänderungen, Naturkatastrophen oder der Ausbreitung von Seuchen in Verbindung stehen, in der theokratischen Herrschaftsform und der sich daraus ergebenden Sozialstruktur begründet sein, auf kulturellen Verfallserscheinungen oder sozialrevolutionären Erhebungen beruhen oder schließlich in politisch-militärischen Vorgängen zu suchen sein, die von außen auf das anfällige System eingewirkt und die traditionelle Lebensform der Maya erschüttert haben. Selbst irrationale Gründe sind in die Überlegungen einzubeziehen.

Überbevölkerung?

Mit 19–20 Millionen Einwohnern war das Maya-Land gegen Ende des Klassikums überraschend dicht besiedelt (S. 407). In früheren Jahren hat man mit weit geringeren Zahlen gerechnet. Die mittlere Bevölkerungsdichte betrug für das Gesamtgebiet rund 80 Einw./km², erreichte im Petén 170–200 Einw./km² und örtlich noch viel höhere Werte. War damit eine Überbevölkerung eingetreten, die die Katastrophe ausgelöst haben kann?

Wachstum oder Rückgang einer Bevölkerung ist das Ergebnis des Zusammenwirkens dreier Komponenten: Geburtenrate, Sterblichkeitsquote und Wanderungsgewinn oder -verlust. Positive oder negative Bilanz hängen in entscheidendem Maße von den sich jeweils bietenden Möglichkeiten der Befriedigung der Lebensbedürfnisse ab. Die Selbstversorgungswirtschaft einfacher Agrargesellschaften reicht so lange für die Beschaffung der erforderlichen Nahrungsmittel aus, wie anbaufähiges Land für die wachsende Bevölkerung zur Verfügung steht. Wenn dies nicht mehr der Fall ist, kann die Weiterentwicklung in unterschiedlichen Richtungen verlaufen:

Die einfachste, aber auch am wenigsten befriedigende und meist nur für verhältnismäßig kurze Zeit mögliche Lösung besteht darin, daß die Bevölkerung versucht, mit geringeren täglichen Verpflegungsrationen auszukommen, wie dies in der Gegenwart noch in vielen Entwicklungsländern unumgänglich ist. Bei anhaltender Schrumpfung der Ernährungsbasis steigt die Sterblichkeit, besonders unter jugendlichen und alten Menschen. Hungerkatastrophen können zu drastischen Bevölkerungsrückgängen führen. Indien und das alte China liefern dafür zahlreiche Beispiele. Die bisherigen Erkenntnisse der Siedlungs- und Bevölkerungsforschung im alten Maya-Land (S. 184) lassen bis in das Spätklassikum eine kontinuierliche Bevölkerungszunahme trotz der auf anderen Ursachen beruhenden ersten großen Krise, aber keine Phase eines markanten Bevölkerungsschwunds erkennen.

Wachsende Bevölkerungen des vorindustriellen Zeitalters erstrebten in der Regel eine Ausweitung ihres Lebensraumes durch kriegerische Auseinandersetzungen mit ihren Nachbarn. Die Geschichtsschreiber berichten über unzählige geglückte oder mißglückte Unternehmungen dieser Art. Für eine territoriale Expansion bot sich den Maya keine Chance. Die Halbinsel Yucatán ist an drei Seiten von Meeren umgeben, der Petén geht nach Süden hin in das schwer zugängliche Waldbergland Guatemalas über. Bis in die Spätzeit des Klassikums hat es aus dem Kernland um Tikal heraus keine Landnahmebewegungen in dieses höhere Bergland hinein gegeben, nur solche in das ebenfalls alt-, aber lange Zeit dünnbesiedelte mittlere und nördliche Yucatán (S. 52).

Die Maya hätten den explosiven Bevölkerungszuwachs eindämmen können. Dieses Ziel wäre durch Abtreibung, Kindestötung oder Erhöhung des Heiratsalters erreichbar gewesen. Abtreibung und Kindestötung waren früher besonders unter Sammler- und Jägervölkern verbreitet, zum Beispiel bei den Chaco-Indianern Südamerikas. Die begrenzten Möglichkeiten der Nahrungsbeschaffung zwangen sie dazu. Bei Ackerbauvölkern sind solche Zuwachsregelungen seltener anzutreffen, da man gewöhnlich in jedem Neugeborenen eine erwünschte künftige Arbeitskraft sah. Auch die Oberschicht der Maya hatte wegen des wachsenden Umfangs ihrer Bauvorhaben ein Interesse an einem möglichst großen Arbeitskräftepotential. Bei Subsistenzwirtschaft treibenden Völkern ohne derartige Ambitionen wurde durch Heraufsetzung des Heiratsalters die Größe der künftigen Familien in Grenzen gehalten. Der Eheschluß wurde erst dann erlaubt, wenn sich die Eltern vom Hof zurückzogen und damit das junge Paar eine sichere Lebensgrundlage fand. Erbgesetze, die die Unteilbarkeit oder eine begrenzte Teilbarkeit des elterlichen Grundes und Bodens verfügten, trugen weiterhin dazu bei, die Existenz der landbesitzenden Bevölkerung abzusichern. Nachgeborene Kinder verbrachten ihr Leben als unverheiratete Knechte und Mägde im Dienst des Hoferben und schieden damit als Begründer weiterer Familienzweige aus.

Bei den Maya gab es keinerlei Bevölkerungsregulative dieser Art. Söhne und Töchter heirateten, sobald sie in das entsprechende Alter kamen. Die jungen Familien vergrößerten schon existierende Familienverbände oder wurden zu Begründern neuer Sippen. Jeder Sohn war erbberechtigt. Die übliche Realteilung führte zu einer Landzerstückelung, die zweifellos im Laufe der Zeit die Erwirtschaftung der Grundnahrungsmittel Mais und Bohnen im Rahmen der traditionellen Landwechselwirtschaft erschwert hat. So blieb den Maya auf die Länge der Zeit nur ein Weg zur Lösung des Ernährungsproblems, den vor und nach ihnen viele Völker gegangen sind, nämlich ihre altüberkommene Wirtschaftsform zu »modernisieren«. Daß es ihnen gelang, die Erträge ihrer Hauptfeldfrucht Mais durch Züchtung und Sortenwahl systematisch zu steigern, hat entscheidend zur Verbreiterung ihrer Ernährungsbasis beigetragen. Aber dem wachsenden Bevölkerungsdruck war damit allein nicht zu begegnen. In ihrem naturgegebenen Milieu boten sich eine Ergänzung der Landwechselwirtschaft durch verstärkte Nutzung der Nahrungsmittelreserven in den Wäldern (Jagd, Sammelfrüchte), Steigerung des Fischfangs, Obst- und Gartenbau, Anlage von Dauerkulturen auf feuchtem Niederungsland und die Bewirtschaftung von Akkerbauterrassen auf zuvor landwirtschaftlich nicht nutzbar gewesenen Steilhängen an.

Es ist eine in der Menschheitsgeschichte immer wieder zu beobachtende Wechselwirkung, daß zunehmender Bevölkerungsdruck zu einer Intensivierung der Wirtschaft führt und umgekehrt eine Vergrößerung des Wirtschaftspotentials ein weiteres Bevölkerungswachstum zur Folge hat. Die agrartechnischen Innovationen der Maya könnten sich als ein derartiger verhängnisvoller Circulus vitiosus ausgewirkt haben. Sie wären dann ebenso Folge wie Ursache der ständigen Bevölkerungszunahme gewesen. Aber haben im Endeffekt alle Maßnahmen der Produktionssteigerung mit der Bevölkerungsexplosion Schritt halten und das Versorgungsproblem lösen können? Oder ist es im Spätklassikum zu Hungersnöten gekommen, die den Zusammenbruch der Maya-Hochkultur herbeigeführt haben?

Ernährungsschwierigkeiten?

Von F. P. Saul untersuchte Skelette lassen in der Tat Anzeichen von Mangelkrankheiten erkennen, die auf unzureichende oder einseitige Ernährung zurückzuführen sind (811–813). 45 der Gebisse hatten Zahnschäden, 32 Skelette von insgesamt 90 überprüften trugen Zeichen von Eisenmangelanämie, 30 lassen auf Erkrankung an Skorbut schließen. Von den Skeletten der einfachen Bevölkerung des Spätklassikums, die gegenüber solchen aus frühklassischer Zeit häufiger Merkmale von Mangelkrankheiten zeigen, unterscheidet sich der robustere Knochenbau der in den Pyramidengräbern bestatteten Herrscher, deren Ernährung fraglos besser und vielseitiger war.

Die Untersuchungsbefunde dürfen nicht überbewertet und für Schlußfolgerungen aus zu einseitiger Sicht verwendet werden. Die dokumentierten Krankheitsbilder entsprechen weitgehend denen, die man auch heute in vielen tropischen Entwicklungsländern findet, ohne daß deswegen größere Bevölkerungsgruppen spontan ihre Siedlungsgebiete räumen. Typisch für alle tropischen Völker ist eine zu starke Abhängigkeit von kohlenhydratreichen Grundnahrungsmitteln (Mais, Reis, Maniok, Bataten, Yamswurzeln, Taro) und der Mangel an proteinreicher Zukost (Fleisch, Fisch, Eier). Vitamin- und fettreiche Früchte standen den Maya in ausreichendem Maße zur Verfügung. Insgesamt war die Zusammensetzung der Nahrung nicht ungünstiger, als sie es gegenwärtig in tropischen Ländern ist. Ein guter Kenner der Verhältnisse, Moises Behar, Leiter des Ernährungsinstituts der Vereinten Nationen für Zentralamerika, sagte vor einigen Jahren mit Recht: »Die alten Maya aßen besser als das Volk von heute.«

Diese Feststellung soll nicht beschönigen, daß die Ernährungssituation im Laufe der Zeit immer angespannter geworden ist. Durch die ständige Verkleinerung des verfügbaren Freiraums infolge des Wachstums konkurrierender Nachbarzentren wurde es allmählich schwierig, Neuland durch Rodung von Primärurwald zu gewinnen. Trotzdem ist es keineswegs so, daß – selbst in der näheren Umgebung großer Zentren – überhaupt kein frisches Rodungsland mehr zur Verfügung gestanden hätte. Amerikanische Bodenkundler haben bei ihren Untersuchungen im Umkreis von Tikal noch überraschend große Areale mit schwarzen, humosen Oberböden gefunden, die sich durch ihre Farbe deutlich von den einst bebaut gewesenen Böden unterscheiden. G. W. Olson (802, S. 20) knüpft daran sogar die Hoffnung, daß es durch eine exakte Bodenkartierung gelingen müßte, auch beim Fehlen sichtbarer archäologischer Zeugnisse alle früher von den Maya besiedelten Gebiete kartographisch zu erfassen. Eine solche kostspielige Detailaufnahme der Böden wird freilich noch lange auf sich warten lassen.

Dessenungeachtet ist schwerlich zu bestreiten, daß das verfügbare Anbauland immer knapper geworden ist. Man fand dies zum Beispiel durch die Beobachtung bestätigt, daß in Tikal während der spätklassischen Zeit durch Einzelhöfe und Weiler »zersiedeltes« hochwertiges Ackerland freigemacht und die Bevölkerung in konzentrierter angelegte Siedlungen umgesetzt wurde (814, S. 544f.). Vielleicht erklärt sich auch der Bau von Befestigungsanlagen im Bereich einzelner klassischer Zentren (S. 341f.) weniger aus der Furcht vor äußeren Feinden als aus sich mehrenden Landstreitigkeiten und dem feindseligen Verhalten der um ihren eigenen Nahrungsspielraum besorgten Nachbarn. Andere Autoren deuten daher die im Spätklassikum erfolgte Räumung der Außenbezirke von Tikal und die Umsiedlung in den zentraler gelegenen Bereich nicht primär aus dem entstandenen Landmangel, sondern als Reaktion auf derartige Spannungen (S. 277). Beide Argumentationen laufen im Grunde genommen auf das gleiche hinaus.

Es kann ein Punkt eingetreten sein, an dem die Menge der erzeugten Nahrungsmittel, trotz Ausschöpfung aller Möglichkeiten, für die Millionen von Menschen einfach nicht mehr ausgereicht hat. Außer Landmangel könnte dies eine im Laufe der Zeit eingetretene Ertragsminderung der Böden verursacht haben.

Bodenerschöpfung?

Da sich aus den genannten Gründen die Umtriebszeiten, das heißt die der Buschwaldbrache dienenden Zeitspannen, zwangsläufig verkürzten, werden sich die Erträge je Zeit- und Flächeneinheit laufend verringert haben. Bodenerschöpfung infolge fehlender Möglichkeiten, die Felder zu düngen, käme daher als eine der Hauptursachen für den Zusammenbruch der Agrarwirtschaft und damit der gesamten Hochkultur der Maya in Betracht. Diese These wird seit O. F. Cook (316), C. W. Cooke (782) und S. G. Morley (120) von vielen Maya-Archäologen wie B. J. Meggers (799), A. Palerm und E. R. Wolf (803), E. R. Wolf (199), W. T. Sanders (741) und auch einigen Geographen (K. Sapper, 810, S. 350; P. Gourou, 789, S. 49) vertreten, fordert jedoch bei sorgfältiger Überprüfung aller Fakten zu einer Reihe von Einwänden heraus.

Sie geht zunächst einmal von der irrigen Annahme aus, daß die Böden des Karstlandes Yucatán von Natur wenig fruchtbar seien und bei einem sich über Jahrhunderte erstreckenden Anbau schließlich der völligen Erschöpfung unterlägen. Tatsächlich sind die oft zum Vergleich herangezogenen unfruchtbaren Sandsteinböden der *terra firme* Amazoniens bereits nach zwei- bis dreijährigem Anbau so sehr verarmt, daß sich die weitere Bewirtschaftung nicht mehr lohnt. Hingegen haben die sich ständig durch die Verwitterung des Kalksteins regenerierenden, fruchtbaren Böden des Maya-Landes (S. 236) allein während der klassischen Periode 600 Jahre lang Ernten hervorgebracht, die eine außerordentliche Bevölkerungsverdichtung und einen ebenso außergewöhnlichen Einsatz von Arbeitskräften auf den Großbaustellen der Zeremonialzentren ermöglichten. Um ihre physische Existenz ringende Menschen hätten diese gewaltigen Leistungen, die sich bis zur Schlußphase eher steigerten als verringerten, kaum erbringen können. Alle früheren architektonischen Leistungen in den Schatten stellend, zeichnen sich besonders die Bauten des Spätklassikums durch künstlerische Gestaltungskraft und imponierende Dimensionen aus, und gerade im letzten Jahrhundert vor dem beginnenden Niedergang, zwischen 600 und 700, wurden die meisten Stelen errichtet.

Nach langer Entfaltungs- und Blütezeit soll dann plötzlich Bodenerschöpfung zum Zusammenbruch geführt haben? Wenn dem so wäre, müßte sich der nahende Untergang in den am frühesten besiedelten Teilen des Tieflandes mit den am längsten genutzten Böden zuerst bemerkbar gemacht haben. Das ist auch tatsächlich der Fall: Die altbesiedelte Region am südlichen Gebirgsrand, im Tal des Rio Usumacinta und im unteren Motaguagebiet wurden zuerst geräumt. Aber gerade dort versagt die Bodenerschöpfungstheorie zur Erklärung des frühzeitigen Abzugs der Maya völlig. Das schon um 810 aufgegebene Quiriguá kann schwerlich unter einer Ertragsminderung seiner Böden gelitten haben, denn den tiefgelegenen Anbaugebieten dieses Zentrums wurden durch die Motaguahochwässer alljährlich neue Nährstoffe zugeführt. Ebenso verfügte Copán über Anbauland auf einer fruchtbaren, ständig gut mit Wasser versorgten Talaue, so daß verarmte Böden keinesfalls der Grund für eine Abwanderung gewesen sein können.

Es gibt jedoch noch andere Argumente dafür, daß die Bodenerschöpfungstheorie das Rätsel des Untergangs der Maya-Hochkultur nicht zu lösen vermag. Nicht mit ihr in Einklang zu bringen sind nachklassische Rückwanderungen in den menschenleer gewordenen Petén. Die nach dem Fall Mayapáns (1441) aus dem Norden vertriebenen Itzá haben um die Mitte des 15. Jahrhunderts am Petén-Itzá-See in völliger Isolierung von der mesoamerikanischen Umwelt ein bis zur spanischen Eroberung (1697) völlig intaktes Kulturgebiet mit Tayasal als Mittelpunkt geschaffen, das weite, zuvor von Maya besiedelte Areale einschließlich ihrer verfallenen Kultstätten mit umfaßte. Die Ruinen von Tikal waren nur 45 km von Tayasal entfernt! Wieso konnten die Itzá dort noch 250 Jahre länger auf dem gleichen Urwaldboden eine erfolgreiche Milpawirtschaft betreiben, wenn ihren Vorgängern dies nicht ebenso möglich gewesen sein soll? Das Gebiet des Petén-Itzá-Sees ist auch nach der Zerstörung Tayasals durch die spanischen Conquistadoren niemals von den in seinem Umkreis lebenden Menschen verlassen worden. Ihre Maisfelder lassen keinerlei Anzeichen einer Bodenerschöpfung erkennen (S. 175 und Fig. 28). Wenn man heute den Petén bereist, etwa auf der Route von Tikal über den Petén-Itzá-See zum Lago de Izabal, sieht man allenthalben im Bereich der wenigen Siedlungen Felder mit übermannshohem Mais, und dies trotz 2000jähriger Nutzung und noch immer fehlender Wiederanreicherung des Bodens durch tierischen oder mineralischen Dünger. Holzasche, die bei den Rodungsbränden anfällt, und Stickstoffzufuhr aus der üblichen kombinierten Anpflanzung von Bohnen und Mais sorgen allein für eine Wiederauffrischung der Böden.

Die heutigen Maiserträge im südlichen Petén liegen bei 580 kg/ha und sind ausreichend für die Ernährung der Familien und die zusätzliche Fütterung von Schweinen. In diesem Gebiet werden in der Regel zwei Maisernten pro Jahr eingebracht (S. 190), so auch in der auf vorkolumbische Zeiten zurückgehenden, einst von Mopán-Maya bewohnten und 1708 wiederbegründeten Gemeinde San Luis. Der Ort ist berühmt wegen seiner reichen Maisernten und verkauft seine alljährlichen Überschüsse nach Flores, Poptún und Guatemala-City (319, S. 343).

Topoxté, wie Tayasal eine Inselstadt (in der westlichen der beiden Lagunen von Yaxhá, Fig. 46), ist das andere der beiden erst in der späten nachklassischen Zeit ausgebauten Zentren der Itzá (780). Es war zur Zeit der Ankunft der Spanier aus unbekannten Gründen bereits verlassen, aber auch dort hatte sich nach der Wiederbesiedlung das traditionelle Leben der Brandrodungsbauern noch rund zwei Jahrhunderte lang unverändert fortgesetzt. Vor allem aber ist es im nördlichen Yucatán weitergegangen, wo die Siedlungsgeschichte von der vorkolumbischen Zeit kontinuierlich bis zur Ankunft der Conquistadoren reicht und erst durch die spanischen Missionare katastrophale Veränderungen im Bevölkerungsbild ausgelöst wurden (S. 257). Die ununterbrochene Besiedlung und agrarische Nutzung des nördlichen Yucatán erscheint um so erstaunlicher, als gerade dieser Teil der flachen Kalktafel als das von der Natur am wenigsten begünstigte Gebiet innerhalb des alten Lebensraumes der Maya gilt. Wenn Bartolomé de Las Casas, der selbst 1526 in Yucatán war, auch sicherlich übertrieben hat, als er schrieb, »man lebte wie im irdischen Paradies«, so besagt doch dieser Ausspruch zumindest, daß dort kein akuter Notstand herrschte. Yucatán hat auch heute noch die weitaus dichteste Bevölkerung: 19 Einw./km^2 gegenüber nur einem Menschen auf gleicher Fläche im Petén.

Man wird Bodenerschöpfung in Zukunft nicht mehr ernsthaft als eine Hauptursache des »Maya-Kollapses« in Betracht ziehen dürfen. Eine Reihe erfahrener Bodenkundler, wie zum Beispiel die Arbeitsgruppe des »British Honduras Land Use Survey«, hat sich bereits vor mehr als zwei Jahrzehnten in diesem Sinne geäußert (268, S. 302; 447, S. 114), und die gleiche Meinung beginnt sich inzwischen auch unter den führenden Archäologen durchzusetzen (56, S. 123; 174, S. 163; 426, S. 368; 477, S. 41). Dabei bleibt weiterhin zu bedenken, daß die alte These eines Versagens der Ernährungswirtschaft infolge Bodenerschöpfung von der längst überholten Ansicht ausgeht, daß das Wohl und Wehe der Maya allein von den jährlichen Mais- und Bohnenerträgen abgehangen hätte. Es wurde bereits darauf hingewiesen und in früheren Kapiteln ausführlich gezeigt, welche Rolle darüber hinaus die Brotnuß (S. 195), die Hochacker- und Chinampakulturen (S. 210), der Anbau in Hausgärten (S. 192), Jagd und Fischfang (S. 219) für die Nahrungsmittelversorgung der Maya gespielt haben. Zeremonialzentren, die in der glücklichen Lage waren, über ständig sich regenerierende fruchtbare Böden auf den feuchten Talauen zu verfügen, wie zum Beispiel die Orte am Rio de la Pasión, hatten es kaum nötig, sich zusätzliche Nahrungsquellen zu erschließen. Als Menschenwerk zu deutende Veränderungen im Bilde der einstigen Agrarlandschaft sind dort jedenfalls nicht feststellbar (198, S. 140).

Bodenzerstörung?

Bodenerschöpfung und Bodenzerstörung sind keine identischen Begriffe. Im einen Fall handelt es sich um einen chemischen Prozeß, um eine Reduzierung der Fruchtbarkeit, die auf den sich ständig regenerierenden Kalksteinböden des Maya-Landes nie eingetreten ist. Im zweiten Fall geht es um Abtragungs- und Umlagerungsvorgänge, denen die von der natürlichen Vegetation entblößte, ackerbaulich genutzte Landoberfläche ausgesetzt ist, das heißt um physikalische Vorgänge. Regenwasser fließt auf den bewirtschafteten oder brachliegenden Feldern ab, schwemmt fruchtbare Ackerkrume zu Tal und zerrachelt das Gelände. Im Endstadium kann dies bis zur völligen Freilegung des nackten Felsuntergrundes führen. Die Frage ist, ob sich im Maya-Land nachweisen läßt, daß, wenn auch nicht durch Bodenverarmung, so doch durch Bodenzerstörung *(soil erosion)* und Bodenverlust eine erhebliche Einschränkung der verfügbaren Anbaufläche und damit eine Minderung des Ertragspotentials eingetreten ist. Von einigen Wissenschaftlern wird dies vermutet (120, S. 72; 810, S. 350). Unsere Fragestellung verschiebt sich gegenüber derjenigen im vorigen Abschnitt in eine etwas andere Richtung.

Die Maya haben dort, wo eine Erosionsgefahr bestand, durch den Bau von Schlammfallen und Terrassen wirksame Gegenmaßnahmen ergriffen. Besonders in den nicht ständig feuchten Teilen der Halbinsel, im Hügelland der Rio-Bec-Region und im nördlichen Belize, erwiesen sich solche Schutzbauten als nützlich. Sie erübrigten sich aber im Flachland des nördlichen Yucatán und im immerfeuchten Petén (S. 201). Dort sind keine Terrassen angelegt worden, und obwohl im Kegelkarst Steilhänge bis 50 Grad Neigung mit Mais bepflanzt wurden (und noch heute bepflanzt werden), gibt es dort keine Anzeichen merklicher Bodenabschwemmung. Vom krümeligen humosen Oberboden wird aller Niederschlag schwammartig aufgesaugt und durch die klüftigen Kalke in den Untergrund abgeführt. Zu einem wirksamen Wasserabfluß an der Oberfläche und zur Bodenabspülung kommt es nur in einem bescheidenen Ausmaß, aber auch eine dadurch bewirkte geringe Bodenabtragung ist nicht unbedingt von Nachteil, weil durch sie immer wieder frischer, mineralreicher Unterboden an die Oberfläche kommt. Erst in einem fortgeschritteneren Stadium treten Schäden ein. Im Petén gibt es jedoch keine von Erosionskerben aufgeschlitzten Hänge wie in den wechselfeuchten Tropen. Allerdings ist nicht ohne weiteres erkennbar, ob auf den einstigen Feldern eine schleichende, sukzessive Abschwemmung des Oberbodens stattgefunden hat oder nicht. Bodenkundler, die in der Gegend von Tikal gearbeitet haben, sind der Ansicht, daß, wenn auch für das Auge unsichtbar, dennoch im Laufe der Zeit ein erheblicher Teil der Bodenkrume in die Täler und flachen Niederungen abgewandert sei (802, S. 21). Wenn dies zutrifft, müßte sich das abgeschwemmte Material, soweit es nicht mit den Flüssen abgeführt wurde, vor allem in den abflußlosen Hohlformen angesammelt haben. Wesentlich ist zu wissen, welche Bodenmengen auf diese Weise umgelagert worden sind. Entsprechende Untersuchungen liegen vor:

U. M. Cowgill (216, S. 9) konnte durch Handbohrungen in einer periodisch überschwemmten Niederung bei Tikal und Analyse der Sedimente eines kleinen Sees in der Nähe des Petén-Itzá-Sees nachweisen, daß die gegenwärtige Bodenabtragung im Petén minimal ist und es dort auch in der Vergangenheit keine Periode spektakulärer intensivierter Bodenabspülung gegeben hat. Nach der Radiokarbonmethode datierte Bohrkernhorizonte von der Laguna de Petenxil ergaben für die Zeit von 2000 bis 100 v. Chr. einen jährlichen Sedimentationsbetrag von 0,5 mm, dann bis 1300 n. Chr. einen über 0,7 auf 0,9 mm ansteigenden Wert (219, S. 276). Am Rande des Bajo de Santa Fé wurde eine über 5 m tiefe und mehr als 3 m breite Grube ausgehoben und das Bodenprofil studiert (218, S. 9, 41). An der Oberfläche steht dunkelbrauner Lehm an, der über einen Grauton ab 1 m Tiefe eine gelbliche Färbung annimmt. Die Sedimente in 5 m Tiefe sind nach einer C^{14}-Bestimmung etwa 11 000 Jahre alt, von Feuersteinknollen durchsetzte, teils verschwemmte Verwitterungslehme, wie sie am Boden von Karstwannen aus entstehungsgeschichtlichen Gründen zu erwarten sind. Genetisch haben sie mit den erst in eine viel spätere Zeit fallenden Rodungsaktivitäten der Maya nichts zu tun. Aus der Maya-Zeit stammt nur eine 40 cm mächtige höhere Schichtenfolge. Sie ist im Verlauf von rund 1000 Jahren entstanden, was einem Sedimentationsbetrag von jährlich 0,4 mm entspricht. Wären die Einschwemmungsmengen bedeutender gewesen, könnte man die Gitterstrukturen ehemaliger Hochäcker und Chinampas (S. 212) nicht mehr erkennen. Vielleicht gibt in Zukunft noch eine Untersuchung der einst durch die Bajos in der Umgebung von El Mirador führenden Zeremonialstraßen (Fig. 69) Aufschluß über die ehemaligen Niveauverhältnisse an der Basis der Straßendämme und die Menge der seit ihrem Bau abgelagerten Sedimente.

In der Flußaue des Nacotals bei San Pedro Sula (Honduras) wurde unter einer 1 m dicken Lage junger Alluvionen ein von Artefakten durchsetzter Kulturboden der Maya entdeckt, ein schöner Beweis für die einstige agrarwirtschaftliche Nutzung der fruchtbaren Aueböden (802, S. 21). Die Überdeckung mit der 1 m mächtigen jungen Sedimentschicht hat sich über mehr als 1000 Jahre erstreckt, so daß sich auch daraus ein Jahreswert von nur etwa 0,8–1,0 mm ergibt. Alle diese Zahlen bewegen sich im Rahmen normaler Abtragungsbeträge, wie sie in agrarwirtschaftlich genutzten Gebieten der humiden Bereiche, zum Beispiel auch in Mitteleuropa, beobachtet werden. Sie haben keinen alarmierenden Charakter und machen deutlich, daß es nicht möglich ist, den Zusammenbruch der Maya-Hochkultur als eine Folge »katastrophal gesteigerter Bodenerosion« zu deuten.

Das Gesagte gilt – wie schon betont – für das immerfeuchte Kernland der Maya im Süden der Halbinsel. Die Schlußfolgerungen lassen sich nicht kritiklos auf die wechselfeuchten und trockenen Bereiche im mittleren und nördlichen Yucatán übertragen. Diese Gebiete sind wegen des geringen Vegetationsschutzes und des Schlagregencharakters der periodischen oder episodischen Niederschläge besonders erosionsanfällig, jedoch andererseits als nur schwach reliefiertes Hügel- und Tafelland weniger gefährdet als der durch sein Steilrelief gekennzeichnete Süden. Trotzdem kommt es auch auf der flachen Kalktafel des Nordens, sofern das Wasser nicht sogleich in den Untergrund absinkt, zu Oberflächenabfluß mit einer entsprechenden Verfrachtung von Bodenpartikeln. Die den anstehenden Kalk bedeckende Bodenschicht ist meist nur dünn, zum Teil ragt der nackte Fels durch. Aber der abgeschwemmte Boden geht nicht verloren: Er sammelt sich in den nächstgelegenen Karstmulden (Poljen) und Dolinen, die, wie in Jugoslawien, als ergiebigste Anbauareale gelten. Die Kalke selbst werden von unzähligen schmalen und breiten, ebenfalls mit eingeschwemmter Roterde erfüllten Klüften durchzogen, in denen gleichfalls Mais gepflanzt wird, so daß manches Maisfeld geradezu auf blanken Felsflächen zu liegen scheint. Die sich zyklisch wiederholende Waldrodung und der Ersatz einstiger Hochwälder durch Busch- und Niederwald haben zweifellos die Bodenabtragung beschleunigt, aber da infolge des Fehlens von Flußläufen kein Abtransport über größere Entfernungen, sondern nur eine örtliche Umlagerung der Bodensubstanz stattfand, müssen sich die Schäden in erträglichen Grenzen gehalten haben. Der Beweis dafür: Im nördlichen Yucatán sind – unberührt vom Zusammenbruch im Süden – bis zur Conquista keine Bevölkerungsverluste eingetreten, im Gegenteil, die Menschenzahl hat sich durch Zuwanderer aus den aufgegebenen Siedlungsgebieten des Petén sogar noch vermehrt (S. 467). Selbst die starken Dezimierungen während der frühen Kolonialzeit durch eingeschleppte Seuchen sind bis zu einem gewissen Grade wieder ausgeglichen worden. Mit 758 000 Einwohnern (19 je km²) gehört der heutige Bundesstaat Yucatán zwar zu den am dünnsten besiedelten Gebieten Mexikos, aber die Bevölkerungsdichte ist dort weit größer als in allen anderen Regionen der Halbinsel. Bei zweijährigem Anbau und der üblichen Einhaltung von sieben bis zwölf Brachejahren (S. 167) werden normalerweise für die Ernährung der Bevölkerung ausreichende Ernten und sogar Verkaufsüberschüsse erzielt. Diese Situation bei einer seit vielen Jahrhunderten ununterbrochenen Landwechselwirtschaft, selbst im agrarwirtschaftlich problematischsten Teil der Halbinsel, provoziert geradezu die Feststellung, daß sie bei Einhaltung der als notwendig erwiesenen Brachezeiten ohne spürbare Nachteile bis in alle Zukunft fortgesetzt werden kann. Bodenerschöpfung und Bodenzerstörung wirken sich nach allen Erfahrungen in wenigen Jahrzehnten, nicht erst nach vielen Jahrhunderten und dann plötzlich innerhalb einer verhältnismäßig kurzen Zeitspanne aus, wie sie der sich über 150 Jahre erstreckende Maya-Zusammenbruch darstellt.

Die Frage, ob durch die von den Maya betriebene Form der Agrarwirtschaft eine irreversible Störung des ökologischen Gleichgewichts eingetreten ist, beantwortet sich weitgehend aus den Darlegungen der vorigen beiden Abschnitte. Darüber hinaus wurde schon im Kapitel über die Maya-Wirtschaft im tropischen Ökosystem (S. 233) gezeigt, daß sich dieses Volk in vorzüglicher Weise den gegebenen Naturbedingungen anzupassen verstand: Durch den Pflanzstockbau auf den gerodeten Urwaldböden blieb das natürliche Bodengefüge erhalten. Wurzelwerk und Rodungsreste störten die Bauern nicht, reduzierten aber andererseits die Bodenabspülung. Wo man vergleichsweise in unserem Jahrhundert in der Alta Verapaz Guatemalas Rodungsland für die Anlage von Kaffeepflanzungen »säuberte« und zwischen den Baumzeilen mit der Hacke zu arbeiten begann, stellten sich schnell katastrophale Abspülungsschäden ein, während auf den benachbarten, mit dem Pflanzstock bewirtschafteten Milpas der Indianer keinerlei Erosionsschäden zu beobachten waren (395, S. 9). Die Kaffeepflanzer hatten das natürliche Ökosystem zerstört, die Maya sind ihm als Pflanzstockbauern in idealer Anpassung gerecht geworden. Dies zeigt auch die von ihnen angewandte Methode der Unkrautbekämpfung auf den Feldern. Während die heutigen Maya das Unkraut mit dem Buschmesser *(machete)* kappen, rissen es ihre Vorfahren in freilich mühsamerer Arbeit mit den Wurzeln heraus, obwohl ihnen ebenfalls mit Obsidian- oder Feuersteinsplittern besetzte Holzschwerter für diese Arbeit zur Verfügung gestanden hätten. Durch die Beseitigung des Unkrauts einschließlich seiner Wurzeln war es ihnen möglich, dasselbe Feldstück einige Jahre länger mit Mais zu bestellen, als dies die heutigen Maya können. Dies bedeutet, daß sie zur Erwirtschaftung ihres Lebensunterhaltes je Familieneinheit eine geringere Nährfläche brauchten als die Maya der Gegenwart. Auf den abgeernteten und der Brache überlassenen unkrautfreien Feldern konnten aus den benachbarten Waldstücken anfliegende Samen leichter keimen als zwischen einem dichten Kraut- und Unkrautfilz, daher die Wiederbewaldung der verlassenen Milpas schneller vonstatten gehen.

Eine Reihe von Autoren (350, S. 217; 786, S. 527; 809, S. 325ff.) behauptet, daß die Landwechselwirtschaft mit einer durch den wachsenden Bevölkerungsdruck immer kürzer gewordenen Ruhezeit der Milpas schwere Umweltschäden hervorgerufen, das sehr anfällige ökologische Gleichgewicht zwischen Natur und wirtschaftendem Menschen empfindlich gestört habe: Statt Wiederbewaldung hätten sich Verbuschung und schließlich die flächenhafte Ausbreitung von Gräsern durchgesetzt. Für den Pflanzstockbau ungeeignete Savannen seien das Endergebnis dieses sukzessiven Devastierungsprozesses gewesen. Die Alang-Alang-Grasfluren Südostasiens werden als Vergleichsbeispiel herangezogen. Daß dieser Vergleich nicht stichhaltig ist, weil in Südostasien der nachwachsende Buschwald zur Weidelandgewinnung immer wieder abgebrannt wird, so daß zum Schluß nur noch Gräser die Feuer überleben, wurde bereits früher ausgeführt (S. 126). Die haustierlosen Maya brauchten kein Weideland, und es gibt eine Fülle von Beweisen, daß sich aufgegebenes Ackerland unverzüglich wieder mit Buschwerk und nachfolgendem Hochwald bedeckte. Rinderzüchter, die in Tabasco und anderenorts auf gerodetem Waldland »Kunstweiden« angelegt haben, machten die Erfahrung, daß das gepflanzte Weidegras bei zu geringem Viehbesatz oder längerer Nichtnutzung schnell wieder vom vordringenden Wald überwuchert wird (741, S. 114). Von Holzausbeutern aufgeschlagene Waldwege, auf denen sich während ihrer Benutzung eine Grasnarbe gebildet hatte, sind wieder völlig mit Wald überwachsen. Cichanhá, ein größerer Ort im südlichen Quintana Roo, der 1852 unter den Nachwirkungen des »Kastenkrieges« (S. 476) von seinen Einwohnern verlassen wurde und der einst mit Gras bewachsene Straßen und Plätze hatte, war knapp 100 Jahre später, zur Zeit eines Besuches von J. E. S. Thompson (174, S. 164), »vollständig mit dichtem Wald bedeckt, der für einen Laien nicht von dem umliegenden Urwald zu unterscheiden war«.

Die Petén-Savanne (S. 120 und Fig. 17), die O. F. Cook (462), S. G. Morley (801, S. 452–457), E. N. Ferdon (450, S. 17) und andere für verarmtes ehemaliges Anbauland hielten, ist in ihrem Kern ein klimatisch und edaphisch bedingtes Grasland in einem Streifen lichten Feuchtwaldes, in den die Maya ebenso wie in den massiven Regenwald vorgedrungen sind und durch dessen Rodung die Ursavanne flächenmäßig vergrößert wurde (S. 130). Die dichten Böden in dem riesigen Polje, das von der Peténsavanne eingenommen wird, verhinderten nach der Besitzergreifung durch Gräser die Wiederaussamung von Gehölzpflanzen. Dies ist der einzige im alten Maya-Land nachweisbare Fall, in dem durch menschlichen Eingriff eine entscheidende Veränderung des Pflanzenkleides in Richtung der nächsttieferen ökologischen Stufe erfolgt ist, freilich im Anschluß an eine kleinere, schon von Natur vorhanden gewesene offene Grasflur.

Im gesamten Bereich der Peténsavanne gibt es nur zwei Ruinenstätten, eine aus der klassischen Zeit, Polol, und die andere, Chakantún, aus der nachklassischen Tayasal-Periode. Selbst wenn ein Überhandnehmen des baumarmen Savannenlandes das Schicksal Polols bestimmt haben sollte, wäre es unsinnig anzunehmen, daß dieser lokale Sonderfall die Maya in ihrer Gesamtheit irgendwie beeindruckt hätte. Die »ökologische Katastrophe« kann auch nicht sonderlich schwerwiegend gewesen sein, denn im Nachklassikum haben sich am Rande der Peténsavanne, ganz in der Nähe der Ruinen von Polol, die Itzá erneut niedergelassen (Fig. 20).

Unbestreitbar ist durch die Rodungsaktivität der Maya das Landschaftsbild gründlich verändert worden: Eine dichtbesiedelte Kulturlandschaft verdrängte weithin die Naturlandschaft. Das Niederschlagswasser floß auf den Feldern schneller ab als unter einem dichten Pflanzenkleid. Der beschleunigte Abfluß hat zwar, wie gezeigt (S. 441), im Petén nur geringe Oberflächenwirkungen gehabt, aber jahreszeitlich zu erhöhten Wasserständen in den Bajos geführt. Wenn einige ältere Forscher (476; 782) die Bajos für einst offene Seen hielten, die sich durch Sedimenteinfüllung und Verlandungsprozesse allmählich in feuchte Sumpfniederungen verwandelten, so beruhte diese Ansicht vor allem auf den durch Reliefdarstellungen von Wasserpflanzen, besonders des Wasserlilienmotivs, Krokodilen usw. (444, S. 452) dokumentierten engen kultischen Beziehungen zum Wasser, der Benutzung der Bajos für den Kanuverkehr (S. 383), der Wahl der Siedlungsplätze an ihren Rändern aus Gründen der Trinkwasserversorgung (S. 285) und des Schutzes vor Überfällen (S. 342). Die allmähliche Auffüllung und Austrocknung der Bajos mit allen sich daraus ergebenden Konsequenzen wurde als Hauptursache für den Verfall von Tikal, Uaxactún und anderen Kultplätzen des Petén angesehen (782). Eine Erschwerung der Trinkwasserversorgung kann jedoch generell für die Aufgabe der Zeremonialzentren keine entscheidende Rolle gespielt haben, denn gerade die am Usumacinta und an anderen ständig Wasser führenden Flüssen gelegenen Zentren gehören zu jenen, die zuerst verlassen wurden.

Die Verfechter der »Bajo-Theorie« gehen von einer verständlichen, aber doch irrigen Ansicht aus: Sie halten die Bajos für ursprünglich permanente Seen, obwohl sie auch zur Maya-Zeit nur jahreszeitlich kräftiger überflutete Niederungen waren. Ein untrennbarer entstehungsgeschichtlicher Bestandteil aller Karstpoljen, so auch der Bajos des Petén, sind feuchte, periodisch überflutete Beckenböden. Daher kann es nicht überraschen, daß in derartigen Niederungen weder typische Seesedimente noch an ihren Rändern Strandablagerungen gefunden wurden (218, S. 41). Wären die Bajos tatsächlich ganzjährig mit Wasser gefüllte Seebecken gewesen, müßten auch die wirklichen Seen des Petén einst deutlich höhere Spiegelstände gehabt haben als in der Gegenwart.

Anzeichen junger Seespiegelabsenkungen im Petén sind schon vor vielen Jahren beobachtet worden (390, S. 25). Letzthin wurden bei Flugerkundungen alte Strandlinien rund um die Seen südlich des Rio San Pedro festgestellt (264, S. 386). Andererseits darf nicht übersehen werden, daß am Lago Yaxhá die Ruinen klassischer und postklassischer Bauten nur 3–4 m über dem jetzigen Niveau des Sees liegen, so daß er nach Meinung W. R. Bullards (476, S. 365) auch früher keinen viel höheren Wasserstand gehabt haben kann.

Heute unterliegen die Bajos einer verminderten Wasserüberstauung und auch die Seen einer geringeren Wasserzufuhr als in der klassischen Maya-Zeit. Aber die Zeremonialzentren sind nicht verlassen worden, weil die Niederungen allmählich trockener wurden und die Seespiegel sanken, sondern diese Erscheinungen traten ein, weil sich nach dem Ende der großen Rodungsperiode der Hochwald regenerierte und sich damit der Oberflächenabfluß verringerte. Ursache und Wirkung wurden verwechselt. P. D. Harrison (345; 346) und A. H. Siemens (264, S. 386) haben den während und nach der Maya-Zeit durch Rodung und Wiederbewaldung eingetretenen Wandel der Abflußverhältnisse nicht in ihre Überlegungen einbezogen. Sie glaubten die zunehmende Austrocknung der Bajos durch Tieferlegung des Grundwasserspiegels infolge fortschreitender Verkarstung oder – was im Prinzip den gleichen Effekt einer Grundwasserabsenkung hat – durch tektonische Hebungsvorgänge und eine dadurch bewirkte Belebung der Flußerosion erklären zu können.

Beide Deutungen sind wegen der (nach geologischen Maßstäben) sehr kurzen Zeitdauer, die seit dem Spätklassikum vergangen ist, höchst unwahrscheinlich. Dazu steht auch die Entstehungsdauer von Karstpoljen, die Zehntausende von Jahren umfaßt, eindeutig im Widerspruch. Die auf seitlicher Korrosion beruhende stetige Ausweitung der Bajos ist ein seit langen Zeiten ablaufender geomorphologischer Prozeß, und die durch höhere Wasserstände im Maya-Klassikum beschleunigte Korrosion war erdgeschichtlich nur ein unbedeutendes Intermezzo. Es hat das ökologische Gleichgewicht nicht in einem negativen Sinn beeinflußt.

Für die Maya war das Land, in dem sie lebten, mit allen seinen Bäumen, Sträuchern und Tieren eine göttliche Schöpfung, die sie nur anzutasten wagten, um selbst nicht Hunger leiden zu müssen. Das kommt in dem Gebet zum Ausdruck, das sie bei Beginn der Rodungsarbeiten sprachen und in dem sie sich für den an der Natur begangenen Frevel entschuldigten (S. 160). Jede Liane, die sie kappten, jeder Hirsch, den sie erlegten, war für die Maya ein beseeltes, mit einem Menschen vergleichbares Wesen. Sie fühlten sich nicht als die überlegenen »Herren der Schöpfung«, sondern als verantwortungsbewußte Glieder in einer von den Göttern ihrer besonderen Fürsorge anvertrauten Umwelt.

Was bleibt von der zuletzt noch 1976 auf dem Internationalen Amerikanistenkongreß in Paris (805, S. 137) behaupteten Anfälligkeit des yucatekischen Ökosystems als Ursache des Zusammenbruchs? Aus naturwissenschaftlicher Sicht wenig oder nichts. Das Landschaftsbild der Gegenwart beweist, daß die Maya ihren Lebensraum nicht aus dem ökologischen Gleichgewicht gebracht, sondern ihren Nachfahren eine durchaus intakte Umwelt hinterlassen haben.

Klimaänderungen?

Man hat versucht, die Entvölkerung des Petén am Ende des Klassikums durch eine Klimaänderung zu erklären. E. Huntington (794–796) und ihm folgend K. Sapper (810) nahmen für die Zeit der größten zivilisatorischen Entfaltung der Maya ein kühleres, trockeneres und an jahreszeitlichen Temperaturgegensätzen reicheres Klima als in der Gegenwart an. Die jährliche Trockenperiode sei länger, der Gegensatz zwischen Sommer und Winter ausgeprägter, die Monotonie des Tropenklimas geringer als in der Gegenwart gewesen (794, S. 224f.).

Daß sich die Hochkultur der Maya in einem schwül-heißen, »von Malaria heimgesuchten« tropischen Tiefland entwickelt haben soll, hält Huntington (795, S. 241) für höchst unwahrscheinlich, zumal selbst in der Gegenwart »Landwirtschaft dort praktisch unmöglich« und der Petén daher weitgehend menschenleer geblieben sei. Dieser »Lebensfeindlichkeitstheorie« widerspricht die Tatsache, daß Tabasco und die extrem niederschlagsreiche Region am Golf von Honduras (Fig. 14) von den klassischen über die postklassischen Zeiten bis zur Gegenwart kontinuierlich von einer Brandrodungsbau treibenden Bevölkerung bewohnt sind (741, S. 112).

Alle Hochkulturen der Erde – so meint der genannte Autor – lägen in weitaus trockeneren Gebieten, und so müsse auch der Petén ein einstmals günstigerer Lebensraum gewesen sein als heute. Der Verfechter dieser Ansicht (794, S. 190) glaubt, daß der niederschlagsärmere und daher siedlungsfreundlichere Feuchtwaldgürtel Zentralyucatáns zu Beginn der Maya-Zeit 300–500 km weiter nach Süden gereicht habe als in der Gegenwart und erst durch eine Klimaänderung der immerfeuchte Regenwald allmählich an seine Stelle getreten sei, was schließlich zum Erliegen der Maya-Zivilisation geführt habe. Er meint, daß dieses Feuchterwerden des Klimas nicht kontinuierlich, sondern mit Unterbrechung durch Trockenphasen vor sich gegangen sei, wobei die Trockenphasen stets Zeiten besonderer zivilisatorischer Fortschritte, die Feuchtzeiten solche kulturellen Rückschritts dargestellt hätten (796, S. 107).

Sapper (810, S. 351) geht noch einen Schritt weiter als Huntington und hält es sogar für möglich, daß in den Zeiten dichtester Bevölkerung ein großer Teil des Maya-Gebietes naturbedingte Grasflur und Strauchsteppe war. Eine Veränderung der klimatischen Verhältnisse habe dann (darin folgt er Huntington) durch steigende Niederschläge und Temperaturen ein immer kräftigeres Vordringen des tropischen Regenwaldes und eine Verschlechterung der Lebensbedingungen für die Maya zur Folge gehabt. Bei gleichzeitig kürzer gewordenen Trockenperioden seien ihnen das Abbrennen ihrer Rodungsflächen und damit die Durchführung ihrer traditionellen Landwechselwirtschaft zunehmend erschwert worden. Dies habe zu einem Niedergang der großen Zentren und schließlich zur Abwanderung der Menschen geführt. Sapper blieb mit seiner Meinung nicht allein. Der schwedische Maya-Forscher S. Linné schloß sich ihm an und schrieb: »Plötzlich und kräftig beginnend im Süden, könnte eine alles erstickende Vegetation zur Auswanderung gezwungen haben. Das Land der Maya kann ursprünglich kaum ein Urwaldgebiet gewesen sein. Es geht, daß man mit Steinäxten Urwald rodet... Wenn aber das Volk in ständigen Kampf gegen die Riesenbäume des Urwaldes ... verwickelt war, dürfte es weder möglich gewesen sein, Städte zu bauen, noch Wege anzulegen oder sie zwischen ihnen offen zu halten.« (787, S. 113f.)

Diese im Kern gleichartigen Hypothesen beruhen auf der Übertragung von Erkenntnissen, die man durch Baumringstudien in Kalifornien gewonnen hat. Der Wechsel von dichten und lockeren Ringfolgen, den man im Querschnitt gefällter, über 2000 Jahre alter Mammutbäume beobachten kann, entspricht dem Wechsel von trockenen und feuchten Jahren. Eine Auszählung der Baumringe erlaubt daher eine genaue Zeitbestimmung dieser Trocken- und Feuchtperioden während der letzten ein bis zwei Jahrtausende. Die in Kalifornien mit Hilfe der dendrochronologischen Methode erzielten und für unsere Kenntnis des Klimaablaufs im trockenen Westen und Südwesten der USA wichtig gewordenen Arbeitsergebnisse übertrug Huntington auf Yucatán und den Petén. Gegen ein solches Verfahren gibt es zunächst einen grundsätzlichen Einwand: Kalifornien liegt in einem Winterregengebiet, das Maya-Land im Bereich tropischer Sommerregen. In Kalifornien bringen Westwinde die Niederschläge, in Yucatán und im Petén handelt es sich vorwiegend um Konvektionsregen, die an die Sonnenhöchststände gebunden sind und von dem über See mit Feuchtigkeit angereicherten Nordostpassat ins Land getragen werden.

Huntington glaubte aus den Baumringen Kaliforniens auf einen »Klimawechsel« seit Beginn unseres Jahrtausends schließen zu können. In Wahrheit handelt es sich aber um eine relativ kurzfristige Aufeinanderfolge trokkener oder feuchter Jahre. Allenfalls kann man von »Klimaschwankungen« sprechen, wenn jeweils eine größere Anzahl besonders niederschlagsreicher oder trockener Jahre einander ablösen. Eine solche Schwankungsbreite der jährlichen Niederschlagsmengen gehört auch im wechselfeuchten Yucatán durchaus zu den Normalerscheinungen (S. 99 und Fig. 13). Aus dem kalifornischen Klimaablauf Analogieschlüsse für Yucatán und den Petén zu ziehen, wie es Huntington tat, ist wissenschaftlich nicht vertretbar. Die mit Hilfe der Dendrochronologie gewonnenen Erkenntnisse haben, wie vergleichende Untersuchungen zeigten, von Kalifornien aus nur bis zu einer Entfernung von 480 km nach Norden und 1600 km nach Süden und Osten Gültigkeit (116, S. 126), das heißt also bis zum nördlichen Hochland von Mexiko. Südlich des Wendekreises muß mit erheblich andersartigen Klimaabläufen gerechnet werden.

Dendrochronologische Untersuchungen, die in El Salvador (790) durchgeführt wurden, reichen leider nur bis kurz vor die letzte Jahrhundertwende zurück. Im unterschiedlichen Dickenwachstum von Kiefern *(Pinus oocarpa)* spiegelt sich dort klar ein Wechsel von feuchten und trockenen Jahren, der durch beobachtete Seespiegelschwankungen bestätigt wird. Um im alten Maya-Land über eine Auswertung von Baumringen zu klaren Vorstellungen der einstigen klimatischen Verhältnisse zu kommen, müßte es dort rund 1500 Jahre alte Bäume geben. Wenn auch C. L. Lundell (S. 117) das Alter einiger Urwaldriesen des Petén auf 1000 Jahre schätzt – was noch der Nachprüfung bedarf –, so würde das Wachstum dieser Bäume gerade am Ende der Maya-Zeit begonnen haben, also in einer Zeit, als nach Huntingtons Meinung schon sehr feuchte, dem heutigen Klima entsprechende Verhältnisse herrschten. Mangels noch älterer als 1000jähriger Bäume wird daher mit Hilfe der dendrochronologischen Methode kein Hinweis auf die Klimaverhältnisse zwischen 300 und 900 n. Chr., mithin auch keine Bestätigung der These Huntingtons, zu erlangen sein.

Neuerdings kommt M. D. Coe (45, S. 48, 59) auf Grund der Bohrprofile vom Petenxilsee (S. 130) zu einer Deutung der Vegetationsgeschichte des Petén, die im Prinzip Huntingtons Meinung entspricht. Aus dem Nachweis von Graspollen und bestimmbaren Holzresten in den Bohrkernen folgert er, daß zu Beginn der Kulturentfaltung der Maya das Klima des Tieflandes niederschlagsärmer als in der Gegenwart gewesen sei, daß der Petén um 2000 v. Chr. »eine Art Parklandschaft mit weiten Savannen und eingestreuten Eichenwäldchen« dargestellt habe und »der tropische Regenwald wesentlich weiter zurückgedrängt war als heute«. Nach seiner Ansicht scheint das Überwiegen des Waldes über das Grasland »erst während der klassischen Periode (zwischen 300 und 900 v. Chr.) begonnen und seine größte Intensität erst erreicht zu haben, nachdem die Maya den Petén schon völlig verlassen hatten« (45, S. 48). Der Fehler in der Interpretation Coes beruht darauf, daß er die nur für eine schmale Zone relativer Trockenheit im südlichen Petén gültigen pollenanalytischen Ergebnisse (S. 131 und Fig. 19) auf das ganze Maya-Tiefland überträgt. Die Vegetationsentwicklung der Petenxilsavanne und des Graslandes um La Libertad ist jedoch nicht repräsentativ für die anderen, wesentlich niederschlagsreicheren Gebiete des Petén, für die keinerlei Anzeichen vorliegen, daß sie zu irgendeinem Zeitpunkt der kulturellen Entfaltung der Tiefland-Maya ein anderes Klima und dementsprechend auch einen andersartigen Pflanzenwuchs gehabt hätten als in der Gegenwart. Auch die kulturhistorischen Befunde passen mit der Gras- und Parklandtheorie von Sapper und Coe überhaupt nicht zusammen. Die Pflanz- und Grabstocktechnik der Maya war nur auf gerodeten Waldböden anwendbar. Die Urbarmachung der neuweltlichen Grasländer ist erst durch den von Europäern eingeführten Pflug möglich geworden.

Die These eines ursprünglich trockeneren, das heißt lebensfreundlicheren Klimas, das allmählich einem lebensfeindlicheren gewichen sei, einer Landschaft, in der unaufhaltsam vordringender Regenwald eine zur Zeit der Landnahme offene Parklandschaft verdrängt habe, wodurch es schließlich zum Zusammenbruch der Maya-Zivilisation gekommen sei – diese These eines tiefgreifenden Klima- und Vegetationswandels läßt sich mit einer Reihe weiterer Argumente widerlegen:

Der Petén ist eine tropische Kegelkarstlandschaft (S. 91). Ihre Entstehung ist an die langandauernde Einwirkung eines feuchtheißen Klimas gebunden. Der Kegelkarst des Petén ist weit älter als das Volk der Maya, und das Milieu, in dem es seine Hochkultur entfaltete, ist das des tropischen Regenwaldes. In diesem Wald zapften die Maya den Gummisaft der Kautschukbäume (Ballspiel!), aus ihm stammen die dicken Stämme, die sie als Trag- und Türbalken in ihren Tempeln verbauten. Dies und die zahlreich erhaltenen Tierdarstellungen sprechen eindeutig dafür, daß sich der Tropenwald der Maya-Zeit und damit die früheren klimatischen Verhältnisse nicht von den heutigen unterschieden haben. Gemeint ist das durch die planetarische Lage des Maya-Landes bestimmte Regional- oder Großklima. Die im Bereich zusammenhängender Rodungsflächen herrschenden örtlichen klimatischen Verhältnisse haben sich von denen des feuchtheißen Regenwaldes in einer für die Maya vorteilhaften Weise unterschieden. Auf dem offenen Land war es luftiger und weniger schwül als unter dem geschlossenen Dach der Urwaldbäume. Derartige lokalklimatische Begünstigungen haben freilich mit einem »Klimawechsel« nichts zu tun, vor allem nicht mit negativen Auswirkungen auf Gesundheitszustand und Leistungsfähigkeit der Maya.

Huntington bestreitet die Besiedlungsfähigkeit des tropischen Regenwaldes. Gewiß, es gibt weitaus günstigere Lebensräume, aber auch in anderen Regenwaldgebieten ist seit alten Zeiten bis in die Gegenwart gesiedelt und Brandrodungsfeldbau betrieben worden (Hinterindien, Sumatra, Amazonien). Es stimmt nicht, daß Hochkulturen auf die Trockengebiete der Erde beschränkt sind. Auch die Hochkulturen Javas (Borobudur, Prambanan), Kambodschas (Angkor) und Ceylons (Anuradhapura, Polonnaruva) entstanden in tropischen Waldländern.

Weitere Irrtümer in der Beweisführung Huntingtons sind unschwer zu finden. Er bringt die Entstehung der Terrassen des Copánflusses mit der Klimaänderung, das heißt mit der von ihm angenommenen Zunahme der Niederschläge seit Beginn der Besiedlung, in Verbindung (794, S. 215). Flußterrassen, die nichts anderes als zerschnittene Talböden sind, können in der Tat durch verstärkte Erosion infolge einer Klimaänderung entstanden sein. Sie lassen sich auch als Ergebnis einer Landhebung erklären. Bleibt man bei der Annahme, daß die Terrassenentstehung mit einem Klimawechsel zusammenhängt, so ergibt sich daraus dennoch keine Antwort im Sinne Huntingtons, denn dieser Klimawechsel fand im Pleistozän, das heißt vor mindestens 10 000 Jahren statt, lange bevor sich die Maya-Zivilisation entfaltete. Die alten Zentren im Usumacintatal sind durchweg auf bereits voll ausgebildeten Terrassen entstanden. Ein kausaler und zeitlicher Zusammenhang zwischen Klimaänderungen und Besiedlungsvorgängen ist also nicht gegeben.

Ebensowenig wie im Petén sind seit den ersten Vorstößen der Maya ins Tiefland im nördlichen Yucatán Klimaänderungen grundsätzlicher Art eingetreten. Die Tierwelt ist die gleiche wie während der klassischen Zeit. Vergleiche mit Überresten in den Ablagerungen der Karsthöhlen haben dies erwiesen (792, S. 39). H. O. Wagners Behauptung (432, S. 75), daß in jüngerer Zeit die Monokultur des Sisals »weitgehende Klimaänderungen zur Folge gehabt hat«, entbehrt jeder Beobachtungsgrundlage. Der Sisalanbau begann dort erst um die Mitte des vorigen Jahrhunderts, und die Existenz des Trockengebietes im Nordwesten Yucatáns war ja gerade der Grund, dort dieses xerophytische Kulturgewächs großflächig anzupflanzen. Wo man während der Sisalhochkonjunktur über das eigentliche Trockengebiet hinausgriff, erzielte man weit geringere Erträge und hat den Anbau wieder eingestellt (S. 112).

Bezüglich der klimatischen Verhältnisse Yucatáns ist auch auf einen logischen Mangel in der Argumentation Huntingtons (794, S. 224) zu verweisen. Wenn er für den Petén ein merklich trockeneres Klima zu Beginn der Maya-Kolonisation annimmt, müßten zur gleichen Zeit auch in Yucatán erheblich geringere Niederschläge als gegenwärtig gefallen sein. Dann dürfte man für den Norden der Halbinsel an Stelle des jetzigen regengrünen Trokkenwaldes als ursprüngliche Vegetation nur eine xerophytische Dornbuschsavanne annehmen, deren erfolgreiche Besiedlung durch die Maya bei den im Karstland fehlenden Bewässerungsmöglichkeiten höchst unwahrscheinlich gewesen wäre. Der amerikanische Autor behauptet sogar in seinem gemeinsam mit St. S. Visher publizierten Werk (796, S. 26), daß sich aus einem im 14. Jahrhundert eingetretenen Rückgang der Regenfälle dort die »letzte Chance« für eine Renaissance der Maya-Hochkultur ergeben hätte. Von einer Neubelebung der Maya-Hochkultur im 14. Jahrhundert ist jedoch nichts bekannt. Der Tolteken-Einfall, der die Renaissance im Norden auslöste, fand schon Ende des 10. Jahrhunderts statt, und die in das 14. Jahrhundert fallende Vorherrschaft Mayapáns (1263–1441) bedeutete keine kulturelle Wiedergeburt, denn die Bauten aus dieser Zeit sind bereits durch den Verfall geprägt (S. 352). Die nur politisch wichtige Mayapán-Zeit mit einer kühn behaupteten kurzfristigen Klimaschwankung in Verbindung zu bringen stellt einen Determinismus dar, dem heute niemand mehr zu folgen vermag, zumal die klimatologischen Prämissen jeglichen Beweises entbehren.

Andere Autoren denken nicht wie Huntington, Sapper oder Coe an eine Klima»verschlechterung« durch Niederschlagszunahme, sondern im Gegenteil an einen Verlust der Ernährungsgrundlage infolge langanhaltender Dürren. Eine solche Möglichkeit könnte allenfalls für das Karstland von Nordyucatán in Betracht kommen, aber gerade dort hat, wie schon mehrfach hervorgehoben, die Bevölkerung nach dem Zusammenbruch des südlichen Kernlandes ihr altes Siedlungsgebiet nicht verlassen, sondern sogar noch Flüchtlinge aufgenommen. Und in deren altem Lebensraum, dem Regenwaldgebiet des Petén, in dieser von Natur immerfeuchten Zone mit Jahresniederschlägen über 2000 mm, bedeuten eine Reihe etwas trockenerer Jahre keinen »Klimawechsel«. Längere Trockenperioden sind von örtlich unterschiedlichem Einfluß. Die Flußläufe führen ständig Wasser, und auf den feuchten Talauen kann es zu keiner Zeit spürbare, klimatisch bedingte Anbaubeschränkungen gegeben haben. Abseits der Flüsse freilich können die Felder in manchen Jahren unter Trockenheit leiden. Die Überlieferung berichtet von der verzweifelten Ernährungslage in solchen Hungerjahren. Dann war es notwendig, das Maismehl mit im Wald gesammelten, gemahlenen Brotnüssen zu strecken. Wenn nur kleinere Bereiche von einer Dürre betroffen waren, wurde auch Mais aus entfernteren Gebieten herangebracht (S. 369). Daß lang andauernde Dürreperioden zu einem Wohnsitzwechsel geführt haben, ist von den im Südwesten der USA lebenden Pueblo-Indianern bekannt. Als es in ihrem Stammesgebiet 13 Jahre – von 1276 bis 1299 – nicht regnete, wanderten sie in das weiter östlich gelegene Stromgebiet des Rio Grande ab. Die Pueblo-Indianer waren jedoch eine vergleichsweise kleine Menschengruppe, die in einem ausgesprochen ariden Landstrich siedelte und deren Feldbau ausschließlich auf künstlicher Bewässerung beruhte. Das Versiegen der Flüsse in den tiefen Cañons beraubte die Menschen ihrer Existenzgrundlage, so daß sie zum Verlassen ihrer Heimat gezwungen waren. Dieses Beispiel hat keine Beweiskraft für ein vermutetes analoges Verhalten der unter völlig anderen Umwelt- und Wirtschaftsbedingungen lebenden Maya.

Epidemien?

Man hat die »Plötzlichkeit« des Zusammenbruchs auf verheerende Epidemien zurückführen wollen (818). Die Verfechter dieser These übersahen einen Widerspruch: Im Petén sollen die Seuchen zu einem Massensterben geführt haben, an der durch Tropenkrankheiten nicht weniger gefährdeten Golfküste (wo keine Bevölkerungsrückgänge am Ende des Klassikums feststellbar sind) blieben die Menschen verschont. Überdies sind Malaria, Pokken (Blattern), Gelbfieber, Amöbenruhr und Hakenwurmkrankheit, an die man in erster Linie denkt, altweltlichen Ursprungs, für ihre Existenz in den Tropen der Neuen Welt vor Beginn der Conquista gibt es keinerlei Belege. Dies gilt ebenso für Typhus, Cholera, Masern, Grippe, Tuberkulose und weitere Infektionskrankheiten, die die Maya der vorkolumbischen Zeit nicht kannten und denen sie später mangels genügender Abwehrkräfte in großer Zahl zum Opfer fielen (S. 481). Das mittlere und nördliche Yucatán blieben übrigens mit Ausnahme der amphibischen Schwemmlandebenen an der Küste auch nach der spanischen Eroberung von Malaria weitgehend verschont, weil dort offene Gewässer und Sümpfe fehlen und die Fische in den Cenotes und Aguadas für eine schnelle Vernichtung der Moskitolarven sorgen. Selbst der Petén galt noch lange nach der spanischen Eroberung als ein zwar klimatisch unangenehmes, aber von gefährlichen Tropenkrankheiten freies Gebiet (402, S. 334). Infolge seiner Menschenleere breiteten sich die eingeschleppten Krankheiten dort nur sehr langsam aus.

Malaria und Hakenwurmkrankheit kamen mit Sklavenschiffen aus Afrika nach Westindien und erreichten mit den Spaniern zu Anfang des 16. Jahrhunderts das Festland. Von beiden Seuchen blieb der Norden der Halbinsel weitgehend verschont (815, S. 357, 427), sie grassierten aber im Petén, bis in jüngerer Zeit energische Bekämpfungsmaßnahmen einsetzten. Die durch menschliche Exkremente verbreiteten und leicht die Haut barfuß laufender Menschen durchdringenden Larven der Hakenwürmer führen bei starker Unterernährung der Befallenen, besonders Kindern, nicht selten zum Tode und steigern auch bei Erwachsenen deren Anfälligkeit für andere, gefährlichere Krankheiten.

Die frühesten Berichte über eine Pockenepidemie, die Yucatán heimgesucht hat, finden sich in den Chilám-Balám-Büchern von Tizimin und Chumayel. Sie fällt in die Jahre 1515/16 (122, S. 97). Zu diesem Zeitpunkt hatten die ersten Spanier bereits Yucatán erreicht. 1511 war eine von Panama nach Santo Domingo segelnde spanische Karavelle gesunken, und die Schiffbrüchigen wurden mit einem Boot an die Nordostküste Yucatáns verschlagen (S. 471). Diese erste Gruppe von europäischen Seeleuten könnte die Pocken eingeschleppt haben, aber es hat auch andere frühe Kontakte mit den zu Beginn des 16. Jahrhunderts überall in der Karibik anzutreffenden Spaniern gegeben, zum Beispiel über indianische Händler, die mit ihren Booten die Küsten befuhren. In Westindien war schon 1507 die erste Pockenepidemie ausgebrochen, der zwei weitere, 1517 auf Haiti und 1520 in Mexiko, folgten (815, S. 343).

Gelbfieber blieb noch eineinhalb Jahrhunderte nach dem Eintreffen der ersten Europäer auf der Halbinsel völlig unbekannt. Als früheste Daten des Ausbruchs von Gelbfieberepidemien sind die Jahre 1647 (Guatemala) und 1648 (Yucatán) überliefert. 1648 suchte die Seuche besonders die Hafenstadt Campeche heim und forderte zahllose Todesopfer aus allen Kreisen der Bevölkerung (815, S. 336). Die Maya-Überlieferung berichtet von einer bereits 1485 in Yucatán ausgebrochenen Epidemie, die mit Erbrechen verbunden war (178, S. 41). Dabei kann es sich jedoch nicht, wie vermutet wurde, um Gelbfieber gehandelt haben, das nur durch die afrikanische Gelbfiebermücke *(Aedes aegypti)* übertragen wird. Erst nach der Entdeckung Amerikas sind diese Mücken mit Sklavenschiffen dorthin gekommen. Wenn es zuvor schon Gelbfieber im Petén gegeben hätte, wäre es Hernán Cortés 1424/25 unmöglich gewesen, ohne schwere Menschenverluste seinen Landmarsch quer durch die Wurzelzone der Halbinsel bis Honduras durchzuführen. Nach der Epidemie von 1648 nahm die Verbreitung des Gelbfiebers nie wieder so verheerende Ausmaße an, da sich bei der Bevölkerung inzwischen eine gewisse Resistenz eingestellt hatte (815, S. 336).

Auch alle anderen Seuchen, die sich in den letzten 400 Jahren so verhängnisvoll unter den Maya ausgewirkt haben, waren ihren Vorfahren unbekannt. Typhus trat erstmals 1517 in Guatemala und 1520 in Mexiko auf. Die große weltweite Choleraepidemie von 1817/23 erreichte Amerika nicht, aber als eine zweite Epidemie zwischen 1826 und 1837 rund um die Erde ging, wurde 1833 wiederum Campeche als damals viel angelaufener Hafen zuerst davon betroffen. In der Folgezeit verbreitete sich die Krankheit schnell über das ganze Land. 1856 erreichte eine dritte Cholerawelle Zentralamerika und abermals Yucatán (815, S. 340, 345). Den Masern fiel in der ersten Hälfte des 16. Jahrhunderts in Honduras die Hälfte der Bevölkerung zum Opfer. Grippe und Tuberkulose gehören heute zu den häufigsten Todesursachen bei der indianischen Bevölkerung (191, S. 232). Den alten Maya waren beide Krankheiten ebenso fremd wie Pest und Lepra.

Sicherlich strotzten die Maya nicht vor Gesundheit, wie die an Skeletten nachgewiesenen Schäden durch Mangelkrankheiten beweisen (S. 436). Ihre Medizinmänner werden ebensooft zu Erkrankten gerufen worden sein wie die anderer Naturvölker. Aber die in den letzten Jahrhunderten verbreiteten Geißeln der Tropen, die erst die moderne Medizin eingedämmt hat, sind ihnen noch erspart geblieben. Die Maya sind nicht vor, sondern erst nach der Conquista an ihnen zugrunde gegangen. Epidemien rasen wie Steppenbrände über das Land. Sie kommen plötzlich, erreichen einen Höhepunkt und erlöschen wieder. Sie können, wie die Ereignisse der frühen Kolonialzeit beweisen (S. 481), ein Volk innerhalb weniger Jahre nahezu vernichten. Epidemien haben eine Kurzzeit-, keine Langzeitwirkung. Der sich über einen Zeitraum von eineinhalb Jahrhunderten erstreckende Zusammenbruch der Maya-Hochkultur läßt sich daher nicht als Folgeerscheinung epidemisch aufgetretener Krankheiten erklären, abgesehen davon, daß solche weder durch Massengräber noch durch irgendwelche anderen Zeugnisse für das ausgehende Klassikum nachweisbar sind. Alle genannten, zum Teil inzwischen endemisch gewordenen Krankheiten sind »Geschenke« der kolonialen Ära.

Erdbeben?

Olympia ist durch Erdbeben zerstört worden. Könnte den Maya-Zentren nicht gleiches widerfahren sein? Tektonische Beben oder solche im Zusammenhang mit Vulkanausbrüchen sind im zentralamerikanischen Gebirgsland keine Seltenheit. Auf der weit nach Norden vorstoßenden Kalktafel von Yucatán sind sie jedoch praktisch bedeutungslos. Seit Beginn der spanischen Eroberung haben sich dort noch keine Erdbeben von zerstörender Wirkung ereignet. Im Petén, das in sehr viel geringerer Entfernung zu den Hauptschüttergebieten Guatemals liegt als Yucatán, wären sie noch am ehesten zu erwarten. 1934 erschütterte ein heftiges Beben die Ruinenstätte von Copán, und es scheinen dadurch einige Bauten beschädigt worden zu sein. Aber dort wie auch an den anderen Kultplätzen des Petén ist es schwierig – wenn nicht unmittelbar nach dem Ereignis genaue Untersuchungen angestellt werden –, solche Schäden von denen zu unterscheiden, die auf der Sprengwirkung von Baumwurzeln beruhen, die in die Mauerfugen eingedrungen sind. Daß Xunantunich (Benque Viejo, Bild 29) im südlichen Belize durch ein Erdbeben zerstört worden sei, wie E. W. MacKie (798) meint, wird daher von G. R. Willey (195, S. 153) und anderen Maya-Forschern entschieden bezweifelt.

Stärkere Erdstöße wurden 1936 erneut im südlichen Maya-Land verspürt, Gebäudeschäden traten jedoch nicht auf. Das katastrophale Beben vom Februar 1976, das im Hochland von Guatemala weite Landstriche verwüstet und über 20 000 Menschenleben gefordert hat, erreichte in Cobán (Alta Verapaz) die Stärke 7 nach der Mercalli-Skala und hatte im nördlichen Vorland, etwa auf dem 16. Breitengrad, noch die Stärke 6 (788, S. 354). In den Ruinen von Tikal wurden keine Erschütterungen mehr wahrgenommen. Die vielen bis nahezu 70 m aufragenden Tempelpyramiden erlitten keinerlei Beschädigung. Auch das auf einer Insel im Petén-Itzá-See gelegene Städtchen Flores blieb unversehrt. Im weitentfernten Mérida klirrten drei Sekunden lang die Fensterscheiben.

Auf Grund der geotektonischen Situation Yucatáns ist die Annahme, daß stärkere Bodenerschütterungen die Maya zur plötzlichen Abwanderung veranlaßt hätten, absolut unwahrscheinlich. Überdies zeigen alle in viel stärker gefährdeten Gebieten gemachten Erfahrungen, daß die auf kurze Augenblicke, allenfalls wenige Tage beschränkten Erdstöße meist schnell wieder vergessen werden und kaum irgendwo zum Verlassen traditioneller Siedlungsplätze geführt haben.

Kulturelle Dekadenz?

Es mehren sich die Anzeichen, daß die Gründe für den endgültigen Niedergang nicht in der viel behaupteten ungünstigen Naturausstattung des tropischen Lebensraumes zu suchen sind, sondern daß – wie man heute in modischer Formulierung sagt – »systemimmanente« Entwicklungsprozesse zu dem eingetretenen Ende führen »mußten«. Aus naturwissenschaftlich begründbaren Kausalbeziehungen lassen sich im Falle der Maya offensichtlich keine überzeugenden Argumente für die Auslöschung einer großen Menschengruppe ableiten. Man muß, um weiterzukommen, prüfen, ob das ursprünglich rein theokratische, später theokratisch-weltlich organisierte Herrschaftssystem in sich bereits den Keim des Zerfalls trug, und fragen, welche internen oder externen Ereignisse vielleicht im Zusammenwirken mit der strukturell vorgezeichneten Entwicklung zur Katastrophe geführt haben könnten.

Hochkulturen sind seit dem 4. vorchristlichen Jahrtausend in allen Erdteilen (mit Ausnahme von Australien) entstanden, haben eine Blütezeit erlebt und sind wieder vergangen. Aufstiegen folgten Abstiege, aber in der Regel trat – im Unterschied zu den Maya – eine neue Zivilisation an die Stelle der alten. Eine solche kulturelle Wiedergeburt war freilich immer nur dann möglich, wenn die neue Oberschicht in der an ihren alten Siedlungsplätzen verbliebenen breiten bäuerlichen Bevölkerung den erforderlichen wirtschaftlichen Rückhalt fand. Diese Vorbedingung war in dem nahezu menschenleer gewordenen Petén nicht gegeben. Es trat weder eine andere Elite an die Stelle der alten, noch füllten feldbautreibende Neueinwanderer das entstandene Vakuum auf.

Viele Hochkulturen fanden durch kriegerische Wirren ein Ende, manche scheiterten bei gleichzeitig gewonnener politischer Machtfülle an der Größe der entstandenen »Reiche«, wieder andere verfielen allmählich oder verschwanden, ohne daß wir recht wissen, warum dies geschah. Das Schicksal der Maya steht nicht einzig da; das Ende von Simbabwe im südlichen Afrika ist nicht weniger rätselhaft.

Fassen wir die einzelnen Entwicklungsphasen der Maya-Zivilisation ins Auge, dann werden einige Tendenzen erkennbar, die in eine für das Volk verhängnisvolle Richtung weisen, wenn auch äußerlich verdeckt durch die uns noch heute beeindruckenden steinernen Zeugnisse ihres »Goldenen Zeitalters«. Bis zur Mitte des 6. Jahrhunderts, solange Teotihuacán die führende Metropole des Hochlandes war, in deren Bannkreis auch Tikal und weite Teile des Tieflandes gerieten, gab es nur ein führendes Zentrum im Maya-Land – eben Tikal. Der Ansatz zu dessen zentraler Stellung ging im Maya-Hiatus verloren, der ersten ernsten Krise (S. 428). Nach Ende der Pax Teotihuacána kamen in der spätklassischen Periode weitere Zeremonialzentren als bedeutende kultische Mittelpunkte mit eigenen geistigen und politischen Einflußsphären, eigener Bündnis- und Heiratspolitik hinzu (S. 399). Der sich in der Teotihuacán-Zeit andeutende Zentralismus war durch einen Dezentralismus abgelöst worden. Er stand im Gegensatz zu den zentralistischen Herrschaftssystemen des Hochlandes. In der spätklassischen politischen Landschaft Mesoamerikas war das Maya-Land mit seiner zwar sprachlich und geistig eng verbundenen, aber politisch rivalisierenden Vielzahl von Zentren eine ausgesprochene Schwachstelle. Sie sollte sich später noch fühlbar machen (S. 403).

Parallel zu dieser Entwicklung war eine andere verlaufen: Das ursprünglich theokratische Herrschaftssystem hatte einem weltlichen Platz machen müssen, die Autorität der Hohenpriester war hinter die der Fürsten zurückgetreten. Dieser im ausklingenden Spätklassikum voll wirksam gewordene Säkularisationsprozeß hatte das Verhältnis zwischen Bauernschaft und Führungsschicht grundlegend verändert. Die Priester, deren Anweisungen für die Maya bisher einzige Richtschnur ihres täglichen Lebens waren, teilten fortan ihre Befehlsgewalt mit weltlichen Fürsten. Durch die Herauslösung aus einem rein kultisch bestimmten Lebensrhythmus hatten die Maya ein Stück ihrer spirituellen Welt verloren. Arbeiten auf den Tempelbaustellen, die sie bis dahin als eine höhere Sinngebung ihres Daseins, als eine Gnade, empfunden hatten, die sie aus religiöser Überzeugung und zur Sicherung ihres eigenen Seelenheils gern auf sich genommen hatten, empfanden sie nun als eine schwer drückende Fron, als einen Dienst, den sie nicht mehr für sich selbst, sondern für andere leisteten. Der »Verlust der Mitte« hatte den Bauern das Verständnis für den Sinn der ihnen auferlegten Bürde genommen. Das stetige Wachstum der Großzentren mit allen Merkmalen einer verfeinerten Lebensweise, der von der Oberschicht zur Schau getragene Luxus (bewiesen durch die reichen Grabbeigaben) gegenüber der bescheidenen Lebensführung der Menschen auf dem flachen Lande, führte zu einer immer stärkeren Entfremdung zwischen den »Produktiven« und den »Unproduktiven«, für deren Ernährung die Bauern zu sorgen hatten. Die übersteigerten Repräsentationswünsche der Hierarchie, die in scharfem Gegensatz zu ihrem gesunkenen Prestige standen, mußten die »kleinen Leute« durch immer gewaltigere Bauten erfüllen.

In der Architektur herrschte gegen Ende der spätklassischen Periode eine ausgesprochene Gigantomanie, in der Reliefgestaltung geradezu barockes Raffinement. Solche Formen maßloser Selbstdarstellung sind unleugbare Zeichen einer kulturellen Dekadenz, das Endstadium einer Entwicklung, auf das nur noch der Verfall folgen konnte. Jede Hypertrophie birgt das Ende in sich.

Mit dem Wachstum der Zentren stand eine andere Erscheinung in enger Verbindung, die wahrscheinlich ebenfalls negative Auswirkungen hatte: Die sich in Handwerk, Gewerbe und Handel bietenden Erwerbsmöglichkeiten wurden für viele Menschen ein Anreiz zur Landflucht und zur Umsiedlung in die kulturellen Mittelpunkte. Dort fanden sie im heranwachsenden Mittelstand ihre Chance zum sozialen Aufstieg und zur Verbesserung der Lebensbedingungen. Der Zuzug von Bauern, die über das Stadium von Teilzeitbauern (S. 333) in diese neue Mittelschicht einrückten, hatte eine starke Verdichtung der in den kultischen Zentren und ihrem Nahbereich lebenden Bevölkerung zur Folge, was zu einer Überbeanspruchung der landwirtschaftlichen Basis geführt haben kann (793, S. 582). Es entwickelte sich ein Siedlungsmuster mit wasserkopfartigen Bevölkerungskonzentrationen. Vielleicht wirkte dieser Strukturwandel wie ein Sprengsatz in einer traditionell agrarisch orientierten Gesellschaft.

Aber reichen diese Erscheinungen in Verbindung mit politischer Dezentralisation und dem allgemeinen Säkularisierungsprozeß aus, um den totalen Zusammenbruch der Maya-Zivilisation zu erklären? Sie werden für die Masse der Bevölkerung kein Motiv zur Aufgabe von Haus und Hof gewesen sein. Das mancherorts wirklich abrupte Ende der Bautätigkeit, des Verzichtes auf die Errichtung datierter und mit Hieroglyphen bedeckter Stelen ist ohne den Eintritt anderer Ereignisse, durch die die Maya ihrer Oberschicht beraubt wurden, nicht verständlich.

Sozialer Umsturz?

Die Bauernschaft war im Laufe der Zeit zwischen zwei Mühlsteine geraten. Auf der einen Seite stand die Forderung, ihre Nahrungsmittelproduktion ständig zu erhöhen, auf der anderen, immer größere Tempel und Paläste zu errichten. Mit anderen Worten: ihre Steuerlasten – Naturalabgaben und Dienstleistungen – stiegen ins Unerträgliche. Die Bauern könnten in einem gewaltigen Aufbegehren die ihrer eigenen »Welt« immer stärker entrückten Priester und weltlichen Herrscher umgebracht oder aus den Zentren vertrieben haben. An Hinweisen auf derartige Ereignisse fehlt es nicht: umgestürzte und beschädigte Stelen in Tikal, Yaxchilán und Palenque, abgeschlagene Stuckköpfe in Piedras Negras und ausgestochene Augen auf den Fresken in Bonampak. Auch die Gesichtspartien der auf Stele 31 in Tikal dargestellten Figuren sind nachträglich verstümmelt worden (17, S. 159). Vier Priestergräber in Altun Há wurden zerstört und geplündert, die Skelette durcheinandergeworfen und Teile des Grabinhaltes verbrannt (582, S. 39). In Piedras Negras ist ein prachtvolles Podium, der Sitz eines früheren Herrschers, absichtlich zerschlagen worden (174, S. 171). Daraus und vor allem aus der Tatsache, daß auf einer Reihe von Stelen immer nur das Gesicht der Hauptgestalt unkenntlich gemacht worden ist – wohl um jegliche Erinnerung an die Symbole ihrer Knechtschaft zu löschen –, hat man auf Racheakte der Unterdrückten gegen die Herrschenden geschlossen. Die Ausbreitung sozialrevolutionärer Ideen habe zum Ausbruch von Bauernaufständen geführt (173, S. 87; 195, S. 154). Die plötzliche Einstellung der Arbeiten an Neubauten und das Ende der Stelensetzungen bestärken zahlreiche Maya-Forscher in der Ansicht, daß die Priester, die allein sich auf die schwierigen mathematisch-astronomischen Berechnungen der Stelendaten verstanden, in solchen Bauernaufständen ausgerottet worden sind. Mit dem Verschwinden der Elite sei der Maya-Hochkultur der Todesstoß versetzt worden. A. Huxley (797) bringt dazu, indem er sich ein ähnliches Ereignis in unserer zivilisierten Welt vorstellt, einen vortrefflichen Vergleich: »Die Existenz einer industrialisierten und urbanisierten Gesellschaft hängt vom Wissen und der Geschicklichkeit eines Prozentes ihrer Mitglieder ab – hoch eingeschätzt. Ein selektives Massaker unter drei- bis vierhunderttausend Technikern würde das gesamte wirtschaftliche und soziale Leben Englands zum Stillstand verurteilen.« (690, S. 277)

Die Deutung des Maya-Zusammenbruchs als Folge sozialer Unruhen und Ausrottung der Oberschicht ist bestechend. Ob aber damit der einzige oder wichtigste Grund für den Untergang gefunden ist? Wir wissen, daß gegen Ende des Klassikums die alte, starre Sozialstruktur durch die Entstehung eines Mittelstandes in den größeren Zentren erheblich aufgelockert war und daß auch Handwerker und Händler ihren Anteil am zivilen und zeremonialen Leben hatten. Die Funde in den ausgegrabenen Hausplattformen verraten einen gewissen Wohlstand. Einen verständlichen Grund zum Aufstand hätte die Mittelschicht weit weniger als die Bauernschaft gehabt. Vielleicht haben aus deren Mitte hervorgegangene Führer die Revolte angezettelt. Aber schwer begreiflich ist, warum dann nach gelungenem Umsturz die Maya-Bauern unter einer ihnen genehmen neuen Führung nicht ihr gewohntes Leben fortgesetzt haben.

Brennpunkte einer Volkserhebung werden die großen Zentren und ihre nähere Umgebung gewesen sein. Wenn dort das kultische Leben erlosch, müssen nicht zwangsläufig auch die kleineren Zentren bis hinab zu den bescheidenen Kultplätzen der Sippenweiler aufgegeben worden sein. Die Eliminierung der alten Elite bedeutete für die Maya trotz ihres geweckten sozialkritischen Bewußtseins keine Abkehr von altüberkommenen Glaubensvorstellungen. Die Vertreibung der Priester war kein Akt der geistigen, sondern der physischen Befreiung. Die Maya blieben nach wie vor in der Welt ihrer Götter beheimatet, wenn auch nun an die Stelle gelehrter Priester einfache Dorfhäuptlinge und Schamanen – Zauberer und Wahrsager – traten. Selbst die spätere Christianisierung hat bis in die Gegenwart heimliche Pilgerfahrten zu den verfallenen Tempeln und die Darbringung von Rauchopfern oder die Niederlegung von Blumen und Speisen für die alten Götter nicht beenden können (S. 477).

Bei einem das alte Herrschaftssystem erschütternden sozialen Umsturz muß es sich, wie im China Mao Tse-tungs, um eine bäuerliche, nicht um eine proletarische Revolution gehandelt haben. Auch ein Vergleich mit der Revolution in Kambodscha liegt nahe: Sie war eine Erhebung der Bauern gegen die städtischen Zentren, genährt aus dem während der Kriegsjahre gesteigerten Haß zwischen Landvolk und Stadtvolk. Erst als Pol Pots »Steinzeitkommunismus« gewaltsam alle Bauern wieder zu primitiven Selbstversorgern machen wollte, wurden die damit nicht Einverstandenen von ihrer eigenen Revolution verschlungen. Millionen von Kambodschanern – Bauern und Städter – mußten sterben. Sollte sich im alten Maya-Land etwas Ähnliches ereignet haben?

Wir sind den Ereignissen in Kambodscha noch so nahe und mögen kaum glauben, daß schon einmal in der Geschichte einem Volk ein so grausames Schicksal beschieden war. Schauen wir aus der größeren zeitlichen Distanz auf die Maya und prüfen wir unvoreingenommen die von der Forschung erarbeiteten Fakten, so stellen sich zwei Fragen: Hat ein sozialer Umsturz stattgefunden, und, wenn ja, hat er nur die Oberschicht vernichtet oder zugleich auch das Volk in seiner Gesamtheit in den Strudel gerissen?

Die archäologischen Befunde (S. 459) und die Gesamtsituation am Ende des Klassikums machen es sehr wahrscheinlich, daß sich eine soziale Revolution ereignet hat. Sollte ihr nur die Elite zum Opfer gefallen sein, wie bisher allgemein angenommen wird, fragt man sich, warum die Maya-Bauern nach Abschüttelung des Priester- und Fürstenjochs ihre Äcker nicht mehr bestellten und warum dann auch alle anderen wirtschaftlichen Aktivitäten – Handwerk, Gewerbe, Handel usw. – gleichzeitig erloschen. Wenn nur die Oberschicht verjagt worden ist, kann ein sozialer Umsturz zwar *ein*, aber nicht der *alleinige* Grund für den totalen Zusammenbruch der Maya-Zivilisation gewesen sein. Und vor allem: Bauernaufstände erklären nicht – sieht man zunächst einmal von der kambodschanischen »Lösung« ab – den drastischen Bevölkerungsschwund, der nach dem Untergang der Zeremonialzentren, bis auf kleine Restgruppen, alle sozialen Schichten der Maya erfaßte. Vielleicht muß auch bei ihnen an ein Massensterben im Verlauf bürgerkriegsartiger Wirren gedacht werden, oder die Maya haben aus irgendwelchen anderen Motiven ihr Land verlassen.

Irrationale Gründe?

Der Zusammenbruch könnte die zwangsläufige Folge einer großen, rational nicht zu begründenden Abwanderungsbewegung gewesen sein. Priester mögen durch die Vermittlung eines göttlichen Wanderungsauftrages die Maya zum Verlassen ihrer Heimat bewogen haben. Diesen Gedanken hat erstmalig F. Termer zu erwägen gegeben (208, S. 40; 209, S. 154). Er meint, da die meisten anderen Erklärungen nicht befriedigen, daß in einer so absolut religiös bestimmten Gesellschaft wie der der Maya der Exodus der Bevölkerung in ein »Land der Verheißung« unter Führung der den göttlichen Willen in die Tat umsetzenden Priester erfolgt sei. Ihnen oblag ja neben den Kulthandlungen und astronomischen Berechnungen auch die Wahrsagung und Prophezeiung Glück und Unglück bringender Zeiten.

Den Priestern assistierten die aus dem einfachen Volk stammenden, von ihnen herangebildeten *chilám*, deren Langfristprognosen in den Chilám-Balám-Büchern festgehalten wurden (S. 35). Darin werden zum Beispiel für einen bestimmten Zeitraum (Katun V) Dürre, Hungersnot und Seuchen prophezeit, zugleich Ratschläge für Zeremonien erteilt, durch die die Gefahren gebannt werden könnten. Sollte die Abwanderung der Maya aus dem Petén auf die Vorhersagen künftiger Katastrophen, die Ankündigung des Erscheinens eines »weißen Gottes« oder ähnliche Prophezeiungen durch die Priester oder Chilám zurückzuführen sein? Es gibt andere Beispiele für völlig unmotiviert erscheinende, plötzlich ganze Bevölkerungsgruppen erfassende Auswanderungsbewegungen, zum Beispiel in der legendären Überlieferung anderer mexikanischer Stämme, im Pipil-Gebiet von

Südguatemala und in südamerikanischen Ländern. Auf einer Heilserwartung beruhte der Zug der Chiriguano-Indianer aus dem Norden Brasiliens an den Fuß der bolivianischen Anden.

P. Ivanoff (94, S. 49, 55), der den Gedanken Termers aufgriff, wies darauf hin, daß der chronologische Ausgangspunkt der Maya – »Baktun 13« – der Name für den Beginn einer Zeitrechnung ist, deren vier Zyklen dem viergeteilten Universum entsprechen: »Das erklärt die mesoamerikanische Legende vom unausweichlichen Untergang der Vier Welten oder Vier Sonnen. Das Hereinbrechen dieses prophetischen Zeitpunkts hätte dann den Untergang der klassischen Maya-Kultur und den Auszug aus den großen heiligen Städten ausgelöst. Es hätte die Bevölkerung ebenso entsetzt wie die Ankunft des Jahres 1000 die mittelalterlichen Menschen Europas.« Als Zeitpunkt der Verkündung des nahen Untergangs des 4. Weltzeitalters und damit des Menschengeschlechtes nimmt Ivanoff das 10. Jahrhundert an: »Wir wissen aus mündlicher Überlieferung, Legenden und gewissen Schriften der Indianer in Yucatán, daß die Vorfahren der heutigen Maya im 4. Weltzeitalter zu leben glaubten, das eines Tages zu Ende gehen und einem 5. Weltzeitalter ohne Menschen weichen würde.« Kalenderberechnungen ergäben, daß die letzte Epoche des 4. Weltzeitalters, die das Ende des Menschengeschlechtes ankündigte, dem 10. Jahrhundert unserer Zeitrechnung entsprach.

Nun hat zwar im Petén der Verfall nicht erst im 10., sondern bereits im 8. Jahrhundert begonnen; da es jedoch nicht feststellbar ist, ob und zu welchem Zeitpunkt ein göttlicher Wanderungsauftrag erteilt oder das bevorstehende Ende der Menschheit von den Priestern verkündet worden ist, gibt es gegen die Annahme eines Maya-Exodus auf Grund derartiger im geistigen Bereich liegenden Triebkräfte keine Argumente. Einen gewissen Wahrscheinlichkeitsgrad kann man solchen irrationalen Motiven nicht absprechen.

Feindliche Invasionen?

Die bisher bekanntgewordenen Zerstörungen an Figuren und Reliefs werden, da sie sich vornehmlich auf die Unkenntlichmachung der Gesichtszüge hochgestellter Persönlichkeiten beschränken, als Racheakte aufbegehrender Bauern, nicht als das Werk fremder, in das Maya-Land eingedrungener Eroberer gedeutet. Plündernde Invasionstruppen hätten bei der Besetzung der Zeremonialzentren sicherlich nicht eine derartig sorgfältige Auswahl unter den »zerstörungswürdigen« Objekten getroffen. Allenfalls könnte das Ausmaß der in Dos Pozos angerichteten Schäden – dort sind die Köpfe sämtlicher Figuren von Reliefdarstellungen höfischer Szenen an einer Repräsentationstreppe systematisch verstümmelt – zur Annahme einer kriegerischen Invasion berechtigen (94, S. 54).

Spuren von Brandschatzungen, die sichersten Merkmale einer gewaltsamen Besitzergreifung, sind mit Ausnahme von Palenque in keinem Zeremonialzentrum der klassischen Zeit gefunden worden. Nach 250jähriger Blüte haben um 782 (letzte Datierung) Totonaken aus dem Gebiet von Veracruz Palenque erobert (626, S. 210). Dieser nordwestliche Eckpfeiler des alten Maya-Landes liefert jedoch zugleich den Beweis dafür, daß der Einfall einer fremden Volksgruppe nicht zwangsläufig mit der totalen Zerstörung eines eroberten Zentrums verbunden sein muß. Die Totonaken haben die Bauten von Palenque nicht eingerissen, sondern einen Flügel des Palastes mit steinernen Jochen besetzt, die nur für ihre Architektur charakteristisch sind (158, S. 188). Auch eine Anzahl typisch totonakischer Rituaäxte wurde gefunden.

Über den sich in Stelenbildnissen und anderen Reliefdarstellungen dokumentierenden starken frühtoltekischen Einfluß im ganzen Usumacinta-Gebiet, dessen Überträger mexikanisierte, nahuatlsprechende Chontal-Maya (Putunes) waren, wurde bereits ausführlich berichtet (S. 53). Zwischen 790 und 890 ist durch ihren von der Usumacintamündung ausgehenden Vorstoß ein Zeremonialzentrum nach dem anderen in die Hände des vor allem an dem wichtigen Handelsweg (S. 381) interessierten, aber keinesfalls unkriegerischen Händlervolkes gefallen: Piedras Negras, Yaxchilán, Altar de Sacrificios und Seibal. Wenn diese Okkupationen auch ohne Brandschatzungen abliefen, so ist es doch wohl kein Zufall, daß der Zusammenbruch der alten Maya-Welt, der mit der totonakischen Eroberung von Palenque begonnen hatte, sich dann gerade im Usumacinta-Gebiet – nun weiträumig ausgreifend – fortsetzte. In der gleichen Reihenfolge, in der mit dem Vordringen der Putunes die datierten Stelen in der Usumacinta-Region verstummen, läßt sich anhand der jeweils letzten Stelensetzungen der weitere Weg der Eroberer in den südlichen und zentralen Petén verfolgen (191, S. 112). Obgleich archäologisch bisher nicht nachweisbar, hat es doch den Anschein, daß die Putunes entlang dem Oberlauf des Belize River bis Ucanal (letzte Stele 850) und Tikal (879), vielleicht sogar bis zum Südrand der Rio-Bec-Region (Xamantún 889) gekommen sind (191, S. 113). Ihrem Ansturm könnte im Zusammenwirken mit inneren Zerfallserscheinungen die Hochkultur der Maya erlegen sein. Sie war nicht so fest gegründet, wie die großartigen architektonischen Leistungen vortäuschen, sondern war ein hochgezüchtetes, labiles Gebilde, das von einem bestimmten Zeitpunkt an einer stärkeren Belastung nicht mehr gewachsen war. Es brach zusammen wie ein Kartenhaus.

Die Vorstöße der Putunes und auch die erst nach der Räumung des Kernlandes erfolgte toltekische Eroberung des nördlichen Yucatán gegen Ende des 10. Jahrhunderts müssen im Zusammenhang mit den großen Völkerbewegungen gesehen werden, die sich in der zweiten Hälfte des 1. nachchristlichen Jahrtausends im Hochland vollzogen. Die Wirren begannen mit den Expansionsbestrebungen der Pipiles, eines kriegerischen Chichimeken-Stammes, der zwischen 630 und 650 Teotihuacán zerstörte. Die Pipiles zogen weiter nach Osten bis zur Landenge von Tehuantepec. Dort teilten sich ihre Kriegertrupps: Der eine folgte der pazifischen Küste bis Panama, ein anderer zog zur mexikanischen Golfküste, der dritte drang nach Guatemala in das Siedlungsgebiet der Hochland-Maya vor. Um 700 eroberten Pipiles Kaminaljuyú, den südöstlichen kolonialen Außenposten Teotihuacáns. Die Zerschneidung der politischen, kulturellen und wirtschaftlichen Bande zwischen Teotihuacán, Kaminaljuyú und Tikal hatte zu einer ersten Krise im Maya-Tiefland geführt (S. 428). Dieses Ereignis war in der Tat ein früher Vorbote des endgültigen Zusammenbruchs.

Die Pipil-Invasion an der Golfküste brachte die bereits unter toltekischem Einfluß stehenden Chontal-Maya in Bewegung, die sich dann als Putunes das Usumacinta-Gebiet einverleibten. Enge Beziehungen anderer Putunes-Gruppen reichten bis ins mittlere Campeche, wo die ebenfalls mexikanisch-toltekisch beeinflußten Itzá ihre nördliche Vorhut darstellten (S. 54). So war am Ende des Klassikums der Lebensraum der Tiefland-Maya beinahe an allen Seiten von militärisch starken, aus dem Hochland herabgestiegenen Fremdvölkern oder von diesen abhängig gewordenen mexikanisierten Maya-Gruppen eingekreist. Diesem wachsenden Druck konnten sie nicht widerstehen.

Daß das Ende der Tiefland-Zivilisation nicht allein auf interne destruktive Erscheinungen zurückgeführt werden kann, geht vor allem auch daraus hervor, daß genau um die gleiche Zeit – Ende des Spätklassikums und noch im Nachklassikum – im südlichen Bergland ebenfalls viele alte Zeremonialzentren aufgegeben worden sind. Beispielsweise wurde das ganze mittlere Motaguatal um das Jahr 1000 von den dort siedelnden Maya geräumt. Nahuatlsprechende Gruppen nahmen ihren Platz ein. Aus junger Zeit stammende Ruinen im benachbarten höheren Bergland, wie die von Los Cinientos und San José Apantes, sind vermutlich Ausweichsiedlungen der verdrängten Maya gewesen (405, S. 179). Auch in anderen Teilen von Guatemala und Chiapas wurden die in den Tälern gelegenen Siedlungen verlassen. Die Menschen zogen sich auf schwer angreifbare Bergsporne, Hochlandplateaus, Kämme und Kuppen zurück. Zunächst angelegte Fluchtburgen bauten sie zu wehrhaften Bergstädten aus, an die Stelle der Priester traten militärische Führer. Die alten Kultplätze in den Tälern wurden vergessen und verfielen (779, S. 69). Wie die im Tiefland verbliebene Restbevölkerung sanken auch die Berg-Maya zu einer bescheidenen Subsistenzwirtschaft ab. Die Tatsache, daß bei Tiefland- und Bergland-Maya gleichermaßen die traditionellen Lebensformen zerbrachen, spricht dafür, daß auf die vom Hochland ausgegangenen Bevölkerungsumwälzungen ein Hauptanteil an den Auflösungserscheinungen im Tiefland entfiel.

Die großen Zentren des Tieflandes, allen voran Tikal, verdankten Wohlstand und Bevölkerungswachstum zu einem guten Teil dem Fernhandel (S. 385). Güter des Hochlandes, die man, gemessen am Lebensstandard der bäuerlichen Bevölkerung, als Luxusgüter bezeichnen muß, wurden gegen Produkte des Tieflandes getauscht. Mit dem Vorstoß der Hochlandvölker, besonders der Pipiles, brach das in Jahrhunderten wohlausgebaute Handelsnetz zusammen, und das auf den Fernhandel eingespielte Wirtschaftssystem der großen Maya-Zentren erhielt einen lähmenden Schock. Das Tiefland wurde von seinen wichtigsten Rohstoffquellen (Fig. 70) abgeschnitten. Funktionsfähig blieb nach Verödung der Überlandwege nur noch der Seehandel. Die Putunes, ihrer Neigung nach mehr dem Seehandel als dem Landhandel zugetan, verlagerten im Postklassikum das Schwergewicht ihrer kaufmännischen Aktivitäten in den vom Zusammenbruch nicht betroffenen Norden der Halbinsel. Sie verstanden es geschickt, Kriegszüge mit ihren Handelsinteressen zu verbinden. Von ihrem Inselstützpunkt Cozumel aus kontrollierten sie sowohl die zum Festland gehenden Warentransporte als auch den Güteraustausch mit den Hafenplätzen am Golf von Honduras. Durch das Erlöschen des Handelsverkehrs zum südlichen Hochland wurde den Petén-Zentren fraglos ein Stück ihrer Existenzgrundlage entzogen.

3. Heutiger Erkenntnisstand

Seit den Grabungen G. R. Willeys und seiner Mitarbeiter (827; 828; 831) in Altar de Sacrificios und Seibal an den Quellflüssen des Rio Usumacinta hat die archäologische Forschung weitere Beweise erbracht, daß Nahua-Völker in mehreren aufeinanderfolgenden Wellen vom Hochland gegen das Tiefland vorgestoßen sind und daß deren anhaltender Druck die Blütezeit der klassischen Maya-Zentren beendete. Freilich, diese Völkerbewegungen und Bevölkerungsumschichtungen auf der zentralamerikanischen Landbrücke gegen Ende des 8. Jahrhunderts waren auslösende, doch offensichtlich nicht primäre Ursachen für den Untergang. Eine Auflehnung der durch ständig gesteigerte Arbeitsanforderungen in den Kultzentren erschöpften Bauern gegen die Herrschaft der Priester und Fürsten hat sicherlich den Umsturz vorbereitet.

Die kritische Sichtung aller bisher aufgestellten »Untergangstheorien« macht deutlich, daß es nicht Erschöpfung oder Zerstörung der Böden, Störungen des ökologischen Gleichgewichtes, Klimaänderungen, Epidemien oder gar Erdbeben waren, die den Kulturverfall herbeigeführt haben, daß es wahrscheinlich überhaupt ergebnislos bleiben wird, nach *der* Ursache zu suchen, sondern daß die Erklärung des anscheinend Unfaßlichen nur im zeitlichen Zusammentreffen mehrerer Gründe zu finden ist. Dazu gehören:

- die gegen Ende des Klassikums infolge der Bevölkerungsexplosion angespannte Ernährungslage,
- innere Verfallserscheinungen, die im Verlauf des allgemeinen Säkularisierungsprozesses immer mehr das Verständnis der einfachen Menschen für die in ihrer abstrakten Welt lebenden Priester, das Vertrauensverhältnis zwischen Volk und Führung schwinden ließen,
- eine Überforderung der Bevölkerung durch die gigantischen Bauvorhaben der Elite, was wahrscheinlich zu sozialrevolutionären Gärungen und Bauernaufständen geführt hat,
- die politische Dezentralisation und militärische Schwäche des Tieflandes, die den in Bewegung geratenen Hochlandvölkern die Eroberung erleichterte,
- der ebenfalls durch diese Bevölkerungsverschiebungen im Hochland verursachte Zusammenbruch des Fernhandels, durch den die Maya-Zentren des Tieflandes einer wichtigen Erwerbsquelle beraubt wurden, und,
- wenn alle diese rational zu begründenden Ursachen nicht den letzten Ausschlag gegeben haben sollten, vielleicht auch auf göttlich-priesterlichen Befehl zurückgehende irrationale Beweggründe, das Land zur Verhütung kommenden Unheils zu verlassen.

Durch die ausgelöste Kettenreaktion verschiedenartigster Ereignisse erlosch nach vielen Jahrhunderten der Blüte eine Hochkultur, ohne, außer den steinernen Zeugnissen ihrer einstigen Existenz, der Nachwelt ein lebendiges, weiterwirkendes Erbe zu hinterlassen. Die in das Tiefland eingedrungenen Pipiles waren keine Träger einer Hochkultur, und auch das kriegerische Händlervolk der Putunes aus Tabasco hatte in seiner zum Kernland randlich gelegenen Heimat nur geringen Anteil an der zivilisatorischen Entwicklung der Maya gehabt. Im Vergleich zur Herrscherelite der Maya galten sie als »Barbaren« (191, S. 113). Von ihnen konnten im Gegensatz zu den Tolteken im nachklassischen Yucatán keine Impulse zu einer »Maya-Renaissance« im südlichen Tiefland ausgehen. So versank dort mit den Maya eine geistige Welt, die geprägt war durch ein bis dahin kaum irgendwo auf der Erde erreichtes astronomisch-mathematisches Wissen und ein Kalendersystem von unvergleichlicher Genauigkeit. Der endgültige Zusammenbruch mit seinen komplexen Ursachen war zwar noch nicht bis in alle Einzelheiten, aber doch schon in den Ansätzen möglicher Gefahren in der ersten schweren Krise, dem Maya-Hiatus zwischen 540 und 600 n. Chr., vorgezeichnet.

Man spricht in Europa von einem »Nachleben« der Antike, das in den verschiedensten Kulturbereichen und Kulturepochen immer wieder zum

Durchbruch kam – von der Hochkultur der Maya strahlten keine Einflüsse aus, die sich auf die weitere Entwicklung des Menschengeschlechts ausgewirkt haben könnten.

4. Wo sind sie geblieben?

Unbeantwortet ist nach wie vor die Frage nach dem Verbleib der vielen Millionen Menschen. 85–90 % der einstigen Bewohner des Petén sind innerhalb von 150 Jahren verschwunden (508, S. 128). Dies geht nicht nur aus den archäologischen Befunden (S. 431), sondern auch klar aus den Berichten der ersten Spanier hervor, die in das Waldland vorstießen. Hernán Cortés betont 1526 in seinem 5. Brief an Karl V. ausdrücklich, daß der Petén mit Ausnahme der Region um den Petén-Itzá-See und den Lago de Izabal geradezu menschenleer sei. Die katastrophale Dezimierung der Peténbevölkerung kann also nicht erst eine Folge der spanischen Eroberung gewesen sein. Ein nicht unbeträchtlicher Teil wanderte in das nördliche Yucatán ab (345, S. 502; 704, S. 457) und hat seinen Beitrag zum nachklassischen Aufschwung der dortigen Zentren geleistet.

Die Flüchtlinge scheinen vor allem der West- und der Ostküste gefolgt zu sein. Die Chilám-Balám-Bücher von Chumayel, Mani und Tizimin berichten über diese Züge. Dabei wird die Westküstenwanderung als die »Große Wanderung« und die offensichtlich weniger bedeutsame Ostküstenwanderung als die »Kleine Wanderung« bezeichnet (337, S. 503). Wörtlich übersetzt bedeuten die beiden Maya-Worte *noh emal* und *dze emal*: das große und kleine »Herabkommen von OBEN«, das heißt vom Himmel oder von Mittag (Süden) her. Aus yucatekischer Sicht war dieser Massenzustrom von Menschen ein überwältigendes Ereignis, unvergleichbar mit zuvor erlebten Bevölkerungsbewegungen oder gar der Ankunft kleiner Trupps von Reisenden. Eine solche große Umsiedlung von Petén-Maya nach dem Norden ist früher stark angezweifelt worden, aber die neuere Forschung hat sie doch inzwischen bestätigt. P. D. Harrison (345, S. 503) spricht von einem geradezu »dramatischen Anstieg« der Bevölkerung durch die Zuwanderung aus dem Petén. Noch vor dem endgültigen Zusammenbruch Tikals ist zum Beispiel in der Puuc-Region zwischen 830 und 850 ein kräftiger Aufschwung festzustellen, der bis zur Jahrtausendwende anhielt (345, S. 496). Der um diese Zeit aufgekommene Puuc-Stil läßt Anklänge an die Copán-Architektur erkennen, so daß schon seit längerem an eine Übertragung durch von dort stammende Auswanderer gedacht wird (S. 323). Wenn ein größerer Teil der Petén-Flüchtlinge in das nördliche Yucatán gegangen ist, das heißt in eine Region, deren agrarische Produktivität eindeutig hinter derjenigen des verlassenen alten Siedlungsgebietes im Süden zurücksteht, so ist dies ein weiterer Beweis dafür, daß nicht unlösbare Ernährungsschwierigkeiten der Grund für die Abwanderung gewesen sein können. Mit sehr viel mehr

Wahrscheinlichkeit waren es die vom Hochland in ihren Lebensraum einbrechenden Fremdvölker, deren Einflüssen sie sich durch die Flucht nach dem ihnen sicherer erscheinenden Norden entziehen wollten. Daß auch das nördliche Yucatán wenig später das Ziel einer toltekischen Invasion werden würde, konnten sie nicht ahnen.

Zu Beginn des 16. Jahrhunderts war das Gebiet des heutigen mexikanischen Bundesstaates Yucatán relativ dicht besiedelt, ebenso das Küstenland von Campeche und Tabasco, der Bereich beiderseits des unteren Belize River, der östliche Teil des guatemaltekischen Tieflandes am Lago de Izabal bis zum Rio Motagua und das westliche Honduras um Copán

Fig. 75 Besiedelte und unbesiedelte Gebiete des Maya-Tieflandes zu Beginn des 16. Jahrhunderts

(Nach W. T. Sanders, 1962)

(Fig. 75). Von Copán, das in 600 m Meereshöhe am Südostrand des alten Maya-Landes liegt und bereits 1576 von Diego Garcia de Palacio beschrieben wurde, wissen wir, daß dort im 16. Jahrhundert noch eine ziemlich zahlreiche Bevölkerung siedelte (122, S. 306; 173, S. 86). Aber sie war doch schon sehr viel geringer als 700 Jahre zuvor, und es ist nicht ganz klar, ob es sich um Nachkommen der alten Bevölkerung oder Abkömmlinge späterer Rückwanderer handelte. Allen diesen auf Fig. 75 dargestellten Siedlungsgebieten des 16. Jahrhunderts steht das entvölkerte südliche Regenwaldgebiet gegenüber, das sich im Norden mit der fast ebenso menschenleeren Puuc-Region von Uxmal vereinigte, aus der schon die Tolteken 600 Jahre zuvor die Maya vertrieben und in das Kerngebiet ihres Herrschaftsbereiches umgesiedelt hatten (S. 54). Auch die südliche Gebirgsrandzone (Alta Verapaz, Chiapas) erscheint auf der Karte als weiße Fläche, aber sie ist nicht zu den unbewohnten, sondern zu den im 16. Jahrhundert noch dünn besiedelt gewesenen Gebieten zu rechnen. Manché und Lacandonen (S. 485) hatten sich nach dem Ende des Klassikums zwar tiefer in die Wälder zurückgezogen, aber ihre nahezu völlige Auslöschung als Stammesgruppen war erst eine Folge der kolonialspanischen Christianisierungs- und Siedlungspolitik (S. 476). So entstand durch zwei zeitlich getrennte Entvölkerungsprozesse jene bis zur Gegenwart noch nicht überwundene Menschenleere, die von den Archäologen gut 100 Jahre lang allein als ein Ergebnis des großen Zusammenbruchs angesehen wurde.

Wie viele Tiefland-Maya entgegen der Stoßrichtung der Nahua-Völker in das südliche Bergland geflüchtet sind, läßt sich nur schwer abschätzen. Es scheint jedoch, daß trotz der Nahua-Expansion sogar das Hochland von Guatemala eines der Ziele von Tiefland-Flüchtlingen gewesen ist. Dort leben heute im Umkreis des Atitlánsees drei Maya-Gruppen, die zusammen etwa 600 000 Menschen umfassen: die Quiché, die Cakchiquel und die Tzutuhil (Bild 28). Aus ihren Überlieferungen und aus archäologischen Indizien läßt sich der Schluß ziehen, daß diese drei Gruppen erst verhältnismäßig spät in das Hochland gekommen sind. Im 11. Jahrhundert stießen sie vom oberen Usumacinta her in ihre heutigen Wohngebiete vor und mischten sich mit einer mexikanisch-toltekischen Herrenschicht. Sie schoben sich gleich einem Keil zwischen die dort schon seßhaften Maya-Völker und beeinflußten entscheidend die Entwicklung der nachklassischen Periode der Maya-Kultur im guatemaltekischen Hochland (778, S. 74).

Das wichtigste Ereignis einer Wiederbesiedlung der am Ende des Klassikums verlassenen Tieflandgebiete war Mitte des 15. Jahrhunderts die Wanderung der Itzá aus dem nördlichen Yucatán in das Gebiet des Petén-Itzá-Sees (S. 57). Die Zahl der im 16. Jahrhundert dort lebenden Menschen wird auf knapp 100 000 geschätzt (136, S. 57). Auch im mittleren Motaguatal ist eine nachklassische Phase der Wiederbesiedlung durch Funde belegt (405, S. 173).

10–15 % der ursprünglichen Bevölkerung sollen – wie wir hörten (S. 432) – nach dem Zusammenbruch im Tiefland verblieben sein. Über das Schicksal dieser Restbevölkerung, die vielleicht auch größer war, besitzen wir keinerlei sichere Informationen. Man muß, solange keine bessere Antwort gegeben werden kann, mit T. P. Culbert (52, S. 109) und anderen Kennern des Problems annehmen, daß die auf die Stufe eines unorganisierten, einfachen Waldbauerntums abgesunkenen Maya im Kampf um die Erhaltung ihrer physischen Existenz nach einigen Generationen ausstarben oder, ähnlich wie im heutigen Kambodscha, im Verlauf heftiger innerer Auseinandersetzungen den Tod gefunden haben. Allerletzte Überreste der Peténbewohner wurden ebenso wie die weit zahlreicheren, in den schon beschriebenen Randgebieten der Halbinsel noch zu Anfang des 16. Jahrhunderts siedelnden Maya ein Opfer der Conquista.

XV. Das Schicksal der Maya nach der spanischen Besitzergreifung

1. Entdeckung und Eroberung

Auf seiner vierten Reise in die Neue Welt begegnete Kolumbus 1502 vor der Küste von Honduras einem Handelsboot der Putunes und bekam damit als erster Weißer eine Gruppe von Maya zu Gesicht. Danach dauerte es noch neun Jahre, bis die Spanier deren Herkunftsland selbst, wenn auch unfreiwillig, kennenlernten. Zwölf Schiffbrüchige erreichten 1511 mit einem Rettungsboot nach fast dreiwöchiger Irrfahrt die Nordostküste Yucatáns. Sie gehörten zur Besatzung einer Karavelle, die sich unter dem Kommando eines Kapitäns Valdivia auf der Reise von Panama nach Santo Domingo befand. Bei Jamaika war das Schiff auf ein Korallenriff gelaufen. Die Geretteten gerieten in Gefangenschaft der Maya: Fünf von ihnen wurden sogleich den Göttern geopfert, sieben, denen zu einem etwas späteren Zeitpunkt gleiches bevorgestanden hätte, gelang die Flucht. Sie wurden von einem anderen Stamm freundlich aufgenommen, doch sie erkrankten und starben im Verlauf der nächsten Jahre. Nur zwei Spanier überlebten, der Priester Gerónimo de Aguilar und der Matrose Gonzalo Guerrero. Von ihnen werden wir noch hören.

Eine zweite Gruppe von Spaniern, die 1517, diesmal ohne in Seenot geraten zu sein, ebenfalls an der Nordostküste Yucatáns landete, erfuhr noch nichts von den beiden Überlebenden, obwohl sie sich ganz in ihrer Nähe befanden. Die Schiffsmannschaft plünderte die Handelsstadt Ecab und setzte mit zwei Gefangenen ihre Reise zur Campechebucht bis Champotón fort. Dieses spanische Unternehmen mit einem Beutezug und zwei weiteren Besuchen an Land hatte noch nicht eine Besitzergreifung Yucatáns zum Ziel, sondern war eine Kundfahrt ins Ungewisse. Francisco Hernández de Córdoba war von Santiago de Cuba mit drei Schiffen und 110 Seeleuten nach Westen gesegelt, um irgendwo Sklaven als Arbeitskräfte für die entvölkerte Antilleninsel einzufangen. Er hatte damit wenig Glück, geriet in Champotón mit seiner Mannschaft, von (angeblich) 100 000 kriegerischen Couohe-Maya umzingelt, in eine verzweifelte Situation und kehrte nach einem Verlust von über 50 Mann schwer verwundet nach Havanna zurück. Dort starb er zehn Tage später auf seinem Landgut. Aber er konnte noch als erster

Spanier von dem goldenen Schmuck berichten, den er bei den Maya gesehen hatte. Zum Beweis hatte die Expedition ein mit goldenen Figürchen und Kultgegenständen gefülltes Kästchen mitgebracht. Dies war der Anlaß, daß der spanische Statthalter Velázquez 1518 vier Schiffe mit 200 Mann Besatzung nach Yucatán entsandte. Die Expedition stand unter dem Kommando des Juan de Grijalva, der nach einer Landung auf der Insel Cozumel, die er offiziell für die spanische Krone in Besitz nahm, der Ostküste Yucatáns nach Süden folgte und von See aus die hohen Bauten der »weißen Stadt« Tulúm als erster Europäer gesehen hat (Bild 4). In einer Bucht, die er am Himmelfahrtstag erreichte und daher Bahia de la Ascensión taufte, kehrte er um und erkundete auch die Westküste Yucatáns. Bei einer Landung in der Nähe von Champotón hatte er ähnlich heftigen indianischen Angriffen zu widerstehen wie Córdoba ein Jahr zuvor. Grijalva kam bis in das Mündungsgebiet des nach ihm benannten Flusses und in die Gegend von Veracruz, bevor er die Rückreise nach Kuba antrat. Sein Bericht bestätigte die Angaben Córdobas und festigte in den Spaniern die – freilich irrige – Vorstellung, daß Yucatán ein goldreiches Land sei, Grund genug für die Spanier, nunmehr die Eroberung des Landes mit einer großen Streitmacht in Angriff zu nehmen. In der Gegend von Veracruz hatte Grijalva aber auch durch die Küstenbewohner erstmalig Kunde von den »unermeßlichen Goldschätzen« des Azteken-Reiches erhalten. Ihre nächsten Ziele standen den Conquistadoren nunmehr klar vor Augen.

Nach Córdobas und Grijalvas Fahrten verbreitete sich bei den auf den Antillen ansässig gewordenen Spaniern die Meinung, daß Yucatán eine Insel sei. Grijalva war im Süden der Westküste auf eine große Bucht gestoßen, die er für den Ausgang eines Seekanals hielt, der die »Insel« Yucatán vom zentralamerikanischen Festland trennt. Aus dieser Fehlbeurteilung erklärt sich der Name »Laguna de Términos«. Die Spanier glaubten noch lange an den Inselcharakter Yucatáns, und noch auf einigen Karten des 17. Jahrhunderts wurde die Halbinsel als Insel dargestellt (837, S. 13ff.).

Auf Kuba lebte zu Anfang des 16. Jahrhunderts ein Mann, der auf Grund der verheißungsvollen Berichte der zurückgekehrten Seefahrer seine Stunde gekommen sah: Hernán Cortés, der als Schwager des Gouverneurs Velázquez zwar dessen Vertrauen genoß, es aber durch Intrigen persönlicher Feinde verlor und schnell handeln mußte. Als Verwaltungsbeamter, Großgrundbesitzer und Viehzüchter war Cortés auf der Antilleninsel zu Wohlstand gekommen und konnte die Durchführung seiner großen Pläne zum erheblichen Teil aus eigenen Mitteln finanzieren. Nach seiner Ernennung zum Generalkapitän des geplanten Unternehmens rüstete er eine Armada von elf Schiffen mit 110 Matrosen, 508 Soldaten und 16 Pferden aus und stach am 10. Februar 1519 von Kuba aus in See: Richtung Yucatán. Bevor der 34jährige Cortés als Eroberer von Mexiko in die Geschichte einging, sammelte er auf diesem ersten Teilstück seiner großen Reise – in

Yucatán – jene Conquistadoren-Erfahrungen, auf denen seine späteren Erfolge beruhten. In seiner Begleitung befand sich der später berühmt gewordene Historiograph Bernal Diaz, der schon an den Fahrten Córdobas und Grijalvas teilgenommen hatte.

Trotz schwerer See, in der Cortés Mühe hatte, seine Flotte beieinander zu halten, erreichte er wohlbehalten Cozumel. Die dort lebenden Maya erklärte er zu Untertanen des spanischen Königs, und sein Kaplan begann sie sogleich zum Christentum zu bekehren. Auf der Insel berichtete man ihm von den beiden Überlebenden der gescheiterten Valdivia-Fahrt, die seit 1511 als Gefangene unter den Maya auf dem Festland lebten. Cortés ließ ihnen durch ortskundige indianische Händler Briefe überbringen, in denen er sie aufforderte, sich gegen die gleichzeitig mitgeschickten Geschenke freizukaufen und sich seiner Expedition anzuschließen. Aguilar stieß zu Cortés und hat als Dolmetscher dem späteren Eroberer von Mexiko wichtige Dienste geleistet. Der andere, Guerrero, hatte sich in einen etwas weiter südlich lebenden Maya-Stamm aufnehmen lassen, die Schwester oder Tochter des Kaziken geheiratet und war in den Rang eines Kriegshäuptlings aufgestiegen. Er lehnte es ab, wieder zu seinen spanischen Landsleuten zurückzukehren, und wurde im Gegenteil zu einem ihrer erbittertsten Gegner. Er organisierte den Widerstand der Maya und ist nach einem Gefechtsbericht des Andrés de Cerezeda 1536 während der Kämpfe im westlichen Honduras gefallen. Seine Leiche war nackt, tätowiert und mit indianischem Schmuck behangen (838, S. 24).

Von Cozumel folgte Cortés der Ostküste bis Tabasco, wo er bei der bedeutenden Handelsstadt Potonchán (S. 390, Fig. 70) an Land ging, um frische Nahrungsmittel und Trinkwasser an Bord zu nehmen. Nach einem Vorgeplänkel in Potonchán kam es südwestlich der Stadt zu einer schweren Schlacht, in der sich die 500 Spanier einer Übermacht von 40 000 Chontal-Kriegern erwehren mußten. Die Spanier besiegten zwar die Indianer dank ihrer überlegenen Bewaffnung und des Einsatzes ihrer Kavallerie, aber Cortés selbst leugnet in seinem Brief an Karl V. nicht, daß dies »mehr durch den Willen Gottes als durch unsere Stärke« gelungen sei. Potonchán wurde von den Spaniern zur Erinnerung an diesen schwer erkämpften Sieg in Santa Maria de la Victoria umbenannt (191, S. 165). Die Chontal beugten sich der spanischen Oberhoheit, und unter den Geschenken, mit denen sie ihre neuen Herren anerkannten, befand sich auch die nach dem Tode ihres Vaters in die Sklaverei verkaufte aztekische Fürstentochter Malinche, die Cortés als Doña Marina auf der Weiterfahrt nach Veracruz und von dort als Dolmetscherin und Geliebte auf seinem am 16. August 1519 begonnenen Eroberungszug in das Hochland von Mexiko begleitete.

Cortés war es nicht gelungen, feste spanische Stützpunkte in Yucatán zu gründen, und in der Folgezeit war der Blick der Spanier so gebannt auf das schnell unterworfene Azteken-Reich und seine Schätze gerichtet, daß die immer noch für eine Insel gehaltene Halbinsel nahezu in Vergessenheit geriet. Erst fünf Jahre später, 1524, kehrte der erfolgreiche Conquistador von der auf den Trümmern der Azteken-Hauptstadt Tenochtitlán gegründeten Stadt Mexiko aus in das Ausgangsgebiet seiner für Mittelamerika schicksalhaften Expedition zurück, diesmal aber nicht in den Norden, sondern in den Süden. Es war eine Strafexpedition gegen seinen Unterführer Cristóbal de Olid, der versucht hatte, sich in Hibueras (Honduras) selbständig zu machen. Auf einem denkwürdigen, entbehrungsreichen Landmarsch durchquerte Cortés mit 230 Spaniern und einem Troß von 3000 mexikanischen Hochlandindianern die dicht bewaldete Wurzelzone der Halbinsel. Zunächst durchzog er die dank ihres Kakaoanbaus berühmte Acalán-Region und schlug dann einen großen Bogen zum Petén-Itzá-See. Er stattete Tayasal einen Besuch ab und erreichte im Mai 1525, ein halbes Jahr nach seinem Aufbruch, schließlich den wichtigen Handelsplatz Nito am Golf von Amatique (Fig. 70). Bernal Diaz verdanken wir viele wichtige Beobachtungen von dieser ersten Petén-Durchquerung der Spanier.

1526, noch bevor Cortés seinen abenteuerlichen Marsch nach Honduras beendet hatte, erhielt Francisco Montejo, einer seiner Begleiter auf dem Zug von 1519 und zuvor schon Teilnehmer an der Grijalva-Expedition, vom spanischen König die Lizenz zur Eroberung der »Inseln Yucatán und Cozumel«. Als er 1527 von Sevilla aus über Santo Domingo mit vier Schiffen, 380 Mann und 57 Pferden dorthin zurückkehrte, stieß er auf den noch ungebrochenen Widerstand der Maya. Die Einwohner von Cozumel verhielten sich zwar friedlich, aber nach dem Übersetzen auf das Festland stießen die Spanier auf nichts Gutes verheißende leere Dörfer, und bei Aké gerieten sie in einen indianischen Hinterhalt. Die todesmutig kämpfenden Maya verloren 1200 Krieger, den Sieg jedoch errangen Montejos Soldaten. Er hat nicht viel genützt. Am allenthalben zu spürenden Widerstand der Maya scheiterten letztlich die beiden Eroberungszüge Montejos der Jahre 1527/29 und 1531/35.

Vergeblich versuchte der von der Krone eingesetzte Adelantado an der Stelle von Chichén Itzá 1532 eine spanische Ansiedlung zu gründen. Sie sollte Ciudad Real heißen. Baumaterial stand in der Ruinenstätte genügend zur Verfügung, und Nahrungsmittel erhofften sich die Spanier von den in der Umgebung lebenden, zu Tributen verpflichteten Indianern. Aber wiederum schlug die anfänglich freundliche Haltung der Maya bald in Feindschaft um; 1534 belagerten sie Ciudad Real mit einem großen Aufgebot von Kriegern. Die nur 200 Mann zählende spanische Besatzung ergriff im Schutze der Nacht die Flucht. Auch als unterwegs der Trupp Verstärkung aus Campeche erhielt, waren die Soldaten nicht zur Rückkehr nach Ciudad Real zu bewegen, denn gleichzeitig verbreitete sich die Nachricht von der reichen Beute, die inzwischen Francisco Pizarro in Peru gemacht hatte. Enttäuscht von der Goldarmut Yucatáns desertierten sie in Scharen und setzten sich nach Campeche ab, bis auch dieser letzte Stützpunkt 1535 aufgegeben werden mußte, weil die dort stationierten Spanier es ebenfalls vorzogen, in Peru ihr Glück zu machen (21, S. 155).

In den folgenden zwei Jahren lebte außer dem abtrünnigen Guerrero, für dessen Teilnahme an den Abwehrkämpfen der Maya es sichere Anzeichen gibt, kein einziger Spanier mehr in Yucatán. Doch trotz aller sich über ein volles Jahrzehnt erstreckenden Fehlschläge ließen sich die beiden Montejos – der Vater und sein inzwischen herangewachsener Sohn – nicht entmutigen. Ein Versuch Montejos des Jüngeren, sich 1537 in Champotón festzusetzen, mißlang. Nachdem aber 1540 auch Montejo der Ältere nach Yucatán zurückgekehrt war, gelang es beiden 1541, Campeche zu einem festen Stützpunkt auszubauen. 1668 erhielt die Stadt zum Schutz gegen Überfälle englischer Seeräuber gewaltige Befestigungswerke, die noch erhalten sind.

Mit der Gründung von Campeche begann die endgültige Eroberung Yucatáns. Bei Tihó gelang Montejo dem Jüngeren, obwohl er nur über eine Truppe von 200 Mann verfügte, die entscheidende Schlacht, die Vernichtung einer Armee von 50 000 Maya. Auf den Ruinen des alten Kultzentrums gründete er 1542 Mérida, die heutige Hauptstadt Yucatáns, und zwei Jahre später weiter östlich davon Valladolid. 1544 wurde schließlich das Gebiet um Tulúm unterworfen. Wenn auch im Indianeraufstand des Jahres 1546 in Valladolid wiederum fast alle Spanier ums Leben kamen, gelang es doch dem aus Campeche mit spanischen und indianischen Hilfstruppen herbeieilenden Montejo, den Aufstand im folgenden Frühjahr in einem erbarmungslosen Gemetzel niederzuschlagen und damit 1547 Yucatán endgültig in den Besitz der Spanier zu bringen. An der Fassade des Montejo-Palastes in Mérida kann man zwei bärtige Conquistadorengestalten mit Schwert und Hellebarde sehen, die auf den Köpfen von vier unterworfenen Maya stehen – Symbol der endlich gelungenen spanischen Eroberung Yucatáns. Daran vermochte auch ein 1636 in der Gegend von Bacalar ausgebrochener und zu schnellem Scheitern verurteilter Aufstand nichts mehr zu ändern. Yucatán war zu einem festen Bestandteil des spanischen Kolonialreichs geworden.

Nach Abschluß der Feldzüge im Norden der Halbinsel gab es im Bereich des alten Maya-Landes nur noch eine einzige unabhängig gebliebene Gruppe, die der mächtigen, am West- und Südufer des Petén-Itzá-Sees siedelnden Itzá (S. 469). Sie haben noch eineinhalb Jahrhunderte ihre Freiheit behaupten können. Nach einem ersten Besuch Tayasals durch den Franziskaner Bartolomé Fuensalida (1618) endete ein 1621 unternommener Versuch des Paters Diego Delgado, die Itzá zu christianisieren, mit der Ermordung des Missionars und seiner militärischen Eskorte. Erst 1697 unterlagen die damals noch etwa 25 000 Stammesangehörige zählenden Itzá und ihre im See gelegene eiligst befestigte Inselstadt den spanischen Eroberern unter Martin de Ursúa (Bild 49). Eine kleine Schar von 134 Soldaten besiegte die von den Itzá aufgebotene Kanuflottille mit 2000 indianischen Kriegern. Die

21 Tempel Tayasals, die noch Kulthandlungen dienten und in denen die Priester bis zu dieser Zeit Menschenopfer darbrachten, wurden völlig zerstört.

Zu kleineren erfolglosen Aufständen der Tzeltal- und Tzotzil-Dörfer in Chiapas kam es noch 1712/13. Knapp 50 Jahre später, 1761, drohte eine Erhebung ganz Yucatán zu erfassen. In beiden Fällen waren die nur mit Pfeil und Bogen und einigen Schrotflinten bewaffneten Indianer den Spaniern hoffnungslos unterlegen. Noch einmal lehnten sich die Indianer 1847/48 im sogenannten »Krieg der Kasten«, der weite Teile Yucatáns verwüstete, gegen die Herrschaft der Mexikaner auf. Eine Rebellion der immer noch weitgehend unabhängig gebliebenen Häuptlinge in Quintana Roo – 1910 – war ein letztes Aufflackern des Widerstandes der Maya gegen das diktatorische Regiment des mexikanischen Präsidenten Porfirio Diaz. Seit dieser Zeit haben sich die Maya in ihr Schicksal gefügt, wenn auch die Idee der Schaffung eines politisch selbständigen Maya-Landes, die »Wiedervereinigung« des gegenwärtig in drei Staaten lebenden Volkes in einem unabhängigen »Mayab«, unter den jungen Intellektuellen der heutigen Maya keine geringe Zahl von Anhängern hat.

2. Christianisierungs- und Siedlungspolitik

Die Ziele der Conquistadoren, die ihre Unternehmungen zu einem erheblichen Teil selbst finanzieren mußten, waren Gewinn von Macht und Reichtum, Sicherung der eroberten Länder für die spanische Krone und Bekehrung der unterworfenen Völker zum Christentum. Eine königliche Verordnung bestimmte, daß an jedem Conquistadorenzug wenigstens zwei Padres teilnehmen sollten. So war schon unter Hernán Cortés 1519 bei den Maya auf Cozumel ein erster Missionierungsversuch unternommen worden, ein zweiter ging auf den französischen Franziskaner Jaques de Testera (1535) in Champotón zurück. Cortés hatte die Franziskaner elf Jahre zuvor zur Bekehrung der Azteken nach Mexiko geholt, und da Montejo der Ältere seinen Missionsauftrag in Yucatán vernachlässigt hatte, wollte Testera das Versäumte nachholen. Der gescheiterte Stadtgründungsversuch Montejos des Jüngeren und die damit verbundenen Auseinandersetzungen zwischen Spaniern und Maya zwangen den Missionar, das Land wieder zu verlassen. Erst 1545 kehrte der Orden nach Yucatán zurück. Zum bekanntesten der dort tätigen Franziskaner wurde Diego de Landa, der 1549 in Mérida eintraf und 1556 zum Ordensprovinzial ernannt wurde. Von ihm haben wir eingangs schon ausführlich gehört (S. 27ff.).

Die Voraussetzungen für eine erfolgreiche Christianisierung der Maya waren nicht ungünstig. Die Missionare verstanden es geschickt, an alte Glaubensvorstellungen und Rituale der Indianer anzuknüpfen. Die Lehre von Himmel und Hölle war den Maya nicht neu, denn sie hatten schon immer an Himmel und Unterwelt geglaubt. Der christlichen Taufe entsprach ein ähnliches Ritual, beide Religionen predigten die Einhaltung von Fastenzeiten, benutzten für kultische Zwecke leichte alkoholische Getränke, forderten in bestimmten Zusammenhängen sexuelle Enthaltsamkeit, sahen im Kreuz oder im kreuzähnlichen Lebensbaum ein wichtiges Symbol, kannten Altäre und die Verbrennung duftender Harze in Räuchergefäßen. Die Maya verehrten einen Hauptgott und zahlreiche Nebengötter, die Katholiken beteten zu Gott und huldigten ihren Heiligen. In kluger Anpassung richteten sich die spanischen Priester beim Bau ihrer Kirchen nach den gleichen Orientierungsprinzipien, die den Kultbauten der Maya zugrunde lagen (S. 298). Die um neun Grad von der Nord-Süd-Richtung abweichende Achse der Kirche in Muna entspricht zum Beispiel derjenigen der Bauwerke in Copán. In Hoctún beträgt sie sieben Grad.

Dennoch ist für viele Maya das Christentum nur ein dünner Firnis geblieben, der ihre überlieferten Glaubensvorstellungen nicht auslöschen konnte. Im nördlichen Quintana Roo gibt es Dörfer, in denen an allen vier Ecken der Plaza auf kleinen Altären Kreuze stehen, die jeweils von einem der typischen, mit Blumen bestickten weißen Gewändern der Maya-Frauen verhüllt sind. Auf die quadratische Plaza wurde die alte Idee des »kosmischen Welthauses« übertragen, dessen Eckpfosten die vier Himmelsträger sind (S. 62). Vor Marienbildnissen legen die Kirchenbesucher Schokolade und Tortillas nieder, in der äußeren Gestalt, nicht aber dem Sinn nach veränderte Opfergaben, wie sie einst auf den Sockeln ihrer Götterbildnisse Platz gefunden hatten.

Die Verbrennung der Codices und die Zerschlagung von 5000 »Götzenbildern« durch Diego de Landa im Jahre 1562 hatte nicht den erhofften Erfolg gebracht. Anlaß zu der Aktion waren die sich bis in diese Zeit fortsetzenden Pilgerfahrten nach Chichén Itzá und die im Heiligen Cenote dem Regengott Chac dargebrachten Brunnenopfer gewesen. 1560 waren sie zwar durch die Spanier strikt verboten worden, aber angeblich haben 1562 im Heiligen Cenote sogar noch Menschen ihr Leben lassen müssen (94, S. 113). Trotz Landas Versuch, nun überall die kultische Tradition mit Stumpf und Stiel auszurotten, blieb der Glaube an den regenspendenden Gott Chac unter den Maisbauern, besonders in Yucatán, bis heute am Leben. Immer noch werden auf den Feldern und in Tempelruinen Kopalharz- oder Kerzenopfer dargebracht. Vor den alten Stelen in Cobá, in denen Jäger, Kautschuksammler und Holzschläger die »Wächter des Waldes« sehen, sind noch vor 50 Jahren auf kleinen Altären aus flachen Steinen die Überreste abgebrannter Kerzen gefunden worden. Auf einem Stein lag ein kleiner Metallbehälter, der offenbar zur Verbrennung von Weihrauch benutzt wurde (417, S. 3; 839, S. 288). Noch jetzt trifft man gelegentlich in den Ruinen von Yaxchilán Lacandonen (S. 485), die dort ihre Opfergaben niederlegen. In einzelnen Orten des nördlichen Yucatán waren die alten Wahrsagebücher noch um 1930 in Gebrauch.

Den militärischen Eroberungszügen folgten die sogenannten *Entradas*: Unbewaffnete spanische Missionare, in gefährlichen Gegenden auch in Begleitung von Soldaten, durchzogen kreuz und quer das Land, um unter den Indianern das Christentum zu predigen und die Präsenz der spanischen Kolonialmacht zu demonstrieren. Zwischen 1550 und 1700 sind, wie erhaltene Berichte belegen, etwa 50 derartige Entradas durchgeführt worden (136, S. 65). Den Missionaren wurde die Erfüllung ihrer Aufgabe vor allem dadurch erschwert, daß sie die in weit verstreuten Einzelhöfen und kleinen Weilern lebenden Maya nur unvollständig erreichen konnten. Die Franziskaner haben daher in den Jahren 1549 bis 1579, seit 1552/53 mit staatlicher Unterstützung, große Umsiedlungsaktionen unter den Maya durchgeführt. Sie zogen sie in geschlossenen Dörfern, sogenannten *Congregaciones* oder *Reducciones*, zusammen (S. 257). In diesen »Reduktionen« waren sie sowohl von der inzwischen im Aufbau begriffenen zivilen Administration als auch von den Geistlichen leichter zu erfassen. Politisch organisierten die Spanier ihr Kolonialreich nach dem Prinzip der indirekten Herrschaft. Die einstigen Territorialherren, Häuptlinge und Gemeindevorsteher wurden in ihren Ämtern belassen und in ihrer Autorität von den Spaniern gestützt. Als getreue Vasallen der Krone bildeten sie eine Säule des neuen Herrschaftssystems (191, S. 241).

Die im Maya-Land erstmalig praktizierte Methode der Zusammensiedlung machte Schule, wurde später auch in Peru angewandt und erlebte zwischen 1607 und 1767 ihren vollendetsten Ausbau in den Jesuitenreduktionen Paraguays. In Yucatán hat sich die geschlossene Siedlungsweise wegen der dort betriebenen Landwechselwirtschaft nicht bewährt. Viele der Reduktionen lösten sich später wieder auf, als der obrigkeitliche Druck nachließ. Wenn es trotzdem heute auf der Halbinsel eine große Zahl von planmäßig nach dem Schachbrettschema angelegten Pueblos gibt, so sind diese nur noch zum Teil aus solchen frühkolonialen Indianerreduktionen hervorgegangen; die meisten entstanden erst unter den veränderten Wirtschafts- und Lebensbedingungen der späteren Zeit.

Für ihre politisch-administrativen Zwecke gründeten die Spanier schon im Verlauf der Conquista eine Reihe von Städten: Champotón, Campeche, Mérida und Valladolid an der Westküste und im Norden. Einige Versuche – wie bei Chichén Itzá – mißglückten, andere Neugründungen folgten im Laufe der kolonialen Epoche. Die meisten knüpften an Vorsiedlungen der Maya an, so die vier ältesten außer Valladolid, aber auch Chetumal an das einstige Chactemal, Livingston an Nito, die Inselstadt Flores an das 1697 zerstörte Tayasal. Einige der vorkolumbischen Handelsplätze wie Potonchán und Campeche wurden von den Spaniern zur Villa erhoben (402, S. 325). In der Nachbarschaft klassischer Ruinenstätten entstanden das heutige Copán und Palenque. Völlige Neugründungen ohne örtliche Vorläufer sind an der Nordwestküste die Hafenstadt Progreso, an der Ostküste Belize-City, bis 1973 Hauptstadt des ehemaligen Britisch-Honduras, und Guatemalas »Bananenhafen« Puerto Barrios.

Manche der alten Zentren im nördlichen Yucatán waren zur Zeit der Ankunft der Spanier noch von Leben erfüllte Städte, so Tulúm, das Grijalva 1518 als erster Europäer vom Meer her sah. Kolonialzeitliche Berichte melden, daß die Stadt erst 1550 verlassen wurde. Ein örtlicher Künstler hat auf einem Wandbild den Regengott Chac bereits als Reiter auf einem Pferd dargestellt, wofür ihm zweifellos ein spanischer Kavallerist als Vorbild gedient haben muß. Xcarét, der Übersetzhafen nach Cozumel, dessen Heiligtum der Mondgöttin bis in die spanische Zeit seine Anziehungskraft auf indianische Pilger nicht verloren hatte, war noch nach Beendigung der Conquista bewohnt. Zwischen den Maya haben sich in Xcarét spanische Kolonisten niedergelassen. Davon zeugen die Ruinen einer christlichen Kapelle, ein Friedhof und Reste glasierter spanischer Tongefäße (S. 358). Später wurde der Ort von seinen Bewohnern verlassen und verfiel. Gleiches geschah auch mit Playa del Carmen, dem alten Xaman Há, in dem zunächst auch Spanier zusammen mit den Maya lebten. Dzibilchaltún, eines der größten Zentren im äußersten Norden Yucatáns, hat wahrscheinlich bis zu Beginn des 17. Jahrhunderts existiert. Eine dort von den Spaniern erbaute Kirche stammt nach einer schwer lesbaren Jahreszahl vermutlich aus dem Jahre 1593. Da es im weiten Umkreis keine anderen kolonialzeitlichen Siedlungen gibt, ist anzunehmen, daß es die Kirche einer in Dzibilchaltún ansässig gewordenen spanischen Gemeinde war.

Die anderen großen Kultstätten des nördlichen Yucatán, wie Chichén Itzá und Cobá, lagen zur Zeit der Conquista bereits wüst. Ein Teil der Zerstörungen in Chichén Itzá geht zu Lasten der Spanier, als sie 1534 ihre dort gegründete Ciudad Real gegen die Maya vergeblich verteidigten. Cobá, das noch eine Reihe von Bauten aus der späten nachklassischen Zeit besitzt, fanden die Spanier schon ohne Einwohner vor. Aber die Bevölkerung dieser und anderer Zentren des Nordens war keineswegs »verschwunden« wie Jahrhunderte zuvor im Petén, sondern hatte sich in den Wäldern der näheren Umgebung in Einzelhof- und Weilersiedlungen niedergelassen. Manche Zentren Nordyucatáns scheinen erst kurz vor der Eroberungszeit aufgegeben worden zu sein. Ein Mönch, der die verödeten steinernen Bauten sah, schrieb: »Sie waren in so gutem Zustand, daß keine zwanzig Jahre vergangen zu sein schienen, seit sie errichtet worden waren. Die Indianer lebten nicht in ihnen, als die Spanier kamen, denn sie wohnten als Familiengruppen in strohgedeckten Häusern in den Wäldern, und sie (die Steinbauten) dienten ihnen als Tempel und Andachtsstätten, und auf der Spitze eines jeden, auf der höchsten Stelle, hatten sie ihren Gott.« (174, S. 115) Noch in der Frühzeit der Conquista haben die yucatekischen Maya auf Pyramidensockeln neue Tempel errichtet. Priester und Angehörige adliger Familien konnten noch Maya-Glyphen lesen und schreiben, aber sie benutzten die alten Zeichen nicht mehr für schriftliche Aufzeichnungen, und selbst wichtige Verträge wurden nur noch mündlich abgeschlossen (736, S. 4). Bischof Landa hätte ohne die Hieroglyphenkenntnis der Cocom- und Xiu-Nachkommen in Yucatán und ohne die Informationen, die er von ihnen über das kulturelle und tägliche Leben der Maya erhielt, sein berühmtes Buch »Relación de las cosas de Yucatán« (1566) nicht schreiben können.

3. Das große Sterben

Durch die von den Franziskanern gewünschte und unter obrigkeitlichem Zwang erfolgte Umsiedlung in geschlossene Dörfer wurde die traditionelle Lebensweise der Maya von Grund auf verändert. Dazu kamen die Auswirkungen der spanischen Stadtgründungen. Die ersten Bürger dieser neuen Städte waren nicht irgendwelche aus Spanien eintreffenden Auswanderer, die in den überseeischen Kolonien ein geeignetes Betätigungsfeld suchten – eine eigentliche »Auswanderungsbewegung« gab es im Spanien des 16. Jahrhunderts noch nicht –, sondern eine Anzahl von Gefolgsleuten, die der zu Stadtgründungen verpflichtete Conquistador zum Verbleiben bestimmte. Diese Gruppe von Spaniern wählte aus ihrer Mitte die ersten Verwaltungsbeamten und setzte den Stadtrat *(Cabildo)* ein. Als wirtschaftliche Basis und Lohn für geleistete Dienste erhielten die von Söldnern zu Bürgern aufgerückten Expeditionsteilnehmer die Indianerdörfer der näheren Umgebung als *Encomiendas* zugewiesen.

Encomienda bedeutet zu deutsch Pflegschaft. Dieses über die Conquistadoren durch königliche Belehnung hergestellte Abhängigkeitsverhältnis der Indianer von den Spaniern, den neuen Grundherren, war als »System« im mittelalterlichen Spanien nach Vertreibung der Araber von der Iberischen Halbinsel entstanden und wurde nun zugleich mit der Conquista in die Neue Welt übertragen. Die einer neuen Stadtgemeinde oder den sich allmählich etablierenden spanischen Großgrundbesitzern zugewiesenen Maya hatten ihre Encomenderos, die Gutsbesitzer, mit Nahrungsmitteln zu versorgen und waren ihnen auch zu sonstigen Dienstleistungen verpflichtet. Umgekehrt sollten die Belehnten den Indianern Schutz gewähren und sie zu guten Christen erziehen. Obwohl bereits 1552 die Arbeitspflicht offiziell wieder abgeschafft wurde, blieb es nicht aus, daß sich im Laufe der Zeit aus der »Pflegschaft« eine Art »Leibeigenschaft« entwickelte, was zur Hauptursache der späteren Maya-Aufstände wurde (S. 476). Einer Encomienda waren im Yucatán des 16. Jahrhunderts durchschnittlich 320 Tributpflichtige zugeteilt (136, S. 49). Da diese Zahl nur die Haushaltungsvorstände umfaßt, handelte es sich jeweils um etwa 1600 Menschen.

Bild 58 In Stein nachgebildete Holzsäulen als Fassadendekor des Palastes in Labná (vgl. Bild 56). Man darf daraus folgern, daß den Steinbauten solche aus Holz vorausgegangen sind, die aus palisadenartig aneinandergereihten Baumstämmen bestanden. Die in der Folgezeit funktionslos gewordenen Rundhölzer wurden jedoch als ornamentales Motiv beibehalten. Einige Forscher meinen hingegen, daß der in Stein nachgeahmten Holzarchitektur vielleicht auch nur zeitgenössische Wohnbauten als Vorbild gedient hätten.

Bild 59 Der Sonnentempel in Palenque wurde wie die anderen Tempel der südöstlichen Gruppe (Bild 6) im 7. Jh. oder Anfang des 8. Jhs. erbaut. Mit seinem abgeschrägten »Mansardendach« und dem hohen durchbrochenen Dachkamm *(cresteria)* kann er als die Leitform eines Palenque-Tempels gelten.

Bild 60 Die von einer Mauer umgebene Maya-Stadt Tulúm (Bild 4). Ummauerte Maya-Zentren von städtischem Charakter gibt es in Yucatán erst seit der späten nachklassischen Periode. Die 400 × 170 m Seitenlänge messende, fast 6 m dicke und $4^1/_2$ m hohe Bruchsteinmauer umschließt das verhältnismäßig kleine Zeremonialzentrum mit seinen eigenartigen, nach oben ausladenden Bauten. Die Stadtmauer hatte Brustwehren und Wachttürme an den beiden landseitigen Ecken.

Bild 61 Der im Puuc-Stil errichtete »Triumphbogen« zwischen zwei Baukomplexen in Labná bezeichnete zugleich das Ende der von Uxmal über Kabáh und Sayil nach Labná führenden Zeremonialstraße (vgl. Fig. 67). Das als »falsches Gewölbe« konstruierte Tor wird von den Eingängen zu zwei Nebenkammern flankiert, darüber als Wanddekor je ein stilisiertes Maya-Bauernhaus (Bild 36).

Bild 62 Chichicastenango im Hochland von Guatemala. Die Tradition der alten Zeremonialzentren setzt sich in den sog. »Sonntagsstädten« fort, d. h. Orten, die nur eine sehr geringe Zahl ständiger Einwohner haben, aber an Fest- und Markttagen von der Bevölkerung eines weiten Umkreises aufgesucht werden, so daß die wochentags leeren Straßen von den zum Markt und zur Messe kommenden Menschenmassen überquellen. Chichicastenango ist das religiöse Zentrum für 30000 in der Umgebung lebende Quiché-Maya. Der Ort hat 1600 Einwohner, darunter aber nur 700 fest ansässige Indianer, während sich die anderen auf die Einzelhöfe und Weiler des Munizips verteilen. Viele von ihnen haben »Zweitwohnungen« in der Stadt, in denen sie die Sonn- und Festtage verbringen.

Bild 63 Rauchopfer der Quiché-Maya auf der Treppe der Kirche Santo Tomás in Chichicastenango. Die früher in den Zeremonialzentren dargebrachten Kopalharzopfer leben in der Verbrennung von Mais als Fruchtbarkeitsopfer und in der Entzündung Hunderter von Kerzen auf dem Steinfußboden des Kircheninneren fort.

Bild 64 Töpfer, die ihre Tonkrüge auf hochbepackten Traggestellen zu einem der beiden Wochenmärkte in Chichicastenango bringen. Sie kommen oft aus weit entfernten Dörfern und schleppen ihre Lasten an breiten ledernen Stirnbändern. Mit der Darbringung von Rauchopfern und dem Besuch der Messe in der Kirche Santo Tomás (Bild 63) sind für die Gläubigen stets Einkäufe auf dem Markt und Begegnungen mit Verwandten und Freunden verbunden. Händler bieten alle für den Haushalt benötigten Waren, nicht zuletzt indianische Webarbeiten und kunstgewerbliche Erzeugnisse, für die Touristen feil.

Bild 65 Maya-Bauer aus dem Dorf Muna im nördlichen Yucatán. Außer der Kleidung unterscheidet ihn nichts von seinen Stammesbrüdern vergangener Zeiten.

Von 1,5 Millionen Einwohnern im Spätklassikum war die Bevölkerung des nördlichen Yucatán durch die Zuwanderung aus dem Süden in der frühen nachklassischen Zeit auf rund 3 Millionen Menschen angewachsen (S. 407). Aber so volkreich fanden die Spanier bei ihrer Ankunft den Norden der Halbinsel nicht mehr vor. Die beständigen Kleinkriege zwischen den 16 sich befehdenden Territorialfürsten während des 15. Jahrhunderts hatten den Zuwanderungsgewinn aus dem Petén weitgehend wieder aufgezehrt, so daß die Bevölkerungszahl bis zum Beginn der Conquista erneut auf 1,3–1,5 Millionen zusammengeschrumpft war (356, S. 619). Jedoch auch diese Zahl lag noch weit über der, die sich 30 Jahre später – 1549 – aus der ersten von den Spaniern zur Abschätzung der zu erwartenden Tributleistungen durchgeführten Volkszählung ergab. Erfaßt wurden von diesem Zensus 175 yucatekische Orte und 10 weitere in Tabasco mit zusammen 57 000 Haushalten. Unter Zugrundelegung einer Haushaltseinheit von je 5 Personen ergab sich daraus nur noch eine Gesamtbevölkerung von knapp 300 000 Einwohnern (76; 741, S. 93; 849, S. 661). Mag es auch berechtigt sein, die Genauigkeit dieser Erhebung mit einiger Skepsis zu betrachten, so sind doch die Differenzen zwischen beiden nur drei Jahrzehnte auseinanderliegenden Zahlen so groß, daß sie nicht ohne ein Massensterben der Maya in der frühen Kolonialzeit erklärbar sind. Dafür gibt es eine Fülle von historischen Belegen, und auch die Gründe für den katastrophalen Bevölkerungsrückgang während des 16. Jahrhunderts sind uns bekannt.

Auf dem Weg über die Antillen wurden von den Spaniern zuvor nicht bekannte Krankheiten in das Maya-Land eingeschleppt: Malaria, Gelbfieber, Pocken, Amöbenruhr, Hakenwurmkrankheit, Cholera, Grippe, Tuberkulose und andere. Wir haben schon in anderem Zusammenhang davon gehört (S. 453). Die in den Missionsdörfern und neuen Städten eng zusammenlebenden und über keine Widerstandskraft gegen die neuen Krankheiten verfügenden Indianer erlagen ihnen wehrlos und in ihr Schicksal ergeben. Ganze Ortschaften starben innerhalb weniger Jahre oder Jahrzehnte aus. Am frühesten und am stärksten betroffen wurde die nahe der Küste im feuchten Schwemmland lebende Bevölkerung. 1549 hatte Campeche zusammen mit den kleineren Orten seiner Umgebung 630 indianische Einwohner, 1583/84 noch 324. Champotón, das schon vor der Conquista eine große Maya-Siedlung mit 8000 Häusern war, zählte mit seinen benachbarten Dörfern im Jahre 1549 420 Eingeborene, um 1583/84 nur noch 180. Dies entsprach jeweils einem Rückgang um die Hälfte der indianischen Einwohnerschaft in 35 Jahren. In dem alten wichtigen Handelsplatz Potonchán am östlichen Mündungsarm des Usumacinta (S. 390) war die einheimische Bevölkerung bereits 1549 auf 25 Personen zusammengeschrumpft (402, S. 325). Außer Malaria, Gelbfieber und Cholera war es besonders auch der Zusammenbruch des Fernhandels mit dem von Hernán Cortés unterworfenen Azteken-Reich, der schließlich zur endgültigen Auslöschung der einst so bedeutenden Handelsplätze an der Golfküste, wie Xicalango, Potonchán, Chontalpa und Cimatan, führte. Die alten Handelswege, die das von den Spaniern 1519 zerstörte Tenochtitlán bis zur Conquista mit dem Maya-Land verbanden, verfielen, und nur Coatzacoalcos überdauerte die Zeiten. Die Erhebung Potonchάns zur Villa hat den Untergang dieser traditionsreichen Handelsstadt nicht abwenden können.

Auch in den amphibischen Niederungen des Kakaoanbaugebietes der Acalán-Region (S. 196) wüteten bald Malaria, Pocken, Masern und Dysenterie, so daß dort die Bevölkerung zwischen 1530 und 1553 um 60 % abnahm (402, S. 324). Die stärkste Katastrophe für das Acalán-Gebiet trat jedoch im Jahre 1557 ein, als die spanischen Behörden die verzweifelte Situation dadurch zu beenden suchten, daß sie die gesamte restliche Bevölkerung nach Tixchel an den Estero de Sabancuy nördlich der Laguna de Términos umsiedelten. Die Begründung dafür war, sie dort gegen unlautere spanische Händler besser schützen (und überwachen) zu können. Es war die gleiche Politik der Umsiedlung in geschlossene Ortschaften, mit der man fünf Jahre zuvor in Yucatán begonnen hatte und die sich dort so verheerend auf die Bevölkerung auswirken sollte. Der von den Spaniern ausgesuchte Platz bot zwar Möglichkeiten für Fischerei und Betätigung in der Küstenschiffahrt, war aber ebenso malariaverseucht wie das verlassene Candelariatal. Dazu waren die Böden sehr viel ärmer als dort, was zusammen mit heftigen Seewinden die Wiederaufnahme des Kakaoanbaus und die Anlage von Gemüsegärten nahezu unmöglich machte. Obwohl die Spanier alle Kakao- und Kopalharzbäume am Rio Candelaria vernichtet hatten, um den Maya eine Rückkehr in die alte Heimat unmöglich zu machen, flüchteten die Menschen, so daß um 1560 Tixchel nahezu verlassen war (402, S. 327). Um 1640 zerstörten wahrscheinlich holländische oder britische Seeräuber endgültig den Ort. Insgesamt nahm die Zahl der Chontales in Campeche zwischen 1525 und 1561 von 10 000 auf 1100, in Tabasco zwischen 1530 und 1579 von 30 000 auf 3000 ab (191, S. 233) – in beiden Fällen ein Menschenverlust von 90 % innerhalb 36 bzw. 49 Jahren!

Das zweite große Kakaoanbaugebiet im alten Maya-Land, das sich vom Golf von Honduras bis zum Lago de Izabal und in die Ulúaebene erstreckte (Fig. 29), litt zwar auch stark an Malaria, aber es kam dort nicht zu einer derartigen Entvölkerung wie in Tabasco und im südlichen Campeche. Nito wurde vor allem aufgegeben, weil der Fernhandel mit Kakao zusammengebrochen war. Auch in Chetumal blieben die Boote der an der Küste entlangfahrenden Händler aus, und die alte Einwohnerschaft verstreute sich. Nur eine kleine Zahl der Bewohner harrte bis in die Jahre nach 1582 aus. Später trat dann unter den neuen Kolonialherren eine allmähliche Wiederbelebung des Hafens ein.

Weniger als die peripheren Regionen litt das Innere des nördlichen Yucatán unter den unmittelbaren Folgen der Conquista. Es gab dort keine Flüsse, keine größeren stehenden Gewässer und feuchten Niederungen. Malaria und Gelbfieber blieben in ihrer Verbreitung örtlich begrenzt, wurden aber in manchen Gebieten durchaus endemisch und traten zum Beispiel in Mérida bis zum Ersten Weltkrieg auf. Die in den Trockenwaldgebieten lebenden Bauern wurden von ihnen und den anderen sich sonst überall schnell ausbreitenden Tropenkrankheiten kaum betroffen. Trotzdem traten auch im nördlichen Yucatán seit Beginn der spanischen Eroberung aus verschiedenen anderen Gründen beträchtliche Bevölkerungsverluste ein. Nach dem zweiten vergeblichen Eroberungszug Montejos verursachten 1535 Trokkenheit und eine Heuschreckenplage schwere Hungersnöte. Dann machten sich nach dem Ende der Eroberungen die wirtschaftlichen Auswirkungen der Franziskaner-Umsiedlungen bemerkbar. Von den geschlossenen Missionsdörfern aus ließen sich die Maisfelder wegen der viel zu groß gewordenen Entfernungen längst nicht mehr so sorgfältig bewirtschaften wie zuvor von den Streusiedlungen aus. Das Nahrungsmittelaufkommen sank rapide ab, und nun erst, in der frühen Kolonialzeit, kam es zu ernsten Ernährungsschwierigkeiten, unter denen die Maya zuvor in keinem Teil der Halbinsel in einem solchen Ausmaß gelitten hatten (S. 225). Da Valladolid in einem der gesündesten Teile Yucatáns liegt, werden es solche Gründe und nicht Epidemien gewesen sein, die zwischen 1543 und 1579 in den Pueblos der Umgebung die Einwohnerschaft auf ein Drittel der ursprünglichen schrumpfen ließen. Es gab aber auch einige Orte, in denen sich der Bevölkerungsrückgang während der gleichen Zeitspanne »nur« auf 20–40 % belief (402, S. 326).

Vom Niedergang am stärksten betroffen wurden die einst reichen Handelsplätze im nordöstlichen Yucatán: Chauacá, Sinsimato und Conil. Sie hatten vor allem vom Salz- und Kopalharzhandel gelebt. Er war wie der Kakaohandel im Süden der Halbinsel ebenfalls in den unruhigen Zeiten der Conquista völlig zum Erliegen gekommen. Chauacá hatte 1528 noch 3000 indianische Einwohner, 1543 belief sich ihre Zahl auf 600 bis 1000, 1549 auf 200, und 1579 lebten gerade noch 18 Menschen im Ort. Ähnlich war es in Sinsimato, das bis 1528 als bedeutender Handelsplatz galt und noch zur Zeit der Eroberung 600 männliche Einwohner zählte. Sie verringerten sich um 1549 auf 90 und schließlich auf 8 im Jahre 1579. Conil soll zu Beginn der Conquista aus 5000 Häusern bestanden haben. Der Ort schrumpfte auf 80 Bewohner im Jahre 1549 und war 1579 nur noch ein kleiner Hafen. Von Ecab und Cachi wissen wir, daß sie 1579 bzw. 1582 zu ganz unbedeutenden Orten abgesunken waren (402, S. 324f.). Die Insel Cozumel, auf der Grijalva 1518 als erster Europäer landete und die nach seiner Schätzung um diese Zeit 100 000 Einwohner gezählt haben soll, entvölkerte sich in den nächsten Jahrzehnten infolge der schwindenden Fernhandelsmöglichkeiten und einer Pockenepidemie besonders schnell. Da auch viele Bewohner abwanderten, sank die Inselbevölkerung bis 1570 auf weniger als 1000 Menschen ab. Als

J. L. Stephens und F. Catherwood 1842 Cozumel besuchten, überraschte sie die völlige Menschenleere. Die Wiederbesiedlung begann erst 1848 nach dem »Krieg der Kasten« durch Flüchtlinge vom Festland (704, S. 461).

Eine neuartige Deutung des großen Sterbens in Yucatán bringt H. O. Wagner (432, S. 95ff.; 821, S. 192ff.). Ihn befriedigen die siedlungs- und wirtschaftsgeographischen Begründungen nicht, und er sieht die Hauptursache auch nicht in der schnellen Verbreitung afrikanischer Tropenkrankheiten, sondern in der aus Asien über Europa eingeschleppten Pest. 1520, 1531, 1544/45, 1555, 1559, 1564 und 1576 herrschte die Pest im Hochland von Mexiko. Ob es sich dabei wirklich um die Pest im medizinischen Sinn gehandelt hat, ist umstritten, denn das spanische Wort *pestilencia* wurde in den kolonialzeitlichen Berichten für viele damals nicht näher definierbare Krankheiten gebraucht. Zu denken gibt auch die Tatsache, daß niemals auf einem der einlaufenden Schiffe ein Pestkranker festgestellt und auch speziell für Yucatán kein einziger Pestfall in den alten Berichten erwähnt wurde (432, S. 95f.). Trotzdem ist Wagner davon überzeugt, daß das Massensterben der Maya auf die Pest zurückgeht, weil über 85 % der Maya der seltenen Blutgruppe 0 angehören und dem vom Stich des Rattenflohes übertragenen Pestbazillus unweigerlich alle Träger dieser Blutgruppe erliegen. Im Unterschied zu Angehörigen der Blutgruppe A und B können sie gegen die Pest keine Antigene entwickeln; daher sei die Sterblichkeit unter den Maya so groß gewesen. Wenn heute auf die Blutgruppe 0 nur 38 % aller Mitteleuropäer entfallen, so könnte dies – wenn man die Gedanken Wagners weiterführt – dadurch zu erklären sein, daß im Verlauf der altweltlichen Pestepidemien des 14.–18. Jahrhunderts die Masse der Blutgruppe-0-Angehörigen gestorben ist. Mediziner werden zu Wagners Hypothese Stellung nehmen müssen, eindeutig belegte Pestfälle sind jedenfalls zu keiner Zeit aus Yucatán bekanntgeworden.

Relativ verschont von eingeschleppten Seuchen jeglicher Art blieb wegen seiner Menschenleere der Petén. Das einzige dichter besiedelte und daher in stärkere Mitleidenschaft gezogene Gebiet war dort der Bereich um den Petén-Itzá-See. Es lag zu weit entfernt von den Hauptsiedlungsgebieten der Peripherie, jedoch nicht in gänzlicher Isolierung. Cortés hatte 1524 die Inselstadt Tayasal mit seinem großen Troß besucht, und nach ihm waren ständig spanische Missionare durch das Kerngebiet des Petén gezogen. In den Petén flüchteten auch viele Maya aus dem nördlichen Yucatán während der Eroberungszüge und auch später, um dem Leben in den Missionsdörfern, der Christianisierung und dem Encomienda-System zu entgehen. 1695, zwei Jahre vor der spanischen Eroberung Tayasals, lebten nach Schätzungen von Andrés de Avendaño in den 109 Dörfern um den See 22 000 bis 24 000 freie Itzá (351, S. 438). Da sie längst zuvor mit Krankheitsüberträgern in Berührung gekommen waren, sind sie ebenfalls durch Malaria und Hakenwurmkrankheit von Bevölkerungsverlusten betroffen worden. In der ersten Hälfte des 16. Jahrhunderts dürfte die Itzá-Bevölkerung noch rund 100 000 Menschen umfaßt haben, 1778 war ihre Zahl auf 2500 geschrumpft (136, S. 57; 191, S. 233). Nur noch in zwei Dörfern am See wird gegenwärtig Itzá gesprochen. Die Inselstadt Flores (Bild 49), Nachfolgerin des alten Tayasal, hat knapp 5000 Einwohner, überwiegend Mestizen (Ladinos).

Eine andere, wenn auch wesentlich verstreuter als die Itzá lebende Gruppe, die den Spaniern erhebliche Schwierigkeiten bereitete, waren die beiderseits des mittleren Usumacinta nach dem Untergang der großen Zeremonialzentren verbliebenen Lacandonen. Um 1550 lag der Schwerpunkt ihres Stammesgebietes bereits weiter südlich im Umkreis des Lago Miramar (Fig. 48), wo sie drei größere Siedlungen bewohnten (136, S. 60). Ende des 17. Jahrhunderts war Kak Balám im Quellgebiet des Rio Lacantún ihr Hauptort. Nach 150jährigem zähen Widerstand gegen Militär und Missionare ergaben sie sich 1695 der Übermacht eines spanischen Feldhauptmanns. Kak Balám erhielt den Namen Nuestra Señora de los Dolores und wurde zum Mittelpunkt einer der üblichen Umsiedlungsaktionen (191, S. 213f.). Aber die in Dolores konzentrierten Lacandonen erlagen auch hier schnell den eingeschleppten Krankheiten. Dolores wurde 1712 aufgelöst: Einen Teil der restlichen Lacandonen siedelten die Spanier in das Hochland von Guatemala und in die Gegend von Palenque um, kleinere Gruppen verstreuten sich in der Selva Lacandona von Chiapas (Fig. 48). Da den ihnen benachbarten Manché in den Gebirgswäldern der Alta Verapaz ein ähnliches Schicksal beschieden war, erweist sich die Entvölkerung der südlichen Gebirgsrandzone nicht als eine Folge des Zusammenbruchs der klassischen Maya-Zentren, sondern als ein Ergebnis kolonialzeitlicher Ereignisse.

Die stammesmäßige Zugehörigkeit der Lacandonen ist noch nicht ganz klar. Man rechnet sie zu den Chol-Maya, aber sie sprechen wie die Itzá Yucatekisch. Vermutlich stammen sie ursprünglich aus Campeche oder Yucatán und haben sich zu einem unbekannten Zeitpunkt (zu Beginn der Conquista?) in den südlichen Regenwald abgesetzt. Trotz kultureller Verarmung – die Lacandonen tragen langes Haar und jagen noch mit Pfeil und Bogen – hat der nur noch knapp 300 Menschen zählende Stamm viele Traditionen des Volksglaubens der alten Maya bewahrt (419; 854). Die Lacandonen besuchen bis zur Gegenwart die verfallenen Tempel von Yaxchilán, bringen dort Weihrauchopfer, und der Häuptling bestimmt nach altem Brauch, welches Stück Land jede Familie roden und mit Mais bebauen darf. Neu ist nur, daß die nach zwei- bis dreijähriger Nutzung aufgegebenen Milpas nicht sogleich der Wiederbewaldung überlassen, sondern zum Abschluß mit Zuckerrohr bepflanzt werden, das man in der alten Maya-Zeit noch nicht kannte.

Ebenfalls nur noch 300 Stammesangehörige wies bereits um 1770 die Gruppe der Cholas in Belize und Guatemala auf. 1628 waren es noch etwa 10 000 Menschen. Die Chorti in Guatemala und Honduras schrumpften von vermutlich 100 000 Seelen zu Anfang des 16. Jahrhunderts auf weniger als 5000 im Jahre 1689 zusammen (191, S. 233). Das entspricht Verlustquoten von 95–97 %.

Jene Maya, die während des 16. Jahrhunderts in entgegengesetzter Richtung wie ihre nach dem Ende des Klassikums nach Yucatán geflüchteten Vorfahren vom Norden in den Petén zurückkehrten – wenn auch in weit geringerer Zahl –, nährten sich vom Brandrodungsfeldbau, der Jagd und Sammelwirtschaft. Die meisten lebten zunächst in Einzelsiedlungen, aber im Laufe der Zeit kam es wieder zur Gründung größerer Ortschaften. Die weiterhin den alten Maya-Glauben verkündenden Priester gewannen erneut Bedeutung als örtliche Führer so wie in vorspanischen Zeiten. Hölzerne Tempel wurden gebaut, und es entwickelte sich eine bescheidene Maya-Renaissance so lange, bis sich der spanische Einfluß endgültig auch unter diesen zunächst sehr isoliert lebenden Waldbauern durchsetzte (402, S. 334).

4. Zerstörte Lebensformen

Ebenso hart wie der von Kirche und Staat betriebene Umzug der Maya aus ihren traditionellen Streusiedlungen in planmäßig angelegte Pueblos (1552/53) traf die Menschen das gleichzeitig erlassene Verbot künftigen gemeinsamen Wohnens in größeren Familienverbänden (S. 244). Das Leben in Großfamilienhäusern wurde untersagt, jede Kleinfamilie mußte als steuerpflichtige »Wirtschaftseinheit« ihr eigenes Haus beziehen. 150 Jahre später folgte ein zweiter schwerer Eingriff, diesmal in die überlieferten Formen ihrer Agrarwirtschaft, die sich vom einfachen Brandrodungsfeldbau im Laufe der Jahrhunderte zu einer stark diversifizierten Intensivwirtschaft entwikkelt hatte.

Im Archivo General de Indias in Sevilla und im Archivo General de Centro America liegen bisher unbeachtet gebliebene spanische Manuskripte, die N. Hellmuth (351) ausgewertet hat. Sie beruhen auf Augenzeugenberichten und machen uns mit einem anderen Zweig kolonialspanischer Herrschaftspraktiken bekannt, die das auf dem Anbau verschiedenartigster Kulturgewächse unter optimaler Nutzung der naturgegebenen Möglichkeiten beruhende Wirtschaftssystem der Maya rigoros zerstörten. In den Jahren 1694 bis 1710 ließen die Spanier systematisch alle Hausgärten und Obstbaumpflanzungen vernichten. Sie verboten den Anbau von Knollenfrüchten (Süßkartoffeln, Maniok) und aller anderen Nutzpflanzen außer Mais und Bohnen. Wo sich die Bauern nicht an dieses Verbot hielten, wurden die Milpas niedergebrannt oder die unerwünschten Kulturgewächse herausgerissen (351, S. 444). Die Spanier begünstigten ausschließlich die Produktion von Mais und Bohnen. Die Ernteerträge waren leicht kontrollierbar, die Festlegung der als Steuern abzuliefernden Mengen einfach, das

Erzeugnis haltbar, bequem zu stapeln und in die neuen spanischen Siedlungszentren abzutransportieren. In der arbeitsaufwendigen Bewirtschaftung von Gemüse- und Obstgärten sahen die Eroberer eine Fernhaltung der Bauern von ihrer Hauptaufgabe, eine möglichst hohe Mais- und Bohnenproduktion zu erzielen.

Es ist also nicht so, daß die heute wieder über den Anbau von Mais und Bohnen hinausgehende Agrarwirtschaft der Maya eine neuere Zutat zu einem »ursprünglich« auf Mais und Bohnen beschränkten Feldbau wäre, sondern im Gegenteil: Die heutige Agrarwirtschaft der Maya ist der nach dem von den Spaniern verursachten verheerenden Rückschlag erst unvollkommen gelungene Versuch, sich wieder wie einst eine breitere Ernährungsbasis zu verschaffen. In Unkenntnis dieser spanischen Zwangseingriffe um die Wende vom 17. zum 18. Jahrhundert haben zahlreiche Maya-Forscher aus dem bei ihren Reisen vor 30, 50 oder 100 Jahren gewonnenen Eindruck gefolgert, daß Mais und Bohnen so wie zu ihrer Zeit auch bei den alten Maya nicht nur – was richtig ist – die Hauptnahrungsmittel, sondern – was falsch ist – praktisch die einzigen Nahrungsmittel gewesen seien. Sie haben die Maya unseres Jahrhunderts als Brandrodungsbauern kennengelernt und meinten, daß die Feldwechselwirtschaft auch in der klassischen Zeit ihr einziges Landnutzungssystem gewesen sei.

Ausklang

Eine Bevölkerungszählung im Jahre 1784 ergab, daß im heute mexikanischen Teil der Halbinsel Yucatán einschließlich Belize 334 000 Menschen lebten, von denen 265 000, das heißt rund 80 %, Maya waren (821, S. 191). Im Klassikum wurde dieser selbe Raum von 10–11 Millionen, das gesamte Maya-Land von 19–20 Millionen Menschen bewohnt. Nur ein kläglicher Überrest hatte das große Sterben überlebt. Während der ganzen Kolonialzeit kam es zu keiner völkischen Wiedergeburt. Krankheiten und hohe Kindersterblichkeit forderten weiter ihre Opfer. Die von den Spaniern auf die primitive Ausgangsform zurückgeworfene Agrarwirtschaft der Maya hatte das Nahrungsmittelaufkommen so drastisch reduziert, daß Yucatán zwischen 1535 und 1835 von 15 schweren Hungersnöten heimgesucht wurde (350, S. 220; 412, S. 130). So veranschlagte denn K. Sapper (850, S. 9) zu Anfang unseres Jahrhunderts die Zahl der Maya-Sprechenden auf der Halbinsel unter Einschluß des – allerdings nahezu menschenleeren – Petén auf auch noch nicht mehr als 300 000.

Erst in unserem Jahrhundert wuchs die Bevölkerung in den mexikanischen Bundesstaaten Yucatán, Campeche und Quintana Roo wieder auf 1,1 Millionen an. Von ihnen haben ein Drittel Yucatekisch zur Muttersprache. Im guatemaltekischen Petén leben noch immer nur wenige Menschen:

30 000 auf 35 000 km², einer Fläche so groß wie Baden-Württemberg. Belize hat 140 000 Einwohner, davon jedoch nur 10 % Maya, die anderen sind Schwarze, Mulatten und Weiße. Die gesamte heutige Maya-Bevölkerung im südlichen Belize, die weit verstreut im Raum zwischen den beiden großen alten Zentren Lubaantún und Pusilhá siedelt, ist erst seit Ende des 19. Jahrhunderts aus dem Hochland von Guatemala eingewandert (275, S. 35). Die Zahl der im Regenwaldgebiet des östlichen Guatemala und im westlichen Honduras lebenden Indianer und aus dem Hochland stammenden Mestizen (Ladinos) wird auf 135 000 geschätzt (337, S. 29). 35 000 von ihnen sprechen noch eine Maya-Sprache, das *chortí,* was in wörtlicher Übersetzung »Sprache der Maisbauern« bedeutet. 400 Jahre spanischer Kultureinfluß haben weder im Süden noch im Norden des alten Maya-Landes das Idiom der Vorväter verdrängen können. In den Dörfern und kleinen Städten ist Maya die allgemeine Umgangssprache geblieben. Physiognomisch unterscheiden sich die »modernen« Maya nicht von denen der klassischen Zeit (Bild 65). Sie könnten Modell für die Skulpturen und Fresken gestanden haben.

Als Volk sind die Maya trotz aller Menschenverluste im Verlauf ihrer Geschichte nicht untergegangen. Eine Hochkultur repräsentieren ihre Nachfahren freilich seit dem Verlust ihrer Führungsschicht vor 1000 Jahren nicht mehr. Alle Zentren mesoamerikanischer Hochkulturen, wie die Becken von Mexiko (Teotihuacán, Tenochtitlán) und Puebla (Cholula) oder das Tal von Oaxaca (Monte Alban, Mitla), haben sich auch in der Entwicklung des modernen Mexiko eine zentrale Stellung bewahrt – das peripher gelegene Maya-Tiefland ist zu keinem vergleichbaren Kristallisationskern geworden. Die Periode der Kautschuksammelwirtschaft und der Holzausbeute hat den Maya nur fragwürdige »Fortschritte« beschert. Unser Jahrhundert ist den durch ein tragisches Schicksal in die Ausgangssituation eines Brandrodungs-Waldbauerntums abgesunkenen Menschen viel an wirklicher Förderung schuldig geblieben.

Literaturverzeichnis

I. Eine Hochkultur im tropischen Tiefland

1. Acosta, J. R.: Los últimos descubrimientos arqueológicos en Tula. Revista Mexicana de Estudios Antropológicos, V, Mexiko 1941, S. 239–248
2. Adams, R. E. W.: Prehistoric Mesoamerica. Boston/Toronto 1977
3. Adams, R. E. W. (Hrsg.): The Origins of Maya Civilization. Albuquerque 1977
4. Adamson, D.: The Ruins of Time. Four and a half Centuries of Conquest and Discovery among the Maya. London 1975
5. Albertina Saravia, E.: Popol Vuh. Antiguas histórias de los Indios Quichés de Guatemala. 5. Aufl., Mexiko 1970
6. Alcina, J.: Die Kunst des Alten Amerika. Freiburg i. Br. 1979
7. Anders, F. (Einf.): Codex Tro-Cortesianus (Codex Madrid). Graz 1967
8. Andrews, E. W.: The Emergence of Civilization in the Maya Lowlands. In: Observations on the Emergence of Civilization in Mesoamerica. Hrsg. von R. F. Heizer u. J. A. Graham. Univ. of California, Archaeological Research Facility, Contrib. II, Berkeley 1971, S. 85–87.
9. Annequin, G.: La Civilisation des Mayas. Genf 1977
10. Anton, F.: Maya. Indianerkunst aus Mittelamerika. München 1965
11. Atwood, W. W.: Home of the Ancient Maya Civilization in Central America. Proc. 5th Pac. Sci. Cong. 2, Toronto 1933, S. 1379–1389
12. Ball, J. W.: An Hypothetical Outline on Coastal Maya Prehistory: 300 B. C. – 1200 A. D. In: Hammond (693, S. 167–196)
13. Barrera Vásquez, A., u. Rendón, S. (Hrsg. u. Übers.): El libro de los libros de Chilám Balám. Fondo de Cultura Económica, Mexiko, D. F., Buenos Aires 1948
14. Barrera-Vásquez, A.: Los Mayas. In: Historia documental de Mexico, 1. Mexiko 1964
15. Barthel, Th. S.: Studien zur Entzifferung astronomischer, augurischer und kalendarischer Kapitel in der Dresdener Mayahandschrift. Diss., Hamburg 1952
16. Barthel, Th. S.: Die gegenwärtige Situation in der Erforschung der Maya-Schrift. Proc. Intern. Congress of Americanists 1956, Kopenhagen 1958, S. 476–484
17. Barthel, Th. S.: Die Stele 31 von Tikal. Tribus 12, 1963, S. 159–214
18. Barthel, Th. S.: Yaxchilán Lintel 60. Baessler-Archiv N. F. XIV, Berlin 1966
19. Barthel, Th. S.: Mayahieroglyphen. Bild der Wissenschaft 1967, S. 453–463
20. Barthel, Th. S.: Maya-Hieroglyphen. In: Kunst der Maya. Ausstellungskatalog, Stuttgart 1967, S. 29–42
21. Benson, E. P.: The Maya World. New York 1967, 2. Aufl. 1977
22. Bernal, I.: The Olmec World. Berkeley 1976
23. Bernal, I.: Maya Antiquaries. In: Hammond (693, S. 19–43)
24. Bernath, U., u. Grossmann, R.: Mexiko. Landschaft, Kunst und Menschen. Konstanz 1966
25. Beyer, H.: On the Correlation between Maya and Christian Chronology. Maya Research II, New York 1935, S. 64–72
26. Borhegyi, S. F. de: Pre-Columbian Cultural Similarities and Differences between the Highland Guatemalan and Tropical Rainforest Mayas. Internationaler Amerikanistenkongreß, Tagungsber. 35, 1, Mexiko 1964, S. 215–224
27. Bowditch, C. P.: The Numeration, Calendarsystems and Astronomical Knowledge of the Mayas Cambridge 1910

28. Brainerd, G. W.: The Maya Civilization. Los Angeles 1954
29. Brainerd, G. W.: The Archaeological Ceramics of Yucatán. Univ. of Calif., Anthropological Records 19, Berkeley 1958
30. Brasseur de Bourbourg, C. E.: Popol Vuh. Paris 1861
31. Brasseur de Bourbourg, C. E..: Relation de Choses de Yucatán de Diego de Landa. Paris 1864
32. Brasseur de Bourbourg, C. E.: Manuscrit Troano. Études sur le système graphique et la langue des Mayas. 2 Bde., Paris 1869/70.
33. Browman, D. L. (Hrsg.): Cultural Continuity in Mesoamerica. Den Haag/Paris/Chicago 1978
34. Brunhouse, R. L.: The Pursuit of the Ancient Maya. Albuquerque 1975
35. Brunhouse, R. L.: Das Geheimnis der Maya. München 1978
36. Burland, C. A.: Völker der Sonne. Azteken, Tolteken, Inka und Maya. Bergisch Gladbach 1977
37. Catherwood, F.: Views of Ancient Monuments in Central America, Chiapas, and Yucatán. New York 1844
38. Chilám-Balám-Bücher: siehe R. L. Roys (138), A. Barrera Vásquez (13), M. W. Makemson (111) u. B. Péret (127)
39. Codex Dresdensis: siehe E. Förstemann (66; 67), H. Deckert (53), E. Lips (109) u. R. Krusche (104)
40. Codex Peresianus: siehe L. de Rosny (137)
41. Codex Tro-Cortesianus: siehe C. E. Brasseur de Bourbourg (32), D. J. Dios de la Rada (57) u. F. Anders (7)
42. Coe, M. D.: The Jaguars' Children. New York 1965
43. Coe, M. D.: The Maya. New York 1966
44. Coe, M. D.: The Maya Scribe and his World. New York 1973
45. Coe, M. D.: The Maya. Ancient Peoples and Places. London 1966; deutsch: Die Maya. Aufstieg, Glanz und Untergang einer indianischen Kultur. 2. Aufl. Bergisch Gladbach 1975
46. Coe, M. D.: Olmec and Maya: A Study in Relationships. In: Adams (3, S. 183–195)
47. Coe, M. D.: Forgotten Mexico. New York 1978
48. Coe, W. R.: Environmental Limitation on Maya Culture: A Re-Examination. American Anthropologist LIX, 2, 1957, S. 325–335
49. Coggins, C.: Teotihuacán at Tikal in the Early Classic Period. Act. du XLII. Congr. Intern. des Américanistes Paris 1976, Vol. VIII, Paris 1979, S. 251–269
50. Edmonson, M. S.: The Book of Counsel: The Popol Vuh of the Quiché Maya of Guatemala. New Orleans 1971
51. Covarrubias, M.: Indian Art of Mexico and Central America. 3. Aufl. New York 1971
52. Culbert, T. P.: The Lost Civilization: The Story of the Classic Maya. New York 1974
53. Deckert, H. (Hrsg.): Die Maya-Handschrift der Sächsischen Landesbibliothek Dresden (Codex Dresdensis). Berlin 1962
54. Diebold, A. R.: Determining the Centers of Dispersal of Language Groups. Int. Journ. of American Linguistic 26, 1960, S. 1–10
55. Disselhoff, E. P.: Kunst und Religion der Maya-Völker im alten und heutigen Mittelamerika. 3 Bde., Berlin 1926/33
56. Disselhoff, H. D.: Geschichte der altamerikanischen Kulturen. München 1953, 2. Aufl. 1967
57. Dios de la Rada, D. J. de: Códice Maya denominado Cortesiano que se conserva en el Museo Arqueológico Nacional (Madrid). Reproducción fotocromolitográfica publicada bajo la dirección de D. Juan de Dios de la Rada. Madrid 1892
58. Dupaix, G.: Antiquités Mexicaines. Paris 1834
59. Eaton, J. D., u. Ball, J. W.: Studies in the Archaeology of Coastal Yucatán and Campeche. New Orleans 1979
60. Edwards, C. R.: The Relaciones de Yucatán as Sources for Historical Geography. Journ. of Historical Geogr. 1, 1975, S. 245–258
61. Ellis, A. R., u. Ellis, Ph. T.: Discovering Mayaland: A Detailed Guide to the State of Yucatán. Glendale, Cal., 1964

62. Estrada Monoroy, A.: Popol Vuh. Guatemala 1973
63. Flannery, K. V.: The Olmec and the Valley of Oaxaca: a Model for Interregional Interaction in Formative Times. In: E. P. Benson (Hrsg.): Dumbarton Oaks Conference on the Olmec. Washington 1967, S. 79–110
64. Flannery, K. V.: Archeological Systems Theory and Early Mesoamerica. In: B. Meggers (Hrsg.): Anthropological Archeology in the Americas. The Anthropological Society of Washington, Washington 1968
65. Follett, P. H. F.: War and Weapons of the Maya. Middle American Research Series, Publ. 4, Middle American Papers, Tulane Univ., New Orleans 1932
66. Förstemann, E. W. (Hrsg.): Die Maya-Handschrift der Kgl. Öffentl. Bibliothek zu Dresden (Faksimile-Ausg.). Leipzig 1880, Neuaufl. Leipzig 1892
67. Förstemann, E. W.: Commentar zur Mayahandschrift der königlichen öffentlichen Bibliothek zu Dresden. Dresden 1901
68. Freidel, D. A.: Culture Areas and Interaction Sphere: Contrasting Approaches to the Emergence of Civilization in the Maya-Lowlands. American Antiquity 44, 1979, S. 36–54
69. Gallenkamp, C.: Maya, the Riddle and Discovery of a Lost Civilization. New York 1959
70. Gallenkamp, C.: Les Mayas, la découverte d'une civilisation perdue. Paris 1961
71. Gann, T. W. F.: Mystery Cities. London 1925
72. Gann, T. W. F.: Ancient Cities and Modern Tribes. Explorations and Adventures in Maya Land. London 1926
73. Gann, T. W. F.: Maya Cities. London/New York 1927
74. Gann, T. W. F.: Discoveries and Adventures in Central America. London 1928
75. Gann, T. W. F.: Götter und Menschen im alten Mexiko. Leipzig 1938
76. Gates, W.: Yucatán before and after the Conquest, by Friar Diego de Landa, with Other Related Documents. Maya Soc. Publ. 20, Baltimore 1937, Neudruck New York 1978
77. Girard, R.: El Popol-Vuh, fuente histórica. Vol. 1, El Popol-Vuh come fundamento de la historia Maya-Quiché. Editorial de Ministerio de Educación Pública, Guatemala 1952
78. Girard, R.: Descumbrimiento reciente de esculturas »preolmecas« en Guatemala. Verhdl. d. 38. Internationalen Amerikanistenkongresses Stuttgart–München 1968, Bd. I, München 1969, S. 203–213
79. Goetz, D., u. Morley, S. G.: Popol Vuh, The Sacred Book of the Ancient Quiché Maya. Nach der span. Übers. v. A. Recinos. Norman, Okla., 1950
80. Graham, I.: Archaeological Explorations in El Petén. New Orleans 1967
81. Graham, J. A.: Maya, Olmecs, and Izapans at Abaj Takalik. Act. du Congr. Intern. des Américanistes Paris 1976, Vol. VIII, Paris 1979, S. 179–188
82. Groth-Kimball, I.: Maya Terrakotten. Tübingen 1960
83. Haberland, W.: Die Kulturen Meso- und Zentralamerikas. In: Handbuch der Kulturgeschichte, II. Abt. Die Kulturen Alt-Amerikas. Frankfurt a. M. 1969
84. Hammond, N.: Preclassic to Postclassic in Northern Belize. American Antiquity 48, 1974, S. 177–189
85. Hammond, N.: Ex Oriente lux: a View from Belize. In: Adams (3, S. 45–76)
86. Hammond, N.: Early Preclassic Material in the Maya Lowlands and ist Implications. Act. du XLII. Congr. Intern. des Américanistes Paris 1976, Vol. VIII, Paris 1979, S. 197–204
87. Hammond, N., Pring, D., Berger, R., Switsur, V. R., u. Ward, A. P.: Radiocarbon Chronology for Early Maya Occupation at Cuello, Belize. Nature 260, 1976, S. 579–581
88. Hammond, N., u. Willey, G. R. (Hrsg.): Maya Archaeology and Ethnohistory. Austin 1979
89. Hay, C. L., Lothrop, S. K., Shapiro, H. L., u. Vaillant, G. C. (Hrsg.): The Maya and Their Neighbors. New York 1940, 2. Aufl. Salt Lake City 1962, 3. Aufl. New York 1973
90. Helfritz, H.: Amerika, Land der Inka, Maya und Azteken. Wien/Heidelberg 1965
91. Helfritz, H.: Die Götterburgen Mexikos. Ein Reiseführer zur Kunst Alt-Mexikos. 4. Aufl. Köln 1976
92. Helfritz, H.: Die versunkene Welt der Maya: Guatemala – Honduras – Belize. Köln 1977
93. Humboldt, A. v.: Researches Concerning the Institutions of the Ancient Inhabitants of America. 2 Bde., London 1814
94. Ivanoff, P.: Maya, Monumente Großer Kulturen. Wiesbaden 1974
95. Kidder, A. V.: Archaelogical Problems of the Highland Maya. In: Hay u. a. (89, S. 117–125)

96. Kidder, A. V., Jennings, J. D., u. Shook, E. M.: Excavations at Kaminaljuyú, Guatemala. Carnegie Inst. of Washington, Publ. 561, Washington 1946
97. Kidder, A. V., u. Thompson, J. E. S.: The Correlation of Maya and Christian Chronology. Co-operation in Research, Carnegie Inst. of Washington, Publ. 501, Washington 1938, S. 493–510
98. Kirchhoff, P.: Mesoamerica, sus limites geográficos, composición étnica y carácteres culturales. Acta Amer. 1, 1943, S. 92–107
99. Kirchhoff, P.: Mesoamerica: Its Geographical Limits, Ethnic Composition, and Cultural Characteristics. In: S. Tax: Heritage of Conquest. Glencoe, Ill., 1952, S. 17–30
100. Knorosow, J.: Pis'mennost' Indejzew Maja. Moskau 1963
101. Korn, D.: Über die Entwicklung der Technik bei den Maya. Ethnologica Americana 7, Düsseldorf 1971, S. 304–308
102. Krickeberg, W.: Altamerikanische Kulturen. Berlin 1956
103. Krickeberg, W.: Altmexikanische Kulturen. Berlin 1975
104. Krusche, R.: Die Maya-Handschrift Codex Dresdensis. Ausgewählte Ausgabe. Leipzig 1966
105. Kubler, G. A.: Chichén Itzá y Tula. Estudios de Cultura Maya, 1, Mexiko 1961, S. 47–80
106. Kutscher, G.: Wesenszüge der Olmeken-Kultur, der frühesten Hochkultur Altmexikos. Mitt. d. Berliner Gesellsch. f. Anthropologie, Ethnologie u. Urgeschichte 1, Berlin 1967
107. La Fay, H.: The Maya, Children of Time. National Geographic 148, 1975, S. 729–811
108. Landa, D. de: Relación de las cosas de Yucatán. Mérida 1938 u. Mexiko, D. F., 1959; vgl. Übers. v. W. Gates (76) u. W. Tozzer (178)
109. Lips, E. (Hrsg.): Codex Dresdensis. Maya-Handschrift der Sächsischen Staatsbibliothek Dresden. Berlin 1962
110. Lothrop, S. K.: The Southeastern Frontier of the Maya. Amer. Anthropol. 41, 1939, S. 42–54
111. Makemson, M. W.: The Book of the Jaguar Priest: A Translation of the Book of Chilam Balam of Tizimin, with Commentary. New York 1951
112. Maler, T.: Researches in the Central Portion of the Usumatsintla Valley. Report of Explorations for the Museum, 1898–1900. Memoirs of the Peabody Museum, Harvard Univ., II, 1, Cambridge 1901, S. 1–75; II, 2, 1903, S. 77–208
113. Maler, T.: Explorations in the Department of Petén, Guatemala. Tikal. Report of Explorations for the Museum. Memoirs of the Peabody Museum, Harvard Univ., V, 1, Cambridge 1911, S. 3–135
114. Maudslay, A. P.: Biologia Centrali-Americana: Archaeology. 1 Text-Bd., 4 Abb.-Bde., London 1889–1902, Neudruck New York 1974
115. McQuown, N. A.: The Classification of Mayan Languages. Int. Journ. of American Linguistics 22, 1956, S. 191–195
116. Michels, J. W.: Dating Methods in Archeology. New York 1973
117. Morley, S. G.: The Historical Value of the Books of Chilam Balam. American Journ. of Archaeology, Archaeological Inst. of America XV, 1911, S. 195–214
118. Morley, S. G.: An Introduction to the Study of the Maya Hieroglyphs. Bureau of American Ethnology, Smithsonian Institution, Bull. 57, Washington 1915
119. Morley, S. G.: The Earliest Mayan Dates. Congrès Int. des Américanistes, Compte-rendu de la XXIe session, Göteborg 1924, Teil 2, Göteborg 1925, S. 655–667
120. Morley, S. G.: The Ancient Maya. Stanford 1946
121. Morley, S. G.: La Civilización Maya. Übers. v. A. Recinos. Fondo de Cultura Económica. 2. Aufl. Mexiko 1953
122. Morley, S. G., u. Brainerd, G. W.: The Ancient Maya. 3. Aufl. Palo Alto 1956
123. Nuhn, H., Krieg, P., u. Schlick, W. (Hrsg.): Zentralamerika – Karten zur Bevölkerungs- und Wirtschaftsstruktur. Beiträge z. Geogr. Regionalforschung in Lateinamerika, Hamburg 1975
124. Palacios, E. J.: Maya-Christian Synchronology or Calendrical Correlation. Middle American Research Series, Publ. 4, Tulane Univ., New Orleans 1932, S. 147–180
125. Pelzer, K. J.: Pioneer Settlement in the Asiatic Tropics. New York 1945
126. Pelzer, K. J.: Land Utilization in the Humid Tropics: Agriculture. Proc., Ninth Pacific Science Congress, 1957, 20, Bangkok 1958, S. 124–143

127. Péret, B.: Livre de Chilám Balám de Chumayel. Paris 1955
128. Popol Vuh: siehe C. E. Brasseur de Bourbourg (30), L. Schultze-Jena (149), A. Recinos, D. Goetz u. S. G. Morley (79)
129. Quirarte, J.: Sculptural Documents on the Origins of Maya Civilization. Act. du XLII. Congr. Intern. des Américanistes Paris 1976, Vol. VIII, Paris 1979, S. 189–196
130. Rands, R. L.: Artistic Connections between the Chichen Itza Toltec and the Classic Maya. American Antiquity 19, 1954, S. 281–282
131. Rathje, W. L.: The Origin and Development of Lowland Classic Maya Civilization. American Antiquity 36, 1971, S. 275–285
132. Rathje, W. L.: Praise the Gods and Pass the Metates: An Hypothesis of the Development of Lowland Rainforest Civilizations in Mesoamerica. In: M. P. Leone (Hrsg.): Contemporary Archaeology. Carbondale, Ill., 1972, S. 365–397
133. Recinos, A.: Popol Vuh: The Sacred Book of the Ancient Quiché Maya. Englisch v. S. G. Morley u. D. Goetz. Norman, Okla., 1950
134. Recinos, A., u. Goetz, D.: The Annals of the Cakchiquels. Norman, Okla., 1953
135. Ricketson, O. G., u. Kidder, A. V.: An Archaeological Reconnaissance by Air in Central America. Geogr. Rev. XX, New York 1930, S. 177–206
136. Riese, B.: Geschichte der Maya. Stuttgart 1972
137. Rosny, L. de: Manuscrit hiératique des anciens Indiens de l'Amérique Centrale conservé à la Bibliothèque Nationale de Paris, avec une introduction par Léon de Rosny. 2. Aufl. Paris 1887
138. Roys, R. L.: The Book of Chilam Balam of Chumayel. Carnegie Inst. of Washington, Publ. 438, Washington 1933
139. Ruz Lhuillier, A.: Campeche en la arqueologia maya. Mexiko 1954
140. Ruz Lhuillier, A.: La Civilización de los Antiguos Mayas. Mexiko 1963
141. Ruz Lhuillier, A.: Influencias mexicanas sobre los Mayas. In: Vogt u. Ruz Lhuillier (495, S. 195–227)
142. Sanders, W. T.: An Archaeological Reconnaissance of Northern Quintana Roo. Current Reports of the Carnegie Inst. of Washington, Nr. 24, 1955, S. 179–222
143. Sanders, W. T.: Environmental Heterogeneity and the Evolution of Lowland Maya Civilization. In: Adams (3, S. 287–297)
144. Sanders, W. T., u. Price, B. J.: Mesoamerica, the Evolution of a Civilization. New York 1968
145. Saravia, E. A.: Popol Vuh. Mexiko, D. F., 1978
146. Satterthwaite, L.: Calendrics of the Maya Lowlands. Handbook of Middle American Indians, III, 2, 1965, S. 603–631
147. Satterthwaite, L., u. Ralph, E.: New Radiocarbon Dates and the Maya Correlation. American Antiquity 26, 1960, S. 165–184
148. Schlenther, U.: Die geistige Welt der Maya. Einführung in die Schriftzeugnisse einer indianischen Priesterkultur. Berlin 1965
149. Schultze-Jena, L.: Popol Vuh. Das heilige Buch der Quiché-Indianer von Guatemala. Stuttgart 1944
150. Séjourné, L.: Altamerikanische Kulturen. Frankfurt a. M. 1971
151. Seler, E.: Altmexikanische Studien II. Berlin 1899
152. Seler, E.: Beobachtungen und Studien in den Ruinen von Palenque. Berlin 1915
153. Seler, E.: Gesammelte Abhandlungen zur Amerikanischen Sprach- und Alterthumskunde. I–V. Berlin 1902/23
154. Sidrys, R. (Hrsg.): Papers on the Economy and Architecture of the Ancient Maya. Los Angeles 1978
155. Smith, A. L.: The Corbeled Arch in the New World. In: Hay u. a. (89, S. 202–221)
156. Smith, A. L., u. Willey, G. R.: Seibal, Guatemala in 1968: A Brief Summary of Archaeological Results. Verhdl. d. 38. Internationalen Amerikanistenkongresses Stuttgart–München 1968, Bd I, München 1969, S. 151–157
157. Sodi Morales, D.: The Maya World. Mexiko 1976
158. Soustelle, J.: Mexiko. München 1978
159. Stephens, J. L.: Incidents of a Travel in Central America, Chiapas, and Yucatán. Drawings by F. Catherwood. 2 Bde., New York 1841, Neudruck New Brunswick 1949

160. Stephens, J. L.: Incidents of a Travel in Yucatán. 2 Bde., New York 1843, Neudruck Norman, Okla., 1962
161. Stephens, J. L.: Reisen in Zentralamerika und Yucatán 1839–1841. Gekürzte dt. Fassung v. H. Wulf, mit Vorwort v. M. Mittler. Zürich/Freiburg i. Br. 1969
162. Stuart, G. E., u. Stuart, G. S.: The Mysterious Maya. Washington 1977
163. Termer, F.: Die Hochkultur der Maya und ihre Erforschung durch die moderne Amerikanistik. Universitas VIII, Stuttgart 1953, S. 149–159
164. Thompson, J. E. S.: A Correlation of the Mayan and European Calendars. Field Museum of Natural History, Publ. 241, Anthropological Series, XVIII, 1, Chicago 1927
165. Thompson, J. E. S.: Maya Chronology: The Correlation Question. Contrib. to American Archaeology III, 14. Carnegie Inst. of Washington, Publ. 456, Washington 1935, S. 51–82
166. Thompson, J. E. S.: A Trial Survey of the Southern Maya Area. American Antiquity IX, 1943, S. 106–134
167. Thompson, J. E. S.: A Survey of the Northern Maya Area. American Antiquity XI, 1945, S. 2–24
168. Thompson, J. E. S.: Maya Hieroglyphic Writing. Introduction. Carnegie Inst. of Washington, Publ. 589, Washington 1950
169. Thompson, J. E. S.: Grandeur et Décadence de la Civilisation Maya. Paris 1958
170. Thompson, J. E. S.: A Catalogue of Maya Hieroglyphs. Norman, Okla., 1962
171. Thompson, J. E. S.: Maya Archeologist. Norman, Okla., 1963
172. Thompson, J. E. S.: Archaeological Synthesis of the Southern Maya Lowlands. Handbook of Middle American Indians, II, 1, 1965, S. 331–359
173. Thompson, J. E. S.: The Rise and Fall of Maya Civilization. Norman, Okla., 1954, 7. Aufl. 1966
174. Thompson, J. E. S.: Die Maya. Aufstieg und Niedergang einer Indianerkultur. München 1968
175. Thompson, J. E. S.: Maya History and Religion. Norman, Okla., 1970
176. Thompson, J. E. S., u. Gann, Th.: The History of the Maya. New York 1935
177. Toynbee, A. J.: Studie zur Weltgeschichte. Hamburg 1949
178. Tozzer, A. M.: Landa's ›Relación de las cosas de Yucatán'‹. Papers of the Peabody Museum, XVIII, Cambridge 1941
179. Trimborn, H.: Das Alte Amerika. Große Kulturen der Frühzeit. 1959, 2. Aufl. Stuttgart 1963
180. Trimborn, H., u. Haberland, W.: Die Kulturen Alt-Amerikas. Frankfurt a. M. 1969
181. Villacorta, C. A. J.: Códices Mayas. Soc. de Geografía e Historia de Guatemala, Guatemala 1930
182. Villa Rojas, A.: The Maya of East Central Quintana Roo. Carnegie Inst. of Washington, Publ. 559, Washington 1945
183. Vogt, E. Z.: The Maya: Introduction. Handbook of Middle American Indians, VII, 1, 1969, S. 21–29
184. Wadepuhl, W.: Die alten Maya und ihre Kultur. Leipzig 1964
185. Waldeck, F. de: Voyage pittoresque et archaeologique dans la Province de Yucatán. Paris 1838
186. Wauchope, R.: Implications of Radiocarbon Dates from Middle and South America. Middle American Research Reports, II, 2, Tulane Univ., New Orleans 1954
187. Wauchope, R. (Hrsg.): Handbook of Middle American Indians. Austin 1956/58
188. Wauchope, R.: They Found the Buried Cities. Exploration and Excavation in the American Tropics. Chicago/London 1965
189. Weaver, B. P.: The Aztecs, Maya, and Their Predecessors. Archaeology of Mesoamerica. New York 1972
190. Westheim, P.: Die Kunst Alt-Mexikos. Köln 1966
191. Westphal, W.: Die Maya – Volk im Schatten seiner Väter. München 1977
192. Wicke, Ch. R.: Olmec: an Early Art Style of Pre-Columbian Mexico. Diss., Univ. of Arizona, Tucson 1965
193. Willey, G. R.: A Review of the Map of the Ruins of Tikal, El Peten, Guatemala. American Antiquity 28, 1, 1962, S. 117–118

194. Willey, G. R.: The Early Great Styles and the Rise of Pre-Columbian Civilization. American Anthropologist 64, 1962, S. 1–14
195. Willey, G. R.: An Archaeological Frame of Reference for Maya Culture History. In: Vogt u. Ruz Lhuillier (495, S. 137–179)
196. Willey, G. R.: Postlude to Village Agriculture: The Rise of Towns and Temples and the Beginnings of the great Traditions. XXXVI Congreso Internacional de Americanistas, Actas y Memorias, I, Sevilla 1966, S. 267–277
197. Willey, G. R.: Das Alte Amerika. Berlin 1974
198. Willey, G. R.: The Rise of Classic Maya Civilization: a Pasión Valley Perspective. In: Adams (3, S. 133–157)
199. Wolf, E. R.: Sons of the Shaking Earth. Chicago 1959
200. Yde, J.: An Archaeological Reconnaissance of Northwestern Honduras. Archeologica 9, Kopenhagen 1938
201. Zimmermann, G.: Die Hieroglyphen der Maya-Handschriften. Univ. Hamburg, Abhandl. aus dem Gebiet der Auslandskunde 62, 1956

II. Das geographische Maya-Problem

202. Berman, M.: A new Look at the Maya Lowlands of Middle-America. Journ. of Geogr. 69, 1970, S. 354–363
203. Blom, F.: Archaeological and other Maps of Middle America. Ibero-Amerikan. Archiv 6, Berlin/Bonn 1932, S. 288–292
204. Katz, F.: Vorkolumbische Kulturen. Essen 1975
205. Sapper, K.: Die geographische Bedingtheit der altamerikanischen Hochkulturen. Peterm. Geogr. Mitt. 77, 1931, S. 178–182, 245–248
206. Termer, F.: Die Mayakultur als geographisches Problem. Peterm. Geogr. Mitt. LXXVI, Gotha 1930, S. 310; Ibero-Amerikan. Archiv V, Berlin 1931, S. 72–88
207. Termer, F.: Die Mayakultur in Yukatan und Guatemala. Preußische Jahrbücher 233, Berlin 1933, S. 158–171
208. Termer, F.: Geographische Betrachtungen über die Mayakultur. Geographica Helvetica IV, Bern 1949, S. 30–41
209. Termer, F.: Die Mayaforschung. Nova Acta Leopoldina, N. F. 15, Nr. 105, Leipzig 1952

III. Der vielgestaltige Lebensraum

210. Botany of the Maya Area: Miscellaneous Papers. Carnegie Inst. of Washington, Publ. 461, Washington 1936
211. Cardenas Figueroa, M.: Informe Hidrobiológico y Faunistico de Yucatán. Bol. Soc. Mex. Geogr. 69, 1950, S. 135–159
212. Casares, D.: A Notice of Yucatan, with some Remarks on its Water Supply. Proc. Amer. Antiquarian Soc. 1905, new ser. 17, 1906, S. 207–230
213. Cole, L. J.: The Caverns and People of Northern Yucatán. Bull. Amer. Geogr. Soc. 42, 1910, S. 321–336
214. Corbel, J.: Karsts du Yucatán et de la Floride. Bull. Assoc. Géogr. Français 282/283, 1959, S. 2–14
215. Cowgill, U. M.: Soil Fertility, Population and the Ancient Maya. Proc. of the National Academy of Sciences 46, 1960, S. 1009–1011
216. Cowgill, U. M.: Soil Fertility and the Ancient Maya. Transactions, Connecticut Academy of Arts and Sciences 42, New Haven 1961, S. 1–56
217. Cowgill, U. M.: The History of Laguana de Petenxil. Memoirs of the Connecticut Academy of Arts and Sciences 17, New Haven 1966
218. Cowgill, U. M., u. Hutchinson, G. E.: El Bajo de Santa Fe. Transactions of the American Philosophical Society 53, 7, Philadelphia 1963, S. 1–51
219. Cowgill, U. M., u. Hutchinson, G. E.: Ecological and Geochemical Archaeology in the Southern Maya Lowlands. Southwestern Journ. of Anthropology 19, 1963, S. 267–286

220. Doehring, D. O., u. Butler, J. H.: Hydrogeologic Constraints on Yucatan's Development. Science 186, 1974, S. 591–595
221. Finch, W. A.: The Karst Landscape of Yucatán. Diss., Univ. of Illinois, Urbana 1965
222. Furley, P.: The University of Edinburgh British Honduras-Yucatán Expedition. With contributions by A. J. Crosbie u. M. M. Sweeting. Geogr. Journ. 134, I, 1968, S. 38–54
223. Gerstenhauer, A.: Ein karstmorphologischer Vergleich zwischen Florida und Yucatán. Tagungsber. u. wiss. Abhandlungen, Dt. Geographentag Bad Godesberg 1967, Wiesbaden 1969, S. 332–344
224. Gierloff-Emden, H. G.: Mexico, eine Landeskunde. Berlin 1970
225. Hall, F. G.: Physical and Chemical Survey of Cenotes in Yucatán. Carnegie Inst. of Washington, Publ. 457, Washington 1936, S. 5–16
226. Hastenrath, S. L.: Rainfall Distribution and Regime in Central America. Archiv f. Meteorologie, Geophysik u. Bioklimatologie, Serie B: Allgem. u. biol. Klimatologie 15, 1967, S. 201–241
227. Heilprin, A.: Geological Researches in Yucatán. Proc. Phil. Acad. Nat. Sci. for 1891, Philadelphia 1892, S. 136–158
228. Hernandez Corzo, A.: Estudio Geobotánico, Agricola y Forestal de Yucatán. Bol. Soc. Mex. Geogr. 69, 1950, S. 161–201
229. Illescas Pasquel, F.: Estudio Fisico-Quimico de las Aguas de Yucatán. Bol. Soc. Mex. Geogr. 69, 1950, S. 203–224
230. Jätzold, R.: Die Dauer der ariden und humiden Zeiten des Jahres als Kriterium für Klimaklassifikationen. In: Hermann-v.-Wissmann-Festschrift. Tübingen 1962, S. 89–108
231. Lauer, W.: Humide und aride Jahreszeiten in Afrika und Südamerika und ihre Beziehung zu den Vegetationsgürteln. Bonner Geogr. Abh. 9, 1952, S. 15–98
232. Lauer, W.: Klimatische und pflanzengeographische Grundzüge Zentralamerikas. Erdkunde 13, Bonn 1959, S. 344–354
233. Lauer, W.: Klimadiagramme. Gedanken und Bemerkungen über die Verwendung von Klimadiagrammen für die Typisierung und den Vergleich von Klimaten. Erdkunde 14, Bonn 1960, S. 232–242
234. Lauer, W.: Naturgeschehen und Kulturlandschaft in den Tropen – Beispiel Zentralamerika. In: Herbert-Wilhelmy-Festschrift. Tübinger Geogr. Studien 34, 1970, S. 83–105
235. Lundell, C. L.: Ruins of Polol and Other Archaeological Discoveries in the Department of Petén, Guatemala. Carnegie Inst.of Washington, Publ. 436, Washington 1934, S. 173–186
236. Lundell, C. L.: Preliminary Sketch of the Phytogeography of the Yucatán Peninsula. Carnegie Inst. of Washington, Publ. 436, Washington 1934, S. 255–355
237. Lundell, C. L.: The Vegetation of Petén. Carnegie Inst. of Washington, Publ. 478, Washington 1937
238. Lundell, C. L.: The 1936 Michigan-Carnegie Botanical Expedition to British Honduras. Botany of the Maya area. Miscell. Paper No. 14, Carnegie Inst. of Washington, Publ. 522, Washington 1940, S. 1–57
239. Maldonado-Koerdell, M.: Geohistory and Paleography of Middle America. Handbook of Middle American Indians, I, 1964, S. 3–32
240. Marker, M. E.: Cenotes: A Class of Enclosed Karst Hollows. Z. Geomorph. N. F., Suppl. Bd. 26, 1976, S. 104–123
241. Mercer, H. C.: The Hill-Caves of Yucatán. Philadelphia 1896, Neudruck Norman, Okla., 1975
242. Molina Berberyer, R.: Interpretación Geoquimica de las Aguas de la Peninsula de Yucatán. Bol. Soc. Mex. Geogr. 69, 1950, S. 225–244
243. Morley, S. G.: The Inscriptions of Petén. Carnegie Inst. of Washington, Publ. 437, 5 Bde., Washington 1937/38
244. Olson, G. W., u. Puleston, D. E.: Soils and the Maya. Americas 24, 1972, S. 33–39
245. Ortiz Monasterio, R.: Reconocimiento agrológico regional del estado de Yucatán. Bol. Soc. Mex. Geogr. 69, 1950, S. 245–324
246. Ower, L. H.: Features of British Honduras. Geogr. Journ. 70, 1927, S. 372–386

247. Page, J. L.: The Climate of the Yucatán Peninsula. In: Shattuck (815, S. 409–422)
248. Page, J. L.: The Climate of Peten, Guatemala. In: Morley (243, Anhang 2)
249. Paynter, R. A.: The Ornithogeography of the Yucatán Peninsula. Peabody Museum Nat. Hist., Yale Univ., Bull. 9, 1955
250. Pearse, A. S., Creaser, E. P., u. Hall, F. G.: The Cenotes of Yucatán. A Zoological and Hydrographic Survey. Carnegie Inst. of Washington, Publ. 457, Washington 1936
251. Portig, W. H.: Central American Rainfall. Geogr. Rev. 55, 1965, S. 68–90
252. Riehl, H.: Tropical Meteorology. New York 1954
253. Rivera Aceves, J.: Meteorologia y Climatologia de la Peninsula de Yucatán. Bol. Soc. Mex. Geogr. 69, 1950, S. 113–134
254. Robles Ramos, R.: Apuntes sobre la morfología de Yucatán. Bol. Soc. Mex. Geogr. 69, 1950, S. 27–106
255. Roys, R. L.: The Ethno-Botany of the Maya. Middle American Research Series, Publ. 2, Dept. of Middle American Research, Tulane Univ., New Orleans 1931 (vgl. Karte)
256. Roys, R. L.: The Titles of Ebtun. Washington 1939
257. Rumney, G. R.: Climatology and the World's Climates. New York 1968
258. Sandermann, W., u. Funke, H.: Termitenresistenz alter Tempelhölzer aus dem Mayagebiet durch Saponine. Die Naturwissenschaften 57, 1970, S. 407–414
259. Sapper, K.: Sobre la geografía física y la geología de la Península de Yucatán. Inst. Geol. Mex. 3, Mexiko 1896, S. 1–57
260. Sapper, K.: Über Gebirgsbau und Boden des nördlichen Mittelamerika. Peterm. Geogr. Mitt., Erg. H. 127, Gotha 1899
261. Sapper, K.: Zur Kenntnis des Klimas des Petén (Nordguatemala). Meteorol. Zeitschr. 48, 1931, S. 232–233
262. Sapper, K.: Klimakunde von Mittelamerika. Handbuch der Klimatologie II, Teil H, Berlin 1932
263. Schott, A.: Die Küstenbildung des nördlichen Yucatán. Peterm. Geogr. Mitt. 12, 1866, S. 127–130
264. Siemens, A. H.: Possible Karstic Constraints on Prehistoric Mayan Land Use Transportation in the Southern Lowlands. Act. du XLII. Congr. Intern. des Américanistes Paris 1976, Vol. VIII, Paris 1979, S. 373–388
265. Spinden H. J.: Central America, Rainfall Map. Geogr. Rev. 18, 1928, S. 660–661
266. Standley, P. C.: Flora of Yucatán. Field Museum of Nat. Hist., Publ. 279, Bot. Ser. III, 3, Chicago 1930, S. 157–492
267. Standley, P. C.: The Forests and Flora of British Honduras. Field Museum of Nat. Hist., Bot. Ser. 12, Chicago 1936
268. Stevens, R. L.: The Soils of Middle America and Their Relation to Indian Peoples and Cultures. Handbook of Middle American Indians, I, 1964, S. 265–315
269. Stoll, O.: Guatemala. Reisen und Schilderungen aus den Jahren 1878–1883. Leipzig 1886
270. Stuart, L. C.: Fauna of Middle America. Handbook of Middle American Indians, I, 1964, S. 316–362
271. Tamayo, J. L., u. West, R. C.: The Hydrography of Middle America. Handbook of Middle American Indians, I, 1964, S. 84–121
272. Termer, F.: Zur Geographie der Republik Guatemala. I. Mitt. Geogr. Ges. Hamburg 44, 1936, S. 89–275
273. Termer, F.: Die Sierra de las Minas in Guatemala. Peterm. Geogr. Mitt., 1939, S. 337–348
274. Termer, F.: Die Halbinsel Yucatán. Peterm. Geogr. Mitt., Erg. H. 253, Gotha 1954
275. Thompson, J. E. S.: Ethnology of the Mayas of Southern and Central British Honduras. Field Museum of Nat. Hist., Publ. 274, Anthropol. Ser. 17, 2, Chicago 1930
276. Troll, C.: Termiten-Savannen. In: Länderkundliche Forschung. Festschrift für Norbert Krebs. Stuttgart 1936, S. 275–312
277. Troll, C., u. Paffen, K. H.: Karte der Jahreszeiten-Klimate der Erde. Erdkunde 18, 1964, S. 5–28
278. Tsukada, M., Cowgill, U. M., u. Hutchinson, G. E.: The History of Lake Petenxil, Departamento de El Petén Guatemala. Abstract, Science 136, 1962, S. 329
279. Escoto, J. A.: Weather and Climate of Mexico and Central America. Handbook of Middle American Indians, I, 1964, S. 187–215

280. Vivó, J. A., u. Gomez, J. C.: Climatologia de Mexico. Mexiko 1946
281. Wadell, D. A. G.: British Honduras, a Historical and Contemporary Survey. London/New York/Toronto 1961
282. Wadell, H.: Physical-Geological Features of Peten, Guatemala. In: Morley (243, Appendix 1, S. 331–348)
283. Wagner, P. L.: Natural Vegetation of Middle America. Handbook of Middle American Indians, I, 1964, S. 216–264
284. Wernstedt, F. L.: World Climatic Data. Latin America and the Caribbean. Ann Arbor 1961
285. West, R. C.: Surface Configuration and Associated Geology of Middle America. Handbook of Middle American Indians, I, 1964, S. 33–83
286. West, R. C.: The Natural Regions of Middle America. Handbook of Middle American Indians, I, 1964, S. 363–383
287. Weyl, R.: Die paläogeographische Entwicklung Mittelamerikas. Zbl. f. Geologie u. Paläontologie, Teil I, 1973, S. 296–330
288. Wilhelmy, H.: Das Große Pantanal in Mato Grosso. Dt. Geographentag, Tagungsber. u. wiss. Abhandlungen Würzburg 1957, Wiesbaden 1958, S. 45–71
289. Wilhelmy, H.: Karstformenwandel und Landschaftsgenese der Halbinsel Yucatán. Innsbrucker Geogr. Studien, Bd. 5, Innsbruck 1979, S. 131–149
290. Wilhelmy, H.: Die Petén-Savanne. Stuttgarter Geogr. Studien, Bd. 93, Stuttgart 1979, S. 149–162
291. Willey, G. R.: An Hypothesis on the Process of Mesoamerican Agricultural Development. Homenaje a Fernando Márquez-Miranda. Madrid 1964, S. 378–387
292. Willey, G. R., Ekholm, G. F., u. Millon, R. F.: The Patterns of Farming Life and Civilization. Handbook of Middle American Indians, I, 1964, S. 446–500
293. Wiseman, F. M.: A »Natural« History of Mayan Agriculture. Act. du XLII. Congr. Intern. des Américanistes Paris 1976, Vol. VIII, Paris 1979, S. 345–371
294. Wulschner, H. J. (Hrsg.): Vom Rio Grande zum La Plata. Deutsche Reiseberichte des 19. Jahrhunderts aus dem südlichen Amerika. Tübingen 1975
295. Young, A.: Tropical Soils and Soil Survey. Cambridge 1976

IV. Existenzgrundlagen eines Bauernvolkes

296. Andreae, B.: Die Bodenfruchtbarkeit in den Tropen. Hamburg/Berlin 1965
297. Andreae, B.: Landwirtschaftliche Betriebsformen in den Tropen. Hamburg/Berlin 1972
298. Andrews, E. W.: The Archaeology of Southwestern Campeche. Carnegie Inst. Contrib. to American Anthropology and History 40, 1943, S. 1–100
299. Andrews, E. W.: Archaeology and Prehistory in the Northern Maya Lowlands: an Introduction. Handbook of Middle American Indians, II, 1, 1965, S. 288–330
300. Anton, F.: Die Frauen der Azteken-, Maya-, Inkakultur. Stuttgart 1973
301. Armillas, P.: Notas sobre sistemas de cultivo en Mesoamerica: cultivos de riego y humedad en la Cuenca del Río de las Balsas. Annales del Instituto Nacional de Antropología e Historia, 3, Mexiko 1949, S. 85–113
302. Armillas, P.: Gardens on Swamps. Science 174, 1971, S. 653–661
303. Ball, J. W., u. Eaton, J. D.: Marine Resources and the Prehistoric Maya. Amer. Anthropologist 74, Washington 1972, S. 772–776
304. Bartlett, H. H.: A Method of Procedure for Field Work in Tropical American Phytogeography based upon a Botanical Reconnàissance in Parts of British Honduras and the Peten Forest of Guatemala. In: Botany of the Maya Area, Miscell. Papers, Carnegie Inst. of Washington, Washington 1936, S. 1–25
305. Baumann, P.: Valdivia, die Entdeckung der ältesten Kultur Amerikas. Hamburg 1978
306. Beadle, G. W.: The Origin of Zea mays. In: Browman (33, S. 23–42)
307. Benedict, F. G., u. Steggerda, M.: The Food of the Present-Day Maya Indians of Yucatán. Carnegie Inst. of Washington, Contrib. to American Archaeology 456, Washington 1937, S. 155–188
308. Bergmann, J. F.: The Distribution of Cacao Cultivation in Pre-columbian America. Annals of the Association of American Geographers 59, 1969, S. 85–96

309. Blom, F.: Apuntes sobre los Ingenieros Mayas. Irrigación en Mexico 27, 1946, S. 5–16
310. Bronson, B.: Roots and Subsistence of the Ancient Maya. Southwestern Journ. of Anthropology 22, 1966, S. 251–279
311. Brookefield, H. C.: Local Study and Comparative Method: An Example from Central New Guinea. Annals of the Association of American Geographers 52, 1962, S. 242–254
312. Caso, A.: Land Tenure among the Ancient Mexicans. American Anthropologist 65, 1963, S. 863–878
313. Coe, M. D.: The chinampas of Mexico. Scientific American 211, 1964, S. 90–98
314. Conklin, H. C.: An Ethnoecological Approach to Shifting Agriculture. Transactions N. Y. Academy of Sciences, Ser. II, New York 1954, S. 133–142 (ausführliche Bibliographie)
315. Conklin, H. C.: The Study of Shifting Cultivation. Pan American Union, Studies and Monographs VI, 1963
316. Cook, O. F.: Milpa Agriculture, a Primitive Tropical System. Smithsonian Inst., Washington, Annual Report 1919, Washington 1921, S. 307–326
317. Cowgill, U. M.: An Agricultural Study of the Southern Maya Lowlands. American Anthropologist 64, 1962, S. 273–286
318. Cowgill, U. M.: Some Comments on Manihot Subsistence and the Ancient Maya. Southwestern Journ. of Anthropology 27, 1971, S. 51–63
319. Culbert, T. P., Spencer, M. L., Magers, P. C.: Slash-and-Burn Agriculture in the Maya Lowlands. Act. du XLII. Congr. Intern. des Américanistes Paris 1976, Vol. VIII, Paris 1979, S. 335–344
320. Dahlin, B. H.: Preliminary Investigations of Agronomic Potentials in Bajos adjacent to Tikal, Petén. Act. du XLII. Congr. Intern. des Américanistes Paris 1976, Vol. VIII, Paris 1979, S. 305–312
321. Denevan, W. M.: The Aboriginal Cultural Geography of the Llanos de Mojos of Bolivia. Ibero-Americana 48, Berkeley/Los Angeles 1966
322. Denevan, W. M.: A Cultural-Ecological View of Former Aboriginal Settlement in the Amazon Basin. The Professional Geographer 18, 1966, S. 346–351
323. Denevan, W. M.: Ancient Ridged Fields Discovered in Lake Titicaca Region. Peruvian Times, 9. Sept. 1966
324. Denevan, W. M.: Aboriginal Drained Field Cultivation in the Americas. Science 169, 1970, S. 647–654
325. Drucker, P., u. Heizer, R. F.: A Study of the Milpa System of La Venta Island and Its Archaeological Implications. Southwestern Journ. of Anthropology 16, 1960, S. 36–45
326. Drucker, P., Heizer, R. F., u. Squier, R. J.: Excavations at La Venta, Tabasco, 1955. Bull. 170, Bureau American Ethnology, Smithsonian Institution, Washington 1959
327. Eaton, J. D.: Ancient Agricultural Farmsteads in the Rio Bec Region of Yucatán. Contrib. of the Univ. of Calif., Archaeol. Research Facility, Nr. 27, Berkeley 1975, S. 56–82
328. Eidt, R. C.: Aboriginal Chibcha Settlement in Colombia. Annals of the Association of American Geographers 49, 1959, S. 374–392
329. Emerson, R. A.: A Preliminary Survey of the Milpa System of Maize Culture as Practiced by the Maya Indians of the Northern Part of the Yucatán Peninsula. Annals of the Missouri Botanical Garden 40, 1953, S. 51–62
330. Emerson, R. A., u. Kempton, J. H.: Agronomic Investigations in Yucatán. Carnegie Inst. Washington, Yearbook 34, Washington 1935, S. 138–142
331. Erasmus, C. J.: Monument Building: some Field Experiments. Southwestern Journ. of Anthropology 21, 1965, S. 277 301
332. Flannery, K. V., Kirkby, A. V. T., Kirkby, M. J., u. Williams, A. W. J.: Farming Systems and Political Growth in Ancient Oaxaca. Science 158, 1967, S. 445–454
333. Galinat, W. C.: The Origin of Corn. Annual Rev. of Genetics 5, 1971, S. 447–478
334. Gifford, J. C.: Recent Thought Concerning the Interpretation of Maya Prehistory. In: Hammond (340, S. 77–98)
335. Girard, R.: Los Mayas eternos. Mexiko 1962
336. Girard, R.: Los Mayas. Su civilización, su historia, su vinculaciones continentales. Mexiko, D. F., 1966
337. Girard, R.: Die ewigen Mayas. Zivilisation und Geschichte. Zürich 1969

338. Guzman, L. E.: The Agricultural Terraces of the Ancient Highland Maya. Abstract, Annals of the Association of American Geographers 48, 1958, S. 266
339. Haberland, W.: Zur Geschichte der ackerbauenden Kulturen in Mexiko und Mittelamerika. Saeculum 13, Freiburg i. Br. 1962, S. 35–70
340. Hammond, N. (Hrsg.): Mesoamerican Archaeology. New Approaches. London 1974
341. Hammond, N.: The Earley Formative in the Maya Lowlands. In: Hammond (693, S. 77–101)
342. Hammond, N.: Agriculture Intensification in the Maya Lowlands. Act. du XLII. Congr. Intern. des Américanistes Paris 1976, Vol. VIII, Paris 1979, S. 327–333
343. Harper, R. M.: Useful Plants of Yucatán. Bull. of the Torrey Botanical Club 59, 1932, S. 279–290
344. Harris, D. R.: The Agricultural Foundations of Lowland Maya Civilization: A Critique. In: Harrison u. Turner (347, S. 301–323)
345. Harrison, P. D.: The Rise of the bajos and the Fall of the Maya. In: Hammond (693, S. 469–508)
346. Harrison, P. D.: Bajos Revisited: Visual Evidence for One System. In: Harrison u. Turner (347, S. 247–253)
347. Harrison, P. D., u. Turner, B. L. (Hrsg.): Pre-Hispanic Maya Agriculture. Albuquerque 1978 (etwa die Hälfte der in diesem Sammelband enthaltenen Aufsätze ist unter wenig veränderten Titeln in den Act. du XLII. Congr. Intern. des Américanistes Paris 1976, Vol. VIII, Paris 1979, erschienen)
348. Haviland, W. A.: Maya Settlement Patterns: A Critical Review. Middle American Research Inst., Tulane Univ., Publ. 26, New Orleans 1966, S. 21–47
349. Haviland, W. A.: Comment on ›Milpas and Milperos‹. American Anthropologist 70, 1968, S. 564–565
350. Heizer, R. F.: Agriculture and the Theocratic State in Lowland Southeastern Mexico. American Antiquity 26, 1960, S. 215–222
351. Hellmuth, N.: Cholti-Lacandon (Chiapas) and Petén-Ytzá Agriculture, Settlement Pattern and Population. In: Hammond (693, S. 421–448)
352. Hester, J. A.: Agriculture, Economy and Population Density of the Maya. Carnegie Inst. of Washington, Yearbook 51, Washington 1951, S. 266–271; 52, 1952, S. 288–292
353. Hester, J. A.: Natural and Cultural Bases of Ancient Maya Subsistence Economy. Diss., Univ. of Calif., Los Angeles 1954
354. Jürgens, H. W.: Beiträge zur Binnenwanderung und Bevölkerungsentwicklung in Liberia. Afrika-Studien 4, Heidelberg 1965, S. 18
355. Kempton, J. H.: Report on Agricultural Survey. Carnegie Inst. of Washington, Rept. Gov't. México, 12th year of Chichén Itzá Project and Allied Investigations, Washington 1935
356. Lange. F. W.: Marine Resources: A Viable Subsistence Alternative for the Prehistoric Lowland Maya. American Anthropologist 73, 1971, S. 619–639
357. Lauer, W.: Vegetation, Landnutzung und Agrarpotential in El Salvador. Schriften d. Geogr. Inst. d. Univ. Kiel 16, 1, 1956
358. Leach, E. R.: Some Economic Advantages of Shifting Cultivation. Proc. of the ninth Pacific Science Congress 1957, 4, Bangkok 1959, S. 64–66
359. Löffler, L. G.: Bodenbedarf und Ertragsfaktor im Brandrodungsbau. Tribus 9, Stuttgart 1960, S. 39–43
360. Lundell, C. L.: Maya Agriculture in South and Southwest Campeche. Southwest Review 19, Dallas 1933, S. 65–77
361. Lundell, C. L.: Plants Probably Utilized by the Old Empire Maya of Petén and Adjacent Lowlands. Michigan Academy of Science, Arts, and Letters, Papers 24, 1938, S. 37–56
362. MacNeish, R. S.: The Food-gathering and Incipient Agriculture Stage of Prehistoric Middle America. Handbook of Middle American Indians, I, 1964, S. 413–426
363. Mangelsdorf, P. C.: Corn: its Origin, Evolution and Improvement. Cambridge 1974
364. Mangelsdorf, P. C., MacNeish, R. S., u. Galinat, W. C.: Domestication of Corn. Science 143, 1964, S. 538–545
365. Mangelsdorf, P. C., MacNeish, R. S., u. Willey, G. R.: Origins of Agriculture in Middle America. Handbook of Middle American Indians, I, 1964, S. 427–445

366. Mangelsdorf, P. C., u. Reeves, R. G.: The Origin of Maize: Present Status of the Problem. American Anthropologist 47, 1945, S. 235–243
367. Manshard, W.: Einführung in die Agrargeographie der Tropen. Mannheim 1968
368. Meggers, B. J.: Environmental Limitation on the Development of Culture. American Anthropologist 56, 1954, S. 801–824
369. Meggers, B. J.: Environment and Culture in the Amazon Basin: An Appraisal of the Theory of Environmental Determinism. Studies in Human Ecology 3, Washington 1957, S. 71–89
370. Netting, R. McC: Maya Subsistence: Mythologies, Analogies, Possibilities. In: Adams (3, S. 299–333)
371. N. N.: Maize and the Maya. Carnegie Inst. of Washington, News Service Bull. IV, 26, Washington 1938, S. 217–224
372. Nunnley, P.: A Hypothesis Concerning the Relationship between Texcoco Fabricmarked Pottery, Tlateles, and Chinampa Agriculture. American Antiquity 32, 1967, S. 515–522
373. Palerm, A.: The Agricultural Basis of Urban Civilization in Mesoamerica. In: Irrigation Civilizations: A comparative Study. Social Science Monographs I, Washington 1955, S. 28–42
374. Palerm, A.: Agricultural Systems and Food Patterns. Handbook of Middle American Indians, VI, 1967, S. 26–52
375. Palerm, A., u. Wolf, E. R.: Ecological Potential and Cultural Development in Mesoamerica. Studies in Human Ecology. Pan American Union, Social Science Monographs III, 1957, S. 1–37
376. Parsons, J. J.: Los campos de cultivos prehispánicos del Bajo San Jorge. Academia Colombiana de Ciencias Exactas, Físicas y Naturales, Revista 12, Bogotá 1966, S. 449–458
377. Parsons, J. J.: Ridged Fields in the Rio Guayas Valley, Ecuador. American Antiquity 34, 1969, S. 76–80
378. Parsons, J. J., u. Bowen, W. A.: Ancient Ridged Fields of the San Jorge River Floodplain, Colombia. Geogr. Review 56, 1966, S. 317–343
379. Parsons, J. J., u. Denevan, W. D.: Pre-Columbian Ridged Fields. Scientific American 217, 1967, S. 93–100
380. Peniche Rivero, P., u. Folan, W. J.: Cobá, Quintana Roo. Reporte sobre una Metropolis Maya del Noreste. Bol. de la Escuela de Cienc. Antrop. de la Univ. de Yucatán, Mérida, 5, Nr. 30, 1978, S. 48–74
381. Popenoe, H.: The Influence of the Shifting Cultivation Cycle on Soil Properties in Central America. Proc., Ninth Pacific Science Congress, 1957, 7, Bangkok 1959, S. 72–77
382. Porter, P. W.: Population Distribution and Land Use in Liberia. Diss., London 1956
383. Puleston, D. E.: Brosimum alicastrum as a Subsistence Alternative for the Classic Maya of the Central Southern Lowlands. Unveröffentl. Magisterarbeit, Univ. of Penn. 1968
384. Puleston, D. E.: Settlement Patterns and Tree Crops: A Model for Ancient Maya Land Use and Demography at Tikal, Guatemala. Paper delivered at 136th Meeting, American Association for the Advancement of Science, Boston 1969
385. Puleston, D. E.: An Experimental Approach to the Function of Classic Maya Chultuns. American Antiquity 36, 1971, S. 322–335
386. Puleston, D. E.: Intersite Areas in the Vicinity of Tikal and Uaxactun. In: Hammond (340, S. 303–311)
387. Puleston, D. E.: The Seeds of Statehood: Variability in Subsistence Modes in the Southern Maya Lowlands and the Rise of Maya Civilization. Act. du XLII. Congr. Intern. des Américanistes Paris 1976, Vol. VIII, Paris 1979, S. 401–417
388. Reina, R. E.: Milpas and Milperos: Implications for Prehistoric Times. American Anthropologist 69, 1967, S. 1–20
389. Rice, D. S.: Population Growth and Subsistence Decision-Making in the Yaxhá-Sacnab Region, Petén. Act. du XLII. Congr. Intern. des Américanistes Paris 1976, Vol. VIII, Paris 1979, S. 313–325
390. Ricketson, O. G., u. Ricketson, E. B.: Uaxactun, Guatemala. Group E – 1926 – 1931. Carnegie Inst. of Washington, Publ. 477, Washington 1937
391. Robicsek, F.: The Smoking Gods: Tobacco in Maya Art, History and Religion. Norman, Okla., 1978

392. Ruppert, K., u. Denison, J.: Archaeological Reconnaissance in Campeche, Quintana Roo and Petén. Carnegie Inst. of Washington, Publ. 543, Washington 1943
393. Sanders, W. T.: Cultural Ecology of Nuclear Mesoamerica. American Anthropologist 44, 1, 1962, S. 34–43
394. Sanders, W. T.: Population, Agricultural History, and Societal Evolution in Mesoamerica. In: B. Spooner (Hrsg.): Population Growth, Anthropological Implications 1972, S. 101–153
395. Sapper, K.: Der Feldbau der mittelamerikanischen Indianer. Globus 97, 1910, S. 8–10
396. Sapper, K.: Geographie der altindianischen Landwirtschaft. Peterm. Geogr. Mitt. 80, 1934, S. 41–44, 118–121
397. Sapper, K.: Geographie und Geschichte der indianischen Landwirtschaft. Ibero-Amerikan. Studien I, Hamburg 1936
398. Sapper, K.: Beiträge zur Besitzergreifung Amerikas und zur Entwicklung der altamerikanischen Landwirtschaft durch die Indianer. Mitt. Museum für Völkerkunde in Hamburg 19, Hamburg 1938
399. Sauer, C. O.: Agricultural Origins and Dispersals. New York 1952
400. Schilling, E.: Die schwimmenden Gärten von Xochimilco. Ein einzigartiges Beispiel altindianischer Landgewinnung in Mexiko. Schriften d. Geogr. Inst. Univ. Kiel 9, 1939
401. Schmieder, O.: Die Neue Welt. Bd. 1, Mittel- und Südamerika. Heidelberg 1962
402. Scholes, F. V., u. Roys, R. L.: The Maya Chontal Indians of Acalan-Tixchel. Norman, Okla., 1968
403. Siemens, A. H., u. Puleston, D. E.: Ridged Fields and Associated Features in Southern Campeche: New Perspectives on the Lowland Maya. American Antiquity 34, 1972, S. 228–239
404. Smith, C. T., Denevan, W. M., u. Hamilton, P.: Ancient Ridged Fields in the Region of Lake Titicaca. Geogr. Journ. 134, 1968, S. 353–367
405. Smith, A. L., u. Kidder, A. V.: Explorations in the Motagua Valley, Guatemala. Contrib. to American Anthropology and History 41, 1943, S. 101–182
406. Spencer, J. E.: Shifting Cultivation in Southeastern Asia. Univ. of Calif., Publ. in Geogr. 19, Berkeley/Los Angeles 1966
407. Spencer, J. E., u. Hale, G. A.: The Origin, Nature, and Distribution of Agricultural Terracing. Pacific Viewpoint 2, 1961, S. 1–40
408. Spinden, H. J.: The Origin and Distribution of Agriculture in America. Proc. Internat. Cong. Americanists, 19th Sess., Washington 1915, Washington 1917, S. 269–276
409. Squire, E. G.: The states of Central America. New York 1858
410. Stadelman, R.: Maize Cultivation in Northwestern Guatemala. Contrib. to American Anthropology and History VI, 33, Carnegie Inst. of Washington, Publ. 523, Washington 1940, S. 83–264
411. Stavrakis, O.: Ancient Maya Agriculture and Future Development. Act. du XLII. Congr. Intern. des Américanistes Paris 1976, Vol. VIII, Paris 1979, S. 437–447
412. Steggerda, M.: Maya Indians of Yucatán. Carnegie Inst. of Washington, Publ. 531, Washington 1941
413. Strong, W. D., Kidder, A., u. Drexel, P. A. J.: Preliminary Report on the Smithsonian Institution/Harvard University Archaeological Expedition to Northwestern Honduras, 1936. Smithsonian Miscell. Collections 97, 1938, S. 1–129
414. Thompson, J. E. S.: Archaeological Investigations in the Southern Cayo District, British Honduras. Field Mus. of Nat. Hist., Publ. 301, Anthrop. Ser. 17, 3, 1931, S. 215–362
415. Thompson, J. E. S.: Archaeological Problems of the Lowland Maya. In: Hay u. a. (89, S. 126–138)
416. Thompson, J. E. S.: Canals of the Rio Candelaria Basin, Campeche, Mexico. In: Hammond (340, S. 297–302)
417. Thompson, J. E. S., Pollock, H. E. D., u. Charlot, J.: A Preliminary Study of the Ruins of Cobá, Quintana Roo, Mexico. Carnegie Inst. of Washington, Publ. 424, Washington 1932
418. Townsend, W. H.: Stone and Steel Tool Use in the New Guinea Society. Ethnologie 8, Nr. 2, 1969
419. Tozzer, A. M.: A Comparative Study of the Maya and the Lacandones. New York 1907, Neudruck 1978

420. Tozzer, A. M., u. Allen, G. M.: Animal Figures in the Maya Codices. Papers of the Peabody Museum of American Archaeology and Ethnology 4, 1910
421. Trautmann, W.: Agrarstruktur und rezente Wandlungen in der Henequén-Landschaft Yucatáns. Zeitschr. f. Wirtschaftsgeogr. 1975, S. 172–181
422. Turner, B. L.: Prehistoric Intensive Agriculture in the Mayan Lowlands. Science 185, 1974, S. 118–124
423. Turner, B. L.: Agricultura Prehistórica Intensiva en las Tierras Bajas de los Mayas. America Indigena 38, Mexiko, D. F., 1978, S. 105–124
424. Turner, B. L.: Ancient Agricultural Land Use in the Central Maya Lowlands. Act. du XLII. Congr. Intern. des Américanistes Paris 1976, Vol. VIII, Paris 1979, S. 419–436
425. Turner, B. L.: A Maya Dam in the Copán Valley. American Antiquity 44, 1979, S. 299–305
426. Turner, B. L., u. Harrison, P. D.: Implications from Agriculture for Maya Prehistory. In: Harrison u. Turner (347, S. 337–373)
427. Uhlig, H.: Die Ablösung des Brandrodungs-Wanderfeldbaus. Wirtschafts- und sozialgeogr. Wandlungen der asiat. Tropen am Beispiel von Sabah und Sarawak. In: Dt. geogr. Forschung in der Welt von heute. Festschrift für E. Gentz. Kiel 1970, S. 85–102
428. Uhlig, H.: Die Agrarlandschaft im Tropenkarst. Geografski Glasnik 38, Belgrad 1976, S. 313–336
429. Vandermeer, C.: Corn Cultivation on Cebu, an Example of an Advanced Stage of Migratory Farming. The Journ. of trop. Geogr. 17, 1963, S. 172–177
430. Vandermeer, C.: Population Patterns on the Island of Cebu, the Philippines: 1500 to 1900. Annals of the Association of American Geographers 57, 1967, S. 315–337
431. Vogt, E. Z.: Some Aspects of Zinacanten Settlement Patterns and Ceremonial Organization. Estudios de Cultura Maya 1, Mexiko 1961, S. 131–146
432. Wagner, H. O.: Die Besiedlungsdichte Zentralamerikas vor 1492 und die Ursachen des Bevölkerungsschwundes in der frühen Kolonialzeit unter besonderer Berücksichtigung der Halbinsel Yucatán. Jahrb. f. Geschichte von Staat, Wirtschaft und Gesellschaft Lateinamerikas 5, 1968, S. 63–102
433. Watters, R. F.: The Nature of Shifting Cultivation – A Review of Recent Research. Pacific Viewpoint 1, 1960, S. 59–99
434. Wellhausen, E. J., Fuentes, A., Hernandez, A., u. Mangelsdorf, P. C.: Races of Maize in Central America. National Academy of Science, Publ. 511, 1957
435. Wellhausen, E. J., Roberts, L. M., Hernandez, E., u. Mangelsdorf, P. C.: Races of Maize in Mexico. Bussey Inst., Cambridge 1952
436. West, R. C., u. Armillas, P.: Las chinampas de Mexico. Cuadernos Americanos 9, 1950, S. 165–185
437. Whittlesey, D.: Shifting Cultivation. Economic Geography 13, Worcester 1937, S. 35–52
438. Wilhelmy, H.: Soziale, mythische und religiöse Bindungen im Reisanbau. Indo Asia, Tübingen 1977, S. 257–266
439. Wilken, G. C.: Drained-field Agriculture: An Intensive Farming System in Tlaxcala, Mexico. The Geogr. Review 59, 1969, S. 215–241
440. Wilken, G. C.: Food Producing Systems Available to the Ancient Maya. American Antiquity 36, 1971, S. 432–448
441. Wilkens, H. G.: Maize and its wild Relatives. Science 177, 1972, S. 1071–1077
442. Willey, G. R.: The Prehistoric Civilizations of Nuclear America. American Anthropologist 57, 1955, S. 571–593
443. Willey, G. R.: The Structure of Ancient Maya Society: Evidence from the Southern Lowlands. American Anthropologist 58, 1956, S. 777–782
444. Willey, G. R.: Prehispanic Maya Agriculture: A Summary. Act. du XLII. Congr. Intern. des Américanistes Paris 1976, Vol. VIII, Paris 1979, S. 449–453
445. Wolf, E. R., u. Palerm, A.: Investigation in the Old Acolhua Domain, Mexico. Southwestern Journ. of Anthropology 11, 1955, S. 265–281
446. Wright, A. C. S.: Some Terrace Systems of the Western Hemisphere and Pacific Islands. Pacific Viewpoint 3, 1962, S. 97–100 (mit einer Erwiderung von J. E. Spencer, S. 101–105)
447. Wright, A. C. S., Romney, D. H., Arbuckle, R. H., u. Vial, V. E.: Land Use in British Honduras. Colonial Research, Publ. 24, The Colonial Office, London 1959

V. Der Nahrungsspielraum im alten Maya-Land

448. Adams, R. E. W.: Preliminary Reports on Archaeological Investigations in the Rio Bec Area, Campeche, Mexico. Middle American Research Inst., Tulane Univ., Publ. 31, New Orleans 1974
449. Conklin, H. C.: Population-Land Balance under Systems of Tropical Forest Agriculture. Proc. of the ninth Pacific Science Congress, 1957, 7, Bangkok 1959, S. 63
450. Ferdon, E. N.: Agricultural Potential and the Development of Cultures. Southwestern Journ. of Anthropology 15, 1959, S. 1–19
451. Matheny, R. T.: Maya Lowland Hydraulic Systems. Science 193, 1976, S. 639–646
452. Matheny, R. T.: Northern Maya Lowland Water-Control Systems. In: Harrison u. Turner (347, S. 185–210)
453. Mathewson, K.: Maya Urban Genesis Reconsidered: Trade and Intensive Agriculture as Primary Factors. Journ. of Hist. Geogr. 3, 1977, S. 203–215
454. Prem, H. J.: Was hielt Teotihuacán am Leben? Lateinamerika-Studien 3, München 1977, S. 100–119
455. Puleston, D. E.: The Art and Archaeology of Hydraulic Agriculture in the Maya Lowlands. In: Hammond (693, S. 449–467)
456. Steward, J.: Irrigation Civilizations: A Comparative Study. Pan American Union, Social Science Monographs 1, 1955
457. Turner, B. L.: Population Density in the Classic Maya Lowlands. The Geogr. Review 66, 1976, S. 73–82
458. Uhlig, H.: Bevölkerungsgruppen und Kulturlandschaften in Nordborneo. Heidelberger Geogr. Arb. 15, 1966, S. 265–296
459. Welte, E.: Fruchtbarkeit und Leistung tropischer Böden unter besonderer Berücksichtigung des Problems des Wanderackerbaus (Shifting Agriculture). In: Afrika – heute. Köln 1963, S. 221–230
460. Wittfogel, K. A.: Die Theorie der Orientalischen Gesellschaft. Ztschr. f. Sozialforschung 7, 1938
461. Wittfogel, K. A.: Oriental Despotism, a Comparative Study of Total Power. New Haven 1957

VI. Die Maya-Wirtschaft im tropischen Ökosystem

462. Cook, O. F.: Vegetation Effected by Agriculture in Central America. U.S. Department of Agriculture, Bureau of Plant Industry, Bull. 145, Washington 1909
463. Cowgill, G. L.: Culture and Environment in the Northern Peten Region. Seminar paper, Harvard Univ. 1957. Summarized by W. W. Howells. In: The Application of Quantitative Methods in Archaeology. Hrsg. von R. F. Heizer u. S. F. Cook. Viking Fund Publ. 28, 1960, S. 158–185
464. Dumond, D. E.: Swidden Agriculture and the Rise of Maya Civilization. Southwestern Journ. of Anthropology 17, 1961, S. 301–316
465. Gourou, P.: The Quality of Land Use of Tropical Cultivators. In: Thomas, L. Th. (Hrsg.): Man's Role in Changing the Face of the Earth. Chicago 1956, S. 336–349
466. Higbee, E.: Agriculture in the Maya Homeland. Geographical Review 38, 1948, S. 457–464
467. Lafont, P.-B.: The »Slash-and-Burn« (ray) Agricultural System of the Mountain Populations of Central Vietnam. Proc. of the ninth Pacific Science Congress 1957, 7, Bangkok 1959, S. 56–59
468. Puleston, D. E., u. Puleston, O. S.: An Ecological Approach to the Origins of Maya Civilization. Archaeology 24, 1971, S. 430–446
469. Siemens, A. H.: New Agricultural Settlement along Mexico's Candelaria River. Inter-American Economic Affairs 20, 1966, S. 23–39
470. Steggerda, M.: One Maya Indian's Knowledge of Nature. Proc. of the 8th American Scientific Conference 2, 1942, S. 91–92
471. Weischet, W.: Die ökologische Benachteiligung der Tropen. Stuttgart 1977

472. West, R. C.: Ridge of »Era« Agriculture in the Colombian Andes. Actas del 33. Congreso Internacional de Americanistas, San José (Costa Rica) 1958, I, 1959, S. 279–282
473. Wilhelmy, H.: Siedlung im südamerikanischen Urwald. Hamburg 1949
474. Wilhelmy, H.: Amazonien als Lebens- und Wirtschaftsraum. In: Dt. geogr. Forschung in der Welt von heute. Festschrift für E. Gentz. Kiel 1970, S. 69–84
475. Wilhelmy, H.: Reisanbau und Nahrungsspielraum in Südostasien. Kiel 1975

VII. Das ländliche Siedlungsbild

476. Bullard, W. R.: Maya Settlement Pattern in Northeastern Petén, Guatemala. American Antiquity 25, 1960, S. 355–372
477. Borhegyi, S. F. de: Archaeological Synthesis of the Guatemalan Highlands. Handbook of Middle American Indians, II, 1, 1965, S. 3–58
478. Coe, M. D.: A Model of Ancient Community Structure in the Maya Lowlands. Southwestern Journ. of Anthropology 21, 1965, S. 97–114
479. Gann, T. W. F.: The Maya Indians of Southern Yucatán and Northern British Honduras. Bureau of American Ethnology, Smithsonian Inst., Bull. 64, Washington 1918
480. Haviland, W. A.: Ancient Lowland Maya Social Organization. Middle American Research Inst., Tulane Univ., Publ. 26, New Orleans 1968, S. 93–117
481. Hunt, E., u. Nash, J.: Local and Territorial Units. Handbook of Middle American Indians, VI, 1967, S. 253–282
482. Köhler, U.: Gelenkter Kulturwandel im Hochland von Chiapas. Eine Studie zur angewandten Ethnologie in Mexiko. Bielefeld 1969
483. Kurjack, E. B.: Prehistoric Lowland Maya Community and Social Organization. Middle American Research Inst., Publ. 38, New Orleans 1974
484. Maler, T.: Yukatekische Forschungen. Globus 68, 1895, S. 247–252, 277–292; 82, 1902, S. 197–230
485. McVicker, D. E.: Variation in Protohistoric Maya Settlement Pattern. American Antiquity 39, 1974, S. 546–556
486. Meggers, B. J., u. Evans, C.: The Reconstruction of Settlement Pattern in the South American Tropical Forest. In: Willey (500, S. 156–164)
487. Miles, S. W.: Maya Settlement Patterns: A Problem for Ethnology and Archaeology. Southwestern Journ. of Anthropology 13, 1957, S. 239–248
488. Nachtigall, H.: Die Ixil. Maya-Indianer in Guatemala. Marburger Studien zur Völkerkunde 3, Berlin 1978
489. Redfield, R., u. Villa Rojas, A.: Chan Kom, a Maya Village. Carnegie Inst. of Washington, Publ. 488, Washington 1934
490. Sanders, W. T.: Settlement Patterns. Handbook of Middle American Indians, VI, 1967, S. 53–86
491. Schufeldt, P. W.: Reminiscences of a Chiclero. In: Morleyana (School of American Research and the Museum of New Mexico). Santa Fé 1950, S. 224–229
492. Schwind, M.: Kulturlandschaft als geformter Geist. Darmstadt 1964
493. Thompson, J. E. S.: Excavations at San José, British Honduras. Carnegie Inst. of Washington, Publ. 506, Washington 1939
494. Tozzer, A. M.: Mexican and Toltec Figures at Chichen Itzá. Proc. 23d Int. Congr. of Americanists, New York 1928, S. 155–164
495. Vogt, E. Z., u. Ruz Lhuillier, A. (Hrsg.): Desarrollo cultural de los Mayas. Mexiko 1964, 2. Aufl. 1971
496. Voorhies, B.: Settlement Patterns in Two Regions of the Southern Maya Lowlands. American Antiquity 37, 1972, S. 115–126
497. Wauchope, R.: House Mounds of Uaxactun, Guatemala. Carnegie Inst. of Washington, Publ. 436, Washington 1934, S. 107–171
498. Wauchope, R.: Modern Maya Houses. Carnegie Inst. of Washington, Publ. 502, 1938
499. Wauchope, R.: Domestic Architecture of the Maya. In: Hay u. a. (89, S.232–241)
500. Willey, G. R. (Hrsg.): Prehistoric Settlement Patterns in the New World. Viking Fund Publ. in Anthropology 23, New York 1956

501. Willey, G. R., Bullard, W. R., u. a.: Prehistoric Maya Settlements in the Belize Valley. Papers of the Peabody Museum 54, Cambridge 1965
502. Willey, G. R., u. Bullard, W. R.: Prehistoric Settlement Patterns in the Maya Lowlands. Handbook of Middle American Indians, II, 1, 1965, S. 360–377
503. Willey, G., Bullard, R., u. Glass, J. B.: The Maya Community of Prehistoric Times. Archaeology 8, 1955, S. 18–25

VIII. Struktur und Rangordnung der Zeremonialzentren

504. Adams, R. E. W.: Maya Archaeology 1958–1968, A Review. Lat. Amer. Rev. 4, 1969, S. 3–35
505. Adams, R. E. W.: Suggested Classic Period Occupational Specialization in the Southern Maya Lowlands. In: Monographs and Papers in Maya Archaeology. Papers of the Peabody Museum of American Archaeology and Ethnology 61, Harvard Univ. 1970, S. 487–498
506. Adams, R. E. W.: A Trial Estimation of Classic Maya Palace Populations at Uaxactun, In: Hammond (340, S. 285–296)
507. Adams, R. E. W.: Rio Bec Archaeology and the Rise of Maya Civilization. In: Adams (3, S. 77–99)
508. Adams, R. E. W.: Insights into Maya Cultural Evolution from Comparative History. Act. du XLII. Congr. des Américanistes Paris 1976, Vol. VIII, Paris 1979, S. 127–133
509. Albrecht, H. U.: Mexiko und die altindianischen Kulturen Mittelamerikas. Ludwigsburg 1968
510. Altschuler, M.: On the Environmental Limitations of Mayan Cultural Development. Southwestern Journ. of Anthropology, Vol. 14, 2, Albuquerque 1958, S. 152–165, 189–198
511. Andrews, E. W.: Dzibilchaltún, Lost City of the Maya. Nat. Geogr. Magaz. 116, 1959, S. 90–129
512. Andrews, E. W.: Excavations at Dzibilchaltún, Northwestern Yucatán. Proc. of the Americ. Philosoph. Soc. 104, 1960, S. 254–265
513. Andrews, E. W.: Preliminary Report on the 1959–60 Field Season. Geogr. Soc. – Tulane Univ. Dzibilchaltún Program. Tulane Univ., Middle American Research Inst., Miscell. Ser. 11, 1961, S. 1–27
514. Andrews, E. W.: Dzibilchaltún, a Northern Maya Metropolis. Archaeology 21, 1968, S. 36–47
515. Andrews, E. W.: Early Central Mexican Architectural Traits at Dzibilchaltún, Yuc. Act. du XLII. Congr. Intern. des Américanistes Paris 1976, Vol. VIII, Paris 1979, S. 237–249
516. Andrews, G. F.: Maya Cities: Placemaking and Urbanization. Norman, Okla., 1975
517. Anton, F., u. Dockstader, F. J.: Das Alte Amerika. Baden-Baden 1967
518. Ashmore, W., u. Sharer, R. J.: Excavations at Quiriguá, Guatemala: The Ascent of an Elite Maya Center. Archaeology 31, 1978, S. 10–19
519. Aveni, A. F. (Hrsg.): Archaeoastronomy in Pre-Columbian America. Austin 1975
520. Aveni, A. F., u. Gibbs, S. L.: On the Orientation of Precolumbian Buildings in Central Mexico. American Antiquity 41, 1976, S. 510–517
521. Aveni, A. F., Gibbs, S. L., u. Hartung, H.: The Caracol Tower at Chichén Itzá: An Ancient Astronomical Observatory. Science 188, 1975, S. 977–985
522. Aveni, A. F., u. Hartung, H.: Investigación preliminar de las orientaciones astronómicas de Copán. Yaxkin 1, Tegucigalpa, Honduras, 1976, S. 8–13
523. Baity, E. Ch.: Some Implications of Astro-Archaeology for Americanists. Verhdl. d. 38. Internationalen Amerikanistenkongresses Stuttgart–München 1968, Bd. I, München 1969, S. 85–94
524. Becker, M. J.: Archaeological Evidence for Occupational Specialization among the Classic Period Maya at Tikal, Guatemala. American Antiquity 38, 1973, S. 396–406
525. Bernal, I. (Einführung): Wandmalereien der Mayas in Mexiko. München 1963
526. Blom, F.: Short Summary of Recent Explorations in the Ruins of Uxmal, Yucatán. Proc. 24th Intern. Congr. of Americanists Hamburg 1930, Hamburg 1932, S. 55–59

527. Borhegyi, S. F. de: Settlement Patterns in the Guatemalan Highlands, Past and Present. In: Willey (500, S. 101–106)
528. Borhegyi, S. F. de: The Pre-Columbian Ballgame – A Pan-Mesoamerican Tradition. Verhdl. d. 38. Internationalen Amerikanistenkongresses Stuttgart–München 1968, Bd. I, München 1969, S. 499–515
529. Carlson, J. B.: Maya City Planning and Astronomy. Archaeoastronomy Bull. I, 1978, S. 4–5
530. Carr, R. F., u. Hazard, J. E.: Map of the Ruins of Tikal, El Petén, Guatemala. Univ. of Penn., Univ. Museum, Monogr. Tikal Report 11, Philadelphia 1961, S. 1–26
531. Chinchilla, J. N.: Las Ruinas de Copán. 2. Aufl. Tegucigalpa, D. C., 1971
532. Christaller, W.: Die zentralen Orte in Süddeutschland. Jena 1933, Nachdruck Darmstadt 1968
533. Coe, M. D.: Native Astronomy in Mesoamerica. In: Aveni (519, S. 3–31)
534. Coe, W. R.: Piedras Negras Archaeology, Artifacts, Caches and Burials. Univ. of Penn., Univ. Museum, Monogr., Philadelphia 1959
535. Coe, W. R.: Tikal, Ten Years of Study of a Maya Ruin in the Lowlands of Guatemala. Expedition 8, 1965, H. 1, S. 5–56
536. Coe, W. R.: Tikal, Guatemala, and Emergent Maya Civilization. Science 147, 1965, S. 1401–1419
537. Coe, W. R.: Tikal. A Handbook of the Ancient Maya Ruins. Univ. of Penn., Philadelphia 1968, 3. Aufl. Guatemala 1970, 8. Aufl. 1976
538. Delgado, H. S.: Figurines of Backstrap Loom Weavers from the Maya Area. Verhdl. d. 38. Internationalen Amerikanistenkongresses Stuttgart–München 1968, Bd. I, München 1969, S. 139–149
539. Dow, J. W.: Astronomical Orientations at Teotihuacán. American Antiquity 32, 1967, S. 326–334
540. Fischer, W.: Das kultische Ballspiel der präkolumbischen Hochkulturen Mesoamerikas. Diss., Univ. Graz 1977
541. Flannery, K. V.: The Cultural Evolution of Civilizations. Annual Review of Ecology and Systematics 3, 1972
542. Fletcher, L. A., u. Kintz, E. R.: Map: Cobá, Quintana Roo. Bol. de la Escuela Cienc. Antrop. de la Univ. de Yucatán, Mérida, 4, Nr. 22/23, 1976, S. 72–81
543. Folan, W. J.: An Ancient and Contemporary Source of Sascab: Cobá, Quintana Roo. American Antiquity 43, 1978, S. 79–85
544. Fry, R. E.: Ceramics and Settlement in the Periphery of Tikal, Guatemala. Diss., Univ. of Arizona, Tucson 1969
545. Fuson, R. H.: The Orientation of Mayan Ceremonial Centers. Ann. of the Ass. of Am. Geogr. 59, 1969, S. 494–511
546. Greene, E. L.: Location Analysis of Prehistorie Maya Sites in Northern British Honduras. American Antiquity 38, 1973, S. 279–293
547. Guillemin, G. F.: Some Aspects of Function and Symbolism at the Ceremonial Centers of Tikal and Copan. Verhdl. d. 38. Internationalen Amerikanistenkongresses Stuttgart–München 1968, Bd. I, München 1969, S. 173–174
548. Hammond, N.: Locational Models and the Site of Lubaantun: A Classic Maya Centre. In: D. L. Clarke (Hrsg.): Models in Archaeology. London 1972, S. 757–800
549. Hammond, N.: The Distribution of Late Classic Maya Major Ceremonial Centres in the Central Area. In: Hammond (340, S. 314–334)
550. Hammond, N.: Maya Settlement Hierarchy in Northern Belize. Contrib. of the Univ. of Calif., Archaeological Research Facility 27, Berkeley 1975, S. 40–55
551. Hammond, N.: Lubaantun: A Classic Maya Realm. Monographs of the Peabody Museum, Harvard Univ., 2, Cambridge 1975
552. Harrison, P. D.: Form and Function in a Maya »Palace« Group. Verhdl. d. 38. Internationalen Amerikanistenkongresses Stuttgart–München 1968, Bd. I, München 1969, S. 165–172
553. Harrison, P. D.: Precolumbian Settlement Distributions and External Relationships in Southern Quintana Roo. Part 1: Architecture. Atti del XV Congresso internazionale degli americanisti 1, Rom/Genf 1972, S. 479–486
554. Hartung, H.: Die Zeremonialzentren der Maya. Ein Beitrag zur Untersuchung der Planungsprinzipen. Graz 1971

555. Hartung, H.: A Scheme of Probable Astronomic Projections in Mesoamerican Architecture. In: Aveni (519, S. 191–204)
556. Hartung, H.: Teotihuacán, eine Metropole im alten Mexiko. Deutsche Bauzeitung 6, 1978, S. 42–49
557. Hartung, H., u. Aveni, A. F.: Reconsideration on a Circular Tower in the Central Yucatán Region. Ibero-Amerik. Archiv, N. F. 5, 1979, S. 1–18
558. Hartung, H., u. Aveni, A. F.: Astronomische Observatorien im nördlichen Maya-Gebiet. Sterne und Weltraum 18, 1979, S. 196–201
559. Haviland, W. A.: Prehistoric Settlement at Tikal, Guatemala. Expedition 7, 1965, S. 14–23
560. Haviland, W. A.: Stature at Tikal, Guatemala: Implications for Ancient Maya Demography and Social Organization. American Antiquity 32, 1967, S. 316–325
561. Haviland, W. A.: A New Population Estimate for Tikal, Guatemala. American Antiquity 34, 1969, S. 429–433
562. Haviland, W. A.: Tikal, Guatemala and Mesoamerican Urbanism. World Archaeol. 2, 1970, S. 186–198
563. Haviland, W. A.: The Ancient Maya and the Evolution of Urban Society. Katunob, Miscell. Ser. 7, 1975
564. Hohmann, H.: Die Bauwerke von Copán. Diss., Techn. Univ. Graz 1978
565. Hohmann, H.: Gewölbekonstruktionen in der Maya-Architektur. Mexicon I, Nr. 3, Berlin 1979, S. 33–36
566. Hohmann, H., u. Vogrin, A.: Die Architektur von Copán (Honduras). Graz 1979
567. Ivanoff, P.: Découvertes chez les Mayas. Paris 1968
568. Ivanoff, P.: Cités sacrées et tribus de Mexique. Paris 1968
569. Korn, D.: Technische Leistungen der Maya. Antike Welt 4, Sonder-Nr. Altamerika, 1973, S. 5–14
570. Kutscher, G. (Hrsg.): Bauten der Maya, aufgenommen in den Jahren 1886–1905 und beschrieben von Teobert Maler; aus dem Nachlaß hrsg. v. G. Kutscher. Monumenta Americana 4, hrsg. v. Ibero-Amerik. Institut, Preußischer Kulturbesitz, Berlin 1971
571. Marden, L.: Dzibilchaltún, up from the Well of Time. Nat. Geogr. Magaz. 115, 1959, S. 110–129
572. Marquina, I.: Arquitectura Prehispanica. Memorias del Instituto Nacional de Antropologia e Historia. Mexiko 1951
573. Marquina, I., u. Ruiz, L.: La orientación de las pirámidas. XXV. Congreso International de Americanistas, La Plata 1932, Bd. 2, S. 101–106
574. Mason, G.: Silver Cities of Yucatán. New York/London 1927
575. McAdams, R.: Evolution of Urban Society: Early Mesopotamia and Prehispanic Mexico. Chicago 1966
576. McLoughlin, A.: Palenque and the Maya Gems of The Puuc. New York 1976
577. Miles, S. W.: An Urban Type: Extended Boundary Towns. Southwestern Journ. of Anthropology 14, 1958, S. 339–351
578. Morley, S. G.: Guide Book to the Ruins of Quirigua. Carnegie Inst. of Washington, Suppl. Publ. 16, Washington 1935
579. Morris, E. H., Charlot, J., u. Morris, A. A.: The Temple of the Warriors at Chichen Itza, Yucatán. Carnegie Inst. of Washington, Publ. 406, Washington 1931
580. Muller, F. (Bearbeiter): Atlas Arqueologico de la República Mexicana. 1. Quintana Roo. Inst. Nac. de Antropologia e Historia, Mexiko 1959; 2. Campeche, ebenda 1960
581. Peer, J.: Planungskriterien im präkolumbianischen Städtebau. Transparent 11/12, Wien 1978, S. 13–31
582. Pendergast, D. M.: Altun Há – Die Maya-Stadt der Sonne. Antike Welt, Sonder-Nr. 1973, S. 24–40
583. Pendergast, D. M.: Excavations at Altun Há, Belize, 1964–1970. Bd. I, Toronto 1979
584. Pollock, H. E. D.: Round Structures of Aboriginal Middle America. Carnegie Inst. of Washington, Publ. 471, Washington 1936
585. Pollock, H. E. D.: The Casa Redonda at Chichen Itza, Yucatán. Contrib. to American Archaeology III, 17. Carnegie Inst. of Washington, Publ. 456, 1937, S. 120–154
586. Pollock, H. E. D.: Sources and Methods in the Study of Maya Architecture. In: Hay u. a. (89, S. 179–201)

587. Pollock, H. E. D.: Architecture of the Maya Lowlands. Handbook of Middle American Indians, II, 1, 1965, S. 378–440
588. Potter, D. F.: Maya Architectural Style in Central Yucatán. Diss., Tulane Univ., Univ. Microfilms, Ann Arbor 1973
589. Proskouriakoff, T.: An Album of Maya Architecture. Carnegie Inst. of Washington, Publ. 558, Washington 1946, 2. Aufl. Oklahoma 1970
590. Proskouriakoff, T.: A Study of Classic Maya Sculpture. Carnegie Inst. of Washington, Publ. 593, Washington 1950
591. Proskouriakoff, T.: Sculpture and Major Arts of the Maya Lowlands. Handbook of Middle American Indians, II, 1, 1965, S. 469–497
592. Puleston, D. E.: Ancient Maya Settlement Patterns and Evironment at Tikal, Guatemala. Diss., Dep. of Anthropologie, Univ. of Penn., Univ. Microfilms (Order Nr. 74–14, 128), Ann Arbor 1973
593. Rätsch, Ch.: Zwei yukatekische Höhlen mit Felsbildern. Mexicon 1, Nr. 2, Berlin 1979, S. 17–19
594. Rathje, W. L.: Socio-political Implications of Lowland Maya Burials. Methodology and Tentative Hypotheses. World-Archaeol. 1, 1969, S. 359–361
595. Reina, R. E.: The Urban World View of a Tropical Forest Community in the Absence of a City, Petén, Guatemala. Human Organization 23, 1964, S. 265–277
596. Ricketson, O.: Astronomical Observatories in the Maya Area. Geogr. Review 18, 1928, S. 215–225
597. Ricketson, O. G.: The Culture of the Maya. I. Excavations at Uaxactun. Carnegie Inst. of Washington, Suppl. Publ. 6, Washington 1933, S. 1–15
598. Rivet, P.: Cités Mayas. Paris 1962
599. Robertson, D.: Architektur Amerikas vor Kolumbus. Ravensburg 1964
600. Robicsek, F.: Copán, Home of the Mayan gods. Museum of the American Indian, Heye Foundation, New York 1972
601. Roys, R. L.: The Engineering Knowledge of the Maya. Contrib. to American Archaeology II, 5, Carnegie Inst. of Washington, Publ. 436, Washington 1934, S. 27–105
602. Ruppert, K.: The Caracol at Chichen Itza, Yucatan, Mexico. Carnegie Inst. of Washington, Publ. 454, Washington 1935
603. Ruppert, K.: The Mercado, Chichen Itza, Yucatan, Mexico. Carnegie Inst. of Washington, Publ. 546, Contr. 43, Washington 1943, S. 223–260
604. Ruppert, K.: A Special Assemblage of Maya Structures. In: Hay u. a. (89, S. 222–231)
605. Ruppert, K., u. Denison, J. H.: Archaeological Reconnaissance in Campeche, Quintana Roo and Peten. Carnegie Inst. of Washington, Publ. 543, Washington 1943
606. Ruppert, K., Shook, E. M., Smith, A. L., u. Smith, R. E.: Chichen Itza, Dzibiac, and Balam Canche, Yucatan. Carnegie Inst. of Washington, Year Book 53, Washington 1953/54, S. 286–289
607. Ruppert, K., Thompson, J. E. S., u. Proskouriakoff, T.: Bonampak, Chiapas, Mexico. Carnegie Inst. of Washington, Publ. 602, Washington 1955
608. Ruz Lhuillier, A.: Exploraciones arqueológicas en Palenque. Annales Inst. Nac. de Antropologia y Historia 4, Mexiko 1952, S. 49–51
609. Ruz Lhuillier, A.: Palenque, fuente inagotable de tesoros arqueológicos. Mexico de hoy IV, 48, 1952
610. Ruz Lhuillier, A.: Estudio de la cripta del Templo de las Inscripciones en Palenque. Tlatoani I, 5–6, 1952
611. Ruz Lhuillier, A.: Suntuoso sepulcro en la cripta de Palenque. Mexico de hoy V, 55, 1953
612. Ruz Lhuillier, A.: The Mystery of the Temple of the Inscriptions, Palenque. Archaeology VI, 1, 1953, S. 3–11
613. Ruz Lhuillier, A.: La pirámide-tumba de Palenque. Cuadernos Americanos LXXIV, 1954, S. 141–159
614. Ruz Lhuillier, A.: Exploraciones arqueológicas en Palenque. 30th Int. Congr. of Americanists, London 1954
615. Ruz Lhuillier, A.: Exploraciones arqueológicas en Palenque, 1953–1956. An. Instituto Nacional de Antropologia e Historia 10, Mexiko 1958, S. 69–71

616. Sanders, W. T.: The Fon of Bafut and the Classic Maya. Act. du XLII. Congr. Intern. des Américanistes Paris 1976, Vol. VIII, Paris 1979, S. 389–399
617. Sartor, M.: Algunas hipótesis acerca de la orientación en el urbanismo pre-colombiano. Bol. del Centro de investigaciones históricas y estéticas 19, Caracas 1974, S. 28–42
618. Satterthwaite, L.: Piedras Negras Archaeology: Architecture. 6 Teil-Bde., Univ. of Penn. Museum, Philadelphia 1943/54
619. Séjourné, L.: Palenque, una Ciudad Maya. Mexiko 1952
620. Seler, E.: Die Ruinen von Uxmal. Berlin 1916
621. Smith, A. L.: Uaxactun, Guatemala: Excavations of 1931–37. Carnegie Inst. of Washington, Publ. 588, Washington 1950
622. Smith, A. L.: Excavations at Altar de Sacrificios, Architecture, Settlement, Burials and Caches. Peabody Papers 62, 2, Cambridge 1972
623. Soustelle, J. (Vorwort), u. Bernal, I. (Einleitung): Mexiko. Präkolumbianische Wandmalereien. München 1958
624. Spinden, H. J.: A Study of Maya Art. Memoirs of the Peabody Museum of American Archaeology and Ethnology, Harvard Univ., VI, Cambridge 1913
625. Stierlin, H.: Maya. Guatemala, Honduras, Yucatán. Weltkulturen und Baukunst. München 1966
626. Stingl, M.: In versunkenen Mayastädten. Ein Forscher erzählt von der Wiederentdeckung indianischer Hochkulturen. Leipzig 1971
627. Tax, S.: Cultural Differences in the Maya Area: a 20th Century Perspective. In: Vogt u. Ruz Lhuillier (495, S. 279–328)
628. Thomas, C.: Palenque Visited by Cortés. Science 5, 1885, S. 171–172
629. Thompson, E. H.: The Chultunes of Labna. Memoirs, Peabody Museum, Harvard Univ., I, 3, Cambridge 1897
630. Thompson, J. E. S.: The Role of Caves in Maya Culture. Amerikanistische Miszellen, Mitt. aus d. Museum f. Völkerkunde in Hamburg XXV, 1959, S.122–129
631. Tichy, F.: Deutung von Orts- und Flurnetzen im Hochland von Mexiko als kultreligiöse Reliktformen altindianischer Besiedlung. Erdkunde 28, 1974, S. 194–207
632. Tichy, F.: Ordnung und Zuordnung von Raum und Zeit im Weltbild Altamerikas. Mythos oder Wirklichkeit? Ibero-Amerik. Archiv, N. F. 2, 1976, S. 113–154
633. Tichy, F.: Orientierte Flursysteme als kultreligiöse Reliktformen. Tagungsber. u. wiss. Abhandlungen, 40. Dt. Geographentag Innsbruck 1975, Wiesbaden 1976, S. 256–265
634. Tichy, F.: Orientación de las pirámidas e iglesias en el Altiplano Mexicano. Suplemento Comunicaciones 4, Proyecto Pueblo-Tlaxcala, Puebla 1976
635. Tichy, F.: Order and Relationship of Space and Time in Mesoamerica, Myth or Reality? Paper presented to the XLII Intern. Congr. of Americanists at Paris, 2.–9. Sept. 1976 (noch unveröffentlicht)
636. Tichy, F.: Altamerikanische Orientierungssysteme im Siedlungsbild der Gegenwart. Lateinamerika-Studien 1, Erlangen/Nürnberg 1976, S. 135–167
637. Tichy, F.: El calendario solar como principio de organización del espacio para poblaciones y lugares sagrados. Comunicaciones Proyecto Puebla-Tlaxcala 15/1978, Puebla 1979, S. 153–159
638. Tichy, F.: La Orientación de las Pirámidas Mesoamericanas en 17 Grados y su Relación con el Calendario y la Cosmovisión. Presentación at the XLIII Intern. Congr. of Americanists Symposium »Space and Time in the Cosmovision of Mesoamerica«. Vancouver, 11.–17. August 1979 (Manuskript)
639. Tozzer, A.: Chichén Itzá and the Cenote of Sacrifice. Boston 1954
640. Tozzer, A. M.: Chichén Itzá, and its Cenote of Sacrifice. Peabody Museum of Archaeology and Ethnology, Memoirs XI–XII, Cambridge 1957
641. Trimborn, H.: Indianischer Städtebau vor 1500. Bild d. Wissenschaft, 1966, S. 267–277
642. Villagra, A.: Bonampak, la ciudad de los muros pintados. Mexiko 1949
643. Vogrin, A.: Das räumliche Konzept in der Architektur von Copán. Diss., Techn. Univ. Graz 1978
644. Wheatley, P.: The Nature of the Ceremonial Center. In: P. Wheatley: The Pivot of the Four Quarters. Chicago 1972, S. 250–370
645. Willard, T. A.: The City of the Sacred Well. London 1926

646. Willey, G. R.: Urban Trends of the Lowland Maya and the Mexican Highland Model. Verhdl. d. 38. Internationalen Amerikanistenkongresses Stuttgart–München 1968, Bd. IV, München 1972, S. 11–16
647. Willey, G. R.: A Commentary on Cultural Evolution in the Maya Highlands and Lowlands. Act. du XLII. Congr. Intern. des Américanistes Paris 1976, Vol. VIII, Paris 1979, S. 205–209
648. Willey, G. R.: The Rise of Maya Civilization. In: Adams (3, S. 383–423)
649. Willey, G. R.: Highland Culture Contacts in the Lowland Maya Area. Act. du XLII. Congr. Intern. des Américanistes Paris 1976, Vol. VIII, Paris 1979, S. 213–220

IX. Befestigte Städte

650. Andrews, A. P.: A Preliminary Study of the Ruins of Xcaret and a Reconnaissance of other Archaeological Sites on the Central Coast of Quintana Roo, Mexico. Atti del XV Congresso internazionale degli americanisti 1, Rom/Genf 1972, S. 473–477
651. Andrews, E. W., u. Andrews, A.: A Preliminary Study of the Ruins of Xaret, Quintana Roo, Mexico. Middle American Research Inst., Publ. 40, New Orleans 1972
652. Armillas, P.: Fortalezas Mexicanas. Cuadernos Americanos 41, 5, Mexiko 1948, S. 143–164
653. Armillas, P.: Mesoamerican Fortifications. American Antiquity 25, 1961, S. 77–86
654. Bullard, W. R.: Residential Property Walls at Mayapan. Current Reports, Carnegie Inst. of Washington, Dept. of Archaeology 3, Washington 1952, S. 36–44
655. Bullard, W. R.: Property Walls at Mayapan. Carnegie Inst. of Washington, Year Book 52, Washington 1953, S. 258–264
656. Fernandez, M. A.: Las Ruinas de Tulum, I. Anales Museo Nac. de Arqueologia, Historia y Etnologia, 5a epoca, 3, 1936–1938, Mexiko 1945; II., ebenda: 6a, epoca 1, 1939–1940, Mexiko 1945
657. Gann, T. W. F.: Mounds in Northern Honduras. Bur. Amer. Ethnol. 19, II, Washington 1900, S. 655–692
658. Jones, M. R.: Map of the Ruins of Mayapan, Yucatán, Mexico. Current Reports, Carnegie Inst. of Washington, Dept. of Archaeology, 1, Washington 1952
659. Lothrop, S. K.: Tulum. An Archaeological Study of the East Coast of Yucatán. Carnegie Inst. of Washington, Publ. 335, Washington 1924
660. Pollock, H. E. D., Roys, R. L., Proskouriakoff, T., u. Smith, A. L.: Mayapán, Yucatán, Mexico. Carnegie Inst. of Washington, Publ. 619, Washington 1962
661. Proskouriakoff, T.: Mayapan, the Last Stronghold of a Civilization. Archaeology 7, 2, 1954
662. Puleston, D. E., u. Callender, D. W.: Defensive Earthworks at Tikal. Expedition 9, 3, 1967, S. 40–48
663. Riese, B.: Die Griechen Amerikas. Aufstieg und Niedergang der Maya in Yucatan. Westermanns Monatshefte 2, 1979, S. 62–75
664. Robertson, D.: The Tulum Murals: The International Style of the Late Post-Classic. Verhdl. d. 38. Internationalen Amerikanistenkongresses Stuttgart–München 1968, Bd. II, München 1970, S. 77–88
665. Sanders, W. T.: Prehistoric Ceramics and Settlement Patterns in Quintana Roo, Mexico. Contrib. to American Anthropology and History, Carnegie Inst. of Washington, Publ. 606, Washington 1960, S. 155–264
666. Sapper, K.: Altindianische Siedlungen und Bauten im nördlichen Mittelamerika. Globus 68, 1895, S. 165–169, 183–189
667. Shook, E. M.: The Temple of Kukulcan at Mayapan. Carnegie Inst. of Washington, Current Reports 20, Washington 1954
668. Shook, E. M., u. Irving, W.: Colonnaded Buildings at Mayapan. Carnegie Inst. of Washington, Current Reports 22, Washington 1955
669. Smith, A. L.: Residential and Associated Structures at Mayapan. In: Pollock u. a. (660, S. 165–320)
670. Smith, P. E.: Excavations in Three Ceremonial Structures at Mayapan. Carnegie Inst. of Washington, Current Reports 21, Washington 1955

671. Thompson, J. E. S.: A Presumed Residence of Nobility at Mayapan. Carnegie Inst. of Washington, Current Reports 19, Washington 1954
672. Vlcek, D.: Muros de Delimitación Residencial en Chunchucmil. Bol. de la Escuela de Cienc. Antrop. de la Univ. de Yucatán, Mérida, 5, Nr. 28, 1978, S. 55–64
673. Webster, D. L.: Preliminary Report on Archaeological Investigations in the Rio Bec Area, Campeche, Mexico. Middle American Research Inst., Tulane Univ., New Orleans 1974
674. Webster, D. L.: Defensive Earthworks at Becán, Campeche: Implications for Maya Warfare. Middle American Research Inst., Tulane Univ., 41, New Orleans 1976
675. Webster, D.: Warfare and the Evolution of Maya Civilization. In: Adams (3, S. 335–372)
676. Wilhelmy, H.: Südamerika im Spiegel seiner Städte. Hamburg 1952, 2. Aufl. Berlin 1968

X. Verkehrswege, Güteraustausch und Handelsplätze

677. Ball, J. W.: A Coordinate Approach to Northern Maya Prehistory: A. D. 700–1200. American Antiquity 39, 1974, S. 85–93
678. Ball, J. W.: The Rise of the Northern Maya Chiefdoms, Part II. Estudios de Culture Maya 10, Mexiko 1978, S. 209–222
679. Ball, J. W.: Southeastern Campeche and the Mexican Plateau: Early Classic Contact Situations. Act. du XLII. Congr. Intern. des Américanistes Paris 1976, Vol. VIII, Paris 1979, S. 271–280
680. Bennett, R. R.: The Ancient Maya Causeway in Yucatán. Indian Notes, Mus. Amer. Ind., Heye Foundation, Vol. F, 3, New York 1930, S. 347–382
681. Bray, W.: Maya Metalwork and its External Connections. In: Hammond (693, S. 365–403)
682. Cardos de Mendez, A.: El comercio de los Mayas antiguas. Acta Anthropological Epoca 2, Vol. 2, Escuela Nacional de Anthropologia e Historia, Mexiko 1959
683. Chapman, A.: Port of Trade Enclaves in Aztec and Maya Civilizations. In: K. Polanyi u. a. (702, S. 114–153)
684. Chapman, A.: Commentary on: Mesoamerican Trade and its Role in the Emergence of Civilization. Contrib. of the Univ. of Calif., Arch. Research Facility 11, 1971, S. 169–195
685. Charnay, D.: Ancient Cities of the New World. New York 1883, franz. Ausgabe Paris 1885
686. Deuel, L.: Kulturen vor Kolumbus. München 1975
687. Folan, W. J.: El Sacbe Cobá – Ixil, un Camino Maya del Pasado. Nueva Antropologia 2, Nr. 6, 1975, S. 30–42
688. Frei Berdan, F.: Ports of Trade in Mesoamerica: A Reappraisal. In: Browman (33, S. 179–198)
689. Hagen, V. W. v.: The Aztec and Maya Papermakers. New York 1943
690. Hagen, V. W. v.: Die Kultur der Maya. Hamburg 1960
691. Hammond, N.: Obsidian Trade Routes in the Mayan Area. Science 178, 1972, S. 1092–1094
692. Hammond, N.: Models for Maya Trade. In: C. Renfrew (Hrsg.): The Explanation of Culture Change: Models in Prehistory. Pittsburgh 1973, S. 601–607
693. Hammond, N. (Hrsg.): Social Process in Maya Prehistory, London/New York 1977
694. Hauck, F. R.: Preconquest Mayan Overland Routes on the Yucatán Peninsula and Their Economic Significance. Diss., Univ. of Utah 1975
695. Hewett, E. L.: The Excavations at Quirigua in 1912. Archaeological Inst. of America, Bull. 3, Santa Fé 1912, S. 163–171
696. Lee, Th. A., u. Navarrete, C. (Hrsg.): Mesoamerican Communication Routes and Cultural Contacts. Brigham Young Univ., Provo, Utah, 1978
697. Lothrop, S. K.: Metals from the Cenote of Sacrifice, Chichen Itza, Yucatán. Peabody Mem. 10, 2, Cambridge 1952
698. Molloy, J. P., u. Rathje, W. L.: Sexploitation among the Late Classic Maya. In: Hammond (340, S. 431–444)
699. Parsons, L. A., u. Price, B. J.: Mesoamerican Trade and its Role in the Emergence of Civilization. Contrib. of the Univ. of Calif., Arch. Research Facility 11, 1971, S. 169–195
700. Pendergast, D. M.: Evidence of Early Teotihuacán-Lowland Maya Contact at Altun Há. American Antiquity 35, 1971, S. 455–460

701. Phillips, D. A., u. Rathje, W. L.: Streets Ahead: Exchange Values and the Rise of the Classic Maya. In: Hammond (693, S. 103–112)
702. Polanyi, K., u. a.: Trade and Market in the Early Empires. Glencoe, Ill., 1957
703. Rathje, W. L.: The Tikal Connection. In: Adams (3, 373–382)
704. Sabloff, J. A., u. Rathje, W. L.: A Study of Changing Precolumbian Commercial Patterns on the Island of Cozumel, Mexico. Atti del XV Congresso internazionale degli americanisti 1, Rom/Genf 1972, S. 455–463
705. Sabloff, J. A., u. Rathje, W. L. (Hrsg): Changing Pre-columbian Commercial Systems, the 1972–73 Seasons at Cozumel, Mexico. Monographs of the Peabody Museum, Harvard Univ., 3, Cambridge 1975
706. Sabloff, J. A., u. Rathje, W. L.: The Rise of a Maya Merchant Class. Scientific American 233, 1975, S. 72–82
707. Sabloff, J. A., Rathje, W. L., Friedl, D. A., Connor, J. G., u. Sabloff, P. L.: Trade and Power in Postclassic Yucatán: Initial Observations. In: Hammond (340, S. 397–416)
708. Sanders, W. T., u. Michels, J. W. (Hrsg.): Teotihuacán and Kaminaljuyú. A Study in Prehistoric Culture Contact. Penn. State Univ. Press 1977
709. Saville, M. H.: Ancient Causeways of Yucatan. Indian notes, Mus. Amer. Ind., Heye Foundation, Vol. 7, 1, New York 1930, S. 89–99
710. Thompson, J. E. S.: The Causeways of the Cobá District Eastern Yucatán. Proc. 23d Int. Congr. of Americanists, New York 1928, S. 181–184
711. Thompson, J. E. S.: Communicaciónes y comercio de los antiguos Mayas. Anales de la Sociedad de Geografia e Historia de Guatemala VI, 1, Guatemala 1929, S. 40–44
712. Thompson, J. E. S.: Canoes and Navigation of the Maya and Their Neighbours. Journ. of the Royal Anthropological Inst. 79, London 1951, S. 69–78
713. Thompson, J. E. S.: Trade relations between the Maya-Highlands and Lowlands. Internationaler Amerikanistenkongreß, Tagungsber. 1, 1962, Mexiko 1964, S. 245–247; Estudios de Cultura Maya 4, 1964, S. 13–49
714. Tourtellot, G., u. Sabloff, J. A.: Exchange Systems among the Ancient Maya. American Antiquity 37, 1972, S. 125–135
715. Villa Rojas, A.: The Yaxuna-Cobá Causeway. Carnegie Inst. of Washington, Publ. 436, Washington 1934, S. 187–208
716. Vlcek, D. T., Garza de Gonzales, S., u. Kurjack, E. B.: Contemporary Farming and Ancient Settlements. In: Harrison u. Turner (347, S. 211–223)
717. Wheeler Pires-Ferreira, J.: Obsidian Exchange Networks. In: Browman (33, S. 49–78)
718. Wheeler Pires-Ferreira, J.: Shell Exchange Networks in Formative Mesoamerica. In: Browman (33, S. 79–100)

XI. Wandlungen einer Theokratie

719. Ball, J. W.: The Rise of the Northern Maya Chiefdoms: A Socioprocessual Analysis. In: Adams (3, S. 101–132)
720. Barthel, Th. S.: El Complejo Emblema. Estudios de Cultura Maya VII, Mexiko 1967
721. Barthel, Th. S.: Historisches in den klassischen Mayainschriften. Zeitschr. f. Ethnol. 93, 1968, S. 119–156
722. Barthel, Th. S.: Ergebnisse und Aufgaben bei der weiteren Entzifferung der Maya-Hieroglyphen. Verh. d. 38. Internationalen Amerikanistenkongresses Stuttgart–München 1968, Bd. II, München 1970, S. 173–179
723. Berlin, H.: El glifo »emblema«, en las inscripciones mayas. Journ. de la Sociéte des Américanistes, N. S. 47, Paris 1958, S. 111–119
724. Berlin, H.: Signos y significados en las inscripciones Mayas. Inst. Nacional del Patrimonio Cultural de Guatemala, Ministerio de Educación, Guatemala, C. A., 1977
725. Butzer, K. W.: Early Hydraulic Civilization in Egypt. Chicago 1976
726. Culbert, T. B.: City and State in the Maya Lowlands. Paper presented at the XLI. Intern. Congr. of Americanists, Mexiko 1974
727. Gann, T. W. F., u. Thompson, J. E. S.: The History of the Maya, from the Earliest Time to the Present Day. New York 1931

728. Jones, C. D.: Inauguration Dates of three Late Classic Rulers of Tikal, Guatemala. American Antiquity 42, 1977, S. 28–60
729. Jones, C. D.: Southern Lowland Maya Political Organization: A Model of Change from Protohistoric through Colonial Times. Act. du XLII. Congr. Intern. des Américanistes Paris 1976, Vol. VIII, Paris 1979, S. 83–94
730. Marcus, J.: Territorial Organization of the Lowland Classic Maya. Science 180, 1973, S. 911–916
731. Marcus, J.: Emblem and State in the Classic Maya Lowlands: An Epigraphic Approach to Territorial Organization. Washington 1976
732. Morley, S. G.: The Maya New Empire. Carnegie Inst. of Washington, Publ. 501, Washington 1938
733. Proskouriakoff, T.: Historical Implications of Pattern of Dates at Piedras Negras, Guatemala. American Antiquity 25, 1960, S. 454–475
734. Proskouriakoff, T.: Historical Data in the Inscriptions of Yaxchilan. Estudios de Cultura Maya 3, 1963, S. 149–167; 4, 1964, S. 177–201
735. Rands, R. L.: Relationship of Monumental Stone Sculpture of Copán with the Maya Lowlands. Verhdl. d. 38. Internationalen Amerikanistenkongresses Stuttgart–München 1968, Bd. I, München 1969, S. 517–529
736. Roys, R. L.: The Political Geography of the Yucatán Maya. Carnegie Inst. of Washington, Publ. 613, Washington 1957
737. Termer, F.: Das Staatswesen der Mayavölker. 21. Internationaler Amerikanistenkongreß, Bd. 2, Göteborg 1925, S. 174–182

XII. Wie groß war das Volk der Maya?

738. Bolt, A.: British-Honduras. Geogr. Magaz., London 1958, S. 27–31
739. Haviland, W. A.: Estimates of Maya Population: Comments on Thompson's Comments, American Antiquity 37, 1972, S. 261–262
740. Roys, R. L., Scholes, F. V., u. Adams, E. B.: Report and Census of the Indians of Cozumel 1570. Contrib. to American Anthropology and History 6, 30, Washington 1940, S. 1–30
741. Sanders, W. T.: Cultural Ecology of the Maya Lowlands. Estudios de Cultura Maya 2, 1962, S. 79–121; 3, 1963, S. 203–241
742. Sapper, K.: Die Zahl und Volksdichte der indianischen Bevölkerung in Amerika vor der Conquista und in der Gegenwart. In: Proc. of the 21st Intern. Congr. of Americanists, 1, Den Haag 1924, S. 95–104
743. Sapper, K.: Beiträge zur Frage der Volkszahl und Volksdichte der vorkolumbischen Indianerbevölkerung. Reseña y Trabajos Cientificos del 26. Congreso Internacional de Americanistas Sevilla 1935, 1, Madrid 1948, S. 456–478
744. Termer, F.: La Densidad de Población en los Imperios Mayas como Problema Arqueológico y Geográfico. Bol. Soc. Mex. de Geográfia y Estadística 70, Mexiko 1950, S. 213–239
745. Termer, F.: The density of Population in the Southern and Northern Maya Empires as an Archaeological and Geographical Problem. 29. Internationaler Amerikanistenkongreß Chicago 1951, Bd. I, S. 101–107
746. Thomas, P. M.: Prehistoric Settlement at Becan. A Preliminary Report. In: R. E. W. Adams: Preliminary Reports on the Archaeology of the Rio Bec Region. Middle American Research Inst., Tulane Univ., Publ. 31, New Orleans 1974, S. 139–146
747. Thompson, J. E. S.: Estimates of Maya Population: Deranging Factors. American Antiquity 36, 1971, 214–216
748. Willey, G. R.: Pre-Hispanic Maya Agriculture: A Contemporary Summation. In: Harrison u. Turner (347, S. 325–335)

XIII. Fremdeinflüsse auf die Maya-Hochkultur – Spekulationen um frühe Seefahrer und Astronauten

749. Auboyer, J.: Die Kunst der Khmer. In: Propyläen-Kunstgeschichte Bd. 16, Berlin 1971, S. 107–116, 271–286

750. Barthel, Th. S.: Asiatische Systeme im Codex Laud. Tribus 21, Stuttgart 1972, S. 97–128
751. Barthel, Th. S.: Informationsverschlüsselungen im Codex Laud. Tribus 22, Stuttgart 1973
752. Barthel, Th. S.: Weiteres zu den hinduistischen Äquivalenzen im Codex Laud. Tribus 24, Stuttgart 1975, S. 113–136
753. Bronson, B.: Angkor, Anuradhapura, Prambanan, Tikal: Maya Subsistence in an Asian Perspective. In: Harrison u. Turner (347, S. 255–300)
754. Coe, M. D.: The Khmer Settlement Pattern: A possible Analogy with that of the Maya. American Antiquity 22, 1957, S. 409–410
755. Coe, M. D.: Social Typology and the Tropical Forest Civilizations. Comparative Studies in Society and History 4, 1961, S. 65–85
756. Däniken, E. v.: Erinnerungen an die Zukunft. Düsseldorf/Wien 1968
757. Däniken, E. v.: Zurück zu den Sternen. Düsseldorf/Wien 1969
758. Ekholm, G. F.: Is American Culture Asiatic? Nat. Hist. 59, 1950, S. 344–351
759. Ekholm, G. F.: A possible Focus of Asiatic Influence in the Late Classic Cultures of Mesoamerica. Mem. Soc. Amer. Archaeol. 9, 1953, S. 72–89
760. Ekholm, G. F.: Transpacific Contacts. In: Jennings u. Norbeck (Hrsg.): Prehistoric Man in the New World, 1964, S. 489–510
761. Gardini, W.: Influencias de Asia en las Culturas Precolombinas. Buenos Aires 1978
762. Heine-Geldern, R., u. Ekholm, G. F.: Significant Parallels in the Symbolic Art of Southern Asia and Middle America. In: S. Tax: The Civilization of Ancient America. Chicago 1951, S. 299–309
763. Heine-Geldern, R.: Die asiatische Herkunft der südamerikanischen Metalltechnik. Paideuma 5, 1954, S. 347–423
764. Heine-Geldern, R.: Kulturpflanzengeographie und das Problem vorkolumbischer Kulturbeziehungen zwischen Alter und Neuer Welt. Anthropos 53, 1958, S. 361–402
765. Heine-Geldern, R.: Asiatische und mesoamerikanische Hochkulturen. In: Festschrift für Ad. E. Jensen. München 1964
766. Heine-Geldern, R.: Traces of Indian and Southeast Asiatic Hindu-Buddhist Influences in Mesoamerica. Acts 35th Int. Congr. Amer. Mexico, I, 1964, S. 47–54
767. Heine-Geldern, R.: The Problem of Transpacific Influences in Mesoamerica. Handbook of Middle American Indians, IV, 1966, S. 277–295
768. Hentze, S. C.: Funde in Alt-China. Göttingen 1967
769. Heyerdahl, Th.: Expedition Ra. Mit dem Sonnenboot in die Vergangenheit. Reinbek 1974
770. Honoré, P.: Ich fand den Weißen Gott. Frankfurt a. M. 1965
771. Kelley, D. H.: Eurasian Evidence and the Mayan Calender Correlation Problem. In: Hammond (340, S. 135–143)
772. Khuon, E. v. (Hrsg.): Waren die Götter Astronauten? Düsseldorf/Wien 1970
773. Marschall, W.: Transpazifische Kulturbeziehungen. Studien zu ihrer Geschichte. München 1972
774. Phillips, Ph.: The Role of Transpacific Contacts in the Development of New Pre-Columbian Civilizations. Handbook of Middle American Indians, IV, 1966, S. 296–318
775. Rathje, W.: The Ancient Astronaut Myth: An Archaeologist Analyses the Impact of von Däniken. Archaeology 31, 1978, S. 4–7
776. Signorini, I.: The Heine-Geldern Theory at the Light of Recent Radiocarbon Dating. Verhdl. d. 38. Internationalen Amerikanistenkongresses Stuttgart–München 1968, Bd. I, München 1969, S. 467–469

XIV. Das Ende

777. Andrews, E. W.: The Development of Maya Civilization after Abandonment of the Southern Cities. In: Culbert (784, S. 243–265)
778. Bolz-Augenstein, I.: Stichworte zur Kultur und Geschichte der Maya. In: Kunst der Maya. Ausstellungskatalog, Stuttgart 1967, S. 43–88
779. Borhegyi, S. F. de: Settlement Patterns of the Guatemalan Highlands. Handbook of Middle American Indians, II, 1, 1965, S. 59–75

780. Bullard, W. R.: Topoxte, A Postclassic Maya Site in Petén, Guatemala. In: Monographs and Papers in Maya Archaeology. Hrsg. von W. R. Bullard, Peabody Papers 61, Cambridge 1970, S. 245–307
781. Bullard, W. R.: Postclassic Culture in Central Petén and Adjacent British Honduras. In: Culbert (784, S. 221–241)
782. Cooke, C. W.: Why the Maya Cities of the Petén District, Guatemala, were Abandoned. Journ. Wash. Acad. Sci. XXI, 1931, S. 283–287
783. Cowgill, G. L.: Postclassic Period Culture in the Vicinity of Flores, Petén, Guatemala. Diss., Harvard Univ., Cambridge 1963
784. Culbert, T. P. (Hrsg.): The Classic Maya Collapse. Albuquerque 1973
785. Culbert, T. P.: The Maya Downfall at Tikal. In: Culbert (784, S. 63–92)
786. Culbert, T. P.: Maya Development and Collapse: An Economic Perspective. In: Hammond (693, S. 509–530)
787. Disselhoff, H. D., u. Linné, S.: Alt-Amerika. Baden-Baden 1960
788. Fiedler, G. B.: Das Erdbeben von Guatemala vom 4. Februar 1976. Geol. Rdsch. 66, 2, 1977, S. 309–335
789. Gourou, P.: The Tropical World. Its Social and Economic Conditions and its Future Status. 2. Aufl. London 1958, 4. Aufl. 1976
790. Hastenrath, S.: Dendrochronologie in El Salvador. Met. Rdsch. 16, 1963, S. 110–113
791. Hastenrath, S.: Recent Climatic Fluctuations in the Central American Area and some Geo-ecological Effects. Colloquium Geographicum 9, Bonn 1968, S. 131–138
792. Hatt, R. T., u. a.: Faunal and Archaeological Researches in Yucatán Caves. Cranbrook Inst. of Science, Bull. 33, Bloomfield Hills, Mich., 1953
793. Hosler, D., Sabloff, J. A., u. Runge, D.: Simulation Model Development: A Case Study of the Classic Maya Collapse. In: Hammond (693, S. 553–590)
794. Huntington, E.: The Climatic Factor as Illustrated in Arid America. Washington 1914
795. Huntington, E.: Civilization and Climate. New Haven 1915, 3. Aufl. 1924
796. Huntington, E., u. Visher, St. S.: Climatic Changes, Their Nature and Their Causes. New Haven 1922
797. Huxley, A.: Beyond the Mexique Bay. London 1943
798. MacKie, E. W.: New Light on the End of Classic Maya Culture at Benque Viejo, British Honduras. American Antiquity 27, 1961, S. 216–224
799. Meggers, B. J.: Environmental Limitation on the Development of Culture. American Anthropologist 56, 1954, S. 801–824
800. Miller, A. G.: »The Little Descent«: Manifest Destiny from the East. Act. du XLII. Congr. Intern. des Américanistes Paris 1976, Vol. VIII, Paris 1979, S. 221–236
801. Morley, S. G.: The Inscriptions at Copan. Carnegie Inst. of Washington, Publ. 219, Washington 1920
802. Olson, G. W.: Effects of Activities of the Ancient Maya upon Some of the Soils in Central America. Mexicon 1, Nr. 2, Berlin 1979, S. 20–22
803. Palerm, A., u. Wolf, E. R.: Ecological Potential and Cultural Development in Mesoamerica. Studies in Human Ecology, Pan American Union, Social Scie. Monographs 3, Washington 1957, S. 1–37
804. Proskouriakoff, T.: The Death of a Civilization. Scientific American 192, 5, 1955
805. Rands, R. L.: Comparative Data from the Palenque Zone on Maya Civilization. Act. du XLII. Congr. Intern. des Américanistes Paris 1976, Vol. VIII, Paris 1979, S. 135–145
806. Rathje, W. L.: Classic Maya Development and Denourement: A Research Design. In: Culbert (784, S. 405–454)
807. Sabloff, J. A.: Major Themes in the Past Hypotheses of the Maya Collapse. In: Culbert (784, S. 35–40)
808. Sabloff, J. A., u. Willey, G. R.: The Collapse of Maya Civilization in the Southern Lowlands. A Consideration of History and Process. Southwestern Journ. of Anthropology 23, 1967, S. 311–336
809. Sanders, W. T.: The Cultural Ecology of the Lowland Maya. A Reevaluation. In: Culbert (784, S. 325–365)
810. Sapper, K.: Klimaänderungen und das alte Mayareich. Gerlands Beiträge zur Geophysik 34 (Köppen-Band III), Wien 1932, S. 333–353

811. Saul, F. P.: The Physical Anthropology of the Ancient Maya: An Appraisal. Internationaler Amerikanistenkongreß, Tagungsber. 38, 4, 1968, München 1972, S. 383–394
812. Saul, F. P.: The Human Skeletal Material of Altar de Sacrificios: An Osteobiographic Analysis. Papers of the Peabody Museum, Harvard Univ., 63, Nr. 2, Cambridge 1972
813. Saul, F. P.: Disease in the Maya Area: the Pre-Columbian Evidence. In: Culbert (784, S. 301–324)
814. Sharer, R. J.: The Maya Collapse Revisited: Internal and External Perspectives. In: Hammond (693, S. 331–552)
815. Shattuck, G. C., u. a.: The Peninsula of Yucatán. Medical, Biological, Meteorological and Sociological Studies. Carnegie Inst. of Washington, Publ. 431, Washington 1933
816. Shimkin, D. B.: Models for the Downfall: Some Ecological and Culture-Historical Considerations. In: Culbert (784, S. 269–299)
817. Sidrys, R., u. Berger, R.: Lowland Maya Radiocarbon Dates and the Classic Maya Collapse. Nature 227, Nr. 5694, London 1979, S. 269–274
818. Spinden, H. J.: In Quest of Ruined Cities. Scientific American CXXXVIII, 2, New York 1928, S. 108–111
819. Sticker, G.: Krankheiten in Mittelamerika zur Zeit des Columbus, In: Janus 28, 1924, S. 242–244
820. Termer, F.: Über Wanderungen indianischer Stämme und Wanderwege in Mittelamerika. 25. Internationaler Amerikanistenkongreß Buenos Aires 1934, Bd. I, S. 323–332
821. Wagner, H. O.: Subsistence Potential and Population Density of the Maya on the Yucatán Peninsula and Causes for the Decline in Population in the Fifteenth Century. Verhdl. d. 38. Internationalen Amerikanistenkongresses Stuttgart–München 1968, Bd. I, München 1969, S. 179–196
822. Webb, M. C.: The Petén Maya Decline Viewed in the Perspective of State Formation. In: Culbert (784, S. 367–404)
823. Webb, M. C.: The Post Classic Decline of the Peten Maya: An Interpretation in the Light of a General Theory of State Society. Unveröffentl. Diss., Univ. of Michigan 1964
824. Willey, G. R.: The Altar de Sacrificios Excavations, General Summary and Conclusions. Peabody Papers 64, 3, Cambridge 1973
825. Willey, G. R.: The Classic Maya Hiatus: A Rehearsal for the Collapse? In: Hammond (340, S. 417–430)
826. Willey, G. R.: External Influences on the Lowland Maya: 1940 and 1975 Perspectives. In: Hammond (693, S. 57–75)
827. Willey, G. R., Bullard, W. R., u. Graham, J. A.: Informe Preliminar, Altar de Sacrificios, 1959. Antr. Hist. Guatemala 12, 1960, S. 5–24
828. Willey, G. R., Bullard, W. R., u. Graham, J. A.: Altar de Sacrificios, a Prehistoric Maya Crossroads. Archaeology 13, 1960, S. 110–117
829. Willey, G. R., u. Shimkin, D. B.: The Collapse of Classic Maya Civilization in the Northern Lowlands. A Symposium Summary Statement. Southwestern Journ. of Anthropology 27, 1971, S. 1–3
830. Willey, G. R., u. Shimkin, D. B.: The Maya Collapse: a Summary View. In: Culbert (784, S. 457–501)
831. Willey, G. R., u. Smith, A. L.: New Discoveries at Altar de Sacrificios, Guatemala. Archaeology 16, 1963, S. 83–89

XV. Das Schicksal der Maya nach der spanischen Besitzergreifung

832. Ancona, E.: Historia de Yucatán. 4 Bde., 2. Aufl. Barcelona 1889
833. Blom, F.: The Conquest of Yucatán. New York 1936
834. Blom, F., u. Duby, G.: La Selva Lacandona. 2 Bde., Mexiko 1955/57
835. Brainerd, G. W.: Changing Living Patterns of the Yucatecan Maya. American Antiquity 22, 1956, S. 162–164
836. Chamberlain, R. S.: Spanish Methods of Conquest and Colonization in Yucatán 1527–1750. Scientific Monthly 39, New York 1939, S. 227–244, 351–359
837. Chamberlain, R. S.: The Conquest and Colonization of Yucatán 1517–1550. New York 1966

838. Davis, J.: Renegade Defender of the Maya. Americas 24, Nr. 3, Washington 1972, S. 18–24
839. Deuel, L.: Kulturen vor Kolumbus. München 1975
840. Farriss, N. M.: Nucleation versus Dispersal: the Dynamics of Population Movement in Colonial Yucatán. Act. du XLII. Congr. Intern. des Américanistes Paris 1976, Vol. VIII, Paris 1979, S. 67–82
841. Homann, H. (Hrsg.): Hernán Cortés. Die Eroberung Mexikos, eigenhändige Berichte an Kaiser Karl V, 1520–1524. Tübingen 1975
842. Means, P. A.: History of the Spanish Conquest of Yucatán and of the Itzas. Papers of the Peabody Museum of American Archaeology and Ethnology, Harvard Univ., VII, Cambridge 1917
843. Nash, M.: Machine Age Maya. Chicago 1958
844. Redfield, R.: The Maya and Modern Civilization. Scientific Monthly 37, Lancaster 1933, S. 110–123
845. Redfield, R.: Race and Class in Yucatán. Carnegie Inst. of Washington, Publ. 501, Washington 1938
846. Redfield, R.: The Folk Culture of Yucatán. Chicago 1941
847. Redfield, R.: Yucatán, una cultura de transición. Fondo de Cultura Económica. Mexiko 1944, S. 434–439
848. Roys, R. L.: The Indian Background of Colonial Yucatan. Carnegie Inst. of Washington, Publ. 548, Washington 1943
849. Roys, R. L.: Lowland Maya Native Society at Spanish Contact. Handbook of Middle American Indians, III, 2, 1965, S. 659–678
850. Sapper, K.: Der gegenwärtige Stand der ethnographischen Kenntnis von Mittelamerika. Archiv f. Anthropologie, N. F. III, 1, 1904, S. 1–38
851. Sapper, K.: Das jüngste Mayareich. Ibero-Amerikan. Archiv 15, 1941, S. 57–79
852. Soustelle, J.: La Culture Matérielle des Indiens Lacandones. Société des Américanistes, Paris 1937
853. Thompson, J. E. S.: The Maya Central Area at the Spanish Conquest and Later: a Problem in Demography. Proc. of the Royal Anthropological Inst. of Great Britain and Ireland, 1966, S. 23–37
854. Tozzer, A.: A Spanish Manuscript Letter on the Lacandones in the Archives of the Indies at Seville. Proc., Intern. Congr. of Americanists, 18th Session London 1912, II, 1913, S. 497–509
855. Westphal, W.: Exogener soziokultureller Wandel bei den Lakadonen (Mexiko). Eine Studie zur Problematik der nationalen Integration in den Entwicklungsländern. Hamburg 1973

Bildnachweis:

Nr. 52: Dr. U. Walter, Tübingen
Nr. 55: Prof. Dr. O. Bachof, Tübingen
alle übrigen: Prof. Dr. H. Wilhelmy, Tübingen

Verzeichnis der Figuren

Verzeichnis der Tabellen

Register

Die kursiv gesetzten Buchstaben und Zahlen verweisen auf die in der Übersichtskarte (Anhang) verzeichneten Ruinenstätten

Jerome Murphy-O'Connor

Das Heilige Land

Ein archäologischer Führer. Aus dem Englischen von Ulrike von Puttkamer. 1981. 397 Seiten mit 111 Karten. Geb.

Ein praktischer, informativer Führer zu den kulturell, kunstgeschichtlich und archäologisch bedeutsamen Stätten Israels, mit allen wirklich wichtigen Daten und einer Übersicht der historischen Zusammenhänge. Das Buch, Reiseführer und Reisebegleiter im besten Sinne, ist in zwei Hauptteile gegliedert: die Stadt Jerusalem mit ihren vier Quartieren und das Land Israel. Die einzelnen Orte und Objekte sind, leicht nachschlagbar, in alphabetischer Reihenfolge aufgeführt. Dazu kommen übersichtliche und hilfreiche Lageskizzen der beschriebenen Orte.

Murphy-O'Connor konzentriert sich in seinen Darstellungen auf die Informationen und Zusammenhänge, die den Reisenden wirklich interessieren. Dabei werden keine Meinungen oder Annahmen aufgedrängt, sondern leicht verständlich dargestellt, was wirklich erforscht und was an Ort und Stelle zu sehen ist. Der Autor weist darüber hinaus auf interessante Reiserouten hin und macht auf Probleme aufmerksam, denen sich der Reisende ausgesetzt sieht. Er nennt das beste Kartenmaterial, die besten Verkehrsverbindungen, Öffnungszeiten und vieles Nützliche mehr. Die englische Ausgabe erschien bei Oxford University Press.

James Cleugh
Die Medici

Macht und Glanz einer europäischen Familie. Aus dem Englischen von Ulrike von Puttkamer. Sonderausgabe. 2. Aufl., 19. Tsd. 1980. 431 Seiten mit 300 Abbildungen. Geb.

Dieses Buch ist die Chronik einer Familie, die europäische Geschichte schrieb. Der Autor bietet hier eine farbige, spannende und aufschlußreiche Lektüre über ein europäisches Herrscherhaus. Das Buch schildert die Verwicklungen der Renaissancepolitik, die Kriege und Morde und die kulturellen Glanzpunkte, die mit dem Namen der Medici verbunden sind, und befreit sie von Legenden und Halbwahrheiten.

»Eine lesbare, interessante, teilweise sogar vergnügliche Geschichte, dieser in der Tat mächtigen und glanzvollen Familie.« Nino Erné, Die Welt

Brian M. Fagan
Die vergrabene Sonne

Die Entdeckung der Indianer-Kulturen in Nord- und Südamerika. Aus dem Amerikanischen von Joachim Rehork. 1979. 320 Seiten mit 300 Abbildungen. Geb.

Fagans Begabung, aus einer Überfülle meist versteckter Spezialliteratur die Brennpunkte der amerikanischen Archäologie herauszufiltern und in eine homogene, spannend zu lesende Geschichte dieser Archäologie einzubringen, macht den Reiz des Buches aus. Vor allem die bei uns noch weitgehend unbekannten kulturellen Leistungen der nordamerikanischen Völker und Stämme stehen hier im Zentrum der Ausführungen. Zahlreiche Fotos von Grabungsstätten, Porträts bedeutender Forscher, Abbildungen wichtiger Funde und rekonstruierte Zeichnungen und Stiche der alten Kulturstätten bilden eine anschauliche Ergänzung des Textes.

Brian M. Fagan
Die Schätze des Nil

Räuber, Feldherrn, Archäologen. Aus dem Englischen von Ulrike von Puttkamer. 1977. 398 Seiten mit 234 Abbildungen. Leinen

Die abenteuerliche Geschichte der ägyptischen Altertümer: schon zu Pharaonenzeiten von Diebstahl bedroht, später, im 19. Jahrhundert, systematisch geplündert und nicht ohne »diplomatische Mithilfe« an Museen und Sammler verschachert, aber auch mit archäologischer Sorgfalt der Nachwelt erhalten. Ein faszinierender Bericht über das Fortleben einer der ältesten Kulturen unserer Menschheit, über das oft seltsame Schicksal berühmter Kunstwerke, die bis heute von ihrem Zauber nichts verloren haben.